涂文学，1958 年生，湖北天门人。历史学博士，二级教授。江汉大学城市研究中心主任，华中师范大学中国近代史研究所兼职教授、博士生导师。兼任国家出版基金委员会评审专家，中国城市史研究会副会长，中国区域文化研究会副会长，中华口述历史研究会副会长，中华文化促进会长江文化工作委员会执行主任，武汉市社会科学联合会副主席。

主要从事中国城市史、城市文化、武汉城市史研究，主持国家、省部级科研项目 6 项，出版学术专著 30 余部，在《人民日报》《历史研究》等核心刊物上发表学术论文 150 余篇。多篇论文和著作获国家图书奖，湖北省和武汉市社会科学优秀成果一、二等奖。

武汉近代城市史论

Wuhan Jindai Chengshi Shilun

涂文学 著

武汉出版社

（鄂）新登字08号

图书在版编目（CIP）数据

武汉近代城市史论 / 涂文学著. — 武汉：武汉出版社, 2022.11
ISBN 978-7-5582-5631-8

Ⅰ. ①武… Ⅱ. ①涂… Ⅲ. ①城市史－武汉－近代 Ⅳ. ①K296.31

中国版本图书馆CIP数据核字（2022）第214815号

武汉近代城市史论

著　　者：涂文学
责任编辑：胡　新　谌丽平　杨　振
封面设计：沈力夫
出　　版：武汉出版社
社　　址：武汉市江岸区兴业路 136 号　　邮　　编：430014
电　　话：（027）85606403　　85600625
http://www.whcbs.com　　E-mail: whcbszbs@163.com
印　　刷：湖北新华印务有限公司　　经　　销：新华书店
开　　本：787 mm×1092 mm　1/16
印　　张：34.5　　字　　数：590 千字　　插　　页：2
版　　次：2022 年 11 月第 1 版　　2022 年 11 月第 1 次印刷
定　　价：98.00 元

关注阅读武汉
共享武汉阅读

目　录

绪论:武汉在中国城市史上的位置①

美国著名城市史学家刘易斯·芒福德曾经说过:“古往今来多少座城市又无一不是时间的产儿。城市是一座座巨大的铸模,多少人终生的经验积累都在其中冷却着、凝结着,又通过艺术手段被赋予永恒的形式”“城市以不同的历史时间层次把一个个世代的具体特征都依次贯串了起来。就这样连续积累,一层叠一层,以往的时间记录不断积存在城市之中。”②中国城市历史经历了商、周及战国“邑制城市”开启城市滥觞,秦汉以降“郡县城市”连绵千年,明清时期“工商市镇”异军突起,晚清民国“现代都会”艰难转型等发展阶段。武汉,这座伟大的城市,在数千年发展历程中,完整地经历和见证了中国城市历史的四个不同阶段和四种城市形态,在不同的时间层次把每个阶段的具体特征都依次贯穿起来了,一部武汉城市史,无疑就是中国城市史的“缩写版”。正是由于武汉城市发展在时间演进和形态类型上与中国城市历史的发展高度契合,武汉城市的研究也因此获得了超越个体城市,并以之为蓝本认识和研究中国城市史的范式意义。

一、中国城市的发展阶段与历史形态

中国城市至少有5000年的历史。在新石器时代晚期,亦即距今4500~4000年的龙山文化时期,在黄河中下游、河套地区、长江中下游以及巴蜀等地区出现了许多可以称得上城市的大型聚落,其中历史最悠久者当数距今5300~4800年的河南郑州北郊邙岭西山仰韶时代晚期城市遗址和浙江杭州余杭良渚古城遗址。在城市起源与发展的漫长历史进程中,中国城市经历了邑制城市、郡县城

① 涂戈尔承担写作了本文第三部分。

② 〔美〕刘易斯·芒福德著,宋俊岭等译:《刘易斯·芒福德经典著作系列:城市文化》,中国建筑工业出版社2009年版,第2页。

市、工商市镇、现代都会四个发展阶段以及相应的四种城市历史形态。

——先秦时期的邑制城市。中国传统的城市制度以秦朝为界，可以分为“邑制城市”和“郡县城市”两个时期。“中国在全国各地建设县城的努力是从公元前221年秦朝实行郡县制开始的，到清末已得到普及。而中国的都市和都市文化的产生则更早，时间要较之提前一倍，在距今四千年前。这种古代都市被统称为‘邑’。从这种制度到郡县制的过渡是在春秋末期（公元前5世纪）到战国、秦汉时期，时间很长。四千多年的中国都市史在时间上可以整齐地划分为二，前半部分为邑制都市时期，后半部分为县制都市时期。”①与古希腊一样，中国古代也是城邦国家，城邑即国家，国家就是城邑。也就是说，从国家的性质来看，中国古代是城市国家；从城市的性质来看，中国古代是“邑制城市”。先秦时期邑制城市具有三个特点：**一是城市国家体制，二是农业城市属性，三是防御与祭祀功能。**与古希腊城邦国家相比，先秦时期城市国家有诸多差异。首先，先秦时期城市是王朝都城、方国和诸侯都邑、大夫采邑等各级政治中心城市及军事堡垒，而古希腊城市则是商业中心。“战国以前的城市，实际上都是些有围墙的农村，其主要作用是在政治和军事方面，而不在经济方面，亦即不是工商业发展和人口聚集的结果。”②而古希腊城市无论是克里特、迈锡尼，还是雅典，其城市都起源于商业并向海外拓展。“在城市历史的初期，欧洲如一潭死水，野蛮纷争的原始居民生活其间。靠近欧洲所出现的城市的最早迹象是在克里特—希腊大陆之外的一个岛屿。在这里长浆船用于运送重要的贸易物品，特别是橄榄油和锡（后者被用来制造青铜工具和武器）。在来自于埃及和美索不达米亚的商业和思想的滋育之下，一种独特的城市文化在这里萌芽了。”③“克里特激活了希腊大陆走向城市文明的潜能。古代希腊落后的探险者们现在感受到了一个成功的商业城市的舒适与富足。”④政治城市与商业城市的性质不同，使得二者在市政设施、居民构成乃至城市精神诸方面都大异其趣。大抵而言，先秦时期城市市政建筑以宫庙为中心，而市政广场、神庙和商业贸易场所则是古希腊城市里的重要建筑；这种为经济、为艺术而形成的丰富多彩的城市生活远比先秦时期的中国人为政治、为权力较智

---

① 〔日〕斯波义信著，布和译：《中国都市史》，北京大学出版社2013年版，第3页。

② 傅筑夫：《中国经济史论丛》（上），生活·读书·新知三联书店1980年版，第344页。

③④ 〔美〕乔尔·科特金著，王旭等译：《全球城市史》（典藏版），社会科学文献出版社2014年版，第31、32页。

伐谋和武力厮杀更具人性化和个性化。其次,先秦城市国家是一种"共主支配下的等级城邑制",无论是商代的方国城邑,还是周代的诸侯都邑,每个城市并非单个独立的城市个体(春秋战国时期另当别论),其在血缘宗法、权力统属乃至城市规划建设诸方面都必须严格等差,合乎礼法。而古希腊城邦则相互独立,相互竞争,"与过去的模式相同,希腊仍是一个众多小城邦组成的群岛之邦,这些小国以城市中心和周边的腹地为核心。各个城市(或城邦)之间竞争激烈,不仅表现在常规的战争上,也体现在对国外市场、熟练劳动力、艺术的争夺上,甚至体现运动竞技的较量上"①。个体城市的独立和城市间相互竞争孕育了古希腊人城市共同体意识,这恰是先秦时期国人所不具备的。再次,先秦城市为各级统治者所筑制、所占据、所主导,无论是天子所居之王城,还是诸侯所居之都邑,抑或卿大夫所居之采邑,无不如此。先秦时期城市的居民包括王公贵胄以及士农工商。在这个居民构成中,王公贵胄居于社会上层,主导着国家乃至城市的一切;士——读书人或为官僚、谋士,"凡仕者近宫,不仕与耕者近门"②,大都是政治和权力的依附者。先秦时期诸子百家尽管学说纷纭,思想驳杂,但主张大一统、维护君权专制和封建等级制,为君主和朝廷治国驭民出谋划策是他们的共同特点。主张集权专制、刑名法术的法家自不待言,宣扬民贵君轻的儒和讲究无为而治的道二派在国家和城市治理理念、路径上舍民治而崇官治,其学说的实质仍然是官本民末的专制主义。"天下有道,则礼乐征伐自天子出;天下无道,则礼乐征伐自诸侯出。自诸侯出,盖十世希不失矣;自大夫出,五世希不失矣;陪臣执国命,三世希不失矣。天下有道,则政不在大夫;天下有道,则庶人不议。"③完全排除庶人——普遍民众对政治的参与。这与古希腊哲人倡导民主政治、伸张公民权利的观念差异较大。"不像其他地方的哲学家关注神学和自然界,希腊的思想家思考的是公民个人应发挥什么样的作用来捍卫公民集体(koinonia)的健全。亚里士多德(Aristotle)评述说,公民就像船甲板上的水手,他们的职责是确保'船行中船只保存完好'。在雅典产生了一个更加激进的理念,如立法者梭伦所言——公民理应

① 〔美〕乔尔·科特金著,王旭等译:《全球城市史》(典藏版),社会科学文献出版社 2014 年版,第 33 页。
②《管子·大匡》。
③《论语·季氏篇》。

是‘国家的主人’。”[①]与古希腊城市工商业阶层相对独立并成为社会主流群体不同,先秦时期手工业和商业主要是官营工商业,工商阶层也是国家政治机器的一分子,“有许多氏族是从事手工业生产的专业氏族;或者较小的家族单位是工商业者。根据他们的政治身份,他们应享受国人的待遇,居住城内,受到保护。事实上,周代的工商业生产已被正式纳入行政系统,算是政府的一部分,即‘工商食官’之制”[②]。最后,中国古代城市没有出现如古希腊城邦的城市自治和“市民社会”,产生民主甚至共和制度。马克斯·韦伯曾经颇为武断地指出:“在中国,同样也没有‘市民’与‘城市共同体’的概念。不管是在中国还是在日本,‘自治’只是个职业团体及村落的特色,而非城市的。”[③]中国古代城市未能如古希腊城邦那样独立自治并建立起市民主导的“城市共同体”,根源仍在于邑制城市政治中心、军事堡垒和农业型聚落的基本功能,“城既然只能由统治阶级来建,并且是从政治和军事需要出发的,则古代城市便自然是一个政治中心,是整个统治体系中的一个基本环节,更具体的[地]说,是一个实施统治的发号施令的中枢或首脑。这样的城市,当然就不能使之自由发展……等级不同的城市,驻扎着等级不同的统治者,即自天子公侯卿大夫及为其服务的大小臣工直至抱关击柝。《荀子》说:‘古者天子千官,诸侯百官。’(《荀子·正论》),城市就是这些人的驻在地。这样的城市,只能紧密地结合在封建统治体系的结构之中,而不能脱离这个体系作离心的发展,亦即向自治的和独立的方向发展。”[④]

——秦汉至清的郡县城市。“秦王扫六合,虎视何雄哉!”公元前221年,秦始皇灭六国,废除分封制,实行郡县制,建立起统一的集权专制帝国。郡县制虽非始于秦朝,早在楚武王熊通(前740—前690年在位)时就灭权国而建立权县,但秦始皇的郡县制行之于全国并为后世诸王朝所效法,因而其意义更显重大深远:“郡县制对帝国并不是新东西,也不是起源于秦。但公元前221年的改革至关重要,它断然摒弃了必然引起间接统治的重立列国的思想,代之以普及郡县制

---

① 〔美〕乔尔·科特金著,王旭等译:《全球城市史》(典藏版),社会科学文献出版社2014年版,第34页。

② 〔美〕赵冈:《中国城市发展史论集》,新星出版社2006年版,第15页。

③ 〔德〕韦伯著,康乐等译:《经济与历史 支配的类型》,《韦伯作品集》Ⅱ,广西师范大学出版社2004年版,第220页。

④ 傅筑夫:《中国经济史论丛》(上),生活·读书·新知三联书店1980年版,第344页。

的决定,从而为中央统一全帝国各地方的集权管辖提供了各种手段。这个制度延续到了汉代……此后,这个制度成了后世王朝的典范(但又稍有修改),最后演变成现在仍在实行的省县制。"[①]郡县制的实行不仅使中国城市体制和体系开始了由"邑制城市"向"郡县城市"的转变,而且大批郡县的设置也推动了中国传统城市的发展。胡如雷认为,"战国、秦、汉时期,封建城市的成批出现则与郡县制的确立有密切关系。据《史记》载,汉高祖生得魏豹,'尽定魏地,凡五十二城'(《史记·曹相国世家》)。此事在《汉书》作'五十二县'(《汉书·曹参传》)。可见凡城皆县。高祖定齐,'凡得七十余县'(《史记·曹相国世家》),说明战国时齐国的七十余城到汉代都变成了郡县治所。秦始皇堕坏城郭之后,汉高祖又'令天下县邑城'(《史记·汉高祖本纪》)"[②]。秦汉以后郡县与城市合一,使中国古代城市无论是在城市数量还是城市规模上都得到稳定的发展。从汉朝至清代,中国城市总数大体保持在1500个左右,城市人口占全国总人口的10%左右。

郡县城市具有鲜明的特点。斯波义信认为,相较于"邑制城市",郡县城市有两个鲜明特点:其一,城市管理的官僚体制;其二,由邑制城市的孤立的"点"——城市独立王国领导"面",即城市作为地方行政中心的转变。[③] 当然,郡县城市的"中国特色"远不止此。**特色之一是其鲜明的政治、军事功能属性。**由于城市兴起和产生的动力机制是政治、军事而非工业或商业,因此城市并不以经济生产为其主要功能,宋以前的郡县城市大都有城无市,就是这种功能价值取向在城市空间布局上的直观表现。当然,郡县城市也存在经济活动,但一方面这种经济活动是从属于城市政治、军事功能的,具有鲜明的消费城市特征;另一方面城市是经济活动之果,并非如西方那样是城市产生的先决条件。"在西方,是工商业的发展为城市的产生提供了前提;在我国,却是城市的产生为城市商品经济的活跃提供了条件。"[④]传统城市在城市规划和空间布局上,"与城市本身的性质是大体吻合的。中国古代城市大都具有政治统治和军事防御的性质,其城市布局模式隐含着伦理中心主义和大一统的专制主义的封建精神:'匠人营国,方九里,旁三门,国中九经九纬,经涂九轨,左祖右社,前朝后市'(《周礼·考工记》)。这种布

① 〔英〕崔瑞德、鲁惟一编《剑桥中国秦汉史》,中国社会科学出版社1992年版,第70页。
②④ 胡如雷:《中国封建社会形态研究》,生活·读书·新知三联书店1979年版,第247、249页。
③ 〔日〕斯波义信著,布和译:《中国都市史》,北京大学出版社2013年版,第15页。

局设计的特点是以政权(宫廷或官府衙门)为中心,左为祭祀王族祖先的宗庙,右边是祭祀土地的社稷坛,商业市场则被安排在王宫和官衙的后面,整个城市呈正方形或长方形,街道成棋盘似方格网状结构。另外,为了军事防御的需要,一般都城和省城、府城都筑有城墙和城门。这种城市布局结构体系的突出特点是在城市规划建设中人为因素大于自然本身,充分体现出封建强权政治要求整齐划一,企图统摄一切的封建专制精神。在人与自然环境的结构秩序安排中,皇室、官吏处于主导地位,市民尤其是商人被有意识地排挤于不被重视的角落,隐含和预示着重本轻末、重农贱商的农业文明内涵"。① **特色之二是城市的规模等级因郡县行政级别而定。**如果说商周时期"邑制城市"按王邑—族邑—属邑分为三个不同的等级,那么秦汉以后的郡县城市便分为首都—省城—府(州)城—县城四个等级。在古代中国,城市的规模、形制都有严格的等级规定:一方面,行政级别低的城市不能逾越礼制,筑城规模和规格不能大于或高于行政级别高的城市;另一方面,城市的兴筑取决于政治统治或军事防御的需要,甚至往往取决于统治者的个人喜好。"政治,而不是商业,决定着中国城市的命运。长安、洛阳、开封、南京和北京等城市时运的涨落取决于统治王朝对其位置的喜好。防御的需要或者食物供给的便利程度等因素在很大程度上决定了哪个或者哪些城市成为首都。"②传统城市这种按行政级别规范城市规模等级结构带来的一个直接后果,就是古代城市体系表现为一种缺乏横向联系的垂直结构,城市与城市间主要是一种行政统属关系,其联系的纽带是行政指令而不是经济的相互交往。另外,作为一个内陆型的农业文明古国,中国历来偏重于在内地构筑其城市体系,沿海城市体系一直不发达,在传统城市结构体系中处于无足轻重的边缘性地位。**特色之三是城乡合治,郡县最高长官即城市最高长官,城市没有独立的法人地位。**"亚洲的城市也没有西方那样的法人的性格。亚洲的城市,整体而言,的确也构成一个单独的行政区,就如同西方中古梅罗琳与卡罗琳王朝统治区域的城市一样。然而,与西方中古及古代形成强烈对比的是,在东方我们从未发现城市——即以工商业为主,且相对而言较大的聚落——的居民对当地行政事务的自主性及参

① 涂文学:《近代汉口城市文化生成机制探源》,《近代史研究》1992 年第 3 期。

② 〔美〕乔尔·科特金著,王旭等译:《全球城市史》(典藏版),社会科学文献出版社 2014 年版,第 90 页。

与程度,会超过乡村。”[①]由于城市法人地位的缺失,中国传统城市没有独立的市政机构——市政府或市政厅,虽然古代城市也有所谓“市长”“市令”“市吏”,但那只是管理集市贸易的小吏。市政建设和管理由地区行政首脑一手包办。“中国自周以降,虽亦有市政,但历代都市均在国家行政隶辖之下,无市自治之可言。”[②]“数千年来,我国不是没有城市生活,也不是没有关于城市任务的设施,所不同者,地方自治丝毫未办,一切城市任务不归中央政府直接办理,即归代表中央政府之下级行政机关办理,并没有归市自治团体自行办理的罢了。”[③]**特色之四是中国古代城市没有市民阶层和以市民为主体的自治团体、自治机构和自治行为。**中国传统城市居民的主体是官员、士绅和军事人员,城市没有以工商阶层为主体的市民阶层,“亚洲的城镇居民并没有具备类似西方古代及中古‘市民’的特殊身份”,“最重要的,城市的团体性格以及‘市民(burgher)的概念(相对于乡野人而言)从未存在于亚洲的城市,就算有,也只是些萌芽罢了。中国的城市居民,法律上而言,只是他的氏族(因此也就是他的原籍村落)的成员,那儿有他崇拜祖先的祠堂,通过祠堂,他得尽心维护自身所属的团体”。由于没有市民阶层这个阶级基础,中国古代城市没有如西方参议会、商会那样的自治团体,法庭、市政厅那样的自治机构,总而言之,不存在以市民阶层为主体、与国家和地方政府相抗衡的“城市共同体”:“亚洲的城市不存在有类似西方可以代表市民的共同体(例如市参政会)。”“在中国,同样也没有‘市民’与‘城市共同体’的概念。不管在中国还是在日本,‘自治’只是个职业团体及村落的特色。”[④]“郡县城市”体制和形态对于中国古代城市的发展是一把双刃剑,一方面由于凡郡县必筑城,国家和地方政府以行政的力量推动城市建设和城市化发展,而且城市区域布局也因区域行政建制的因素而大致均衡合理。但另一方面,囿于传统农业社会经济发展水平的制约和国家行政资源及财政力有不逮等因素,自秦至清,中国的国家版图虽然不断扩大,但设县数量不仅没有大幅增加,反而单位县域面积普遍增大。统计表明,2000 多年来中国设县的数量并没有大幅增加:汉朝 1180 个,隋朝 1255 个,

---

①④ 〔德〕韦伯著,康乐等译:《经济与历史　支配的类型》,《韦伯作品集》Ⅱ,广西师范大学出版社 2004 年版,第 218、219、220 页。

② 钱端升:《民国政制史》(下册),上海人民出版社 2008 年版,第 683 页。

③ 臧启芳:《市政和促进市政之方法》,《东方杂志》1925 年第 11 号,“市政研究”,第 23 页。

唐朝 1235 个,宋朝 1230 个,元朝 1115 个,明朝 1385 个,清朝 1360 个。由于国家以行政手段而不是运用经济杠杆推动城市化——城市兴筑和人口的城市集聚,并最终由于经济动能不足,导致中国古代城市化在低水平上徘徊。加之城市规模等级的"官本位"标准,不仅严格限制"体制内"行政中心城市的空间扩张和规模化发展,更重要的是在传统观念影响下,那些非行政性的工商业城市往往由于其"另类"属性而不被重视,形成中国古代"郡县城市"独大而工商业市镇弱小的城市发展格局,最终导致工商业发展缓慢和城市化水平低下。

——宋元明清时期的工商市镇。如果说,"郡县城市"是由政府主导规划、建设并管理的体制内的主流城市,那么,工商市镇则是一种自发的、由商人等民间力量自我建设、自我管理的体制外的非主流性城镇。"今之所谓都会者,则大之而为两京、江、浙、闽、广诸省,次之而苏、松、淮、扬诸府,临清、济宁诸州,仪真、芜湖诸县,瓜州、景德诸镇"[①],这里实际上概括了宋元以来尤其是明代中后期两种不同的城市系统:一种是从两京到仪真、芜湖的首都、省城、府城、州城、县城的体制内的"郡县城市"系统,另一种是如瓜州、景德镇等体制外的手工业、商业市镇系统。美国学者施坚雅将这两种城市系统分别冠之以"法定的"——官僚城市系统和"自然的"——民间城市系统,并且认为,越是到中华帝国晚期,由国家和政府管理和控制的体制内的"都城"即上述"郡县城市"的数量就越少,体制外的经济性的市镇所占比例就越来越大。[②] 明清时期体制外"自然的"城镇尤以江南地区最为发达,据不完全统计,明清两代江南地区市镇数量多达 1383 个。与传统"郡县城市"相比,新兴市镇具有多种"另类"特征:**一是城镇生成的动力机制源于工商业经济而非政治和军事。**明清以降中国城市发展格局变迁和城市化路径的转向,既有政治的因素,如城池扩张,朝廷力有不逮;市镇勃兴,政府鞭长莫及;亦有社会的原因,人口繁衍过快带来乡村人口过剩,人民生计艰难,急需向外转移等。但根本动因还在于商品经济的发展,在经济发达的江南及长江流域产生了大批的手工业和商业性专业市镇。"与府、县城市不同,市镇不是政府行政行为的产物,而是适应江南地区农村商品经济发展的需要而产生的。换言之,江南

---

① 万历《歙志》卷十《货殖》。

② 〔美〕施坚雅著,王旭等译:《中国封建社会晚期城市研究》,吉林教育出版社 1991 年版,第 144 页。

市镇发展的动力机制,不是政府的政策等政治手段,而是发展中的农村商品经济。”①**二是城市功能是经济性而非政治和军事性,新兴城镇的主体是专业性工商市镇**。市镇因商而生,因商而兴,“商贾所集谓之镇”②。“大曰都邑,小曰市镇,所以聚民而致货也。”③“货财之所聚曰市,守望之所统曰镇,人民之所萃曰村,三者备而成邑。”④“商贾贸易之所为市,远商兴贩所集,车舆辐辏,为水陆要冲,而或设官将以禁防焉,或设关口以征税焉,为镇。”⑤江苏的应天府、镇江府、常州府、苏州府、太仓州、松江府等市镇密布,如常熟县的支增镇、梅李镇、老徐市、老吴市有“邑东四大镇”之誉;松江府的枫泾镇、朱泾镇是名闻海内的棉布加工、集散中心;无锡县城被誉为与汉口、镇江齐名的三大商业中心城市之一,吴江更是名镇林立,松陵、八坼(并入横扇街延)、同里、盛泽、黎里、震泽、双杨、芦墟(并入黎里镇)、严墓(并入桃源)、坛丘(并入盛泽镇)、平望、梅堰(并入平望镇)等,大都为丝绸专业生产和交易中心。在浙江,杭州府及湖州府亦为市镇密集发达之区,不乏与江苏诸多名镇齐名的市镇。“至于市镇,如湖州府归安县之双林、菱湖、琏市,乌程县之乌镇、南浔所环,人烟小者数千家,大者万家,即其所聚,当亦不下中州郡县之饶者。”⑥他如瓷器名镇景德镇、佛山镇,商业名镇朱仙镇,“天下四聚”之一的商业大埠汉口镇等,都是明清新兴工商市镇之佼佼者。清代著名学者和旅行家刘献廷曾如是盛赞康熙时期的汉口:“汉口不特为楚省咽喉,而云、贵、四川、湖南、广西、陕西、河南、江西之货,皆于此焉转输,虽欲不雄天下,不可得也。天下有四聚,北则京师,南则佛山,东则苏州,西则汉口。然东海之滨,苏州而外,更有芜湖、扬州、江宁、杭州以分其势,西则惟汉口耳。”⑦**三是推动城市产生发展和维持城市运转的是民间力量而非政府组织,亦即自下而上的自发行为而非自上而下有组织的自觉行为**。如果说,明清时期中国城市发展特点是由大城市转向小市镇,由体制内法定的“郡县城市”转向体制外自发生长的工商业专业市镇,

---

① 王卫平:《明清江南地区的城市化及其局限》,《学术月刊》1999 年第 12 期。

② 正德《姑苏志》卷十八《乡都》。

③ 正德《嘉善县志》卷一《区域》。

④ 康熙《吴县志》卷一。

⑤ 乾隆《乍浦志》。

⑥ 〔明〕郑若曾撰,李致忠点校:《筹海图编》卷十二《经略四·筑城堡》,中华书局 2007 年版,第 825 页。

⑦ 〔清〕刘献廷撰,汪北平、夏志和点校:《广阳杂记》卷四,中华书局 1957 年版,第 193 页。

是传统中国晚期城市发展的一个独特现象，那么，其城市发展的动力机制和路径转向的力量来源由政治转向经济和由政府导向社会，倒是与西欧中世纪乃至近代城市发展道路渐渐趋同。也就是说，至早自明清开始，中国的城市化在“自上而下”的政府主导的总体格局下，出现了另一种与之对应、互补互动的城市化现象——由民间参与、政府管控的“自下而上”展开的城市化。“与此相应，大多数的市镇没有官府衙署。即便在有些市镇发展起来以后，派驻有府、县的副长官如同知、通判、县丞、主簿以及巡检司等官员或机构，但国家对江南市镇的控制比起府、县城来要宽松得多。在市镇管理方面起主要作用的是地方精英。”①城市治理具有鲜明的官治弱化和有限的民间自治特点。**四是工商市镇在城市形态上有市无城，城市空间布局以商业活动为中心。**与传统“郡县城市”大多城墙环卫、门楼巍峨不同，新兴工商市镇大多是没有城墙的城镇。不过，江南有些市镇为了市场管理的需要，在市镇周围立有木栅栏。传统郡县城市政治中心意识和军事防御意识，在汉口空间结构布局体系中黯然失色。从保存的清朝光绪三年（1877）秋藩司刊印的《汉口镇街道图》来看，作为清朝在汉口的最高权力机构汉阳知府分同知署，并不处于在当时全城的中心位置，而是设在中路以北、堤街以南（相当于今大智路）一带颇为偏僻的地区，传统封建城市中左祖右社之类的祭祀建筑被鳞次栉比的商人会馆以及药王庙、雷祖殿之类商人祀奉的庙宇所替代。体制外“自然的”城镇发展推动了明清时期传统城市化的较大发展。按照赵冈等学者的说法，两宋以前，中国传统城市化主要是依靠朝廷建立各级郡县城市而展开的，但是“两宋以后，大中城市的发展完全停顿，城市化的新方向转到市镇”。“中国7100个小型城市包括不满万人的县城及州治，但大部分是市镇。清代有1700个府、州、厅、县治之城市，其中289个是超过万人者；大约有1300个是在2000至10000人之间；另有100个左右的边区县城，其人口可能在2000人以下，不包括此表中。于是7100个小城市中大约有5800个市镇。当然这不是清代市镇的总数。罗兹曼估计当时中国有三万多个市镇，其中有不满十个市镇是特大号的，有万人以上之居民，应列入大中城市一类，其他24000多个市镇又太小，居民不满二千，也未列入此表。大中城市数目与小城市数目相比，在英国每一大中型城市分配到2.8个小城市；日本是7.8个小城市；中国清末则是每一大中型城市配合

① 王卫平：《明清江南地区的城市化及其局限》，《学术月刊》1999年第12期。

约25个小城市。实在是十分悬殊。如果按中国的行政分类，设有官署的府、州、县治，清时共有1700个左右城市，而县治以下的市镇则有三万多个，其比数也很接近1比20。"[①]大批市镇的产生使得明清时期城市化出现三个特点，一是全国城市化总体水平有所提升，在4.2亿多总人口中，城市人口有3200余万，占比约为7.6%。二是乡村人口主要是向市镇集聚，"宋代以后城市人口出现一种离心现象，集中的程度减弱，大中型城郡停止扩充，而市镇的数目大量增加，整个的城市人口愈来愈向农村靠拢"[②]。三是在市镇比较集中的江南地区城市化水平明显高于其他省区，有研究者综合海内外学者研究成果后认为，清代中叶江南地区城市人口比重最高时的平均水平应该为10%～15%，"而同时期全国的城市人口比率，据G.Rozman的估计仅为6%～7%。江南地区的城市人口比重超出全国的一倍以上，足以说明江南地区是全国城市化水平最高的地区之一"[③]。

——19世纪20世纪前半叶的现代都会。19世纪晚期，在外力刺激和内力推动、政府主导和民间参与等因素共同作用下，中国现代城市化和城市现代化开始启动。与传统城市化主要依靠行政手段推进城市建设与发展不同，近代中国的城市化运动以工业革命和商业革命为原动力，一大批迥异于传统"郡县城市"，以工业、交通枢纽和商业为主要功能的现代都市如雨后春笋般"破土而出"。近代中国现代都市体系主要由开埠通商城市、新型工商业城市、交通枢纽城市等构成。1928年7月3日，南京国民政府公布中国有史以来最早的城市组织法《特别市组织法》和《市组织法》。这两部法律，以中央的名义正式将城市纳入国家行政序列，从而建立起现代城市体制。作为一种全新的城市文明形态，现代都会除了工业、交通和流通成为城市的主要功能外，其迥异于传统城市突出之点是摒弃城乡合一的管理体制，建立现代城市制度，使城市成为独立的具有法人地位的政治经济社会实体。**现代市制建立使城市取得了和省、县一样的行政地位，从法律和制度上扫除了城市发展的体制障碍，有利于城市建立和发展**。全国各地纷纷谋求市政独立，建市热情一路高涨。"自我国民政府成立以还，以各地先后建立市府者，不下数十处，其建市之热烈，一时风起云涌，如火如荼，此实训政时期之新

---

①② 〔美〕赵冈：《论中国历史上的市镇》，《中国社会经济史研究》1992年第2期。

③ 王卫平：《明清江南地区的城市化及其局限》，《学术月刊》1999年第12期。

气象,足征国人重视都市建设也。”[①]据统计,1927 年至 1936 年十年间,先后建立特别市(院辖市)7 个、普通市(省辖市)18 个,以市政筹备处等组织机构行使市职能的城市有 8 个。截至 20 世纪 40 年代初,“直隶于行政院之市,现有南京、上海、北平、天津、青岛、西安(市政府未成立)及重庆,威海卫行政区直属于行政院……隶属于省政府之市,有广州、汉口、杭州、汕头、济南、成都、贵阳、长沙、兰州、厦门、昆明、开封、桂林、衡阳、南昌、韶关及自贡;设市政筹备处者,有包头、武昌及连云;设市政委员会者,原有九江及郑州,现九江市政委员会已裁撤”[②]。**现代市制的建立使城市获得独立行使城市规划、城市建设、城市管理的的权利,国内各城市政府按照城市自身发展的规律,按照现代方式规划城市,以期高起点、高标准建设现代化城市**。广州建市后,对市区规划面积作出新的调整:“现以本市海岸交通、商务繁盛,人口亦日渐增加,自非展拓市区范围,不足以资容纳而规久远。”[③]昆明自 1922 年成立昆明市政公所,即规划将其“改建为全省中心的新都市”,“市区的划分和市街的改造……就是把从前的旧都市,改造成新的、理想的、庄严灿烂的中心都市,预定的市区,是划全部面积五十方里,旧城市地方,仅占了三分之一”。[④] 四川军阀杨森经营重庆和成都,颇具战略眼光。在重庆、成都的改革举措,不仅使这两个城市市容市貌大为改观,也为四川城市现代化产生了示范效应,带动了区域城市化的可喜进步。重庆《海关十年报告》以赞扬的口吻评价说:“过去几年间进步之速已堪庆幸,前途希望更是无穷。成都、重庆、万县以及其他比较重要城市,只要有时间和资金,都将很快地具备现代景象而且成为优美的居住地区。”[⑤]郑州市政当局也不甘人后,“郑州北依黄河,南临长淮,京汉陇海交叉其间,为我国中原交通中心。惜自民六辟为商埠,时局不靖,阻力横生,工商业不能十分发展。今革命成功,冯焕章励行市政,委刘治洲主持其事,勘定市界,南北约五十余里,东西约廿余里。对于新市区,正从事调查测量;对于旧市区,卫

---

① 董修甲:《中国市政问题》,《清华周刊》1932 年第 38 卷第 7—8 期,第 141 页。

② 钱端升:《民国政制史》下册,上海人民出版社 2008 年版,第 732 页。

③《广州展拓市区及筑路》,《道路月刊》1923 年第 6 卷第 3 期,“调查游记”,第 8 页。

④ 昆明市政公所秘书处:《昆明市政概况》,陆丹林编纂《市政全书》第三编,道路月刊社 1928 年版,第 9~10 页。

⑤ 周勇、刘景修译编:《近代重庆经济与社会发展(1876—1949)》,四川大学出版社 1987 年版,第 371 页。

生、治安、道路、平民宿舍、平民公园、平民学校、平民图书馆等,均积极整理和建议,处处表现革命精神"[①]。此外,华北、东北地区一些城市也有类似的城市规划和扩展市区的举措。在奉天,甚至有开拓新市区之专门计划,对新区范围、功能分区、经费概算、进展步骤作出详细规划:"奉垣户口,逐年增加,地狭人稠,非展拓住区,不足以资容纳。故自市政公所成立后,即有开辟居住区之计划,当时曾拟在小河沿东南一带,择地筹设,旋经几次考察,以该处时有水患,不能适用,乃决定在大小北边门外、南满路附近地方,另行选购民地,实行开辟。现在大体计划,业经拟定,呈准省署……全区范围:全区约计二千三百亩,共分甲、乙、丙三部。甲部南自小北边门,北至东北大学一带,东西九十丈,南北八百余丈;乙部自小北边门至新开河西岸,与工业区接壤;丙部自小北边门外迤东,至大北边门外一带。按照全区地势观之,南接城内,西区工业区,均为繁华市场,交通往来,亦极便利。北近昭陵,风景清幽;东为旷野,空气鲜洁,亦极合于居民之卫生。故该处之拓为居住区,实兼有都市、田园两方面之利益焉……预算该区全部面积,二千三百亩,除公用地八百余亩外,实丈领地,当在一千七百余亩以上。"[②]**现代市制建立和城市治理的相对独立,改变了"城乡合治"的传统国家治理格局,由重乡治开始向重视城市治理转变,并建立起适合城市特点和城市发展规律的组织管理体制机制。**"以我国自来以农立国,故无近代的市制产生。其有设市之举,乃是近数十年的事。在民国初年,我国现代的市政制度,已经萌芽。国民政府成立后,复有市组织法的公布,五五宪章地方制度中,亦有市的规定;虽说其规定者,并不满人意,但这均可有以证明:'欲使城市适应工商业社会,必须与农村社会有不同的政治组织不可。'"[③]**现代市制建立和城市治理的相对独立,改变了传统城市没有独立的行政建制、不具备行政主体法人资格的状态,以法律的形式确立城市市政独立,并实行城市自治,逐步构筑起"城市共同体"。**"夫市为地方之基本单位,其组织亦自必为国家组织之层次,其自治之性质,亦必与省县等地方单位无异……中山先生所倡地方自治学说,以为地方自治之范围与目的,在实行民权

---

① 张宏业:《郑州市近况及将来设计要点》,陆丹林编纂《市政全书》第三编,道路月刊社 1928 年版,第 48 页。

② 《奉天开辟居住区之计画》,陆丹林编纂《市政全书》第四编,道路月刊社 1928 年版,第 106~109 页。

③ 文学诚:《论宪法之市制》,《市政评论》1948 年第 10 卷第 4 期,第 39 页。

民生两主义,换言之,地方自治之性质,兼有经济性与政治性。"[①]**现代市制建立和城市治理的相对独立,推动了近代中国工业化、城市化、城市现代化运动的快速发展,推动了传统的乡村社会向现代城市社会、传统城市文明向现代城市文明的全面转型。**从"重乡治"到"重市政",标志着中国都市社会正在真正到来;由"城乡合治"到"市政独立",标志着现代城市文明形态——城市独立、城市自治、城市共同体已在近代中国开始生成。1932 年,全国 10 万以上人口规模的城市总计 108 个,城市总人口 3076 万人,较之 1900—1911 年间全国城市总人口的 1464 万人,增加了 1600 余万人。"现在中国的情形很像有从乡村生活变到城市生活的趋势了。上海,广州,汉口,天津等处的人口的骤增,各处商埠的渐渐发达,都是朝着这个方向走的。我们这个民族自从有历史以来,不曾有过这样人口繁多,生活复杂的大城市。大城市逼人而来了!"[②]

二、武汉史是中国城市史的缩写版

盘龙城将武汉城市起源定格在 3500 年前,武汉是中国最早兴起并具有典型"邑制城市"的城市之一。在中国省会城市中,武汉城龄仅次于郑州和杭州,位列第三。郑州城龄 5300 年,杭州 5300 年,武汉 3500 年,北京 3100 年,西安 3000 年,广州 2000 年,上海 700 年,天津 600 年。

从 1954 年盘龙城的发现,到 21 世纪初对盘龙城古城遗址勘测、挖掘、研究的深入展开,盘龙城渐渐揭开了神秘的面纱,人们对它的认识变得明了和清晰:盘龙城是商王朝在长江流域的一个重要政治军事中心,"既是一个军事重镇,也是一个诸侯封国"[③],修筑于公元前 1450 年左右,属于商代早期、二里岗上层文化期,废弃于公元前 1300 年左右,存续时间约为 150 年。[④] 盘龙城的发现,对于中国及武汉文化史和城市史具有多重意义:它是商代统治达于长江流域乃至更广

---

① 戚武斌:《从宪法上市自治条文之规定论市自治通则生产之重要性》,《市政评论》1948 年第 10 卷第 4 期,第 30 页。

② 胡适:《〈市政制度〉序》,《胡适文存》三集卷九,亚东图书馆 1925 年版,第 2 页。

③ 李学勤:《盘龙城与武汉市的历史》,《学习与实践》2002 年第 4 期。

④ 参见徐少华《从盘龙城遗址看商文化在长江中游地区的发展》,《江汉考古》2003 年第 1 期。

阔的南方地区的重要表征,体现了南北文化的高度统一和深度融合;它在商代城市体系中处于第二等级即“族邑”“方国”的重要位置,是中国古代“邑制城市”的起源城市和典型代表;它是武汉城市之根,开启了武汉作为区域政治、军事中心城市之先河。

盘龙城与商文化的统一性与一致性体现在城市规划格局,宫殿形制,筑城技术,青铜、陶器及玉器制作工艺和风格,墓葬习俗等方面。在城市规划和布局方面,“盘龙城是一座东西 800 余米,南北 800 余米,有内外两重城垣的较大规模的‘回’字形城市遗址。这种形制,与郑州商城如出一辙”[①]。盘龙城宫殿形制和营造技术与商代宫殿具有一致性,“二里头早商宫殿的正殿,面宽 30.4 米,进深 11.4 米;安阳殷墟的晚商宫殿,其轮廓搞得比较清楚的以小屯甲组十一号基址为最大,长 46.7 米,宽 10.7 米;盘龙城 F1 是时代在二者之间而其规模亦正介于二者之间,无疑是二里岗时期长江中游一个强盛方国的重要宫殿。这一难遇资料,其立柱、筑墙等等营造技术同二里头早商宫殿的一致性,进一步揭示了当时当地文化同黄河流域的统一性;而由于其保存情况又胜过其他已发现的商代宫殿,还使其科学价值超过了本身原有的地方局限性,成为对研究整个商代社会面貌和建筑技术具有普遍意义的典型材料”[②]。关于盘龙城墓葬习俗及青铜器、陶器的风格,考古学家经过与郑州等地商文化比较研究后认为,“盘龙城商代遗址和墓葬的发现和发掘,扩大了我们对商代文化领域的认识,是考古工作中的一个重要收获,所出的青铜器,虽铸造于长江流域,但与郑州等地商代青铜工艺作风完全一样,使我们看到了我国早在商代二里岗期南北文化已趋统一”[③]。种种迹象表明,盘龙城古城遗址文化作为商文化的一个地区代表,与黄河流域的商文化一脉相承,高度一致。对此,早在 1970 年代考古学界已达成共识,认为盘龙城的二里岗早期商文化在六个方面实现了与北方商文化高度的统一性:“第一,城墙的营造技术完全一样;第二,宫殿的建筑手法几乎一样;第三,埋葬的风俗完全一致;第四,青铜工艺的作风一模一样;第五,制玉工艺的风格全部相同;第六,制陶工艺

---

① 皮明庥主编《简明武汉史》,武汉出版社 2005 年版,第 14 页。

② 湖北省博物馆盘龙城发掘队、北京大学考古专业盘龙城发掘队:《盘龙城一九七四年度田野考古纪要》,《文物》1976 年第 2 期。

③ 湖北省博物馆:《一九六三年湖北黄陂盘龙城商代遗址的发掘》,《文物》1976 年第 1 期。

亦是基本器皿特征相同,而仅仅是红陶缸所占比例特别之大。”①1990 年代,考古学界关于盘龙城城市遗址与商文化一致性的上述观点得到学界一致认同和官方认可,1992 年,在上海古籍出版社出版的《中国考古》一书中,文化部文物事业管理局在《盘龙城遗址遗物》一文中认定“从盘龙城商代城垣的筑法、宫殿基址的形状和出土的青铜器、玉器、石器、陶器与骨器看,和郑州商城的筑法与出土物有许多相同之处,而部分铜器和陶器则有着明显的地方特征,种种迹象表明盘龙城是一座相当于商代二里岗期的城址”。1998 年出版的《中国重要考古发现》进一步论定:“盘龙城遗址,无论从城墙夯筑技术,陶器特征、青铜工艺、玉器风格及埋葬习俗等方面,虽有一定的地方性特点,但与郑州出土的商代中期文化具有明显的一致性。总的说来,属商文化系统。当地应是商王朝在长江流域的一个重要方国。”②

历史进入秦汉,废分封,立郡县,中国开启延续二千余年的“郡县城市”时代。武汉地区设郡立县,始于西汉初年,汉高祖六年(前 201)设江夏郡,今武汉地区范围内有西陵县、邾县、沙羡县之创设,其中沙羡已接近于今武汉中心区。汉魏之际,今武汉中心区更有却月城、夏口城、鲁山城之构筑,武汉在中国古代从“邑制城市”向“郡县城市”即“王邑城市体制”向“官僚城市体制”转变过程中继续充当领先者角色。夏口城和鲁山城,夹江而立,双城并峙,成为“以东南言之则重在武昌”③的区域政治、军事中心。夏口城因与长江对岸的却月城以及随后不久兴起的鲁山城隔江相望,从而形成武汉地区双城并峙的城市格局。因此,夏口城的诞生便具有了超越个体城市——对整个武汉城市格局和发展走向产生深远影响的重要意义。

首先是双城并峙但又彼此联系、互为关照城市格局的奠定。夏口城和却月城、鲁山城是此后鄂州城—武昌城和汉阳城的真正起点,武汉双城格局在时间上连绵不辍达千年之久,直至明代中叶汉口崛起,为三镇鼎立的格局所取代。汉、魏之际的夏口城和却月城、鲁山城既是独立的城市个体,又因其行政中心的职能

① 湖北省博物馆盘龙城发掘队、北京大学考古专业盘龙城发掘队:《盘龙城一九七四年度田野考古纪要》,《文物》1976 年第 2 期。

② 黄石林、朱乃诚:《中国重要考古发现》,商务印书馆 1998 年版,第 89 页。

③ 〔清〕顾祖禹撰,贺次君、施和金点校:《读史方舆纪要 · 湖广方舆纪要序》,中华书局 2005 年版,第 3484 页。

超越城市空间范围而使两岸城市和地区之间发生联系。如却月城作为沙羡县治所时其管理范围就达到江南广大地区,夏口城曾是吴江夏郡治所之所在,其管辖范围除江南武昌、下雉、阳新、沙羡外,还包括江北郏县、云杜、竟陵等地区。在孙吴统治的绝大部分时间里,夏口和鲁山两城在一个政权的统治下,彼此之间联系紧密,都曾为江夏郡治所,武汉城市一体化从其诞生的那个时代开始就已初露端倪。

其次是港城一体城市空间布局的形成。夏口城和却月城、鲁山城的空间布局除了传统郡县城市的一般性特征外,还具有港城一体的滨江城市特色。却月城南倚龟山、北扼汉水入江口,陆地是军事城堡,水中是军事港口。黄祖为江夏太守时,在却月城建大型水师基地,仅建安四年(198年)在与孙策的战斗中就损失战船6000余艘,其军港规模之大由此可见一斑。夏口军港规模较却月城有过之而无不及,据说赤壁大战时这里屯扎的周瑜水军多达数万。而且,夏口的军港还不止一个,鹦鹉洲、南浦和黄军浦皆是其重要军港。如鹦鹉洲,"由于这里四面环水,其和今武昌江岸间的夹江地带,尤便于舟船往来,东汉末便成为重要的军船出没之地。梁大宝元年(550年),邵陵王萧纶为讨侯景,在郢州大造军器。湘东王萧绎怕其势力渐盛对自己不利,于是派王僧辩率领一万水师进驻鹦鹉洲,萧纶被迫出走武昌(今鄂城)。大宝二年(551年),侯景派宋子仙夜袭武昌时,事先也是将大批水军埋伏在鹦鹉洲一带。由于此次偷袭成功,侯景的13万水军乘胜西进,竟至'联旗千里'"①,足见其港口规模之大。夏口、却月港城一体化显示了武汉城市水陆并存并重的城市空间布局特色,陆上城楼巍峨,江畔帆樯十里,是武汉成为闻名海内外的"船码头"之滥觞。

第三是商、兵并用的城市功能体系的建构。却月城和夏口城不仅是军事堡垒和地方行政中心,也是重要的商业港口城市。作为港城一体的码头城市,城市功能分工一般是城——"安屯戍地",港——"导财运货,懋迁有无"。如却月城,东汉蔡邕《汉津赋》称颂它是"南援三州,北集京都。上控陇坻,下接江湖。导财运货,懋迁有无"。如夏口城附近的黄军浦,《水经注》说:"直鹦鹉洲之下尾,江水溠曰洑浦,是曰黄军浦。昔吴将黄盖军师所屯,故浦得其名,亦商舟之所会

---

① 刘玉堂主编《武汉通史·秦汉至隋唐卷》,武汉出版社2006年版,第134页。

矣。”[①]明确指出其既为水军屯扎之所又是繁华商业码头的商兵兼用功能。

南宋以降，经济重心南移，武汉在中国政治经济总体格局中渐具影响，其城市发展在两个方面引人注目，一是湖北政治中心东移，武昌成为湖北政治经济中心；二是明清时期汉口崛起，成为中国传统社会新型市镇系统里顶端的城市。

元代以前，荆州一直是湖北政治中心之所在。对此，清代学者顾祖禹有精当论述：

> ……以湖广言之则重在荆州。何言乎重在荆州也？夫荆州者，全楚之中也。北有襄阳之蔽，西有夷陵之防，东有武昌之援，楚人都郢而强，及鄢郢亡而国无以立矣，故曰重在荆州也。[②]

湖北政治中心由荆州向武昌东移是一个漫长的历史过程，其中有三个历史节点值得关注：其一是魏晋重视江夏和刘宋分荆置郢，客观上扩大了郢州—江夏的势力范围，提升了江夏作为地区行政中心的政治地位和影响力。其二是南宋时期荆湖北路治所及一些重要的一级权力机构数度在鄂州与荆州两地转移。南宋时期荆湖北路的治所和其他重要权力机构三次从荆州移治鄂州。第一次是建炎二年（1128 年），南宋在鄂州设置鄂岳制置使，统管荆湖南、北路诸州，军的兵力调配、布置等。第二次是南宋绍兴二年（1132 年），朝廷撤销早前一年（即绍兴元年）设置的荆湖东路和荆湖西路（鄂州为荆湖东路安抚司治所），仍恢复荆湖南路和荆湖北路，其中荆湖南路治潭州（长沙），荆湖北路治鄂州。[③] 绍兴十一年（1141 年），宋、金关系渐趋缓和，荆湖北路的军事指挥中心从鄂州迁回江陵。第三次是南宋淳祐五年（1245 年），出于抗蒙军事目的，朝廷又将荆湖北路安抚司治所由荆州移至鄂州，景定元年（1260 年）南宋还在鄂州设置了荆湖制置使，直至咸淳七年（1271 年）始罢。其三是元代及明清时期将武昌作为湖广行省的治所，武昌最终取代荆州成为湖北的政治中心。

---

① ［北魏］郦道元著，陈桥驿校证：《水经注》卷三十五《江水》，中华书局 2007 年版，第 805 页。

② ［清］顾祖禹撰，贺次君、施和金点校：《读史方舆纪要 · 湖广方舆纪要序》，中华书局 2005 年版，第 3484 页。

③ ［元］脱脱等撰：《宋史》卷八十八《地理四》，中华书局 1977 年版，第 2192 页。

宋元时期湖北政治中心逐步东迁并最终确立武昌为湖广地区政治、经济、文化中心,乃是由政治、地理交通和经济方面等多种因素所促成。其一,政治因素:区域行政中心的确定往往以国都为中心的国家政治版图的变迁为依归,历史上夏口—郢州(江夏)—鄂州—武昌城市地位的升降黜陟皆是因此而起。由于"以东南言之则重在武昌",因此,每当国家政治版图向东南——长江中下游迁徙之际,便是武昌政治地位提升之时。宋代及宋以后,武昌逐步取代荆州、襄阳的地位而成为湖北政治、经济和文化中心,既有两宋时期经济文化重心南移的远因,更与南宋定都杭州、明初定鼎金陵需要武昌作为上流屏障大相关涉。元代虽然定都北京(大都),但忽必烈和伯颜看中武昌"江南要地"的战略地位,希冀借重武昌夺取并管控江南,因此才有将其作为湖广行省治所的划时代举措。

其二,地理和交通因素:唐与北宋时期,朝廷或建都长安,或建都开封,荆州和襄阳地理位置在军事和经济诸方面相对鄂州要重要得多。但中唐以后局面慢慢改变,首先是"安史之乱"后江汉漕运线成为唐朝经济大动脉,漕粮从鄂州经汉江由襄州(襄阳)进入陕西,较之荆州陆运便省,荆州的交通枢纽地位第一次发生动摇;接着是宋朝定都开封,朝廷以汴河为漕运主航道。"五代(907—960年)时,除后晋以外的四朝首都都设在开封,中国国都不再像以前的长安那样因防范的需要而选址于内陆,转而主要因交通、经济和补给的需要而很自然地被安置于交通方便的东部低地。""开封和杭州作为大运河起点和终点这一点很重要,当时大运河流经的途径是:起自黄河下游自古以来的交通枢纽开封,向东南流向淮河附近的洪泽湖和楚州(淮安),之后与明清时期一样都流经扬州到达长江,经长江后过镇江、苏州到杭州,整个流程达700公里。大运河河道加上长江,呈反'L'形,成为南北交通和东西交通的大运脉。"①这样一个交通布局使鄂州与中央政府的政治、经济联系无论是从水路抑或陆路都绕过了荆州和襄阳。水路方面,北宋时漕运船只顺江东下到扬州,再通过运河及汴水到达开封;南宋时则顺江东下到镇江后通过运河到达杭州。陆路方面,自北宋时即从武昌经孝感、广水、信阳而到达开封,这条交通线路直至元、明、清亦相沿不变。最后,元、明、清时期,从武昌和汉口、北京的水路交通经过长江到镇江后,一条是继续顺江东下,通过海运途经天津再转北京,另一条则是转道运河北上直达北京。由此可见,早在南宋时

① 〔日〕斯波义信著,布和译:《中国都市史》,北京大学出版社2013年版,第24页。

期,荆襄的交通枢纽地位就已完全让位于鄂州。

其三,城市发展因素:交通格局的改变对于鄂州—武昌城市发展意义重大,尤其是漕粮转运中心地位的确立,直接刺激了城市经济的发展和人口集聚。大量的漕运船只成为鄂州港口运输的主体,撑起鄂州长江水运半边天,同时也带动了鄂州民间航运业的发展,形成鄂州江面帆樯云集、千船竞发的繁荣局面。南宋著名诗人陆游在《入蜀记》中描绘:"至鄂州,泊税务亭。贾船客舫,不可胜记,衔尾不绝者数里。自京口以西,皆不及。李太白《赠江夏韦太守》诗云:'万舸此中来,连帆过扬州。'盖此郡自唐为冲要之地。"①水上如此,岸上街市更是,陆游所见"市邑雄富,列肆繁错,城外南市亦数里,虽钱塘、建康不能过,隐然一大都会也"②。最繁华者莫过南市,同样是宋代诗人的范成大,曾亲眼所见南市店铺林立,市廛甚盛:"辛巳晨,出大江,午至鄂渚,泊鹦鹉洲前南市堤下。南市在城外,沿江数万家,廛闬甚盛,列肆如栉,酒垆楼栏尤壮丽,外郡未见其比。盖川、广、荆、襄、淮、浙贸迁之会,货物之至者无不售,且不问多少,一日可尽,其盛壮如此。"③商业兴盛,吸引了大批人口集聚,至北宋时鄂州户口已达96000余户,超过荆州(85000余户)和襄阳(87000余户)。自元至明,武昌商业持续发展,"省城当七省冲,江夏附郭,水陆交通,百货云集。元暨明初,汇于金沙洲。崇祯间,鹦鹉洲没于江,更汇于坛角。舟车络绎,熙来攘往,号称极盛"④。明末清初,武昌城商肆错列,百货山积,五方杂处,市井喧闹。崇祯年间有外乡人游历到此,省城热闹熙攘的繁华场面给其留下深刻印象:"惟是鄂城周遭几二十余里,长衢蜒蜿,曲巷逶迤。道上行人习习如蚁。余一盖一舆,至轵不得进。每一哄之市,而百货罗列,似游五都;璠玙夺目,若入蜃楼;宝光烛斗,洵一大都会也"。⑤

从荆州到武昌,两地自然地理距离不过三百余华里,然而政治文化中心的迁徙却经历了漫长的历史时段。荆州与武昌城市地位的转换,绝非人们主观意志"拍脑袋"的一时冲动,既有因地缘政治变动而调整地方行政区划及首府设置的主观动因,也是彼此地理交通变迁和经济、人文实力此消彼长的客观结果。王葆

---

①② 〔宋〕陆游:《入蜀记》卷四。

③ 〔宋〕范成大:《吴船录》卷下。

④ 同治《江夏县志》卷五十《风俗志士·商贾》。

⑤ 王葆心著,陈志平、张志云、余皓等点校:《续汉口丛谈》卷一,湖北教育出版社2002年版,第13页。

心曾在《再续汉口丛谈》中系统论述自晋至清荆、襄社会与文化地位流变,如数家珍地罗列古代荆州商旅之繁华、舟车衣冠之辐辏、人才士风之灿然、民情风俗之侈靡。“由今考之,其盛至宋初,盖犹未已。”但宋代以后,荆州开始走下坡路,其湖北“首善之州”的地位逐渐为鄂州所替代。两地实力对比及位置转换是在什么时候最终确立的呢?清代学者和旅行家刘献廷对这一趋势和结果曾有概述:“盖上游繁盛,古说荆襄,后则团风镇,明季移于武昌。”他还谈到,荆州沙市在明朝末年还十分繁华,“列巷九十九条,每行占一巷,舟车辐凑,烦盛甲宇内,即今之京师、姑苏皆不及也”。但到清初,不过二三十年时间就迅速衰落了,“今则寥寥一带尔,盛衰变迁,令人感慨系之”。① 王葆心对此表示赞同,并有进一步申说:“刘氏明季移于武昌之说,其事亦有据依。余前卷颇谓《汉阳县识》明元商市会于金沙洲之言,以刘氏此说证之,其言亦可称得半之说。据清初方志,金沙洲在府城西南,百货云集,商贾凑至。兵燹后,移镇汉口。清康熙十二年,分守武昌道,招徕商贾,渐复旧观。盖此语即张氏《县识》所本,亦即刘氏明季移于武昌之证。”②

两宋以后尤其是明清时期,武汉城市史的另一个亮点是汉口崛起,不仅最终形成武汉三镇鼎立格局,而且因其非行政中心和突出的商业中心功能等有别于传统郡县城市的异质另类特性,虽然在中国城市“大家族”中“出生”也晚却后来居上,至清初迅速崛起为“天下四聚”之一。汉口的城市规模、商业势圈远胜于江南那些小市镇,十里长街汉正街作为汉口的“母街”见证了汉口500年的喧嚣与繁华。

清末民初,中国以建立独立的现代市制、改变传统城乡合治为旨趣的“市政改革”开启,广州、武汉、上海等地的设市掀起了中国城市化和城市现代化最早的一波浪潮。现代市制的建立,使中国城市作为一个独立的政治单元第一次出现在国家政治版图上。城市不仅摆脱封建国家和地方政权附庸地位而有了独立的市政府,而且获得了地方自治和民主政治优先发展的权利。城市独立和市民自治的愿望也以城市与地方的分治、独立的市政府和专业化程度很高的市政机构的建立而得以部分实现,传统城市的功能单一性、政治地位的从属性以及与乡村的同一性开始改变。中国城市从传统到现代的转型至少在形式上至此完成。

---

① 〔清〕刘献廷撰,汪北平、夏志和点校:《广阳杂记》卷四,中华书局1957年版,第200、200~201、201页。

② 王葆心著,温显贵点校:《再续汉口丛谈》卷一,湖北教育出版社2002年版,第197页。

在这次颇具规模的“市政改革”中,武汉(汉口)具有特殊地位。首先,武汉(汉口)是较早进行市政改革的城市之一,民国时期著名的市政学家董修甲1926年所著《市政学纲要》列举的一批较早进行现代市政运动的城市中就有汉口:“近年来,我国各省,工商发达,城市日见兴盛,因之市政问题,竟成当今唯一之急务。三年前,吴淞虽一度筹办市政,但未及两载,骤然中止。安庆、福州、九江等处,各已筹备市政多年。南京于数年前,开始筹划市政,并于本年九月,正式成立市政督办公署,订定计划,积极进行。淞沪商埠督办公署,于今年五月成立,颇有刷新上海市政之宏愿。此外如广州、杭州、昆明、北京,及天津、汉口、东三省各特别区,均早举办市政有年,各省提倡市政之热心,于此可见一般。”①其次,汉口是当时少数几个特别市之一,据国民政府内政部年鉴编纂委员会1936年编纂出版的《内政年鉴》统计,当时全国批准成立的特别市(或院辖市)共有7个:南京、上海、北平、天津、青岛、汉口、广州。其中汉口设立特别市的时间最早,1926年10月北伐军攻克武汉,12月设武昌市和汉口市,次年1月国民政府从广州迁到武汉,将武昌和汉口两市合并为武汉特别市,直隶于武汉国民政府。1929年6月,武昌划出,改隶湖北省政府,武汉特别市更为汉口特别市。其他6个特别市,最早设立者为南京,时间是1927年5月,较之武汉晚4个月;最晚的是北平市,直至1930年11月才被批准为院辖市。第三,武汉尤其是汉口的特殊地位,使其成为当时市政研究者和市政改革家们重点关注的地区之一。有人在当时市政学界最具权威性的杂志《市政评论》上撰文,认为从国防的角度考虑,中国少数仅有的重工业、工厂、大商家及大银行多半集中于上海等沿海城市是很危险的,因此必须在内地选择一些城市进行重点建设。但是,“在内地选择一个适宜的地点,作为工商业的中心,是不易的。只有天然的优良条件,未具相当的政治的经济的基础,是不够的,我们从各方面观察及研究,认为武汉三镇是最应当积极建设的内地城市。在历史上,武汉有其特殊之意义,它不但为国人所重视,同样的为国际间所注意;在地理上,武汉居全国中心,扼大江上下游的咽喉,为军事上必争之地,有国防上的重要意义;在经济上,武汉是华中物产汇聚及运销的所在,是长江上游的‘生命线’;此外,就交通言,它是全国三大交通干线的交接点;就工业言,它有历史较久及规模可观的各种工厂;这些物质的及社会的条件,在内地是找不到第

① 董修甲:《市政学纲要》,商务印书馆1927年版,“序”,第1页。

二个的”。“我们根据上述的分析,认识了武汉的重要,我们可以说:建设武汉是一个国防问题,是一个使中国现代化的问题,是一个与全国有关的问题,不是一省或一地方的问题。假若现在我要喊口号的话,我当首先喊:中国要努力于都市建设!政府应积极建设武汉”![1] 第四,汉口“市政改革”和市政建设特色突出,成效显著。武汉和汉口地位的重要,当然不只有一般学者注意到了,事实上当时的国民政府对于汉口这个特别市是非常重视的,委派了资历和学历都很高的刘文岛任市长,具体主持市政的工务局局长董修甲是美国加州大学的市政学硕士、国内著名的市政学家。在当时7个特别市中,南京、上海、广州、汉口四市人事配备有两个显著特点,一是市长人选都是由具备丰富从政经验、受到国民政府信任和重用的高级军政、党政人员担任;二是四个市政府高级职员专门化程度较高,不少具备专深知识技术素养,又有留学经历和行政经验的专门人才,被安排到这些城市政府中担任部门领导职务。这种良好的人事配备从一个重要侧面说明了汉口在国民党中央政权心目中的重要地位,汉口的市政改革和市政建设也因此搞得有声有色,在全国各大城市中名列前茅,有不少举措在全国都属首创,如实行政府采购,“国内首采斯制者为汉口”。[2] 市政府的设立,受到市政学界广泛赞誉:“近数年来,我国各城市,对于市政稍加注意,举凡通商大埠,如上海、广州、天津、汉口等处,均有市政机关之创设,以谋市民之幸福。”[3]

由于武汉(汉口)在20世纪二三十年代“市政改革”中这种特殊地位,因此,无论是在近代中国的城市地位还是“市政改革”运动本身,武汉(汉口)都值得重视。1926—1938年是武汉(汉口)城市发展史上的黄金时期:独立的具备现代政治形态的城市政府正式建立;具有现代民主政治意味的市组织条例被批准实行;特别市的建制使武汉(汉口)获得了前所未有的发展条件和发展机遇;城市规划的制订、功能分区的划定、一系列城市管理制度和规定的出台,将城市的发展纳入了制度化、规范化、科学化运行轨道之中;市民对城市的责任观念、公共意识开始形成;市容市貌大为改观,现代化都市风貌粗具规模。1933年,《道路月刊》记者到汉口采访,对其整洁美丽的市容有深刻的印象:“近两年来,市府修路的成

---

① 姜春华:《都市建设与建设武汉》,《市政评论》1935年第3卷第8期,第11页。
② 张锐:《青岛市政实况》,《清华周刊》1932年第38卷第9期,第55页。
③ 陈恺廷:《我国目前的几个市政问题》,《市政评论》1936年第4卷第3期,第8页。

绩，出乎我们意料之外，由牛路跳过了马路的阶段，进而为现代的柏油路。汉口法日两租界，觉得自惭形秽，竟步市府之后尘而翻造柏油路了。记者这次到汉口来，从三个特区到两个租界，走的都是康庄大道。”“租界及特区以内之各种旧式衖堂，大半已翻造为新式整洁的衖堂。从前残破的房屋，黯淡的市容，无不一扫而空，而并从前蹲伏在路旁褴褛不堪的乞丐，现在已差不多完全肃清了，今日的汉口市，已不是蒙不洁的西子，而是装束入时的少妇。”①

纵观近代武汉（汉口）近百年城市现代化进程，有三个历史阶段不可忽视：1861年开埠，汉口被开辟为条约通商口岸，由一个以区域交换市场为主体的内陆商业市镇迅速上升为开放的国际性城市；1889—1907年张之洞督鄂实行“新政”，汉口由功能单一的商业城市向复合型工商城市转型；第三个历史时期便是这次“市政改革”。从城市史的角度审视，20世纪20年代末30年代初是武汉现代城市体系最终形成时期，在武汉近代城市发展史上的地位至关重要。研究这段历史，厘清武汉城市现代化的发展线索和内在理路，对于探讨现代社会条件下政府如何行使城市管理职能，以完善城市功能结构、提高城市现代化管理水平具有重要的借鉴作用。

以上我们对武汉3500年城市发展史作了一番简短的回顾。正是由于武汉城市在时间演进和形态类型与中国城市史的高度契合，武汉城市史的研究也因此获得了超越个体城市并以此为蓝本认识和研究中国城市史的范型意义。“城市的含义一方面是一个个具有个性的城市个体——它像是一本形象指南，对你讲述其所在地区的现实生活和历史记录；另一方面，总体而言，城市又成为人类文明的象征和标志——人类文明正是由一座座富有个性的具体城市构成的。”②

三、中国城市史研究的重要样本

武汉在中国城市史上这种独特的历史地位，不仅使其在中国历史上一次又一次扮演重要的角色，而且成为海内外历史学家研究中国历史的一个重要的城

---

① 菊：《武汉的新气象》，《道路月刊》1935年第47卷第2号，“杂俎”，第3~4页。

② 〔美〕刘易斯·芒福德著，宋俊岭等译：《城市文化》，中国建筑工业出版社2009年版，第5页。

市样本。这里仅以商代盘龙城和清代汉口为例略作分析。

盘龙城不仅是武汉城市之根,而且在中国文明史、城市史、考古学史上占有重要地位。盘龙城是先秦时代“邑制城市”的典型代表,在商代城市体系中具有极为重要地位,是商王朝在长江流域的一个重要政治军事中心,“既是一个军事重镇,也是一个诸侯封国”(李学勤先生语)。按照斯波义信对商朝城市大邑—族邑—小邑,或是王邑—族邑—属邑的分类,盘龙城显然属于“族邑”类城市。无论是城市的规模、宫殿的形制,还是墓葬规格及殉葬的人和器物,都表明盘龙城“是商人在长江之滨建立的一个重要方国”[①]。在香港学者薛凤旋的眼中,盘龙城在商代四级城市体系中占有重要地位,他把二里岗的城镇体系分为国都、在都城300公里内的区域性中心、沿边地区的区域性中心以及商的属地和独立的方国四个等级,“商代沿袭了夏代的空间发展规律,以一个四级聚落体系来管理广袤的领土。王朝的核心地带仍是中原,在此地夏商两个民族多个世纪以来已经互相糅合……这其中,尤其突出的是两大核心城市——亳(郑)和西亳(偃师)。此外,商代还有三个拥有坚固城墙的区域中心,分布在重要的交通枢纽上,以便帝国由边沿地区向首都转运关键的资源,如青铜工业所需的各种原料、食盐、贵重器物和藩属地区向中央朝贡的各类地区特产。这些区域中心亦成为监控边沿地区的地区总部”。在“沿边地区的区域性中心”城市中,薛凤旋列出东龙山、老牛坡、大辛庄、盘龙城等四个城市。关于盘龙城,薛凤旋如是描述:“盘龙城在下二里岗时,这个夏代聚落仍只是个面积20公顷、以冶铜及铜的运转为主要功能的城市。在上二里岗时,它扩展为一个面积100公顷、有坚固围墙的大城,而且城内建筑和功能分布十分规整。中心的宫殿区面积为6000平方米,内中有一个陶制的排水系统。宫殿的规模虽然逊于亳及西亳,但和它们拥有同一风格。它似乎是个重要王室成员的封国的首都。城外不远处发现了36个大墓葬群,每个墓都拥有青铜礼器的陪葬品。其中四个的陪葬品中有铸铜熔炉,可能他们就是负责冶炼和转运铜的贵族,以供应皇室在亳和西亳铸造礼器和兵器之需。在城外发现了不少熔炉和铜水、铜屑等遗存。明显的,这个城市是二里岗时商代控制长

---

① 俞伟超:《盘龙城遗址》,《中国大百科全书·考古学》,转引自郑自来等主编《盘龙城研究——武汉建城年代论著之一》,武汉市历史文化名城委员会1997年12月内部印行,第74页。

江中下游铜矿的开采和初步冶炼的区域中心。”①

作为商代在南方重要的区域性统治中心，盘龙城具有“邑制城市”的一些典型特征，首先是它具有明显的政治—行政中心功能，从城址、宫殿的规模和李家嘴2号墓丧葬规格可以判定盘龙城是商代一个重要方国，宫殿和墓葬主人是商王派驻南方地区的最高统治者。其次是盘龙城的军事中心职能，盘龙城的内外两重城垣，此正如恩格斯所说的“用石墙、城楼、堞垛围绕着石造或砖造房屋的城市，已经成为部落或部落联盟的中心；这是建筑艺术上的进步，同时也是危险增加和防卫需要增加的标志”②。从盘龙城墓葬中发现了大量的青铜武器，“说明了居住在这里的大小贵族都有自己的武装，有着当时先进技术装备的部队。武器的种类有：戈、矛、钺、刀、镞、斧等。其中钺是少见的，形作斧状，弧刃，内作长方。李家嘴二号墓出土二件，一大一小，大钺长达41厘米，刃宽26厘米，器身中部有一圆孔。阑部有两个对称长方形镂孔，用于穿绳缠柄，身两侧饰以夔纹，显示了统治者的威武。这种厚重的大钺，是砍杀力最强的新式武器，在古代是既战器又用于‘大辟’的刑具，《虢季子白盘》曰：‘赐其戊，用征蛮方。’因而，钺在古代常常是作为军事统率权的象征物。盘龙城驻扎着的这支强大军队，有人推断这里是商人南侵的一个军事据点，城址是商人在南方建立的一个都邑”③。第三，盘龙城作为商王朝的“方国”——“族邑”亦即边缘地区中心城市，具备宫殿、城堡、居民区和手工业生产区等独立、完整的城市体系，除了其政治军事功能外，也包含经济和文化功能。“盘龙城的城市规模，不是290×260米，而是1100×1000米以上。它由作为政治、军事中心的宫城与其他手工业作坊区、居民区等几个部分组成。同时，由于生产与居民生活的需要，当有商业贸易或产品交换活动的存在。”④当然，盘龙城这种生产和交换功能是马克斯·韦伯所说的“为了供给这些大都市的庞大人口以及王室贵族的豪华生活”而展开的，“城市的居民直接或间接地依赖宫廷及其他大家计的购买力维生”，“定居在那儿的工匠及其商人的经济机会主

① 薛凤旋：《中国城市及其文明的演变》，世界图书出版公司2015年版，第77~88页。

② 〔德〕恩格斯：《家庭、私有制和国家的起源》，中共中央马克思恩格斯列宁斯大林著作编译室编译：《马克思恩格斯全集》第21卷，人民出版社1972年版，第186页。

③ 陈贤一：《介绍商代盘龙城遗址》，《武汉春秋》1984年第2、3期。

④ 皮明庥、刘森淼：《盘龙城——武汉城邑文明之始》，郑自来等主编《盘龙城研究——武汉建城年代论著之一》，武汉市历史文化名城委员会1997年12月内部印行，第117页。

要也得看城里大消费者——即‘坐食者’(Rentner)——的购买力而定”[①],本质是一种服务于政治军事需要的消费性城市,与后世以经济功能为主体的工商业城市有本质的区别。因此,可以这样认为,盘龙城既是商代区域性中心城市,更是中国“邑制城市”时代的代表性城市,“盘龙城……是已知我国第二座最早的古城……在古城内当亦包括许多其他的贵族甚至平民的居住区和一些手工业生产区,可以认为,盘龙城是具有更早期的历史形态。对研究城市起源和发展的过程来说,盘龙城在我国考古学中,显然具有极为重要的地位”[②]。

有鉴于此,2001 年 4 月,在中国社会科学院考古研究所组织的“中国 20 世纪 100 项考古重大发现”评选活动中,盘龙城荣幸入选,其入选理由是“揭示了商文化在长江流域的传播与分布”。对此,国家夏商周断代工程首席科学家、中国社会科学院古代文明研究中心原主任李学勤作如是阐释:“判断一项考古发现是否价值重大,要看其能否使人们获得对于当时历史的全新认识。盘龙城商代遗址堪称这样一种类型的考古重大发现。”

如果说,商代盘龙城是先秦时期“邑制城市”大家族中的杰出代表,那么,清代的汉口则是明清时期江南工商市镇群落一颗耀眼的明星。尽管明清时期的江南市镇众多且十分繁华,颇有影响,但是,按照施坚雅对传统中国区域经济中心城镇的分类排序,江南市镇如盛泽等充其量只是这一体系中的末端城镇——中间市镇或者中心市镇。从商业功能的角度观照明清之际的城市,真正称得上施氏所说的地方城市、大城市和地域城市的大概只有苏州、汉口。苏州“居货山积,行人水流,列肆招牌,灿若云锦,语其繁华,都门不逮”[③]。有诗“繁而不华汉川口,华而不繁广陵阜,人间都会最繁华,除是京师吴下有”[④],自诩其繁华程度超过了汉口和扬州。但由于苏州是苏州府所在地,属于体制内“法定的”郡县城市一类。因此,真正具备体制外“自然的”商业城市当以汉口为典型。

---

① 〔德〕韦伯著,康乐等译:《经济与历史　支配的类型》,《韦伯作品集》Ⅱ,广西师范大学出版社 2004 年版,第 201 页。

② 湖北省博物馆、北京大学考古专业盘龙城发掘队:《盘龙城一九七四年度田野考古纪要》,《文物》1976 年第 2 期。

③ 〔清〕孙嘉淦:《南游记》卷一,《清代诗文集汇编》编纂委员会编《清代诗文集汇编》二五三,上海古籍出版社 2010 年版,第 275 页。

④ 佚名:《韵鹤轩杂著 · 戏馆赋》。

汉口起源于明代成化年间汉水改道，至明代万历四十年（1612 年），汉口人口仅 8515 人。经过明末清初的发展，至清代中叶已发展成为“人烟数十里，行户数千家，典铺数十重，船舶数千万”的大城市，“1465 年，因湖北省汉水下游的航路改变而产生了名曰汉口的小市，1497 年升格为镇，此后被常设为镇。19 世纪初发展成为拥有 100 万人口，控制由两湖的全部、江西、河南、陕西的各一部分组成的商业圈——‘长江中游大地区’——的中枢首府；而且成长为集地区首府、大城市、地方城市三重商圈的交易功能于一体，各种功能兼而备之的商业中心”①。志书如是描绘清初汉口繁华盛况：“往来要道，居民填溢，商贾辐辏，为楚中第一繁盛处。”②“上至桥口，下至接官厅计一十五里，五方之人杂居，灶突重沓，嘈杂喧呶之声，夜分未靖。其外滨江，舳舻相引，数十里帆樯林立，舟中为市，盖十府一州商贾所需于外部之物，无不取给于汉镇，而外部所需于湖北者，如山陕需武昌之茶，苏湖仰荆襄之米，桐油墨烟下资江浙，杉木烟叶运行北直，亦皆于此取给焉。”③独特的商业功能、非行政中心的城市性质以及商业文化的浸润渗透，使得汉口在传统城市体系中卓尔不群，颇为另类。既是城市形态的：非政治中心的商业码头城市和“转输贸易”商业形态。也是政治、社会与文化的：城市功能的商业性而非政治性，城市布局自然生长而非事先规划，有利于商业展开而非以官衙为中心；城市居民和社会结构以商人市民为主体而非以官僚士绅为主要的；城市治理是自治的而非官治的；城市经济是商业的、市场的而非农业的、官方垄断的；城市文化是流动、包容、开放、世俗的而非固定、保守、封闭、正统的；等等。

汉口的这种特殊地位，向来备受海内外城市史研究者的青睐。日本汉学家斯波义信在《中国都市史》中对中国历史上都市的个案进行剖析，名列首位的便是汉口。他认为汉口作为一个巨大的都市，无论是城市面积、人口还是影响力，不仅在新兴工商市镇中鹤立鸡群，而且相较于武昌和汉阳传统郡县城市也是后来居上，“在三市构成的组合中，汉口不仅超越汉阳县（元代为‘府’），还超越武昌成为实际上的大集散地，得益于前述的天时地利。由于发展过快且变得很大，值得注意的是：汉口相比一般的贸易港（商埠）吸引了更多外来人口，且在资历上

---

① 〔日〕斯波义信著，方健、何忠礼译：《宋代江南经济史研究》，江苏人民出版社 2012 年版，第 30 页。

② 《大清一统志》卷二六一，第 28 页。

③ 〔清〕章学诚著：《湖北通志检存稿》卷一《食货考》，湖北教育出版社 2002 年版，第 113 页。

可算作香港的前辈。换一角度看,在武昌也有一定的工商业者,与以这些人为主体形成汉口市民的速度相比,则现实的发展速度过快。而外来人才迅速地大量聚集于此地,由此构筑了多元的都市"①。也正是由于汉口的加入,使得武汉这个组合型城市的城市地位大大提升,"尽管如此,让武汉整体跨入超级巨大都市行列的就是三者之中有实力的汉口镇"②。

海外城市史学者关注汉口城市研究的最典型者当推美国汉学家罗威廉,他有两部研究汉口的著作,即《汉口:一个中国城市的商业与社会(1796—1889)》和《汉口:一个中国城市的冲突与社区(1796—1895)》。罗威廉对汉口的商业功能和城市地位给予很高评价:"总之,前工业化时期高效率的水运系统和特殊的商业手段,使中国克服了长距离、低技术的障碍,并在清朝中期形成了全国性的市场。即使在欧洲和其他地区,这样的发展也只有在蒸汽动力运输的条件下才有可能实现。如果说中国国内市场有一个唯一集散中心的话,它就应当是汉口,它完全称得上是一个'中心都会'。"③罗威廉对18—19世纪汉口的研究,在冲击—反应、中国传统城市功能结构以及公共领域与公民社会等三个方面颠覆了西方学界对传统中国的认知,进而提出即使没有近代开埠和西方的冲击,中国一些城市如汉口也能缓慢地发展到近代社会。从而构筑起对中国传统社会尤其是中国城市史研究学术话语体系。

对费正清等"冲击—反应"模式的驳难。西方学界主流观念认为前近代的中国一直停滞不前。费正清认为,由于缺乏内在动力机制,传统中国依靠自身很难突破旧的框架迈向现代,只是在经过19世纪中叶西方冲击后才发生剧变,开始向现代社会演变。"西方能够从自身的文明中完成现代化,而中国由于自身独特的传统,则只能借助外部力量实现现代化。"他认为,"要理解近代中国,必须将其置于中西接触的大背景下。""近代中国的经验告诉我们,新的力量在发挥作用。探究这种新力量的滥觞与壮大,也要以百年来的西方影响为背景。民族主义、一党执政、人民至上、技术崇拜、青年主导、妇女解放——所有这些新的因素都得自

---

① 〔日〕斯波义信著,布和译:《中国都市史》,北京大学出版社2013年版,第121页。

② 〔日〕斯波义信著,布和译:《中国都市史》,北京大学出版社2013年版,第113页。

③ 〔美〕罗威廉著,江溶、鲁西奇译,彭雨新、鲁西奇审校:《汉口:一个中国城市的商业与社会(1796—1889)》,中国人民大学出版社2016年版,第75页。

同西方的接触。”[①]在近代中国，虽些西方的“冲击”和中国的“反应”是缓慢而渐进的，但总体的趋势是西方的冲击和影响使中国人的生活发生了根本性变化。“虽然历史学界关注的中心问题一代与一代有所不同，但就近代中国而言，某些尚未解决而又需要阐明的问题，似乎可能在以后的一段时期内先引起注意。一个需要阐明的重大问题就是外来影响的程度和性质。19 世纪外国人在中国的活动显著增加，并且变得越来越有影响，越来越向社会各方面渗透，最后终于促使中国人的生活彻底改观。然而外国人的冲击和中国人的反应的进程是逐渐开始的，几乎不能觉察出来。对这一过程的觉察，是经过了其强度和复杂性不断增长的一系列阶段才显示出来的。”[②]

将“冲击—反应”模式应用到中国近代城市史研究领域，便是绝大部分西方学者认为，中国早期现代城市化和城市现代化也是在“冲击—反应”的模式下展开的。“中国城市在功能与结构方面没有什么根本性的变化，直到 19 世纪中期，西方人的影响才迫使它开始出现了某些变化。”那么，历史的真相究竟是怎样的呢？罗威廉一反成说，管中窥豹，以 18 世纪至 19 世纪 90 年代之前汉口城市发展历史实例，对此给予有力驳斥：

> 汉口从 15 世纪建立到 19 世纪末的迅速发展，是一个与伊懋可(Mark EIvin)的观点相反的例证。伊懋可认为：“1300 年至 1900 年间发生的许多事实，似乎表明大城市已自行停止发展或出现倒退的趋势。”汉口的发展历程，不管它怎样不够典型，仍然证明了中国经济具有不断产生新的第一流城市的能力，在那里，地理和商业因素起着主导作用。更值得注意的是，汉口的发展历程反驳了罗兹·墨菲在 1954 年发表的关于西方冲击论文中所作的断言及其隐含的假设：“在官僚主义的中国，单靠贸易是无法与作为城市基础的行政体系对抗的。像汉口这样优越的贸易场所……在欧洲商人在那里建立起主要的城市之前，往往没有得到充分利用。”汉口

---

① 〔美〕费正清、邓嗣禹著，陈少卿译：《冲击与回应：从历史文献看近代中国》，民主与建设出版社 2019 年版，第 5 页。

② 〔美〕费正清、刘广京编，中国社会科学院历史研究所编译室译：《剑桥中国晚清史 1800—1911 年》(上卷)，中国社会科学出版社 2018 年版，第 3 页。

> 的存在证明:在中华帝国晚期,“仅仅是贸易”也能够支持与当时西方拥有的最大的城市一样大的城市。毫无疑问,西方势力通过提供安全保障,为汉口在太平天国后迅速地恢复其人口规模做出了贡献(虽然19世纪60年代中期完全由中国人主动修筑的汉口城墙也起到了同样的作用);然而,最为关键的事实却是1856—1889年间汉口人口增长的大部分属于返乡人口。即使有了新的对外贸易机会,在取得通商口岸的地位几乎30年后,汉口的人口规模仍然未能恢复到太平天国攻陷前“汉口镇”全盛时期的水平。因此,作为一个重要城市的汉口不可能是由“欧洲商人”在清代汉口的位置上“第一次”建立起来的。①

罗威廉认为,即使在1861年汉口开埠后,西方对汉口的影响亦甚微。“19世纪的中国社会并不是停滞的,也不是冷漠地等待着外来刺激的震动,然后才做出反应或仿效外国模式。”②“汉口引人注目的地区间贸易量和贸易范围在鸦片战争前好几个世纪就已经开始出现了,并且甚至在汉口开放之后仍然是它最具生命力的一个方面。正是汉口之全国性突出地位的建立,而不是西方的影响,使它逐步摆脱了地方商业体系之中心城市的地位。这种转变是明清时期中国统一的全国性商品经济发展的必然结果。”③“总之,在这个通商口岸开放的最初三十年中,西方的出现并没有显著地改变汉口社会历史的进程。1861年以前,外国人在这里已为人们所知,尽管他们的人数后来增加了,但仍然非常之少,而且和当地居民严格地隔绝开来(主要是出于外国人的选择)。由于这种孤立的隔绝状态实际上是外国人在经商过程中一种无奈的选择,它就显得更为引人注目。进而言之,1890年以前,外国的直接影响局限于很狭窄的范围内。”④这些影响主要在三个领域,“即商业融资、商品内部的相对构成以及商业技术(特别是在运输方面)等领域”。

在金融领域,“按照西方模式组织的所谓‘现代银行’很早就被引进到汉口了,而且在不久就成为主流”⑤。但是,即使在汉口开埠后的三十多年里,“商业金融业务的绝大部分仍掌握在中国人拥有的金融机构手中,并按照传统的中国方式运营着”⑥,“在运输技术方面,西方也带来了重要且颇为复杂的变化”,“轮

---

①②③④⑤⑥〔美〕罗威廉著,江溶、鲁西奇译:《汉口:一个中国城市的商业与社会(1796—1889)》,中国人民大学出版社2016年版,第51~52、382、82、62、102页。

船逐步取代了在汉口开埠的最初几年里西方商人用来从事上海—汉口间贸易而包租的三桅帆船。在国内贸易方面,轮船也因为速度较快,越来越多地被用于运输那些不易保存的货物”。另外,“‘轮船被引入中国内河航运的主要意义之一是刺激了中国仿造轮船”。但是,在19世纪末20世纪初,汉口乃至中国的运输技术仍然以帆船为主导,“‘轮船运输严重影响了三桅帆船的生意,但对平底帆船的影响却微乎其微。事实上,长江上的平底帆船比其他船有较多的获利机会,因为它们不仅被雇来运载日益增多的进口货物,还被用来运送由轮船运来的国内产品……’由此看来,轮船不仅没有取代、反而加强了汉口传统的国内帆船贸易”①。

因此,罗威廉强调,对于19世纪汉口开埠后的社会经济变革的动力机制要作具体分析,“我们必须谨慎地区分这些变化何者可直接归功于与西方的接触,而何者则是其内在发展过程的必然结果”。虽然开埠后因为外贸的因素汉口的商业有了加速的发展,“但它的发展毕竟远远早于对外贸易。在1889年中国开始引进蒸汽动力工业之前,这一内在发展的结果看来要比(西方势力的到来所引起的)变化重要得多”②。罗威廉进而指出,即使没有西方的入侵和对外开埠,按照明清时期汉口城市的发展惯性,汉口也能缓慢地发展、进化到近代资本主义社会,“本书有关19世纪的中国已出现实质上的城市自治的观点,也意味着两种可能性的选择:(1)中国将沿着自身的发展道路,最终发展到可与西方相比拟的工业资本主义社会;(2)如果中国没有像这样发展,其原因也不会是由于这些城市未能得到充分发育,从而未能充分发挥其必需的催化作用,而只能在其他方面寻找原因”。③

当然,在近代汉口社会转型的历史进程中,罗威廉并不否认西方影响,只是他认为这种影响在19世纪末期才开始显现。“所有这些变化都发生在本项研究所涉及的时段之后。对于汉口,我将讨论的是清代汉口的社会、经济结构及其特点,以及这种结构在19世纪经历的渐变进程,并最终导致它直接进入到19世纪90年代的工业革命和1911年的政治革命(武汉是中国最早经历这些激进事件的地方)。当然,外国干预与外来因素也发挥了作用。工业化技术全部是引进的,而且是由专制官僚机构(张之洞)和外国企业主持的。”④“从1890年到1910年的20年时间里,是当地商业的一个转折期。在这一时期,在中日战争和工业化

①②③④〔美〕罗威廉著,江溶、鲁西奇译:《汉口:一个中国城市的商业与社会(1796—1889)》,中国人民大学出版社2016年版,第104~105、92、386、17页。

影响等多重因素的共同作用下,帝国主义势力进一步加强了对中国的掠夺,西方人才逐渐真正取得了他们寻求已久的、在汉口贸易中的控制地位。因为各种原因,特别是第一条铁路的建设贯通了汉口,汉口的对外贸易在这一时期得到了很大的发展。一份当时的资料报告说:从 1867 年到 1916 年,汉口的年度外贸额增加了两倍(从 6900 万两增加到 2.002 亿两);另一些报告说,这些年中的增长幅度要更大一些。随着贸易的扩展,到汉口来的外国人显有增加之势。1895 年,英租界与俄租界连接起来,这一年晚些时候与德租界、1898 年与法租界相继连成一片。同样在 1898 年,日本人也首次在汉口建立了租界,并且在随后的七年中他们将租界扩大了近一倍。这样,在这一时期,几个世纪以来汉口的老商业传统遂几乎完全被外来势力征服了。"①

尽管如此,罗威廉仍然认为,由于城市的功能特性和历史发展惯性,汉口是有可能进入到现代工业——民主社会的,西方影响只是历史的偶然。"虽然这些外在因素也非常重要,但本项研究清晰地表明:这个城市本身的条件使它有可能——或许是必然——成为中国工业与政治革命的全国性领导者。而汉口 19 世纪的总体历程,就表现为这些事件的漫长序曲。"②

对中国古代没有城市"韦伯模式"的批判。按照德国著名社会学家马克斯·韦伯提出城市必须具备超出行政首府功能"在贸易—商业关系中显示出相对的优势"的所谓"韦伯模式",中国古代基本没有城市,"在中国,是否为官吏的驻所是城市的一个决定性特征,而且城市也是依照官吏的等级来分类的"③。"在中国,城市是个要塞及皇权代理人的治所。"④中国古代城市当然也有手工业生产和商业贸易,但韦伯认为,这种经济活动一是受到官府的严格管控,只是政治军事功能的附属物,"城市的繁荣并不主要有赖于市民在经济与政治冒险方面的进取精神,而更在赖于朝廷的管理职能,特别是对江河的管理"⑤。二是具有典型的消费城市特征,"所谓'君侯城市'指的是,城市的居民直接或间接地依赖宫廷及其他大家计的购买力维生,此种城市类型相似于另外一些城市,定居在那儿的工匠及其商人的经济机会主要也得看城里大消费者——即'坐食者'(Rentner)——的购买力而定"⑥。

---

①② 〔美〕罗威廉著,江溶、鲁西奇译:《汉口:一个中国城市的商业与社会(1796—1889)》,中国人民大学出版社 2016 年版,第 93、17 页。

③④⑤⑥ 〔德〕韦伯著,康乐等译:《经济与历史 支配的类型》,《韦伯作品集》Ⅱ,广西师范大学出版社 2004 年版,第 265、220、200、201 页。

对于这种以西方城市为标准来评判中国传统城市的所谓“韦伯模式”,罗威廉以为,这一模式漠视各种类型的中国城市中城市功能的差别,尽管古代中国城市的主流是政治与军事功能,但另外的事实是,传统中国也存在一些诸如景德镇(瓷器生产)和汉口(水运交通贸易)这样的专业化经济功能城市。“汉口的发展历程,不管它怎样不够典型,仍然证明了中国经济具有不断产生新的第一流城市的能力,在那里,地理和商业因素起着主导作用。”①罗威廉甚至极而言之:“汉口存在的理由是贸易,一种特殊类型的贸易:它是货物转运中心,并通过市场机制对国内物资的流通进行宏观上的调控与管理。一部清初的中国商业指南把汉口说成是‘整个清帝国最大的货物集散地’。”②汉口的这种独特的商业地位,既得益于两江交汇、九省通衢的交通优势,也是传统中国后期社会经济发展的必然结果。

在韦伯等西方中心论者的眼中,传统中国城市在官僚体制的制约下,效率低下、封闭保守、市场无序等弊端丛生,但所有这些在汉口都很难看到。“虽然在汉口商业的内部,坚持不懈地致力于控制与自我调节,但 19 世纪的汉口仍得以保持为一个著名的自由运转的市场。贸易受到严密的监督,但从未被彻底控制。江湖骗子、纨绔子弟与街市混混儿在这个城市都很活跃。可是,西方著作中通常描绘的中国城市(或‘前工业化城市’)的种种陋习和效率低下,在汉口却很少表现出来。以原始的讨价还价代替理性的市场控制机制,在贸易伙伴的关系上持一种强烈的排他性态度,不合适的贮藏方式和贮藏设备,以及缺乏马克斯·韦伯赋予城市的‘契约自治’的特征,等等,似乎没有一条完全适用于中华帝国晚期像汉口市场所显示出来的大宗批发贸易方面。”由此进一步观察,罗威廉认为,19 世纪汉口的商业贸易已经具备韦伯们说的“理性经济”:“所有各式各样书面的商业协议,从船运协议(‘船票’)货运单(‘保单’‘清单’),到各种凭据(‘凭票’‘借据’)的交易契约(‘定单’‘成单’),都在汉口正常地通行流转。实际上,如果没有这些,这个城市如此庞大的贸易是无法想象的。商人们与行会地质量控制方面的一致努力,恰恰证明他们并非忽视‘市场理性’,而是对它抱有一种依赖感。韦伯曾把‘理性经济’定义为‘一种功能性组织’,它与源于人们在市场的利益争

①② 〔美〕罗威廉著,江溶、鲁西奇译:《汉口:一个中国城市的商业与社会(1796—1889)》,中国人民大学出版社 2016 年版,第 51、27 页。

夺的货币价格相适应。基于以上事实,我们认为:19 世纪的汉口经济完全适合韦伯所说的‘理性经济’。”[①]罗威廉从资本的普及化及其精巧的运用、投资合伙人制度及有限责任制、“中人”作为商易交易的保证人和仲裁人在维持有秩序的市场中所起的理性作用、汉口商界存在的普遍承认的商业规范与共同准则、行会组织主导和管理汉口商业交易使市场竞争规范化和有序化等,系统论述前近代时期汉口商业社会的这种“理性经济”。成书于民国初年的《汉口小志》就曾提供了汉口曾经具有的“普遍承认的商业规范与共同准则”:

> 汉口交易习惯为中国极复杂之一部,盖由商业之种类或国籍之异同所生,又或由各个信用之程度以异,其交易习惯因而不能一律,兹就一般交易上之习惯说明如左:
>
> 甲、货物之买卖决定。一般虽交换交单、定单、成单以为约定之证据,然由买卖之大小、信用如何,或为口头及账簿上之约束而不一定。关于秤平及支付期日,宜豫质之对手,然后以为约束。
>
> 乙、货物之交付。虽当约定之时以为决定,然一般习惯由卖主送至于买主指定之场所,其通例也。若指定为堆栈时,则送运费用归买主任之。其他如交付之时期,当以随时为决定。
>
> 丙、价银之支付。一般定于契约之初者,虽以十日、二十日或一礼拜后、二礼拜后,皆不一致。凡属长期者,当于其期间给付以市场普通之日息。唯与外国人交易而涉于长期者,不仅缺交易之敏活,两造以危险甚多,故普通为二礼拜。独中国商人间于彼等之会馆、公所为严重之制裁,斯患甚少,故涉于是期为多。

很难想象,如果没有这种“契约”的规范和约束,汉口这样一个庞大的商品市场体系将会如何运转。所以,罗威廉说汉口商业世界“看上去与西方概念中前工业化的,城市的,商业资本主义的社会颇为相似”。[②]而且,在汉口市场商业活动中起主导作用的是商业行业组织。这些行业组织制定商业交易规则,进行商业

---

①② 〔美〕罗威廉著,江溶、鲁西奇译:《汉口:一个中国城市的商业与社会(1796—1889)》,中国人民大学出版社 2016 年版,第 90~91 页。

中介和仲裁,调解商业纠纷,维持市场秩序,在推动汉口市场经济的繁荣发展中充当极为关键的角色,发挥了十分重要的作用。汉口行业组织对商业经营活动的管理主要包括以下几个方面的内容。一是制定规则以规范市场交易活动,“汉皋地方辽阔,商贩辐辏,各业皆有帮口,有会馆,既可以议规整条,复可以敦睦乡谊,两有裨益,故官宪亦不之禁”①。如汉口米市公所就于 1678 年拟定章程,规范米市交易:“吾等莞汉镇米市,以米牙为业。若无公同集会之所,则无以商定行规,必致众议相异,轻重不一,将违吾等之初愿,以谷米为民食所依之故也。若轻重且不一,何以明吾等为公之心,复何以卫吾行之诚信?故集同业之众于兹,以划一交易,且重申行规。”②“药帮”的“怀庆会馆”在广泛征求药材商人意见的基础上,制定药材行业经营规范,“共同草拟了一份面向全行业的规则(行规)。除了陈述一般性原则之外,他们还按照药材的地域来源,确定了一份汉口药材行业的 34 种主要药材贸易的清单(迄今仍保存着)。清单上的每一种都有十一款标准来规范其贸易,要求所有汉口药材商人遵守。这些标准包括药材交易的容器类型(例如,木箱)、销售单元的大致重量以及所允许的误差比,以及付款时银两的成色。规则还进一步具体规定了每宗交易中买主支付款、卖主获得款、牙人佣金以及货物运送过程中的损耗等各自所占的比重”③。他如茶叶公所对茶叶交易也有严格的行业规范。二是管理商业经营活动和维持市场秩序,主要包括明确市场准入门槛、确定市场价格防止无序竞争、规范市场行为和维护商业道德等。如“铜器公所一直坚持 1879 年制定的规章:在汉口,只有属于铜器公所并经过它授权的商店才能生产并出售铜制的管乐器;天平公所则规定其所属工匠不得在任何未经公所特别授权的地方经营衡器”④。市场价格的合理与稳定,既能在保护商家利益的前提下防止恶意竞争,同时也是为了维护消费者的权益,保持市场的持续繁荣。三是协调商人和政府关系,调解和仲裁商业冲突。总体上看,清代汉口的官商关系还是比较和谐的,地方政府为了维持汉口商业的繁荣和市场的

① 《鱼贩齐行》,《申报》,光绪五年(1879 年)十一月二十日,第 2 页。

② 〔日〕根岸佶:《中国行会研究》(东京,1938 年),第 244~245 页,转引自〔美〕罗威廉著,江溶、鲁西奇译《汉口,一个中国城市的商业与社会(1796—1889)》,中国人民大学出版社 2016 年版,第 304 页。

③④ 〔美〕罗威廉著,江溶、鲁西奇译:《汉口,一个中国城市的商业与社会(1796—1889)》,中国人民大学出版社 2016 年版,第 310~311、333 页。

稳定，一直支持会馆、公所等商业组织开展工作，但是国家与社会在维护彼此利益方面不可避免地产生矛盾，在商会与官府之间的博弈中，商会虽然承受了许多压力，但在争取商人权益，维护市场繁荣方面仍有不少可圈可点之处。“因为在地方官府看来，大部分行会都是支持社会秩序的建设性力量，所以它们积极支持行会制定自己的内部规章制度以及仲裁行会成员与非行会成员之间发生的商业纠纷。”①

罗威廉指出，如果沿着这条路子一直走下去，商业资本投资工业的可能性是大有可能的，一个工业化社会似乎呼之欲出，这不禁让那些以为没有西方势力的进入中国永远只能停留在传统农业—商业社会的西方中心论者大跌眼镜了：

> 简言之，在清代，汉口较大的行会越来越多地团体性投资城市不动产，并逐步发展了成熟的机制去管理其财政。这一制度体现了马克斯·韦伯及其追随者们所描述的经济“理性”的基本特征：详细的资本账目清算，管理人轮换，得到地方官府保证的契约文书（在形式上有转让契约、买卖凭据以及租赁合同等）。此外，这一制度不仅给投资人提供了赢利的机会，而且建立了一种资本再投资的机制——既在获得新资产方面，也在促使现业主提高其资产价值方面。
>
> 当然，这种制度中见不到主要的“现代”因素——工业生产。然而，似乎没有理由认为行会体制在投资于工业时就不能随之发展成为复杂的金融机构。事实上，到19世纪90年代，随着第一家现代银行的建立，至少是有一个行会，即茶业公所，发展到了这一步。这家银行的成立，说明通过旧式行会团体的传统商业方式集聚起来的资金，完全可以有合适的渠道成为汉口早期工业化的资本。②

对哈贝马斯中国传统城市并无“城市共同体”及“公共领域”论断的回应。马克斯·韦伯认为，源于古希腊城邦文明的西方城市形成了“城市共同体”，这个城市共同体除了具备防御能力和市场商业功能外，最关键的是城市具有独立的

---

①② 〔美〕罗威廉著，江溶、鲁西奇译：《汉口，一个中国城市的商业与社会（1796—1889）》，中国人民大学出版社2016年版，第331、354~355页。

法人资格和市民自治。当代德国著名哲学家、社会学家尤尔根·哈贝马斯提出的介乎市民社会中日常生活的私人利益与国家权力之间的机构空间与时间的所谓“公共经域”理论,其要义是指政治权力之外,作为民主政治基本条件的公民自由讨论公共事务、参与政治的活动空间,是独立于政治建构之外的公共交往和公众舆论。在韦伯和哈贝马斯看来,这种城市共同体和公共领域只在西方存在,“然而在西方以外,从来没有过以一个自治团体(Gemeindever - band)形式存在的城市。这样的城市在中世纪时显见的特征是,有自己的法律和法庭,以及在某种范围内有自治的行政组织,中世纪的市民只有在接受这种法律的管辖,并参与推选行政官吏的条件下,才能算是市民。这种带有自治团体意义的城市之所以不见于西方以外的地区,其原因实值得我们深究”①。具体到中国先秦及古代中国城市,马克斯·韦伯亦颇为武断地指出:“在中国,同样也没有‘市民’与‘城市共同体’的概念。不管在中国还是在日本,‘自治’只是个职业团体及村落的特色,而非城市的。”②“韦伯认为,中国城市在这方面失败的主要原因是中国城市本身的自然性。在中国,从未形成真正的‘城市’,因为形成‘城市’必不可少的先决条件‘城市共同体’从未存在过。”③哈贝马斯认为公共领域具有特定的历史时间和文化的独特性,它起源和存在于欧洲中世纪全盛时期的“公民社会”独有的历史发展阶段中,言下之意,欧洲以外包括中国在内的国家和地区并不包含其中。

对于韦伯和哈贝马斯的这些带有明显西方中心论偏见的观点,罗威廉并不认同。关于公共领域和公民社会,罗威廉认为,以“公共领域”理论范畴来分析晚清和民国的中国社会是有理由的,“和西欧一样,中国在十六世纪以后出现了长途贸易量的剧增,大型商号、金融机构,及有组织的商人网络的兴起;出现了持续的区域城市化进程和一种更独特的城市文化的发展(很大程度上基于茶馆这一形式——酒馆和咖啡馆在中国的对应物);还有印刷出版业,大众识字,大众文学的扩张,而这其中相当一部分带有很重的社会批判意味”④。罗威廉以汉口为样本分析中国传统城市中存在着类似于欧洲古代和中世纪的“城市共同体”:

---

①② 〔德〕韦伯著,康乐等译:《经济与历史　支配的类型》,《韦伯作品集》Ⅱ,广西师范大学出版社 2004 年版,第 265、220 页。

③ 〔美〕罗威廉著,江溶、鲁西奇译:《汉口:一个中国城市的商业与社会(1796—1889)》,中国人民大学出版社 2016 年版,第 5 页。

④ 〔美〕罗威廉:《近代中国之公共领域》,《近代中国(英文版)》1990 年第 3 期。

其一,汉口存在着市民阶级并具有明显的城市意识:“至于个人身份方面,清代人口的空间流动(特别是太平天国运动后)造成了某些人群地方身份的多元化。首先,在移入汉口的移民中间,依附于出生地的狭隘的乡土观念日渐淡薄;令人惊异的是,甚至在那些自称为寓居者的人们中间,也是如此。这种现象促进了明确的城市意识的兴起,以及真正意义上的‘城市阶级(市民)’的出现……长期居住在汉口的人们逐步融入到一个内部团结的氛围中,而一些公共自保行动——如19世纪60年代大众性的等资并管理汉口堡城墙的建设——也促进了城市意识的形成。这样,‘汉口人’的身份也就逐步形成了。虽然韦伯拒绝承认,但事实上,在19世纪中国城市中,不仅形成了城市阶级,也出现了城市社团。”①

其二,汉口存在独立于国家与政府的自治组织。罗威廉认为,由于汉口商业发达,导致行业组织——行会大量存在,这些行会不仅管理内部事务和规范贸易行为,而且参与甚至主导城市公共事务。“在19世纪的汉口,引导社会和经济生活最重要的因素并不是地方官府、士绅派系、家族或个别豪强巨头,而是经常在西方著作中称为‘行会’的协会组织。在汉口,行会的势力是显而易见的。”②“对汉口来说,结果是形成了一个以行会为中心的、实质层面上的市政管理机构。”③

其三,汉口城市是民间自治而非官僚控制的。“尽管晚清汉口的官僚体系仍然看起来相当强大,但当时的汉口在这一连续统一体中的位置早就靠近自治这一极了。这说明,政治功能的逐步普及化是与经济力量的‘私域化’平行展开的(虽然前者要比后者滞后很多)。”④罗威廉系统地描述了各类行会尤其是所谓“八大行”参与和主导汉口商业贸易、市场监管、市政建设、慈善公益等方面的情形,“我们对汉口的研究已表明,早在19世纪初,行会及其他民间力量就已经担负起社会协调与社会福利功能……在传统的与革新性的社会服务两方面,行政机构都把责任推给了满怀信心、跃跃欲试的当地城市民众和本地经济领导阶层了。汉口官府年年叫嚷的所谓‘冬防’实际上是由民间自行运作的,而它心甘情愿地依赖行会领导的消防与治安系统以在危急时刻维持平安,凡此,都说明官府已经把很多责任推给民间社会力量了”⑤。“‘八大行’控制的汉口完全可以被看作在一个相对独立的多元化政治制度的治理之下,而不是受到专制主义国家或

①②③④⑤ 〔美〕罗威廉著,江溶、鲁西奇译:《汉口:一个中国城市的商业与社会(1796—1889)》,中国人民大学出版社2016年版,第383、285、384、385、378页。

封建地主阶级的统治。”①行会在汉口城市经济与社会事务中的地位与作用,大大超越了其地域与行业管理职能,已然成为城市准政府组织,这曾经被韦伯等严重低估。对此,罗威廉对韦伯等给予了严厉批评:“在汉口,(1)行会关心与控制的领域已远远超出了统辖其所属成员及其行会的范畴;(2)在19世纪的大部分时间里,已经存在着行会的联合和行业联盟;(3)这些行会联盟逐步采取措施,担负起城市整体利益的责任;(4)所有这一切都得到当地官府的委托与支持。这些认识是否适合于学者们对中华帝国晚期行会之政治与社会地位的已有认识?我们马上就可以看到,长期以来一直占据西方人在这一问题上的中心位置的观点——‘商人行会没有足够的力量就其关心的社会公共事务发表意见,更不用说在统治秩序方面了’——其实是不成熟的。同样,马克斯·韦伯所谓中国行会的力量‘只包括在具体群体利益的特定问题行使特定组织的具体权力’的看法,也严重低估了中国行会组织的作用。”②

当然,以19世纪的汉口为典型代表的中国传统城市的市民自治并非欧美的复制版本,而是按照自身的发展规律、走着一条有中国特色的城市自治治理之路。对此,罗威廉强调,不能以西方城市为唯一标准来判断和衡量中国传统城市经济与政治发展是否具有“理性化”和“现代化”:“把19世纪的中国城市与当代美国城市过分类比显然是愚蠢的,但指责中国城市没有形成欧洲中世纪市镇共同体所出现的那种特殊的城市自治现象,看来也是不正确的。我们在过去的历史发展过程中未能找到我们认为是进步的指标,可能仅仅意味着那些指标只是西方发展道路上的独特指标,或者我们对这些指标所作的界定过于狭隘。同样,我们所界定的‘理性化’或‘现代化’进程也可能只发生在其各自拥有特性的文化情境之中。”③循着这一逻辑思路,罗威廉提出了“中国将沿着自身的发展道路,最终发展到可与西方相比拟的工业资本主义社会”的大胆假设,事实也确实表明,罗威廉这种假设并不仅仅是假设,19世纪后期,汉口城市社会早期现代化发展已初现端倪,直至20世纪初革命爆发,武汉成为中国乃至亚洲迎来民主共和第一抹曙光的城市:

---

①②③〔美〕罗威廉著,江溶、鲁西奇译:《汉口:一个中国城市的商业与社会(1796—1889)》,中国人民大学出版社2016年版,第385、379页。

最具决定性的变化进程在19世纪的汉口也已开始起步。明确的城市意识的兴起,自我觉醒的阶级差别的出现,经济领域中商人集体自治的不断增加,在非经济事务方面商人越来越多地承担起官方或半官方性质的责任,凡此,都显然有利于在城市领导集团中形成资产阶级。这种初生状态的资产阶级是在一个本质上属于前工业化而且只是受到很少西方影响的环境中诞生的……1911年,武汉三镇及其他城市里的年轻的中国资产阶级,以异乎寻常的速度站在了支持革命政府的一边。实际上,在19世纪的最后几十年里,在汉口从事纯粹国内贸易和买办贸易的领域,发生了好几起商业活动,都是最初支持建立民国的著名活动。当然,这种反应在很大程度上是以19、20世纪之交所发生的一系列国内、国际巨变为前提的,但也是长期以来中国城市社会不断变化的结果。①

(本文为与涂戈尔合著的《武汉:一个内陆城市的近代崛起》绪论,该书即将由团结出版社出版)

① 〔美〕罗威廉著,江溶、鲁西奇译:《汉口:一个中国城市的商业与社会(1796—1889)》,中国人民大学出版社2016年版,第386~387页。

从荆州到武昌:近世湖北区域政治中心地位的确立

元代以前,荆州一直是湖北政治中心之所在。缘于政治、地理交通和经济等方面多种因素,宋元时期湖北政治中心逐步东迁,并最终确立武昌为湖广地区政治、经济、文化中心。这种政治文化中心的迁徙经历了漫长的历史时段,从宋代开始,鄂州频繁成为领辖数州的政治、军事指挥中心,南宋湖广总领所为元代湖广行省的设置拉开了帷幕。自元代建省成为省会城市后,武昌城市等级进入仅次于国都的第二层次,成为区域政治与文化中心。公元1364年,朱元璋改武昌路为武昌府,江夏县为武昌府治所,明代武昌城集县、府、省、湖广总督府四级治所于一城。在城市发展主要借重政治势力的郡县城市时代,武昌城市发展无论是在空间扩展、人口增长硬指标,还是知名度、辐射面和影响力等软实力都跃升到前所未有的新台阶。

一、从河、洛到江南:中国经济与文化中心的南移

唐宋时期,比较确切的说是中唐以后,中国经济重心开始了由北向南的迁移进程。著名历史学家钱穆先生曾从漕粮供应的角度,说明以“安史之乱”为分水岭南北经济发生的这种演化:

> 开元二十五年时,开始用和籴法,即由政府出钱向民间籴米。但当时中央政府命令江南各州之租米折成布匹上缴,可见当时中央单靠北方的粟米已足够供应。
>
> 根据玄宗天宝八年全国各道所储存的仓粟统计量,包括关内、河北、河东、河西、陇右、剑南、河南、淮南、江南及山南各道。上述各道产米粟最盛者首推河南、河北,次为关内与河东,更次才是江南及淮南。以此推测南北经济情况,北方产粮远比南方丰盛。

> 直到安史之乱发生,唐室中央政府遂赖长江地区之财富维持国脉,至河北、山东藩镇割据,租税不入中央,唐室财政更为依赖南方,此时由长江入黄河之漕运,遂成为军国重事。①

及至两宋,这种状况更是有增无减:

> 夫东南,财富之渊薮也,自战国、汉唐至于今用之。……唐虽名为都长安,而大农之国计,实仰给于东南,其它诸郡无有也。……李吉甫作《元和国计录》,备述元和之初,藩镇瓜割,玉帛之(不)贡于王府者十五道,而岁租赋之所倚办者八道,实皆东南也。曰浙江东、西(路)、曰淮南、曰湖南、曰岳鄂、曰宣歙、曰江西、曰福建。故韩愈有言曰:当今赋出天下而江南居十九。是矣。②

长江流域尤其是长江中下游地区,地势平坦,河网纵横,土地肥沃,气候温润。中唐以后,国家和地方政府注重农田水利建设,"大抵南渡后水田之利,富于中原,故水利大兴"③。"江东水乡,堤河两涯而田其中,谓之圩。农家云:'圩者围也,内以围田,外以围水。'盖河高而田在水下,沿堤通斗门,每门疏港以溉田,故有丰年而无水。"④水利兴修促进了农田的改造,带来农作物旱涝保收,长江三角洲富庶的农业区因此形成。

两宋以降,长江流域商品经济长足发展,按照日本汉学家斯波义信的说法,是一种"成长型地域经济"⑤。两宋至明代,长江流域城市化发展有三大特点:一是特大城市独领风骚,传统城市化长足发展。"当时的长江中下游流域,是全国最先进的地区,所以经济的因素对城市化进程影响甚大,而且上中下位城市等级

---

① 叶龙整理:《钱穆讲授中国经济史》,北京联合出版公司 2014 年版,第 217 页。
② 〔宋〕章如愚编《山堂先生群书考索·续集》卷四六《财用门·东南财赋》。
③ 〔元〕脱脱等撰:《宋史》卷一百七十三《食货上一》,中华书局 1977 年版,第 4182 页。
④ 〔宋〕马端临:《文献通考》卷六《田赋考六·水利田》。
⑤ 〔日〕斯波义信著,方健、何忠礼译:《宋代江南经济史研究》,江苏人民出版社 2012 年版,第 35 页。

梯次判然分明，配置合理。”[①]如杭州、苏州、江宁、扬州、真州、楚州、庐州、武昌、汉口、成都、梓州、绵州、兴元、遂州、汉州、利州、福州、泉州等，城市化率达到20%。特大城市最典型者如杭州（临安），咸淳年间有39125户，1240760人。二是工商业专业市镇如雨后春笋般涌现，“北宋神宗时全国有近1800个镇，约1300多个镇分布在南方，尤以梓州路的镇最多，达351个，占总数的19.5%”[②]。明清时期，长江流域尤其是长江三角洲市镇有更大发展，“及至清代，江南各地镇的数量仍在继续增加，由明中后期的248个增至清中后期的488个，又增长了近1倍。至于市镇总数，更是达到1290个，不仅较明中后期增加1.2倍，也相当于南宋时期的1.6倍”[③]。随着经济重心南移和长江流域商品经济的发展，一大批工商业大中城市崛起，据统计，明清之际较著名的30个多工商业城市，有2/3分布在长江流域和东南沿海地区。明清之际有所谓“天下四聚”之说，其中南方就有三：佛山、苏州、汉口。“天下有四聚，北则京师，南则佛山，东则苏州，西则汉口。然东海之滨，苏州而外，更有芜湖、扬州、江宁、杭州以分其势，西则惟汉口耳。”[④]三是东南沿海港口城市有了新的发展，“宋元都市史中不可忽视的是海港都市发展起来的情况……通往日本、朝鲜半岛或者远航东南亚的大型中国式帆船（200吨~500吨）开始定期航运是自唐末开始的，除广州以外的泉州、福州、温州、台州、上宁波、定海县（舟山）、乍浦、澉浦镇、青浦镇、刘家港、上海镇、海州、楚州、密州板桥镇（胶州）在宋代至明代作为置有市舶务或市舶场的海港都市的出现具有划时代的意义”[⑤]。直至明代中叶以前，广州、厦门、泉州、宁波等获得发展机会，崛起为大中型港口城市。但明代中叶以后，由于日本海盗（倭寇）的侵扰，朝廷厉行海禁，闭关锁国，沿海城市发展趋于停滞甚至萎缩。

经济发展、城市勃兴，使得宋以后的南北经济和文化实力出现根本转换：

自晋（元）〔之〕南渡，东南文物渐盛；至于李唐，益加繁昌；安史之

① 〔日〕斯波义信著，方健、何忠礼译：《宋代江南经济史研究》，江苏人民出版社2012年版，第285页。

② 何一民：《中国城市史》，武汉大学出版社2012年版，第289页。

③ 陈国灿：《中国古代江南城市化研究》，人民出版社2010年版，第237页。

④ 〔清〕刘献廷撰，汪北平、夏志和点校：《广阳杂记》卷四，中华书局1957年版，第193页。

⑤ 〔日〕斯波义信著，布和译：《中国都市史》，北京大学出版社2013年版，第35~36页。

> 乱，江淮独全。历五季纷争，中原之地五易其姓，杀戮几尽，而东南之邦，民有定主，七八〔十〕年间，咸获安业。逮宋龙兴，伐罪吊民，五国咸归，未尝妄杀一人；自后数十百年间，西北时有少警而东南晏然，斯民弥得休息。比至元丰中，以往古极盛之时，县邑之增，几至三倍；民户之增，几至十倍；财货之增，几至数十百倍。至于庠序之兴，人才之盛，地气天灵，巍巍赫赫，往古中原极盛之时，有所不逮。天下之势，正犹持衡，此首重则彼尾轻。故自东南渐重，则西北渐轻；以至宋，东南愈重而西北愈轻。①

长江流域经济繁荣与文化兴盛互为表里，相得益彰，一改从前此地贫乏蛮荒的人文生态，如“吴有服而华，四方慕而服之”，“是以天下之俗，皆以吴侈，而天下之财，皆以吴啬也”。② 宋明时期，学术中心亦向南转移，“鲁邹多儒，古所同也。至于宋朝，则移在闽浙之间，而洙泗寂然矣”③。其时书籍的印刷出版，也以江浙为盛。“今海内书，凡聚之地有四：燕市也，金陵也，阊阖也，临安也……燕、粤、秦、楚今皆有刻，类自可观，而不若三方之盛。其精，吴为最；其多，闽为最，越皆次之。其直重，吴为最；其直轻，闽为最，越皆次之。”④文化繁盛带来人才蔚兴，南宋著名诗人陆游就曾谈到当时朝廷用人南人多于北人的有趣现象：“伏闻天圣以前，选用人才，多取北人，寇准持之尤力，故南方士大夫沉抑者多。仁宗皇帝照知其弊，公听并观，兼收博采，无南北之异。于是范仲淹起于吴，欧阳修起于楚，蔡襄起于闽，杜衍起于会稽，余靖起于岭南，皆为一时名臣……及绍圣、崇宁间，取南人更多，而北方士大夫复有沉抑之叹。”⑤

总体而言，在宋代中国经济与文化重心南移的大潮中，湖北农业开发和农产品的产量并不尽如人意，南宋王炎《双溪文集》中的《上林鄂州书》就曾将荆湖北路与江浙进行比较，认为湖北农业不如江浙。“大抵湖右之田，与江浙、闽中不同，虽有陆地，不桑不麻，不蚕不绩，而卒岁之计，惟仰给于田。缘其地广人稀故

① 〔宋〕章如愚编《山堂先生群书考索·续集》卷四十六《财用门·东南县邑民财》。

② 〔明〕章潢撰：《图书编》卷三十六《三吴风俗》。

③ 〔明〕章潢撰：《图书编》卷三十四《统论南北形胜》。

④ 〔宋〕胡应麟：《经籍会通》。

⑤ 〔宋〕陆游：《渭南文集》卷三《论选用西经士大夫札子》。

耕之不力，种之不时，已种而不耘，已耘而不粪，梯稗苗稼，杂然并生，故所艺者广，而所收者薄。丰年乐岁，仅可以给；一或不登，民且狼顾，非江浙、闽中之比。”①斯波义信以为造成湖北农业落后的原因在于没有如江、浙、闽那样采用先进的集约农业，而且“无论经营单位或农耕法均单纯而粗放，副业也不发达，肥料又下得少，投机之术不太习熟，所得的平均亩产量也较低”②。这是就湖北农业开发总体水平而言的，就鄂州一地来说，其农业发展水平仍不乏亮色。北宋政和年间(1111—1118年)，鄂州嘉鱼、蒲圻、江夏、咸宁四县历时四年联合修筑长江江堤，南宋庆元年间(1195—1200年)汉阳军兴筑汉阳堤，这些堤防的兴修使长江堤内大量良田免遭洪水淹没。鄂州所辖各县，还在丘陵地区广修水圳和池塘，蓄水灌溉，如崇阳县在白泉上源修筑陂堰，凿山为渠，引水入圳，灌溉田地数百顷。大批水利设施的兴建，确保了鄂州沿江农田能抗旱防涝。昔日低洼薄地，顿成肥沃良田，长江两岸，千里沃野，稻青麦黄，一片丰收景象。而鄂州对宋元以后中国经济的贡献在商业而非农业，对此，斯波义信也是认可的：“《舆地纪胜》卷七四《归州·风俗形胜》有‘郡少农桑，农不如工，工不如商(《荆州记·建平郡下》)’之说，这是长江中游流域早期时起随着水运的发展而给予商业营利的刺激，荆湖地区在宋代的开发，与其说是农业，还不如说是异地商业提供刺激的结果，这样的想法似乎并无什么不妥。”③

两宋中国政治、经济和文化重心南移，为湖北政治和文化中心由鄂西北和鄂中的襄阳、荆州向“东南重镇”武昌的迁移提供了机遇和条件。

二、从荆州到武昌：湖北政治、经济与文化中心的东迁

荆州，自古就是中国重要的区域首府所在地。“禹划九州，始有荆州”，荆州为古九州之一。楚文王元年(公元前689年)，楚国迁都于郢(今荆州区纪南城)，都郢400余年。秦设南郡，江陵为治所，南郡即荆州。自秦至三国，荆州一直是

---

①〔宋〕王炎：《双溪文集卷一一·上林鄂州书》。

②③〔日〕斯波义信著，方健、何忠礼译：《宋代江南经济史研究》，江苏人民出版社2012年版，第107、108页。

南郡的治所。南北朝时,齐和帝、梁元帝、后梁萧铣皆以荆州为国都。隋初曾置江陵总管、荆州总管,大业初年,复称南郡。唐朝开元年间,曾设荆州大都督府,至德后置荆南节度使。上元元年(760 年),以江陵为南都,改荆州为江陵府,次年即罢。宋代为江陵府、江陵郡、荆南节度、荆南府。元代曾改为中兴路。明代改为荆州府,明洪武九年(1376 年),属湖广布政司,不久改属河南,洪武二十四年(1391 年)改归湖广布政司。清初仍设荆州府,清康熙九年(1670 年),置上荆南道,驻荆州府;雍正十三年(1735 年),上荆南道更名荆宜施道;光绪三十年(1904 年)荆宜施道更名为荆宜道。

元代以前,荆州一直是湖北政治中心之所在。对此,清代学者顾祖禹有精当论述:

……以湖广言之则重在荆州。何言乎重在荆州也?夫荆州者,全楚之中也。北有襄阳之蔽,西有夷陵之防,东有武昌之援,楚人都郢而强,及鄢郢亡而国无以立矣,故曰重在荆州也。①

有关荆州为湖北政治中心的历史这里暂且不论,我们关心的是湖北政治中心由西向东即由荆州向武昌迁移过程及其背后隐藏着的政治、军事和经济动因。

湖北政治中心由荆州向武昌东移是一个漫长的历史过程,其中有三个历史节点值得关注:

其一是魏晋重视江夏和刘宋分荆置郢。“若夫用武昌者,则莫备于江东。孙氏都武昌,非不知其危险墽确,仅恃一水之限也,以江夏迫临江、汉,形势险露,特设重镇以为外拒,而武昌退处于后,可从容而图应援耳。名为都武昌,实以保江夏也。未有江夏破而武昌可无事者。晋人伐吴,分遣一军出夏口,一军出武昌,此亦第徇吴人陪都之名,而未权其实也。东晋因之,而武昌与夏口并重,陶侃领荆州则镇武昌,庾翼领荆州则镇夏口。刘裕缔造之初,亦尝以江、沔未靖,移荆州治夏口,迨孝武时则增置郢州治焉。郢州治而武昌乃归重于夏口矣。盖郢州者所以分荆、襄之胜,而压荆、襄之口者也。”②其中,刘宋分荆置郢,意在削弱荆州

---

①② 〔清〕顾祖禹撰,贺次君、施和金点校:《读史方舆纪要》,《湖广方舆纪要序》,中华书局 2005 版,第 3484、3485 页。

势力，以防尾大不掉，客观上扩大了郢州—江夏的势力范围，提升了江夏作为地区行政中心的政治地位和影响力。“晋氏南迁，以扬州为京畿，谷帛所资皆出焉：以荆（州）、江（州）为重镇，甲兵所聚尽在焉；常使大将居之。三州户口，居江南之半，上恶其强大……分荆、湘、江、豫州之八郡置郢州，治江夏……荆、扬因此虚耗。”①

其二是南宋时期荆湖北路治所及一些重要的一级权力机构数度在鄂州与荆州两地转移。据《宋史 · 地理志》记载，北宋太宗至道三年（997 年），分天下为十五路；仁宗天圣元年（1023 年），析为十八路；神宗元丰元年（1078 年）又析为二十三路。这二十三路中有荆湖南路和荆湖北路，鄂州和汉阳军属荆湖北路。一般而言，两宋时期的荆湖北路治所都在荆州（江陵府），但北宋末南宋初，由于漕运和军事斗争的需要，荆湖北路的一些行政机构在鄂州时有设置，如荆湖北路转运使（漕司）有时就设在鄂州。南宋初年，由于抗金斗争的需要，鄂州曾设置过节度制置使、安抚使及总领所等机构，这些机构权力范围远远超出州的范围，如南宋绍兴年间设置的湖广总领所就是统筹鄂州、荆南（江陵府）和江州诸军钱粮的大区机构。南宋时期荆湖北路的治所和其他重要权力机构曾有三次从荆州移治鄂州。第一次是南宋绍兴二年（1132 年），朝廷撤销早前一年（即绍兴元年）设置的荆湖东路和荆湖西路（鄂州为荆湖东路安抚司治所），仍恢复荆湖南路和荆湖北路，其中荆湖南路治所潭州（长沙），荆湖北路治所鄂州，但不久又改治江陵②。第二次是建炎二年（1128 年），南宋在鄂州设置鄂岳制置使，统管荆湖南、北路诸州、军的兵力调配、布置等。绍兴十一年（1141 年），宋、金关系渐趋缓和，荆湖北路的军事指挥中心从鄂州迁回江陵。第三次是南宋淳祐五年（1245 年），出于抗蒙的军事目的，朝廷又将荆湖北路安抚司治所由荆州移至鄂州，景定元年（1260 年）南宋还在鄂州设置了荆湖制置使，直至咸淳七年（1271 年）始罢。

其三是元代及明、清时期以武昌作为湖广行省的治所，武昌最终取代荆州成为湖北的政治中心。对于这一点，笔者将在后文有详细述介。

宋、元时期湖北政治中心逐步东迁并最终确立武昌为湖广地区政治、经济、文化中心，乃是由政治、地理交通和经济方面等多种因素促成。

---

①〔宋〕司马光编著，〔元〕胡三省音注：《资治通鉴》卷一百二十八，中华书局 1956 年版，第 4088 页。

②〔元〕脱脱等撰：《宋史》卷八十八《地理四》，中华书局 1977 年版，第 2192 页。

1.政治因素

区域行政中心的确定往往以国都为中心的国家政治版图的变迁为依归,历史上夏口—郢州(江夏)—鄂州—武昌城市地位的升降黜陟皆因此而起。由于“以东南言之则重在武昌”(顾祖禹语),因此,每当国家政治版图向东南——长江中下游迁徙之际,便是武昌政治地位提升之时。宋代及以后,武昌逐步取代荆州、襄阳地位而成为湖北政治、经济和文化中心,既有两宋时期经济文化重心南移的原因,更与南宋定都杭州,明初定鼎金陵需要武昌作为上流屏障大相关涉。元代虽然定都北京(大都),但忽必烈和伯颜看中武昌“江南要地”的战略地位,希冀借重武昌夺取并管控江南,因此才有将其作为湖广行省治所的划时代举措。对此,顾祖禹已说得相当透彻:

> 客曰:然则国家省会之设,何以不于襄阳而于武昌?余曰:此亦因已然之迹,未究其本耳。汉都长安,而荆州首列南郡;晋都洛阳,荆州先治襄阳,平吴之后改治江陵;唐都长安,而十道之设,山南道则治荆州,开元改置,则山南东道治襄阳;宋都汴梁,分湖南北为两路,治江陵、长沙,后复增置京西南路治襄阳。盖天下之形势视建都者为推移,藩屏之疏密视建都之向背何如耳。六朝、南宋以中原既失,僻在东南,武昌不得不为重地。元起于北方,去东南最远,当伯颜之破襄、郢而东也,宋人举国以争鄂州矣,伯颜于是多方以图之。既得鄂州,周览山川,以为江南要地,亟请城之,为规取江南基本。其后因之,而行省建矣。伪汉逋逃,据为窟穴,太祖克之,仍为司治。盖既已定鼎金陵,当混一之时,而未忘东南之虑,从金陵而论武昌,王述所云“一有缓急,骏奔不难”者也。燕都卜宅以后,亦惟成宪是遵,又何改焉?所谓因已然之迹,而未究其本者,此也。①

2.地理和交通因素

唐与北宋时期,朝廷或建都长安,或建都开封,荆州和襄阳地理位置在军事

① 〔清〕顾祖禹撰,贺次君、施和金点校:《读史方舆纪要》,《湖广方舆纪要序》,中华书局 2005 年版,第 3486~3487 页。

和经济诸方面相对鄂州要重要得多。但中唐以后局面慢慢改变,首先是“安史之乱”后江、汉漕运线成为唐朝经济大动脉,漕粮从鄂州经汉江由襄州(襄阳)进入陕西,较之荆州陆运便省,荆州的交通枢纽地位第一次发生动摇;接着是宋朝定都开封,朝廷以汴河为漕运主航道。“五代(907—960)时,除后晋以外的四朝首都都设在开封,中国国都不再像以前的长安那样因防范的需要而选址于内陆,转而主要因交通、经济和补给的需要而很自然地被安置于交通方便的东部低地。”“开封和杭州作为大运河起点和终点这一点很重要,当时大运河流经的途径是:起自黄河下游自古以来的交通枢纽开封,向东南流向淮河附近的洪泽湖和楚州(淮安),之后与明清时期一样都流经扬州到达长江,经长江后过镇江、苏州到杭州,整个流程达 700 公里。大运河河道加上长江,呈反‘L’形,成为南北交通和东西交通的大运脉。”①这样一个交通布局使鄂州与中央政府的政治、经济联系无论是从水路抑或陆路都绕过了荆州和襄阳。水路方面,北宋时漕运船只顺江东下到扬州再通过运河及汴水到达开封,南宋时则顺江东下到镇江后通过运河到达杭州。陆路方面,自北宋即从武昌经孝感、广水、信阳而到达开封,这条交通线路直至元、明、清建都北京亦相沿不变。元、明、清建都北京,从武昌和汉口到北京的水路交通经过长江到镇江后,一条是继续顺江东下,通过海运途经天津再转北京;另一条则是转道运河北上直达北京。由此可见,早在南宋时期,荆襄的交通枢纽地位就已完全让位于鄂州。对此,斯波义信有清晰明了的阐述:“北宋时,江陵有控扼出入中原大道的地理优势,经济文化较为发达;南宋时,这一地位已由鄂州取而代之。刘宰《漫塘刘先生文集·前集·回荆门守张寺丞》引《图经》记:江陵往北的荆门军长林县的户口,主客户有 138000,口 29 万;至庆元四年(1198),锐减至主客户 10600,口 30500。其原因大半归咎于江陵一带所谓‘入京便道’的地理区位优势丧失殆尽。这一事实证明,交通轴线已从南北向移位于东西向。”②

3.城市发展因素

交通格局的改变对于鄂州—武昌城市发展意义重大,尤其是漕粮转运中心

---

① 〔日〕斯波义信著,布和译:《中国都市史》,北京大学出版社 2013 年版,第 24 页。

② 〔日〕斯波义信著,方健、何忠礼译:《宋代江南经济史研究》,江苏人民出版社 2001 年版,第 115 页。

地位的确立,直接刺激了城市经济的发展和人口集聚。自三国时期孙吴在此筑夏口城后,“自那时起的几个世纪里这里都属人烟稀少之地”,然而自唐代中期出现了节度使这一军职后,情况完全改变。“……当交通上所体现的军事与经济优势相结合并得以完全发挥时,就形成了由湖南北部的米、茶、木材、矿产、牛、药等物资聚集于武汉,与四川及江浙地区来的盐、纺织品等互相交换的结构。”①北宋曾设置发运使专管长江及运河漕运,“凡水运,自江、淮南、两浙、荆湖南北路,运每岁租籴至真、[扬]、楚、泗州,置转般仓受纳,分调舟船,计纲溯流入汴,至京师,发运使领之。诸州钱帛、杂物、军器上供,亦如之”②。其时,鄂州长江港埠码头横列,仓廒林立,荆湖南路每年供应60万石,荆湖北路35万余石漕粮,大多在此转输和经过。“来自四川、湖北、湖南、广东南部、江苏、浙江的商品堆满了街市。以四川人为主的各地贸易商居留此处,停泊的商船数在镇江以西的长江沿岸港口中独占鳌头。”③南宋长江中上游的大量物资“发运当在荆湖南、北之间”④,鄂州长江港口除继续承担漕粮转运任务外,鄂州本地驻军岁用米约45万石亦由荆湖南北路各地调拨运至鄂州,“量所用之数,责漕臣将输,而归其余行在,钱帛亦然”⑤。大量的漕运船只成为鄂州港口运输的主体,撑起鄂州长江水运半边天,同时也带动了鄂州民间航运业的发展,形成鄂州江面帆樯云集、千船竞发的繁荣局面。南宋著名诗人陆游在《入蜀记》中描绘:“至鄂州,泊税务亭。贾船客舫,不可胜计,衔尾不绝者数里。自京口以西,皆不及。李太白《赠江夏韦太守》诗云:‘万舸此中来,连帆过扬州。’盖此郡自唐为冲要之地。”⑥当时鄂州最著名的港口为“南浦”,“南城三里有南浦,一名新开港。商贾往来,皆于浦停泊。在江夏城郭之南,故名”⑦。水上如此,岸上街市亦是,陆游所见“市邑雄富,列肆繁错,城外南市亦数里,虽钱塘、建康不能过,隐然一大都会也”。最繁华者莫过南市,同样是宋代诗人的范成大,曾亲眼所见南市店铺林立,市廛甚盛:“辛巳,晨出大江,午至鄂渚,泊鹦鹉洲前南市堤下。南市在城外,沿江数万家,廛闬甚盛,列肆如栉,酒垆楼

①③〔日〕斯波义信著,布和译:《中国都市史》,北京大学出版社2013年版,第113、115页。

② 刘琳等点校:《宋会要辑稿·食货四六》,上海古籍出版社2014年版,第7029页。

④〔元〕脱脱等撰:《宋史》卷三百七十九《列传第一百三十八·贾谊》,中华书局1977年版,第11688页。

⑤〔宋〕马端临:《文献通考》卷二十五《国用三·漕运》。

⑥〔宋〕陆游:《入蜀记》卷四。

⑦ 王葆心著,陈志平、张志云、余皓点校:《续汉口丛谈》卷一,湖北教育出版社2002年版,第8页。

栏尤壮丽,外郡未见其比。盖川、广、荆、襄、淮、浙贸迁之会,货物之至者无不售,且不问多少,一日可尽,其盛壮如此。"[①]商业兴盛,吸引大批人口集聚,北宋时,鄂州户口已达九万六千余户,超过荆州(八万五千余户)和襄阳(八万七千余户)。宋人洪迈《夷坚志》载,乾道六年(1170 年),湖广总领所一位官员在武昌南市亲眼所见"士庶环集者几千数","据此可知当时南市繁盛,与潘邠老《登大别眺望》诗所谓'鼓吹隔岸闻,楼观排云见'者味之,均可见一斑"。[②] 自元至明,武昌商业持续发展,"省城当七省冲,江夏附郭,水陆交通,百货云集。元暨明初,汇于金沙洲。崇祯间,鹦鹉洲没于江,更汇于坛角。舟车络绎,熙来攘往,号称极盛"[③]。明末清初,武昌城商肆错列,百货山积,五方杂处,市井喧闹。崇祯年间有外乡人游历到此,省城热闹熙攘的繁华场面给其留下深刻印象:"惟是鄂城周遭几二十余里,长衢蜒蜿,曲巷逶迤。道上行人习习如蚁。余一盖一舆,至轵不得进。每一哄之市,而百货罗列,似游五都;璠玙夺目,若入蜃楼;宝光烛斗,洵一大都会也。"[④]

从荆州到武昌,两地自然地理距离不过三百余华里,然而政治文化中心的迁徙却经历了漫长的历史时段。荆州与武昌城市地位的转换,绝非人们主观意志"拍脑袋"的一时冲动,既有因地缘政治变动而调整地方行政区划及首府设置的主观动因,也是彼此地理交通变迁和经济、人文实力此消彼长的客观结果。王葆心曾在《再续汉口丛谈》中系统论述自晋至清荆、襄社会与文化地位流变,如数家珍地罗列了古代荆州商旅之繁华、舟车衣冠之辐辏、人才士风之灿然、民情风俗之侈靡。"由今考之,其盛至宋初,盖犹未已。"但宋代以后,荆州开始走下坡路,其湖北"首善之州"的地位逐渐为鄂州所替代。两地实力对比及位置转换是什么时候最终确立的呢?清代学者和旅行家刘献廷对这一趋势和结果曾有概述:"盖上游繁盛,古说荆襄,后则团风镇,明季移于武昌。"他还谈及,荆州沙市,在明朝末年还十分繁华,"列巷九十九条,每行占一巷,舟车幅凑,烦盛甲宇内,即今之京师、姑苏皆不及也"。但到清初,不过二三十年时间就迅速衰落了,"今则寥寥一

① 〔南宋〕范成大:《吴船录》卷下。

② 王葆心著,陈志平、张志云、余皓点校:《再续汉口丛谈》卷一,湖北教育出版社 2002 年版,第 149 页。

③《江夏县志·风俗·商贾》。

④ 王葆心著,陈志平、张志云、余皓点校:《续汉口丛谈》卷一,湖北教育出版社 2002 年版,第 13 页。

带尔，盛衰变迁，令人感慨系之”。① 王葆心对此表示赞同并有进一步申说：“刘氏明季移于武昌之说，其事亦有据依。余前卷颇谓《汉阳县识》明元商市会于金沙洲之言，以刘氏此说证之，其言亦可称得半之说。据清初方志，金沙洲在府城西南，百货云集，商贾凑至。兵燹后，移镇汉口。清康熙十二年，分守武昌道，招徕商贾，渐复旧观。盖此语即张氏《县识》所本，亦即刘氏明季移于武昌之证。”②

三、从湖广总领所到湖广会城：区域政治与文化中心的确立

宋代以前，鄂州尽管地理位置重要，凡东南有事或意欲在东南有所作为时，朝廷或地方割据政权必然要升重其行政和军事地位。但总的来看，鄂州的行政地位一般只是州或郡中心，跨州、郡的行政层级设置屈指可数，而且都带有临时或过渡性质。

但是，这种状况至中唐以后尤其是宋代开始改变，鄂州开始频繁成为领辖数州的政治、军事指挥中心。如唐元泰年间朝廷在鄂州置鄂岳观察使，后又升格为武昌军节度，领鄂、岳、蕲、黄、安、申等六州；宋太宗至道二年（996 年）改武清军节度使为武昌军节度使。宋真宗咸平二年（999 年），朝廷在湖北地区设荆湖北路，鄂州归其管辖。南宋高宗绍兴元年（1131 年），设置荆湖东路，领鄂、岳、潭、衡、永、郴、道七州和桂阳军，治所就设在鄂州，第二年罢荆湖东西路，仍为荆湖南北路，其中北路治所为鄂州。如前文所述，南宋时期，荆湖北路治所屡屡在鄂州与荆州两地迁移徘徊，显示出这一时期鄂州政治、军事、经济地位已开始与荆州竞比高下，至少是平分秋色。

南宋初年，宋、金关系十分紧张，湖北地处南宋抗金斗争前线，朝廷在江淮地区设置专门机构——总领所，筹措和管理诸军钱粮。南宋高宋绍兴十一年（1141 年）正式设置了淮东、淮西、湖广三处总领所，“置两淮、江东西、湖广京西三道总领军马钱粮官，仍掌报发御前军马文字”③。绍兴十五年（1145 年），又恢复四川

---

① 〔清〕刘献廷撰，汪北平、夏志和点校：《广阳杂记》卷四，中华书局 1957 年版，第 200~201 页。

② 王葆心著，温显贵点校：《再续汉口丛谈》卷一，湖北教育出版社 2002 年版，第 197 页。

③ 〔元〕脱脱等撰：《宋史》卷二十九《高宗记六》，中华书局 1977 年版，第 549 页。

总领所。各总领所辖地分工:“镇江诸军钱粮,淮东总领掌之;鄂州、荆南、江州诸军钱粮,湖广总领掌之;建康、池州诸军钱粮,淮西总领掌之。”①湖广总领下设有给纳场、分差粮料院、审计院、御前封桩甲仗库、大军仓库、赡军酒库等机构。湖广总领所有时亦被称之为湖北总领所,如《宋史·高宗七》记载:“绍兴十八年(1148年)闰八月甲子,命临安、平江二府,淮东、西、湖北三总领所,岁籴米百二十万石,以广储蓄。”②

南宋湖广总领所为元代湖广行省的设置拉开了帷幕。首先,湖广总领所管辖的范围为“鄂州、荆南、江州诸军钱粮”,大抵相当于今湖南、湖北、江西长江中游范围;其次,虽然湖广总领所主管业务是“诸军钱粮”,但因其主要负责人往往兼任多种地方职务,故已具有跨区域行政机构的某些职能。“《宋史》载有任过湖广总领者十人左右,多兼有两湖地方其他政事。如曹彦约‘寻提举湖北常平,权知鄂州兼湖广总领,改提点刑狱,迁湖南转运判官’。再如开禧二年(1206年)十一月,‘以湖广总领陈谦为湖北、京西宣抚副使’。宝祐六年(1258年)二月,‘以马光祖为端明殿学士、京湖制置使、知江陵府,兼夔路策应、湖广总领财赋并屯田事’。开庆元年(1259年)正月,‘贾似道以枢密使为京西湖南北四川宣抚大使、都大提举两淮兵甲、湖广总领、知江陵府’,又如李曾伯:‘进徽猷阁学士、京湖安抚制置使、知江陵府,兼湖广总领,兼京湖屯田使,进龙图阁学士’。”③正因为鄂州在南宋已具有跨区域行政职能的这种先例,所以元至元十八年(1281年),元朝将鄂州定为湖广行省首府之所在。对元初湖广行省设置及治所变迁的历史过程,清代湖北学者陈诗述之较详:

> 湖广之名起于元至元十一年立荆湖行中书省于襄阳,寻以别将分省鄂州。十四年因广西二十四郡内附移省治潭州,号曰湖广。十八年复徙治鄂州,统宣慰司三:曰湖南道,曰广西两江道,曰海北海南道(今湖北之地惟武昌一府及汉阳府之汉阳、汉川,宜昌府之归州、兴山、巴东隶之,其黄州、襄阳、郧阳三府则隶河南、江北等处行中书省。德安、安陆、荆州三府、荆门一州及宜昌府之东湖、长阳隶河南行省之荆湖北道,

---

① 〔元〕脱脱等撰:《宋史》卷一百六十七《职官七》,中华书局1977年版,第3959页。
②③ 张建民:《明清长江中游农村社会经济研究》,商务印书馆2010年版,第16~17页。

施南府隶四川行省之夔州路)。明初另立广西行省,而湖广之名因而不改(今湖北之地始全隶之)。阎百诗《潜邱札记》所谓广字涉虚也。湖北之名本于荆湖北路……[①]

陈诗此文,除了说湖广之名始于元有误外,其他都是事实。这就是说,湖广行中书省简称湖广行省于元至元十四年(1277 年)由至元十一年所设之荆湖行省(治所在鄂州)变更而来,但当时的治所在潭州(今长沙),至元十八年又将其治所迁回鄂州,至此,鄂州长期成为湖广行省治所直至清末。元代湖广行省含 32 路、13 州、2 府、15 安抚司、3 军及其属州 15 等。辖地范围包括今湖北中部和南部,湖南、广西、海南全部区域,贵州北盘江流域以外的地区等。

元成宗大德五年(1301 年),“以鄂州首来归附,又世祖亲征之地,改武昌路”[②]。从此,武昌之名由鄂城西移至江夏,成为湖广会城和湖北省城名称沿用至今。元代武昌路领一司七县,一司:录事司,管理武昌城事务;七县:江夏县、咸宁县、嘉鱼县、蒲圻县、崇阳县、通城县、武昌县。

元朝末年,反元起义蜂起,朱元璋战胜各路豪强建立明朝。元顺帝至正二十四年(1364 年)二月,朱元璋平定陈理,攻克武昌,随即依元朝旧制设置湖广行中书省。洪武九年(1376 年),废除元代行中书省制度,改设承宣布政使司。其时共有 13 个承宣布政使司,湖广布政使司为其中之一。与元代湖广行中书省相比,明代湖广布政使司辖地范围大大缩小,大致相当于今湖北、湖南两省范围,“领府十五,直隶州二,属州十七,县一百有八,宣慰司二,宣抚司四,安抚司五,长官司二十一,蛮夷长官司五(为里三千四百八十有奇)。北至均州(与河南、陕西界),南至九疑(与广东、广西界),东至蕲州(与江南、江西界),西至施州(与四川、贵州界)”[③]。湖广承宣布政使司治所在武昌,因管理湖北、湖南两地政务,故在湖广布政使司总的机构下面分设左右布政使二人,分治湖北、湖南事务。英宗正统三年(1438 年)设置湖广巡抚,正德五年(1510 年)分设南北巡按御史一人。万历四十五年(1617 年)增设湖广学臣,使湖南、湖北两学臣分设。明代中晚期又设置湖广总督。

---

① 〔清〕陈诗编纂,皮明庥、李怀军标点,张德英、皮明庥校勘:《湖北旧闻录》第一册《绪言》,武汉出版社 1989 年版,第 17 页。

② 〔明〕宋濂等撰:《元史》卷六十三《地理六》,中华书局 1976 年版,第 1524 页。

③ 〔清〕张廷玉等撰:《明史》卷四十四《地理五》,中华书局 1980 年版,第 1071 页。

元至正二十四年(1364年),朱元璋改武昌路为武昌府,“武昌府,太祖甲辰年二月为府,领州一,县九:江夏、武昌、嘉鱼、蒲圻、咸宁、崇阳、通城、兴国州……领县二:大冶、通山”①。江夏县为武昌府治所,明代武昌城集县、府、省、湖广总督府四级治所于一城,既有县衙、府衙,又有省级布政司、按察司、都司“三司”衙门,更有湖广总督署和巡抚衙门,可谓官衙错列,冠盖云集,被称为“湖广会城”。

清初承袭明代政制,仍设湖广行省。但随后不久就有重大改变。“初为湖广省,康熙三年(1664年)分设为湖北、湖南二省。”湖北省领武昌、汉阳、黄州、安陆、德安、荆州、襄阳、郧阳8府,设湖北巡抚,综理省内政务。两省虽然分治,但顺治元年(1644年)曾设湖广总督。“又合数省置总督,其权尤重。按:此皆清制。据《清史稿》:顺治元年置湖广总督。督地方军务,粮饷兼巡抚事一人,驻武昌。康熙七年,更名川湖总督,移驻荆州。九年,川湖总督移重庆,复置湖广总督驻武昌……终清世称湖广总督。”②

武昌自元代建省成为省会城市后,城市等级进入仅次于国都的第二层次。在城市发展主要借重政治势力的郡县城市时代,武昌城市发展无论是在空间扩展、人口增长硬指标还是知名度、辐射面和影响力等软实力都跃升到前所未有的新台阶。

首先是新城的修筑充分体现两湖地区政治文化中心的地位。洪武四年(1371年),明朝政权甫一安定,朱元璋就诏令开国功臣、江夏侯周德兴监修新的武昌城。周德兴不负皇命,以大手笔将鄂州旧城向蛇山南北大大拓展,城市范围东起双峰山,长春观,西至黄鹄矶头,南起鲇鱼套口,北讫塘角下新河岸。“周二十里有奇,计三千九十八大。东南高二丈一尺,西北高三丈九尺。池周三千三百四十丈,深一丈九尺,阔二丈六尺。为门九个,称东曰大东、小东,西曰竹簰、汉阳、平湖,南曰新南、保安、望山,北曰草埠。”嘉靖十四年(1535年)又对武昌城进行过重修,“门仍九,题大东曰宾阳,小东曰忠孝,竹簰曰文昌,新南曰中和,草埠曰武胜”③。清代基本沿袭明代武昌城旧制不改,并在其基础上数度修缮,“清顺治间总督祖泽远增修,康熙二十四年修,雍正六年重修,乾隆四十七年同知史湛等修,五十二年知县史均修,嘉庆六年知县王澍承修,同治四年知府黄昌辅修文

---

①〔清〕张廷玉等撰:《明史》卷四十四《地理五》,中华书局1980年版,第1072~1073页。

② 潘新藻:《湖北省建制沿革》,湖北人民出版社1987年版,第816页。

③《康熙湖广武昌府志》卷之一《建置志》,康熙二十六年(1687年)刻本,第100~101页。

昌、宾阳二门，其忠孝、平湖二门及楼堞吊桥于八年、九年修竣，光绪中湖广总督张之洞于中和门、宾阳两门之间增一门曰‘通湘’”①。

周德兴在奉旨监修武昌城时，还修建了楚王府。楚王府于洪武四年始建，历时八年于洪武十二年（1379 年）建成。楚王府坐落在蛇山之南，坐北朝南，后依蛇山，前临大朝街（今复兴路），左与阅马场相邻，右边是繁华喧闹的长街（今解放路）。按照“择中立宫”的传统礼制，占据武昌城最中心位置。楚王府为长方形，东西宽一百五十丈二寸五分，南北长一百九十七丈二寸五分，设东南西北四个城门，城门上建有城楼。“城高二丈九尺，正殿基高六尺九寸，正门、前后殿、四门城楼，饰以青绿点金，廊房饰以青黛。四城正门，以丹漆、金涂铜钉。”楚王府内部布局，“其制，中曰承运殿十一间，后为圜殿，次曰存心殿各九间。承运殿两庑为左右两殿，自存心、承运，周回两庑，至承运门，为屋百三十八间。殿后为前、中、后三宫，各九间。宫门两厢等室九十九间。王城之外，周垣、四门、堂库等室在其间，凡为宫殿宫屋八百间有奇”②。明末农民起义，张献忠打进武昌城，楚王府被付之一炬。偌大的王府瞬间灰飞烟灭，只留下“王府口”“九龙井”“后宰门”等地名，告知后人昔日王府所在方位。

作为湖广会城，明代武昌城的空间布局以蛇山为界，分为南北，并以南部为主的两大部分。蛇山以南的部分以楚王府为中心，“楚宗藩奠厥中，镇抚总巡屏翰，诸司环布厥左右”。“在其左右环置各郡王府及三司衙门。例如按察使署、武昌道、提学道等在平湖门内楚王府西侧；都司署、总兵府、武昌卫等在楚王府南侧；一部分郡王府、长史司署在楚王府东侧。府署建筑外，城南还分布有城隍庙、铁佛寺、武当宫等宗教建筑。城北地区空间相对狭小，主要分布有布政使署、武昌府署及江夏县署。由于背倚蛇山，风景秀美，也成为城内贵族的聚居地。除此之外，在武昌城内，还汇聚了府学、县学、贡院、文庙、书院一类的文化机构，凸显其长江中游地区政治文化中心地位。”③

清代武昌城布局除楚王府已不存在外，官署衙门的分布与前朝大同小异。据潘新藻《湖北建制沿革》介绍：“总督署，明时在望山门内……清康熙二十一年

---

① 民国《湖北通志》卷二十五《建置志一 · 城池》（第三册），湖北人民出版社 2014 年影印本，第 831 页。

② 〔清〕张廷玉等撰：《明史》卷六十八《舆服四》，中华书局 1974 年版，第 1670 页。

③ 吴薇：《近代武昌城市发展与空间形态研究》，中国建筑工业出版社 2014 年版，第 47 页。

重修。咸丰四年署毁。后总督自荆州移回,就三道街盐道署内办事。咸丰七年于原址重建。光绪十八年间拓展,圈督标千总署入内并购民房,地益增大……巡抚署在忠孝门(小东门)内前所营……光绪二十九年,巡抚奏请裁缺,署址改建法政学堂内。布政使司署,在汉阳门内、黄鹄山阴。明洪武间改中书省创建。按:正对长街、居南楼洞口之北,俗谓之藩司。按察使署在平湖门内黄鹄山南,光绪三十二年,划西边隙地建西路小学堂。提学使司署在水陆街,其西为学务公所。提督学院署在胭脂山南。巡警道署在百寿巷。督粮道署在粮道街。武昌府署在汉阳门内,明甲辰年建……江夏县署在文昌门内正街……"①四级官署布局仍以蛇山为界,清初刘献廷游历武昌后在其《广阳杂记》中对其有扼要描述:"蛇山界武昌城为南北二区,巡抚、布政皆开府于山北,而总督公署则在山南藩司之前。凿山脉而断之,建鼓楼于其上,为南北通衢。"②

明清时期的武昌城空间布局充分体现出中国传统郡县城市以官衙为中心,讲究等级,威临四方的专制政治色彩。其街道地名也大都以所在官署命名,如王府口、抚院街、司门口、都府堤、察院坡、巡道岭、粮道街、三道街、候补街等,"湖广会城"的政治功能通过这些地名而得以充分形象的体现。

明清时期的武昌不仅是湖广区域政治中心,也是十分繁华的商业大都会。万历年间四川永明人士蒲度之游历湖北,省城商场繁盛、市井喧哗给他留下深刻印象,他在《硕迈园集·西游记》中描述了其所见:"惟是鄂城周遭几二十余里,长衢蜒蜿,曲巷逶迤。道上行人习习如蚁。余一盖一舆,至轵不得进。每一哄之市,而百货罗列,似游五都;璠玙夺目,若入蜃楼;宝光烛斗,洵一大都会也。"③

武昌还是两湖地区文化教育中心之所在,清初湖北学政蒋永修曾经对包括武昌在内的都城、省城在行使道德教化、读书育人、学术研究、荟萃文物乃至精神引领等方面的文化教育功能有较深体认:"尝观都会之地,教化之本也。畿甸无论以外,如长安、汴都、建业、武林及楚鄂州诸首郡,其士习文治必为属郡之邑所弗及。虽下邑弦颂多可裒采,亦间且中歇,必不如省会都人士,数百年不衰。盖节钺监司治化之亲近,贤士大夫舟车之往来,经史诸子书所聚会。而道德仁义之

---

① 潘新藻:《湖北省建制沿革》,湖北人民出版社 1987 年版,第 819 页。

② 〔清〕刘献廷撰,汪北平、夏志和点校:《广阳杂记》卷四,中华书局 1957 年版,第 196 页。

③ 王葆心著,陈志平、张志云、余皓等点校:《续汉口丛谈》卷一,湖北教育出版社 2002 年版,第 13 页。

徒,挟铃铎,访遗逸者,必先至其地,以察风气之聚散,观文物之翕辟。故所见者大,所通者远,所聚者散。殊合上下四方之气象精神以成其学,此岂山陬海澨之国所能较彬雅、论明备哉?今独于武郡有伤焉!"[①]武昌贡院为两湖地区生员乡试科考之所在;武昌府学为湖北最高学府,上至湖广总督,下至武昌知府,省城各级官署和官员都十分重视文化建设。"清初省城文学之盛,推黄安张石虹学士希良为江夏校官时。时巡抚湖广者,乃铁岭张朝珍。建清风桥,西临湖以延纳名士。康熙辛酉,提学为宜兴蒋永修,武昌知府为定边杜毓秀,檄石虹为江夏教谕。毓秀令石虹课江夏诸生,以三百余金饩之。江夏知县刘朝英,又捐百金,每试以七艺课士,诸士闻风大会。于是有《雄楚首风》之刻。石虹又与朝珍、永修重修学宫,极力期成焉。"[②]湖广总督徐国相还与武昌知府裴天锡一起谋划武昌府学的修缮并撰《重修武昌府儒学记》以记其盛。[③] 武昌书院云集,据统计达 12 所之多,数量为湖广之最。江汉书院于雍正十一年(1733 年)被钦定为省城书院,"一时书院之兴,惟此为盛",清代理学名臣熊赐履曾在此肄业,省内十郡之士,有跋涉二千余里前往求学者。晚清两湖书院更是湖广最高学府,"光绪十六年,总督张之洞调取湖南北两省高才生肄业,分经学、史学、理学、文学、算学、经济学六门,分教六人,住院诸生湖北额一百名,湖南额一百名,均归湖南北学政调取,商籍四十名,由院甄别。住院诸生月给膏火银四两,朔望二课,均有奖赏"[④]。

明清时期的武昌,官衙遍设,学府巍峨,书院雅静,市廛栉比,其政治统御范围、经济辐射圈和文化影响力遍及全省,旁及湖南。"武昌为三楚都会,輶轩、冠盖之所萃,声名、文物之所统,江、黄、汉、襄诸境之所观感而则效"[⑤],区域政治中心地位最终确立,成为诸郡来朝、四方效法的两湖"首善之区"。

(原载《武汉学研究》2019 年第 2 期)

---

① 〔清〕蒋永修:《重修武昌府儒学碑记》,武汉地方志办公室编《清康熙湖广武昌府志校注》(下册),武汉出版社 2011 年版,第 950 页。

② 王葆心著,温显贵点校:《再续汉口丛谈》卷二,湖北教育出版社 2002 年版,第 266 页。

③ 〔清〕徐国相:《重修武昌府儒学记》,武汉地方志办公室编《清康熙湖广武昌府志校注》(下册),武汉出版社 2011 年版,第 863 页。

④ 民国《湖北通志》卷五十九《学校志五》(第五册),湖北人民出版社 2014 年版影印本,第 1556 页。

⑤ 〔清〕石琳:《武昌府志序》,武汉地方志办公室编《清康熙湖广武昌府志校注》(上册),武汉出版社 2011 年版,第 3 页。

“天下四聚”：武汉前近代的发展高峰

如果说武昌、汉阳的兴起是因应了军事斗争的需要、际会了战争的风云，那么，汉口的崛起，则得益于市场这只无形的巨手。在武汉三镇城市格局中，汉口虽然晚出，然因其独特的区位优势（两江交汇）、异质的城市功能（商贸中心）以及另类的城市文化（市民文化），迅速崛起为商业巨镇，成为中国传统社会晚期一颗耀眼的城市新星。

一、因商而兴

明代中叶汉水改道以前，并无独立的汉口区域，“汉口在成化前，既无南北岸之分，则今之汉口与汉阳，一而二，二而一也”。“明初南北岸犹连为一陆，即古所谓沔口者。其水当亦甚微。当时汉口即汉阳，汉阳即汉口。但腹内有月湖横隔之，堤外有玉带河纵限之。而当时江陲无汉水界之如今日之成为两截势也。”① “襄河，离汉口北岸十里许，即古汉水正道。汉水从黄金口入排沙口，东北转折，环抱牯牛洲，至鹅公口，又西南转北，至郭师口，对岸曰襄河口，约长四十里，然后下汉口。成化初，忽于排沙口下、郭师口上，直通一道，约长十里，汉水径从此下，古道遂淤。今渔利略存，舟楫已不达矣。”②汉水改道使汉水多口入江变为一个主河道入江，将汉阳一分为二，汉水南岸为汉阳，北岸渐渐淤出，形成了一个新的城区——汉口。“明成化初，忽于郭司口下直通小河约长十里，汉水径东入江，后襄河遂淤，于是汉口有兴机矣。夫汉口，初亦芦洲耳。明洪武间，未有人住。至天顺间，始有民人张天爵等祖父在此筑基盖屋。嘉靖四年，丈量上岸有张天爵等房

---

① 王葆心著，陈志平、张志云、余皓等点校：《续汉口丛谈》卷一，湖北教育出版社 2002 年版，第 37、11 页。

② 武汉地方志办公室编《明万历汉阳府志校注》卷之二《疆域志》，武汉出版社 2007 年版，第 46 页。

屋六百三十间,下岸有徐文高等房屋六百五十一间。汉口渐盛,盖由小河水通,商贾可以泊船故。今为天下有名马头。”①这就是说,汉口不仅因汉水改道而起,亦因汉水改道,旋绕入江亦即两江交汇而兴。“1465 年,因湖北省汉水下游的航路改变而产生了名曰汉口的小市,1497 年升格为镇,此后被常设为镇。19 世纪初发展成为拥有 100 万人口、控制由两湖的全部、江西、河南、陕西的各一部组成的商业圈——‘长江中游大地区’——的中枢首府;而且成长为集地区首府、大城市、地方城市三重商圈的交易功能于一体,各种功能兼而备之的商业中心。”②

汉口因水而兴,沿汉江一带,河中码头一字排开,最早的水码头,如今可考的是建于清乾隆元年(1736 年)的天宝巷等码头。后陆续修建了杨家河、老水巷、兴茂巷、彭家巷、大硚口、小硚口、大王庙、五显庙、沈家庙、关圣祠、鸡窝巷、接驾嘴、龙王庙、鲍家巷、新码头、流通巷等码头。道光三十年(1850 年)汉口著名的有八大码头:艾家嘴、关圣祠、五圣庙、老官庙、接驾嘴、大码头、四官殿和花楼。叶调元《汉口竹枝词》云:“廿里长街八码头,陆多车轿水多舟。”汉口开埠后,外国商人陆续来汉办工厂、开洋行,从事贸易,利用“内河航运权”垄断轮船运输,陆续沿长江岸修建近代轮运码头和仓库货栈。至 1910 年,汉口有大小洋码头 74 个。到 1926 年,大大小小洋码头有 87 个,从江汉关一直延伸到丹水池、谌家矶一带。至 1937 年全面抗战前夕,汉口长江沿岸有外国现代大码头 36 座,其中轮船公司 20 座、工厂商号 15 座、机关 1 座。至新中国成立前夕,武汉有水码头 243 个、陆码头 220 个,码头工人 5 万人左右。

汉口码头具有地域性和专业性等特点,各地来汉的客商形成各种帮口,有些码头及附近街市为地域性的商帮所控制,甚至以他们的祖居地命名,如宝庆码头及宝庆正街、宝庆三街、宝庆一至七巷一带属湖南宝庆府帮,新安码头、新码头和新安街、大新街为徽州帮控制,运销淮盐的江西帮占据石码头和淮盐巷,湖北本地商帮拥有咸宁码头、蒲沂码头等。清嘉庆年间,宝庆府船民最早在宝庆正街一带开码头,因无人留守,被徽帮占了,宝庆人反而不能落脚。到咸丰年间,在湘军将领曾国荃的支持下,宝庆帮不仅夺回了码头,还趁势扩大了地盘。到 20 世纪

① 〔清〕唐裔潢:《汉口书论》,见武汉市汉阳区地方志办公室编《汉阳府志(清乾隆十二年)》卷之四十七《艺文志》,湖北人民出版社 2013 年版,第 603 页。

② 〔日〕斯波义信著,方健、何忠礼译:《宋代江南经济史研究》,江苏人民出版社 2001 年版,第 29~30 页。

30 年代,宝庆码头的地盘、人口甚至超过了他们老家的新化县城,号称“新化第一县城”。

有一些码头随着商业市场的专业化逐步成为专用码头。如接驾嘴码头为炭薪市场码头;龙王庙码头、小新巷码头,周围水果行集中,为水果码头;宝庆码头因附近有几家大米店,主要搬运大米;永宁巷、五彩巷、石码头,因为这一带有 8 家大粮行,码头主要搬运由荆门、天门、襄樊等地运来的粮食;流通巷码头起坡的货物多是大宗的食油和皮油;大水巷码头主要搬运老河口、汉川、天门、沔阳来的棉花;肖家巷大码头运芦柴,小码头运江西瓷器;沈家庙码头靠药帮巷是各地商帮药材行栈号店集中的大市场,主要起坡中药材;稍远一点的,汉阳鹦鹉洲,是竹木专业市场码头。

与武昌、汉阳这类政治功能型城市不同,汉口城市结构体系一开始就具有鲜明的非政治化倾向,长期以来没有成为地方行政中心,而只是一个附属于省府和县地方政权的商业性市镇。明代嘉靖时置汉口镇,隶属汉阳县。明末,朝廷在汉口设巡司进行管理,仍隶汉阳县。清初,增设仁义、礼智两司于汉口,虽移汉阳府同知分驻汉口,但行政上的分属地位仍然没有改变。城市结构体系这种非政治化在城市空间布局中的体现,便是汉口城市是自然生长而不是被人为规划出来的。明末清初,城市街道在汉水沿岸至大江口沿线发展,上起硚口,下至堤口,绵延十余里,有正街、后街、黄陂街等主要街道二十余条,城区面积约 11.2 平方公里。至嘉庆、道光年间,汉口已是“坊巷街衢,纷歧莫绘”,“街弄重重,难以缕记”,称之曰街者 32 条,称之为巷者 64 条。其布局构成为一片狭长的空间地带,缺乏传统封建都会的那种方正谨严的布局特点,完全是为有利商业活动沿江沿河自然形成的。清人叶调元于道光年间所作《汉口竹枝词》中,有不少描写汉口街道、码头的诗作:“汉河前贯大江环,后面平湖百里宽。白粉高墙千万垛,人家最好水中看。”“廿里长街八码头,陆多车轿水多舟。若非江汉能容秽,渣滓倾来可断流。”①

与此相反,传统郡县城市政治中心意识和军事防御意识在汉口空间结构布局体系中黯然失色。从保存的清朝光绪三年(1877 年)藩司刊印的《汉口镇街道

① 〔清〕叶调元著,徐明庭、马昌松校注:《汉口竹枝词校注》,湖北人民出版社 1985 年版,第 1、2 页。

图》来看,作为清朝在汉口的最高权力机构汉阳知府分同知署,并不处于当时全城的中心位置,而是设在中路以北、堤街以南(相当于今大智路)一带颇为偏僻地区,传统封建城市中左祖右社之类的祭祀建筑被鳞次栉比的商人会馆以及药王庙、雷祖殿之类商人祀奉的庙宇替代。同治年间为抵御捻军修筑的城墙堡垣,在汉口绅商的强烈要求和张之洞的支持下于1906年被拆毁,作为封建城市的最后标记的城墙为一条后城马路所取代,"从前为人迹罕到之处,近则轮轨交通,店铺林立,几令人不可思议矣"①。

汉口是一个典型的移民城市,区位和商业的因素带来了人口稳定而快速的增长。明朝中叶,汉口只有星星点点的几户居民,汉口改道后,嘉靖年间已增至7000余人,万历年间更跃升至50000余人。经过100多年的发展,汉口已由一个与渔村没有多大区别的小乡镇演变成有十万人口之众的大城市。"清乾隆三十七年(1772年),汉口居民为33209户,99381口;到嘉庆十八年(1813年),汉阳县合县居民103179户,428526人,其中汉口居民已发展到26929户,人口突破10万大关,达129183人。乾隆三十七年的汉口人口比嘉靖四年时增加了12倍多,嘉庆年间的人口更是比嘉靖四年时增加了17倍之多。"②"1721年的人口普查说有99381人,1813年的人口总数是129182人,1888年为180980人……据以上记载,我们发现:到1813年为止,在近一个世纪里,人口总数增长了大约30%;而在随后的75年中,则增加了40%。1813年的人口普查还为我们提供了汉阳全县的人口登记数428526人……那么,我们似乎就可以推测,经过19世纪的发展,汉口一镇的人口数已经接近或超过了汉阳全县人口总数的一半。"③

在武昌、汉阳和汉口三镇中,汉口虽然是最为晚出的城市,但由于其非政治中心的功能特性,因而能够在某种程度和某些方面突破传统体制藩篱获得自由发展,在商业贸易和市场经济方面显示出强大的活力和坚强的韧性,其城市发展速度以及经济辐射圈、文化影响力反超武昌和汉阳,成为帝国晚期一颗耀眼的

---

① 武汉地方志办公室、武汉图书馆编《民国夏口县志校注》(上册),武汉出版社2010年版,第201页。

② 汤黎:《人口、空间与汉口的城市发展(1460—1930)》,中国社会科学出版社2010年版,第56~57页。

③〔美〕罗威廉著,江溶、鲁西奇译:《汉口:一个中国城市的商业和社会(1796—1889)》,中国人民大学出版社2016年版,第46~48页。

城市新星：

在三市构成的组合中，汉口不仅超越汉阳县（元代为"府"），还超越武昌成为实际上的大集散地，得益于前述的天时地利。由于发展过快且变得很大，值得注意的是：汉口相比一般的贸易港（商埠）吸引了更多外来人口，且在资历上可算作香港的前辈。换一个角度看，在武昌也有一定的工商业者，与以这些人为主体形成汉口市民的速度相比，则现实的发展速度过快。而外来人才迅速地大量聚集于此地，由此构成了多元的都市。①

二、"天下四聚"

巨镇水陆冲，弹丸压楚境。
南行控巴蜀，西去连鄢郢。
人言杂五方，商贾富兼并。
纷纷隶各藩，一一旗号整。
骈骈驴尾接，得得马蹄骋。
傮傮人摩肩，蹙蹙豚缩颈。
群鸡叫咿喔，巨犬力顽犷。
鱼虾腥就岸，药料香过岭。
黄蒲包官盐，青箬笼苦茗。
东西水关固，上下楼阁迥。
市声朝喧喧，烟色昼暝暝。
一气十万家，焉能辨庐井。
两江合流处，相峙足成鼎。

① 〔日〕斯波义信著，布和译：《中国都市史》，北京大学出版社2013年版，第121页。

舟车此辐辏,翻觉城郭冷。①

这是有“清初诗坛六家”之一美誉的浙江海宁人查慎行于康熙年间游历汉口后写下的一首描述汉口市井繁华的五言长诗。诗中描绘道,汉口虽为弹丸之地,却是湖北的商业重镇,其商业势圈辐射至巴蜀、鄢郢等广大西南地区。汉水两岸码头林立,舳舻相连,与汉水平行分布的河街、汉正街、夹街、堤街等市廛鳞次,纵横交错。街市上“人烟数十里,贾户数万家”,商铺林立、场坊栉比,百业匠作,竞奇斗妍,一派繁华景象。

明清之际汉口的兴起和繁荣,既赖“地利”——两江交汇、九省通衢的地理交通优势,更在“天时”——中国经济重心由黄河流域向长江流域南移的大趋势。长江流域农业增长,商品经济发展催生出新的商业革命,国家愈来愈依重长江与运河航线,将发达的南方所产出的粮食、盐及纺织品等源源不断地运往京畿地区。同时,新型市镇大批涌现,汉口成为这个新的城镇家族体系中重要一分子。“1279—1415 年,由于一直停用大运河,全中国规模的南北贸易量锐减,受此波及,长江的航运业也开始萧条。但江南经济的复兴比意想的要快,随着 1415 年大运河恢复航运,1421 年政府就将首都从南京迁到了北京,东南西北各地的商业又重新繁盛起来,并在 16、17 世纪实行了被认为是‘第二次商业革命’(第一次在宋代)的大发展。江苏三角洲地区的木棉、丝绸等轻工业开始兴盛,其曾经的所谓为‘天下粮仓’的地位让给江西、湖南、四川东部,反而开始从这些地区购买粮食、食用油、竹木和矿产品等物产,同时在当地售卖纺织品等产品。因此可以说,汉口市在 1465 年顺应了自然界变异的同时,十分适时地脱颖而出。”②随着汉口市镇商业功能的渐趋完善,汉口不仅民间商业交易十分活跃,而且受到国家政策的眷顾,成为国家级漕粮交兑口岸和盐业专卖“楚商行盐”总口岸。“明万历元年,题准湖广、衡、永、荆、岳、长沙漕粮,原在城陵矶交兑者,改并汉口水次。”③如果说,漕粮运输和交兑促进了汉口水上运输和码头商品转运的繁荣,那么,汉口

① 〔明〕查慎行:《汉口》,徐焕斗著,张博峰、尉侯凯点校:《汉口小志》,武汉出版社 2019 年版,第 272 页。

② 〔日〕斯波义信著,布和译:《中国都市史》,北京大学出版社 2013 年版,第 115~116 页。

③ 〔清〕范锴著,江浦等校释:《汉口丛谈校释》卷一,湖北人民出版社 1999 年版,第 43 页。

淮盐总经销则直接刺激了汉口商场的兴旺发达。“明万历间,各商因所派郡邑或有不可泊船者,始群聚于武昌之金沙洲。嗣洲岸倾圮,复群聚于汉阳之汉口。汉口之有盐行,自兹始也。行分因招各口岸小贩贩卖,有司亦以便商为请,而向时盐院所拨之口岸册无用矣。且汉口为九州百货备集之所,而盐务一事,亦足甲于天下。汉口一年所行之盐引八十三万道,课额一百万,而货卖官引盐价六百余万,于十五省中亦未有可与匹者。”①清朝初年,户部规定汉口为“商船聚集分销引盐之所”。据雍正十年(1732 年)统计,仅湖北一省,每年销售淮盐即达三十五六万引,再加上湖南盐引,共为 774137 引,汉口港年吞吐量达 2.6 亿多斤。到乾隆时更高达 90 余万引,年吞吐量达 3.3 亿多斤。嘉庆、道光年间,“鹾商典库,咸数十处”②,有“十里通津住盐艘”之誉。

明末的汉口已是一个相当繁华的商业港口城市,对此,万历《汉阳府志》曾做如是描述:“汉镇……前此商船四集,贸易纷华,风景颇称繁庶。”③成书于道光初年的范锴《汉口丛谈》,也对汉口明末崛起为商业重镇屡屡提及:“汉口自明以来,久为巨镇,坊巷街衢,纷歧莫绘。”④“肇于有明中叶,盛于启正之际”,“弘治以后,沔水于郭师口直冲入江,而汉口遂有泊船之所,乃市列渐盛矣。兹汉镇人烟数十里,贾户数千家,鹾商典库,咸数十处,千樯万舶之所归,货宝奇珍之所聚,洵为九州名镇”。⑤

“汉口通江水势斜,兵尘过后转繁华。朱甍十里山光掩,画鹢千樯水道遮。北货南珍藏作窟,吴商蜀客到如家。笑余物外无营者,也泊空滩宿浪花。”⑥在经历明末农民起义和明清朝代更迭等长期的战乱后,清朝初年,汉口镇逐渐复苏。康熙年间,一个新兴的商业市镇在全国乃至东亚脱颖而出,“当往来要道,居民填溢,商贾辐辏,为楚中第一繁盛处”⑦。“上自桥口,下自接官厅,计一十五里,五方

① 〔清〕唐裔潢:《汉口书论》,见武汉市汉阳区地方志办公室编《汉阳府志(清乾隆十二年)》卷之二十三《食货志》,湖北人民出版社 2013 年版,第 266 页。

②⑤ 〔清〕范锴著,江浦等校释:《汉口丛谈校释》卷三,湖北人民出版社 1999 年版,第 138 页。

③ 武汉地方志办公室编《明万历汉阳府志校注》卷之二《疆域志》,湖北人民出版社 2007 年版,第 51 页。

④ 〔清〕范锴著,江浦等校释:《汉口丛谈校释》卷二,湖北人民出版社 1999 年版,第 74 页。

⑥ 〔清〕潘耒:《汉口》,徐焕斗著,张博峰、尉侯凯点校:《汉口小志》,武汉出版社 2019 年版,第 273 页。

⑦ 《大清一统志》卷二六一,第 28 页。

之人杂居,灶突重沓,嘈杂喧呶之声,夜分未靖。其外滨江,舳舻相引数十里,帆樯林立,舟中为市,盖十府一州商贾所需于外部之物,无不取给于汉镇,而外部所需于湖北者,如山陕需武昌之茶,苏湖仰荆襄之米。桐油、墨烟下资江浙,杉木、烟叶远行北直,亦皆于此取给焉。”①汉口已成为华中乃至全国商业中心。

汉口因水而兴,沿汉江一带,河中码头一字排开,岸上河街鳞次栉比,“石填街道土填坡,八马头临一带河。瓦屋竹楼千万户,本乡人少异乡多”②。除岸上生意外,水上贸易也十分兴盛,“其外滨江,舳舻相引数十里,帆樯林立,舟中为市”。“19世纪中期,全中国的河运、海运中达到50吨位以上的帆船合计约有22000只,包括小船在内据推测有20万只。据说每年出入汉口码头的共有1万只船,但这只是大船的数量。较为可信的数字则是:此地交易量最大的物资是盐、茶、米,而从江苏来的运盐船一年有15000只,一年四季都在1500~2000只,一条船装盐166吨。据说,在汉口设置十多家代理店的被称为‘运商’的食盐批发商、贸易商每年雇佣1.1万人充当船长及水手,因此,相当于每家商家约雇有18人。另外,众所周知的是:每条船上有六七名船员,则每年就有165000(名)船户到汉口来。”③清初有诗描绘云:“孤征穷水驿,今到汉江头。泽国舟为市,人家竹起楼。烽烟消鄂渚,士女习巴讴。始信湖湘美,山衔万井稠。”④不但白昼交易频繁,甚至“五方之人杂居,灶突重沓,嘈杂喧呶之声,夜分未靖”。清人熊两溟也有诗记其盛况:“夕阳下汉口,楼阁动繁弦。夜市灯千树,春江月万船。酒残金易尽,花落玉难全。壮士如鸿鹄,高歌《鰕䱇篇》。”⑤

汉口商品市场的商品种类十分丰富,商业行帮有所谓上八行,叶调元《汉口竹枝词》载:“四坊为界市廛稠,生意都为获利谋。只为工商帮口异,强分上下八行头……银钱、典当、铜铅、油烛、绸缎布匹、杂货、药材、纸张为上八行头,齐行敬神在沈家庙;手艺作坊为下八行头,齐行敬神在三义殿。”⑥汉正街自明清以来,西段粮、什货、油、棉各业较多,东段以药材、参燕、金银行业为主;中段百货、布匹、

① 〔清〕章学诚:《湖北通志检存稿》卷一《食货考》,湖北教育出版社2002年版,第37页。
② 〔清〕范锴著,江浦等校释:《汉口丛谈校释》卷二,湖北人民出版社1999年版,第132页。
③ 〔日〕斯波义信著,布和译:《中国都市史》,北京大学出版社2013年版,第119页。
④⑤ 〔清〕范锴著,江浦等校释:《汉口丛谈校释》卷五,湖北人民出版社1999年版,第292、336页。
⑥ 〔清〕叶调元著,徐明庭、马昌松校注:《汉口竹枝词校注》,湖北人民出版社1985年版,第3~4页。

山货、海味、纸张等业居多。“四海九州之物不胫而走，特形异物，来自远方者，旁溢露积。”据章学诚《湖北通志检存稿·食货考》统计，汉口镇商品市场上共有商品18大类、230余种。

清初汉口漕粮转运基本承袭明代旧制，但改为官收官兑。顺治二年（1645年），户部奏定每年额征漕粮400万石。其中，湖广仍为25000石，每石也以4斗随船作耗（并成为定制）。后来，除了运京漕粮（又称北漕），还要额征南粮（又叫南漕、南米，或称荆州官米），以供地方驻军开销，数量与漕粮大体相当。如顺治十八年（1661年），湖广除槽米222100石，还额征南粮238582石。明清时期汉口的民间粮食贸易也很发达。两湖、四川是当时全国最大的商品粮产地。乾隆十年（1745年），晏斯盛记：“楚北汉口一镇……日消谷米不下数千。所幸地当孔道，云、贵、川、陕、粤西、湖南，处处相通。本省湖河帆樯相属，粮食之行不舍昼夜。”①因此，康熙年间已有“湖北运江之米，即系湖南运下汉口之米”的说法，雍正之年，又出现“江浙之米历来仰给于湖广，湖广又仰给于四川”的记载。据估计，仅1734年这一年，由汉口运往江浙的粮食约计1000万石，足见汉口粮食市场之盛。②

淮盐是汉口商品市场上的大宗商品。康乾时期的交易量之大已如前述。“清朝后期的大部分时间里，汉口是淮南盐区的首要分销中心，由政府指定向长江中游的大部分地区销售食盐……虽然在19世纪后半叶盐贸易在地方贸易总额中所占的比重急剧下降，但到1907年，估计其每年的贸易额仍高达四五百万两，在全部商品贸易额中居第七位。”③

竹木业也是汉口港运输货物的大宗。竹木是汉口商品市场的重要商品，“清朝初年，江西商人将贵州优质木材贩来汉口出卖，随后湖南人从湖南水路运来竹木销售。1769年汉阳江岸出现了一长条沙岸，即后来的鹦鹉洲，这沙洲很快成了最好的木材市场，因为满载木材的大船不容易在汉口停泊和卸货，而在此则容易得多。到了19世纪40年代鹦鹉洲成了中国最大的木材交易市场”④。“扬州锦

---

① 〔清〕晏斯盛：《请设商社疏》，〔清〕贺长龄辑，魏源编次：《皇朝经世文编》卷四十《户政十五·仓储下》，岳麓书社2004年版，第289页。

② 参见涂文学《文化汉口》，武汉出版社2006年版，第50页。

③④ 〔美〕罗威廉著，江溶、鲁西奇译：《汉口：一个中国城市的商业与社会（1796—1889）》，中国人民大学出版社2016年版，第67页、“代译者序”第5页。

绣越州醅,巨木如山写蜀材。黄鹤楼头望灯火,夜深江北估船来。”清初桐城派文人姚鼐游历汉口时,汉口码头竹木交易的繁忙场面给他留下了深刻印象。

除淮盐、粮食和竹木三大宗外,汉口也是华中最大的棉花市场和茶叶集散地,其棉花市场规模与芜湖等地不相伯仲。“棉花与丝也是汉口传统的大宗贸易,它包括许多种类:生丝、染色的与本色的、纺成线的、织成布的,以及已做好了的服装。每天都有几百只民船停靠在棉花市场的岸边装卸货物。”①茶市方面,“在汉口建立之初,从湖南和其他茶产区汇集并重新分配茶叶就成为汉口的主要功能之一。历明清两代,汉口为国内以及北边的蒙古和俄罗斯的亚洲部分提供了巨大而且不断增长的茶叶供应量”②。说汉口是当时国内最大的茶叶码头一点也不为过。此外,油料和药材也是汉口市场交易的重要商品,“在清代,油料的对内对外贸易均稳定地增长着(特别是桐油和白蜡),因此,到20世纪初,有报告称汉口的油料贸易额超过了粮食和茶叶,在所有商品中位居第一。在中药材贸易方面,汉口长期保持其全国最大中药材集散地的地位,它的大批发商们控制了整个中国卖药商人所需要的各种土特产药材的装运”③。

汉口的商业市场是一种典型的居间中转贸易市场,“汉口不特为楚省咽喉,而云、贵、四川、湖南、广西、陕西、河南、江西之货,皆于此焉转输”④。由于汉口独特的区位优势,使其商圈通过长江和汉水延伸至中国大部分地区,加上国家将这里作为漕粮重要交兑口岸,带动了汉口运输体系和市场交易的整体发展,农业时代中国国民所需的米、盐、油、茶、木材、棉花及布匹、药材等几乎所有商品都集中于斯,种种因素使得汉口市场超越地域局限并突破长途运输的一些技术障碍而成为全国性商业中心。

三、“汉口特性”

汉口商业市场是一种比较成熟的市场经济,即与近代经济相融相通的市场

①②③〔美〕罗威廉著,江溶、鲁西奇译:《汉口:一个中国城市的商业与社会(1796—1889)》,中国人民大学出版社2016年版,第67、68页。

④〔清〕刘献廷撰,汪北平、夏志和点校:《广阳杂记》卷四,中华书局1957年版,第193页。

运行机制与运行环境。有较明确的按产品和功能分门别类的劳动分工;有系统化的交易原则、市场规范和契约制度,有种类繁多、层次分明的各种行会、会馆等商业组织以及代理商和经纪人、其他委托代理商、批发商、行商、零售商等分工严格的商业团体,资本的普及化及具精巧的运用,商业资本上有投资合伙制;贸易活动中使用“中人”(交易当事人的保证人和买卖活动的公正仲裁人),起到调节和维持市场秩序的“理性”作用,减弱恶性竞争,稳定市场物价;商场运动形式上的契约自治;等等。在汉口,“西方著作中通常描述的中国城市(或前工业化城市)的种种陋习和效率低下,在汉口却很少表现出来”。成书于民国初年的《汉口小志》为我们保留了一份完整货物和金钱详细规则:

> 汉口交易习惯为中国极复杂之一部,盖由商业之种类或国籍之异同所生,又或由各个信用之程度以异,其交易习惯因而不能一律。兹就一般交易上之习惯,说明如左:
>
> 甲、货物之买卖决定。一般虽交换交单、定单、成单,以为约定之证据,然由买卖之大小、信用如何,或为口头及账簿上之约束而不一定。关于秤平及支付期日,豫宜质之对手,然后以为约束。
>
> 乙、货物之交付。虽当约定之时以为决定,然一般习惯由卖主送至于买主指定之场所,其通例也。若指定为堆栈时,则送运费用归买主任之。其他如交付之时期,当以随时为决定。
>
> 丙、价银之支付。一般定于契约之初者,虽以十日、二十日或一礼拜后、二礼拜后,皆不一致。凡属长期者,常于其期间给付以市场普通之日息。唯与外国人交易而涉于长期者,不仅缺交易之敏活,两造以危险甚多,故普通为二礼拜。独中国商人间于彼等之会馆、公所为严重之制裁,斯患甚少,故涉于是期为多。①

很难想象,如果没有这种“契约”的规范和约束,汉口这样一个庞大的商品市场体系将会如何运转。所以,罗威廉说汉口商业世界“看上去与西方概念中前工

---

① 徐焕斗著,张博峰、尉侯凯点校:《汉口小志》,武汉出版社 2019 年版,第 133 页。

业化的,城市的,商业资本主义的社会颇为相似”[①]。而且,在汉口市场商业活动中起主导作用的是商业行业组织,如前所述之商业“上八行”就是汉口最早的商业行业组织。这些行业制订商业交易规则,进行商业中介和仲裁,调解商业纠纷,维持市场秩序,在推动汉口市场经济的繁荣发展中充当极为关键的角色,发挥了十分重要的作用。汉口行业组织对商业经营活动的管理主要包括以下几个方面的内容。一是制订规则以规范市场交易活动,“汉皋地方辽阔,商贩辐辏,各业皆有帮口,有会馆,既可以议规整条,复可以敦睦乡谊,两有裨益,故官宪亦不之禁”[②]。二是管理商业经营活动和维持市场秩序,主要包括明确市场准入门槛,确定市场价格,防止无序竞争,规范市场行为和维护商业道德等等。维护消费者的权益,保持市场的持续繁荣。三是协调商人和政府关系,调解和仲裁商业冲突。总体上看,清代汉口的官商关系还是比较和谐的,地方政府为了维持汉口商业的繁荣和市场的稳定,一直支持会馆、公所等商业组织开展工作,但是国家与社会在维护彼此利益方面不可避免地产生矛盾,在商会与官府之间的博弈中,商会虽然承受了许多压力,但在争取商人权益,维护市场繁荣方面仍有不少可圈可点之处。“因为在地方官府看来,大部分行会都是支持社会秩序的建设性力量,所以它们积极支持行会制定自己的内部规章制度以及仲裁行会成员与非行会成员之间发生的商业纠纷。”[③]

汉口的商业团体和组织不仅在商业和市场管理上发挥主导作用,而且还参与甚至主导城市建设和城市管理,使明清时期的汉口形成了一套有别于郡县城市的独特的城市治理模式。从明清之际到清末民初,汉口在四百余年的发展历史中,其城市建设和城市管理不乏政府和官僚的作用,如明崇祯八年(1635 年)汉阳府通判袁焻主持修筑的从硚口到今长堤街江边环绕镇北的半圆形的“袁公堤”;清同治三年(1864 年)汉阳知府钟谦均、汉阳知县孙福海主持在后湖修筑的上起硚口、下至沙包(今一元路)、环列汉口西北的堡垣;清光绪三十年(1904 年)湖广总督张之洞主持修筑的上起硚口皇经堂汉江边,下迄长江边牛湖广佛寺前

① 〔美〕罗威廉著,江溶、鲁西奇译:《汉口,一个中国城市的商业与社会(1796—1889)》,中国人民大学出版社 2016 年版,第 88~91 页。

② 《鱼贩齐行》,《申报》,光绪五年(1879 年)十一月二十日,第 2 页。

③ 〔美〕罗威廉著,江溶、鲁西奇译:《汉口,一个中国城市的商业与社会(1796—1889)》,中国人民大学出版社 2016 年版,第331 页。

(今堤角)、全长13.5公里的“张公堤”等三次大的堤防建设,对于汉口市区空间扩展具有重要意义。然而,由于汉口城市并非行政中心,政府一向疏于城市具体管理事务,这就给民间留下广阔空间,行会、会馆、商会等社会组织承担了大量的城市建设和管理事务,汉口城市治理具有鲜明的“民间自治”特色。

汉口城市的“民间自治”表现在商业经营活动、消防及社会救助、城市建设与管理等方方面面。商业经营及市场规范化管理前面已有述介。在社会救济、城市治安和消防方面,汉口商业组织更是发挥重要甚至主导性作用。

首先是商人尤其是外籍商人在汉口还大量投资兴建会馆、善堂、学校等。如徽商修建的“新安公所”,山陕商人修建的“山陕会馆”等。商人办学最典型的是徽商于1721年在新安书院亦即紫阳书院、徽州会馆内增建“六水讲堂”,这种所谓的“义学”不仅招收徽商子弟入学受业,而且服务范围面向整个汉口社会,“汉口四方杂处之人,亦无不沐浴熏陶,感发兴起,则书院之为功于人心风俗者,又不独六邑(徽州府属的六个县——引者注)之人被其泽也”[1]。

其次是参与甚至主导修建街巷、道路、堤防等市政建设。作为一个因商而兴的城市,汉口城市兴起有两个鲜明特点:一是没有经过严格的规划,城市建设随意性很大,二是许多街巷、马路、里弄、会馆等由商人和居民自主建设,尤其是地域性商人集团投资对街区、码头、会馆、祠堂庙宇、学校的建设。这些街区著名者包括由安徽商人于康乾时期修建的新安街,河南怀帮药商于康熙时期修建的药帮一巷、二巷、三巷和药帮大巷,山陕商人于道光年间修建的关帝街,湖南商人于嘉庆道光年间修建的宝庆正街及宝庆一街、宝庆二街、宝庆三街,江浙、安徽的盐商于康乾嘉道时期修建的淮盐巷,江苏吴县商人于雍正年间修建的金庭巷等等。汉口环江多湖,水患频仍,其次是汉口商人主动出资兴建堤防等大型城市基础设施,据《民国夏口县志》记载,汉口地方绅商筹资兴修堤防主要有长丰堤、长乐院、长安院、中墩堤院、高姓古堤等[2]。另有汉阳商人郧明适捐资修筑了武昌沙湖堤,“江夏沙湖滨江,遇潦辄病涉。明适捐三千金,筑堤十里”。[3] 汉口绅商对城市的

---

① 〔清〕董桂敷增订,彭善德、彭忠德点校:《汉口紫阳书院志略》卷七《六水讲堂记》,武汉出版社2020年版,第192页。

② 武汉地方志办公室、武汉市图书馆编《民国夏口县志校注》(上册),武汉出版社2010年版,第103~104页。

③ 王葆心著,温显贵点校:《再续汉口丛谈》卷一,湖北教育出版社2002年版,第205页。

“义举”还表现在主动投资修建了一些道路、桥梁、堤防,保护城市安全,方便市民出行。这些道路、桥梁、渡口码头,被称之为“义路”“义渡”,如徽州公所就拓宽、修直并重新铺设了经过新安书院建筑群前面的一条‘义路’,清嘉庆十一年(1806),徽州公所修建了一座渡过汉水的义渡。康乾年间,当玉带河洪水时常泛滥时,山陕公所在玉带河上建了两座石桥,供行人出行之用。

第三是进行社会救济的“慈善”活动。这些善举,“大概不外施药送诊、设船救生、施送板棺、收埋白骨、兴学种痘、惜字宣讲、施茶救火、施粥发米、施送寒衣等事,是以穷苦小民咸沾其惠焉”①。晚清汉口的善堂据说有 100 多家,《民国夏口县志》列表统计共 45 家。汉口街市房屋多为砖石木质结构,商旅云集,人烟稠密,时有火灾发生,给商家和市民带来巨大损失,因此救火成为城市治理的一项重要事务。明清时期乃至民国前期,这项工作主要是由商人们承担的,有的商人捐资拓宽街巷,开辟“火巷”,以利救火。汉口有专门的救火机构“水龙局”。“夏口一邑,人烟稠密,厥惟汉口,偶一失慎,势成燎原,特置水龙,星奔扑救,诚法良美意也。考汉口水龙之设创自清嘉庆年间,经咸丰乙卯发逆肆虐,汉皋荡为平地,盛举就湮。及收复后,蓬户鳞次,尤虞火警。前郡守刘倡率绅商集资,复置水龙,分布城镇各善堂、善局。绅商士民,闻风兴起,相率举办。或由独立仔肩,或由众情集腋,均能恤灾捍患,踊跃从公,此清宣统前地方遇警救患之情形也。近自兴办保安会后,改水龙为水袋,救灾实便于前,旧日水龙大半湮没,存者甚少,故不备哉。”②这种肇始于救火的水龙局之类的组织后来逐步演变为职能更宽泛的保安会、自治会、公益救患会、消防会等市民自治组织。1907 年,汉口小董家巷筹办自治会,开汉口镇各段保安会之先河。此后,汉口银钱业、绸缎业、百货业荟萃之地,纷纷效仿上海救火会章程,成立了黄陂街上段保安会、四官殿保安会、四段保安会、堤口下段保安会、义成社保安会等,负责地段消防事宜,后又扩展到负责商警和环境卫生等。

汉口“非体制性”自由身份和“转输贸易”的商业功能,孕育出了不同于传统农业—宗法—儒学正统文化的新的商业——城市“亚文化”。与农业—儒学文化的禁欲主义、重农轻商、重义贱利、崇俭黜奢相反,汉口商业—城市文化的重商传

---

①② 武汉地方志办公室、武汉市图书馆编《民国夏口县志校注》(上册),武汉出版社 2010 年版,第 110 页。

统、逐利意识与奢靡习尚十分突出。明代中叶以来的汉口地方文献中,类似的记述比比皆是,如《万历汉阳府志》讲汉口人重商崇奢:"汉镇士民不事田业,惟贸易是视。商船四集,货物纷华,风景颇称繁庶。无奈郡邑供应,取诸本镇者十九,小民少有盖藏,检括一空。"①康熙《汉阳府志》描绘汉口社会普遍弥漫着的奢靡之风:"汉镇水陆珍奇莫不备,每一会宴,穷极丰典。不但侨宦富商为然,中产之家勉强徇俗。惟务外饰,内鲜私藏,甚有典春衣而为之者,盖亦习俗使然也。""汉镇旧事繁华,今侨居仕宦、商贾、富家多以服饰炫耀,逮下走亦穿绸缎,侈靡极矣。"②这与鲁迅笔下的现代上海人宁可蜗居斗室、喂臭虫,也要将一条西裤压在枕头底下,以便第二天穿起来裤缝笔直的形象何其相似!道光年间叶调元在《汉口竹枝词》的"自叙"中对其时汉口的奢靡享乐风气也曾作过绘声绘色的描绘:"夫逐末者多,则泉刀易聚;逸获者众,则风俗易隤。富家大贾,拥巨资,享厚利,不知黜浮崇俭为天地惜物力,为地方端好尚,为子孙计长远;骄淫矜夸,惟日不足。中户平民,耳濡目染,始而羡慕,既而则效,以质朴为鄙陋,以奢侈为华美,习与性成,积重难返。"③罗威廉也注意到了 18 世纪以来的汉口的社会秩序与传统城市的大相径庭:"在我们研究的时段里,尽管汉口是个形形色色、鱼龙混杂的城市,但本地居民和往来客商在谈起所谓'汉口特性'时有着惊人的一致。汉口最引人注目的第一个特征就是极度的世俗化,其最典型的表现则是穷奢极欲,相互攀比以夸豪斗富。可以想见,这通常会遭到儒家文人们的谴责,他们指出:汉口的生活方式与儒家倡导的'俭仆'精神背运而驰。"④我们注意到,罗威廉用了"汉口特性"这个词语,并直指其特征是"极度的世俗化"。这似乎表明,前近代时期汉口社会文化所具有的某种范型意义,而且,"极度的世俗化"表明汉口的社会文化远离传统政治宗法文化而逼近近代市民文化。罗威廉认为,18 世纪的汉口已经出现具有自治意识的市民社会。在国家与社会的关系结构中,汉口出现市民社会与国家、

---

① 引自武汉市汉阳区地方志办公室编《汉阳府志(乾隆十二年)》卷之十二《地舆[七]》,湖北人民出版社 2013 年版,第 154 页。

② 武汉市汉阳区地方志办公室编《康熙汉阳府志》卷之一《舆地志》,湖北人民出版社 2014 年版,第 123 页。

③ 〔清〕叶调元著,徐明庭、马昌松校注:《汉口竹枝词校注》,湖北人民出版社 1985 年版,"自叙",第 1 页。

④ 〔美〕罗威廉著,鲁西奇、罗杜芳译:《汉口:一个中国城市的冲突与社区(1796—1895)》,第 19 页。

官吏对峙而不仅仅是臣服的现象,“这类群体日益寻求把它们的利益与一个更为广阔的城市社会利益统一起来。并且寻求广泛的,排除官僚的配合方法,以实现共同的目标”,“城市公共事务管理方面出现了一种新型的个人(即非官僚的)积极性”,汉口城市市民自治“与早期的近代欧洲有许多共同点”。他进一步指出,前工业化时期的汉口已经具备许多现代资本主义经济和文化因素,如果没有近代的开埠,汉口也能按照自己既定的发展轨迹缓慢地进入现代社会。罗威廉的这些论述,曾经广受西方学者所诟病,认为他的一些“实证缺乏说服力”。①

或许,罗威廉对18世纪以来的汉口社会表现出来的“现代性”确有一些夸张的成分。但是,由于“九省通衢”的地理交通格局和“转输贸易”的商业特色,汉口在长达二三个世纪的发展进程中,偏离传统郡县城市的政治功能和城乡合治的故道而自我发展、自我完善,孕育出原生型现代化城市的胚胎和种子,当封闭的大门一旦打开,这颗种子适逢运会,在适宜的土壤里破土而出并茁壮成长,由传统商业市镇迅速成长为工商复合型、外向性、现代化大都市。

① 汪熙、〔美〕魏斐德主编《中国现代化问题——一个多方位的历史探索》,复旦大学出版社1994年版,第26~38页。

开放:武汉城市早期现代化的引擎

19 世纪末 20 世纪初的汉口,在海内外的名声远比现在要大得多。人们普遍认为,至迟在 1900 年,汉口就已获得“东方芝加哥”的美誉。1902—1911 年的江汉关《海关十年报告》曾以十分肯定的语气说,“汉口是人们普遍公认的中国的芝加哥”①。但美国知名汉学家罗威廉的研究进一步表明,早在 19 世纪 80 年代初期,西方人便对汉口和汉口人的“世界性”已经有所感知②。这似乎表明,汉口对外来事物和外来文化有某种先天性认同,因为汉口获得具有“世界性”的称誉距离开埠只有 20 年的时间。这条从海外传来的迟到消息不仅引起我们追忆汉口对外开放史的兴趣,而且引发我们思考这样一个问题:一个深处堂奥的传统商业市镇能够那么积极地应对来自遥远的西方经济与文化的挑战,并在很短的时间内完成贸易结构乃至城市功能的现代转型而成为蜚声海外的国际性城市,原因何在?

一、在沿海与内地之间:武汉对外开放的非典型性

在古代中国政治与社会地理版图上,沿海与内地的人文色彩是有所区别的。有学者将其分别称之为黄色文明和蓝色文明,对这种过于概念化的观点我们虽然持保留态度,但沿海与内地社会和文化形态呈现出来的某种差异应该是不争的事实。“旧中国不但是农业—官僚政治的,而且是家庭主义和扎根于土的。它与亚洲内陆和靠航海为生的边境地带那种人烟稀少和物资流动性较大的情况形成对比。”③与内陆农业社会固着于土地,重农轻商不同,海洋的流动性使沿海社

---

① 〔英〕穆和德等著,李策译:《近代武汉经济与社会——海关十年报告——汉口江汉关(1882—1931)》,香港天马图书有限公司 1993 年版,第 95 页。

② 参见〔英〕李修善《中国湖北:它的要求与呼声》,(纽约,1881 年),第 1 页。

③ 〔美〕费正清编,杨品泉等译,谢亮生校:《剑桥中华民国史(1912—1949 年)》(上卷),中国社会科学出版社 1994 年版,第 14 页。

会表现出冒险、贸易、向外拓展、海外殖民等诸多有异于中原大陆文明的“次要传统”,这些“次要传统”对于习惯于传统宗法专制政治统治的中国历代封建王朝的统治者来说,不是可资利用的社会元素,而是问题和危机。因此总是想方设法将其纳入内陆——农业文化传统系统之中,予以同化之、改造之。诚如一位美国学者所说的那样:“对官员来说,海洋意味着问题而不是机会。经世术即使不是没有关于领海边界的内容,也肯定几乎不涉及公海。保甲和其他登记及控制的技术,要塞、驻防军和沿海管制的海军分队,官办造船厂的管理,都属于官员们注意的焦点。中国航海者关于海外各地的扎实的知识,很少能列在经世术中加以讨论。”①正是由于沿海和内陆流动与固定、商业与农业、开放与封闭、冒险与因循等一系列社会—文化差异,使中国历代统治者在治国方略上确立起重内陆、轻沿海的价值取向。内地内陆性地理特征从心理上给人们带来防卫上的安全感;其悠久的农业文明和严整的家族—宗法—皇权制度让统治者有政治—经济—社会—文化秩序感。而沿海,那里不仅是边缘蛮荒之地,还是充满未知和变数、不测和危机的是非之地,远不如中原腹地那么能按部就班地便于统治。在朝廷看来,沿海是罪臣们最为理想的流放地,是需要教化的蛮夷之区。再者,自古以来国家的安全危机主要来自北方和西北地区,东南沿海除明朝中后期闹过一阵倭寇危机外,一直平安无事,这也是历代王朝忽略海洋经营的一个重要原因。正是这种传统的“次要性”或者“异质性”导致了封建统治者对沿海的放弃,而放弃的结果是更加强化了沿海与内地的种种差异——文明的“次要性”和“异质性”。对此,美国研究中国现代化问题的权威作品《中国的现代化》有过精辟的分析:“内亚大陆在明、清政府战略决策中的首要地位,也可以根据海洋中国与大陆中国之间或沿海与内地之间的差别来加以分析。费正清提出,创造帝国传统并在制度上完善了农业社会和官僚秩序的是大陆中国。而海洋中国则向南发展,其商人深入到东亚和东南亚沿岸海域,发展起遍及东南亚地区的贸易网络,扩大了商业资本,并置贸易于最优先考虑的地位。在15世纪最初30多年的一个短时期内,当明朝宫廷委派郑和进行了几次远航之时,中华帝国影响在东南亚和南亚的普遍扩散似乎有可能成为中国的首要考虑所在,但随着政治潮流的改变,内亚大陆的国境

① 〔美〕卫思韩:《从王直到施琅的中国沿海:边缘史问题》,第215页,转引自费正清上引书,第21页。

和军事安全再次恢复了其传统的首先应当关切的地位。”“中国世界观中的所有这些因素,诸如对落后邻国在文化和规范方面所抱的优越感,对外界观念和货物的自觉排斥和蔑视,面向其内陆腹地而非其沿海视野的农业官僚政体,等等,使中国不太可能像日本在1868年所宣称的那样,将‘拓新知于海外’。”①

从城市史的视野来看,沿海城市的边缘性同样十分明显。作为一个内陆型的农业社会,中国传统的区域和城市战略表现出两方面的特点,一是对沿海城市进行封闭式管理,即实行所谓“海禁”,清代只有广州一口对外开放;二是“偏重于在内地构筑其城市体系,沿海城市体系一直不发达,在传统城市结构体系中处于无足轻重的边缘性地位”②。中世纪中国著名的城市几乎都是内地城市,尤其是中原城市和北方城市。尽管宋元时期,出现过泉州、广州、杭州等蜚声海内外的沿海大城市,但成就它们的只是某种特殊的历史机缘。杭州不过是南宋的偏安之都,广州在清代之所以被允许为唯一的开放城市,正是因为其僻处岭南、与中原大地重重阻隔的地理位置。著名美籍口述史学家唐德刚在谈到清代广州这种“一口通商”情形时说:“在结束鸦片战争的《南京条约》缔结之前,中国所搞的‘外贸’制度,原是‘一口通商’。全国货物——如苏杭宁的丝绸,江西的瓷器,福建的红茶、漆器,安徽的绿茶,长江下游的棉纺织品等等——销行欧美海外,都是要翻山越岭,通过广州‘一口’漂洋过海的。欧美南洋商品——如美洲的金银,英国的呢绒、钟表(且看北京故宫的钟表馆)和后来的鸦片,美商所运的檀香、人参(所谓‘西洋参’有别于东北产的‘高丽参’)、皮货等等,乃至南洋产的珍禽异兽、犀角象牙……也都是通过广州逆流而行畅销于内地的。中外商家要搞‘外贸’都要在广州一口去参加变相的‘广交会’。中方出口贸易则由专搞出口的‘公行’(大致有十二三个独立商号)加以垄断,番禺《竹枝词》所谓‘金钱堆满十三行’是也。”“我国当年‘广交会’的贸易额是可惊的。在伦敦、纽约等现代港口兴起之前,广州可能是独步世界的大都市,和中世纪的泉州不相上下。”尽管如此,广州当时对内地的影响远没有今天这么大,因为朝廷采取严格的措施阻止和消弭广州的开放对内地其他城市的影响,即便在经济领域,广州的对外贸易对国民经济的贡献率和影响力也是非常有限的。当时,“中国管制外贸关卡,则有所谓‘粤海

---

①〔美〕吉尔伯特·罗兹曼主编《中国的现代化》,江苏人民出版社1988年版,第30~31,32~33页。
② 涂文学:《涂文学自选集》,华中理工大学出版社1999年版,第210页。

关’,年入正税约在80万两上下(税收略次于长江中游的‘九江关’)。粤海关不属于‘户部’(今之财政部),而直辖于‘内务府’,是皇帝的私产。关税收入作为北京紫禁城的‘维修费’”。[①] 因此,清代前期的广州对外是一个联系畅通的开放城市,但在整个中国城市系统中则可能是一个孤岛。

内地城市与沿海城市相互影响的颠覆性变化是在晚清发生的。1840年爆发的鸦片战争不仅彻底改变了中国的国家安全版图,国家防御的重心由一向重视北方和西北大漠而转向东南沿海;而且改变了中国人的世界观念、国家安全观念以及城市发展与布局观念。西力东侵和西学东渐,沿海城市既是最早的受难者,也是最先的受惠者。“五口通商”——上海、宁波、福州、厦门、广州,最早被迫开放的城市都是沿海城市。在“五口通商”的刺激之下,东南沿海城市获得长足发展,其中最为典型者莫如上海,短短二三十年内,便从东海边的一个蕞尔小邑,崛起为东方第一大都会。清代前期和中期,上海被人们称为“小苏州”,然而到了晚清,苏州反而被人们称为“小上海”了,地位的转换发生在须臾之间。上海创造了中国城市迅速现代化和国际化的奇迹。由于国防和经济的双重关系,沿海城市体系开始建立,“在初具雏形的近代城市体系之中,传统政治性城市的中心地位逐渐失落,经济中心城市尤其是一批沿海开放城市取而代之成为城市网络的纽结点。如天津到清末迅速上升为华北城市网络体系的中心位置,上海不仅成为长江三角洲城市体系的中心,而且是联结南起广州、香港、澳门、福州,北到青岛、天津等沿海城市和上至宜昌、沙市、汉口,下迄九江、芜湖、镇江等沿江城市的近代中国最大的经济中心城市。其他如福州、广州在东南、华南城市网,大连、烟台、青岛在华东、东北城市网中也具有举足轻重的中心位置”[②]。

近代中国沿海城市通过贸易、租界等多种方式和途径,直接或间接地感受西方先进的文化和技术,城市也开始由传统向近代转型,在西方现代精神的熏陶下形成了新的社会风气和城市精神。“通商口岸贸易的发展为中国带来了新的交通和工业技术,新的有关外族的知识,同时也促成了一种民族主义精神。”“中国的海上联系方式不仅成了西方入侵的渠道,而且也将一种新的中国领导方式引入上海、天津、九江、汉口等新兴口岸城市。越来越多的学生涌向日本和西方,探

---

① 〔美〕唐德刚:《晚清七十年》,岳麓书社1999年版,第71、72页。

② 涂文学:《涂文学自选集》,华中理工大学出版社1999年版,第211页。

求拯救自己祖国的道路。在那里,他们脱离了中国士大夫阶层通常与之紧紧相连的乡土背景。中国的新的现代派一般都失去了他们的农业之根。最后,这种联系许多都绝灭了。”

随着沿海城市现代化水平的提升和沿海城市体系的逐步形成,沿海社会与文化在整个中国社会与文化的边缘性地位不复存在,开始以一种新型的甚至主流文化的姿态对内地社会与文化发生影响,近代中国几乎所有的变革都发祥于沿海城市——广州和上海;近代中国几乎所有的先进人物都出身于沿海,或者有沿海游历的履历,从林则徐、徐继畬到王韬、郑观应,从康有为、梁启超到孙中山……“郭士力和裨治文等传教士的开拓性的地理学研究引出了魏源和徐继畬19世纪40年代的地理学作品。数十年后,更出现了江南制造总局和基督教与一般知识传播社(SDK)的翻译工作。类似王韬这样的基督教改革家和新闻记者在外来影响下出现于香港和其他通商口岸,他们开始鼓吹中国的民族主义事业。孙逸仙出身于最早的对外港口附近,并且在檀香山和香港完成了学业。虽然他是中国现代民族主义的主要宣传家,但他的大部分时间是在海外度过的。这可以表明,中国的西化论者一般都是沿海人。”“1895年以来的年轻的国民党革命者们都是典型的城市生活的产物,他们很少了解农村。”正是沿海城市,发动了近代中国的维新和革命,引领了中国近代早期现代化潮流。从香港到南京,具有某些近代资产阶级改革思想的洪仁玕一篇《资政新篇》,让太平天国这一本是传统意义上的旧式农民革命打上了时代变革的新烙印。发动戊戌变法运动的康有为,22岁前蛰居南海乡下时,只是一个研治陆王心学、潜心佛典、与传统士大夫毫无二致的乡村学究,及至他“拟游京师,道经香港、上海,见西人殖民政治之完整,因思其所以致此之本原,乃悉购江南制造局及西教会所译出各书尽读之,举一反三,就小知大,遂别开境界,以是尤知学贵实验”①。由此开始转变为近代著名资产阶级维新思想家并发动和领导了戊戌变法运动;他如辛亥革命,“在形式上,它更是一个终结,而非开端。在某种意义上,它意味着一个王朝的衰亡,虽然在另外的意义上,它也意味着民族主义以及由海上进入诸口岸城市的多种影响的一次胜利”。在沿海通商口岸城市的带动和影响下,内地城市开始引进西方工业技术,中国早期工业化运动——洋务运动,最先在上海、天津等沿海城市开启先河;

① 王森然:《近代二十家评传》,书目文献出版社1987年版,第107页。

与外国开展贸易活动以及派遣留学生出洋……而影响更深远的是观念,沿海城市往昔那些被视为“亚文化”“次要传统”的异端,如今成了内地城市纷纷仿效和效法的圭臬,“从19世纪90年代以来,人们可以看到,中国现代生活中显露出某些与沿海传统相关或受到其影响的内容。首先,外来事物,包括基督教开始走红,受到宠爱。其次,民族主义以及为生存于世界民族之林而斗争的危机感广泛传播开来。随之而来的是,进步与科学技术重要性的思想;摆脱了家族纽带的个人的观念;以及更为含糊的政治权利与立宪政府的观念。最后,作为这一切之基础的,则是资本主义企业的独立地位以及它对于法律保障的要求”。[①] 近代中国就是这样在沿海先进城市的影响和带动之下,从沿海城市到内地城市,再从通都大邑到僻壤穷乡,迈开了社会变革的蹒跚步履。

近代沿海城市由于地缘政治优势所获得的社会、文化优势,当然是整体比较而言的。也就是说,是一种相对于内陆传统社会的比较优势。但是,内陆城市也并非铁板一块,并非都是一个发展模式,譬如汉口,就是内陆城市中的另类。

我们说汉口有些另类,是说早在前近代,也就是明清时期,汉口的发展就偏离中国传统城市的故道,成为兼有内陆和沿海城市双重特征的边缘性城市。首先是自然地理上的边缘性,“对此,张之洞领悟犹深,‘自沿海各省视之,则为深处之堂奥,统南北各省视之,则为适中之通衢’。这实际上是将汉口城市所处的地理位置同沿海与内地城市相比较而区别开来。‘堂奥’—‘通衢’的地理格局,既不同于沿海城市(如上海)的海洋边缘特点,又有别于内地城市内陆闭塞状况,而处于一种虽处内陆但又直通外洋的半封闭半开放,既封闭又开放的过渡性状态”。由于地理的边缘性进而带来文化上的边缘性,“既与中原正统文化血脉一系,又具有与外来异域文化保持一线联系的天然孔道,既感受东南一带先进文化信息,又不断接受西北一带古老纯朴农业文化的熏染,长江和汉水不仅给汉口注入了经济的活力,而且相对削弱了汉口与外界文化的隔离机制,在文化传播渠道相对畅通的形势下,使汉口文化摆脱地域局限而形成为近代意义上的城市复合文化”。[②]

---

① 〔美〕费正清主编,章建刚等译:《剑桥中华民国史:第一部》,中国社会科学出版社1998年版,第26、37、29页。

② 涂文学:《涂文学自选集》,华中理工大学出版社1999年版,第300~301页。

汉口的另类更主要更直接地表现在城市的功能结构体系上。与中世纪内陆绝大多数城市作为各级政治中心和军事要塞不同,汉口因为两江交汇、九省通衢的地理位置而一开始就被赋予重要的商业功能,城市的非政治化取向十分突出,商业成为城市居民的主要生存方式。由此而展开的一切都带有浓厚的商业化特征。"通衢"与"堂奥"的地理格局使汉口在对外贸易、接受与传播外来文化等方面敏感度高,不仅较之内陆其他城市反映、接受能力强,融合、吸收、消化快,更重要的特征还在于其具有居间性和过渡性特点。

由于汉口"通衢"与"堂奥"即既有别于沿海又不同于内陆的地缘政治、经济特征,汉口开埠既晚于沿海五大通商口岸又早于内地大部分开放城市。从1840年鸦片战争签订中英《南京条约》上海、宁波、厦门、福州、广州先后于1843年和1844年开埠,到第二次鸦片战争后1858年签订的中英《天津条约》汉口于1861年正式开埠,作为内陆城市的汉口的对外开放较之沿海五口大致晚了20年。汉口虽然晚开商埠,却因其独特的区位优势后来居上,到晚清成为仅次于上海的中国内地最主要的通商口岸城市。按照英国人最初的设想,打开了沿海五口,就可以长驱直入,迅速占领中国内地的广阔市场。但天不遂人愿,中国社会经济的实际运行状态并不以英国人的意志为转移,沿海城市的边缘性位置极大地限制了英国商人对中国市场的开拓,后来的历史表明,最初开放的五口除上海和广州外,其他几个口岸对中国近代经济现代化的影响力是十分有限的,所以开埠一段时间后便考虑放弃了。如福州,美国人经过调查后认为"它是没有价值的而且一定要放弃……这个最后的口岸经过七年多的试验以后,已经证明是确定的失败的"①。宁波开埠后的第一年(1844年)进出口贸易额达到50万元,但"五年以后减到这个数额的十分之一以下"。② 英国驻宁波领事在总结教训时认为主要原因是宁波离上海太近,"我们在这里遭受失败的原因很明显,上海把一切东西都吸引到它那儿去了,把过多的进口货输送到那里,同时还把原来准备到宁波的茶商吸引到它那儿去了",因此"甚至有人建议用宁波去换其它口岸"。③总体看来,由于《南京条约》开放的五个通商口岸局限于东南沿海一隅,英国资本主义企图全

---

①③ 姚贤镐:《中国近代对外贸易史资料》第1册,中华书局1962年版,第604、619页。

② 〔美〕马士著,张汇文等合译:《中华帝国对外关系史》第一卷,北京三联书店1960年版,第405页。

面打开中国内地市场的欲望受到遏制。因此,出于将整个中国纳入世界资本主义市场体系的目的,英国殖民主义者迫切需要把商业“向五个通商口岸以外的地方进逼”①。第二次鸦片战争后英国人终于如愿以偿,1858 年签订的中英《天津条约》规定开放汉口、九江、镇江等三个沿江城市,而在这三个城市中,两江交汇,又便于航运的汉口所蕴涵的商业价值是最受包括英国人在内的欧美商界人士青睐的,如当年法国人加勒利·伊凡的《太平天国纪事》在谈到汉口时就满含歆羡,“汉水流入扬子江的交叉点,本地人称为汉口,中国人认为这地方是国内最大的商埠。汉口距海有二千余里,但是江流全程可以航行最大的船只,一队一起航行的船只,达到交叉点时,便为两地,一批停在武昌,一批驶入汉水”。“武昌、汉阳、汉口……大江环绕着三座城……这些河流使中国的财富一直流布到帝国各地。”后来的事实证明,汉口在近代中国对外开放的进程中对于内地市场与国际市场的迅速接轨确乎起到了极其重要的桥梁和纽带作用。关于这种作用,费正清的《剑桥中国晚清史》有过详细分析,“在十九世纪六十年代和进入七十年代以后,外国洋行(特别是英国洋行)的分行把大部分棉制品运进汉口等商埠,但位于较小通商口岸(它们是大贸易区的城市市场)的这些分行甚至不能与中心市场的一些中国销售商发生长期的直接联系,当然更谈不上与中间市场或基层集市发生联系了。与这些分行在镇江和汉口打交道的中国商号高踞于传统市场结构的最上层,它们具有了解地方情况以及与低级市场发生长期关系的有利条件”。“汉口十一个大华商定期在上海通过其代理人购买进口的布和纱,然后把货物转售给汉口的零售商和从湖南及河南低级市场前来汉口购货的商人。”②正是因为汉口市场对周边低级市场的这种强辐射力,导致了汉口成为近代中国第二轮开埠时英国在内地的首选城市并吸引西方各国商人纷至沓来。5 国租界,12 国领事馆,30 余家外资企业,114 家洋行和 10 余家外国银行,先后有 17 个国家的商人来汉进行商贸活动。到清末,汉口迅速崛起为仅次于上海的中国近代第二大通商口岸,1901 年发表的江汉关《海关十年报告》曾以十分欣喜的口气写道,“这里不再是一般的通商口岸,它已发展成为帝国极为重要的商业都会。展望前景令人

---

① 〔英〕伯尔考维茨著,江载华、陈衍译:《中国通与英国外交部》,商务印书馆 1959 年版,第 15 页。

② 〔美〕费正清、刘广京编,中国社会科学院历史研究所编译室译:《剑桥中国晚清史(1800—1911 年)》(下卷),中国社会科学出版社 1996 年版,第 67 页。

鼓舞，随着铁路与航运联网，汉口与世界的联系将会日趋密切，它的政治与商业地位也会随之得到加强”①。“现在汉口兴旺的日子终于来到了，它不仅超过了镇江、南京和芜湖这些旧条约规定的开放港口，而且超过武昌这个省会城市，成为上海的巨大对手了。”

汉口“通衢”—“堂奥”亦即兼有沿海和内陆双重优势的区位格局，使其在近代中国对外开放中充当着跳板、桥梁和中间人的角色。西力东侵和西学东渐，大致经过了一个三级甚至多级传播和推进的过程，从西方传到沿海通商口岸（主要是上海），是为一级或一次传播；再从上海等推进到沿江的通商口岸，为二级或二次传播，这一级的主要站点便是汉口；再从这里呈放射状态向内地作多级传播和推进。汉口开埠后，由于各国纷纷在这里设租界、办洋行、兴实业，作为一个条约通商口岸，它已经具备与西方各国直接通商和交往的条件。但是，在整个中国近代对外开放的大格局中，汉口主要是通过和上海的联动来影响内陆广大地区并加强自身地位的。对于这种格局，民国时期就有人作过精当概括：“上海者，为中国贸易之总汇；汉口者，为内地贸易之中枢，扬子江流域其它各港，皆不过此两地之附庸而已。”汉口的外贸主要是一种间接的埠际转口贸易，即通过上海等沿海城市进出口。1867 年，汉口对外贸易额 3053 万海关两，由江汉关直接进出口仅为 50 万海关两，而经上海等地间接出口额却高达 3000 万海关两，两者相差 60 多倍。1902 年，汉口进出口货物价值 1.032 万万海关两，其中直接进出口货物价值不过 886.6 万海关两，只占全部进出口额的 8.6%。1910 年，汉口外贸总额达 1.7 亿多海关两，直接贸易额仅为 3700 多万海关两，而间接贸易额却高达 1.35 亿海关两。历年统计资料表明，汉口海关间接外贸额除个别年份外，在全国外贸大埠中高居第 2 位，仅次于上海。而直接贸易额大多数年份却仅为全国第 4 位，不仅与上海相差很远，而且常常落在广州、天津，有时甚至落在青岛的后面。

在近代中国对外开放“西方—上海—汉口—内地”三级（或多级）传播和推进格局中，各级的开放程度、社会工业化、现代化状况与其同西方直接接触的程度有密切关系，如汉口，就与上海有很大的差距，张仲礼先生主编的《近代上海城市研究》曾通过分析两市在进出口商品种类后指出过这种差距：“近代上海，就对

---

① 〔英〕穆和德等著，李策译：《近代武汉经济与社会——海关十年报告——汉口江汉关（1882—1931）》，香港天马图书有限公司 1993 年版，第 32 页。

全国各地的贸易而言,它处于中心城市的地位。它对全国各地输出数量巨大的舶来品和上海产的机制产品,又从各地吸收大量土货以供出口和上海的轻工业制造之用,在对内贸易中显示出典型的城市功能。以上海和汉口的贸易来说,在1936年,未经加工的食料及饮料类商品,从汉口输往上海同上海输往汉口的商品值比例为12∶1(未经加工的食料及饮料,主要指米谷、玉米、小麦、干果、鲜冻牛羊猪肉、鲜蛋、未经烘烤的毛茶等。是年汉口输往上海的未经加工的食料及饮料类商品值为14434043元,而上海输往汉口仅为1201863元),原料品从汉口输往上海同上海输往汉口的比是23∶1(原料品主要指猪鬃、各类禽毛、禽骨、牛皮、豆类、豆饼、花生、烟叶、煤炭、轻重木材、蚕茧、棉花、羊毛、苎麻、铁矿砂、锰矿砂、钨矿砂、锌矿砂等。是年汉口输往上海的原料品为85755483元,上海输向汉口为3592520元),即大量未经加工的原料及商品从汉口流向了上海,在这里上海是真正的城市,而汉口只是作为内地农村的中心才显示出其城市的功能。以制成品来说,情况就完全相反了。同样在1936年,从汉口输往上海的制成品价值同上海输往汉口的制成品价值之比为1∶27,这说明上海以大量的制成品(包括进口的机制品)运向了汉口,在这些埠际贸易中上海表现出典型的城市态势,而汉口只是作为内地乡村的代表。"①在这里,比较的参照系不同,城市的现代化程度和地位就不同,同西方发达国家相比,上海是不发达的乡村;同内地相比,上海则是发达的城市。而汉口,在同上海的对比中,是乡村;但跟广大的内陆城市相比,又无疑是最现代化的城市。也可以这样认为,从城市自身来看,汉口因为开埠与西方世界的零距离接触而获得了早期现代化的长足进展,但从更广大的空间范围予以观照,由于深处内陆堂奥,城市深陷于传统农业社会的汪洋大海之中,汉口远不如上海那样充分西化和洋化,而只能是亦土亦洋,亦中亦西,传统与现代并存,城市与乡村同处,开放与封闭交织。这种传统与现代并存的二元性现象,并不仅仅局限于贸易品种结构领域,还更多地表现在城市的内陆性生态——广义的人文生态与自然生态所带来的局限,由于西方文化传播的时间差所形成的接受西方现代文明的心理时间差,以及江汉区域文化内陆性特征与江浙吴越文化海洋性特征的明显不同等重要因素,直接影响武汉早期现代化历史进程,并关乎武汉一个世纪以来的发展后劲。

---

① 张仲礼主编《近代上海城市研究(1840—1949年)》,上海人民出版社2014年版,第127页。

二、在原生型与次生型之间：武汉早期现代化发展的“汉口特性”

现代化不仅仅是生产方式的转变或工艺技术的进步，它是一个民族在其历史变迁过程中文明结构的重新塑造，是包括经济、社会、政治、文化诸层面在内的全方位转型。[①] 依据不同国家、不同地区现代化历程的起步时间以及启动方式，美国社会学家 M.列维将各国现代化发展模式划分为“内源发展者”和“后来者”两大类型，即早发内生型现代化与后发外生型现代化。早发内生型现代化的基本含义即现代化进程是自身内部现代化因素不断成熟的结果，是原生型的，或谓之原创型的。后发外生型现代化不是自身现代化不断积累的结果，最初的诱发和刺激因素，主要源自外部世界的生存挑战和现代化的示范效应，是在面临着外部强力因素（如武力入侵、亡国等）的冲击或挑战而作出的一种回应，是对早发内生型现代化模式的一种学习、模仿与跟进。与早发内生型现代化模式浓烈的原创性、原生性相比，后发外生型现代化模式具有强烈的次生型特性。

世界各国的现代化发展模式不尽相同。英、美、法等欧美国家的早期现代化早在 16、17 世纪即开始起步，现代化的最初启动因素都源自社会内部。工业革命和政治革命以及以思想启蒙运动、宗教改革等为特征的思想革命促使了现代资本主义生产关系的形成与发展，西欧国家自主地踏上了现代化征程。欧美等国的现代化发展模式呈现出强烈的原生型特质，其现代化发展模式属于早发内生型的原生型模式。伴随着西方一些早发型现代化国家的殖民主义入侵，欧风东渐，现代化浪潮席卷东欧及亚洲地区。俄国、日本、印度、中国等国家被迫地开始了自身的现代化之旅。沙皇俄国现代化起因于其危机感，效仿西欧，创办纺织、冶金、造纸等工业，重视与鼓励对外贸易。1861 年，亚历山大二世宣布废除农奴制，并在政治、财政、教育、军事等领域进行了某些资产阶级性质的改革，基本

① 许纪霖、陈达凯主编《中国现代化史第一卷 1800—1949》，上海三联书店 1995 年版，第 2 页。

完成了从手工工场到机器工厂的过渡。① 日本在19世纪中叶,被迫向美国开放港口并对美国实行低关税率。美国还获取了领事裁判权、建立租界和行使治外法权的特权。荷兰、俄国、英国、法国等国也援例强迫日本接受类似条约。日本面临着沦为半殖民地的危机。明治维新后,日本从政治、经济、社会、文化、军事等各方面进行了全面的改革,发展资本主义,全面启动了早期现代化的进程。印度在19世纪中期后,英印殖民当局对殖民政策进行了一定的调整,开始实行承认印度商人和企业家的经营权利,鼓励对亚洲国家开展贸易的政策。印度的麻纺、棉纺业发展迅速。

中国早期现代化是随着西方列强军事侵略和殖民掠夺而被动、被迫发生的。列强的坚船利炮冲开了中国封闭的大门,把千年古国推向了千古未遇的变局之中。两次鸦片战争以后,中国传统的封建社会面临着整体崩溃的危局。一部分封建官僚、思想家打出了“自强”的旗帜,发出了变革的声音。“采西学”“设局厂”“制洋器”“改弊政”的洋务运动兴起,开启了中国早期现代化进程。洋务运动实质上是一场由政府启动的中国工业化运动。从李鸿章兴办的各类机器制造局、船政局,到张之洞在武汉建立的铁厂、枪炮厂、纺织四局,都高举“自强”“求富”的大旗,推动了早期中国工业化运动轰轰烈烈的发端。19世纪40~90年代的中国早期现代化,本质上是西方武力入侵、殖民掠夺刺激下的一种后发外生型现代化,是一种以西方现代化为模式进行学习模仿的次生型现代化,具有浓厚的被动被迫色彩。

通过对俄国、日本、印度、中国等国现代化模式比较研究,可以看出四国现代化发展模式的异同:第一,现代化模式皆属后发次生型。他们或因为争霸欲求而效仿西欧,或因西方殖民入侵而被迫地走自强之路,谋求自身的发展。因而,他们都是受外力影响或冲击而产生的后发性的学习、模仿,都是次生型的现代化模式。第二,是由政府倡导的,自上而下进行的社会变革。无论是沙皇亚历山大二世、日本明治政府,还是英印殖民当局,以及晚清的洋务官吏,他们所倡导的现代化运动无疑具有政府行为的深刻烙印。第三,中国对外来的现代化浪潮冲击的反应比较迟钝。各国最高当权者对现代化推进的力度迥异。日、俄两国均是由

---

① 章开沅、罗福惠主编《比较中的审视:中国早期现代化研究》,浙江人民出版社1993年版,第47~54页。

最高掌权者以国家的强制手段推进现代化进程,而中国的皇权政府以及慈禧等在现代化进程的作用与表现软弱无力,中国的现代化主要是由某些官僚及部分中下层知识分子在推动。故而,中国现代化进程缓慢,步履蹒跚。

但是,当我们将研究的眼光聚焦于晚清的武汉时,却发现近代武汉早期现代化发展路径在总体格局相同时有一些例外。由于武汉"堂奥"—"通衢"的地理特点,由于武汉自明清以来根深蒂固的商业传统,武汉早期现代化具有某些早发原生型现代化模式的倾向特质,城市机能内部在前近代时期即带有某些现代化因子,孕育着产生现代化的某些条件及要素。

第一,武汉的城市功能内部具有前近代时期现代化的某些因素。作为明清以来因商业因素而城市化的典型,汉口城市结构体系一开始就具有非政治化倾向。汉口长期以来没有成为地方行政中心,而只是一个附属于省、府和县的地方政权的商业性市镇,早期汉口城区布局完全是自然与商业贸易相结合的生态产物。非行政中心化的后果是城市居民心态中政治中心感淡薄,商品经济意识不断强化。这同时又可使市民心中儒家传统伦理观念的影响相对较浅,而非传统的文化价值观念乘隙而生,形成有别于封建政治都会中正统文化的商品文化观念。美国汉学家罗威廉在他的《汉口:一个中国城市的商业与文化(1796—1889)》一书中描述汉口是"在中国第一次吸收欧洲文化规范之前即实现了最高程度的本土城市主义(indigenous urbanism)的城市"。汉口城市鲜见的政治功能色彩,因而被赋予了罗威廉所指的"独立政治实体的感觉",并且似乎也促进了起初的"城市自治"的发展①。这一点与当初欧洲国家早期现代化萌芽启动阶段的城市发展基础有不少相似之处。"没有从政府那儿获得认可和照凭"的汉口,不仅政府极少甚至根本不干预汉口的市政事务,而且"市政高级官员也很少真正地干预该城的事务"。②根据罗威廉的研究,在太平天国之前的汉口,最重要的商团是盐商,"这两百名来自徽州而非汉口的盐商持有世袭的许可证,在港法制度的保护下可以使用特殊的运盐航线"。按照罗的说法,商头是"由运商从他们自己中间挑选出来的",他仲裁各种冲突,并在皇权面前,代表商人的利益。由于商头掌握着诸多经济财源,"所以在很大程度上行使独立的权力"。在太平天国起义

---

①② 汪熙、〔美〕魏斐德主编《中国现代化问题——一个多方位的历史探索》,复旦大学出版社1994年版,第26~27页。

之前约100年里,盐商成为当地社会金融和文化领域的主导阶层。这些盐商作为一个群体,凭借他们的集体资金,凭借他们的捐款来提供救济,资助当地防务和负担当地频繁的慈善活动费用,因而对社会产生了重大影响。"城市公共事务管理方面出现了一种新型的个人(即非官僚的)积极性……两淮盐政中汉口商人的上司们一直试图控制他们的独立权,但总的来说始终未能成功。"①以盐商等为代表的行帮和其他民间团体在商品经济的发展中,其权力日益增大,它们"日益寻求把它们的利益与一个更广阔的城市社会利益统一起来,并且寻求广泛的,排除官僚的配合方法,以实现共同的目标"。这似乎促进了汉口城市起初的"城市自治"的发展。汉口作为一个"自治城市"似乎"与早期的近代欧洲城市也有许多共同点"。基于非政治化功能架构有利于商业功能的有效发挥,成就了一代商业名镇——汉口。

第二,武汉城市机能中商业功能十分发达。武汉的商业历史悠久,远在唐宋时期,武昌和汉阳的商业就已经十分繁盛。特别是17世纪中叶即明末清初汉口崛起以后,以其"九省通衢之地"的区位优势以及兴旺的商业时常为人称道。汉口商业气氛浓厚,市民具有较强的市场意识和商品意识。汉口城市商业功能突出表现为"转输贸易",即主要是作为居间贸易、中转市场而发挥作用,因而,早在清初便被人视为"天下货物聚买第一大码头"②。

作为一个"转输贸易"的商业码头,汉口既是国内和区域间商品的集散地,也是水陆路的转运地和水上运输的装卸地,因此,大部分居民的职业为商贩和搬运工人。美国学者罗威廉曾经详细研究过晚清(1860—1895年)汉口居民的职业结构,结论是商业人员占总人数的30%,运输人员占30%,而官员及专业人员仅占5%。关于商人,他写道:"大小不等的各种批发商人和零售商人总共占汉口固定劳动力总数的四分之一。在里德记录的4000个例子中,明确有25%的商人和小贩;如果从他的调查中排除存有疑问的农夫的话,这个比例将接近三分之一。1912年调查表明:商人占这个城市居民的31%。"关于运输和码头工人,罗威廉花了大量篇幅进行论述:"如果将大量的船夫、马车夫和长距离的赶牲口者等过

---

① 汪熙、〔美〕魏斐德主编《中国现代化问题——一个多方位的历史探索》,复旦大学出版社1994年版,第28页。

② 吴中孚:《商贾便览》卷三《各省物产》,清道光二年(1822年)三益堂刻本,第46页。

境人口计算在内的话,汉口有将近四分之一的劳动者在一定时间里受雇于运输业。”“毫无疑问,汉口船夫的数量是巨大的。1877 年,一份很典型的报告估计大约有 10000 艘船只同时云集汉口港;1891 年,海关报告估计每年有 165000 名水手在到达汉口的平底帆船(即从事长途运输的船只)上工作……除了大型的平底帆船,汉口还有数量更多的、短小型的轻舟和划子,它们的主人兼操作者及其全家(划户),大都住在船上,主要从事地方运输。在 19 世纪的最后 10 年中,上述各种类型的船夫都逐渐成为内河轮船上的船夫。”“数量更多的是成千上万的本地搬运工,包括车夫(推车)、轿夫、水夫、码头夫等比较专业的群体,以及不怎么要求专门技术的挑夫、‘扛夫’和‘脚班’等。和水手一样,这些人不仅是地理意义上的流动者,也是职业上的流动者,但他们都不仅仅来自汉口直接的经济腹地。所有的运输工人每天都在为生存而挣扎;地方文献中随处可见这样的评论:虽终日劳作,仍不得温饱。(原注:1912 年的调查发现,城里有将近 8000 个长途陆路运输工人和同等数量的地方运输工)。”①对比地方文献史料,我们可以证明,罗威廉的研究是富有价值并比较真实的。据宣统元年清廷民政部门的统计,当年汉口从商人数在 5 万人以上。② 民国初期,由于辛亥之役,汉口总人数虽大幅度减少,但从商人数与官绅士民之间的人口比例结构依然如故。据《汉口小志》在民国二年的统计,汉口在册总人口 198050 人中,政军学界人数为 3750 人,商界人数为 30990 人,后者与前者的比例几近 10 : 1。商人占总人口比例的 1/6(《汉口小志·户口志》)。清代汉口商人聚集的另一个显著特点是非本土化,即外来移民占据大多数。《汉口丛谈》曾说“汉口街道宽平,尽铺磐石,五方杂处,客旅居多,词云:‘石填街道土填坡,八码头临一带河,瓦屋竹楼千万户,本乡人少异乡多’”。所谓“异乡多”主要是异乡商人多。《嘉庆汉阳县志》说,汉口“廛舍鳞次,民皆事贸易,盖地当天下之中,贸迁有无,互相兑代,故四方商贾辐辏于此”。1840 年以前,汉口共有商业会馆、公所 38 个,其中本地商人所建 2 个,以行业划分未载地域者 8 个,其余皆为外地商人所建。汉口开埠后,移居这里的外地商人更多。1883 年,一位《北华捷报》的通讯员虽然并不过分,但有些夸大其词地写

① 〔美〕罗威廉著,江溶、鲁西奇译:《汉口:一个中国城市的冲突与社区(1796—1895)》,中国人民大学出版社 2016 年版,第 37~39 页。

② 民政部:《湖北省警务公所第一次统计书》,宣统元年出版。

道:“如今,汉口的居民几乎全部是周围地区的人,原有居民已经在太平天国第二次到达时被杀光了。”罗威廉的研究也证实了这一点,他指出:“19 世纪下半叶,当我们拥有大量的新闻资料可供分析时,我们可以发现众多证据都说明了移民在汉口社会中所发挥的重要作用,以及伴随着城市化进程而引发的社会混乱……19 世纪后期汉口两个最为重要的人口统计数据的变化可能与这一进程有着直接关系。第一是来自汉口周边地区和华中地区的人口在总人口中所占的比重不断增加。整个 19 世纪,在汉口社会与经济生活中占据主导地位的一直是本地区之外的商人。但是,广为人知的商业精英的转换——新来的宁波与广东商人取代了原来的山西和徽州商人——不应当遮蔽另一个更为普遍的认识:实际上在汉口各阶层中,来自长江中游地区的人口数量都在不断增加。这一点是无可置疑的,因为湖北农产品(茶、棉花、稻谷、豆类)一直持续地向本地区之外输出,而且这种输出在 19 世纪后期得以加速发展,并持续到 20 世纪——尽管汉口的首要功能是作为重要的运输中心,它与所在地区经济的联系程度十分低,但汉口与其直接经济腹地的分离,越到后来越不那么明显了。第二个相关的变化是城市贫民在总人口中所占的比重也在增长。尽管来自汉口直接腹地的人包括一些社会经济地位相对较高的人,但他们的绝大部分仍然是工匠、劳动者、小贩、船夫和长期失业者。”①罗威廉的上述研究明确表达了两点意思,一是汉口上层商人主要来自外省,近代以前是山西和徽州商人,而晚清汉口的富商巨贾则主要为江浙和广东的移民。二是本地有实力的商人并不多,汉口周边地区如江汉地区移居汉口的多为下层贫民和受灾难民。清末日本驻汉总领事水野幸吉也曾有过类似的言论:“在汉口这样的商业集中之地,有财力的商人主要来自广东、宁波等地,湖北本地人反而经营规模较小。”②这与笔者过去的研究结论若合符节:“汉口的移民成分除外省商人外,主要来自本省周边农村破产农民和小商小贩、手工业者,其中尤以黄(陂)孝(感)人为多。据史料记载,汉口城市最早的移民可能就是黄孝人,‘汉口黄陂街在明嘉靖以前便有之。居肆商民,大率黄孝人也。盖黄孝与汉口之关系,实先见于此’。清代前期,因汉江水患而破产的潜江、沔阳、天

---

① 〔美〕罗威廉著,江溶、鲁西奇译:《汉口:一个中国城市的冲突与社区(1796—1895)》,中国人民大学出版社 2016 年版,第 52~53 页。

② 〔日〕水野幸吉著,武德庆译:《中国中部事情:汉口》,武汉出版社 2014 年版,第 5 页。

门、汉川等地难民大量流入汉口，有的从事手工业，有的运输货物，或为轿夫、车夫、舟夫等等。因此形成黄陂街、沔阳街、咸宁码头等移民痕迹甚重的地域性街道、码头名称。”①

由于汉口重要的商业码头地位和居民成分充分的商业与商人化，因此，远在明清之际，汉口商品市场已充分发育，发达的水路运输和繁荣的码头，为数众多的会馆、公所等商业同业组织，吸引国内四方商人来汉进行商业贸易，汉口商业呈现喧闹繁盛的景象。“居其货化之贾，比廛而居；转输搬运，肩相摩，踵相接”；“上至硚口，下至官厅计一十五里，五方之人杂居，灶突重沓，嘈杂喧呶之声，夜分未靖。其外滨江，舳舻相引，数十里帆樯林立，舟中为市，盖十府一州商贾所需于外部之物无不取给于汉镇，而外部所需于湖北者，如山陕需武昌之茶，苏州仰荆襄之米，桐油墨烟下资江浙，杉木烟叶远行北直，亦皆于此取给焉”。汉口不仅成为湖北地区的商业中心，而且是华中乃至全国部分商品集散地。18 世纪中叶，汉口市场以盐、当、米、木、花布、药材 6 行最大，即所谓“汉口六大行”之说，至 19 世纪初，汉口市场进一步扩大，商业行帮始有八大行之说。叶调元《汉口竹枝词》里说，“（汉口）四坊为界市廛稠，生意都为获利谋。只为工商帮口异，强分上下八行头”。“八行头”意指银钱、典当、铜铅、油脂、绸缎布匹、杂货、药材、纸张八大商业行帮。当时在汉口市场上流通交易的商品共有 18 大类 230 多种，其中尤以淮盐、粮食和竹木为交易大宗。汉口是漕粮和淮盐的转运中心。四川、两湖的漕粮在此中转到江苏、上海等地，通过运河和海运运往天津和北京。两淮盐业集中运到汉口后，再分销到两湖、西南、西北等省。汉口粮食贸易相当兴盛。乾隆十年，晏斯盛称“楚北汉口一镇……日销谷米不下数千。所幸地当孔道，云、贵、川、陕、粤西、湖南，处处相通。本省湖泊帆樯相属，粮食之行不舍昼夜”。汇聚汉口的米谷除一部分在汉口消耗外，大部分则经长江运往江苏，供应江、浙、闽三省的粮食市场。故康熙年间已有“湖北运江之米，即系湖南运下之汉口之米”的说法。雍正初年，又出现“江浙之米历来仰给于湖广，湖广又仰给于四川”的记载。据估计，仅 1734 年这一年，由汉口运往江浙的粮食约计 1000 万担，可见粮食市场之盛。由此看来，仅作为粮食中转市场这一角色，武汉农副产品市场的辐射力和吸引力就几乎波及整个长江流域。这就使得汉口不仅成为湖北乃至华中地区的商品集

---

① 涂文学：《涂文学自选集》，华中理工大学出版社 1999 年版，第 313 页。

散地,更主要的是成为全国性的重要的商业中心。从区域市场到全国市场,汉口虽然总体上仍然是一种内部循环的市场结构和市场体系,但在整个清代,它始终在向近代的外向型商业经济进逼,尽管只差一步之遥。

繁荣的商业业态,浓厚的商业气息,使得汉口在中国农业社会总体氛围中显得鹤立鸡群,功能结构体系中确乎先天具有同传统城市相异质的某些文化基因。这些基因将有利于汉口顺时应变,启动从传统社会向现代社会的转型。前近代时期汉口发达的商业贸易,孕育出汉口商业传统中一些与近代经济相融合的市场运行机制和运行环境。19 世纪的汉口经济与马克斯·韦伯所说的"理性经济"颇为相似:资本的普及化及其精巧的运用,商业资本上有投资合伙制;在贸易活动中,使用"中人"(交易当事人的保证人和买卖活动的公正仲裁人)起到调节和维持市场秩序的"理性"作用,减弱恶性竞争,稳定市场物价;商业运作形式上是城市契约自治。[①] 19 世纪汉口发展状态,保持了一个著名的自由运转的市场。"贸易受到严密的监督,但从未被彻底控制。"尽管江湖骗子、纨绔子弟与街市混混在这个城市里都很活跃,但是"西方著作中通常描绘的中国城市(或'前工业化城市')的种种陋习和效率低下,在汉口却很少表现出来"[②]。在汉口市场的大宗批发贸易方面,所有各式各样的书面协议,从船运协定("船票")、装货单("保单""清单"),到各种凭据("凭票""借据")的交易契约("订单""成单"),都在汉口正常地通行流转。很难想象,如果没有这种"契约"的规范与约束,汉口这一个庞大的商品市场体系将会如何运转。所以,罗威廉说当时的汉口商业世界"看上去与西方概念中前工业化的城市的商业资本主义的社会颇为相似"。

第三,武汉市民已经具备了一定的前现代化意识,城市社会文化的"亚文化"特征十分突出。与商业码头相一致的是流动与开放,和商业生存方式相伴随的是逐利与奢靡。从 18 世纪中期以来的汉口地方文献中,我们看到类似比比皆是的记述,如 1747 年《汉阳府志》:"汉镇水陆珍奇莫不备,每一会宴,穷极丰典。不但侨宦富商为然,中产之家勉强徇俗。惟务外饰,内鲜积藏,甚有典春衣而为之者。"这与鲁迅所说现代上海人宁可蜗居斗室,喂臭虫,也要将一条西裤压在枕头底下,以便第二天穿起来裤缝笔直的情形何其相似! 1850 年,叶调元在《汉口竹

① 参见陈耀庭主编《中国的宗教》,上海外语教育出版社 1992 年版,第 102 页。
② 冯天瑜、陈锋主编《武汉现代化进程研究》,武汉大学出版社 2002 年版,第 372 页。

枝词》的"自叙"中对道光年间汉口的奢靡风尚也曾作过绘声绘色的描绘:"夫逐末者多,则泉刀易聚;逸获者众,则风俗易隤。富家大贾,拥巨资,享厚利,不知黜浮崇俭为天地惜物力,为地方端好尚,为子孙计久远;骄淫矜夸,惟日不足。中户平民,耳濡目染,始而羡慕,既而则效,以质朴为鄙陋,以奢侈为华美,习与性成,积重难返。"汉口长期非政治化和商业化的后果是社会秩序的严重失控,与封建专制政治控制下的传统都城的井然有序大相径庭。罗威廉谈到晚清汉口城市心态和文化时,就以"混乱"和"混杂"形容之:"在我们研究的时段里,尽管汉口是个形形色色、鱼龙混杂的城市,但本地居民和往来客商在谈起所谓'汉口特性'时有着惊人的一致。汉口最引人注目的第一个特征就是极度的世俗化,其最典型的表现则是穷奢极欲,相互攀比以夸豪斗富。可以想见,这通常会遭到儒家文人们的谴责,他们指出:汉口的生活方式与儒家倡导的'俭朴'精神背运而驰。"①我们注意到,罗威廉用了"汉口特性"这个语汇,并指出其特征是"极度的世俗化"。这似乎表明前近代汉口的社会文化所具有的某种范型意义,而且,"极度的世俗化"表明汉口的社会文化远离封建政治文化,已经逼近现代市民文化,与儒家文人对这种所谓"世风浇薄"持反感和鄙弃相反,罗威廉是以欣赏的态度和语气来描述汉口的这一社会变迁的。与此相一致,罗威廉更欣赏汉口市民的某种公共精神和自治意识。"在19世纪的汉口,法律和事实上的政治权威体制之间似乎存在着一道异常的大鸿沟。于是,出现了相当程度的事实上的自治,它具有平衡官员和地方社会首领之间的真正权力。到20世纪初,这种平衡的重心转移到了后者身上。"罗威廉认为,汉口与中国传统城市不一样,城市的管理权和管理事务不是为官厅控制,而实际上是由行帮和民间团体所操纵,"这类群体日益寻求把它们的利益与一个更为广阔的城市社会利益统一起来。并且寻求广泛的、排除官僚的配合方法,以实现共同的目标。""城市公共事务管理方面出现了一种新型的个人(即非官僚的)积极性。"汉口城市自治"与早期的近代欧洲有许多共同点"。罗氏的这些论述,广泛受到一些西方学者的责难,认为他的一些"实证缺乏说服力"②。笔者亦认为罗威廉过分夸大了汉口城市的自治功能,但相比其他城

① 〔美〕罗威廉著,江溶、鲁西奇译:《汉口:一个中国城市的冲突与社区(1796—1895)》,中国人民大学出版社2016年版,第19页。

② 汪熙、〔美〕魏斐德主编《中国现代化问题——一个多方位的历史探索》,复旦大学出版社1994年版,第26~38页。

市,清代汉口城市的行政弱化和商人、民间团体组织自治以及在公共领域活动的兴盛则是十分抢眼的。在汉口开埠前,武汉的城市管理事务如救灾、赈济、消防基本上是依赖商人及商团组织进行的。武汉地区会馆等商团组织数量众多、力量强大,“一镇商人各省通,各帮会馆竞豪雄”。在会馆等商团组织参与城市事务中,叶调元的《汉口竹枝词》中留下了许多形象的记述。如商人认捐方面,即有“咸宁会馆后湖头,局面恢宏愿莫酬。每日人捐钱一个,一回大水一回丢”的诗句;对由各会馆组织的救火机构——“火龙局”的救火情形,《汉口竹枝词》这样描述道:“传闻走水(注:即失火)共惊猜,长柄灯笼挤满街。轿子飞跑锣乱打,各帮会馆水龙来”。

总之,由于九省通衢的独特地理位置和“转输贸易”的商业特色,汉口经历了从传统的封建集镇向现代城市转型的漫长历史进程,武汉的城市功能结构早在前近代时期即开始孕育出原生型现代化的某些形态特征。

但是,作为传统封建城市大家族中的一员,武汉在前近代时期的发展不能也不可能跨越中国社会历史运行的总体格局和惯性轨道,也就是说,武汉迟至在19世纪60年代开埠前并没有实现现代化,充其量只是具有某些前现代特征。如果按照现代化的含义、动力要素等进行分析,前近代时期的武汉现代化发展模式仍然称不上是早发原生型的模式。前近代时期武汉地区带有浓厚自发倾向的某些现代化的尝试也仅仅只是触及到现代化的一些皮毛而已。谈及中国现代化问题时,工业化问题不得不提及。一些属于早发原生型现代化模式的欧美等国,在其现代化发展进程中都经历了工业革命,工业化程度较高。工业化是一个国家迈向现代化的一条必由之路。国外有关专家学者认为,近代工业化实际上是一个从“发达的有机经济”向“以矿物能为能源基础的经济”的转变,即“越来越多地从矿藏中、而非从农业产品中获得原料,尤其是能够开发大批能源储备,而非依赖各种过去提供生产所需热能与动力的可再生能源”①。武汉早期现代化的某些尝试,是在没有工业革命发生的背景下进行的。而这些尝试具有很强的局限性,多局限于商业领域,这同英美等国以“工业革命”或“产业革命”为契机的现代化模式大相径庭。

汉口的早期现代化多局限在商业领域。分析武汉地区在前近代时期的商业

---

① 冯天瑜、陈锋主编《武汉现代化进程研究》,武汉大学出版社2002年版,第58页。

贸易情形,是能够清楚地发现其强烈的内循环特征的。就商品结构及其流向而言,前近代武汉的商业贸易距离近现代性质的对外贸易还相距甚远。开埠以前,汉口商品市场已经得到充分的发育,发达的水路运输和繁荣的码头,吸引国内四方商人来汉进行商业贸易。但在市场商品结构主体中以农副产品为主,为商品交易之大宗,而矿产品及生产资料等生产性商品所占的比重较小。在农业社会总体的氛围中,工业品的交易远不及农产品交易繁盛。尽管汉口的手工业发达,汉口的绣花街、打铜街等专业性手工业生产的产品丰富,生意红火,“街名一半店名呼”,但汉口商品市场上交换的主要是外地货,商品市场仍只是大宗的农副产品在流转。清代的汉口仅仅作为一个商业名镇而非手工业城市而名扬海内。在农副产品交易发达的背景后面,掩盖着的是汉口商品生产功能的缺乏。而这些也从一个侧面反映出武汉在前近代时期也未挣脱农业社会与自然经济的樊篱,以农副产品为主的汉口市场商品结构,实质上仍是自然经济形态的产物。虽然武汉早在前近代以前就已经出现了资本主义萌芽,但其发展极为缓慢,对自然经济产生的分化瓦解作用微乎其微。直至汉口被迫通商开埠后,自然经济才出现加速瓦解的迹象,尤其是在张之洞实施“湖北新政”,鼓励民间投资办厂后,武汉出现了真正的“工业革命”,武汉地区的商品结构乃至产业结构才发生了质的变化。

被国内某些学者称之为清代汉口的“商业革命”算不上是严格的具有现代意义的商业革命。

首先从商业体制和市场流通环节上看,汉口并不具备现代开放性、统一性的自由市场特性。“十九世纪的商业制度尽管按传统标准衡量是高度发展的,但当然还不是‘近代’的市场经济……商业往往局限在大量层层既定的小单位结构内,这是由一些因素产生的摩擦阻力所致。这些因素是:存在着多种地方通货的银—铜复本位货币制;运输费用昂贵(既花钱又花时间);对商品的信用预付款比较少见;缺乏互相清理债务用的商业银行体系;在传统贸易结构中享有既得利益的无数小中间商遍及各地。每个小组织忙碌地进行着小商业和索尔·塔克斯所称呼的‘廉价资本主义’活动,但这些组织只是通过半奢侈品交易以及白银和一部分粮食以纳税形式流向上级行政机关的方式而发生联系。”①

① 〔美〕费正清编,中国社会科学院历史研究所编译室译:《剑桥中国晚清史(1800—1911)》(下卷),中国社会科学出版社 1985 年版,第 57~58 页。

其二,汉口商业流通市场机制缺乏与近代工业化运动的联系与沟通,商业对工业的投资体制、体系始终未能建立。“晚清的近代制造业的整个发展前途是受限制的。把非通商口岸的储蓄纳入工业的各种组织——特别是近代的银行制度——并不存在。”①对照武汉的情形,我们发现费氏所说的近代银行制度缺乏的情形同样也存在,武汉的商业与工业存在严重脱节状态,“商业没有也不可能给工业以有力的支持,张办工业获得的款项完全来自官署拨款和各种税款,商人通过钱庄和银行投资几乎没有……因此,张之洞在武汉办企业基本上是官办,这既有张之洞作为一个封建官僚个人原因,同时与武汉近代市场经济体制没能建立起来存在直接联系”②。诚如费正清所说,“由于(中国的)市场有限,又缺乏能把储蓄系统地转入工业投资的现代银行体系,其中央政府的财政资源严重不足,以及面临着进口货和在华外资工厂的制成品的竞争,所以某些地方大员和与之有关联的实业家为了共同利益而试图建立一些有限度的、但受到保护的工业帝国,也许就不令人奇怪了。能指望获得成功的纯商办企业为数很少”③。明白了费氏所说的这个原因,就不难理解张之洞在武汉所办企业每每官办而很少商办和官督商办的个中奥妙了。在农业社会总体背景下,工商业发展被置于不受重视的角落,除了关系国计民生的淮盐、漕粮贸易外,政府根本无意于商业的整合和发展,加之国家对经济改革与发展兴趣十分有限,这意味着政府几乎无意充分利用存在于许多地方性区域中强有力的商业力量。对照清代汉口市场发展状况,我们很难发现政府管理和调控商业、市场经营的相关历史记载。武汉的商业活动带有明显的自发性、民间性的特点。这种完全依靠商人自身和市场调节的贸易,在前近代社会既有积极因素,同时也不乏负面效应。汉口和长江流域的大米市场运行体系表明,“生产和销售过程的每一阶段都以劳动密集型形式为其特征”。“将大米载往缺粮地区的跨省贩运,是由私商经营的。例如汉口就是运往长江下游地区的稻米的主要集散地(长江下游地区在18世纪时每年缺米量估计多达140万吨)。需要现款的农民在集市上出售大米,粮贩将大米购进后运到较大的中转市场,然后再汇集汉口。大米在各级市场上流动是不稳定的……虽然

---

①③〔美〕费正清编,中国社会科学院历史研究所编译室译:《剑桥中国晚清史(1800—1911)》(下卷),中国社会科学出版社1985年版,第52、45、58页。

② 李宪生:《两次世纪之交武汉的对外开放》,中央文献出版社2001年版,第193~194页。

在市场竞争的既成条件下,价格根据市场供求规律发生季度性变化,但在某个具体市场的任何一个特定时期内,占上风的还是统一的价格。"这种以劳动密集型生产和交换为特征的市场体系,在满足农村种植者和城市消费者的需求方面当然有积极作用,但负面效应也显而易见。市场上的中间环节多,"各市场的米多如牛毛","大米在各级市场上的流动是不稳定的,因为许多乡间富户能把大米储存起来,等到米价高达顶点时再行出售。这种做法有助于减缓米价的波动。不但拥有仓储设备的人在数量上非常庞大,以致个别人根本无法影响米价",这样导致的后果是"米商的利润根据市场情况而上下波动,但其投资的利润回收却长期不见增长"。市场的分割,在劳动密集型状态下生产、运输和分配的技术性和组织性改进进程的缓慢,阻碍了商品生产的发展和统一大市场的最终形成。这样的情形在棉花和纺织品贸易中表现更为明显,"布的生产牵涉到一系列加工和染整工序,在这整个流程中,布商负责产品的流转和对加工过程的组织。全过程的每一个步骤,都有买方和卖方参与其间,因此,这些互相分割的市场极有竞争性,它们从未通过大规模的组织纵向结合起来"。

其三,从商业簿记改革方面看,旧式账房制度的生命力依然强盛,流水账并没有被西式的复式借贷记账法取代。

其四,商人的自治组织还没有建立健全,带有强烈独立性的商会组织机构还没有产生。前近代时期虽然有些如会馆等商帮组织,也有按地域关系、行业组成的同业行会、会馆等商民组织,不可否认的是,前近代时期同业行会、会馆等工商组织具有较强的经济职能,对个体作坊、商号有较强的约束力,在平息行业竞争、加强同业联系、保护同业利益等诸多方面发挥了积极的作用;在参与社会事务方面,特别是社会公益事业方面产生了一定作用。这些作用多局限于经济职能方面,而参政议政、参与城市社会事务的力度显然不够。具有现代意义的商会组织是在开埠后的20世纪初才成立的。对此,章开沅先生曾说过:"只是在商会成立后,资产阶级(包括资产阶级化绅商在内)方才有了真正属于自己的社团,有了为本阶级利益说话办事的地方。从此不再是以个人或落后的行帮形象,而是以新式社团法人的姿态与官府或其他社会势力相周旋。"因此我们可以认为,武汉真正的商业革命亦是在开埠后才发难的。

现代化最主要的经济因素是工业化。但直至汉口开埠前的19世纪60年代,武汉的近代工业几乎是一片空白。以工业中的基础——机械制造业为例,即使在汉口已开埠的19世纪70—80年代,武汉地区也仅仅只有翻砂业及以手工作坊为主的机器修理业。汉口开埠后,外商在汉口开设了几家以修理船舶为主的机器修理企业,这是武汉地区最早出现的近代机械工业。国内最早的专业铸造厂——荣华昌翻砂厂于清同治十一年(1872年)始设立。此时的民营周恒顺炉冶坊仅仅只有两盘炉具、20余名工人,仍处于手工作坊时期。直至光绪三十三年(1907年),汉口才有从事生产资料生产的民营的近代机器工厂——扬子机器厂出现。这意味着直到20世纪初,武汉的机器工业进入了能够制造动力装置的时期。详情参见下表:

19世纪90年代前开设的民营机器厂一览表

厂名	开设年度	负责人	厂址	备注
周恒顺炉冶坊	1866年	周仲宣	汉阳双街	1905年改名周恒顺机器厂
荣华翻砂厂	1872年	陶左编	汉阳南岸嘴	
广裕和冶坊	1879年	汪静臣	汉阳杨家河	
永昶机器厂	1895年前		汉口	建造70尺小轮船一条

武汉的近代工业化运动是在张之洞督鄂后,为了争利权、塞漏卮,早期工业化才有了实质性动作,丝麻四局的兴办、汉阳铁厂和湖北枪炮厂的创建,短短十几年间武汉初步建立起来"以轻挹重"的近代工业结构体系,武汉成为中国近代工业的重要发祥地之一。

总而言之,武汉早期现代化是在外源推动下开展的。开放,城市早期现代化的引擎。武汉早期的现代化发展路径表面看来类似早发原生型,而内在本质上依然没有突破后发次生型的总体模式。汉口地区出现过类似于西欧国家早发原生型现代化发展模式中的某些因子,并且这些因子在其后推进武汉现代化发展历程中发挥了重大作用,因而对前清时期武汉的现代化发展予以一定肯定评价是合乎情理的。但矫枉不能过正,任何过高估价武汉早期现代化的成就,并归结为某种"发展模式",不是无视现代化发展的一般规律,便是对历史的无知。结论只有一个,武汉不可能跳出中国现代化的整体框架模式,如硬要牵强出一个什么"模式"的话,充其量不过是罗威廉所说的具有"汉口特性"而已。

三、在被动与主动之间:武汉早期对外开放晚发早至的奥秘

尽管武汉在早期现代化进程中具有某些原生型的特征,市场结构和城市自治等领域具有欧美现代化的某些类似表现形式。但这并不意味着武汉的对外开放能超越地域的局限并脱离整个中国对外开放的总体格局,不仅其现代化发展模式仍然是次生后发型,而且武汉的对外开放亦呈现出晚发滞后和被动特征。

武汉开放的这种滞后性,其参照系是沿海开放城市。从1840年第一次鸦片战争签订中英《南京条约》开放上海、宁波、厦门、福州、广州等东南沿海城市,到1861年第二次鸦片战争签订的中英《天津条约》开放汉口、九江、镇江等3个沿江城市,武汉的对外开放和上海等城市相比大致相差20年。

武汉开埠后,也没有很快出现像上海开埠后那种令人瞩目的变化。1861年,也正是汉口开埠的那一年,曾国藩在安庆引进西方先进机器和先进制造技术,建立了近代第一家用机器生产枪炮的军工企业"安庆内军械所"。此后不久,江苏、上海、天津等地近代军工、民用企业不断涌现,如1865年李鸿章在上海创办的江南制造总局、1866年创办的天津机器局等,都是规模宏大、影响深远的大型洋务企业。直到1889年张之洞督鄂之前,全国各地包括上海、天津、福州、南京等沿海沿江城市,甚至诸如西安、兰州、长沙、济南、昆明、太原等内地尚未开埠的城市,创办的军工企业达20个,武汉竟没有一个。同时,洋务派在各地所办的学堂也达20所,而武汉同样也没一所。由此算来,武汉学习西方,开展近代工业化运动晚了沿海地区整整30年。

近代武汉对外开放的被动性,还更直接地体现在商贸领域。开埠后,汉口的贸易并没有发生实质性的巨变。开埠前,汉口的贸易渠道里就有洋货流动。欧洲工业品开始到达汉口,大约是在19世纪初由广东商人通过湘江水道运至华中地区来的。1822年,一位中国旅行者来到汉口,在市场上看到有"新奇的洋货"在出卖。鸦片战争以后上海的开放,促进了这种贸易的发展,专营"洋货"的批发商开始在汉口出现,如19世纪40年代,宁波商人方承志就开始在汉口经营英国白洋布。1861年,英国开埠代表团成员们在当地也看到商店里陈列着不少外国

商品,其中有日本的海带和几种不同种类的英美纺织品。[1] 因此,早在19世纪中期,汉口与欧洲的贸易就发生了颇有意义的接触。然而,开埠后贸易的增长情况却似乎让人觉得有点沮丧。罗兹·墨菲的结论是:“实际上,贸易的增长是很小的。开埠对于中国经济的冲击,与贸易数字所反映的情况相比,非常之小,这也是那些使用这些数字的学者们想不到的。”[2]实际上,从1861年至1890年,汉口的国内贸易额一直比其对外贸易额大得多。下列1880年海关贸易数据,表明了当年汉口的国内贸易量较之于外贸额占有优势:前者为2906万海关两,后者为1843万海关两。换言之,国内贸易额占总贸易额的61.3%。

汉口海关检查的贸易货物价值统计(1880年)

货物		价值(海关两)
	从海外引进的外国货物	27841
	从其他中国港口进口的外国货物	13303494
	出口到海外的地方产品	5099638
	总计	18430973
	从中国其他港口输入的地方产品	13513967
	输出到其他中国港口的地方产品	15549933
	总计	29063900

资料来源:海关总税务司《中国通商口岸对外贸易报告》1880年

汉口开埠初期,除茶叶对外贸易外,其他贸易项目进展不畅。1864年初,对外贸易显示出萧条气象。1865年,英国领事写道:“在过去两年里,汉口的商业年鉴上几乎找不出什么亮点来。”1867年,一本英文参考手册告诫那些准备投资的人们说汉口的“商业低迷不振”。《北华捷报》的一位通讯员在1885年的一篇快讯中对汉口贸易状况概括说:“25年前的这个月,恰恰是汉口开埠之时,我相信,当时人们对汉口的外贸是抱有很大期望的。汉口过去的历史既充满着成功,也

① 冯天瑜、陈锋主编《武汉现代化进程研究》,武汉大学出版社2002年版,第375页。
② 〔美〕罗兹·墨菲:《局外人:西方人在印度与中国的经历》,1977年,第197页。转引自冯天瑜、陈锋主编《武汉现代化进程研究》,武汉大学出版社2002年版,第375页。

不乏令人沮丧的挫折。因此,我们正在举行的汉口开埠25周年的纪念活动,丝毫也不意味着良辰美景即将来临。”①

在引进先进的近现代城市经营管理理念、设备方面,武汉在开埠后相当长的一段时期内也是无所作为。市政设施的现代化,使城市市民能够接触和享受钢筋混凝土楼房、有轨电车与公共汽车、电灯及有线电话、自来水和下水道等现代都市文明。汉口开埠前,城市建筑大体都是清一色的木骨结构平房,市民的居住条件与环境还是阁楼里弄,大多毗邻而居,虽处城市,但却仍然享受着“鸡犬之声相闻”的乡村生活乐趣。汉口城市街道狭隘,一般以青石、泥土铺就,“石填街道土填坡”②,“街道狭窄,马车通行极为困难,大概只有两辆人力车勉强并行之间距”③。这种旧式街道不仅妨碍交通,而且极不卫生。旧时的汉口城市没有饮用及排水系统,饮用水取自自然的江河湖水、井水。生活污水随意倾泻,缺乏文明卫生的生活习惯。汉口的居民“家少凿井,多仰汲于襄河”。在以电灯为典型代表的新能源、以电报电话为代表的新通信技术尚未运用的时代,市民的生活质量难以得到根本性改善。现代城市的声光电化对于汉口华界居民来说,似乎还只是“可望而不可即”的遥远的未来。

武汉对外开放的滞后性、被动性不在于西方的侵略势力冲击太弱,事实上,列强对武汉是极其关注的;不在于地理位置,因为在轮船运输时代,武汉“九省通衢”的区位优势是值得羡慕的;不在于历史负担,因为武汉自古以来就是商业重镇;也不在于武汉人的人文观念和社会意识,武汉的社会风气并不封闭保守。最重要的在于当时湖北武汉地方掌权者,不能像当年李鸿章之于上海开埠那样给予积极的回应,他们昧于时势,缺乏李鸿章对时势发展所具有的顺应时势的态度。当时,胡林翼、曾国藩、左宗棠并称为“咸同中兴”的三大名臣。胡林翼具备晚清政治家必备的素质与能耐,他1855年升任湖北巡抚伊始,便面临十分复杂而严峻的整饬任务,“当是时,官私庐舍,焚毁几近,诸事草创,民物凋残”④。经过

---

① 《北华捷报》1885年5月19日。转引自冯天瑜、陈锋主编《武汉现代化进程研究》,武汉大学出版社2002年版,第377页。

② 〔清〕范锴著,江浦等校释:《汉口丛谈校释》卷二,湖北人民出版社1990年版,第201页。

③ 〔日〕水野幸吉著,武德庆译:《中国中部事情:汉口》,武汉出版社2014年版,第36页。

④ 〔清〕郭嵩焘:《胡文忠公行状》,〔清〕胡林翼:《胡林翼集》(第五册),岳麓书社1999年版,第1003页。

他短期的整饬便收到成效,“自是湖北兵与饷强天下”。胡在湖北任职期间正是太平天国运动如火如荼的高峰时期,鉴于局势,胡的主要精力放在了练兵、求才、察吏和筹饷诸事务上,形势迫使其思虑的重心放在务实而不是求变通变。但胡林翼所具备的儒家进取精神和人格,使他的思想与个性仍具备一定的向近代转换的欲求与潜能。著名社会学家费孝通先生曾反复引述一个关于胡林翼的小故事,说的是当年胡林翼在攻打南京城时,在长江边采石矶处查看形势,看见一艘外国轮船如奔马溯江飞驰,震惊之下,当场竟昏倒在地。醒来只说了一句话:“这世界要变了!”费先生认为,胡林翼这个人很有远见,他看到的不只是一艘小小的火轮,而是西方工业文明,一个时代变化的开始,一个时代的终结,更确切地说,他看到了历史的转折点。大清国如有此类轮船,何患洋人一再欺负中华?有人认为胡林翼是被洋人,确切地说是被洋人坚船利炮气死的,而这震撼了其后督鄂的张之洞的心①。1861 年胡林翼呕血而死,他跌倒在武汉正式开埠之际,跌倒在洋务运动的门槛之外。胡林翼的后继者们,大多缺乏一种足够的智慧、创新的勇气和坚忍不拔的毅力,与胡林翼相比他们显得那么平庸与无能。其继任者官文,虽非极端的顽固守旧分子,却是昏庸无能之辈。他对西方势力充满敬畏与防范,却没有任何积极的应对举措,对声势浩大的洋务运动也无动于衷。汉口开埠后,贸易走私之风日炽,官文两次奏请在武汉设关。这种反应虽谓迅捷,但其出发点仍是保证课税和避免局势混乱,其初衷并非是以此促进对外贸易和对外开放,维护利权。官文等人对西方的冲击和刺激,只有一种近乎本能的戒备和防范,缺乏洋务官僚那种兴办实业、争利权以“求强”“求富”的眼光与魄力。与沿海城市如火如荼的近代工业化浪潮相比,武汉显得格外消沉和黯然失色。

总之,在被迫开放后的 20 多年时间里,武汉并没有主动顺应历史潮流,化被动为主动。1861 年的开埠,对武汉的对外开放和社会经济、城市发展而言,“丝毫也不意味着良辰美景即将来临”。就总体而言,在张之洞督鄂之前,武汉对外开放只是一种被动被迫的无奈,无论是水平、层次还是方略、举措仍是比较落后和穷于应付。武汉的对外开放真正走出被动的阴影,摆脱滞后与落后的局面,应当是张之洞督鄂之后了。

张之洞是与湖北武汉近代崛起连在一起的,是武汉近代崛起的象征。可以

---

① 唐浩明:《张之洞》,人民文学出版社 2003 年版。

这样认为，没有张之洞的“湖北新政”，就没有武汉早期主动的对外开放，就没有武汉早期的现代化。张之洞任湖广总督时，已经完成了由清流派向洋务派转变的思想和身份的转型，成为后期洋务派健将。他的“中学为体，西学为用”的思想体系更加成熟，并用这一思想体系指导和实践武汉早期工业化、现代化。他采取了一系列主动开放的措施。“以工为本”，“以工艺敌各国”。他引进外国的人才、先进技术，吸收利用外资兴办的工业企业规模大，技术先进，扭转了开埠后武汉除了有一些外资工厂外，民族工业荡然无存的落后局面，武汉官办和官督商办性质的工厂总数和某些经济指标曾一度超过上海。1895 年在由中国人开办的现代化企业中，武汉企业在几个大城市排名位居第二位。武汉是晚清全国知名的钢铁、军工和纺织基地。仅以纺织工业为例，武汉一直跻身于全国六大纺织城市（上海、青岛、武汉、天津、无锡、南通）的第二位。1892 年，武汉纺织厂纱锭数占全国总数的 40.9%，1893 年高达 77.1%[①]，一度超过上海，时人评价认为“汉阳之铁政局，武昌之织布、纺纱、制麻、缫丝四局，规模之大，设计之周，数十年以后未有能步其后尘者”。[②] 到 1911 年，武汉已有民办工业企业 122 家，是仅次于上海、天津的全国第三大工业中心。张之洞扶持商人，鼓励商战，采取了一系列措施推进对外商贸活动。进入 19 世纪 90 年代后，江汉关贸易额一路飙升，达到 1.72 亿海关两。其间接贸易额除个别年份外，一直仅次于上海而居第二位，直接贸易额仅次于上海、广州、天津居第四位。“长江沿岸之商场，除上海以外，其交易总额无一能凌驾汉口者。”[③]这种态势一直保持到全面抗战爆发前夕。汉口为国内五大商埠之一，全面抗战以前，汉口的对内贸易居五大商埠（上海、汉口、天津、广州、青岛）中的第二位，对外贸易额占五大商埠的末位，对内对外贸易总额占五大商埠中的第三位。[④] 张之洞兴革文教，引进西学，兴办文化设施，鼓励出国留学，开拓了武汉文教近代化，提升了武汉乃至湖北的总体文化水准，使武汉成为两湖乃至全国主要的文化中心之一。张之洞革新城市管理机制，在汉口设置独立的“夏口厅”，拆城筑路，兴修堤防，拓展街道，兴办近代水电等城市公用事业等，使武汉的城市空间大大拓展，市政建设管理形成具有现代城市形态的新格局。

---

① 严中平：《中国近代经济史统计资料》，科学出版社 1955 年版，第 107 页。

② 杨铨：《五十年来中国之工业》，1949 年。

③ 徐焕斗著，张博锋、尉侯凯点校：《汉口小志 · 商业志》，武汉出版社 2019 年版，第 108 页。

④《武汉概况》，书目简报社 1949 年版，第 213 页。

张之洞自开武昌商埠,以主动开放的姿态与洋人争利权,更是在武汉近代开放史上值得浓墨重彩,大书特书。张之洞对武汉早期现代化的全面打造,使武汉的城市地位快速提升。昔日的武汉三镇不过是只有数十万人的三个分割的封建市镇。经过开埠到张之洞的经营,迅速崛起成为一个近代国际性都会。到晚清时,武汉与上海、天津、广州相辉映,而且一度凌驾津、穗而上之,被人艳称为"东方芝加哥"。

在社会转型时期运用权力的杠杆启动现代化事业进程,是集权国家的一种共有现象,前文已述的如日本、俄国等国早期现代化运动就是如此。"湖北新政"亦即这种特殊时代的特殊产物。没有张之洞依靠官僚的权威和个人魄力推行洋务新政,实现自主的、主动的对外开放,武汉的对外开放是不可能做到晚发早至、后来居上的,武汉不可能在十几年间成为中国近代对外开放与经济贸易发展的领头羊之一。

武汉的对外开放之所以能后来居上,晚发早至,其功劳当然不能完全归功于张之洞个人,还与武汉市民开放的素质密切相关。武汉市民对外来文化具有极强的相融性。罗威廉认为,汉口因为移民城市的特性,"多民族人口给这个城市带来了异乎寻常的文化宽容性"①,这种"文化宽容性"甚至甚于那些早开放的沿海城市。广州及华南一带,虽然开放较早,然而该区域曾是两次鸦片战争的战场,受殖民主义者掠夺太深而排外心理甚强,民众普遍有仇洋惧洋的心理,故而对外对开放持消极、反对、抵制的态度。在广东南海县,就发生过捣毁机器工厂的过激行为。对于新的生产技术,传统行会一般多持守旧和反对的态度。最典型的案例是广东省南海县丝织手工业行会,曾于1881年10月聚众焚毁裕昌厚等缫丝厂,并迫使南海县衙门封闭继昌隆等其他丝厂。新式机器生产打破了某些以手工劳作谋生人的饭碗,自然引起一定的偏见,甚至敌视,他们对新式生产技术和经营方式缺少一种宽容态度。在京、津等地,同样也发生过抵制修筑路的盲目排外的事端,反映出有关方面对新兴事物的不理解、不接受的本能的反感。这种出于本能的反感和反抗到义和团运动时到达了高峰。

面对西方殖民者的入侵,面对民族危机日益加重,民生民权日益被涂炭,武

---

① 汪熙、〔美〕魏斐德主编《中国现代化问题——一个多方位的历史探索》,复旦大学出版社1994年版,第30页。

汉人同样也产生了自己的强烈不满与抗争。纵观近代武汉对外开放的历程，武汉地区因开放出现的中外矛盾、华洋冲突同样不绝如缕。如 1863 年 6 月，一伙英、美商人携武器在汉口龙王庙码头渡江时，被邻船上的中国兵勇骂为“洋鬼”，外商恼然万分，引发了中外冲突。1911 年 1 月，人力车夫吴一狗被印捕暴打毙命。武汉民众群起抗议，英国水兵开枪弹压，打死民众多人。汉口民众愤愤不平，部分地区店铺相约罢市，人力车夫及码头工人亦罢工。武汉 38 个团体连日集会，公推代表赴京控告、交涉。但是，这种民族抗争、维护主权人权的行为并没有演绎为盲目排外，亦即对西方文明进行盲目排斥。唯因如此，武汉人才能以开阔的视野容纳西方异质文化，在迈向现代化的前行途中少了几分阻力。

武汉人对洋货，同样也没有那么强烈的排斥情况。早在 19 世纪初就有欧洲工业品开始运达汉口。鸦片战争后，专营洋货的批发商开始在汉口出现。从有识之士到普通民众，对通过租界或直接从外洋输入的优秀文明，都持积极态度。西方的科学、技术和文化，租界的建筑和公共设施、管理规章，都逐步为人们所接受和移植。尽管一开始有些不理解、不习惯，但毕竟未至排斥地步，最后都能较好地消化吸收，为我所用。这正是近代武汉虽然开放滞后，却后来居上的重要原因之一。武汉商人、企业家及其他民间力量也能在一定程度上主动应对开放格局。平心而论，武汉的商人、企业家面对对外开放的大潮，起初的反应是比较迟缓的。武汉开埠后，外国资本在汉开设洋行、工厂，外洋轮船也直接开入汉口码头。而同期武汉的民族工业（不含手工业）几乎为空白。但武汉的商人能很快感知到对外开放的气息，积极行动起来投身于对外开放的格局中，与外商一逐高低。甲午战争后，武汉兴起了一股民间办企业的热潮。由战前几乎一片空白（只有 1 家机器作坊）发展至 120 家，民营工业的地位在全国仅次于上海而居第二位。由于欧风东渐，西方近代企业制度和经营理念、经营方式传入我国。武汉的商人能很快地顺应时势变化，跟上时代潮流，以开放的视角迅速地转换经营方式。从业务经营范围看，出现了一批外向型的新兴行业，报关业的崛起便是一个明显的例证。汉口开埠后，随着江汉关的设立，进出口的商品由于报税业务手续繁琐，工作流程概用英文，以代理报关为主要业务的报关行应运而生。报关行业务人员熟悉英文税则及报关手续，使报关程序得以加快。1874 年，汉口地区诞生了报关机构，至 1925 年，汉口报关公会公员有 73 家。20 世纪 30 年代初，由于内地运销商品均依赖汉口为分散市场，内地出口商品均以汉口为集合市场，报关行业务有了长足发展,报关行户数已发展到130家。报关业务与武汉外贸兴衰共同消长。在普遍对外开放的总氛围下,汉口商业业态日益更新,老式企业日趋式微,新兴行业方兴未艾。如带有礼堂、装有电梯、附设游乐设施的现代宾馆、饭店的兴建使"悦来客栈"式的小旅社大为失色。装饰豪华的理发厅将肩负剃头挑子的匠人赶向了街头巷尾。江汉路上矗立的武汉近现代商业企业——武汉中国国货公司在众多百货摊群中如鹤立鸡群,独领风骚。各种类型的中外银行纷纷开张,旧式票号钱庄或走向衰落,或沦为现代金融机构的附庸,兴废无常。善于应变的武汉商人适时调整经营方式,家庭家族式的店铺、工厂逐步向现代股份公司过渡。即使是传统的行业也出现了许多改弦易辙者。新式的聘用经理制取代了掌柜负责制。旧式账房改为新式会计制度,流水账为西方复式记账方法所取代。会计事务所也应时而生,在经济活动中起着越来越大的作用。种种变化足以表明武汉商人们行为方式上的主动应对时势变化,以开放的胸襟将武汉经济推向现代潮流,反映了"传统文化与现代文化的接轨既是这种过渡和转变的动因,又是这种过渡和转变的必然结果"①。

武汉的民间力量积极参与了城市现代化建设,促使了武汉向"东方芝加哥"的演进。历史上的武汉素来是一个有着"市民化"传统的城市,具有近现代意义的市民较早产生。武汉市民作为武汉民间力量的主体基础,积极参与了武汉城市现代化进程,推动了武汉的对外开放。在社会政治层面,武汉民间力量也相当活跃,倾注了很高的热情。如清末的立宪运动,武汉是全国除上海以外的仅有的几个中心之一;首义之枪在武汉打响,武汉成为中国迎来民主共和国第一道曙光的城市。这些都反映出武汉城市市民现代政治民主意识的觉醒。武汉民间力量积极投身于城市事务的规划与管理,开创了经营城市的新理念,加速了武汉城市向现代化转型的步伐。促使了汉口华界地区土地增值及房地产业迅速发展,其市政建设足可以与租界媲美:新街区内房屋建筑规划严整,配套市政设施较全,并设有警察局专司治安,较之汉口传统的老街区确乎有耳目为之一新的感觉。迨至民国中期,汉口市政改革运动更是轰轰烈烈,是全国为数不多的建构起市民对城市事务参与机制的城市之一。1933年,全国颇有影响的市政刊物《道路月

① 严昌洪:《近代武汉商事习惯的文化审视》,引自余育德、涂文学《近代武汉城市文化散论》,香港天马图书有限公司1994年版,第147页。

刊》这样描述了汉口城市建设市容面貌："近两年来，市府修路的政绩，出乎我们意料之外，由牛路跳过了马路的阶段，进而为现代的柏油路。汉口法日两个租界，觉得自惭形秽，竟步市府后尘而翻造柏油路了。"

近代的武汉，在对外开放和早期现代化诸方面，尽管晚开放、迟发展，但最终变被动为主动迎头赶上沿海早开放早发展地区，创造了晚发早至，后来居上的奇迹，堪称"后发展效应"的典型。武汉的近代崛起给人的启示是深刻的，城市现代化的发展并不取决于地理位置是沿海还是内陆，也不在乎是早开放还是晚开放，关键在于如何冲破保守和自我固蔽意识，如何克服观念和体制上的重重阻碍，善于利用和发挥固有的优势并主动顺时应变，善于学习和包容他人先进的东西而创造性地为我们所用。明白了这一点，我们就不难解释武汉在近代崛起的奥秘，也更清晰地认清武汉在当今中国社会——经济版图上所处的尴尬位置。"读史使人明智"，现在该是武汉人从历史的研究和比较中获得发展的灵感和智慧，促进武汉城市现代化步入快车道的时候了。

（本文是作者为《武汉对外开放史》撰写的"导论"，该书由殷增涛主编，涂文学副主编，武汉出版社 2005 年出版。该书出版前后，此文曾分三期在《江汉大学学报（社会科学版）》2006 年第 1、2、3 期刊载）

“东方芝加哥”：一个国际性城市的崛起

1856 年，英法两国借口“亚罗”号事件悍然发动第二次鸦片战争，1858 年 6 月 26 日，清政府被迫与英国、法国签订《天津条约》，条约规定中国增开潮州、琼州、台南、淡水、登州、天津、牛庄、镇江、南京、九江、汉口等 11 个通商口岸。1858 年 11 月 8 日，英国特使额尔金与英国海军舰长华约翰率“狂怒”号、“报应”号巡洋舰及“迎风”号、“鸽”号“驱逐”号炮艇，士兵 300 余人从上海溯江而上，于 12 月 6 日到达汉口，10 日，湖广总督官文会见了额尔金。额尔金返回上海后，即决定选择汉口、九江为通商口岸。唯因其时长江中下游许多地区为太平天国所控制，长江中下游通商口岸开放暂被搁置。1860 年（咸丰十年）10 月，英国公使普鲁斯向恭亲王奕䜣重提开放汉口、九江两口，得到奕䜣同意。1861 年 2 月 11 日，受额尔金派遣，英国海军中将贺布与参赞巴夏礼率火轮及兵舰 4 艘，士兵数百人以及上海英商代表团和随员、翻译 40 余人从上海启程赴镇江、九江、汉口，办理开埠通商事宜，3 月 11 日抵达汉口并会见官文。3 月 21 日，巴夏礼与湖北当局签订《英国汉口租地原约》，划定汉口英租界。4 月 27 日，上海英国领事署宣布“汉口、九江辟为商埠，设置领事”。不久英国首任驻汉领事金执尔便抵达汉口，设置领事馆，汉口正式开埠。

一、五国租界　化外之地

汉口位处两江交汇，九省通衢，因其独特的地理区位和商业优势，自鸦片战争后便被外国人所觊觎，图谋在此开辟口岸，“把商业向五个通商口岸以外的地方进逼”①，“长江沿岸之商场，除上海以外，其交易总额无一能凌驾汉口者……法人浮克氏早见及其为无穷之利薮，而唤起来者之注意。一八六一年，中国政府遂

---

①〔英〕伯尔考维茨著，陈衍、江载华译：《中国通与英国外交部》，商务印书馆 1959 年版，第 15 页。

遭西人之迫胁,开为通商市场。英国先于市街东端沿长江之此岸划定租界,俄、法之租界即在其东。甲午之役,德国假扶植中国之名,干涉《马关条约》事件,其后索要酬报,遂亦得于东城外指定地点作为租界。日本因《马关条约》之结果,亦得从英、俄、德、法之后,划地一隅。惟位置僻在各国租界之西,偏不能无不便之感”。[①] 从 1861 年 3 月 21 日巴夏礼与湖北布政使唐训方签订《英国汉口租地原约》开辟英租界,到 1898 年 7 月 16 日日本驻华大使吉野敦促清廷履行《马关条约》,并胁迫其签订《汉口日本专管租界条约》开辟汉口日租界,近 40 年间,汉口共开辟了英国、俄国、德国、法国、日本五国租界。

1861 年 3 月 21 日签订《英国汉口租界原约》,将汉口黄陂街以下、从花楼街往东 8 丈起到甘露寺江边卡东角为止长 250 丈、宽 110 丈,共计 458 余亩的地方划为英国租界区:“定准汉口镇市以下街尾地方,自汉口江边花楼巷往东八丈起,至甘露寺江边卡东角止,量得共长二百五十丈,进深一带一百一十丈,并无参差不齐……共合地基四百五十八亩零八十弓,每亩地丁银一钱一分七厘,共银五十三两六钱二分五厘;漕米每亩二升八合四勺,共米十三石零一升五合七勺,每石折银三两,共三十九两零四分七厘一毫。两共银九十二两六钱七分二厘一毫,将此地永租与英国官宪,分为英国商民建造房栈居住之所……每年四月内,由英领事官将以上地丁、漕米价共银九十二两六钱七分二厘一毫,清交汉阳县查收,方可永租无异。”[②]4 月 27 日,英国驻上海领事单方面公布《长江各口通商暂订章程》,宣布“汉口、九江辟为商埠,设置领事”。随后英国驻汉领事金执尔到达汉口,在英租界内设置英国领事馆,是为外国在汉设立的第一个领事馆。

英国在汉口设立租界三十多年后,又有德国、俄国、法国和日本先后在汉开辟租界。1895 年中日甲午战争后,德、俄、法诸国借口“三国干涉还辽”有功,向清政府提出包括开辟租界等一系列无理要求。德国捷足先登,于 1895 年 10 月 3 日(光绪二十一年八月十五日)与湖北当局签订《汉口租界合同》,取得在汉开辟租界的权利。合同规定:“德国租界定准汉口镇英租界以下地方,自通济门城外沿江官地界外起,至李家墩前面为止,量得共宽三百丈。其江岸尚有水淹,议定

---

① 徐焕斗著,张博锋、尉侯凯点校:《汉口小志》,武汉出版社 2019 年版,第 108~109 页。

② 武汉地方志办公室、武汉图书馆编《民国夏口县志校注》(上册),武汉出版社 2010 年版,第 226~227 页。

深处一百二十丈,经本领事会同汉阳薛令、委员董令,立定宽处地址用石块钉界,其深处界址俟江岸水退再钉。又德国租界共合六百亩,每亩地丁银一钱一分七厘,共银七十两零二钱;每亩漕米二升八合四勺,共米十七石零四升,每米一石折银三两,共银五十一两一钱二分二厘。两共银一百二十一两三钱二分,每年四月内,由德国领事官送交汉阳县查收汇解,将此地永租与德国,听德国领事官照约办理。”①1898 年 5 月,德国又数次面晤江汉关监督瞿廷韶,要求将通济门外原留出的空地及后段空地(计深 120 丈,前宽 12 丈,后宽 25 丈)一并让予德国,德国将租界北面江边之地退还中国。瞿廷韶顾及胶州案未了,恐再生事端,不得已答应了德方要求。双方于 7 月 11 日修订界址,画押存案。

1896 年 6 月 2 日(光绪二十二年四月二十一日),俄国与清朝湖北当局签订《汉口俄租界地条约》,获取在汉口开辟租界的权利。条约规定:“俄、法租界,现议在长江西岸,汉口镇英租界以下,沿江至通济门为止,计长二百八十八丈;以三分之一,由俄界下至通济门城内官地为止,设为法界。以三分之二,由英租界下至法界为止,设为俄界。此指大路之外至沿江岸而言,前为界,计长一百九十二丈,由大路至江岸,南首深一百零六丈,北首深三十七丈;其大路之内,南至北,抵法界为止,计前长九十四丈,后长一百十六丈;由大路至城垣官地为止,南首深八十三丈,北首深一百零六丈五尺,均已勘定,竖立界石。又俄国租界共合地四百一十四亩六分五厘,应纳租价,即系地丁、漕米银两,计亩科算,每亩地丁银一钱一分七厘,共银四十八两五钱一分四厘;每亩漕米二升八合四勺,共米十石七斗七升六合六勺,每米一石折银三两,共银三十五两三钱二分八厘。二共银八十三两八钱四分二厘,于每年四月,由俄国领事官送交汉阳县查收汇解,将此地永租与俄国。”②

1896 年 6 月 2 日(光绪二十二年四月二十一日),法国与清朝湖北当局签订《汉口租界租约》,攫取在汉口开辟租界特权。租约规定:“法、俄租界现议在长江西岸,汉口镇英租界以下,沿江至通济门为止,计长二百八十八丈;以三分之二,由英租界下设为俄界,由俄界而下设为法界。此指大路之外至江岸而言,是为前界,计长九十六丈;由大路至江岸,南首计深三十七丈,北首计深十七丈;其大路

①② 武汉地方志办公室、武汉图书馆编《民国夏口县志校注》(上册),武汉出版社 2010 年版,第 227~228 页。

之内，西南至俄界起，东北抵城垣官地为止，计斜长一百十七丈；由大路至城垣官地为止，南首深一百零六丈，北首深四十三丈五尺，均已勘定，竖立界石。计法国租界共合地一百八十七亩，每年应纳租价，即系地丁银、漕米银两，照亩计算，每亩地丁银一钱一分七厘，共银二十一两八钱七分九厘；每亩漕米二升八合四勺，共米五石三斗一升八勺，米一石折银三两，共银十五两九钱三分二厘，二共银三十七两八钱一分一厘。于每年四月，由法国领事官送交汉阳县查收汇解。”①

1898 年 7 月 16 日（光绪二十四年五月二十八日），日本与清朝湖北当局签订《汉口日本专管租界条款》，获取期盼已久的在汉口设立租界的权利。条约规定：“日本租界定准汉口镇德国租界北首起，量得东界沿江长一百丈，南界紧靠德界，东起江口、西至铁路地界为止，西界沿铁路地界，北界自东界之北端江口起，至西界之北端铁路地界为止，画成直线。此为日本专管界。立定此约之后，派员会同树立界石。又界内应纳钱粮，定于每亩地丁银一钱一分七厘，每亩漕米二升八合四勺，每米一石折银三两。每年四月，由日本领事官汇齐，送送交汉阳县查收。”②日租界从通济门外德租界北首起，沿江下行 100 丈，至燮昌小路（今郝梦龄路），东起江边，西至平和街（今中山大道），总面积 247 亩半。条约还为日本后来扩展租界，攫取更多利权预埋伏笔，规定：“次此所定日本租界过于窄狭，将来商户盈满，或出丹水池以下至沙口，由日本领事官随时与江汉关监督商酌，购买妥宜地基，以便日后设立工厂，总以附近铁路为主。”③

英、德、俄、法、日五国划定租界后，英、法、日三国先后于 1898 年（光绪二十四年）、1902 年（光绪二十八年）、1907 年（光绪三十二年）与清朝湖北当局签订条约，要求扩展租界。其中，英租界“后至城垣，留出官地五丈止；南自一马路向城垣直线起，北至俄界止；共合地三百三十七亩五厘”。英租界总面积达到795.33 亩。法租界“自官地西距铁路六十丈为止，合一百八十迈，当北一面与德租界毗连之线，直引至距铁路六十丈之官地为止；南由俄、法之界直引一线至垣墙之外，距铁路六十丈之官地为止，设为新法国租界。又堡垣地基宽三丈，垣内地宽五丈，垣外地宽五丈，城壕之地宽六丈，均展与法国新界，免缴地价”。法国租界总面积达到 357 亩。日本“从原定界址起向北接展一百五十丈为止，东西界线照原

①②③ 武汉地方志办公室、武汉图书馆编《民国夏口县志校注》（上册），武汉出版社 2010 年版，第 230~232 页。

界画齐”。新增面积 375.25 亩,日租界总面积达到 622.75 亩。[1]

从 1861 年英国开辟第一块租界,到 1902 年日本扩展租界获得 375.25 亩新租界,四十余年间,英、俄、法、德、日五国在汉口沿江大道江汉路以北,麻阳街太古下码头以南,中山大路东南(其中法租界有一部分越过今中山大道距今京汉大道东南 200 米止),滨长江西北一带,沿江岸线长约 3.6 公里的狭长地带开辟了 5 个租界。其中英租界南自今江汉路两侧,北到今合作路与俄租界相接,东起江边,西抵今中山大道。俄租界南起今合作路,北至今黎黄陂路与黄兴路之间,抵今洞庭街后再往下行,直至今车站路以至江边,东起江边,西至今中山大道。法租界在今洞庭街以东,与俄租界在今车站路分界,洞庭街以西在今黎黄陂路与黄兴路之间与俄租界为界,北至今一元路与德租租界相接,东至江边,西则越过城垣包括今长清里、德兴里、庆平里、三德里、海寿里、复兴街、如寿里以及友益街全部包括今天声街、辅堂里、新成里、平安里、永庆里一线并靠近大智门火车站。德租界南起今一元路,北至今六合路下,东起江边,西抵今中山大道。日租界南在六合路与德租界毗邻,北至今刘家祺路以北、麻阳街以南,东起长江边,西迄铁路边。汉口五国租界总面积 2861.65 亩,其租界数量仅次于天津(9 个)居第二位,租界面积位于上海(48653 亩)、天津(23505.5 亩)之后而居第三位。

汉口开埠后,先后有英国、美国、俄国、法国、日本、德国、意大利、比利时、丹麦、荷兰、瑞典、墨西哥等 12 个国家在汉设立领事馆。

租界改变了汉口空间布局。租界开辟之前,汉口城区主要在沿汉水附近扩张,是一片杂乱拥挤的商业城镇空间,江汉关以下滨江地区则是乡郊荒野之区。租界开辟后,殖民统治者按照现代方式规划城市、建设城市。1864 年,英国人为汉口英租界设计了规划图,这也是汉口有史以来的第一张城市规划图。租界区建设将西方规划理念、技术带入汉口,使汉口出现了一大片新市区。英租界有河街(今沿江大道一段)、领事街(今洞庭街一段)、鄱阳街(今鄱阳街一段)、湖南街(今胜利街一段)和湖北街(今中山大道一段)等 5 条主干道,8 条横干道;俄租界有河滨街(今沿江大道一段)、鄂哈街(今洞庭街一段)、玛琳街(今胜利街一段)和亚历山大街(今中山大道一段)等 4 条主干道,5 条横干道;法租界有河街(今

---

① 以上所引英、法、日租界扩展条约均见武汉地方志办公室、武汉图书馆编《民国夏口县志校注》(上册),武汉出版社 2010 年版,第 232~233 页。

沿江大道一段)、吕钦使街(今洞庭街一段)、德托美领事街(今胜利街一段)、霞飞将军街(今岳飞街)、西贡街(今中山大道一段)和玛尔纳得胜纪念街(今友益街)等6条主干道,6条横干道;德租界有汉景街(今中山大道一段)、江岸街连汉江街(均为今沿江大道一带)和汉中街(今胜利街一段)等3条主干道,6条横干道;日租界有河街(今沿江大道—段、中街与大和街(均为今胜利街一段)等2条主干道和5条横干道。汉口各租界区面江而立,通过租界当局相互间的协调、规划,在总体格局上有所统一。如各国租界沿江贯穿一条干道,干道临江外侧设置码头、趸船、花坛、绿地,干道内侧建立许多高层建筑和仓库。租界中心纵贯着今胜利街,并穿插着一系列横街。各租界区内的道路严格规划,并随着租界的建设不断完善,整齐划一,形成网络,主要以棋盘式为主,顺江方向的主要干道大部分都可以贯通。德、俄、日租界最早铺设19世纪后期在欧洲新兴的柏油路,尤其德租界,"外人皆以为租借地模范"。在修筑道路的同时,各租界工部局很注重修筑较完备的下水道排水系统。不过早期的下水道是明沟和阴沟,下水管很小,污水粪水直接排入长江。租界内大批西式建筑如雨后春笋般拔地而起,工厂、银行、洋行、商场,私人住宅鳞次栉比,煞为壮观。据统计,从1861年到1949年,武汉著名的建筑工程300多项,其中100多项为外国人所建,且绝大部分建在租界内。《海关十年报告》曾以惊叹的笔触描述了这种巨变:"在汉口,变化之大更是令人惊叹。自上个十年报告刊行以来,新近开辟了俄、法、德租界,几年前还是稻田与肮脏小屋杂处之地,现在铺设了马路,竖起了高大的住宅。这些新租界与英租界相连,使汉口有了长达两英里长的河街。"①

租界改变了汉口的市容市貌,提升了城市生活品质。除了整齐的街道、西式的洋房,更重要的是有详细而严格的市政管理制度规范。以英租界为例,工部局即汉口大英市政委员会,下设工程科管理租界内一切工程事宜,如民众的房屋建筑审批、公共阴阳沟渠和道路码头建筑等;卫生科管理租界内一切卫生事宜;警察科即巡捕房,负责维护秩序和公共安全等,各有专管,各司其职。管理章程采用列举式,规范、明晰、操作性强、便于执行。如汉口《英租界巡捕房章程》之《附则》第19项规定,"凡本界内居民,每家须备有盖之渣桶一个,以储一切废物渣

---

①〔英〕穆和德等著,李策译:《近代武汉经济与社会——海关十年报告:汉口江汉关(1882—1931)》,香港天马图书有限公司1993年版,第30页。

滓。其材料或以冰铁为之,或以涂白铅之木为之,或以木为之而镶以冰铁……当清道夫取此废物以尽其义务时,有阻之者,科以二十五两以下之罚金”。《工部局市政章程警察附则》对于英租界市政管理的规定十分详细:“1.任何人不得在租界内携带或私藏武器,违者拘罚,武器没收(由正规部队送‘洋务公所’发落)。2.马车、人力车在租界内行驶时,不得拉响铃,违者拘罚。3.结婚、出丧仪仗路经租界时,不得使用乐器,违者拘罚。4.燃放鞭炮,敲锣打鼓,或使用其他响器者,拘罚(以上两条,领有执照者可免)。5.行人高声谈话,或大声喊叫者,拘罚。6.相骂、打架、闹事者,拘罚。7.小偷、扒手,拘罚(重大抢劫案,或其他民、刑事案件,例由‘洋务公所’按情节轻重移送‘夏口县公署’审理,法院成立后改送法院,租界只管违警案件)。8.开设烟馆,或运、售、吸烟、吸毒者,拘罚。9.开设赌场,或聚赌抽头者,拘罚。10.开设妓院,或操卖淫业者,拘罚。11.倒提鸡鸭之类在路行走者,拘罚。12.马车夫套马不慎,擦破马皮者,拘罚。13.汽车夫夜晚任意使用探照灯者,拘罚。14.汽车行驶租界,速度不得超过15码,违者拘罚。15.人力车夫不分左右两边鱼贯而行者,拘罚。16.肩挑负贩走人行道者,拘罚。17.随地便溺者,拘罚。18.家庭卫生不合标准,其情节严重者,拘罚。19.违章建筑者,拘罚。20.华人擅入江边草坪(坪内设有靠椅,从江汉关达界限路,接通俄、法、德、日租界,有似简易公园,专为洋人散步游览之区,华人不得越雷池一步)者,拘罚。”①汉口《法国租界总章程》第6条规定:“白天,禁止产生可能避免的噪音。夜晚,禁止大声喧哗、大声唱歌、演奏乐器,影响居民安寝。”再如,自1914年5月23日生效的汉口英租界《公共卫生及房屋建筑章程》,第二十六项是有关防火的规定:“中国人的住宅或店铺最多可存放2担稻草。有火炉或类似物的房屋或厨房,不得存放稻草。不允许在租界建有稻草房,否则,将被处以不超过10银两的罚款并可没收其稻草。”这些操作性很强的管理条款,既有章可循,又能确保付诸实施。汉口各租界,“其道路之构造,除俄租界外,虽多用细沙,然亦时时扫除清洁,洒水润之”。在法制化、规范化和精细化的管理下,汉口租界街道整洁,秩序井然,较之华界狭街陋巷、杂乱无序,无疑悬隔霄壤的两个世界。“江岸之道路坦坦平平,如砥如矢,绿树垂阴,掩映两侧,球场憩所亦列其间。瞩目对岸,则大河前横,而武昌之

① 李绍依:《汉口英租界的英帝罪行》,政协武汉市委员会文史学习委员会编《武汉文史资料文库》第五卷《租界洋行》,武汉出版社1999年版,第34~35页。

山丘与黄鹤楼诸胜隐约高下，与烟波相俯仰，与风帆相送迎。盖旅客来此者，除其心目间经营事业之外，而披怀风月亦复流连不置也。”①

租界引入先进市政设施，现代交通、通讯和电灯、自来水等，公用事业次第起步。1888 年，人力车和客运马车开始穿行在租界的大街小巷；1903 年出现第一辆汽车；1912 年，法商在汉口歆生路创办出租汽车行，有小轿车 6 辆，汉口专业的出租车行诞生；1929 年，第一辆公共汽车从六合路始发，经过法租界和原俄、英租界抵达硚口；1915 年，英租界六码头至武昌汽车轮渡开通运营。1872 年，英租界建立邮政系统；1898 年，汉口引入邮政汇款形式；1884 年，清政府经营的电报业务在租界运营；1901 年，德商西门子在租界开办电话业务。1906 年，英商电灯公司在英租界开办电灯照明业务，1907 年和 1913 年，德国电灯公司、日本大正电厂分别开业，租界电灯照明基基本普及。1909 年华商既济水电公司水厂正式通水，租界和部分华界开始用上自来水。“汉口已有了自己的电话公司，用电和供水由一家中国公司提供，公司供水始于 1908 年，现在它正在设法增开电厂。城区马路已有警察值勤，市政当局正朝着改善排水设施，加强卫生教育等方面努力……犹如一颗变革的星火飘临武汉，大有燎原之势。1900 年租界区内一辆马车，几辆人力车就算得上新鲜事了。现在租界区内人力车发展到 1000 辆，汽车 7 车辆，武汉三镇到处可听到人力车的吆喝，马车在武昌比比皆是。”②20 世纪初，—位外国记者游历汉口后以惊叹的笔触这样描写其时汉口街景：“汉口被列强视为重要的商业中心而加以建设。现代化的大厦与银行，巨大的仓库，那些有美丽花园的别墅和高级旅馆，都是汉口有代表性的建筑物。不管什么时候看上去，汉口给人的印象与其说是中国的城市，不如说是国际性的都会。”③

然而，租界毕竟是外来入侵殖民产物，在带来现代城市文明的同时，也种下城市畸形与变态的恶果。“只要稍加注意我国都市之发展情形，便知道很多畸形变态，例如近百十年来的都市，多偏在沿海一带，且每一大都市，多以外国经济势力作中心，甚至被划定了许多租借区域，行使外国行政权，这种都市，无疑是适应

① 徐焕斗著，张博锋、尉侯凯点校：《汉口小志》，武汉出版社 2019 年版，第 110 页。

② 〔英〕穆和德等著，李策译：《近代武汉经济与社会——海关十年报告：汉口江汉关（1882—1931），香港天马图书有限公司 1993 年版，第 103～104 页。

③ 德・王安娜：《中国——我的第二故乡》，生活・读书・新知三联书店 1985 年版，第 200 页。

外力侵入产生的,非由本身之自然生长,故于我们国家民族的利益,颇不相容……"[①]外国势力掌控之下的条约口岸和租界,中国政治、司法、财政各项权利皆为帝国主义所控制,经济遭受掠夺榨取。"我国商埠的特质,如从形式上而论,第一是一部不平等条约之明文,第二是由条约上演绎而成历来见惯不惊的一种不法之习惯。如以其一贯之精神以观,即是始终不外外人在此商埠有特权之独占,务使我们长久处于经济被榨取的地位。换言之,即由此商埠之开放,我们的行政权,实受若干之限制,司法权实有若干之范围不能及,财务行政之征收权,亦屈不得伸,此就公经济之关系而言的。至私经济所吃亏的地方,亦不弱于前者,其最显明处,即自国之生产品,常受外来品之压制,私人企业,常受无形之打击。其结果,与上之公经济,双方同时,不至于国困民穷不止。而其他因有商埠之开设,窝留我国之捣乱分子,为军火贩卖之机关,致我国之内乱反覆绵绵不息。借问曰:伊谁之咎?必当数此商埠!呜呼!商埠为我国困民穷之源。"[②]在外国人在中国设立租界内,许多中国人不能以自己的名义办企业,置产业,必须要挂旗于外国银行、洋行名下。"法租界有一个特别法,即中国人在法租界置有房地产,自己无权出名登记,必须由外国银行、洋行挂旗,收取挂旗费用。如遇有房地产纠纷,也必须由持旗银行、洋行出面办理。否则,领事馆和巡捕房不但置之不理,而且还驱逐搬家,将房地产收归法领事馆所有。即或是中国的贪官污吏、土豪劣绅和军阀政客,时常借助租界置有房产,也要进行挂旗手续。如吴佩孚在黄兴路44号置有楼房一栋,也照样经过了挂旗手续。还有卢金山、刘佐龙、萧耀南等也都在法租界置有产业。这就说明这些欺压人民的大官僚,一到洋大人的面前就威风扫地,也只好听从外国人的摆布了。"[③]

西方人在中国的城市里划出特定区域,设立特殊的市政机构——"工部局",严重破坏了国家的主权独立和城市的市政统一。汉口开埠后,租界实行所在国市政管理体制。在英租界,最高权力机关是纳纳税人会议,市政管理机构为工部局。纳税人会议每年召开一次大会,听取工部局报告,选举工部局董事会,任免

---

① 张笃伦:《漫谈市政建设》,《市政评论》1948年第10卷第3期,第2页。

② 漆树芬:《经济侵略下之中国》,生活·读书·新知三联书店1954年版,第15页。

③ 汪应云:《汉口法租界内种种》,政协武汉市委员会文史学习委员会编《武汉文史资料文库》第五卷《租界洋行》,武汉出版社1999年版,第92页。

职员,通过规则、预决算、创制法律、发行公债。工部局董事会全称大英帝国汉口市政委员会(THE HANKOW BRITISH MUNICIPAL COUNCIL),董事会和总董任期一年,负责决定租界重大事项,管理租界收税以及租界日常事务,对职员进行监管考核等。工部局下设工程、卫生、警察、教育等职能机构。英国租界管理体制为德、俄两国所效法。法租界也有纳税人会议和工部局董事会,但与英国纳税人会议为最高权力机关不同,法租界权力集中于董事会和董事长,而法国领事是当然的董事长,所以实质上是法国领事大权独揽。董事长有权决定租界的大政方针,甚至可以停开和解散董事会。工部局设秘书即总办负责具体事务,下设消防局、路政局、公共工程管理处、卫生局等办事机构。日租界有所谓居留民会,类似英、法租界的纳税人会议,其执行机构为居留民团行政委员会(后改称参事会),下设庶务、调查、财务、工务、电气、港务、卫生、保净等科室。租界有自己的警察(巡捕房)、法庭,享有领事裁判权,《汉口租界条款》规定"汉口英国法院为初审法院,以领事兼理司法,审判采取独任制,间或采取合议制"。"公审会堂"的所谓"会审",虽然由英国驻汉领事和中国地方官员会同审理,但外国法官和律师主导案件审判,往往做出有利于外国人的判决。法租界巡捕房有行政拘捕、司法缉查、调查询问权。"法租界公民通过其法定场所和现有规章中的预设条款享有所有权、购买权、出售权、贷款权和法律诉讼权。"是典型的"国中之国"。因此,国人讥称为"畸形的汉口市":

谁不知道汉口市是一个庞大有名的都市!位全国本部的中心,南北有平汉粤汉两铁路的衔接,东西有长江的贯通。论其经济地位,有比之美国的芝加哥;论其政治的地位,与湖北省会——武昌只一衣带水之隔;再论其军事的地位,则历史上夙称重镇,向为兵家所必争。都市所必具的条件,也莫不具备。现在虽不冠以特别市的衔头,却依然与京沪等市比肩而立。而记者竟以畸形的三字相加,读者或以为骇异;其实,若从市政上观察,也只配加这三个字。

何以说只配加以畸形的三个字呢?且让记者将从前在上海《建设周刊》所发表之《市政与上海市》一文,其中与本文颇有关系之一段,摘录于左,然后再进而加以讨论。

"……惟是上海是一个市,而分辖于几个政市机关。说明白点吧:

> 是分辖于吾国的市政机关和几个租界的市政机关。明确是一个市,好像变成几个市。(有租界的地方也就同上海一样)一切的市政,各不统属,不相联络。因此,各有各的特色,纳税亦有不同……”
>
> …………
>
> 汉口市的情形,大抵相同。不过租界的地位,稍为偏于一方而已,但是租界之外,还有特别区。……至过去德俄租界的市政机关,现虽改为警察署,但其待遇,也和其他不同。①

由外力开启且由外人长期控制的汉口租界,商场充斥着舶来商品,街市弥漫着异国情调,黄、赌、毒成为社会公害。虽然《英租界捕房章程》附则第63条规定“本界内不准开设妓院、赌场以及其他扰乱秩序之场所”,法租界对此也有明文禁规。租界建立之初黄、赌、毒管控表面上看起来确有成效,但暗地里“三害”猖獗,屡禁不绝。20世纪20年代后,法租界干脆撕下禁赌禁毒遮羞布,公开允许开设妓院、赌场和烟馆,在法租界,只要花50元钱就可以买一张吸烟执照,开设烟馆。据曾任法租界巡捕房班长多年的当事人回忆:“法租界的旅馆是烟、赌、娼的世界,贪图享乐者在里面日夜吞云吐雾,喝雉呼卢,麻将牌之声传达马路,京胡、二胡通宵不绝。以旅馆计,有京汉旅馆(经理黄海涛,鄂城人),万园旅馆(经理丁竹卿,汉阳人),新新旅馆(经理路云生,山东人),安安旅馆(经理谭楚伧),红楼旅馆(经理秦培卿,鄂城人),辛丑旅馆(经理胡某),大东旅馆(经理史开昌),安乐旅馆(经理陈某,汉阳人),以后又有华商旅馆(经理王静斋,南京人),铁路饭店(经理刘联珂,他是为妓女拉胡琴的,后来还做了中统的专员)。这10余家旅馆把法租界变成巴黎式的花花世界,这些经理们也靠烟、赌、娼来发横财。”“法租界的妓馆很多,如长清里、辅堂里、永贵里、如寿里,都是聚集娼妓的地区,每家妓馆都在法租界巡捕房完纳花捐,这是明娼。另外天声街一带,或茶馆、烟馆,由男女勾引,带往暗娼处者更不知有多少。其实这些‘暗门子’,法租界巡捕房是知道的。”②日租界更是制毒、贩毒大本营和赌窟,其三业组合(事务所)和汉口检番,

---

① 方逖生:《市政与汉口市》,《道路月刊》1931年第31卷第2号,“论著”,第25~26页。

② 注应云:《汉口法租界种种》,政协武汉市委员会文史学习委员会编《武汉文史资料文库》第五卷《租界洋行》,武汉出版社1999年版,第88~89页。

是嫖客们心向往之的色情服务场所。殖民主义者对汉口社会的毒化影响至深且久,即使在租界收回很长一段时间后,仍然挥之不去,其流韵余风已深深浸入到城市骨髓之中。20 世纪 30 年代,就有一篇题为《三教街透视》的文章这样描述其时汉口旧俄租界三教街:

谈及三教街,在一口一个“你家”的汉口人家看来,谁也要动情羡慕。像上海的霞飞路,北平的王府井大街,天津的梨栈街一般,三教街是汉口最欧化的中心地带。那儿,有发售提尖舶来品的百货商店——惠罗公司,立丰洋行,有供给正号摩登男女谈情说爱的咖啡馆——松柏厅,有专以中国骨骼外国气味的男女做主顾的理发处——比得美容室。夏的来到,一年一度刷新的露天夜遊园里,有舞厅,有球场,有餐室……在灯光灿烂乐声悠扬的交织中,可以使每一个享乐的高等华人忘记着自己的年庚岁月。

对富人说来:你要穿最漂亮的西服吗?到三教街去。你要着最新兴的皮鞋吗?到三教街去。你要吃最精美的面包吗?到三教街去。你要装饰你的住宅像皇宫一般富丽堂皇吗?到三教街去。尊夫人,贵小姐要化装成典型摩登美人吗?三教街的美容室烫发,画眉,修指甲,保险六个月不走样,价钱很公道,每次只需大洋十五元,小费随便赏。总之,只要你的衣袋麦克麦克的话,三教街的白俄,犹太人,甚至盎格逻撒逊的绅士,他们会在这只有制面纺纱低劣工业区的汉口,为我们高等同胞搜罗全球驰名的最高贵最华丽的衣食住行的一切。

白昼间,像镜面似的光平的柏油路,是帝俄租界时代的建造,据说是汉口市的第一条柏油路。一九三四年式的雪佛兰,福特,电掣似的飞驰着,车子里会飘出甜的笑声,香的气味,忙得那穿黄色制服的十字街头警士,双手齐举,努力给一般人间骄子服务着。两旁高楼大厦,终年微笑似的对立着,墙儿敷着娇艳的油漆,窗儿装着雅致的纱帘,盆栽摆布在走廊栏杆上,奇花异草,点缀得十足的艺术化。你以为这些住宅的主人都是文明国家的居留人吗?那就错了,十九都是流落异国的白俄舞女。在晨起时候,她们会坐在楼头整容,敷粉画眉,拿着镜子那种顾影自怜的神态,可以供给马路行人的公开欣赏。到了夕阳西下的黄昏时候,给酒醉得烂泥一般的美国水兵,歪戴着帽儿,三三五五的跑进这些藏春窝里去,当街的楼头,立刻表演着兽性的淫剧。女的含着失了青春的笑,抱着男子的颈,像融化了的糖条儿似的,缠在男子的身上,疯魔似的接吻,好像邮局的人员盖邮戳一般,同时,啦啦啦的歌声飘送到街心中来。

称霸三教街的惠罗公司,谁也知道是发卖清一色来路货的百货商店,通明透亮的玻璃窗柜里,陈列着花绒的锦毯,金色的铜床,西蒙子钢条弹簧床绷,异样的衣裳,异样的鞋帽,异样的化装物,异样的陈设品,异样的一切。供应汉口市各界士绅的需求,那扇血口似的大门张开着吸吮我们次殖民地人民的脂膏血肉!

一到夜晚,全部风光都集中到桃花村了。这自然是白俄流氓经营的买卖,前年叫作百老汇,去年叫作邦可,今年改名桃花村了。里面有纸醉金迷的舞厅,有钗光鬓影的球场,红的,绿的,黄的,艺术味道的电灯装设在树丛中,映着一对对假情人,表演着人类的丑剧。音乐师奏着兴奋的曲,假情人们依着曲调的音节掀起肉的波动。高脚香槟酒杯相交的娇声,彼唱此和,留兰香糖的纸皮,被扔在地上,好似一堆堆金钱的剩余血骨,叹着身世的不幸,遭受了残酷的摧毁!

总之,这罪恶渊薮的三教街,从前是旧俄租界,现在还有俄国总会,一切穷奢极欲的玩意,大半是毛长三寸,有国归不得的白俄流氓经营的。旧俄的皇族政权就是这般猪仔断送的,处危急存亡之秋的中国同胞甘愿步他们的后尘吗?我们要知道,旧俄帝国的灭亡,不过是“楚人失之,楚人得之”,万一中国亡了,恐怕不是“楚人得之”吧?①

一面是大厦栉比、整洁亮丽的现代新城,一面是灯红酒绿、纸醉金迷的“罪恶渊薮”;文明与野蛮相伴,天使与魔鬼同行;市政分割、治权沦丧与城市治理规范化、现代化;民族情感、城市主体意识被践踏与现代市民意识的觉醒;洋货倾销、利权外溢与国际贸易大港的崛起……这,就是近代汉口真实而矛盾的社会状态。武汉城市早期现代化,因了外力推引与植入,在付出了高昂甚至血的代价后,就这样迈开了蹒跚步履。

---

① 寒徽:《三教街的透视》,《平汉新生活》1934年第2期,第10~11页。

二、江汉关:开放与城市现代化的象征

1861 年汉口开埠后,按照《长江各口通商暂订章程》之规定,包括英国在内的外国商船从上海到汉口,只需由上海海关发给“江照”,交纳“进出各税连船钞”,各地海关无权过问,也不能收税。导致走私之风炽烈,“自洋人到汉口通商,两湖厘税均无”,地方利权严重受损。于是,湖广总督官文向朝廷提出了在汉口设关之请。“咸丰十一年八月,增设长江洋关。动议洋商入长江,进口、出口正税俱在上海交纳,故原订章程第七款有‘沿途任便起货、下货,不用请给凭单,不用随纳税饷’之语。江苏巡抚薛焕谓:‘如此则毫无稽考。应饬令洋商将运进长江之货,除完海关正税外,其应纳内地半税。先在上海完纳者,由上海给凭单上驶。出口货物如在汉口出口者,先在汉口完纳,由汉口给予凭单下驶。必如此上下稽核,始无偷漏之弊。’湖广总督官文因奏请增设汉口洋关,以专责成。报可,遂饬汉阳府勘择地基,设立关卡,并添设监督一员。”①按《夏口县志》这一说法,似乎汉口设关一奏即准,很是顺利。但实则不然,江汉关是在官文三次上奏,几经周折才设立的。史料记载,官文曾于 1861 年 5 月、6 月、9 月三次上奏,再三要求设立江汉关。官文历数汉口不设关之弊,不仅外商在汉口进行贸易活动,完全不受地方政府的稽查,而且“内地商人分赴湖南、湖北产茶所在,购买茶叶等货物,动称洋商雇伙,抗不完纳厘金”②。“汉口为九省通衢,行运甚广,百货丛集。其中茶叶、大黄、桐油等货,尤为出口大宗……自汉口至镇江,途经千余里,其中处处可以私售,汉口既无盘验,上海·镇江无凭稽查。若经由长江出口,则上海亦无从查知,不特税课竟归无著,抑且将来流弊无穷。”③解决这些问题,“唯有于汉口设关,明定章程,设立行栈,收票发票,稽查盘验,由商贩自行贩运到汉镇入行售卖,照海关章程将内地各货出口正税及子口税一并于汉口完纳,其进口洋货运至汉口仅照章点验方许售销,以符一税不二税之约。并禁止华洋行伙往山乡镇市自

---

① 武汉地方志办公室、武汉图书馆编《民国夏口县志校注》(上册),武汉出版社 2010 年版,第 216 页。

②③ 〔清〕宝鋆等:《筹办夷务始末》(同治朝)卷二,文海出版社 1966 年影印,第 113~115 页。

行采办。如此出入货物既可稽查,而税课亦有攸归矣”①。经过官文据理力争,总理各国事务衙门“再四筹商”,终于在1861年11月11日(咸丰十一年十月九日)议准在汉口设关。“至汉口地方,据该督奏必须设关,自应准其建立,查验进出各货。惟该督奏请由京简派监督一节,臣等查江苏、上海口,系苏松太道管理,浙江宁波口,系宁绍台道管理。汉口本非海关可比,且进出正税均在上海征收。汉口关仅止征收子税,及盘验货物等事,应即由汉黄德道管理,毋庸由京派往。其汉口建关一切事宜,即由该督督同汉黄德道,妥议章程,实力办理。”②

1862年1月1日,江汉关正式成立。江汉关的机构设置和管理方式仿照欧美海关模式,其负责人称“税务司”,由海关总税务司委派,直接听命于总税务司。税务司全面负责海关工作,总揽海关业务及内部行政事务。其具体职能包括:(1)统辖关务,在不妨碍商务发达的前提下依法征收关税;(2)管理训练属员,总司外人帮办和华员的业务和语言训练;(3)应无条约国或无领事的缔约国的请托,代理领事和通商公证人之职;(4)兼理航道、港务、气象观测、邮政、港口、外洋进口船舶的检疫、引水及本地产品参加国际博览会等。税务司之下设有副税务司、帮办等。江汉关内设机构有总务、验估、秘书、会计、稽查、港务、江务等7课。其中,总务课负责处理货物进出口、轮船结关、进口税、吨税及堤工捐征收、缉私案等。验估课负责货物之查验、鉴定,货物估值、税则号列之审核等。秘书课负责保存全关文件档案,文件收发登记、拟稿、缮写、打字、译电、人事统计等。会计课负责关务方面收支,工资核算、发放,各种关税经费造具会计报表等。稽查课负责缉私、船务、巡缉、结关、供应、庶务、管理关产等。港务课负责自理与港务有关的事宜。江务课负责管理长江中下游及江上助航设备等。

江汉关组织管理的另一个系统是江汉关监督公署。江汉关建立后,在汉口青龙巷设江汉关监督署,并移汉黄德道于汉口统称汉黄德道兼监督税务江汉关署。江汉关监督由湖广总督选拔任命,首任监督湖北分巡汉黄德道为郑兰。江汉关监督公署设总务课长1人,税务兼计核课长1人,部派会计主任1人,汉阳南关、分关及武穴总卡各设委员1人。

---

①《湖北通志》卷五十《政经志八·榷税》,第1366页。转引自武汉市档案馆编《武汉开放史》,武汉出版社2005年版,第53页。

②〔清〕宝鋆等:《筹办夷务始末》(同治朝)卷二,文海出版社1966年影印,第170~171页。

江汉关实行的是海关双轨运行体制,即江汉关税务司由总税务司任命,江汉关监督由地方政府选拔任命。由于江汉关税务司由总税务司直接任命,且基本上由外籍人士担任,据统计,从1862年至1949年,先后担任江汉关税务司者一共323人次,除9人是中国人外,余者皆为外籍人士。税务司以下的副税务司、帮办、高级职员、外勤等全部都是英、美、法籍人士,只有文书、杂役等才派中国人充任。实际上是一个超越中国政府行政体系之外的独立系统,税务司大权独揽,控制了海关收税、稽查等主要业务,成为江汉关政务的实际主持人。海关以所谓"外人帮办税务"之名,主宰各级海关事务,体现了较强半殖民化色彩。

"江汉关"的建立,对于武汉的对外开放和城市现代化具有重要意义。

首先,江汉关的建立,凸显了汉口作为一个内陆外贸大埠的独立地位。开埠初期,汉口只是上海的附庸,只征收子口税,进出口正税需在上海完纳。随着汉口贸易地位的提高,外贸进出口业务的增加,从1863年1月1日起,江汉关正式对外征收正税,汉口作为长江中下游地区独立的对外通商口岸至此正式形成。

其次,江汉关建立后,其业务范围扩展至长江中游地区,武汉作为华中地区对外开放中心城市的地位得到加强。江汉关建立之初,下辖一关三卡,一关为汉阳南关(汉阳县南岸嘴),稽查内河民船,三卡为北卡、子口卡和武穴总卡。北卡设在汉口租界十八段之下沙包滨江,子口卡设在汉口镇襄河上游硚口滨河,武穴总卡设在广济县武穴镇滨江。1876年9月中英条约规定,中英双方"议准于湖北宜昌、安徽芜湖、浙江温州、广东北海添开通商口岸",同时议定在长江沿岸的安徽大通、安庆和江西湖口与湖北武穴、陆溪口、沙市等处开辟船舶暂时停靠所,准许轮船停靠,上下客货。从此,江汉关税务司开始兼理稽查上述长江六处的事务。1898年石灰窑分关设立,其职责是监管载运水泥厂物料进口、水泥出口以及大冶铁矿出口至日本的轮船。1906年,京汉铁路建成通车,江汉关又分别在刘家庙和大智门车站设立二个子口卡。民国时期江汉关业务范围进步扩展,管辖地区进一步扩大。1930年7月14日,岳州分关职员大部分撤退,其工作交由江汉关税务司领导。1834年1月1日,汉口盐务检查机构查禁非法私盐的权力移交海关执行,其检查人员也一并移交江汉关。1937年1月31日,长沙关结束,人员并入江权关,关务清理由江汉关接办;同年10月,国民政府颁行海关转口税整理办法，江汉关扩增转口税，增设分支机构15处。①

第三，江汉关作为现代关税制度的产物，其职能和管理方式完全是按照现代西方海关模式建立的，与中国传统的关卡相比，江汉关无疑是一个全新的系统。海关作为监督对外贸易、管理税务的国家行政机构，其主要职能包括征收关税、稽查货物、制止走私、货运管理等；在其主要职能关税征收方面，无论是税收种类还是税收管理上，均与传统关卡有别。据《湖北通志》介绍，江汉关的税收来源有正税、半税、子口税、船钞、三联单罚款、洋药进口正税、红茶补厘、火油池捐、护照费、小轮船牌费、船牌费等12种：

> 曰正税。凡洋货进口、土货出口均案税则（5%）科征，内有洋货办足值百抽五，免税之货完纳增收一项，前奉部饬提出另行列收报解。曰半税。凡土货复进口者征之。曰子口税。凡洋货运入内地或土货出关运内地者照税则折率（2.5%）征收，概免沿途厘金。曰船钞。照章征收，以三成解外务部，七成解税务司。曰三联单罚款。光绪二十九年江汉关监督与税务司议定章程，凡洋商请领三联单购运土货，倘逾限未经转运，即照该货应完出口正税银数加两倍半罚缴，每结罚款由税务司运关如数解部。曰罚款。系各商漏税及变价充公之数。同治二年奏明按十年计算，以三成解京，以三成归监督充赏，以四成归税务司充赏。曰洋药进口正税。计大土每箱完税三十六两，小土每箱完厘八十两。凡洋药进口、出入关栈，必须报完税厘，方准出栈，故每结收数均以土商报运之数核算。曰红茶补厘。凡红茶出口，查验厘捐局斤票，不符者照茶税章程补征。曰火油池捐。系洋商在汉口设立火油池按斤重捐出之款。曰护照费。光绪三十年外务部定章，官员往来各口岸，请领护照，每张收费三两，以四成解外务部，以四成解度支部，以二成留关供支。曰小轮船牌费。凡行驶内港小轮，赴关领牌。初次纳银十两，每年换领新牌纳费二两，以一半解外务部，一半存关供支。曰船牌费。凡华商挂旗船

① 甘胜禄：《江汉关源流》，见〔英〕穆和德等著，李策译《近代武汉经济与社会：海关十年报告——汉口江汉关（1882—1931）》，香港天马图书有限公司1993年版，第189～190页。

均应照纳,按三成均摊,以一成归税务司,一成解部,一成归监督办公。①

在稽查货物,制止走私方面,江汉关具体负责者为总插子手,下辖插子手、验货员、巡役等。总插子手和插子手均由外国人担当,有 19 人之多,验货员又分两等,由中国人担任,总计 12 人,其中一等验货员 7 人,二等验货员 5 人。巡役共 12 人,亦由中国人担任。为稽查需要,江汉关为税务司和总插子手各配巡船一艘,其中税务司的巡船为白色,总插子手的巡船为黑色。另有驳船 5 艘,每艘配水手 3~5 人。所有巡船均挂"江汉关巡查"字牌。为了严行稽查,江汉关监督会同湖北盐法道及总办厘局于 1863 年 1 月 22 日在广济武穴设总卡,由江汉关专委洋人插子手、通事等负责稽查上下江各类商船。这些船只如通过武穴,均须赴卡报验。船只运货上江,携带的江照江单,查明货照相符立即放行,倘有不遵、盘查拒捕及插用洋旗并无各样单照,则沿途拉拦截,援例施罚。对于报验货物,如有货色、价值、数量不符者,经查明系误报或假报,视情节轻重和应纳税款之多少,处以一至三倍的罚款,最多不超过 5 倍。如商家对货价以多报少,经海关查验不符而商家不服,则可照该商原报价,由海关买回再行拍卖。至于违禁物品,不论多少一律没收充公。

至于查处走私,江汉关没有成文的制度,一般按所谓"成例"判罚。凡在进出口轮船内查获的私货,如系客商白带,为数不多,非故意瞒税者,将原物发还;如所带数量过大,或准其减价买回,或照应纳税额加一倍或两三倍罚金,发还原货;如系因舞弊行贿即将货物予以充公;若由惯带私货之人,或在某房、水手等处查获者,多予充公,其情节轻微者,亦准其买回。船上账房、买办等代友人购买的零星货物则不予过问,如价值较大,又有意藏匿,进口时藏在货仓内,不载入进口舱单,除将货物充公外,偶有另罚船主 500 两以下之罚金。

货运管理也是海关的一项重要职能。江汉关在建关之初即对船舶停靠地点、拨艇禀报立号、货物起卸、存储时间和地点、洋商领取切结、三联单的有效期及延期和核销、途经各卡的申报、查验、改装、违章罚款等作了详细规定:

① 《湖北通志》卷五十《政经志八·榷税》,第 1367 页,转引自武汉市档案馆编《武汉对外开放史》,武汉出版社 2005 年版,第 63~64 页。

一,凡大洋船、内江轮船,只准在大江龟山头之北,甘露寺之南停泊,离西岸在一里路之限内起载货物。凡划艇等项船只,只准在汉镇内河南岸停泊起载货物。一,凡拨艇须在关上禀报立号,方准拨货,其请执照之拨艇,须用江字立号,其无执照之拨艇用河字立号,其拨艇须用汉英文将第几号写明于该船头尾。凡系轮船起载货物,只准用江字号拨艇拨货。一,凡两船欲行互拨货物,必先请领本关特准据单方可。一,凡商船起货装货均须日间,不得在日出以前日落以后,礼拜日,给假日均不准行。其内江轮船若请有准单,以三更为限,亦准其起货装货,至拨艇起货装货不论码头,惟各进口货在未入栈房之先及各出口货在未装出口船之先,须赴米厂南岸嘴汉关码头候验。一,凡商人领照装货,因船已满载,复行退回者,须携货赴本关码头查验后方准起回上栈。一,凡商船将抵汉口,关上派员役上船看守、查验等事均照天津条约三十六七等款办理,详见另条。一,凡大洋船到汉,须俟起货完竣看舱之后,方准装货,不得一面起货,一面装货,以致混淆。内江轮船不在此列。一,本关每日至十点钟开关至四点钟闭关,礼拜并给假日期停止办公,凡请各项单照须禀本关税务司查阅。此为江汉关专定章程第二款。洋商大洋船划艇风篷等项船只抵镇江者,须由船主将船牌呈交该国领事官查收,无领事官即行呈关,并将舱口单呈关查验,或俟领事行文来关或由船主自行将船牌呈关,由关发给护照一纸,内注明船带兵器、炮枪、刀、药等件若干,水手多寡并押载吨数,并将船舱封固,随时派差押送,方准前往九江。至九江关口如何验货征税,并防走私,另行议定开具章程。该船抵汉口时,须将护照呈领事官,并将舱口单报关呈验。俟由领事官照条约之例报关方准开舱。一,开舱之后,各货主应将其货用汉英文开具清单,内注明货色、件数、斤两、长短、价值,并用拨艇第几号各等情形呈关,请领起货准单,方准将该货装入拨艇,运自本关码头候验。一,该拨艇抵码头,由关委派验货,饬令该商赴银号照数纳税取号收缴关,请领税单,始准将该拨艇之货登岸入栈。该货若有别口已完税之实据,应由该货主在呈清单时,将完税凭据一件呈关,若货照相符,方准给起货放行单。华商同例报税。一,凡各商装货下船之先,须将该货运至本关码头,并将该货用汉英文开具清单,内注明货物件数、斤两、长短、价值，并用拨艇第几号各等情形呈关，由关给验单，该商收执，赴银号照数纳税取号收缴关，请装货准单，方准赴装货，华商同例报税。一，各该船在口内之时，由关每夜派人看守，或随时将其舱封固，不准起载货物。一，凡有外国牌照船只者，其如何完税纳钞，应照条约定例办理。凡有洋商雇买内地船只往来运货，仍令洋商照内地船完交船料，主照厂关则例办理。一，起载货物已毕，税钞完清，应由该船主将所装之货，详细开单呈关请领红单，由关封舱，派役押送，方准领回护照下江前往九江。一，凡有洋商雇买内地船只运货者，仍令其照暂定章程之例，详见另条。呈具保单请领执照，俟江面肃清即行停止。第三款内江轮船之例。一，凡有轮船自上海常做长江买卖者，应将船牌呈交上海领事官留署。由领事官转请江汉关给发轮船江照十七纸。凡有此江照者，则可照后开之例起载货物，完纳税饷，其无此江照者，须照以上第二款之例办理。过镇江时，须由船主将江照呈关查验放行。十七、凡有江照之船抵汉口者，该船或由领事官报关，或自持江照、舱口单、税单等件呈关均可，内关发给准单，方准起货。①

江汉关经费来源主要是关税提成。1863 年，总税务司规定全国各海关经费按关税 10%提取，后来又改为 15%。按照这个规定，江汉关的经费大大增加，如 1875 年，江汉关年终税款 145 万两，每月经费从 5000 两增加到 10000 两。这种经费管理机制不仅有利于海关的内部建设，更重要的是有利于改善和提高海关征收缉私的条件和手段，从而吸引进出口商。在税收管理上，江关把税款的征收、储存汇寄予以分割，相互牵制，同时又合为一体。这种严格的税收征收和保管制度，有效地防止了税收征管过程中可能出现的弊端。正是由于江汉关扩大了税收项目，引入和制订了一套行之有效的管理制度和管理措施，因而使江汉关不仅获得了较为稳定的税收来源，而且稳中有增。据统计，自 1863 年至 1885 年，江汉关的税收总额一般都在 100 万～200 万关两左右；1886 年至 1911 年的大多数年份，关税总额都超过 200 万关两，其中 1910 年达到了 320 多万关两。民国以

① 《湖北通志》卷五十《政经志八・榷税》，第 1367 页。转引自武汉市档案馆编《武汉开放史》，武汉出版社 2005 年版，第 66～68 页。

后税收增长幅度更大,1919 年达到 422 万关两,创历史最高记录。1922 年达 450 多万关两,以后虽然因战争和自然灾害等原因,有些年份有所减少,但总体上呈上升趋势,1929 年是 826 万关两,1930 年是 749 万关两,1931 年更达到 955 万关两。

尽管在征收关税和货运管理等方面体系健全,制度严密,但外人把持下的江汉关对于洋商仍颇为“关照”。洋商除享受特权只交纳 5%的关税和运往内地的 2.5%子口税外,不再交纳内地常关关税和厘金。对于一些不法洋商走私和挟带毒品、武器等行为,江汉关稽查部门往往睁一只眼闭一只眼,听任为之。反之对于华商在纳税、货物估值验收等倒十分严苛,处处刁难。华商经常被无故扣货罚款等。江汉关每年的巨额关税完全不能存入中国人自己办的银行和国库,必须交由汉口的英国汇丰银行电告上海汇丰银行,再由其按汇兑行市结汇交给海关总税务司署,用以强行扣抵外债和“庚子赔款”。而汇丰银行在经手巨额关税款项时,采取多种手段为自己牟取利益,据统计,从江汉关开关到 1929 年中国实行“关税自主”的 68 年中,在关税汇兑上受英国银行剥削达 500 万两纹银以上,可以修建十几座江汉关大楼。

第四,近代海关不仅仅是对外贸易关税的征收、管理、监督机构,而且还担负了许多涉及城市现代化基础设施建设、管理任务。这些任务包括港务、航道、引水、气象、邮政、检疫、管理报关行等。**港务**:包括对汉口港船只停泊界限、移泊、载运军火、油类及易燃物品等进行管理。对于船舶管理、航道保护等都有详细规定。**航道**:自 1866 年起,江汉关开始着手对汉口航道进行筹划,并先后在长江中、下游设置灯船、浮筒、标桩。1906 年在九江开设巡江司,专司测量水道、设置水尺、印发航船布告、水道水量通告、检查沿江标志事宜。**引水**:1869 年总税务司将《引水总章》发到江汉关,将引水监督权明文划归海关。**气象**:自 1869 年 11 月起,江汉关开始办理气象工作。**邮政**:1878 年 12 月,江汉关创办汉口邮政分局。1897 年 2 月汉口成立邮政总局,邮务长之职由江汉关外籍人员兼任。**检疫**:1902 年汉口对进出口货物开始检疫,由江汉关管理并制订检疫规则。**报关行管理**:报关行业务为客户经理货物出入,完纳关税,介绍船舶和仓栈“以计客商之便宜”。报关行须在江汉关注册并接受其监管。江汉关职能的这种扩展和延伸,对于城市早期现代化建设和武汉成为国际性城市“东方芝加哥”起到了一定的推动作用。如港务、航道、引水、检疫等不仅在提高长江的通航能力,吸引外商外资外轮云集武汉方面有积极作用,更重要的是在交通、外贸管理方式上引进国际方式和国际惯例,使武汉商事习惯迅速与国际接轨。另外,从传统邮驿制向现代邮政的转化,海关功不可没。从1866年清政府开办海关邮政,江汉关开始兼理邮政业务,到1908年,汉口邮政完全脱离海关而独立,江汉关对于武汉近代邮政事业的建立和发展功不可没,“汉口邮政总局所辖湖北省及河南各地,其分局多达113处。邮递路线长达8200里(中国里)。邮件的邮递量达5500000件。”①。

江汉关最初设于夏口县汉口河街,即汉口镇英国租界花楼外滨江,我们现在看到的江汉关大楼是1921年现场打桩,1922年11月4日浇灌基础开始动工兴建的,这一天正是江汉关成立60周年的纪念日。1910年以前曾任江汉关税务司、时任海关总税务司的安格联专程从上海赶来主持奠基典礼,大楼正门左侧的一块“中华民国十一年十一月四日总税务司安格联爵士奠此基石”,记录了这一难忘的历史瞬间。江汉关大楼位于汉口沿江大道九十度转角处,其外部造型是希腊古典式和欧洲文艺复兴时期流行样式相结合的产物,大楼通高41米。仅钟楼即高达23米,1912—1921年《海关十年报告》说当时“正在建设中的新海关大楼钟塔高达150英尺,宏伟壮观”②。在周围一片低矮的砖木结构建筑群中,江汉关鹤立鸡群,大气磅礴,在很长时间内是汉口乃至武汉最高的地标式建筑。从这座楼顶钟楼每隔15分钟传出的《威斯敏斯特》的旋律,使人恍如身处异国。江汉关,就是这样一个矛盾体:既是中国沦为半封建半殖民地的产物,也是武汉从传统走向现代、从封闭走向开放的象征。

三、驾乎津门　直逼沪上

尽管汉口在清代中叶达到了旧时代应有的发展高峰,但它只是一个进行内部循环的国内商业中心,19世纪60年代以前,汉口的市面虽然繁华而热闹,但与上海、广州等开埠城市相比,多了些封闭与沉闷,少了些开放与活跃。武汉要超越地域局限,走出内部循环的商业势圈,建立更为开放的市场体系,实现城市的

---

① 〔日〕水野幸吉著,武德庆译:《中国中部事情:汉口》,武汉出版社2014年版,第239页。

② 〔英〕穆和德等著,李策译:《近代武汉经济与社会——海关十年报告:汉口江汉关(1882—1931),香港天马图书有限公司1993年版,第136页。

近代转型,需要借助新的发展动力。1861 年汉口开埠,武汉在欧风美雨的冲击下,城市发展引入新的动能,地理交通格局发生新的变化,由一个以区域交换市场为主体的内陆商业市镇转型为进行外部商业循环开放的国际性城市。

——外商、外侨、外资大举进军汉口,武汉成为万商云集的国际性城市。汉口有洋商的历史可以上溯到 18 世纪 40 年代的瑞典和挪威小股商人来汉经商。19 世纪 50 年代,俄国商人开始涉足汉口,主要进行茶叶贸易。但外国商业势力的大批进入,是 1861 年汉口开埠以后的事。其时,英、法、俄、美等国商人借助《天津条约》的有关规定,纷纷来汉开工厂,办洋行,设银行,汉口成为西方商人竞相角逐,攫取利润的热闹场所。

1.**工厂**。“汉口设立之各大工场,和面粉公司、制冰厂、香烟厂、砖茶制造所、制油制饼工场及各蛋厂,均为外国人所创办。”①近代汉口的外资工厂,最主要的行业是茶叶加工,“一直到最近几年,制茶业的相对重要程度,虽然有一些下降,但仍然是汉口的首要工业”②。汉口茶叶加工的原料主要为湖北蒲圻羊楼洞所产茶叶,外商收购后在汉口制作成红茶和砖茶,然后出口至俄国和英法等国。“汉口地区的茶叶加工主要有红茶和砖茶。红茶根据生产时期的不同可分为头帮茶、二帮茶、三帮茶、四帮茶(四帮茶又称籽茶)这四种类型。头帮茶所用的原料是在清明时节、谷雨之前所采摘的新茶,二帮茶在谷雨后 10 天,三帮茶在谷雨后 20 天,四帮茶是在三帮茶采摘后,又经过一个月的时间所采摘的茶。为外商所看好、踊跃进行交易的是头帮茶和二帮茶,四帮茶和头帮茶相比,无论在香味上还是色泽上都大为逊色,其价格只为头帮茶的一半。砖茶分红茶、绿茶两种,红砖茶以红茶粉末为原料制作,绿砖茶则以绿茶的粗叶及其绿茶的粉末混在一起所制作。”③1865 年,俄商顺丰砖茶厂从崇阳迁来汉口。该厂以蒸汽机作动力压制砖茶,常年有职工 800~900 人,不仅是外商在汉开办的最早工厂,也是当时全国同类工厂中创办最早、规模最大的企业。“(俄国),顺丰公司是最早的欧洲在华企业之一,在汉口开埠前后它已经从事了很多的活动,并且发展了华北的茶业。公司经营了一个大的、闻名本埠的砖茶厂,每年产砖茶 150000 篓,每篓 1.5 担。

① 徐焕斗著,张博锋、尉侯凯点校:《汉口小志》,武汉出版社 2019 年版,第 127 页。
② 《商埠志》第 712 页。见皮明庥、冯天瑜等编《武汉近代(辛亥革命前)经济史料》,武汉地方志编纂委员会办公室内部印行,1981 年版,第 13 页。
③ 〔日〕水野幸吉著,武德庆译:《中国中部事情:汉口》,武汉出版社 2014 年版,第 171 页。

工厂使用最新的机器，雇工人八、九百人，日夜开工。”[1]稍后不久，俄商阜昌、新泰砖茶厂也迁入汉口，“在这些砖茶厂中，阜昌砖茶公司所经营的工厂要算是最大的一个，这个公司在福州、九江、上海、天津、可仑坡和莫斯科都有支店……其汉口工厂设在英租界，规模宏大，设备完善，在欧洲人监督下工作的中国工人，约有2000人”[2]。新泰砖茶厂也是与顺丰、阜昌不相伯仲的俄资砖茶企业，1891年5月1日，该厂举办盛大宴会和博览会，庆祝建厂25周年，正在中国访问的俄皇太子尼古拉二世专程来汉参加庆典并参观新泰砖茶厂，足见其规模之大和地位之显赫。1872年，英国商人也在汉开办砖茶厂，但不久停办。自从俄商砖厂开办之后，制茶业遂成为当时汉口最大的工业，汉口也因此成为全国茶叶加工和出口的中心。所输出的砖茶约占全国输出砖茶总量的60%，年输出总价值达200万两白银。到19世纪90年代以前，汉口的茶叶加工业主要由俄商所掌控，“19世纪70年代汉口有俄商四大砖茶厂，共有蒸汽动力砖茶机15架、茶饼压机7架。砖茶机每台日产砖茶120筐(每筐130余斤)，茶饼机每台日产茶饼21筐。数千名中国工人为俄国资本家提供高额利润，每年由汉口输出的砖茶约占全国砖茶输出总量的60%。90年代与20世纪初的20年中，每年由汉口出口的茶叶在40万担上下”[3]。俄商顺丰、新泰、阜昌三大茶厂共有资本银400万两，中国雇工数千人，年产值近5000万两。“(汉口)砖茶工厂，俄租界和英程界各有两家。他们安置有新式机器，雇用中国工人数以千计。在过去10年中，由江汉关出口的砖茶，值银达26000000两，由此可见茶业的重要。整个茶业主要掌握在俄国商人的手中。”[4]

外国人在汉开设工厂，当然远不止于制茶业。19世纪70年代外资开始经营打包厂和压革厂，80年代出现制蛋厂，90年代以后外资工厂门类更多，据统计涉及机械修理业、电力工业、冶炼和洗矿业、建筑及建材业、蛋品业、茶叶加工业、面粉业、制酒业、榨油业、制烟业、澄油业、净皮和制革业、芝麻加工业、石油加工业、打包业、纺织业及染织业、肥皂业、玻璃业、西药业、汽水和制冰业、印刷业、造纸

①② 《商埠志》第716页。见皮明庥、冯天瑜等编武汉近代(辛亥革命前)经济史料》，武汉地方志编纂委员会办公室内部印行，1981年版，第13页。

③ 郭其耀:《武汉最早的外商工厂——俄商砖茶厂》，见政协武汉市委员会文史学习委员会编:《武汉文史资料文库》第五卷《租界洋行》，武汉出版社1999年版，第170页。

④ 《商埠志》第604页。见皮明庥、冯天瑜等编《武汉近代(辛亥革命前)经济史料》，武汉地方志编纂委员会办公室内部印行，1981年版，第14页。

业等22个行业。其中,**机械修理业**较大的企业有德国人开办的民丰机器汽车修理厂、机昌机器厂、西门子电器公司、汉口机器修理厂和茂昌机器厂等,日本人开办的樱花铁工场、松本铁工场和森昌机器桶工场等;**电力工业**如德资美最时电灯公司、英资汉口电灯公司和日资汉口日本电厂等;**冶炼、洗矿业**有英资汉口熔金厂,法资亨达利有色金属精炼厂和东福安直母尼制造所,德资嘉利炼锑厂,俄国人开办的黄金厂,日资高昌公司精炼厂、礼和淘洗矿砂厂及汉阳小型炼铁厂等;**建筑、建材业**主要有德资韩具洋行、宝利洋行、石格司洋行和德源砖瓦厂,英资景明洋行、通和有限公司和发德普公司等;**蛋品业**德资美最时蛋厂、嘉利蛋厂、礼和蛋厂、天成洋行蛋厂、开利公司蛋厂、贝格德蛋厂、元亨蛋厂、吉利蛋厂,英资培林蛋厂、安利英蛋厂、和记蛋厂、永源蛋厂、沙逊洋行蛋厂,以及美国、法国、比利时、澳大利亚等国商人开设的慎昌洋行蛋厂、永兴蛋厂、公兴蛋厂、瑞兴蛋厂、和兴(盛)蛋厂等;**面粉业**有德资礼和机器面粉厂,日资东亚制粉株式会社、和平制粉株式会社以及英中合资的和丰面粉厂和恒丰面粉厂,另有荷中合资的金龙面粉厂等;**制酒业**有法资康成造酒厂和中法合资的法华蒸酒公司等;**榨油业**主要是日本人开办的日华榨油厂、日信榨油厂、日信榨油二厂、黄泰洋行榨油厂等;**制烟业**有英商开办的永泰和烟厂、香烟精撰所及英美合资的颐中烟公司和大英烟公司,此外还有日资福华制烟公司和菲资晋和烟公司等;**澄油业**有德资礼和澄油厂、美最时澄油厂、瑞记澄油厂、碑格尔澄油厂、元亨洋行澄油厂、禅臣澄油厂、嘉柏炼油厂,美资其来桐油厂、美孚炼油厂、施美洋行澄油厂、胜利澄油厂,英资怡和澄油厂、华昌澄油厂、安利英澄油厂,日资三井油厂、三菱澄油厂以及法资立兴澄油厂等;**净皮、制革业**有日资高田商会制革厂、襄河制革厂、大仓净皮厂、三井洋行净皮厂,德资元亨洋行净皮厂、禅臣洋行净皮厂、礼和洋行净皮厂、加柏洋行净皮厂、美最时洋行净皮厂,英资宝顺洋行净皮厂、怡和洋行净皮厂、中和洋行净皮厂、安利洋行净皮厂以及美资慎昌皮革厂和法资立兴洋行净皮厂等;**打包业**有德资美最时打包厂、礼和打包厂、瑞记打包厂,英资隆茂打包厂、平和打包厂和中英合资的汉口打包厂,法资立兴打包厂,日资日信榨花包梳厂等;**石油加工业**有美资美孚火油公司、德士古煤油厂,英资亚细亚火油公司,德资咪唛洋行石油厂等;**芝麻加工业**有英资安利英芝麻厂、沙逊芝麻厂,德资嘉利芝麻厂、礼和芝麻厂、美最时芝麻厂、福来德芝麻厂,法资立兴洋行芝麻厂和日资三井洋行芝麻厂等;**纺织、染织业**主要有日本人开办的泰安纱厂、汉口丝厂、黄泰茧厂、泰孚腿带子厂、日信洋行染织厂等;**汽水、制冰业**有英资和利汽水厂、那嘉利汽水厂、赞育汽水厂、汉口制冰厂和记冻肉厂以及日资中华制冰会社工场等;**肥皂业**有日资金昌肥皂厂和小林肥皂厂等;**玻璃业**有日资三合玻璃厂和武内玻璃厂等;**西药业**有日资丸三药房、回春药房和若林药房等;**印刷业**英资嘉利印局、基督教圣教书局、颐中烟公司印刷厂和日资崇文阁印书局等。据统计,清末至1938年汉口沦陷前,汉口有外资工厂(含合资)工厂152家。①

上述20多个行业的外资工厂中,规模较大且对武汉近代经济影响深刻的行业主要有食品加工包括茶业、面粉、蛋品、制冰及汽水、榨油、酿酒等、冶炼、卷烟、打包等等。食品饮料加工制造行业中的茶叶前已简述,蛋品制造业最早出现于19世纪80年代,德商为该行业主要投资者,礼和蛋品厂为汉口最早的蛋品制造企业,后来相继有英美商人来汉开设蛋品厂。到辛亥革命前,汉口共有外资蛋品制造厂12家。"这些企业的规模是很大的,其中一家在开工季节中每天用鸡蛋3万至4万枚。"②蛋品制造厂主要将湖北及邻近地区出产的鸡鸭蛋分别制成蛋白粉和蛋黄液,出口至英、法、德、美等国,"在汉口,现今已有6家蛋白制造厂,皆为外国人所经营。其生产原料为家禽鸡、鸭蛋,虽说名厂都是鸡、鸭蛋并用,但总体来说,鸭蛋的消耗量要比鸡蛋多。各厂家的生产规模都不甚大,其投资的资本金大致在1万元上下,职工人数大约百余。各工厂每天的生产20箱内外,各工厂在7、8两月都会休业;如此计算,年总产额在6000箱左右。每箱重量为100斤……主要输出到英、法、德诸国,作为药品、染料、点心之原料"。③ "当这项工业(蛋粉业)1898年首创的时候,有一时期在本埠是非常有希望的:该年有价值25323两的蛋白粉1012担和价值37121两的蛋黄粉8251担出口,主要是向欧洲出口。1899年出口蛋白粉增至1541担、值银38524两,蛋黄粉增至11582担、值银52154两,翌年,数字增加了将近一倍:蛋白粉2373担、值银59256两,蛋黄粉18928担、值银85222两。"④德商虽然是投资汉口蛋品制造业最早和最多的,但英商后来居上,

① 参见《汉口租界志》编纂委员会编《汉口租界志》,武汉出版社2003年版,第145~149页。
② 《武汉地区工业调查报告书》(日文本)第五号。转见皮明庥主编《武汉史稿》,中国文史出版社1992年版,第344页。
③ 〔日〕水野幸吉著,武德庆译:《中国中部事情:汉口》,武汉出版社2014年版,第60页。
④ 《报告》,1892—1901,汉口,第303页,见皮明庥、冯天瑜等编《武汉近代(辛亥革命前)经济史料》,武汉市地方志编纂委员会办公室内部印行1981年版,第17页。

如和记蛋厂便是甲午战争后外商在汉兴建的规模最大的蛋品厂，其资金雄厚，设备先进，拥有冷冻设备，“和记行出本三万镑建造一厂，不用药制而以冰冻装罐运英，本年共二百吨……”①。蛋品出口量曾占到全国50%以上。近代武汉的蛋品制造业在国内颇具行业优势，汉口“12处工厂中，德籍工厂占5家，主要制品为干蛋白、液体蛋黄，多输往德国。最初，工厂的设备简陋，后逐渐改良，采用德国式的真空干燥法、美国式的喷雾干燥法，和记工厂拥有冷冻设备。由于和记的出现，冷冻蛋制品才开始由汉口输出，这个时期，汉口输出量产值，不过百万两以下，但若和全国比较，已占50%以上”。“本埠好几家蛋粉厂，尽管有镇江华商蛋厂的竞争，营业还是相当的好。这些工厂的制造方法，是把蛋白和蛋黄分开，用蒸汽打蛋机将蛋白打成一层薄胶体，备供工业上的应用。蛋黄也进行加工制造以作染革和掺制某几种漆料之用。”②

外资工厂的次第开办，开启了武汉近代工业化新时代，使武汉由一个传统的政治军事中心（武昌、汉阳）和单纯的商业中心（汉口）向现代工商业大都会缓慢转型。“关于汉口的将来，我认为有种种迹象说明它终将成为一大工业中心……现在汉口租界里已能看到三个小的工厂的烟囱；这既然已经开始，如果情况适宜，便不难预测几年后汉口将会呈现出那些关心中国的人素所期望的一些新气象。此间煤价很便宜，附近煤藏量也很大；而且廉价的有技术的劳动力也很充足。汉口已经是中国的几种工业的中心，特别是丝绦、丝绒与毡呢制造；所需要的是经营能力与资本——经营能力，目前居住本埠的外国商人已有潜在力，至于资本，如果提高信心，便可以聚集起来。”③

2.**银行**。几乎与开埠同时而来的是外资在汉口开办的银行分行，“汉口又有外国银行分设之支店，本为各国扶植商权之机关，而于市面金融影响颇具。如英之汇丰银行、麦加利银行，俄之道胜银行，德之德华银行（二行皆兼有中政府股

---

① 《关册》1908年，中文本，汉口，第44页。见皮明庥、冯天瑜等编《武汉近代（辛亥革命前）经济史料》，武汉地方志编纂委员会办公室内部印行，1981年版，第15页。

② 《商埠志》，第695页。见皮明庥、冯天瑜等编《武汉近代（辛亥革命前）经济史料》，武汉地方志编纂委员会办公室内部印行，1981年版，第17页。

③ 《英领事商务报告》，1875年，汉口第46页。参见皮明庥、冯天瑜等编《武汉近代（辛亥革命前）经济史料》，武汉地方志编纂委员会办公室内部印行，1981年版，第32~33页。

本)，法之汇理银行，日本之正金银行，美之万国通商银行是也”[①]。

1861年，英国汇隆银行在汉口设立代理处，首开汉口外商银行设立之先河。但汇隆银行在19世纪60年代的世界棉业投机中破产，其汉口代理处好命不长，随之撤销。真正在汉口正式设立的第一家外国银行是英国的麦加利银行（一译“渣打银行”）。1863年夏，“上海麦加利银行首先派人来汉，起初是赁屋营业，且是春来秋去，仅为经营茶业的洋行服务。随着进出口贸易发展，该行业务范围扩大。1865年决定在英租界内建楼（今洞庭街55号）正式开业”[②]。汉口麦加利分行的主营业务是买卖外汇，兑换外钞外汇、旅行支票、存款、放款、栈单押款、活期存款透支。经营茶商的放款和汇款，并将其在华发行之纸币在汉流通。后来扩展业务范围，兼营鸦片、棉纱、棉布、煤油、五金及其他进口商品，收购并出口茶叶、棉花、蛋类、牛皮、猪鬃、生丝、桐油等内地农副土特产品，年获利银洋20余万元。民初，麦加利当选“汉口外国汇兑银行公会”永久主席。1910年代，麦加利汉口分行大力透支贷款和押汇，支持外商在汉收购物质以补给第一次世界大战协约国之军需，年利润猛增至30万银元。1938年武汉沦陷后，麦加利汉口分行业务勉强维持，太平洋战争爆发后，其职员被日军关押，资金和资产被日军劫收。抗战胜利后，麦加利银行汉口分行于1947年1月2日正式复业，1949年歇业。

继麦加利银行之后，英国汇丰银行于1866年在汉口设立分行。汇丰银行亦称“香港上海银行”。汉口分行1866年设立于汉口英租界江边（今沿江大道青岛路口），1868年正式开业。汇丰汉口分行主要经营汇兑、外汇交易、信贷、储蓄、保管箱等金融业务，并在汉发行钞票，1886年12月发行的钞票有1两和5两（海关两）纸币，后来又发行面值为1元、5元（两）10元（两）、50元（两）、100元（两）的银元券和银两券。1877年，汇丰银行对清政府贷款白银500万两，指定以上海、广州、汉口海关关税作担保，汉口海关关税因此而被汇丰银行所控制，“英人就以汇丰作为海关金库，每天把江汉关征收的关税全部存入汇丰，到了一定的时候通过汇丰转账，以支付我国国债名义提出。这种临时存入的时间多久我们虽然不

① 武汉市地方志办公室、武汉图书馆编《民国夏口县志校注》（上册），武汉出版社2010年版，第244页。

② 蔡萼英：《汉口第一家外国银行——英商麦加利银行》，见政协武汉市委员会文史学习委员会编《武汉文史资料文库》第五卷《租界洋行》，武汉出版社1999年版，第137页。

得而知,但据民国 7 年(1818 年)《夏口县志》卷十二《商务志》的‘关税总额’记载:清光绪二十五年(1899 年)年收关税为 219.4412 万两;宣统之季,即超过一倍以上。姑以光绪二十五年税收计算,平均每年收税约 6000 两左右。即令每星期提取一次,这种无息使用周转资金的便利亦非寻常可比”①。据海关统计,江汉关开关以后每年所征关税 200 海关两以上,平均每天为 6000 海关两左右,汇丰分行作为江汉关金库,在收进和拨出的过程中,采取种种手段攫取巨额利益。汇丰银行还主宰并操纵外汇行情,“那时我国经济命脉完全掌握在外国人手里,每天对外贸易外汇行情,我国银行不能自主,反由外商银行操纵。外商银行所有外汇行情,一向以上海汇丰银行挂牌的行情为准;而汉口外商银行外汇挂牌,又以上海路透社电知汉口汇丰作为根据。因而汉口汇丰每天上午开门后,就有各外商银行跑外汇的经纪人集中在大厅里,等待抄录外汇行情。这就无形之中进一步提高了汇丰的地位,为其开拓业务,创造了更有利的条件”②。进入民国以后,汇丰汉口分行业务持续发展,但在 1938 年武汉沦陷后遭遇重挫,尤其是太平洋战争爆发后,其资产被日军没收,账册报表由横滨正金银行接收,行址被日军特务部强占。抗日战争胜利后,汇丰汉口分行恢复营业,1955 年歇业。

距离麦加利银行和汇丰银行在汉口设立分行 30 多年后,1890 年代又有两家外国银行登陆汉口,分别是 1896 年在汉口俄租界夷玛街口(今黎黄陂路口、沿江大道 162 号)开设的华俄道胜银行汉口分行和 1898 年在汉口德租界河街德国领事馆附近开设的德华银行汉口分行。华俄道胜银行前身为华俄银行,1896 年成立,为清政府与俄国合资银行,总部设在圣彼得堡(1918 年迁往巴黎)。华俄道胜银行汉口分行拥有一座自建的 4 层钢筋混凝土古典主义风格的大楼,其在汉口曾发行面值为 1 元、2 元、5 元、10 元、50 元等 5 种银圆券,总计达 10 万元,为俄国在汉口的茶叶采购、砖茶制造以及其他商务活动提供金融服务。1926 年,华俄道胜银行歇业。德华银行 1898 年成立,总部在中国上海。其在汉口的分行曾发行面值为 1 元、5 元、10 元、50 元、100 元等 5 种纸币,第一次世界大战期间,中国政府对德宣战后,汉口德华银行被中国政府收管并整顿。一战结束后,德华银行汉口分行恢复营业。1944 年 12 月 16 日,汉口德华银行大楼被美军飞机炸毁,抗

①② 余舜丞、王家滋:《汉口汇丰银行概述》,见政协武汉市委员会文史学习委员会编《武汉文史资料文库》第五卷《租界洋行》,武汉出版社 1999 年版,第 143 页。

日战争胜利后,汉口德华银行被中国政府接收。①

1902年,法国东方汇理银行在汉口法租界(今沿江大道171号)设立分行。关于东方汇理银行,民初《中国年鉴》曾作如是介绍:“东方汇理银行系一八七五年法国诸大银行联合设立,以为法国经营印度支那之一机关。总行设于法国巴黎,一八八五年天津条约成立,安南归法国保护后,乃设总机关于安南之东京、西贡,其发展地域大为扩张。后复推广至暹罗、盘谷、新加坡、海防、河内。旋设分行于香港、上海、汉口、天津、北京、广州各处。然其业务多在安南、香港、上海三处,而尤以安南为最盛。该行发行之兑换券,流通市面,颇受欢迎,其流通额亦逐年增加,但在我国,其发行额渐为他国银行及我国银行所压倒,及五国银行团组织成立,该行为团员之一,亦占优势。凡我国大小借款之权利,该行莫不分润。”②东方汇理银行汉口分行在汉金融业务除为法国在汉工商企业的商务活动提供金融便利外,抵押地皮是其业务之大宗,汉口法国洋行买办、有地皮大王之称的刘歆生大量收购汉口后湖地区湖泊荒地,很多资金便是从该行借贷的。1949年8月,东方汇理银行汉口分行歇业。③

19世纪末20世纪初,在汉口开设分行的外资银行中,日本银行数量最多。计有1906年在汉口英租界河街阜昌街口(今沿江大道南京路口)开设的横滨正金银行汉口分行,1908年在汉口歆生路(今江汉路)开设的日本住友银行汉口分行,1915年在汉口一码头开设的日本台湾银行汉口分行,1918年在汉口日租界河街开设的中日合资中华汇业银行汉口分行,1920年在汉口领事街设立的日本汉口银行总行等。其中横滨正金银行除在汉口发行面值为1元、5元、10元、20元、50元、100元的银圆券外,“专司长江流域所产之棉花、麻、五倍子、赤麦、牛皮、猪鬃、药材、桐油、菜油、黄蜡、漆等之对下游输送及对日输出汇兑,同时兼理自日本及下游输入之棉丝、布绢、人绢布、生丝、文具、机械、自行车、颜料、药材、纸张等之汇兑”。抗日战争胜利后,横滨正金银行于1945年被中国政府接收。在汉口的外资银行中,唯一一个在汉口成立总行的是日本汉口银行。汉口银行是由在汉日商集资兴办的股份制银行,注册资本100万日元。1930年12月在上

①③ 参见《汉口租界志》编纂委员会编《汉口租界志》,武汉出版社2003年版,第162~163页。

② 《中国年鉴》第一回。见皮明庥、冯天瑜等编《武汉近代(辛亥革命前)经济史料》,武汉地方志编纂委员会办公室内部印行,1981年版,第25页。

海设立分行。1945 年 10 月歇业。

1910 年,花旗银行在汉口今鄱阳街开设分行。花旗银行是美国著名金融机构,其前身为 1812 年成立的纽约城市银行。1910 年,花旗银行在汉口今鄱阳街开设分行,第一次世界大战结束后,花旗银行以白银 17 万两于沿江大道青岛路口修建五层大楼作为新行址。辛亥革命前,花旗银行在汉口发行钞票,“汉口花旗银行的钞票分一元、五元、十元三种,票面有中文花旗银行四字,其余都是外文和花纹。花旗银行首先利用对美国洋行和传教士的收付,把钞票流通到市面;并且宣传说它比现金还可靠,随时可以兑现,而且不兑其他钞票和杂洋。接着由于买办账房的推动,便在汉口银钱业吃开了,逐渐普遍到整个华中区,都当现洋一样行使。辛亥革命时,有些贪官污吏抬送现银和现洋到花旗银行调换钞票,一掉到手便欣然色喜以为‘万事大吉’。钞票的大量发行,替花旗打下了无本求利的根基;加之那时水火刀兵的影响,就有大批钞票流失,没有回笼”①。花旗洋行在汉口的业务包括储蓄存款、外汇业务等,“花旗银行在经营业务范围内,把外汇业务当作主要业务,经常进行买空卖空的活动。在外汇市场上常与其他外国银行竞争,有时也放价。对于买办账房虽然随时下达行情,却又不许外露;既要账房大量招揽外汇生意,又须得笔笔过脚清楚,倘有丝毫含糊,马上就要受到指责”②。1938 年武汉沦陷后,花旗银行汉口分行在汉业务终止,其未了业务转交上海分行办理,抗战胜利后,汉口花旗银行也未复业。③ 花旗银行之外,美国银行在汉设立分行的另有万国通商银行(1910 年)、友华银行(1919 年)、中华懋业银行(中美合资,1919 年)等。

除了上述英、德、法、日、美银行外,近代在汉口设立分支机构的较有影响的外国银行还有 1912 年在汉口霞飞路开设的法国和比利时合资的义品放款银行汉口分行、1920 年在汉口东方码头开设的意大利华义银行汉口分行、1921 年在汉口一码头中意合资的震义银行汉口分行、1922 年汉口阜昌街开设的比利时华比银行汉口分行等等。自开埠至中华人民共和国成立前夕,在汉的外资银行既有开业的,也有因各种原因撤离歇业的,时有增减,1882 年统计有 10 余家,如果

---

①② 董明藏:《汉口花旗银行的掠夺》,见政协武汉市委员会文史学习委员会编《武汉文史资料文库》第五卷《租界洋行》,武汉出版社 1999 年版,第 153~155 页。

③ 参见《汉口租界志》编纂委员会编《汉口租界志》,武汉出版社 2003 年版,第 164 页。

加上一些外国银行的办事处,更多达40多家。辛亥革命前夕,外资银行有12家,20世纪20年代初更多达20家,达到发展巅峰。

外资银行的经营模式和管理方式既具资本主义近代企业一般特点,同时也体现出海外殖民主义特色。"以上银行都是股份合资的组织形式,银行内部的管理模式与日本大同小异。只是很多外国从事银行业的人士由于对汉口的本土的金融情况不甚了解,给银行的业务开展带来很多不便。为此,外国银行大都雇佣中国人为买办,其买办的工作为现金出纳、鉴定中国商贾的信誉、调查客户的金融信誉及银行有价证券的真伪等任务。外国银行业界间的联系不甚紧密,但都随时保持着应对中国银行商策的联系。关于汇兑市场,本无定规,然而多以上海分行的行情为准,以电报为沟通信息的手段。大致以此算定:汉口的97两,相当于上海的100两。"①外资银行的管理人员一般分本国银行派出人员和在华聘用人员,外籍管理人员办事机构称之为"写字间",在华聘用人员办公室称之为"买办间"。"写字间"又称"洋账房""洋经理室",写字间总管称大班、副班,即经理、副经理;内设出口、汇兑、账房、出纳、文牍等部门,每部门有外籍职员3~5人,另聘有外籍律师为法律顾问。写字间也有一些中国职员、练习生、工人等,一般30至50人不等。"买办间"又称"华账房""华经理室",内部人员有出店、通信、勤杂等,一般十几人或几十人不等,主其事者为买办。买办受聘,一般须交纳10万至20万元保证金。其主要职责是代外国银行联系存户,经营现金、贷放款项以及对我国行庄票据兑换等业务。凡是外国银行有关中国方面的业务,必须经过买办签字负责方才有效。

外资银行在汉主要经营吸收存款、发放信贷、经营汇兑等业务。仅存款一项业务,据估计清末汉口外资银行所吸收的中国资金达1000万元以上。经营汇兑是外国银行的主要业务。这些银行通过其与总行的关系,参与操纵埠际汇兑,进而操纵了中国的进出口贸易。外国银行还利用特权,承办关税、盐税收入和外汇保管业务,亦在汉口发行纸币。如汇丰银行就是江汉关税收的指定存放银行。从20世纪起,外资银行还负责承办中国政府借款,充当帝国主义国家对华资本输出的主要工具。如1909年和1911年,湖北地方政府两次向汇丰银行借款250万元,利息7厘,期限10年,以宜昌盐厘作抵押。外资银行在经营外汇业务的过

① 〔日〕水野幸吉著,武德庆译:《中国中部事情:汉口》,武汉出版社2014年版,第111页。

程中对中外企业持双重标准,如花旗银行对在汉外国洋行往来手续均予优待,但对于中国银钱业介绍的或直接上门的外汇生意,则有意怠慢和苛刻。对待华商银行往来,清末日本驻汉总领事水野幸吉说,"中国银行与外国银行之间所进行的交易大致是资金借入,较多的方式是信用借贷。也有对走俏商品进行担保的情况。借贷的期限多为短期,但也有像俄清银行分行那样有五个月期限的货款。我国横滨正金银行汉口分行最长期的贷款为三个月,大都为一二周期限的短期贷款"①。花旗银行对华商银行的外汇存款较为严苛,规定必须具备两种资格:(一)要存放番单(即洋行支票)和现金;(二)事先要由谙外语的负责人与洋经理直接联系或由买办介绍,才能建立存款关系。虽然名为开立往来户,却只能存款不能欠款。如果开出支票稍有透额,马上退票,并即时用电话予以指责。尽管如此苛刻,而华商银行有些外汇不得不与它打交道,甚至觉得是一种"面子"。②

外资银行对武汉传统的金融机构——钱庄的现代转型具有重大推进作用。钱庄在逐步买办化的过程中,其经营方式和内部管理系统初步完成了从传统金融组织向现代银行体制的转变。当然,这种转变是以其巨大的利益牺牲为代价的。有些钱庄在与外资银行的合作中,甚至付出了血的代价。1908 年,汉口三怡钱庄在当年农历十月应兑付汉口汇丰银行银 50 万两,三怡钱庄因资金周转失灵而无法如期兑现。汇丰银行毫不通融,致使三怡钱庄倒闭。一些与三怡钱庄有业务往来的钱庄和商号均受牵连,相继停歇,整个汉口"银根骤紧,贸易为之停阻"。③ 1911 年底,汉口因受阳夏战争牵累,各钱庄有 3000 万两放贷无法如期收回,外资银行落井下石,紧缩对钱庄的拆借,导致大多数钱庄歇业,金融市场萎缩,武汉工商业元气大伤,数年之间难以复原。

3.**洋行**。洋行是外国商人在我国通商口岸设立的经济组织的通称,其经营范围以商业贸易为主,兼及金融、航运、房地产、出口加工等。汉口开埠后最早设立的洋行是英商安利英洋行(瑞记洋行)和怡和洋行(亦名"渣甸洋行")、德商美最时洋行、美商琼记洋行等。随后,各国商人接踵而至,汉口一时间万商云集,洋行林立。来汉外籍商人有俄国、法国、丹麦、荷兰、西班牙、比利时、意大利、匈牙利、

---

① 〔日〕水野幸吉著,武德庆译:《中国中部事情:汉口》,武汉出版社 2014 年版,第 113 页。
② 参见《汉口租界志》编纂委员会编《汉口租界志》,武汉出版社 2003 年版,第 164 页。
③ 皮明庥:《近代武汉城市史》,中国社会科学出版社 1993 年版,第 155 页。

日本、瑞士、秘鲁、巴西等国。1891年,汉口洋行有27家,其中英国12家,德国6家,俄国4家,美国3家,法国1家,日本1家。外商及眷属370人。清末民初为116家,其中英国42家,德国29家,美国15家,法国11家,俄国6家,丹麦4家,比利时2家,印度2家,意大利2家,葡萄牙、菲律宾、土耳其各1家。1916年前后增加到142家,其中日本62家,英国35家,德国16家,法国8家,俄国5家,美国5家,丹麦4家,比利时2家,意大利、葡萄牙、土耳其各1家。1920—1937年保持在130家左右,这期间日本在汉洋行猛增,据统计,1924年汉口日商洋行达75家。抗日战争全面爆发后尤其是武汉沦陷后汉口洋行大量萎缩,据统计仅80余家,其中日商洋行即达57家。抗日战争胜利后,虽有不少外商洋行复业,但总体呈不景气趋势,1949年5月的统计,汉口有洋行37家,到这年年底只剩下11家了。①

随着外国工厂、银行和洋行的纷纷建立,来汉的外国人逐渐增多。据有关资料记载,1911年,在汉外国人数已达2142人,其中英国人504人,美国人504人,法国人123人,德国人162人,俄国人325人,日本人528人。另有丹麦、瑞典、比利时、西班牙、葡萄牙、墨西哥等国商人尚未计算在内,总计在2400人左右。

洋行作为一种异己的商业组织,对于近代武汉是一柄双刃剑。一方面,洋行所进行的国际贸易活动(倾销洋货、收购、加工土特产出口),直接推动汉口市场进入和参与国际循环,由一个内陆的区域性中间市场迅速崛起为国际性城市。"国际贸易和投资对于参与国的经济发展,包括最不发达国家在内,都有着重要作用。具体地说,国际贸易和投资不仅给发展中国家带来资本和外汇,而且带来科技知识、管理技能、技术人才、企业和行政机构以及产品和生产工艺上的创新。外贸曾经是,并且仍然是促使经济健全和增加参与国国民收入的基本因素之一。由此导致产出的水平越高,摆脱'贫困的恶性循环'也越容易。外贸可以提高收入水平,随之地促进了经济发展。同样,外国投资——这是外国入侵的某种象征——也为民族主义的商业提供了动力,而这种民族主义商业又会努力促使本国近代工业的发展。总之对外贸易和投资为接受国带来资本、技术和谋求增长的思想,所有这些都是它们所缺乏的。"另一方面,洋行盘剥性和垄断性商业贸易,对于民族经济的发展又是一种有害势力。洋行依仗其特权和资金优势,对内

---

① 根据《武汉市志·对外经济贸易志》(武汉大学出版社1996年版)、《汉口租界志》(武汉出版社2003年版)、《武汉文史资料文库》第五卷《租界洋行》(武汉出版社1999年版)综合统计。

地农副土特产品进行盘剥性收购,又以高价倾销本国商品,获取高额利润。“中国并不是唯一屈从于外来经济侵略的国家,全世界都感受到了帝国主义的影响。同霍布森和列宁建立的帝国主义理论相呼应,某些研究国际贸易和国际投资的学者,最近在某些重要理论上有所发展。根据辛格——普雷比希——缪尔达尔(Singer-Prebish-Myrda I)的‘吸收论’观点,贫富国家之间的经济交往,大大造成了它们之间财富分配的日益不平衡。外来的投资损害了贫穷国家的利益,因为它们的出口发展会吸引它们现有的本国企业和国内投资,而出口发展所得的好处却被外来的投资国吸收殆尽。”由于近代中国经济发展的滞后,导致外贸和外国投资对中国经济的积极影响是有限度的。“从市场角度来看,由于外资企业是受出口吸引而生产,不是为中国国内市场而生产,重点更多是置于若干劳动密集型产品如茶叶、生丝等产品的生产上。依靠使用非熟练劳动而增加的出口,实际上都耗用于进口上了。以利润汇出的办法,将资金从中国引往国外,就可能感到外资企业母国的收入和就业因对外贸易和投资带来的多重好处,但中国本身却感受不到。”①晚清的汉口,洋行对外贸进出口业务几乎完全垄断。“汉口为我国茶乙最大聚散市场,出口超过上海、福州、九江之上,一般占全国总出口总量60%左右。所有湖北、湖南、河南、陕西、广西、贵州等省及江西、安徽出产之部分,都集中于汉。自1861年汉口辟为通商口岸后,对外贸易即以茶乙为第一位。1890年以前,一般出口总在70万—80万之间,最高年份曾达120万担,情况盛极一时。惟有这时茶乙出口,全为外商垄断。”②在经营过程中,各国洋行还逐渐形成了各自的行业垄断。如进口贸易中,英美分别垄断了纺织品、石油进口,德商基本形成了对染料、五金机械进口的垄断,日商则在棉纱、食糖的进口上同英商进行竞争。出口贸易方面,俄商继续垄断砖茶,英商在蛋品、红茶出口上居首要地位,德商在牛羊皮、桐油、五倍子出口中占大额,日商在棉花、油脂、杂粮、猪鬃的出口贸易中大有后来居上之势。洋行这种垄断性经营,对武汉现代城市经济的成长和市场的发育具有两方面的负面效应:一是使城市资源大量流失,民族工商业发展受到压制;二是限制和阻碍了华商参与国际经济竞争和国际市场循环,

---

① 〔美〕郝延平著,李荣昌、沈祖炜、杜恂诚译:《十九世纪的中国买办——东西间的桥梁》,上海社会科学院出版社1988年版,第132~133页。

② 《武汉市进出口商业解放前历史资料》(未刊稿)。见皮明庥、冯天瑜等编《武汉近代(辛亥革命前)经济史料》,武汉地方志编纂委员会办公室内部印行,1981年版,第41页。

市场交往沿着洋行—买办—华商或洋行—买办—农民这样的渠道进行。这种间接式的外贸行为,严重制约了汉口商人和商业组织的现代转型。

洋行还培植了一批为数可观的买办(据统计汉口有 500 多人)。洋行雇用买办为自己服务,其原因是多方面的。郝延平认为,除了语言障碍外,还有货币的复杂性以及与之相关的“变化多端的度量衡制度”,另外最关键的是中西双方商业习惯和社会习惯的不同,“对他们来说了解中国多得异乎寻常的商业惯例和社会习惯似乎是不可能的。中国强大的行业性和地区性行会,因乡土观念和家族观念而加强,使外商在事实上不可能直接同中国人进行贸易。总的说来,既定的、传统的社会经济条件,再加上文化隔阂,使西方商人必须雇用中国买办才能顺利地同中国人做生意”。① 买办既是一个传统词汇,最早是指为明代宫廷采购物品的官方代理人;又是一个外来词汇,系从葡萄牙语 comprador(采买者)转化而来。清初专指为居住广东商馆的外商服务的中国公行的采买人或管事人,后来逐渐发展为特指在中国的外商企业所雇佣居间人或代理人。鸦片战争以后,来华开办洋行的外国人纷纷聘请和雇用华人为其代理买卖,这些雇员被称为买办。买办在近代中国的一些通商口岸城市还有不同的称呼,“除了一般称作买办以外,在上海买办也叫‘康白度’(音译),在香港叫‘华账房’或‘办房’,在天津叫‘领事的’。在官方文书中他们被称作‘商伙’,他们把自己看作‘总理’”②。汉口洋行的买办也有称“华经理”或华籍经理的,如太古洋行的“华籍经理原来称买办,1926 年大革命以后,改买办制为经理制,始称经理”③。汉口日本洋行雇用的华籍买办,日本人称之为“经手”。④ 买办在洋行中的职责“不仅照料商业事务,而且在六十年代以后经办有关轮船、保险和工厂的事务。有些洋行发展到规模十分庞大、业务复杂的时候,其各个部门(如进口、出口和机器等部门)都要求有一名自己的买办”⑤。如汉口日商日信洋行就有 8 个买办,每个买办的业务范围

---

①② 〔美〕郝延平著,李荣昌、沈祖炜、杜恂诚译:《十九世纪的中国买办——东西间的桥梁》,上海社会科学院出版社 1988 年版,第 27、52 页。

③ 杨德周:《汉口英商太古轮船公司》,见政协武汉市委员会文史学习委员会编《武汉文史资料文库》第五卷《租界洋行》,武汉出版社 1999 年版,第 207 页。

④ 袁范宇:《汉口日信的一些情况》,见政协武汉市委员会文史学习委员会编《武汉文史资料文库》第五卷《租界洋行》,武汉出版社 1999 年版,第 298 页。

⑤ 〔美〕郝延平著,李荣昌、沈祖炜、杜恂诚译:《十九世纪的中国买办——东西间的桥梁》,上海社会科学院出版社 1988 年版,第 76 页。

都很具体,有的负责棉花业务,有的负责细纱业务,有的负责粗纱业务。德商礼和洋行进口贸易的买办和出口贸易的买办是分设的。英商太古洋行除有总买办外,一些重要的部门如栈务部、太古车糖部、永光油漆部、保险部都雇有买办(华籍经理),保险部甚至雇了4名华籍经理。“新辟通商口岸的买办是从广州老式买办演变而来的,他是代理人、译员、掮客和顾问的混合体。通商口岸中外商人通用的混合语言是洋泾浜英语。买办会讲一口流利的洋泾浜英语,而且往往极为引人注目而灵活自如地运用他的东家所用的复杂的商业行话。他精通东西双方经营商业的方法。他是外商通晓中国农产品的收成和商场行市情报消息的主要来源。他还代表外国商行直接同中国商界和银钱界开展大部分的商业活动——寻找顾客,推销货物,收购农产品,并且担保赊欠账款的偿还。”①近代中国绝大多数买办的身份都是多重性的,也就是说,他们不仅仅是单纯的为洋行服务,充当洋行与中国商界的居间人,他们大多利用其特殊身份或经商,或办企业,成为富甲一方的大亨。“买办还可作为独立商人,以本人的名义来经商致富。他们可以利用买办的职权,以种种方式开拓自己的业务。”“人们必须懂得,他们作为买办的角色同他们作为独立商人的角色是根本无法分开的。”②刘歆生曾是法商立兴洋行和东方汇理银行的买办,后来开设了自己的“刘万顺商号”,刘歆生善于利用自己买办的身份或“拉大旗作虎皮”将其产业挂旗法国以资保护;或者“挂羊头卖狗肉”,一面当洋行居间商,一面经营自己的房地产生意。从一个一文不名的放鸭伢一跃而成为汉口的“地皮大王”。“在汉口,从二十世纪头十年起任东方汇理银行买办的刘歆生,也是‘最富有和最出名的华商之一’。”③由于买办这种一身而二任的特殊身份,使他们在近代开放的大潮中独占先机,成为近代中国最早富起来的社会阶层。“买办不仅属于条约口岸最富有的华商之列,而且就整个中国言之,他们也是最富有的。”④郝延平盘点了买办的收入来源,指出这些人的收入来源包括:一是担任买办所得的薪金,每个买办平均年薪为1000两;二是担任买办从事进出口交易所得的佣金,一般为进出口总值的2%,另有作为办房费用和经手汇票和票据的收入;三是买办经营自营商业的收入。这三项收入加

---

① 〔美〕斯蒂芬·洛克伍德著,章克生、王作求译:《美商琼记洋行在华经商情况的剖析(1858—1862)》,上海社会科学院出版社1992年版,第59页。

②③④ 〔美〕郝延平著,李荣昌、沈祖炜、杜恂诚译:《十九世纪的中国买办——东西间的桥梁》,上海社会科学院出版社1988年版,第115、124、122页。

起来造就了许多百万、千万乃至亿万富翁。在武汉的买办群体中，这样的富翁并不少见，如曾任俄商阜昌洋行和华俄道胜洋行买办有“长江流域第一流买办”和“汉口首富”之称的刘子敬以及曾任法商立兴洋行和法国东方汇理银行买办的汉口地皮大王刘歆生，二人与汉口祥丰厚土栈经理刘鹄臣并称武汉“三刘”。另如曾任日本住友银行汉口分行买办的汉口总商会会长周星棠，曾任英商和记洋行的杨坤山“被当地人称‘杨百万’”等等。[①] 富起来的买办，在西方现代经营思想理念的影响下，在财富的管理和运用上显示出与传统绅商的异质特性。“在十九世纪，经手中国大部分对外贸易的买办，通过各种合法或非法的手段，积累了可观的资产。从每个人来看，他们的财富大概不能同以前的行商相比，但是他们的人数肯定超过了行商。同时，他们从西方人那里学到了经营现代贸易的方法，并有机会运用各种知识。因此买办能够集资本的消极拥有者角色和积极经营者角色于一身，而使他们区别于传统的富人。那些富人过着绅士生活，把资本的管理交给社会地位较低的管家去办。虽然传统模式也会有例外，可是买办显然组成了把财富和企业家的专长结合起来的一种新型富人。”[②]在汉口买办群体中，有的投资工商业，大力兴办实业，如刘子敬在汉口、郑州等地开办蛋厂，在武昌开办了震寰纱厂；周星棠投资纺织、矿业、颜料业和金融业，曾任石家庄大兴沙厂、汉口第一纺织公司、庄华颜料厂董事长、豫丰纱厂及中兴煤矿公司董事以及汉口商业银行总经理；刘歆生曾经投资过榨油厂，“在汉口，刘歆生的榨油厂也‘装备了最时新的机器’，刘歆生是当地的著名买办”。另有“汉口的汇丰银行买办邓纪常，后来也与武昌的官纱布局发生关系”。[③]上海买办朱葆三投资汉口公用事业，“是汉口自来水厂和广州自来水厂的董事”[④]；上海买办叶澄衷不仅在武汉开设诸如五金、杂货店，而且与他的宁波同乡宋炜臣各出资 14 万元开办了汉口燮昌火柴厂。更多的买办则投资地产，如前述刘歆生购置了汉口后湖上起舵落口、下迄谌家矶的大片土地，规划建设了歆生路，歆生一、二、三路，并在辛亥革命后与汉口富商一起共同开发建设了汉口模范区；杨坤山和他的搭档、和记洋行副买办黄厚卿在汉口一元路与一元小路之间合资修建了居民住宅区“坤厚里”等等。“因此，

---

① 彭雨新：《抗日战争前汉口的洋行和买办》，《理论战线》1959 年 2 月号。

②③④ 〔美〕郝延平著，李荣昌、沈祖炜、杜恂诚译：《十九世纪的中国买办——东西间的桥梁》，上海社会科学院出版社 1988 年版，第 4、178、163 页。

买办以某种方式对土地投资,解决正在发展的条约口岸的住房问题,促进了近代中国的都市化。"①买办作为洋行的居间人,不仅在商业领域游走在中西之间,而且日濡目染,成为现代生活方式的最早接受者和尝试者,"许多买办染上了西方人的嗜好和消遣方式。有的人抽香烟或烟斗,许多人很早就对赛马发生兴趣,而赛马主要是由条约口岸的外国人主办和参加的。例如,1865 年汉口的买办们将赠品送给汉口春季赛马会"②。买办作为中西文化的桥梁,把西方的近代经济方式和生活方式在武汉进行嫁接与传播,他们建筑了"坤厚里""模范区"等新式里份,让武汉人尝试现代居住方式,住上了钢筋混凝土楼房;他们投资自来水、电灯等城市公用事业,使武汉人告别了用植物油照明和汲取江水饮用的自然生活状态;他们开办"楼外楼"等现代化宾馆,把西方现代酒店管理模式引入武汉;他们修建了华商跑马场,开办了华商总会以及现代化的剧场和电影院,武汉人的闲暇生活方式因此从封闭、私密、小众走向开放性、公共性和大众化。

——现代交通体系建立,武汉区位优势外向型特征凸显。19 世纪晚期,武汉告别封闭的内陆市镇而成为开放的国际性城市,得力于现代交通的进入,即由帆船时代过渡到轮船时代。

长江素有中国的"黄金水道"之称,汉口居长江航线的中部,"上江航路千余里,下江航路二千余里,皆以汉为起点"③。"汉口、上海间之航线,扬子江之航路自上海迄重庆,水程都千四百英里。其间分三段,而地点适中,交通最盛者,厥惟汉口。自汉口至上海航程六百英里,沿途码头曰黄石港、武穴、九江、安庆、大通、芜湖、南京、仪征、镇江、泰兴、江阴、张黄港、通州,迄上海而止。其可停泊者,惟九江、芜湖、南京、镇江四处有码头。趸船,余皆无之。"④其两江交汇、九省通衢的枢纽地位,被急欲占领中国广大内陆腹地市场的外国殖民者所看好,"从战略上看,汉口似乎是清帝国最重要的港口。大型战舰可以从这里启航人海,同时长江两岸坚固的防御使敌舰难于深入。因此,汉口应是帝国船码头与兵工厂的最佳

①② 〔美〕郝延平著,李荣昌、沈祖炜、杜恂诚译:《十九世纪的中国买办——东西间的桥梁》,上海社会科学院出版社 1988 年版,第 140、227 页。

③ 《湖北学生界》第一期,1903 年 1 月。见皮明庥、冯天瑜等编《武汉近代(辛亥革命前)经济史料》,武汉地方志编纂委员会办公室内部印行,1981 年版,第 39 页。

④ 武汉地方志办公室、武汉图书馆编《民国夏口县志校注》(上册),武汉出版社 2010 年版,第 195 页。

选地。帝国的首都应放在它的西面,尽可能的接近十八省的中心,一个国家的首都不应建在边陲"①。因此,汉口开埠后,外国人即取得了"内河航行权"。1861年1月,美国琼记洋行"火箭号"轮船驶抵上海,4月首航汉口,是为开埠后第一艘驶入汉口的外国商业性船只。1862年,美国旗昌轮船公司开辟汉申线,揭开了武汉地区轮船运输时代的帷幕。自此以后,各国轮船"闻利共逐,如蚁慕膻,商船增加,日未有艾",武汉成为"扬子江航路竞争之中心点"②。

开埠之初,进入汉口的经营长江航运业务的外国轮船公司,除美国的琼记洋行、旗昌洋行,英国的宝顺洋行、怡和洋行等四大洋行的轮船公司外,还有美商同孚洋行、英商广隆洋行和吠礼查洋行的轮船。据统计,汉口刚刚开埠后的8个月,汉口港进出的外国轮船达401艘,93433吨,输出入货值约978万海关两。1862年增至1462艘次,290536吨,货值约1204万海关两,分别为1861年的3.65倍、3.11倍和1.23倍。1865年,同孚、琼记、吠礼查、广隆等不敌竞争,相继退出长江航运。1867年,旗昌洋行击败英商宝顺洋行和怡和洋行,独揽长江航运利益,确立了其在长江航线上的垄断地位。据统计,1861年至1872年,共有美国、英国14家洋行的37艘轮船行驶在沪汉线上,获利最丰的当数美国旗昌洋行,1972年,该行账面资产为225万两,实际总资产达332.4万两,拥有轮船19艘,2.78万吨,号称"东亚最大的一支商业船队"。③ 1875年,英国太古洋行设立轮船公司,该公司投运9艘轮船航行于上海—汉口、汉口—宜昌、汉口—湖南等航线上,"旨在与旗昌公司就长江航运一决雌雄"。1882年,英国怡和洋行的轮船公司重返长江航运市场,以总吨位13000吨的12艘轮船行驶在上海—汉口等航线上。英商麦边轮船公司、鸿安公司以及法、德、日等国也纷纷在汉口经营轮船航运。1873年7月,旗昌洋行与太古洋行达成"暂时协议",协定沪汉线货物运价。1874年4月,旗昌又与太古签订"联营协定",协议双方在沪汉线上配备船舶相等,航次相同以及货物运价等。同年,旗昌还与太古、怡和商讨建立航运联合体,以共同对付新成立的中国轮船招商局。

---

① 〔英〕穆和德等著,李策译:《近代武汉经济与社会——海关十年报告:汉口江汉关(1882—1931)》,香港天马图书有限公司1993年版,第2页。

② 《湖北学生界》第1期,1903年1月。见皮明庥、冯天瑜等编《武汉近代(辛亥革命前)经济史料》,武汉地方志编纂委员会办公室内部印行,1981年版,第40页。

③ 《汉口租界志》编纂委员会编《汉口租界志》,武汉出版社2003年版,第174页。

1871 年,为挽回利权,应对列强在长江航运的竞争,招商局轮船公司在汉口正式成立。"同治十年冬(1871 年),设招商局于汉口。时八荒四域咸来宾享,互市各口。李鸿章恐中国之利尽为洋商所侵,因请设局招商。自置轮船,分运漕米,兼揽商货,冀稍挽回利权。乃奏请筹款购'其昌'。旧行设总局于上海,于天津、牛庄、烟台、福州、厦门、广州、香港、汕头、宁波、镇江、九江、汉口,以及东洋之长崎、横滨、神户,南洋之新加坡、槟榔屿、安南、吕宋等十九处,各设分局,委道员朱其昂、盛宣怀、许铃[钤]身先后入局,董其事,是为汉口招商局之始。"①招商局轮船公司成立后,在沪汉线的投入运营的船只"曰江裕、曰江宽、曰江永、曰江孚、曰江新,凡五艘"。同时又开辟了汉宜线和汉口至湘潭、汉口至常德等航线。"汉口、宜昌间之航线,自汉口至宜昌,航程三百七十英里,沿途码头曰新堤、岳州、沙市,迄宜昌而止。轮舟上驶,地盘愈高,水势愈急,所挟断岩腐蚀之质愈多,砂土之增积愈甚,而改变亦愈速。水道深浅,恒无一定,稍不注意,易致搁浅。故招商局上驶之轮仅二艘,曰快利、曰固陵。余为他公司之轮,不录。此外,又有由汉口至湘潭、至常德两航线。"②

为了应对招商局轮船公司这个长江航运业的有力竞争对手,1874 年,旗昌、太古、怡和三家洋行联手"共同研究对付招商局的办法",实行所谓"真正的合作"。但由于旗昌经营失利,其股东纷纷撤资,迫于无奈遂决定退出长江航运市场。1877 年 3 月,招商局以 222 万两银价收购旗昌产业,招商局轮船公司达到事业巅峰,拥有轮船 33 艘,总吨位 23967 吨。经过长期的竞争,以汉口为中心的汉沪、汉宜、汉湘航线形成太古、怡和、招商局三足鼎立之格局。此外,这一时期在长江上运营的还有英商麦边轮船公司、爱德轮船公司、中英合资鸿安(华昌)轮船公司以及俄、德运送煤油的轮船等等。

1880 年代,长江航运趋于相对停滞,《海关十年报告》谈到这一时期长江航运状况时曾作如是分析:"1882 年航运总吨位与 1881 年相比有所减少,这主要是由于 1881 年军事需要,大量江轮用于运送军队。1883 年总吨位仍在下降,但海轮吨位有所改观。1884 年由于法国的报复,悬挂本国旗的中国招商局轮船减少,换上美国的星条旗。1884 年茶市期间,菲力普号海轮遭到联合抵制。它是一艘外

---

①② 武汉地方志办公室、武汉图书馆编《民国夏口县志校注》(上册),武汉出版社 2010 年版,第 195、196 页。

轮，竟敢冒险与‘联合会’的船只竞争茶叶运输，而联合会长期以来一直把持着中国的茶叶运输，它以凡是由该会船只运输茶叶其运费减少5%的优惠条件招徕顾客。这一规定使菲力普号在该埠停留了六个周一直找不到货源。三家主要轮船公司——印度—中国公司，中国航运公司、招商局——也达成协议提高运费。这使得1885年江轮吨位显著下降，究其原因是由于缺乏竞争，轮船运输趟次越来越少。1886年，与江轮垄断相抗衡，一些小货轮下水，从而使长江航运从数量到吨位都有较大幅度提高。这一年三桅帆船和取得许可证的舢板运输吨位也增加了。”①

1895年中日甲午战争后，日资航运公司开始染指长江航运，最早进入的是1898年1月首航沪汉线的日本大阪商船株式会社，接踵而来的有湖南汽船株式会社、日本邮船株式会社等，1907年3月，日本将上述3家企业合组成中日汽船株式会社（即日清公司）。由于日本轮运企业的进入，长江航运的竞争呈现出更加复杂、更加激烈的状况。“英中两国经营长江航路的状况已有时日，自1898年日本大阪商船会社染指长江起，长江航运进入新时期。以往英中两国的航运公司也就是英国的太古洋行、怡和洋行与中国的官办的招商局相互间竞争激烈，然，乘日清战役胜利之余勇的大阪商船会社进入长江航运之后，英中两国的三家航运公司断然结束相互间的竞争，并相互签订长江客货运协定，实行更为灵活的运输方式，进而，三公司的火轮结为联合体，确立上海—武汉航路，每日两地各有一艘火轮出航的航运格局。在此基础上又签订了三公司的救援协议，即：当三公司中的某艘火轮遇到‘搁沙’（搁浅）或‘遇难’时，路过的三公司中的其他船舶有援助之义务。”②在中英三公司的联合打压下，日资企业面临巨大的竞争压力，“但是，日本的商船会社不畏环境之巨大压力，仍将自己会社的趸船码头确立在汉口沿江的最好地段。不久就有濑户内海的小火轮天龙川丸（天龙川号）、大井川丸（大井川号）等进入汉口，这些新造的火轮考虑到长江水文，专为长江航运所打造，浅吃水、大容积，客货皆宜”③。

19世纪20世纪之交，更多国家航运企业和本国航运企业进入长江航运市场，“这十年里（指1892—1901——引者注）长江上新增了三条航线——一条属

① 〔英〕穆和德等著，李策译：《近代武汉经济与社会——海关十年报告：汉口江汉关（1882—1931），香港天马图书有限公司1993年版，第3页。

②③ 〔日〕水野幸吉著，武德庆译：《中国中部事情：汉口》，武汉出版社2014年版，第72页。

于日本人,另外两条是德国人的——原来的定期航线上又有十一艘轮船下水。这几家新公司是大阪商船会社,汉堡—美洲长江航线,罗德切斯尔·劳埃德长江航线。新增的十一艘轮船由上海的远东—德国轮船公司和日本国内承造"[1]。1900年,德国亨宝洋行和北德意志轮船公司开辟沪汉线和汉宜线;1906年,法国东方轮船公司开始运营沪汉线;1920年,法国吉利洋行开始运营宜渝线;1925年,法国聚福洋行也进入宜渝线。清末民初,先后进入汉口港的有16个国家的船只,计41家洋行或外轮公司,其中英国15家,美国10家,日本7家,德国3家,法国3家,俄国2家,意大利1家,有18家设分公司或办代理机构。此外,尚有瑞典、挪威、澳大利亚、比利时、荷兰、丹麦、西班牙、葡萄牙、芬兰等国家的商船进入武汉,公司船名资料无考。[2] 但《海关十年报告》(1892—1901)对此有所披露,"1896年和1899年瑞典和挪威在航运表格全跃居显著位置。这十年开始有挂这种旗的轮船直航汕头;但租船主——德国商人—买下了这些轮船,易帜为德国旗"。"十年的头几年澳大利亚旗崭露头角,有两艘轮船往来于汉口和上海之间。1894年这些轮船落入英国之手,此后只有当这只当运送京汉铁路建筑材料的海轮在汉口抛锚时才偶尔见到澳大利亚旗"。[3]长江航运市场出现列国纷争、群雄角逐的"战国时代"。"扬子江航路久为中、英两国人所经营,后忽加以日本大阪商船公司,三公司互相争竞,协议货客运费,以图营业之敏活,合为一团。于上海、汉口线立每日两地各有一只出航之制,甚至三公司船之一有搁沙、遭难者,合三公司船必互有救援之义务。未几,德、法两国合租界之经费,亦锐意于航业,相继加入,上海、汉口间之定期航路,遂有五国人公司之发展,而为长江航运之一大团结。"[4]1907年,日本驻汉总领事水野幸吉亦对此有过详细描述:"再过二年,随着山东局势的稳定,富甲天下的长江航运将会出现更加激烈的竞争局面。德国在经营汉口租借地的同时,也锐意进入长江航运,汉堡亚米利加线及北德的'罗意德'这两公司相继进入长江航运,准备经营上海至汉口线,大约在1900年末完成。此外,自1897年,法国以东方轮船公司的名义,也进入长江航运。日本邮船会社收买'麦边线'以英国名义,加入长江航运。至此,上海—汉口间的定期航线

①③ 〔英〕穆和德等著,李策译:《近代武汉经济与社会——海关十年报告:汉口江汉关(1882—1931),香港天马图书有限公司1993年版,第35页。

② 武汉地方志编纂委员会主编《武汉市志·交通邮电志》,武汉大学出版社1998年版,第185页。

④ 徐焕斗著,张博锋、尉侯凯点校:《汉口小志》,武汉出版社2019年版,第149页。

出现五国八公司的混战局面。竞争的结果造成客货运费降低，对乘客的待遇费用提高。进而在夏季又开始了航海火轮的直航线的运营，无疑加剧了长江航运的激烈竞争的状况。从目前的现状来看，进入长江航运业的各国公司，虽然都有各自国家的后援支持，但仍难敌目前无序竞争的自由态势。长江航运将来的趋势，必然要走向各公司相互谋求协调的大联合的形式，不过这需要一些时日。"①

20世纪初年，在交通技术的现代化和内河航运的巨大利益的驱动下，催生出一批中国本土现代航运企业，这些企业相继进入长江航运市场，参与列国航运竞争。如1903年成立的三北航业集团于1915年在汉口设立分公司，该公司有客货轮船20余艘，开辟的航线有上海—汉口、汉口—湘潭、上海—汉口—长沙、汉口—宜昌、宜昌—重庆等。鸿安商轮公司1919年在汉口设立分公司，有轮船7艘，经营汉口—上海、汉口—沙市—宜昌、汉口—湘潭等航线。1925年成立的民生实业股份有限公司，1930年代开始经营长江中下游航运，该公司在汉口的船舶共20艘，经营沪汉、汉宜、沪渝、汉渝等航线。湖北本土航运企业，1895年成立的仁记轮船公司，先后开辟汉口—长沙、汉口—武穴、汉口—沙市、汉口—宜昌的航线；1913年，汉口有小轮公司11家，船舶37艘，开发航线17条。② 湖北武汉本土企业多为小火轮，其航运范围多以省内航运为主，对此，民国初年编纂的《夏口县志》和《汉口小志》均有记载。《夏口县志》云："汉口近日之小火轮航运业。汉口为通商巨埠，向来各路船只麇集河干者奚下数十百种，为数奚下数千万，姑不备述。惟自轮舟发达以还，商民乐其便利，知业此者必易致富，遂各争先斗捷，创立公司，租赁小火轮，通行各小口岸，大有蒸蒸日上之势。约略言之，则有所谓厚记、仁记、利济、永清、道生、两湖、全鄂诸公司。其舟或经渡省垣，或行府河、襄河及附近湖港。东至黄州，西至仙桃镇，南至咸宁，北至德安与黄陂，亦有能至湖南常德者。惟其魄力不厚，停驶无恒，故直等诸(桧)〔郐〕以下，概从略焉。"③《汉口小志》则专述民初汉水上之汽船(小火轮)航运情形："汉水河面之宽虽不及扬子江，而河底则较江水为深，故五六百吨之汽船无论何时均得往来于襄阳附近，特

---

① 〔日〕水野幸吉著，武德庆译：《中国中部事情：汉口》，武汉出版社2014年版，第72~73页。

② 武汉地方志编纂委员会主编《武汉市志·交通邮电志》，武汉大学出版社1998年版，第197~198页。

③ 武汉地方志办公室、武汉图书馆编《民国夏口县志校注》(上册)，武汉出版社2010年版，第196页。

其两岸富饶冠于湖北全省，产黄豆、豆饼、芝麻、油类、棉花、漆、牛皮、木耳、烟草等为多。不仅此类统由汉口搬运，亦为来自山西、陕西之多额农产品输出于汉口之惟一道路。又棉纱、棉布、砂糖、杂货由此水路输送于上流各地亦为不少。近来上下货物专以民船搬运，其民船往来日数，虽因水流之缓急与风位之如何而不同，然普通航行上水一日五六十里至百四五十里，下水则二三百里。由汉口至老河口须费十四日至二十四五日。故该航路早见有可设立汽船公司之理。往时从事该航路者，为泰安及春和二公司。泰安公司为汉川商民吴心九所设立，资本三千两，以安泰、安济二小蒸汽船于汉口、仙桃镇间开业，为乘客之运送。次则汉口之商民姚冠卿等所设之春和公司，以资本二千金，与紫云、飞云之二小蒸汽船，亦从事该航路。但汉口及仙桃镇间，冬季减水之期，以蔡甸上流多沙洲之故，每年由十一月至翼年三月，蔡甸以上不能航行。现时行驶者，惟万安巷之义和公司。”[①]民国以后，以汉口为中心的内河小轮运输迅速发展，1914—1902 年间有116 家，营运小轮 195 艘，开辟航线 50 余条；1926—1938 年继续发展，1938 年统计，有轮船公司 196 家，轮船 254 艘，较大的轮船公司有两湖轮船局、仓汉轮船局、复兴轮船局等。[②]

在清末民初长江航运的竞争格局中，虽然招商局有政府的大力扶持，但在拥有雄厚资本并有国家支持(尤以日本为最)的列国航运公司面前，呈现出他强我弱，不敌竞争的态势。“上江航路千余里，下江航路二千余里，皆以汉为起点。吾招商公司下江商轮不过五千八百五十九吨，上江商轮不过一千二百二十九吨。而合英四公司之商轮吨数，俱掩有吾之三倍。德日最后起，而下江商轮，德已有三千四百五十三吨，日已有四千三百八十七吨，上江商轮，德已有千吨，日已有二千三百三十七吨。闻利共逐，如蚁慕膻，商船增加，日未有艾，近日本大东汽船公司又拟以小轮南达洞庭。是为扬子江航路竞争之中心点。”[③]近代轮运业的发展，外国轮运企业的大批涌入，有力地冲击了传统的木船运输业，“行客货商均以附

① 徐焕斗著，张博锋、尉侯凯点校：《汉口小志》，武汉出版社 2019 年版，第 151 页。

② 武汉地方志编纂委员会主编《武汉市志 · 交通邮电志》，武汉大学出版社 1998 年版，第200~202页。

③《湖北学生界》第一期，1903 年 1 月。见皮明庥、冯天瑜等编《武汉近代(辛亥革命前)经济史料》，武汉地方志编纂委员会办公室内部印行，1981 年版，第 39 页。

轮为便,江船及陆路小车无人价雇,此辈悉成游手"①。许多从事木船运输业的老板因此而破产,"杨子江(一条内河)上不断增长的国内贸易也正在吸引着越来越多的外国轮船……过去中国的船业资本家现在变成了乞丐,而他们所雇的船夫,则痛恨他们的政府允许外国人参与国内贸易和外国人夺取他们的生计"②。木帆船运输锐减,失业者增多,带来百业凋敝,民生维艰的连锁效应。"即以湖北一省而论,臣道光年间随往湘南,曾经路过。自汉口以达襄樊,由长江而达瓜镇,数千余里,市廛栉比,樯帆络绎,允称繁庶之区。及臣奉命抚鄂,重到此邦,顿讶其民物萧条,迥非昔比……绅耆佥称:受困之由,实因轮船畅行,民间衣食之途尽为攘夺,江河船只,顿减十之六七,失业之人,不可胜计,而襄樊一带,行店关闭,车户歇业,瘠苦情况,尤不堪寓目。"③这里,某些官僚把近代湖北城乡衰败一股脑地归结于近代轮运技术输入和西方航运公司进入,显然有以偏概全之嫌,但近代蒸汽船对传统木帆船显示出的巨大优势,近代机器运输对传统人工运输的冲击带来的传统运输行业的没落则是不争的事实和历史趋势。

除长江内河航运外,外国公司还开辟了以汉口为起点和终点的国际航线。1869 年,英国贺尔特公司的两艘轮船首抵汉口运茶回伦敦,开汉口直达海外航运之先河。1881 年,到达汉口的远洋轮船有 30 艘 48670 吨位。《海关十年报告》(1882—1891),记载了 19 世纪 80 年代汉口港茶叶国际航运情况,当时主要有两条航线:一是汉口—英国伦敦航线,一是汉口至俄国敖德萨航线。④

《海关十年报告》只是简要记载了汉口茶叶海运情况,其实汉口近代国际航运无论是运输航线还是装载货物远非止此。由于汉口内陆开埠港的性质,特别是长江河道每年只能在 4—11 月丰水期才能航行大型海轮,"该埠距海 600 英里,差不多半年时间里,大型船舶可以深入,不过,大型商船和战舰真正能停靠汉

---

① 《卞制军奏议》第 11 卷,第 71 页。见皮明庥、冯天瑜等编《武汉近代(辛亥革命前)经济史料》,武汉地方志编纂办公室内部印行,1981 年版,第 39 页。

② R·Hart:《These from the Land of Sinim》London 1903,第 71~72 页。见皮明庥、冯天瑜等编《武汉近代(辛亥革命前)经济史料》,武汉地方志编纂委员会办公室内部印行,1981 年版,第 40 页。

③ 奎斌:《杭阿坦都统奏议》第 7 卷,第 36~37 页。见皮明庥、冯天瑜等编《武汉近代(辛亥革命前)经济史料》,武汉地方志编纂委员会办公室内部印行,1981 年版,第 39 页。

④ 〔英〕穆和德等著,李策译:《近代武汉经济与社会——海关十年报告:汉口江汉关(1882—1931),香港天马图书有限公司 1993 年版,第 3~4 页。

口港做起来还有不少困难”[①]。因此汉口的国际运输以货运为主，为不定期航班。如美最时洋行开办的海运业务，“每年春夏之交涨水期开始直接放船来汉装卸货物，至冬季枯水时期停止。每年约有七八只船来汉，多寡视江水的深浅而定”。“开往的港口有埃及的塞得港（Port Said）、意大利的热那亚（Genova）、法国的马赛、勒哈佛（Marseille、Le Havre）、比利时的安特卫晋（Antwerpen）、荷兰的鹿特丹（Rotterdam）和德国的汉堡、不来梅（Hamburg、Bremen）等。”当年经营海外运输业务的洋行当然不止美最时洋行，据早年洋行华籍人员回忆，“当时各洋行代理外洋轮船业务的有10余家，竞争甚烈”[②]。如德商礼和洋行就代理汉堡轮船公司由上海至欧洲之转口船运，以及由汉口至欧洲之直接航运，其中间接船每年约15艘、直接船约10艘。20世纪初年，日本轮运公司开辟了汉口至日本一些城市的航线。1905年5月，日本大阪商船会社“开通了汉口至神户、大阪的航线，江海联运使汉口输出货物到日本、日本输入货物到汉口，都降低了运输成本”[③]。1906年3月，日本邮船会社又开辟了汉口至神户、横滨之间的航线，“投入运营的航海运输的是伏木丸（1140吨）、新潟丸（1354吨）这两艘火轮。因为达到了预期的效益，进而又开通了汉口至横滨的航线”。[④]20世纪30年代，汉口的远洋运输除了多国化趋势进一步增强外，本国轮运企业参与远洋运输亦呈增长态势。“在海洋运输方面可以看出英国吨位下降幅度较大，1931年法国没有一艘船只入港。这十年里挂德国旗的船只由于对德贸易的上升而持续增加，值得高兴的是，中国船只在汉口远洋贸易中的比重从0.88上升到8.05。当我们把目光转向依照通共章程进出汉口船只的总数时不能不感到遗憾，挂本国旗的船只有所减少，主要原因是军事当局对中国江轮经常性的征用，上述表格没有显示出来的国别，如丹麦、荷兰、芬兰、葡萄牙、苏俄、瑞典等国国旗这十年里在本埠也出现过。”[⑤]总起来看，近代汉口直航国外，其航线和开往——到达港口包括汉口至欧洲各国、汉口至北非埃及、汉口至美国、汉口至日本、汉口至澳洲等国家和地区，几乎遍于全球五大洲。全面抗

---

①⑤ 〔英〕穆和德等著，李策译：《近代武汉经济与社会——海关十年报告：汉口江汉关（1882—1931）》，香港天马图书有限公司1993年版，第30、152页。

② 金宝善：《汉口美最时洋行》，见政协武汉市委员会文史学习委员会编《武汉文史资料文库》第五卷《租界洋行》，武汉出版社1999年版，第228页。

③④ 〔日〕水野幸吉著，武德庆译：《中国中部事情：汉口》，武汉出版社2014年版，第83~84页。

战前夕，在汉经营轮船航运业的外埠公司有 50 多家，经营船舶达 80 多艘，湖北省属的轮船公司多达 236 家，各种船舶 321 艘，形成了以汉口为中心通达国内外的 68 条航线。

现代交通的注入和国内外航线的广泛开辟，使汉口成为一个繁忙的国际性商业港口城市。据江汉关统计，1882—1991 年“十年里每年进入汉口港的船只 23500 艘，总吨位达 100000 吨，运送旅客 165000 人”；“1890 年进出汉口港的轮船和货船总吨位是 1226980 吨，比 1889 年增加 146009 吨，1891 年又增加了 48690 吨”。20 世纪初的 1912—1921 年十年间，进出汉口的各国轮船达 169229 艘次，总吨位达 63430999 吨，平均每年的总吨位较之 19 世纪末增加了 6 倍。① 20 世纪二三十年代保持平稳增长，《海关十年报告》（1922—1931）：“这十年里进出本埠的船数量和吨位基本保持稳定。1922 年在江汉关注册的船只有 12802 艘，总吨位 7408838 吨，1931 年分别为 11176 艘和 7448362 吨。1928 年是创记录的一年，出入港口的船只有 14260 艘，总吨位 8869999 吨。”②

与国内外航线广泛开辟相伴随的是一大批码头、仓库、堆栈的兴建。汉口开埠后，一些外国洋行纷纷修筑专用码头。1863 年英商修建宝顺栈五码头，1871 年俄商修建顺丰茶砖栈码头，1873 年英商太古公司在汉口沿江所谓上太古（江汉关以上至龙王庙之间）、中太古（江汉关以下今南京路至天津路之间）、下太古（今黄埔路以下）三个地段共筑有 7 座专用码头。同年，招商局汉口分局在洪益巷口开设了轮船码头，是为中国人自己修建的第一座洋码头，不久又增修 2 座。1892—1901 年的《海关十年报告》：“截至过去两三年里……一些大的货栈也已落成，一座远洋轮船能停靠的码头正在拟议中。两处大型油轮基地也在汉口稍下一点，一个属于壳牌运输贸易公司，另一个属于荷兰皇家石油公司。”③清末，汉口沿江一带的深水港区所修码头基本上属外国公司所有，其中江汉关至合作路江岸是怡和、太古、鸿安、麦边等英商码头；原俄租界德街上段（合作路至黄兴路江边），是日商大阪公司和俄商新泰公司的货栈码头，原法租界至德街下段（黄兴路至一元路江边），是日本邮船公司和法国东方轮船公司的码头；德租界（一元路至六合路江边）是德商美最时、瑞记洋行的码头。

---

①②③ ［英］穆和德等著，李策译：《近代武汉经济与社会——海关十年报告：汉口江汉关（1882—1931）》，香港天马图书有限公司 1993 年版，第 22、113、151、32 页。

至20世纪30年代末期,汉口港口码头布局形成了一个三分天下的格局:硚口至龙王庙汉江沿岸,为小轮船码头和木船码头;龙王庙至江汉关沿岸,为中国轮船公司兴建的干线码头;江汉关以下江岸为外国轮船公司开辟的码头,其中丹水池一带为油运专用码头。在长达12公里的汉水、长江沿岸先后修建了144座轮船码头,各码头配备有趸船44艘,跳船43艘,一大批外贸仓库、堆栈也伴随兴建,据统计,至全面抗战前夕,汉口一带的中外库场堆栈总计达到146座,其总容量约20万吨①。

码头、货栈的修筑,对汉口城市功能的提升所起的作用是显而易见的。1892—1901年的《海关十年报告》说:“截至过去两三年里,外国居民还只有290000平方码的土地,而现在外国人实际借用或正在租借中的土地面积差不多有1428489平方码。现代化的改造也逐步展开:电报已经开始运营,不久电灯也会得到广泛便用。除日本租界外,外国人占据的河岸长1000多码。京汉铁路车站附近长达1235码的堤防工程已经竣工,一些大的货栈也已落成,一座远洋轮船能停靠的码头正在拟议中……由此我们可以看出在近几年汉口是在以多么巨大的步伐向前迈进。这里不再是一般的通商口岸,它已发展成为帝国极为重要的商业都会。”②

如果说,19世纪晚期,轮船交通打破了武汉的封闭状态,使武汉通过长江走向世界,那么,20世纪初,随着京汉铁路的修建并开通,铁路与航运立体交通格局的形成,武汉成为内地商业势圈更广阔、对外联系更迅速更便捷的国际性商业大都会。翻开20世纪初江汉关的海关报告,我们从书中字里行间流露出来的兴奋之情可以充分感受到铁路对于武汉崛起为国际性城市是何等的重要:“对汉口港,乃至全国来说,一个极为重要的事件是1896年10月20日大清皇帝敕谕兴修北京至汉口的铁路。1898年9月11日皇帝敕令直隶总督和湖广总督向外国筹款筑路。”“北京已由天津、山海关铁路与跨西伯利亚大动脉连接起来;拟议中的汉口至广州铁路(已为美国董事会,即美国华美合兴公司所控制)将以汉口为终点。人们不难看出这些把帝国心脏与欧洲连接起来的铁路网,将会迅速而广泛

---

① 参见皮明庥主编《武汉史稿》,中国文史出版社1990年版,第561页。

② 〔英〕穆和德等著,李策译:《近代武汉经济与社会——海关十年报告:汉口江汉关(1882—1931)》,香港天马图书有限公司1993年版,第32页。

地启动清帝国贸易的发展。政府准备在汉口下游江边兴建大型船坞和货栈,以便使大型海轮可以停靠。这两条铁路贯通沿线各省矿产和农业资源丰富的地区,构思宏伟,随着岁月的流逝,它们对中国的发展及其国际交往中所发挥的作用,人们将会有更明确的认识。""展望前景令人鼓舞,随着铁路与航运联网,汉口与世界的联系将会日益密切,它的商业地位也会随之得到加强。"①

——现代市场体系初步建立,汉口"由国内贸易市场一跃而为国际贸易商埠"。1861年汉口开埠后,武汉迅速卷入世界市场体系之中。一方面,外国洋行直接进入武汉市场,在武汉与国际(主要是欧美)市场之间架起一座畅通的桥梁;另一方面,本地商人和商业行帮积极调整经营策略和经营品种,较快完成了从传统市场体系(区域市场体系)到现代市场体系(国际市场体系)的过渡和转变。

其一,市场商品结构发生重大变化,由经营米、布、盐、木材等农副土特商品向以洋纱、洋布、茶叶为主的外贸商品转变。

首先,洋纱、洋布是外国商品输入的大宗,"近时汉口输入棉丝额益增加,其销路亦愈张,而内地织布业,亦稍发达"②。洋纱、洋布输入后,汉口周边地区农民发现其价廉物美,纷纷以洋丝织布和消费进口棉布。"〔汉口〕据云用棉纱织布,较中国棉花大为便宜,故销行甚开,印度纱之销路更广者,以其价廉于英国也。"③"〔一八七一年〕中国农民开始发现这种外国棉布比他自己的(土布)便宜得多。在某种程度内,(洋布低廉的价格)抵补了(洋布)不耐用的〔缺点〕。贸易的普遍恢复和扩张,(洋布)价格的低廉,和(中国)国内情况的改善,使得中国农民能够购买这些货物(洋布),其结果,就是贸易的增加。"④19世纪90年代,棉纱进口总体呈持续增长态势,"1892年只有80000担,1899年增加到284000担;1900年这项产品有所下降,为226000担;1901年再次回升,达到250000担"⑤。1892—

①⑤〔英〕穆和德等著,李策译:《近代武汉经济与社会——海关十年报告:汉口江汉关(1882—1931)》,香港天马图书有限公司1993年版,第48、49、32、37页。

②《汉口织布》,译东十月通商汇纂,《东西商报》,1900年,第6页。见皮明庥、冯天瑜等编《武汉近代(辛亥革命前)经济史料》,武汉地方志编纂委员会办公室内部印行,1981年版,第239页。

③《关册》中文,1890年,下卷,第55页。见皮明庥、冯天瑜等编《武汉近代(辛亥革命前)经济史料》,武汉地方志编纂委员会办公室内部印行,1981年版,第241页。

④《Commercial Reports》1871年,汉口,第34页。见皮明庥、冯天瑜等编《武汉近代(辛亥革命前)经济史料》,武汉地方志编纂委员会办公室内部印行,1981年版,第241页。

1901 年的《海关十年报告》称:"洋货的需求量仍然有增无减。木、棉日用品越来越受到人们的喜爱,但这项买卖基本上把持在中国公司手里,尽管去年曾有一家比利时公司直接从欧洲进口商品——主要是绸缎——取得过满意的效果。"①

其次,煤油等石油制品的输入呈不断递增趋势,"本年煤油贸易又进了一步,进口达 149320 加仑,而 1878 年仅 76370 加仑,1877 年仅 27976 加仑。煤油在本港几乎广泛地被采用了"②。1882—1891 年的《海关十年报告》说:"汉口进口一个令人瞩目的特点是煤油和外国棉纱进口明显增长,外国鸦片的输入显著减少。这十年煤油贸易共增长了 12 倍:首尾两年的贸易额分别为 483994 加仑和 5754028 加仑。"③19 世纪 90 年代,"煤油贸易发展的速度最为惊人,成为进口商品中最为引人注目的项目,这表明中国人迫切希望使用这种既现实又廉价的外国货。据上一份报告记载,煤油每年最大进口量为 5000000 加仑,通过跳跃式上升,1901 年达到了 16767895 加仑,价值约 2107713 汉口海关两"④。1902—1911 年间,"美国煤油从 14190000 加仑上升到 20950000 加仑。煤油已远足到其他外国商品鲜为人知的角落。随着需求量的不断上升,它的地位越来越稳固"。⑤20 世纪的第一个 10 年(1901—1911),"煤油已深入到中国的穷乡僻壤,价值从 3970000 两提高到 9000000 两。随着国外逐渐以煤油替代粗制发光物,煤油的地位无疑会越来越巩固"⑥。煤油这种稳定增长的态势一直保持到 20 世纪二三十年代,1922—1931 年的《海关十年报告》称,"煤油的需求保持稳定,这种商品与从前使用的粗制植物油相比所体现出的优越性确保了它的地位,只有当突如其来的灾难如洪水、饥荒降临时,煤油的销售才明显下降,这种下降一般是暂时的"⑦。

其三,钢铁、机器以及工业日用品如铁针广受欢迎,进口数量大增。1910 年—1911 年的《海关十年报告》披露了这十年间铜、铁的进口稳定增长,尤其是"铁路原材料的需求自然与铁路发展速度密切关联——1902 年为 250000 汉口海关两,1910 年为 756000 汉口海关两——1906 年达到了历史最高纪录 4800000 汉

①③④⑤⑥⑦ 〔英〕穆和德等著,李策译:《近代武汉经济与社会——海关十年报告:汉口江汉关(1882—1931)》,香港天马图书有限公司 1993 年版,第 36~37、11、37、77、110、149 页。

②《Trade Reports》,1879 年,汉口,第 29 页。见皮明庥、冯天瑜等编《武汉近代(辛亥革命前)经济史料》,武汉地方志编纂委员会办公室内部印行,1981 年版,第 242 页。

口海关两”[①]。1895 年,汉口进口原材料价值 1302668 关两,占同年进口总值的 6.8%。1905 年该项进口值更增至 20120508 关两,占进口总值的 38.6%。生产工具的进口也显著递增,1895 年进口值为 584340 关两,1905 年升至 1854455 关两。民国初年,工业化的发展刺激了机器进口,1912—1921 年《海关十年报告》说,“国外机器进口值增加从一个侧面反映了汉口工业的发展,十年初各种外国机器的进口价值 316232 两,到十年尾上升为 2500000 两”[②]。武昌起义后,汉口重建带来建筑材料市场的繁荣,“为了满足建筑业对原材料的急需,1916 年达到历史最高纪录。也正是基于建筑业的发展,电器原件、家具、窗户玻璃、五金器具也有明显增加……机动有轨车、马车和其他运输工具,十年初只有 14933 海关两,到十年尾增加到 1158947 海关两这个可观的数字”[③]。至 20 世纪 20 年代,城市化与城市现代化发展刺激此类商品进口进一步增长,“如汽车、卡车及其零部件的进口量仍有较大幅度地提高,1931 年为 292912 海关两,1922 年仅 50892 海关两”。“用电器材的需求在缓慢而稳定地上升,装备电力的城镇越来越多,大量用电器材为富有阶层购买走,较高级的中国旅馆和大型私人住宅已装上了加热设备。”[④]普通工具日用品也深受百姓大众的欢迎,“针的进口数量也有大量的增加。我听说现在几乎没有人再使用土针了,英国针、美国针、德国针一齐出现在市场上”[⑤]。“洋针的进口也有所增加,而且可能还将继续增加,我们造的针比土针又便宜又灵巧。虽然 1891 年的进口数量已超过 635000000 这一可观数字,可见仍未达到极限。由此地购贩货物的内地,有许多地方还未见到洋针,这些地方也将和中国其他地方一样,土针终又要被淘汰。”[⑥]

其四,海产品的大量进口。“日本物产之输汉口,亦属不少,除薄铁板、铜、漆器、药水等外,以海产物为多。即如昆布一类,最属繁盛;次之则为海参、干乌贼、海扇、椎苹、鱼肚、鳝鳍、干虾等类。其输运多先集聚于上海,乃由上海转以轮船

---

①②③④ 〔英〕穆和德等著,李策译:《近代武汉经济与社会——海关十年报告:汉口江汉关(1882—1931)》,香港天马图书有限公司 1993 年版,第 77、109、110、149 页。

⑤ 《Commercial Reports》1886 年,汉口,第 3 页。见皮明庥、冯天瑜等编《武汉近代(辛亥革命前)经济史料》,武汉地方志编纂委员会办公室内部印行,1981 年版,第 242 页。

⑥ 《Trade Reports》,1891 年,汉口,第 10 页。见皮明庥、冯天瑜等编《武汉近代(辛亥革命前)经济史料》,武汉地方志编纂委员会办公室内部印行,1981 年版,第 242 页。

而运入口后,由本港向四川、陕西、湖南三道以分运各省省城。"①进口商品当然不仅仅限于上述几类,《汉口小志·商业志》称:"输入品之主要者:棉布、棉丝、棉花(日本品)、织布、铜、海产物……石油、砂糖、纸、烟草、人参及其余药材、樟脑、洋伞、磁器、玻璃器、杂货等。"②

总之,随着武汉市场的国际化程度的加深,尤其是工业化运动的启动和城市化、城市早期现代化的全面展开,进口商品的种类不断增加,据民国初年编纂的《夏口县志》统计,"汉口输入货品—外国之部"包括各类洋布、呢绒、钢铁制品、煤炭煤油、各类机械、白糖车糖、海味、生活日用杂货等共计 94 种。1882—1891 年,汉口外国商品进口净值 115664750 汉口海关两;1892—1901 年,外国商品进口净值 161250596 汉口海关两;1902—1911 年十年中,进口贸易从 1902 年的 59100000 两增加到 1910 年的 69120000 两;1912—1921 年十年中,进口贸易从 1912 年的 72000000 两增加到 1921 年的 114000000 两;其中国外进口从十年初的 49700000 两增加到十年尾的 78000000 两。

输出商品方面,《汉口小志》列表统计的大宗出口货物计有 104 种。③《夏口县志》将其分为三类,一曰"由汉口直接输出未经转口者",包括棉花及其制成品、各类杂粮、牛羊皮、各类药材、桐油及各种植物油、矿砂及煤铁、茶叶等共计 63 种;二曰"外国输入品转口再输出者",包括各类洋布呢绒制品、钢铁铜铅等金属制品、机器五金、煤油、染料颜料、洋参药物等、海参海带等海产品、生活日用杂货等共计 58 种;三曰由"内国输入品转口再输出者",包括棉织品、矿产品、皮革及制成品、书籍纸张、茶叶及其制成品、其他日用杂货等共计 36 种。"汉口向为土产集散之地,未开埠前即已如此。因武汉处江汉平原中心,物产丰饶,而交通水陆两便,生产者易于集中。故开埠以后,外人视此为纯粹生产原料、价格极为便宜之地。土产品最著者,以茶叶为第一,行销俄国及其他各国。次为棉花、桐油、苎麻、猪鬃、药材、牛皮、杂粮、丝类、烟草、生漆、家禽、家畜、鸡蛋等项。工业原料,土产消费,均为输出大宗。"④水野幸吉通过对清末汉口市场贸易状况的深入

---

①②③ 徐焕斗著,张博锋、尉侯凯点校:《汉口小志·商业志》,武汉出版社 2019 年版,第 115、105、123~124 页。

④ 扬铎:《武汉建国前经济略谈》,见政协武汉市委员会文史学习委员会编《武汉文史资料文库》第三卷《工商经济》,武汉出版社 1999 年版,第 11 页。

调查，认为其“输出品主要是农作物”，位居前列的是茶、大豆类、棉花、桐油等四类。“在汉口的农作物的输出品中，占据首位的大宗生意是茶叶”，“桐油为汉口输出之大宗”。①

当然，汉口市场输出商品的种类和数量并不是一成不变的，自开埠至 20 世纪 30 年代，汉口市场商品输出由于受制于国际市场需求和农作物收成状况等不断变化。这方面，《海关十年报告》提供了不少有价值的历史信息。

在 1882—1891 年这十年中，输出土特产大宗是茶叶、皮革、大黄、烟草、大麻、丝绸、黄豆、稻米、木材、煤炭、清漆等。如皮革，“自 1881 年以来，皮革贸易一直保持着上升的势头……这些皮革主要销纳国是英国、德国和美国。1884 年和 1885 年出口额增长幅度较大。1885 年达到七万担”。如烟草和烟草制品，“在这十年里也有较大辐度地提高——但烟叶不如烟叶制品。后者的出口 1891 年比 1882 年增加了大约 26000 担。大量烟草出口英国”。如丝绸，“丝绸出口这几年增长幅度也较大。1891 年汉口出口丝绸达到了一个可观的数字 2500000 汉口海关两，与 1886 年相比增长是惊人的，这一年丝绸出口值为 350000 汉口海关两”。如煤炭，“1890 年煤炭出口量为 39796 吨，达到了历史最高水平。1891 年下降到 36119 吨，这一数字与 1882 年相比还是增长了大约 15%”。②

1892—1901 年出口商品的大宗相较上一个十年有所变化，茶叶、皮革、大麻、丝绸、稻米、煤炭等仍是主要出口商品，另外增加了石膏、猪鬃及其他毛皮、桐油、芝麻及芝麻油等大宗商品。如石膏，“它们产于湖北安陆府应城城关北部和西部山区。年产量 8000 担，这些盐井出产的食盐有苦涩味，带有石膏的特征，因而，也称之为石膏盐”。“石膏出口也呈上升趋势，从 1892 年的 144500 担提高到 337100 担。”如桐油、芝麻及芝麻油，“销往国外市场的大麻、麝香、丝绸数量也很大……芝麻从 1892 年的 45200 担提高到 1901 年的 453000 担。”③

1902—1911 年十年间，“茶和芝麻是本埠最重要的出口产品，棉花也值得特别注意”。关于茶叶，我们下面将要着重论述。除茶叶外，《海关十年报告》指出：“芝麻贸易持续上升构成了这十年贸易的一个重要特征；从而使主要交易活动从

① 〔日〕水野幸吉著，武德庆译：《中国中部事情：汉口》，武汉出版社 2014 年版，第 132～133 页。

②③ 〔英〕穆和德等著，李策译：《近代武汉经济与社会——海关十年报告：汉口江汉关（1882—1931）》，香港天马图书有限公司 1993 年版，第 6～8、41～42 页。

春季转换到秋季,芝麻一度使汉口设施超负荷运转,在此过程中它充分显示了自己的活力以及适应环境的能力,并成为河南和汉口腹地致富的源泉。”海关报告指出由于芝麻出口的持续增长,“从产值上看,芝麻在汉口港的繁荣中所起的作用已远远把茶叶甩到后面”,除茶叶和芝麻外,这十年里保持大宗出口商品地位,还有棉花、皮革、猪鬃、桐油、丝绸、稻米、小麦及面粉等。①

1912—1921 年是辛亥革命后的第一个十年,这十年里进口贸易较为繁盛,但出口贸易下降明显,传统出口商品如棉花、大豆、桐油、芝麻、牛皮、茶叶的贸易量等不是明显下降,就是波动反复。对此,《海关十年报告》有所披露:“出口是我们这十年统计里唯一呈下降趋势的项目,1912 年的出口值为 13300000 两。出口的滑坡始于 1916 年,当时整个世界都严重感到吨位不足;由于国外对中国主要原料需求量增加,1919 年有所复苏;第二年这种趋势就终止了,这一年出口值为 8840000 两,是十年里最低的年份。大豆 1912 年出现于我们的主要出口栏目里,1913 年为 1500000 两,1917 年减少到只有 10605 海关两,后来逐渐回升,1921 年接近 1000000 两。铣铁和铁矿十年初出口为 653836 海关两,1918 年达到最高值 7800000 两,1921 年跌落到只有 2430000 海关两。棉花的波动也很大,高峰期是 1918 年和 1919 年,这两年分别是 1820000 海关两和 1500000 两,这一贸易与棉花的丰歉休戚相关。专家们一致认为,随着国内纺织工业的发展,棉花用量的增加,棉花出口会越来越少。桐油出口在 746925 两到 1050000 两之间波动,相对来说比较稳定。苎麻外销呈上升趋势。蛋白质和蛋黄销售因世界大战的打击处境艰难,出口值从 1912 年的 2530000 海关两猛跌到 1918 年的 6865 海关两,此后略有回升,1921 年达到 1300000 两。芝麻、牛皮、植物蛋白和许多其他商品也因国外市场萧条外销受阻。1916—1918 年间一些产品跌入低谷,还有一些从出口领域消失,只是到十年尾才有部分产品启动回升。清漆 1913 年进入出口领域,1915—1918 年间从出口表中消失,1921 年达到 70124 海关两。”②

市场商品贸易结构的变化,是武汉现代市场体系建构和市场国际化的一个重要表征,它直接影响商人经营行为方式的转变,吸引和引导他们开展获利大的洋货进口和土货出口贸易业务,汉口传统的商业组织——行帮就是在种形势下

---

①② 〔英〕穆和德等著,李策译:《近代武汉经济与社会——海关十年报告:汉口江汉关(1882—1931)》,香港天马图书有限公司 1993 年版,第 78、81~86、110~111 页。

出现分化和重组。

其二，八大商业行帮结构重组，城市商业组织的经营行为以国际市场为导向，直接参与国际商业竞争。开埠以后，八大商业行帮的名称虽然保存下来，但旧瓶却装上了新酒，经营商品的种类和范围已与往昔大相径庭。“至营业行分，有所谓三百六十之区别。言其大者，向称盐、茶、药材、粮食、棉花、油、广福杂货、纸为八大行。近年，以牛皮商业日盛，故牛皮业与纸业并列为八大行之一。每行多者数百家，少亦数十家。然原领部帖之老行，不逮此数。如盐行凡十余家，年贸易额约四五百万两。茶行凡十余家，年贸易额约千十八[百]万两。药材行凡二十余家，年贸易额约三百万两。粮食行凡四十家，年贸易额的三千六七百万两。棉花行凡十家，年贸易额约八百万两。油行凡十余家，年贸易额约二千三四百万两。广福杂货行凡二十余家，年贸易额约六七百万两。牛皮行及纸行共十余家，年贸易额约五六百万两。此各业行分之大概也。”①

19世纪90年代汉口兴起了所谓“洋货行”，“如洋纱业，兴起于19世纪90年代，在此之前汉口尚无棉纱这个行业。该行业开始只是一些贩卖洋纱的摊户，且兼营带子、栏杆、花边等小百货。随着汉口洋纱的销路日广，这些摊户营业趋旺，获利颇丰。为扩大业务，他们纷纷改为专营棉纱的商号，洋纱业就这样出现了。到辛亥革命前，汉口洋纱号发展到20余家，它如洋布、五金等新兴的洋货行大都是这样渐次成‘行’的”②。又如，皮行在开埠前本来是没有的，但由于国际市场的需要，开埠后汉口皮行应运而生。1892年，汉口牛皮出口50000担，1901年竟增加到162635组。1911年，汉口牛皮号发展到19家、牛皮铺31家.当年出口值达数百万海关两，一跃跻身到八大行之列。

尽管洋行对外贸的许多行业进行垄断性经营，但汉口的商帮在变革经营方式和参与国际贸易方面并非无所作为，而是乘隙而入，积极开拓新的经营领域，使其商业活动与国际市场发生联系。这主要表现在两个方面：一是旧有行帮扩大经营范围，经营洋货而获得发展。1911年，汉口50户百货店所经营的商品，洋货占到80%。据统计，清末汉口杂货行年交易额达600万两~700万两之巨，成

① 武汉地方志办公室、武汉图书馆编《民国夏口县志校注》（上册），武汉出版社2010年版，第249页。

② 参见皮明庥主编《近代武汉城市史》，中国社会科学出版社1993年版，第149、143~144页。

为汉口商业行帮转型成功的典型。最为突出的是,地域性商帮突破原来带有明显地域特产经营限制,因适应国际市场需求而转向经营土产出口和洋货进口业务。“汉口市场之繁盛,不特为本省商人所趋集,其各省商贾无不有本店或支店设立于其间。从前省界之见未除,各自分其圈限,布为自卫之策,于是有各省之帮数及各业行分之区别。”①各省商帮除保持各自原有经营特色外,如山西帮之金融、江西帮之银楼、徽州帮之典当、宁波帮之海味等外,无不顺应市场需求,扩大经营范围,大都经营棉纱、洋布、洋广杂货等进口洋货。二是积极介入对外贸易,与洋行一同进行市场竞争。如五金商号就经办交通和工业生产原料、器械进口业务。晋和铁号长期供应武昌造纸厂和汉阳兵工厂所需之紫铜,年交易额曾高达40万两。顺记承五金号在1906年一年,与汉阳兵工厂的交易额就达35万两。元泰、水隆等五金号,亦与京汉铁路局和兵工厂建立了长期的业务联系。《海关十年报告》显示,清末棉织日用品的进口业务主要被华商所掌控:“洋货的需求量仍然是有增无减。木、棉日用品越来越受到人们的喜爱,但这项买卖基本上把持在中国公司手里,尽管去年曾有一家比利时公司直接从欧洲进口商品——主要是绸缎——取得过满意的效果。”②

其三,一批专业性市场相继形成,市场行情受国际市场影响日益加深。至辛亥革命前夕,汉口形成了所谓八大市场:茶叶市场、棉花市场、棉纱棉布市场、粮食市场,蛋品市场、桐油市场、水产品市场、畜产品市场。汉口自明中后期就是漕粮转运中心,开埠后的粮食市场更趋活跃,“系统研究汉口粮食贸易的日本学者曾注意到18世纪末汉口输往长江下游地区的大米量急剧下降,他们不能完全解释其原因。虽然此种贸易在19世纪二三十年代再度兴旺,但它再也未能恢复此前的繁荣。不过,所有清朝后期的地方史料都证实,大量米船从号称‘谷仓’的湖南来到汉口繁荣的粮食市场。另外,当19世纪50年代后期汉口从太平军手中再次夺回之后,此种大米贸易曾有一个复苏期——这种复苏是由于需要把粮食从重新平定的长江中游地区运去供应仍在遭受战火蹂躏的长江下游地区的军民。迟至1907年,日本领事仍把大米排成汉口贸易的第二位商品(估计每年的贸易

---

① 武汉地方志办公室、武汉图书馆编《民国夏口县志校注》(上册),武汉出版社2010年版,第248页。

② 〔英〕穆和德等著,李策译:《近代武汉经济与社会——海关十年报告:汉口江汉关(1882—1931),香港天马图书有限公司1993年版,第36~37页。

额价值达 1800 万两），并报告说汉口码头每天都有 100 至 300 艘湖南米船在卸载”①。

除传统农副土特专业市场外，汉口商场在开埠后最重要的表现是工业日用品市场的出现与日趋活跃。“武汉传统日用工业品市场，为沿海工业城市（主要是上海）商品运销内地的转口码头”。民国时期，武汉的日用小百货市场集中在黄陂街帝主宫一带，“货源来自市内小型工厂、手工业作坊及行商坐贾，有的往上海采购。经营纽扣、包头、发网、衣针、耍货、头绳、鸭蛋粉等小百货商品，批售给汉水、湘江沿岸和铁路沿线乡镇码头及货郎担，价格比较低廉，批量大小随意，经营方式灵活，一般专精一行，为沟通城乡的重要渠道。武汉沦陷后，这个小百货市场被日军破坏，转至汉正街三镇茶楼下，称三镇市场。这类日用品专业性市场，按照商品来源和商品类别，一般都是同业集中经营，以方便购销为特点”②。不仅批发性专业市场集中于所谓新八大行，而且是零售和批零兼营的商户也大都集中于这些行业。开埠早期，日用杂货店经营商品纯粹外国货，据说主要为广东商人开设，“饼干、糖果、杀虫药片、炼乳、桌椅和吊灯、玻璃器皿、外国铁刀和陶器以及其他类似的东西，统统归到‘未列名的杂货’内，因其总额小，值不得细分项目。但是这些货物都有一定销售额。最适合中国市场的饼干，是一些小而甜的饼干。在汉口，亦如在大多数通商口岸一样，买卖这类货物的商店，主要是广东人开设的。但除通商口岸外，绝看不到这种商店，从而我推想这种商店的雇客主要是外国人所雇用的广东人，他们对于外国奢侈品或日用品，已经有了相当的嗜好”③。到了晚清尤其是民国，这种状况有了很大改变，一是经营商品分类细分化，二是经营人群多元化。民国《夏口县志》根据警察局《民国七年分商户分类调查表》的统计，民初汉口营业种类 171 种，店铺 23720 家。其中，棉制工业品方面，棉花行店并洋纱店 93 家，包头丝线行店 125 家，棉花花包行店 51 家，棉绒织机坊 46 家，疋头绸缎铺 188 家、棉带线店 82 家等；粮食方面，杂粮米坊 258 家、杂粮行 185 家；茶叶方面，茶叶铺 93 家；蛋品方面，蛋行 59 家；畜产品方面，牛皮坊

---

① 〔美〕罗威廉著，江溶、鲁西奇译：《汉口，一个中国城市的商业与社会（1796—1889）》，中国人民大学出版社 2016 年版，第 67 页。

② 武汉市地方志编纂委员会主编《武汉市志·商业志》，武汉大学出版社 1989 年版，第 31～32 页。

③ 《Commercial Reports，1881 年，汉口》，第 19 页。见姚贤镐编《中国近代对外贸易史资料 1840—1895》（第二册），中华书局 1962 年版，第 1105 页。

312家、鸭绒铺12家、猪鬃铺147家;药材方面,药铺153家、茯苓行11家、参号药房23家、药材行82家;洋货方面,洋油栈店49家、肥皂洋烛洋碱厂店49家;日用杂货方面,京苏广货铺567家、杂货堆栈18家。①

近代汉口市场的兴衰,完全受国际市场行情所左右,如畜产品市场皮革的出口。1877年,俄国与土耳其交战,国际市场上对皮革的需求量激增。这一年,汉口牛皮出口比上年猛增3倍,达创记录的5.6万多担。1900年后,因国际市场对牛皮需求不旺,汉口牛皮出口顿跌至2万担。

最能反映汉口市场与国际市场关系的是茶叶市场。晚清汉口茶市主要以出口为导向,19世纪60—70年代,"[汉口的]主要出口货是茶,今年茶的出口比以往任何一年都多,但欧洲对这种茶的消费增加,能与供应的增加相适应,湖广两省茶的种植近来有了扩张,几乎较十年前增加了50%,只要生产者能够得到他们现在所得到的价格,茶的种植也许会继续扩张。本埠输出了适合英国市场的茶约计600000箱,每箱重951磅,较去年输出增加了100000箱"②。汉口因此成为"中国内地的一大茶叶口岸",其出口额一般占全国出口总量的60%左右,"汉口因为地处产茶最多的三省湖北、湖南及江西的中心,与四川、安徽、陕西、江苏等省又有水路相贯通,因此汉口成为中国最大的茶叶市场达60年之久"③。

但是,19世纪80年代以后,汉口茶市持续增长的势头受到限制。据统计,1881—1890年,汉口茶叶的年均流转量为958453万担,1891—1900年维持在957392担左右,1901—1910年为999178担,20年间仅增长20个百分点。1882—1891年的《海关十年报告》说,"从总体上看,该埠土产和茶叶贸易在稳步下降,尤其是1886年以后。1891年的贸易额与1886年相比减少了大约120000担,与1882年相比减少了20000担。从记录情况来看,1886年贸易额最大,出口900000担,1891年投放市场的茶叶只有很少一点没有售出"④。汉口茶叶的市场

① 武汉地方志办公室、武汉图书馆编《民国夏口县志校注》(上册),武汉出版社2010年版,第245~248页。

② 《Commercial Reports,1871年,汉口》第38页。见姚贤镐编《中国近代对外贸易史资料1840—1895》(第三册),中华书局1962年版,第1472页。

③ 〔美〕威廉·乌克斯著,依佳、刘涛、姜海蒂译:《茶叶全书》(下册),东方出版社2011年版,第651页。

④ 〔英〕穆和德等著,李策译:《近代武汉经济与社会——海关十年报告:汉口江汉关(1882—1931)》,香港天马图书有限公司1993年版,第4页。

流向也在这时发生了变化，主要输往俄国，而英国则主要从印度、锡兰等国进口茶叶。“装载茶叶直航伦敦的船只这十年里不断减少：1884、1885、1886 年14 艘；1887 年减少到 10 艘；1888 年为 7 艘；1889 年 6 艘；1890、1891 年分别只有 4 艘。另一方面，运送茶叶到敖德萨的船只却在增加，1886 年只有 3 艘；1887 年5 艘；1888、1889 年 6 艘；1890、1891 年达到 8 艘。1890、1891 年从汉口启航直达敖德萨的船只是开往伦敦的一倍。”[①]19 世纪的最后十年，汉口茶叶出口贸易状况持续恶化，《海关十年报告》（1892—1901）载：

> 这十年里茶叶贸易严重萎缩……前几年大量认购中国茶的英国逐渐停止了购买。有好几艘装运茶叶直航英国的大型货轮这两年中断了运营，数量不多的茶叶从汉口运往上海，然后转运到英国。三十年前中国提供了世界茶叶消费量的 86%，现在只有 25%。廉价的印度茶和锡兰茶充斥了伦敦市场，它们辛辣而浓烈的味道似乎更能赢得消费者的喜爱……
>
> 幸运的是俄国人仍然钟爱中国茶，需求量还在不断上升。1892 年俄国从中国进口茶叶二千七百万磅，1900 年达到四千三百万磅。大量茶叶经汉水运到西伯利亚和蒙古。[②]

到 20 世纪初，由于种种原因导致茶叶对俄贸易也大大减少，19 世纪 60—70 年代收茶季节汉口江岸茶船云集的繁忙景象不复存在。“汉口获得如此重要地位的原因，还有一部分是来自俄国大多数茶商在此设有工厂，因此自从俄国失去大主顾的资格以后，汉口原来的外国茶商荟萃中心的身份，就开始失去了它的重要性。1914—1918 年的第一次世界大战，使汉口的茶叶出口事业顿时宣告停止。多数茶行也纷纷关闭。”[③]《海关十年报告》（1902—1911）则认为是日俄战争影响所致，“这十年里的总值达到 84996817。从上表可见 1905 年前茶叶贸易一直保持着上升势头，这一年由于日俄战争，与俄贸易受到影响”[④]。到 20 世纪第二个

---

①②④ ［英］穆和德等著，李策译：《近代武汉经济与社会——海关十年报告：汉口江汉关（1882—1931）》，香港天马图书有限公司 1993 年版，第 4、42~43、79 页。

③ ［美］威廉·乌克斯著，侬佳、刘涛、姜海蒂译：《茶叶全书》（下册），东方出版社 2011 年版，第 651 页。

十年,俄国完全退出茶叶市场后,汉口茶叶出口市场更加萧条,“这十年行将结束时政府采取了一项权宜之计,免除茶叶的所有税收,这一切对改善茶叶的境况于事无补,并且由于俄国暂时退出中国市场而使形势变得更加严峻。销往中国其他口岸的茶叶也在不断下滑,以红茶为例,1912 年为 171500 担,1921 年仅为 21000 担;与此同时,绿茶和小京砖茶分别从 41000 担、415000 担减少为 640 担和 15000 担”①。20 世纪 20 年代末 30 年代初,汉口茶市的衰落已呈不可挽回趋势,用《海关十年报告》(1921—1931)的话说是“已经衰落到了很不起眼的地步”。“最严重的打击是欧战期间俄国市场的关闭,而且来自锡兰、印度茶的竞争越来越激烈,欧洲公众日益偏爱味道浓烈的爪哇茶和印度茶。在俄国,茶叶由国家垄断,尽管近年来本地一些厂家与苏联签订了协议,但数量较小。”②

汉口茶叶出口量下降,市场疲软原因何在?既有外部因素,也有主观原因。就外因来看,主要是日本、印度、锡兰等国家和地区出产的茶叶与中国形成竞争,如印度茶叶,质量优良,且“印、英相去较近,茶价虽昂,水脚较省,故英商多舍中而就印”③。“这样,印度和锡兰茶逐渐打破了华商对国际市场的垄断,西欧许多国家大多转向印度和锡兰购茶。如以英国为例,1866 年印度茶仅占英国茶叶消费量的 4%,1876 年上升为 17%,1886 年则更升至 41%。中国邻近的日本茶叶的发展,则很快占领了华茶在美国的市场。如 1867—1877 年,中国绿茶输美量减为 950 万磅,而日本则增至 1900 万磅,占压倒优势。”④就内部原因来看,既有茶叶质量的因素,更有中国政府和商人对国际市场把握不准、市场机制和市场行为不规范造成竞争乏力、市场范围缩小等多重原因。对此,《海关十年报告》(1902—1911)分析得颇为透彻:

> 中国茶叶走下坡路可以归结为这样几个方面的原因,一是在国外市场行为失当;二是中国政府沉重的课税;但主要的原因是,中国人以为他们垄断了茶叶市场,因此就可以迫使买主接受自己生产的产品:他们是质量与价格唯一的仲裁者。值得注意的是,在扬子江流域产茶区

---

①② 〔英〕穆和德等著,李策译:《近代武汉经济与社会——海关十年报告:汉口江汉关(1882—1931)》,香港天马图书有限公司 1993 年版,第 111、157 页。

③ 〔清〕柯来泰:《救商十议》,《皇朝经世文三编》第三十一卷,第 2 页。

④ 皮明庥、邹进文著:《武汉通史·晚清卷(上)》,武汉出版社 2008 年版,第 314 页。

> 未曾听见过大的茶园。农民起初种植茶叶是为了满足自家需要，后来由于利润可观才追加种植面积。茶叶的种植和配制不讲究任何科学，只是因袭本地既有的粗放经营的陈规。竞争从来没有进入茶农的思维。当印度和锡兰后来证明更适宜茶叶种植时，大型茶园迅速涌现，它们讲究种植的科学性，配制特别精细，并做了大量的宣传。放同样量的茶，印度茶泡出来的茶汁色泽更浓，按大众口味比起含少量鞣酸的中国茶来更胜一筹。与此同时，中国茶的质量却在下降，有的甚至一文不值，以至于本地茶叶的需求也在减少。到十九世纪末，中国只提供了世界茶叶需求量的25%，而七十年代是86%，长期以来要求改善茶叶制作方式的呼声停息了。在对英贸易中茶叶从所占比例的90%下降到12%；在对美贸易中也占这个比例。而同期美国从日本购买的茶叶量却从18700000磅增加到47500000磅。到1907年本地茶叶从1886年的历史性纪录676746担倒退到376954担。这一衰落正好发生在茶叶在国外从奢侈品向必需品转化的年代。1890年前在俱乐部里很少听说"下午茶"，即便在伦敦餐馆里也很难得。十年过后，这已成为一种惯例，茶叶店四面破土而出，但中国从中获利甚微，甚至俄国也把需求转向印度，中国茶叶协会成立就是旨在为中国优质茶叶大造舆论，并努力改善它的地位；这个协会得到了中国政府的支持，并已取得了一些成效，但还谈不上十分显著。①

这里牵涉到许多深层次问题：传统农业社会结构下小农经营，根本谈不上产业化、规模化和科学种植及配制："连岁茶价，往昔售三十余两至四十两一担者，今只售十六两、十七两至十八两，其粗货竟有售至四两、五两一担。在贩运商人，血本全糜，多难再举；间有余力者亦思改图别贸。惟山户小民，终岁栽植辛勤，不获一饭之饱。其故何欤？矧茶树冬槁春荣，时届清明节候，次第萌芽，一到谷雨节，则叶便舒矣。采茶者以愈嫩为愈贵，若多延数日，则叶片已老，便成无用。故采摘必在谷雨节之三五日间，是以植茶之户纵家有数口，亦不能足供采摘，必须

---

① 〔英〕穆和德等著，李策译：《近代武汉经济与社会——海关十年报告：汉口江汉关（1882—1931）》，香港天马图书有限公司1993年版，第78~79页。

添催工人。际此彼此同时,工人又不能贱雇。以近年之茶干头二三春扯计,每斤单秤不及百文,然以四斤生叶始能晒得干叶一觔,除开销摘工之外实已无余。故山户终岁勤劳,不获一饭之饱之情形也。"①"中国茶实际上犹如一个笨重尚可运动的残废人。中国人知道他们能为自己的茶叶找到市场,从而就漠视了普遍公认的等级,加之没有提高质量的科学知识,总体标准越来越低。茶叶复苏的前提必须是政府和农民改变种植态度:前者把它视为一个特别税收项目,后者把这种作物当作子孙继承的传家宝。中国人对剪枝和间苗有一种传统的抵触情绪,不明白不让作物生长过密的原因,相信在一定的面积里,数量越多,产量越高。对茶园征收土地税后使得后一种趋势更加抬头,严重妨碍了茶叶种植面积的扩大,导致农民寻求提高种植密度来扩大收益。茶叶可以通过施肥来提高产量,但如果不间苗,没有用的草木不拔掉,植物就会因枝叶的阻隔失去更多吸收阳光和空气的机会。另外叶片可能会以最有害的方式采撷下来。农民等到植物叶片长丰满后,再去消除各个叶片,削弱了它的再生机能,也损坏了第二、第三次生长枝叶的质量。印度的种植者们通过培育灌木取代破败的植物。灌木栽种后,两年内可以产茶,五年内即可大量采摘。最初摘掉的是花蕾和两片顶叶;日子一久,从树干里滋生出许多新的嫩叶,在环境恶劣的时候,它们就留下来给树干补给养分。这样茶树就可以源源不断地提供市场所需的茶叶。而中国人必须每年栽种一次,这不仅意味着突击性的工作,较少关心,而且可能每株死亡,导致后来的退化。茶叶堆在一块等着晒干,碰到阴雨天,淋湿了即使不发霉,也会失去原来的味道和色泽。种植者们的无能使茶叶失去了往日的繁荣,落到今天这步惨景。"②从营销环节来看,中国商人缺乏商品包装宣传意识和团队意识,政府对茶叶出口不仅没有给予有效的支持,反而征收重税。"咸同年间,申、汉两处所售红绿洋茶,日销日广,售价逐高,当时所定值百抽五之例,每担完出口税银二两五钱,合之售价尚不甚为相左。今日东洋产绿茶,印度产红茶,均免出口税,则又用机器制造,成本甚廉,行销甚广,故中国之茶日形壅滞,无不互相贬价,年甚一年,近来

---

① 《光绪十三年十一月二十三日,江汉关税务司裴式楷申呈总税务司,附录汉口茶叶公所呈报茶市情形节略》,见姚贤镐编《中国近代对外贸易史资料 1840—1895》(第三册),中华书局 1962 年版,第 1473 页。

② 〔英〕穆和德等著,李策译:《近代武汉经济与社会——海关十年报告:汉口江汉关(1882—1931)》,香港天马图书有限公司 1993 年版,第 80~81 页。

各商罢业居多,综合出口茶叶,较之从前销数十绌其四五矣。”①中国茶叶面对国际市场往往是被动的,当国际市场上需求畅旺时,茶叶出口呈现繁荣景象;反之,则由于缺少积极应对措施而一蹶不振,市场机制不建全导致茶叶贸易衰落。

尽管汉口茶叶市场因种种原因由盛而衰,从而成为近代武汉乃至至中国市场转型一个不成功的范例。但是总体而言,晚清汉口市场在较短的时间内基本上实现了适应性转型。加之后来张之洞推行“湖北新政”,鼓励“商战”和外贸出口,使汉口迅速崛起为我国内地最大的外贸大埠。1867—1894 年,汉口年进出口总额由 3100 万海关两增至 4300 万海关两;1895—1910 年,年进出口总额由 4300 万海关两增长至 1.72 亿海关两,增长幅度达 3 倍余;民国初年继续保持增长态势,1920 年为 2.20 亿海关两,1926 年 4.12 亿海关两,较之 1920 年增长了 87.64%。在全国主要外贸大港上海、广州、天津、汉口四个城市的对比中,汉口的位置大多数年份靠前,1865—1885 年 20 年间,汉口在四大港中仅次于上海而稳居第二;1886—1910 年 25 年中,汉口有 8 年仍居第二,12 年居第三:1911—1930 年 20 年中,汉口有 14 年居第二、5 年居第三,其中 1911—1919 年 9 年间一直占据着仅次于上海的第二把交椅。由此算来,在 1865—1930 年 65 年,汉口居全国外贸第二大港地位长达 42 年之久。

汉口对外贸易具有间接性特征,即以埠际转口的间接贸易为主。这一特征的形成与汉口本身所处的区位以及近代中国对外开放的格局有关。当时,航空未兴,铁路初建,中国对外贸易主要渠道是从长江通过上海出口,而上海则通过汉口深入中国腹地取得出口资源和中转国外工业产品,于是形成国外—上海—汉口—内地和内地—汉口—上海—国外这样一种外贸进出口格局,汉口在其中处于一种居间性、中转性地位。“汉口贸易年见繁盛,盖以输运便利也。此地为中国全国之中心,水路四通八达。溯长江则可以直达四川、云南、贵州,溯汉水则可以直达河南、陕西、甘肃,其湖南、江西诸省亦皆舟楫互通,山西、安徽其货物亦莫不汇集于此也,所谓当九省之通衢也。中国内地商务,实以此地为要衢焉。其于外国贸易,除茶叶外,殆无他物,而输入外国品则无非由上海以及各港转接而来也。至其贸易各港,以上海为主,而通于宜昌、九江、芜湖、镇江、宁波等。输出英国及痾德萨、西北利等,而以茶为大宗也。其在内地交通各部,即为湖北、湖

①《商约税则议略》,《昌言报》第一册(光绪二十七年),第 9~10 页。

南、河南、四川、贵州、陕西、广西等省也。日本物产之输汉口,亦属不少,除薄铁板、铜、漆器、药水等外,以海产物为多。即如昆布一类,最属繁盛;次之则为海参、干乌贼、海扇、椎苹、鱼肚、鳝鳍、干虾等类。其输运多先集聚于上海,乃由上海转以轮船而运入口后,由本港向四川、陕西、湖南三道水路以分运各省城。以故货物来往甚多,不亚于上海也。输出品以茶叶为大宗,而桐油、生铜、牛皮、药种、煤炭、信石、烟草、大黄、白蜡等次之。以上各物品亦无非运自云南、四川、山西、河南、湖南等省,而转递各地。其输入之重要品则为阿片、棉花、金币、毛布、金属及各种杂货。据一千八百九十一年新调查,其贸易额则外国输入品有一千零一万九千百二元,内地输入品有九百二十四万九千五百八十元,输出品有二千二百九十九万八千四百四十元,合计有五千九百二十六万七千百二十三元也。”①

汉口对外贸易的间接性在海关统计数据中多有反映。如出口:“下面这几种产品尽管是出口上海,很清楚,它们最终转运到了国外:1895 年锑矿开始外运,是年出口 1008 担;以后逐年增加,1900 年达到 73135 担;第二年减少到只有 55507 担,价值 127187 汉口海关两。1892 年猪鬃出口总量为 2035 担,1901 年上升到 5990 担,价值 232889 汉口海关两。1898 年白鹭毛开始输出,但数量很小,只有 754 担。”关于进口:“那么人们一定想知道某种商品如何在市场上站稳脚跟的。1901 年印度棉纱进口为 248900 担,几乎完全转口到了重庆,留在当地消费的只有 60400 担;同一年日本棉纱进口为 194400 担,只有 8300 担转口,本地消费了 186000 担;1901 英国棉纱进口 3500 担完全用于本地消费。”②

从直接贸易额与间接贸易额总体比较来看,汉口外贸间接贸易特征更为明显。1867 年,汉口间接外贸额(包括经它埠转口进口的洋货、土货和经它埠转口出口的土货)达 30000 万两,而同年的直接外贸额(指经江汉关直接进出口的贸易)仅为 50 万海关两,两者相差 60 倍;1901 年汉口间接贸易额为 1.35 亿海关两,同年直接贸易额增为 3700 万海关两,两者差距倍数虽然缩小为 3 倍多,但差距绝对值却进一步拉大(由 3000 万两增为 1 亿两)。在 1867—1894 年的 27 年中,汉口直接出口的土货值年平均为 503.7 万海关两。而同期出口年均总值是1823万海关两,间

---

① 徐焕斗著,张博锋、尉侯凯点校:《汉口小志》,武汉出版社 2019 年版,第 114~115 页。

② 〔英〕穆和德等著,李策译:《近代武汉经济与社会——海关十年报告:汉口江汉关(1882—1931),香港天马图书有限公司 1993 年版,第 42、40 页。

接出口量是直接出口量的 3 倍多。民国后仍然如此,1924—1933 年汉口内外贸易总额中对国内埠际的转口贸易额为直接对外贸易额的3.7倍。

在近代中国第一轮对外开放的大潮中,尽管武汉开埠也晚,但城市早期现代化的航船却直挂云帆,晚发早至。“自咸丰八年立约与外人开埠通商后,乃由国内贸易市场,一跃而为国际贸易商埠。”①“世之指汉口为九省之会者,决非溢美可知也。其贸易之年额,除上海外,长江沿岸之诸港,无有出汉口之上者。”②独特的区位优势、悠久的商业传统和固有的包容开放的城市性格与特殊历史机缘一拍即合,使汉口迅速脱颖而出,超越广州、厦门、福州、天津等沿海早开放城市,成为与上海一样享有广泛国际知名度的内陆唯一的国际性城市。20 世纪初年,美国观察家以他们独特的眼光,将汉口比作“东方芝加哥”,美国学者罗威廉在其研究汉口的名著《汉口:一个中国城市的商业与社会(1796—1889)》中这样写道:“美国观察家们则逼真地把汉口在国内商品市场上的地位(以及大陆上的位置)同芝加哥对联起来。”③似乎为证明罗威廉此言不虚,1918 年 10 月 18 日,美国《哈泼斯杂志》发表题为《中国的芝加哥》的文章,指出“汉口在全国商品市场上所处的地位,可与芝加哥在美国的地位媲美”。自此,汉口“东方芝加哥”声誉鹊起,蜚声海外。1905 年,日本驻汉总领事水野幸吉在其所著《汉口》一书中说:“与武昌、汉阳鼎足而立的汉水朝宗之处汉口。汉口年贸易额达 1 亿 3000 万两,夙超天津、近凌广东,现今已成为清国第二要港,几欲摩上海之垒。鉴于此,机敏的观察者言:汉口乃东方芝加哥。”④1902—1911 年的《海关十年报告》也以十分肯定的语气说:“汉口是人们普遍公认的中国的芝加哥。”⑤

“东方芝加哥”,一个让人津津乐道的城市品牌,一段使人不断重温的历史旧梦!

(本文原载《文化汉口》,武汉出版社 2006 年版,此次发表做了较大幅度修改)

---

① 陈绍博:《汉口市二十三年国内国外贸易情况》,《汉口商业月刊》1935 年第 2 卷第 10 期,“论文”,第 1 页。

② 徐焕斗著,张博锋、尉侯凯点校:《汉口小志》,武汉出版社 2019 年版,第 104~105 页。

③ [美]罗威廉著,江溶、鲁西奇译:《汉口:一个中国城市的商业与社会(1796—1889)》,中国人民大学出版社 2016 年版,第 25 页。

④ [日]水野幸吉著,武德庆译:《中国中部事情:汉口》,武汉出版社 2014 年版,第 1 页。

⑤ [英]穆和德等著,李策译:《近代武汉经济与社会——海关十年报告:汉口江汉关(1882—1931)》,香港天马图书有限公司 1993 年版,第 95 页。

张之洞“湖北新政”遗产的历史命运[①]

1889年，张之洞调任湖广总督，充当了湖北、武汉地区早期现代化的设计者和实践者的双重角色。他督鄂前后延续18年，以“朝气方新”的姿态，修铁路、办工厂、练新军、兴西学，为武汉现代化打造了一个比较优势突出的高起点。1909年，病中的张之洞对自己在湖北推行“新政”颇为自负：“余历任两湖，于军政学务颇立基础，其一切办理新政有得有失，虽不免有虚耗度支之举，而耿耿寸衷，实堪自问。”[②]的确，张之洞给湖北武汉留下了一笔丰厚的“新政”遗产，这笔遗产不仅张之洞本人“实堪自问”，时人与后人也给予很高的评价。然而，“后张之洞时代”武汉城市现代化进程并没有按照历史的惯性一路凯歌、平稳前行，张之洞“新政”遗产命运多舛，充满坎坷。多年以来，学术界对张之洞“湖北新政”不乏研究，且多有真知灼见。然而，对其“湖北新政”遗产的历史演变，却缺乏系统研究。系统清理张之洞在湖北推行“新政”所遗留下来的成果，研究“张之洞现象”以及“后张之洞时代”在湖北武汉城市现代化进程中产生的深远影响，不仅对于客观地评价张之洞，更重要的是对于探索武汉现代化的历史道路和未来发展，将提供不少有益的启示。

一、丰厚的现代化遗产

几乎从张之洞离开湖北武汉的那一天起，人们对张之洞“湖北新政”的评价就已开始。众口一词，赞誉有加。

《张文襄公治鄂记》是最早系统论述张之洞湖北新政的著作，对张之洞督鄂的时代及环境，兴办教育、改进武备、提倡实业、整顿财政、更新币制、扩展交通、

---

① 本文与宋晓丹合著。

②《张文襄不忘路政之遗言》，《申报》1909年10月17日，第2张第2版。

修筑堤防、交涉维权、创设警察、改良监狱等业绩，以及离鄂后人们对他的纪念等进行了介绍和评论。这部由张之洞弟子、曾任武昌师范大学校长和安徽教育厅厅长的张继煦所作专著，最著名的观点就是"种豆得瓜"论：

> 辛亥革命曷为成功于武昌乎……抑知武汉所以成为重镇，实公二十年缔造之力也。其时工厂林立，江汉殷赈，一隅之地，足以耸动中外之视听。有官钱局，铸币厂，控制全省之金融，则起事不虞军用之缺乏。有枪炮厂可供战事之源源供给；成立新军，多富于知识思想，能了解革命之旨趣；而领导革命者，又多素所培植之学生也……以是之故，能成大功。虽为公所不及料，而事机凑泊，种豆得瓜。

辛亥革命是一次城市革命，有着深刻的城市文化背景。商埠的开放、近代工业的创立、西方近代思想的输入，打破了传统内部循环的商业格局和自闭保守的文化格局，产生了一批现代的商人、实业家和职业知识分子。同时，传统的士绅阶级在分化，人们要求摆脱封建专制政治和传统农业文明的桎梏，追求发展经济的新技术和西方民主制度下的现代城市文明。张之洞在武汉施行的"新政"，改变了武汉传统的功能结构，客观上营造了发生城市资产阶级革命的政治和经济环境。由是而论，"种豆得瓜"也就成为一种历史的必然。

而有趣的是，张继煦还不是"种豆得瓜"论的首创者。辛亥武昌首义刚刚成功，1911 年 11 月 4 日《申报》的一篇名为《意想以外之时局》的文章，在评论张之洞时便与张继煦"种豆得瓜"论有异曲同工之妙："张之洞者，平日以顽固见称，所以举动皆以忠君守旧，为新学派所吐弃者也。不谓其所培养之人才，经营之事业，如湖北军队，如汉阳兵工厂等，均为革命军之预备，使革命力量顿增数百倍于畴昔。"

张之洞弟子李廉方在《辛亥武昌首义纪》中也说："张文襄公督鄂以来，以建设地方振兴国家，实大有造于辛亥起义。最彰著者，旨在作育楚材。"辛亥革命武汉地区革命组织和湖北军政府的很多领导人如吴禄贞、李廉方、刘静庵、张难先、宋教仁、梁钟汉、季雨霖、詹大悲、蒋翊武、孙武、蔡济民、刘公、黄兴、熊秉坤等，都是出自张之洞所办的新式学堂或新军。所以辜鸿铭才有宏论："民国成立，系孙中山与张香涛的合作。"1912 年 4 月孙中山视察武汉时也说了一段意味深长的话:“以南皮造成楚材,颠覆满祚,可谓为不言革命之革命家。”①

在对张之洞的众多评论中,两湖总师范学子、民国时期武汉著名报人蔡寄鸥在20世纪30年代所著《四十年来闻见录》中,以一首道情曲总结张之洞对武汉乃至中国的影响,写得颇为有趣:“笑,笑,笑,笑那孤忠自矢的老香涛,把满清的铁桶江山断送了。你为甚废绿营多把汉兵招;你为甚办铁场(厂)多把洋枪造;你为甚停科举打破读书牢;你为甚兴学堂聘请洋人教? 只弄得晨钟暮鼓连城动,美雨欧风匝地高。种下了革命根苗。”

张之洞督鄂前后近20年,留下的政绩丰富而影响深远。

1.武汉建立了“自相挹注”的近代工业体系,城市功能结构发生了本质蜕变。张之洞督鄂前,武汉除了数家外资工厂外,近代民族工业完全空白。“当三十年前,能预测现今商战之潮流,急谋中流之砥柱,筚路蓝缕,惨淡经营,以作武汉工业之先导者,厥惟张文襄公之洞之功。虽张氏好大喜功,博而不精,然其烛照几先,气魄雄厚,有足称焉。且张氏创办伊始,锐意以振兴工业为己任,造端宏大,不图苟简,如汉阳钢铁、兵工二厂,远采德国之制,诚东亚第一之大规模,他若纱、麻、丝、布四局,虽至今称为武汉第一等大工厂可也。夫民可与乐成,难与谋始,张氏能不避其难,而好为其难,此种魄力,实足以开一时之风气,而树工业之基础。”②近代武汉以重工业为主、轻工业为辅,先重后轻、以轻挹重的工业体系,尽管弊端多多,后人毁誉不一,但毕竟是中国人以自力推进工业化运动的一种有益尝试,武汉也因此成为中国近代工业化运动的摇篮之一,其工厂总数和经济实力的某些指标曾一度超过上海。当时全国官办和官督商办的工厂约46家,其中上海厂家占总数的10.87%,武汉则占24%。武汉的纺织工业仅次于上海,1892年的纱锭总数占全国总数的40.9%,1893年则高达77.1%,一度超过上海。杨铨在《五十年来中国之工业》中对此发表评论说:“……汉口之铁政局,武昌之织布、纺纱、制麻、缫丝四局,规模之大,计划之周,数十年以后未有步其后尘者。”

2.汉口成为全国外贸第二大港,“东方芝加哥”声誉鹊起,蜚声海外。张之洞提倡商战,鼓励出口。张之洞移督湖广的当年,汉口直接对外贸易进出口总额为

---

① 孙中山语,《时报》1912年4月15日,转引自冯天瑜《“辛亥武昌首义”名辨》,《江汉论坛》2011年第4期,第7页。

② 周以让:《武汉三镇之现在及其将来》,《东方杂志》1924年第21卷第5号,第75页。

5581695关两，间接对外贸易进出口总额为37600898关两，到1907年张之洞离开武汉的当年，则分别上升至31683214关两和115071383关两，增长了567.6%和306%。1910年，汉口对外进出口贸易总额更高达一亿五千万两。20世纪的最初几年，汉口对外贸易总额始终占到全国对外贸易总额的10%左右，成为常居第二位、仅次于上海的全国四大通商口岸之一，也是当时唯一可与沿海几大通商口岸城市相匹敌的内地通商口岸。武汉由一个以内陆内部循环为主的传统商业市镇嬗变成面向海外市场、进行国际大循环的国际性通商口岸。清末日本驻汉总领事水野幸吉以欣羡的口吻对汉口的崛起倍加赞誉："与武昌、汉阳鼎足而立的汉水朝宗之处汉口。汉口年贸易额达1亿3000万两，夙超天津、近凌广东，现今已成为清国第二要港，几欲摩上海之垒。鉴于此，机敏的视察者言：汉口乃东方芝加哥。"①

3.武汉成为全国新式教育中心，"文化湖北""文化武汉"异军突起。张之洞大兴新学，武汉成为两湖乃至华中地区的文化中心，彻底改变了明清以来湖北武汉在全国学术界堙没无闻的状况。两湖书院培养的学生，不少成为近代中国的风云人物，如"戊戌六君子"之一的谭嗣同，湖北自立军领袖唐才常，辛亥革命领导人黄兴，曾任民国河南教育厅厅长、新中国成立后任中南教育部副部长的著名数学家李步青（廉方），民初湖北民政厅厅长夏寿康等。两湖文高等学堂出来的孔庚为武汉国民政府时期湖北省政府主席。其他如两湖总师范的毕业生中有民国教育部部长、外交部部长王世杰，湖北教育厅厅长刘树杞，湖北建设厅、教育厅厅长黄昌谷，湖北军政府财务厅厅长李春萱，湖北省民政厅厅长张国恩，以及民国时任湖北省建设厅厅长、新中国成立后任燃料工业部副部长李范一等。这里既有叱咤风云的政治领袖，亦不乏蜚声海内外的学术泰斗，"惟楚有材，于斯为盛"，又一次成为令人骄傲的现实。

4.城市建设开始起步，市政独立初露端倪。张之洞对现代城市功能有某种自觉认识，在他的努力下，光绪二十五年（1899年）3月，夏口厅正式成立。自此，阳、夏正式分治，汉口成为有独立行政权力的城市，它标志着汉口作为一个独立的现代城市终于脱离了传统社会的母体而获得了新生。在张之洞的有效治理之下，汉口华界的城市规划与市政建设开始起步。筑张公堤以扩大旧城区，拟在后

① 〔日〕水野幸吉著，武德庆译：《中国中部事情：汉口》，武汉出版社2014年版，第1页。

湖开辟汉口商埠,并设专门机构马路工程局;拆除汉口城墙,修后城马路;京汉铁路通车后,汉口市区向北扩展;在长江上拟建铁桥连通京汉、粤汉铁路等。汉口的城市空间布局得到根本改观,现代城市格局轮廓初现。

张之洞为武汉城市现代化创造了很高的起点,构建起那个时代现代化的工商、文教、市政、交通立体发展格局。武汉,成为仅次于上海的中国内陆最繁华的国际性大都市,以至孙中山在《建国方略·实业计划》中对武汉未来发展充满信心,将武汉描绘为"沟通大洋"的"大海港",与上海构成"海上双城",作为内地水陆交通孔道的总吞吐口:"武汉者,指武昌、汉阳、汉口三市而言。此点实吾人沟通大洋计划之项(顶)水点,中国本部铁路之中心,而中国最重要之商业中心也。"①

二、人亡政息的历史结局

然而,民国以降,武汉现代化进展缓慢,与在张之洞时代曾站在同一起跑线上向现代化迈进的城市如上海、天津、广州、青岛等相比,武汉的比较优势不再明显,外贸大埠的地位逐年下降。作为城市功能结构骨架的武汉现代工业,除一战时获得短暂繁荣外,一直一蹶不振。张之洞亲手创办的民用实业或歇业,或停产,或退租,江河日下,雄风难再。"凡属官办实业,均足令人生人亡政息之感。"②

张之洞在武汉创建的大型现代企业,以重工企业汉阳铁厂、军工企业汉阳兵工厂和纺织企业集群武昌纱布丝麻四局影响最大。1907 年,张之洞离任赴京。1908 年,承办汉阳铁厂的盛宣怀并合汉阳钢铁厂、大冶铁矿和萍乡煤矿,成立汉冶萍煤铁厂矿有限公司(简称汉冶萍公司),报农工商部注册,一改实行了 12 年的官督商办体制为完全商办。中国历史上首次出现了使用新式机械设备进行大规模生产的钢铁联合企业,同时也是当时亚洲最大的现代化钢铁联合企业。第一次世界大战期间,"列国工厂停顿","该公司供难应求",为汉冶萍公司的"黄金时代"。一战结束后,自 1919 年至 1924 年,汉阳铁厂 4 座高炉和 7 座西门士、

---

① 孙中山:《建国方略》,中国长安出版社 2011 年版,第 123 页。
②《鄂纱布丝麻四局争租之观察》,《申报》1922 年 1 月 22 日,第 8 版。

马丁式炼钢炉相继停产;1925 年,大冶铁厂有当时国内仅有的 2 座日产量为 450 吨的高炉,总共只生产了 26 个月就全部停产。1928 年,萍乡煤矿被江西省政府接管。至此,公司开煤、炼铁两大端已不复存在,只剩下大冶铁矿一处仍在继续生产。受日本资本诱惑,1904 年起,汉冶萍公司反复举借日本兴业银行和正金银行贷款,至 1927 年止,先后借债达 16 批之多。日方明确要求公司以矿产作为抵押。“惟该公司所产之矿石与马丁因借款合同关系,除自用外全系售与日本制铁所,且此项矿石与马丁所售与日本之价颇为低廉,每年亏折为数不赀。”[①]到了 1926 年,大冶铁矿更沦为单纯为日本开采铁矿石的殖民地性质的企业了。

1938 年 12 月,日本侵略者在大冶石灰窑成立“日铁大冶矿业所”,占领大冶矿山,大肆进行掠夺性开采。至 1945 年春,运往日本的矿石达 490 余万吨。供日本八幡钢铁厂冶炼之用。抗战胜利后,“日铁大冶矿业所”和战时未西迁的汉阳铁厂剩余设备由国民政府接收,成立了资源委员会华中钢铁有限公司。1948 年,资源委员会接收了位于上海四川路徒有其名的汉冶萍公司总事务所,经清末、民国两个时期,历官办、官督商办、商办三个阶段,经营时间长达半个世纪的汉冶萍公司遂告结束。

1908 年,湖北兵工厂改名为汉阳兵工厂。在清末,该厂制造各种军械,一切机件皆取偿于德国,其不过承担磨洗、安配、装修形式而已。民国建元后,刘庆恩督办厂务,他几次游历德国,与下属一起逐件研制,改造生产的各种枪炮,到 1921 年基本实现了国产化。汉阳兵工厂的产品七九步枪(仿德国毛瑟枪,口径 7.92 毫米)被称为“汉阳造”,是军工产品中的名牌。该厂的钢铁料来自汉阳铁厂。1916 年,北洋政府整顿海陆军备,“指定汉阳兵工厂为全国制造军械总机关,将上海制造局移并其间,以资扩充。正在勘估地址,着手进行”[②]。而后作罢。1917 年,汉阳钢药厂并入兵工厂,改名汉阳火药厂。

纱布丝麻四局因官款支绌,1902 年起就开始招商承租。首先承租的是粤商应昌公司。至 1938 年止,大维公司、楚兴公司、楚安公司、开明公司、福源公司、公益公司和民生纱厂先后承租。其中,楚兴公司经营时间最长,将近 10 年。民

① 《汉冶萍最近之概况》,《湖北实业月刊》1924 年第 1 卷第 7 号,第 43 页。
② 《创建兵工分厂说》,《汉口中西晚报》1916 年 12 月 5 日。

国成立后,黎元洪认为四局是鄂省实业命脉,主张由鄂人自行办理。[1] 由在汉口的川商刘象羲(刘伟)联合湖北武汉本地及在汉外省籍巨商刘歆生、周星棠等组成楚兴公司,武昌人徐荣廷为经理,川人蒋沛霖为协理。1914 年,第一次世界大战爆发,欧美棉纺织品进口减少,刺激了中国纺织工业的发展。同时国棉输出减少,棉价亦有所下降。大战期间,中国原棉由每担白银 20 两降至 18 两,而 16 支纱价由每件白银 150 两升至 230 两。还有一条重要原因是“湖北尚无他种纱厂发生”[2]。加以 1915 年日本提出“二十一条”的无理要求后,又发生了抵制日货的爱国运动。楚兴公司生产迅速发展,利润激增。1919 年和 1920 年两年的利润,达到 800 万两,十年内获利达白银 1100 余万两之巨。这是布纱丝麻四局的黄金时期。楚兴的盈利引来辛亥新贵“将军团”的觊觎,上演夺取承租权的丑剧。在楚兴公司承租四局合同期限行将届满之时,“即有鄂籍有力军人傅人杰、石星川、蔡汉卿等出面争租于前,京绅周树模、田文烈等委托代表王运孚、李作栋等出面争租于后,几经调停,始决由军人、京绅两方共组楚安公司,向省署承租”[3]。督军萧耀南勒令楚兴公司结束。受军阀势力的严重压迫,楚兴公司只得提前三个月把四局承租权移交“将军团”组织的楚安公司。楚兴公司的股东们用赚取的利润开设了裕华和大兴纺织公司,后发展为武汉本地最大的资本集团裕大华。民生纱厂也断断续续经营了四局近 9 年,由于经营不善,中途因亏损而三次停顿,三次改组,1936 年至 1938 年才逐渐扭亏为盈。其他承租者大多不尽人意,有的甚至根本没有开工。

1938 年抗战军兴,湖北武汉沦陷。国民政府将汉阳铁厂、大冶铁厂和大冶铁矿等厂矿的部分设备运往重庆大渡口另建新厂,成为抗战期间规模最大、设备最全的钢铁厂。汉阳兵工厂大部分迁往重庆江北鹅公岩建立机关枪厂,成为军政部兵工署第一兵工厂。原汉阳兵工厂制造步枪子弹的一部分,迁至湘西辰溪南庄坪,这一部分后来并入第十一兵工厂。湖北省政府也收回纱布丝麻四局,改名为湖北织布官局,只拆迁了一万锭子运往陕西宝鸡,被日本战机炸毁一半,剩下的五千锭子后与他方合作组成咸阳纱厂开工生产。这些企业从此远离了武汉。

布纱丝麻四局还有一个直接衍生的重要机械企业,就是今日武昌造船厂的

---

① 参见《湖南实业杂志》1912 年第 1、7 期。

②③《鄂纱布丝麻四局争租之观察》,《申报》1922 年 1 月 22 日,第 8 版。

前身——湖北省建设厅武昌机械厂。1934 年承租四局的民生纱厂停工停租时，实际上纱丝麻三局机器已不能生产。“丝局已成一堆废铁，绝无恢复的可能；麻局亦难恢复；纱局现正计划恢复。”[①]1934 年，省政府建设厅以原纺纱官局为厂址，接收了纱局电机房及纱布丝麻四局适用的机器设备，组建武昌机械厂，修理省航政处汉冶萍轮驳事务所所管船驳、航轮及添造船坞，这是湖北省最早的官办机械厂。1936 年 8 月将江汉造船厂并入，更名为武昌修船厂，改由省航业局领导，抗战期间西迁万县，抗战胜利后迁回武昌，1945 年 11 月 2 日定名武昌船厂。1953 年 1 月正式改名为武昌造船厂。

民国时期，张之洞在武汉创办的纺织工厂的地位，被由民族资本创立并逐渐发展壮大的裕大华纺织公司、武昌第一纺织厂、震寰纺织公司、汉口申新第四厂等四大纺织厂所取代。但张之洞为武汉成为华中地区纺织业中心，乃至全国重要纺织基地之一奠定了基础。除了上述大企业之外，还有一批民用工厂是张之洞在离任前夕创办的。这批工厂分为两类，一类是手工工厂，如武昌模范工厂和汉口贫民大工厂。另一类是近代企业，它们是 1907 年创办的造纸厂、针钉厂、制革厂、毡呢厂、官砖厂等。1922 年《申报》的报道中，提到张之洞创办的这些民用企业，只能用一种无奈的口吻来指出：“毡呢厂、造纸厂、制革厂等，早经停闭，不独毫未收益，并且耗去保存修缮费万余元，其他如汉阳红砖厂，仅能维持现状，针钉厂闻已退租。凡属官办实业，均足令人生人亡政息之感。”[②]

到 1932 年，张之洞开办的“大小厂二十处”，“现仅十一处”，包括纱布丝麻四局在内，“且多破败难于恢复”。汉阳湖北省官砖厂靠恒泰公司从 1931 年起向省建设厅标租和新建几窑生存下来，该公司产品销路，除武汉外，以南京为主。到 1948 年，砖每一万块照市价约值金圆券 330 元，瓦一万块约值法币 1800 万元，均不够成本。[③]

在张之洞的倡导和建构下，晚清武汉工业在全国占有举足轻重的地位。据统计，1895—1913 年，全国共设厂矿 549 家，资本投资总额为 120288000 元，其中，武汉设厂矿 28 家，占 5.1%，资本总额为 1724 万元，占 14.3%，占比仅低于上

---

① 《省有各工厂，全部产业值千余万》，《汉口中西报》1932 年 8 月 19 日，第 8 版。

② 《鄂纱布丝麻四局争租之观察》，《申报》1922 年 1 月 22 日，第 8 版。

③ 《湖北省公营事业监察委员会工作报告》（1948 年 6 月至 11 月）第 16 页，武汉市档案馆藏档案，资料号：bB4/11。

海而远远超过广州、天津等大城市。[①] 这个统计数字还远不能反映近代武汉工业发展全貌,有人详加考订,认为辛亥革命以前,武汉创设的民族资本主义工厂即有 120 多家,到 1936 年,武汉共有工厂 516 家,资本总额 5148.66 万元,年产值 18851.76 万元。[②] 其中轻工业在轻重工业中,工厂数占 76%,资金占 68%,年产值约占 90%。轻工业中纺织和烟草工业占主导地位。资本额为纺织工业占第一位。从武汉一地来看,工厂总数大大超过张之洞时代。但武汉工业在全国的地位,在民国时期却逐渐下降。前述武汉纺织业,在张之洞时代曾居全国第二位,仅次于上海。但 1930 年后,这个位置逐渐后移。1934 年产纱 9.3 万包,布 99 万匹,降至全国第八位。无怪乎有人发出这样的慨叹:“反观今日武汉工业,仍迟滞不进,坐见外货输入日增,利权外溢,更令人不能不追念文襄而生今无其人之叹也! 张氏手创之工厂,有汉阳钢铁厂、兵工厂、针钉厂,武昌纺纱、织布、制麻、缫丝四局,玻璃厂、纸厂、造币厂、毡呢厂、制革厂等是也。迄今三十余年来,三镇工厂百余,无非张氏提倡之功。张氏若在,当不止此矣。”[③]

武汉现代工业状况如此,对外贸易的发展也不尽人意。20 世纪 20 年代后,武汉对外贸易额在全国主要通商口岸城市中的排名不断下降。1910 年至 1917 年,汉口直接对外贸易额仅次于上海,居全国对外贸易大埠的第二位。第一次世界大战之后,汉口直接出口贸易额逐步落到天津、大连、广州、青岛等沿海城市之后。1918 年后逐年下落至第三位以后,1921 年后在第五至第七位徘徊,个别时候甚至落到第十位。[④] 如 1936 年,汉口的对外贸易额占五大商埠(上海、天津、汉口、广州、青岛)的末位,上海高达 90400 万元居首位,青岛 10200 万元居中,而汉口仅 4500 万元。

自两湖书院创造了近代湖北武汉教育高峰后,民国时期,武汉虽然有武汉大学这样的全国著名高等学府,但从总体上而言,20 世纪前半叶湖北武汉在两湖、

① 汪敬虞编《中国近代工业史资料(第二辑 1895—1914 年)》(下册),科学出版社 1957 年版,第 654 页。

② 含官办及部分国外资本创办的工业。见湖北省政府秘书处统计室《湖北省年鉴》(第一回),1937 年 6 月版,第 291 页。

③ 周以让:《武汉三镇之现在及其将来》,《东方杂志》1924 年第 21 卷第 5 号,第 75~76 页。

④ 参见张克明《汉口历年来进出口贸易之分析》,《汉口商业月刊》1935 年第 2 卷第 2 期,“论文”,第11~12页。

华中以及全国的文化教育地位已大不如晚清。诚如张继煦所指出:“惜乎后来者乘可为之势,未能赓续前规,随时演进。数十年间,文化衰落,凡百退转,仅余残破之建筑物,供后人之凭吊,亦非公(张之洞)所及料也。”①

三、引人深思的“张之洞现象”

“后张之洞时代”武汉城市现代化所面临的这种尴尬局面,曾令时人颇为费解:为何后来者未乘可为之势,赓续前规,随时演进,使武汉现代化事业有所作为? 个中原因,确乎耐人寻味。

原因之一,全国交通格局的变迁,使武汉在“后张之洞时代”失去了独特区位优势。

“时势造英雄”,客观交通环境成就了张之洞的“新政”大业。张之洞所处的时代,内河航运正从木船运输向轮船运输过渡,武汉处在“九省通衢”、两江交汇的独特地理位置。特有的空间布局和交通格局,形成汉口在中国内陆与世界交往的独特枢纽地位。1906 年,联系华北与华中地区、以汉口为南端的京汉铁路建成通车,促使华北南路(河南省)迅速转入汉口商圈,“河南各地之货物固集中于汉口。当 1904 年汉口输出不过七百四十万两,至 1910 年增至千七百九十万两”,大大促进武汉进出口贸易的繁荣发展。进入民国特别是 1928 年以后,交通格局发生了较大改观,“陇海通达西安,陕甘之宝藏流入徐海;郑州握四方交通之枢纽,中州之贸迁遂不一其途;株韶接轨,三湘货物南入百粤;沪渝直航,黄鹄大别之间已无行人憩足矣”②。随着陇海、粤汉铁路全线开通,武汉由中国腹地铁路运输的终点一变而为过境站。属于汉口传统商业势圈,并以水运及粤汉铁路全线开通前的湘鄂铁路段与武汉保持密切联系的湖南省,通过新的陆路运输通道大大加强了与华南大埠广州的联系。原来受汉口市场辐射的甘肃、陕西、河南等省份亦逐渐脱离与汉口市场的紧密联系而直接与沿海大埠发生关系。随着轮运

① 张继煦:《张文襄公治鄂记》,湖北通志馆,1947 年版,第 7 页。

② 李敦之:《从铁展会平汉粤汉两路沿线物产报告中观察汉口地位》,《汉口商业月刊》1934 年第 1 卷第 7 期,“论文”,第 2 页。

技术的改进,武汉上游的沙市、宜昌、重庆等口岸逐渐越过武汉直接与上海发生贸易往来。武汉“二传手”的转输贸易地位发生了变化。历史上交通格局改变致使城市衰退甚至堙没的例子屡见不鲜,对武汉的消极影响是显而易见的。武汉经济傲立全国头排的风光从此不再。“九省通衢差不多已成了过去的名词……并不像从前一样,西部、西北部以及西南部各省出口的物品,均须以汉口为唯一之集散地。”①

武汉区位与商业优势地位的逐渐丧失,引起武汉商、学两界一些有识之士的深深忧虑。1934 年的汉口市商会第四次代表大会上,甚至有同业公会提出“为挽救武汉衰落,请大会促成‘建设汉口为国内自由市’主张,呈请国府俯察大势即予采纳实施”的提案。其后,包括武汉大学著名学者王星拱在内的仁人智士一再撰文鼓吹“建设武汉为中国工商业中心”和“自由市”(Free Port,即免税口岸)。然而事不随人愿,这一建议未被当局采纳。到 1936 年,武汉商家发出惊呼:“汉市商场之危机已至最严重之时期。”“其原因除由于普遍的不景气,无法可以避免外;实由于国内交通年来长足的发达进展,致汉市失去过去重要的地位者居多。就陆路言,以前豫陕产品之出路,多由平汉路运达本市,再由本市轮运赴沪;现在北方产品则由陇海路转运上海,将来连云港成,更可直接由海州出口。就水路言,过去上海运输内地货物,以及川湘黔产品求出路者,均赖本市为集散地,今则皆可直运。是若干交通线,过去为本市营养线者,今则反戈成仇矣。”②

原因之二,动荡的政局和接连的灾害,使“后张之洞时代”武汉现代化建设缺乏相对稳定的发展环境。

张之洞主政湖北前后近 20 年的时间,湖北虽然也曾发生过数次水灾,但并没有对省城武汉造成直接威胁,张之洞以其雄才大略,采取得力措施将灾害的损失减少到最低程度。更为难得的是,包括湖北武汉在内的南方地区亦无大的战事发生。1900 年前后义和团运动爆发,张之洞与刘坤一通过“东南互保”,使长江流域成功地规避了一场战乱。而“后张之洞时代”,天灾人祸不断,武汉始终处在战争和灾难的漩涡中。辛亥革命时期,冯国璋一把大火使汉口繁华商场变瓦

---

① 涂文学主编《武汉老新闻》,武汉出版社 2002 年版,第 352 页。

② 尚志:《读本刊“第五次会员代表大会辑要”后》,《汉口商业月刊》1936 年新第 1 卷第 3 期,第 37 页。

砾,于是富商大贾、遗老显宦纷纷潜身租界,力为己谋。“而汉口租界范围狭小,不足供其展布,乃相率远避津、沪,不但视为立命安身之所,财富聚集,亦咸以租界为护符。在前有人视汉口为东方芝加哥者,迄今不觉瞠乎其后,从不敢望津、沪之项背。而汉口地处中心,四面楚歌,南北政变,在所必争,干戈频年,饥馑时至,富商大贾谁肯投入较大的资金呢?故辛亥以后,津、沪均有长足进展,而汉口则误于民国初年商场建筑的举棋不定,影响了商业的发展。”①

辛亥革命后,湖北政局一直不稳,王占元祸鄂、北伐战争……民初十五六年间,武汉成为战事多发区。本来1928—1938年是国民党政府的黄金时期,全国局势相对平稳,而湖北武汉却不得不面对蒋桂战争、1931年和1935年大水灾、1938年“保卫大武汉”。抗战胜利后,蒋介石发动的全面内战又接踵相随。屈指算来,从辛亥到1949年新中国成立前夕近40年间,武汉很少有时间是在安定平稳之中度过的,没有多少可供建设发展的和平环境。

动荡不安的局势直接打击了张之洞“新政”遗产。阳夏战争时,汉阳铁厂高炉严重受损,全厂停工数月;北伐战争中,湖北制麻局“细麻机厂,受军事影响,机件全部毁损”②。武汉钱业,因张之洞创设之官钱局与银元局以及近代工业促使商业发展而繁盛,到1922年,“汉口钱庄同业,有一百五十二家,为钱业极盛的时代”③。但到了武汉抗战前夕,“汉市钱业,因历来受时局变动之打击及银行勃兴之影响,近年以来,业务一落千丈,无复十五年以前之繁荣”,1937年仅存28家④;更有如王占元在湖北督军任内挪用湖北官钱局九百余万官票,动摇省财政,损坏官钱票信誉之类的事发生。又如张之洞创办的手工纺织企业——汉口贫民工厂,“全盛时期,曾开机400余乘,容纳工人800余”。及至武汉国民政府时期,“全厂生产额锐减,工作几形停顿。加以机器损坏,资本削蚀,货料废置,遂使该厂一蹶不振”⑤。1937年7月版的《汉口商业月刊》上介绍,武汉机制红砖瓦业,以张之洞所创湖北官砖厂为肇始,“在民国十五年以前,武汉之红砖瓦厂即以继

---

① 扬铎:《武汉建国前经济略谈》,政协武汉市委员会文史学习委员会编《武汉文史资料文库》第三卷《工商经济》,武汉出版社1999年版,第25~26页。

②④《汉口商业月刊》1937年新第2卷第5期,第38、14页。

③ 迈进篮:《汉口金融业之过去与现在》,《汉口商业月刊》1935年第2卷第9期,“论文”,第23页。

⑤《整顿贫民大工厂经过概状》,汉口特别市社会局1929年编《汉口特别市社会情况调查》,武汉市档案馆藏档案,资料号:bC11/6。

续增开至九家之多。其中官办之厂有二,商营者有七也。后因历次政局变动,官厂停闭,现在仅存商营者七家而已”①。抗战时期,武汉三镇沦陷日寇之手 7 年,57%的原有企业拆卸主要机部件西迁长江上游建厂,战后也没有运回,汉阳铁厂、汉阳兵工厂、四局改组的湖北织布官局等皆如此,加上日军飞机轰炸及中国军队主动将部分未迁走的厂房设备炸毁,武汉企业损失 70%以上。这对武汉工业是个毁灭性的打击。全面抗战前,武汉有纱锭 273000 枚,1947 年仅恢复至 101104枚,不及战前半数。至 1946 年底,武汉大小棉纺织企业关闭了 75%。②

自然灾害影响亦是如此。张之洞离任后的武汉连遭水灾,1908 年汉水泛滥,武汉三镇湖乡颗粒无收,城内米粮菜蔬腾贵,食盐每斤加价 4 文。1909 年,60 年仅见的大洪水,使全省上百万灾民无家可归,商业萧条,大量灾民涌入武汉,由于粮价飞涨,湘米禁运,不得不从国外大量进口大米。③ 1931 年百年一遇的大洪水,使武汉三镇皆成泽国,各工厂全部遭灾。武汉本地灾民 40 余万,长江沿线灾民无数。1931 年大水后,四局中的制麻局全面停产。自然灾害不仅造成原棉减产而使企业不得不高价购买进口的美国棉花,而且造成农民破产而购买力下降,加上日本纱、布倾销,三重压力迫使武汉纺织企业纷纷裁员,甚至酿成工潮。至 1933 年,武昌震寰、一纱和承租四局的民生三大纺织厂都没逃过停产之劫。1934 年,“华中诸省,由于旱灾蔓延,顿呈悲惨痛心之景象,尤以湖北为最”④。1935 年汉江大水,汉江沿线平原茫茫如海,全省嗷嗷待哺的灾民 700 余万。由于灾害接连不断,加之 1929 年至 1933 年世界经济危机的影响,严重打击了湖北武汉的经济。20 世纪 30 年代,汉口“市场萧条,商业凋零,要皆受内地农村崩溃之影响,及世界不景气浪涛之打击”⑤。自然灾害是对政府入不敷出的财力的挑战,赈灾救济增加了政府与工商界双方的压力,也制约了经济的发展。

原因之三,“张之洞现象”——“湖北新政”人治化、权治化而非制度化取向所带来的负面效应。

---

①《汉口商业月刊》1937 年新第 2 卷第 7 期,第 13 页。

②《武汉概况》,书报简讯社 1949 年 4 月编印,第 235~239 页。

③ 徐凯希:《清末湖北水患与张之洞的洋务运动》(未刊稿)。

④ P.C.Kuo:《由湖北旱灾说到全国工业化》,爱庐译,《汉口商业月刊》1934 年第 1 卷第 12 期,“论文”,第 19 页。

⑤ 汉口市商会商业月刊社调查部:《武汉之工商业》(二十七),《汉口商业月刊》1937 年新第 2 卷第 1 期,第 19 页。

运用权力的杠杆启动现代化事业的巨轮,是集权国家的一种共有现象,中国、日本、俄国早期现代化运动大多如此。张之洞正是这种特殊时代的幸运儿,“湖北新政”亦即这种特殊时代的特殊产物。时势造英雄,英雄造时势。张之洞以其超凡的见识与过人的能力,创造了武汉崛起的奇迹。张之洞与“湖北新政”成为一个历史名词屡屡被后人提及,形成了一种独特的历史现象——“张之洞现象”。

“张之洞现象”的本质是社会转型时期及现代化进程中“人治”“权治”与“法治”亦即“个人权力化”与“制度化”价值取向相融与冲突的典型现象。由于现代中国的社会转型一直没有完成,因此依靠个人权力和个人魅力推动现代化作为一种社会现实长期存在。正是在这样的社会背景下,“张之洞现象”有了产生环境和存在的依凭。张之洞的幽灵游荡在20世纪的史书和人们的心灵之中,他是史家笔下的“伟人”,官吏们效法的楷模,百姓心目中的“偶像”。长期以来,张之洞被一种光环所环绕,以致“张之洞现象”的负面效应为人所忽略。民国时期,武汉比较优势的丧失,使人们生发出张之洞开创的城市现代化事业“前无古人,后无来者”的喟叹。人们在感叹之余更加怀念和崇敬张之洞,但却很少从张之洞那儿去探寻“后无来者”的复杂原因。诚然,将武汉比较优势风光不再的原因一股脑儿地推到张之洞身上有苛求古人之嫌,但是,由于张之洞是主持一方政务的封疆大吏而非一般平民百姓,由于“湖北新政”不是一种传统的政治行为和个人行为而是对区域乃至全国发展具有转折意义的政治——社会事件,因此张之洞的“人治”“权治”与“非制度化”对20世纪前期武汉现代化进程的某种“断裂”负有不可推卸的历史责任,就应该是情理之中的事。

“张之洞现象”对武汉现代化发展的负面效应体现在多个层面:首先,在观念层面,由于张之洞的典型示范效应,湖北武汉人对地方要员主持与推动地方现代化事业的期望值过高,对现代化体制在现代化进程中的作用估计不足,甚至认识模糊。加之“后张之洞时代”缺乏张之洞这样的“能臣”。如民国时期湖北武汉的主政官员走马灯似的轮替,而且大部分主政者,要么是军阀如段祺瑞、段芝贵、王占元、萧耀南之流,要么是政客如夏寿康、杨永泰、何成濬之辈,这些人成天热衷于权力之争,哪有心思搞建设。虽然也有像刘文岛、吴国桢这样一些留学欧美、日本,具有西方现代化城市建设思想的实干家当政武汉,其身边也聚集了一批留学海外的市政专家如吴国柄、董修甲等,在一段时间里对武汉的现代化建设有所贡献。但他们身处蒋介石专制统治的新集权政治环境之中，权力有限，而且也缺乏张之洞那样纵横捭阖的政治智慧，并且在任时间都很短，虽然政绩不凡，但如耀眼流星，人在政在，人走政息。人们在谴责这些封疆大吏的昏聩与无能的同时，只是流于对张之洞人格魅力的感性怀念与敬仰，而对现代化制度体系的理性探求却不甚了了。

其次，在具体的制度建构层面，包括现代化政治保障机制、市政管理体制和企业运行机制等各个层面，张之洞作为一个传统的封建官僚，囿于“中体西用”理念，根本无心构建。张之洞过分相信个人能力，“权利崇拜”在他那儿表现得十分突出，因此他无意于建构排除个人权力影响痕迹的“法治化”的现代政治体制，迷信个人魅力与个人能力、个人权力，充分体现了转型时期集权观念的传统局限。其实，在现代市场经济条件下，个人权力运用自如的土壤已不复存在，权力受市场规律所制约。个人魅力对现代化事业延续与发展的影响远不及制度与法制那样持久和有效。个人魅力是道德的、自省的、自律的，而制度和法律则是强制的、他律的。张之洞作为武汉早期现代化的开拓者，不仅未能建立一套旨在规范和引导行政官员领导现代化事业的政治体制，反而身体力行维护和强化“人治化”的封建体制，使现代化的发展与延续失去了政治保障，“人走政亡”也就势所必然。

武汉自相挹注的现代工业体系是张之洞“湖北新政”的得意之作，但张之洞用衙门的作风治理现代企业，对现代企业制度懵然无知。他不懂经济规律，相信行政权力的无所不能，将专制权威贯穿于企业管理制度体系之中，使封建之“体”牢牢控制现代工业之“用”。现代化企业管理体制在张之洞所办企业里始终难产。其结果，张之洞“湖北新政”在其他领域成绩斐然，企业业绩却乏善可陈，民国以后亦发展不佳。除环境使然外，张之洞无视现代企业制度建设，实在难辞其咎。

原因之四，码头城市的城市性格阻滞了现代化的进程。

武汉地处长江、汉水交汇之区，便捷的水运四通八达，使“汉口不特为楚省咽喉，而云贵、四川、湖南、广西、陕西、河南、江西之货，皆于此焉转输”①的中转

---

①〔清〕刘献廷撰，汪北平、夏志和点校：《广阳杂记》，中华书局1957年版，第193页。

商贸市镇,在善于经商的徽州人眼里,是"天下货物聚买第一大码头"[①],有"汉口为船码头,镇江为银码头,无锡为布码头"之说[②]。所谓"船码头",形象道出汉口为华中、西南、西北诸省水运中心的地位。因此,曾以经营盐业往来于淮扬楚蜀之间并长期寓居汉口的浙江人范锴说,"汉口东达吴会,西通巴蜀,是以瑰货方至,繅贿纷陈,鬻良杂苦,既引既迁"[③],"兹汉镇人烟数十里,贾户数千家……千樯万舶之所归,货宝奇珍之所聚"[④]。道咸年间,汉口港泊船数常不下二万四五千艘,"载货物码头则有二十余处,所有船舶俱湾泊港内,舳舶接街,殆无隙地,仅余水中一线,以为船舶往来之所也"[⑤]。1861 年汉口开埠后,随着外国航运企业的进入,汉口不仅成为长江与汉水的内河转口港,而且成为通达国际的直接输出港。19 世纪晚期先后有 9 个国家在汉开辟了国际航线。江汉关统计报告显示,1882—1891 年十年间,进出汉口港的船只 23500 艘,总吨位达 100 万吨,运送旅客 165000 人次。20 世纪初,汉口作为国际贸易港口城市地位进一步加强,仅 1910 年进出汉口港的轮船即达 4000 余艘次,载货总重量达 500 多万吨。1919 年美国出版的《中国商业手册》认为,"长江是一条贸易河流,使汉口成为中国主要的出口港之一"[⑥]。汉口的水运枢纽区位优势,形成了转输——中转贸易的商贸优势。明末清初的汉口便是两湖淮盐分销、漕粮转运及农副土特产贩运的中心。"货到汉口活",一个"活"字,活脱脱地道出汉口作为码头城市的这种"转输"优势。也正是这种商品"转输"优势,使清初以来汉口商人热衷于从事"二道贩子"式的买卖。他们头脑灵活,善于收集和甄别信息,对市场行情反应灵敏,悟性很高,接受新事物快,热衷于投资少、见效快的商业短期行为,急功近利,喜欢做投机买卖。重商业轻工业,对投资额大、周期长的工业生产投资缺乏兴趣。这方面刘歆生可算作典型代表,其人热衷于做买卖地皮、房产等投机生意,有"地皮大王"之称,虽然也办了一些企业,但规模很有限。因此,本地商人很少有实业家,

---

① 〔清〕吴中孚:《商贾便览》卷三,清道光二年(1822 年)三益堂刻本,"各省物产",第 46 页。

② 〔清〕黄卬:《锡金识小录》卷一,第 7 页。转引自王振忠著《明清徽商与淮扬社会变迁》,三联书店 1996 年版,第 98 页。

③ 〔清〕范锴著,江浦等校释:《汉口丛谈校释》卷二,湖北人民出版社 1999 年版,第 76 页。

④ 〔清〕范锴著,江浦等校释:《汉口丛谈校释》卷三,湖北人民出版社 1999 年版,第 138 页。

⑤ 日本参谋部:《东亚港志》第五章。

⑥《中国商业手册》(英文版),美国华盛顿 1919 年 8 月版,第 138 页。武汉市档案馆藏档案,资料号:bL2/1。

从传统商人(单纯贸易)到近代商人(工商兼备)的转型,至少在晚清时的武汉没有完成。

汉口商人的这种“小精明”令张之洞非常头疼。张之洞投资工业劝募资本,就受到本地商人的抵制。其实张之洞在武汉办大工业时也想在“官办”之外寻找他途。早在汉阳铁厂建厂之初,张之洞在给李鸿章的信中就有“至经久之计,终以招商承领,官督商办为主。非此不能长久”①的看法,无奈汉口商人“力微识近,大都望而却步”②。张之洞本人对汉口商人种种陋习深有体会:“中国商贾积习,识陋见少,亦思依仿新式,办运新货,而偷减工料,货质全非……甚有招集股份,意存诳骗。”③“华商陋习,常有藉招股欺骗之事,若无官权为之惩罚,则公司资本无一存者矣。机器造货厂,无官权为之弹压,则一家获利,百家仿行,假冒牌名,工匠哄斗,谁为禁之?”④这些“偷工减料”“意存诳骗”“假冒牌名”“工匠哄斗”,无一不源于码头文化急功近利、钻营投机、为牟取暴利不惜坑蒙拐骗等种种劣根性。张之洞时代武汉工业模式不是“官督商办”和“官商合办”,固然是其“官本位”封建观念作祟,但汉商因其固有的行为方式和文化性格,对近代工业化运动缺乏积极响应,应该是根本的内在因素,结果,张之洞在武汉无商可招,只能官办。即便有响应者,也并非本籍商人。如承办汉阳铁厂的盛宣怀属上海集团;最初承办纱布丝麻四局的是在汉口做生意的广东茶叶商韦紫封和其同乡、汉口汇丰银行买办邓纪常,民国初年承办四局的主要出资人刘象羲是长期在汉做生意的四川人,其个人出资占承办总额的一半。故张之洞说:“惟汉口之商,外省人多,本省人少。”⑤晚清至民初,武汉一些知名企业家,外省籍人亦占很大比重,如既济水电和燮昌火柴厂的创办人宋炜臣、汉口申福新的李国伟等是下江商人。土著商人投资兴办现代工业企业的凤毛麟角。清末日本驻汉总领事水野幸吉在《汉口》一书中记述:“如汉口等之大商业地,其有力之商人,大概为广东、宁波人,而湖北之土人,却不过营小规模之商业,工业颇幼稚。锻冶、染业、木工、石匠、

---

① 《张之洞致李鸿章函》(光绪十八年十月十五日),陈旭麓、顾廷龙、汪熙等主编,朱子恩、武曦、朱金元编《盛宣怀档案资料选辑之四·汉冶萍公司(一)》,上海人民出版社1984年版,第30页。

② 张之洞:《铁厂招商承办议定章程折》,《张文襄公全集》卷四十四,第3页。

③⑤ 李宗棠:《湖广总督张之洞遵拟汉口试办商务局折》,《李宗棠文集奏议辑览初编》卷十三,黄山书社2016年版,第421、422页。

④ 张之洞:《清末民初文献丛刊·劝学篇》,朝华出版社2017年版,第52页。

职物业、家具制造业等，犹不免于用手工。”这种实力的对比，也反映在商会的组成上。辛亥革命前汉口总商会各届议董外省籍占70%左右。其中浙江、安徽籍商人各占到30%左右。

尽管武汉商人实力不济，陋习多多，但是张之洞能以其宏大的气魄，减少和消弭其对近代工业化运动带来的负面效应。他以官办的体制和形式大力兴办工业项目和开展市政建设，使武汉的近代工业从无到有，从小到大，使武汉成为近代中国重要的工业基地。而后继者既没有张之洞时代那种有利于个人权力自如运用的体制与环境，亦缺乏张之洞那种纵横捭阖的雄才大略，不能降解区域文化对现代化的阻力，加之民国城市政府职能转变，主要负责城市建设与管理，直接插手企业事务的行为渐少，以权力控制和左右地方经济的能力下降，民间投资办厂经商成为主流。这种经济发展格局，更需要市场经济的主体——商人、企业家的现代经济意识与文化意识的自觉。惜乎武汉商界的这种自觉意识并没有与时俱进，传统码头文化的劣根性依然故我。其结果是不仅直接影响武汉工商业的发展，而且波及现代化发展的其他领域。

（原载《江汉论坛》2003年第8期）

张之洞“湖北新政”流变考论[①]

一、张之洞在武汉开办的实业及其在民国的演变

张之洞在武汉建立近代化工业基地，三镇布局分工明确。汉阳是大型的重工业和军工基地，计有汉阳铁厂、汉阳兵工厂等；武昌城是军民用轻工业——近代纺织基地，计有纱、布、丝、麻四局等。此外，还在三镇创办了一些规模较小的民用工业，如汉口的贫民工厂，汉阳的针钉厂、官砖厂，武昌的模范工厂、造纸厂、制革厂、毡呢厂等。

（一）汉阳铁厂（汉冶萍公司）的兴衰

汉阳铁厂是张之洞在湖北武汉地区建立的第一座近代钢铁企业。光绪十六年四月十六日（1890 年 6 月 3 日）张之洞委蔡锡勇为总办，在武昌三佛阁成立湖北铁政局。光绪十七年（1891 年）汉阳铁厂基建正式动工，由英人设计和监工，建造了炼生铁厂、贝色麻钢厂（即转炉炼钢厂）、马丁钢厂（即平炉炼钢厂）、造钢轨厂、造铁货厂、炼熟铁厂 6 大厂和机器厂、铸铁厂、打铁厂、造鱼钩钉（铁路用连接件）厂 4 小厂，引进英国谛塞德公司和比利时科克里尔厂日产生铁 100 吨的高炉 2 座等设备。继汉阳铁厂的建造后，张之洞在大冶兴办铁矿供应铁厂之需。但由于不懂业务，引进与资源不配套的设备，给汉阳铁厂造成的惨重损失，又是张之洞所始料不及的。

光绪二十二年四月十一日（1896 年 5 月 23 日）汉阳铁厂改为官督商办。张之洞上奏清廷保荐盛宣怀接办。1898 年，盛宣怀在江西开设萍乡煤矿，合为汉阳铁厂化铁之用。1904 年，奏派汉阳铁厂总办李维格出洋考察炼钢新法，发现旧用

---

① 本文与宋晓丹合著。

酸法炼贝色麻钢与含磷太重的大冶铁矿石不合,需用碱法去铁中之磷。遂引进碱法马丁炉炼钢,废弃贝色麻法。1905年,建设新钢厂,并策划汉阳铁厂内开始建第三、第四大化铁炉。1908年,新钢厂落成。

到张之洞离任的1907年,汉阳铁厂铁年产量达到62148吨,大冶铁矿砂年产量达174612吨①,萍乡煤矿煤年产量621000吨。②

经十余年的发展,官督商办的弊端愈来愈明显地暴露出来。正如严复所说,官督商办只不过"盗西法之声,而沿中土之弊","糜无穷之国帑,以仰鼻息于西人","无一实效之可指"。③ 因而难以取得民族资本家的信任,入股者寥寥,致使汉阳铁厂缺乏足够的资金。

1908年合并厂矿,经清廷农工商部注册,成立汉冶萍煤铁厂矿有限公司(简称汉冶萍公司)。自此,中国历史上首次出现了使用新式机械设备进行大规模生产的钢铁联合企业。它集勘探、冶炼、销售于一身,"兼采矿、炼铁、开煤三大端。创地球东半面未有之局"④。"大冶之铁,既为世界不可多觏之产,而萍矿又可与地球上著名煤矿等量齐观,是汉冶萍不独为中国大观,实世界之巨擘也。"⑤

1908年汉冶萍公司成立,改官督商办为完全商办后,招集新股1300多万元,部分地解决了资金短缺问题,三大厂矿生产规模逐年扩大。到1911年以年产量计,汉厂产钢38640吨,萍矿产煤(煤炭、焦炭)780014吨,冶矿产矿石359467吨。而此时,汉、冶厂欠下内外债银17638600两,萍厂欠银更达6769000余两,三厂合计共欠内外债银24407600两(股本不算在内),其中汉冶两厂主要是欠日本银行借款,达11389800余两之多⑥。1911年,"武汉起义,厂矿适当其冲,工作全停,炉座毁坏,材料损失不可胜数。溯自宣统三年八月停炉后,直至民国元年阳历十一

---

①《中国铁矿志》下册,第399页、第209页。见冯天瑜、皮明庥等编《武汉近代(辛亥革命前)经济史料》,武汉地方志编纂委员会办公室内部印行,1981年版,第125页。

②《支那重要国防矿产资源调查报告》第十三,"机分调查",第764页。见上书第126页。

③《原富》译者按语。转引自湖北省档案馆编《汉冶萍公司档案史料选编》(上册),中国社会科学出版社1992年版,第3页。

④《铁厂招商承办议定章程折并清单》(光绪二十二年五月十六日),周秀鸾点校,赵德馨主编《张之洞全集》(第三册),武汉出版社2008年版,第376页。

⑤《汉冶萍公司过去及将来》,《东方杂志》1918年第15卷第10号,第166页。

⑥ 周泽南:《汉冶萍公司之内容》,《东方杂志》1912年第9卷第3号,"内外时报",第27~28页。

月,勉将第一、第二两炉次第修复开炼”①。

宣统二年(1910年)三月,第三化铁炉落成,四月开炼。1913年开始建造第四化铁炉,1915年6月建成,7月开炼。三、四号高炉各日产250吨,设备均购自德国,炼铁的主要原料,焦煤来自萍乡,铁矿、石灰石来自大冶。

炼钢厂从1910年至1917年先后落成钢炉7座,均为西门子-马丁式,容积各为30吨,每炉8小时放钢一次。官办时的贝色麻钢炉及小马丁炉全行拆废。调和铁汁炉1座,1911年落成,容积150吨。

1914年,第一次世界大战爆发,世界钢铁市场价格暴涨。“列国工厂停顿,制造航轨器械,纷向汉冶萍定购,该公司供难应求。”②“该公司制造之钢铁材料不独供本国各铁路局厂及商人之购用,抑且畅销于海外。”③这种局势极大地刺激了公司的生产,使公司获利甚丰。仅1916年度“品料款项之出入总额除分支局厂支销外,实获盈余七百余万元”④。上海的《万国商业月报》译载自外国报纸的文章说,铁厂“烟囱凸起,插入云霄,屋脊纵横,盖于平野。化铁炉之雄杰,辗轨床之森严,汽声隆隆,锤声丁丁。触于眼帘,轰于耳鼓者,是为中国二十世纪之雄厂耶”⑤。公司还不失时机地购置、开办了一些附属厂矿,投资兴办了一些合资企业,并由此进入了一个短暂的“黄金时代”。此时的汉冶萍公司已不属纯粹商办。据1917年2月18日的《汉口中西晚报》报道:“因财力不足,由中央及湘鄂两省迭拨公款辅助”,故北洋政府简任督办一员,“以示官督商办性质”,已由“孙慕韩氏落职年余”。此时又“因扩充营业,事务益繁,故添设一会办”,由北洋政府简任。

第一次世界大战结束后,钢铁价格急剧下跌,致使公司产品滞销。汉阳铁厂初建时建成的第一、二化铁炉,以式样太旧,大部分须加改造,需费颇巨,加之大冶新铁炉已造,这两座炉于1919年停炼。汉冶萍虽名为商办公司,其腐败习气实较官局尤甚。工厂长期存在的官员不和、管理混乱、营私舞弊等弊端愈演愈

---

① 《汉冶萍公司事业纪要》,湖北省档案馆编《汉冶萍公司档案史料选编》(上册),中国社会科学院出版社1992年版,第17页。

② 《汉冶萍公司筹增资金》,《矿业杂志》1922年第5卷第3期。

③④ 《汉冶萍五年度红利之概数》,《汉口中西晚报》1917年2月9日第3版,缩微胶卷549号。武汉图书馆藏。

⑤ 《汉冶萍煤铁厂矿记略》,《东方杂志》1910年第7卷第7号,“调查第一中国调查录”,第67页。

烈。如汉阳铁厂的比利时籍总工程师吕柏指出的,铁厂的大小官员们“只想着如何去满足他们自己的私人利益。工厂的兴衰对他们来说,就像宇宙中最遥远的恒星距地球那样遥远”①。由于管理混乱、事故迭出,大冶铁厂的一号高炉仅10余日就因事故停炼。二号高炉投产2年,又因煤焦不足而停产。当时国内仅有的两座日产量为450吨的高炉,总共生产了26个月。1925年,大冶铁厂的高炉全部停产。1921年,北京政府改变钢轨标准,造成汉冶萍公司近5万吨钢轨无销路,汉阳铁厂停止炼钢。1924年,汉阳铁厂三号、四号高炉停产。1928年,萍乡煤矿被江西省政府接管。至此,公司采煤、炼铁两大端已不复存在,只剩下大冶铁矿一处仍在继续生产。

尽管汉冶萍公司向以“纯粹之中国公司”自诩,但它始终遭受着外国资本的沉重压迫,尤其是日本对它的吞噬。自1898年以后,日本便加紧了对该公司的资本输出,明确要求公司以矿产作为抵押。受日本资本诱惑,1904年起,汉冶萍反复举借日本兴业银行和正金银行贷款,至1927年止,就先后借债达16批之多。至于民国二年之大借款,计日金1500万元,其中900万元美其名为扩充建设汉阳、大冶厂矿之用,然事实上不特将所有厂矿资产设备全部抵送于日本,并须自民国九年(1920年)起40年内交足铁砂1500万吨及生铁800万吨之多,并须经用日人为工程与会计顾问及工程师和襄理人员。从此,该公司的资产设备及行政主权丧失殆尽,一切须听凭日人之驱使,竟沦为日本八幡制铁所之附庸。② 以致大冶矿山的开采、汉阳铁厂的生产,都变为满足制铁所炼钢原料的需要:“惟该公司所产之矿石与马丁铁因借款合同关系,除自用外全系售与日本制铁所,且此项矿石为马丁所售与日本之价颇为低廉,每年亏损为数不赀。”③到了1926年,以炼钢制铁为事业的汉冶萍公司更沦为单纯为日本开采铁矿石的殖民地性质的企业了。

1937年,国民政府军政部兵工署及资源委员会在汉阳设立钢铁厂迁建委员

---

① 吕柏:《中国的采矿业和钢铁工业》。转引自湖北省档案馆编《汉冶萍公司档案史料选编》上册,中国社会科学出版社1992年版,第4页。

② 1947年7月17日汉冶萍公司资产清理委员会呈资源委员会、经济部文,湖北省档案馆编《汉冶萍公司档案史料汇编》(下册),中国社会科学出版社1994年版,第759页。

③ 张国辉:《中国资本主义现代企业的产生和发展研究》,载于汪熙、〔美〕魏斐德主编《中国现代化问题——一个多方位的历史探索》,复旦大学出版社1994年版,第72页。另见《汉冶萍最近之概况》,《湖北实业月刊》1924年第1卷第7号,第43页。

会,将汉阳铁厂、大冶铁厂和大冶铁矿的部分设备运往重庆大渡口另建新厂。1938年6月起,大冶厂矿和汉阳铁厂的机件和材料开始启运,运输中遭日寇飞机和军舰袭击。大冶厂矿抢运成功3250吨器材,剩余溢征之器材560吨,在途中遭炸沉器材约50吨。汉阳铁厂原定拆运3万吨(全部拆卸钢料可达10余万吨),因武汉吃紧,改为抢运13000吨。运输过程中,武汉撤守,有30只小轮载器材约900吨,被日本军舰拦截。① 至1939年底,汉、冶等厂设备运抵重庆。重庆重建的钢铁厂于1940年开始投产,直到1943年3月,这座抗战期间规模最大、设备最全之钢铁厂才告完工。这个工厂从此落脚重庆并一直延续下来。1938年10月大冶沦陷,大冶铁矿则被日本占有。1938年12月,日本侵略者在大冶成立"日铁大冶矿业所",大肆进行掠夺性开采。至1945年春,运往日本的矿石达490万余吨,供日本八幡制铁所冶炼之用。

抗战胜利后,国民政府资源委员会大冶厂矿保管处接收"日铁大冶矿业所",成立华中钢铁有限公司筹备处。未迁的汉阳铁厂剩余设备沦陷时为日军占领,1946年1月由湘鄂赣区特派员办公处接收,成立了经济部接收汉阳铁厂保管处,同年9月移交资源委员会华中钢铁有限公司。1948年,资源委员会接收了位于上海四川路徒有其名的汉冶萍公司总事务所,经清末、民国两个时期,历官办、官督商办、商办三个阶段,经营时间长达半个世纪的汉冶萍公司遂告结束。

(二)汉阳兵工厂的风风雨雨

汉阳兵工厂是旧中国最为著名的兵工厂之一。光绪十六年(1890年)起,张之洞奏请将从德国订购的各种机器在湖北汉阳大别山山麓建设枪炮厂,后添置炮架、炮弹、枪弹三厂。1898年,又于汉阳赫山添设炼罐子钢、制无烟火药两车间,定名为钢药厂。钢药厂于1901年冬开工制造,并附设硝磺、醋精各种镪水及依脱、火酒等厂,后于1917年1月归并于兵工厂,改名为汉阳火药厂。1904年,张之洞奏请改名为湖北兵工厂。至张之洞离任的1907年,兵工厂共欠汉口华、洋商款500余万元,至年终竟至无可归还。② 枪的产量,原定日产50支,经费原

---

① 黄显淇:《迁建会运输工作回忆录》,湖北省档案馆编《汉冶萍公司档案史料选编》下册,中国社会科学出版社1994年版,第742~744页。

②《兵工厂经费奇绌之详记》,《时报》1908年2月14日,第3版。

因,仅产30支。据光绪三十四年(1908年)六月二十四日湖广总督陈夔龙奏报,兵、钢两厂自开机制造以来,共造成步、马快枪11万余支,枪弹40000余万颗,各种快炮740余尊,前膛钢炮120余尊,各种开花炮弹63万余颗,前膛炮弹6万余颗,枪炮器具各种钢坯44.6万余磅,无烟枪、炮药27万余磅,硝镪水200余万磅①。湖北兵工厂的产品七九步枪(仿德国毛瑟枪,口径7.9英寸)被称为“汉阳造”,是军工产品中的名牌。该厂的钢铁料来自汉阳铁厂。1908年,湖北兵工厂改名为汉阳兵工厂。

汉阳兵工厂制造各种军械,在清末一切机件皆取偿于德国,该厂不过承担磨洗、安配、装修而已。适民国建元,刘庆恩督办厂务,两年内三次游历德国,与下属一起逐件研制,始将毛瑟枪内安装之子同镗、口径线等90余件机件完全自造,唯炮内所用之炮簧仍向德国订购。第一次世界大战爆发后,汉阳兵工厂自1917年起附设炮簧厂,安设机炉,督工自行试制“三生七”快炮、过山炮、野战炮、机关炮四种及炮簧等。② 将德国式毛瑟枪改造成汉式七九步枪,将德式重机关枪改造成“三十节”自动水机关枪。1921年5月,汉阳兵工厂仿造德国式毛瑟枪,改造“三十节”汉造机关枪告成,并以其性能优良见称。同时,汉阳火药厂的棉花火药和制造出来的“七孔炮药”,技术上亦有进步与改良,满足北洋军阀的需要和要求。③ 兵工厂的产品基本实现了国产化。

王占元任湖北督军时与陆军部磋商,以兵工、钢药两厂改隶中央。④ 1916年,北洋政府整顿海陆军备,指定汉阳兵工厂为全国制造军械总机关,将上海制造局移并其间,以资扩充。⑤ 自1923年起,随着各派军阀势力的消长,兵工厂总办、火药厂厂长连续更换,有意图私、无心办厂,兵器弹药制造停步不前,很难有所改进发展。

1926年7月,北伐军兵临汉阳龟山脚下,直系军阀派来的兵工厂总办等逃

---

① 《庸盦尚书奏议》卷九,宣统三年铅印本,第18页。

② 《兵工厂制造之进化谈》,《汉口中西晚报》1917年2月25日,缩微号549号。武汉图书馆藏。

③ 杨日昇:《汉阳兵工厂火药厂闻见录》,政协武汉市委员会文史学习委员会编《武汉文史资料文库》第三卷《工商经济》,武汉出版社1999年版,第93页。

④ 《萍矿铁捐用途质问案之答覆》,《汉口中西报》1921年11月22日第3张,缩微号544号。武汉图书馆藏。

⑤ 《创建兵工分厂说》,《汉口中西晚报》1916年12月5日,缩微号549号。武汉图书馆藏。

跑。北伐军光复武汉后，派邓演存任兵工厂负责人。兵工厂总办名称取消，改称厂长。兵工厂后隶属于南京国民政府兵工署。1930 年，兵工署派郑家俊任汉阳兵工厂厂长。1931 年大水灾，汉阳兵工、火药两厂完全淹没，损失很大，停工近半年之久。①

1938 年，抗战军兴而武汉吃紧，汉阳兵工厂大部分迁往长江上游的重庆江北鹅公岩建立机关枪厂，成为军政部兵工署第一兵工厂，对外简称“汉兴公司”，厂长丁天雄。原汉阳兵工厂制造步枪子弹的一部分，为了就近复工生产，迁至湘西辰溪南庄坪，这一部分后来并入军政部兵工署第十一兵工厂。1945 年抗战胜利之后，十一厂新任厂长宋建寅兼任“兵工署武汉接收处”处长，以十一厂组成接收班子。这时辰溪南庄坪子弹厂仍照常生产，该厂大部分人员到武汉，接收了在武昌平阅路（今彭刘杨路）的日军修械厂和两湖书院、平湖门两处的军械库。从此，第十一兵工厂在武昌恢复生产，还与湖北建设厅所属省机械厂及汉阳几家小翻砂厂，发包铸造手榴弹弹壳等。1948 年，国民党部队大多数换了美式枪支，原生产的七九步弹不适用，十一厂负责改制口径 0.3 英寸的子弹。新子弹厂建在湖南株洲。原在武昌平阅路的工厂交由第三十兵工厂接管。三十厂在武昌开工，直到武汉解放前夕，全厂职工在中共地下党领导下，发动保厂护工运动，工厂得以完整地回到人民怀抱。正在株洲兴建的十一厂设备后迁广州再转海南岛，最后转往台湾。② 另据 1949 年 4 月武汉地下党编辑的调查材料《武汉调查》载：武汉解放前夕，在汉阳武圣庙设有汉阳兵工厂器材管理处，管理抗战时未迁走的设备。《武汉概况》载：1949 年 1 月 14 日路透社电，汉阳兵工厂经抗战时破坏，日本投降后虽加修理，仍不能生产，该厂机器装备迁台湾已告完成，系经铁路运广州再转往台湾。

---

① 杨日昇：《汉阳兵工厂火药厂闻见录》，政协武汉市委员会文史学习委员会编《武汉文史资料文库》第三卷《工商经济》，武汉出版社 1999 年版，第 99~100 页。

② 谭文樨：《十年流离的第十一兵工厂》，中国人民政治协商会议武汉市委员会文史资料研究委员会编《武汉文史资料》第七辑，1982 年，第 83~88 页。另据 1949 年根据武汉地下党城工部调查编辑的《武汉调查》记载，十一兵工厂在汉口水塔府东五路耕辛里八号（今前进五路）有炼钢处，在汉阳武圣庙也设有一厂，见武汉市档案馆藏档案，资料号：cU1/26。另汉阳火药厂旧址 1947 年曾建第二十六兵工厂，1949 年迁往台湾。

（三）纱、布、丝、麻四局的承租恩怨

张之洞在武汉奠定的机器纺织业为主的近代轻工业基础，主要是在武昌创办的组群式的纱、布、丝、麻四局。光绪十五年（1889 年），建湖北织布局于武昌文昌门外，有织布机 1000 台、纱锭 3 万枚及有关设备，光绪十八年（1892 年）建成投产。光绪二十年（1894 年），张之洞奏请设纺纱局，在织布局偏东建厂，向上海良济、瑞记两洋行订购机器，纱锭 97000 余枚，官商合办，股本各 30 万两。光绪二十三年（1897 年）开工，商董以官权太重，请专归官办，张之洞乃另行筹款，收回试办。光绪二十四年（1898 年）购地平湖门外，创设制麻局。光绪二十年（1894 年），张之洞奏请于省城望山门外购地设厂，办理缫丝局，并派工赴沪学习。以上布、纱、丝、麻四局基地，面积 1600 余平方米，房屋机器共用款 500 余万两，经营六七载，率因官款支绌，不易维持，光绪二十八年（1902 年）议定招商承办。由粤商韦应南禀准招股承租，次年禀举其同乡邓纪常（汇丰银行买办）独力承办。光绪三十三年（1907 年）春，又禀准其父亲韦尚文接办，是为应昌股份有限公司，每年纳租银 10 万两。嗣因各局添购机器，领有官款，复议（从 1908 年起）定加租银 1 万两，以 20 年为限。① 初改商办后，每年仍有亏累，复经逐步实行财政整顿，渐能收支相抵。1908 年，四局共获纯益 149384 两。②

适满人瑞澂督鄂，上海纱商刘柏森仗张謇与瑞澂之势，夺取了应昌公司的承租权，组成大维公司承租四局，于宣统三年夏历八月十日（1911 年 10 月 1 日）开工。大维公司董事长为张謇，经理为刘柏森。10 月 10 日（夏历八月十九日）辛亥革命爆发，刘柏森逃沪。辛亥革命后，黎元洪任鄂军都督，因军事需要，委王国栋为四局监督，委朱祖愉坐办，先开布局数月。刘柏森此时由上海来局，想继续开办，被王国栋疑为汉奸拘留，直至汉阳失陷才释放出来，而局员四散，工厂停工。“南北议和”后，大维因前事而不敢来，应昌经理韦紫封又拟复工。黎元洪又委韦开工，以资熟手。韦又商请公家借款 50 万元，但公家支绌，遂致羁延。韦紫封复禀请回复前清合同，但因应昌已欠公家 80 余万，已逾资本金额。黎元洪认为四

---

① 张继煦：《张文襄公治鄂记》，湖北通志馆，1947 年版，第 30~32 页。

②《支那经济报告书》1909 年 29 号，第 35 页。

局是鄂省实业命脉，力主不租大维，也不租应昌，主张由鄂人自行办理。[①]

当时有川人刘象羲（刘伟）在汉口开设的德厚荣字号，经营长江沿线百货、棉纱、匹头业务，资金雄厚达白银100余万两；其副经理为湖北武昌南乡人徐荣廷，因与当时鄂军都督黎元洪有"金兰之交"，曾于黎元洪任内充湖北官钱局总办数月。由于徐荣廷本人为商人出身，不习惯官场生活，乃辞去总办职务，以德厚荣字号为后台，并由黎元洪出面，与应昌公司订约合作。[②]

民国元年（1912年）12月，"楚兴公司发起人刘伟、蒋沛霖、毛树棠、刘歆生、罗麟閤、朱祥甫、詹叔珂、李寿庵、马春泉、杨蒲伯、欧阳惠昌、周星堂等十二人具禀承租，拟招股130万两，先收六成，合实收78万元两"组成楚兴公司。四局在辛亥革命后"停搁，后经议会提议，经年未能表决。蜀人刘伟独立承认10万两为之提倡，始有成说。议定四局每年租金11万两。癸丑年（1913年）阴历正月开工起，10年为期，租金按阳历计算，押租25万两。此项押租由鄂政府拨还应昌公司官欠之款，此项押租每年在租金项下扣还银4万两，6年外扣清。纱、布两项在武汉本地出售，概免税厘，如转运他埠，在江汉关只完一正税，沿途概免税厘。牌匾仍存湖北官局名义"。"闻应昌公司旧股尚有43万两附入，而实在新股闻收到27万两为优先股。"[③]楚兴公司总理刘伟，由徐荣廷为经理，蒋沛霖为协理，承租四局经营。在楚兴公司承租四局经营的开初几年里，由于受到帝国主义的经济压迫，业务平平，盈利较少。1914年至1916年，每年盈余45万两。[④]

1914年，第一次世界大战爆发。参战的英、法、德等帝国主义国家迅速转入战时经济，无力顾及远东，特别是无心在中国市场追逐。欧美棉纺织品进口减少，刺激了中国纺织工业的发展，同时国棉输出减少，棉价亦有所下降。大战期间，本国原棉由每担白银20两降至18两，而16支纱价由每件白银150两升至230两。还有一条重要原因，正如1922年1月22日《申报》所指出："湖北尚无他种纱厂发生。"加以1915年日本提出"二十一条"的无理要求后，又发生了抵制日货的爱国运动。楚兴公司生产迅速发展，利润激增。1919年和1920年两年的利

---

① 参见《湖南实业杂志》1912年第1、7期。

② 黄师让：《裕大华企业四十年》，《文史资料精选》第六册，中国文史出版社1990年版，第468~469页。

③④《湖北有纱麻丝布四局之经过》，《湖北实业月刊》1924年第1卷第7号，第99页。

润,达到800万两,十年内获利白银1100余万两之巨。当时获利最多的是布局,纱局次之,其产品适合供农村土机织布的10支、14支及16支“黄鹤楼”牌纱,销路很广。布系“天字官布”商标,适合农村消费水平。丝局每年开工时间较短,产量也不多,年利约二三万两。麻局生产爱国布,因成本高而赢利少。[①] 但制麻局的业绩与以前相比还是有所进步的。据1924年《湖北实业月刊》记载:张文襄创设制麻局,始而本聘外洋技士织极细麻织品,如夏布、烱花绉类,工贵而销滞,亏折甚巨。自楚兴公司租办以来,改织粗麻袋、麻布、帆布,每年尚能盈余三四万两。这是布纱丝麻四局的黄金时期。对于制麻局亏折的原因,《湖北实业月刊》的文章作了一番评论:“制细麻织品其亏折之真因,非因工贵本昂,不能调查销路以迎合社会心理也。各国来销中国麻织品输入颇巨,何以原料取之中国制造后复销中国而不滞,独中国自制而反滞销?其中理由颇易知也。中国本产丝之国,如能比较丝织品价低而物美,其销自易。倘比较丝织品价昂,虽物美而不易销,以其原料本贱于丝也。倘能调查历年各国销中国麻织品花色织法、价格,再能廉其价值,自易与舶来麻织品争胜负也。现在楚兴公司颇不重视麻业之改良,仅图改庄以求销售之便利。顾一方营业则近矣,对于物质之精进又似疏矣。”

当楚兴公司承租四局以后,军人、政客和资本家争夺承租权利,十年之间纠纷不断。大维公司负责人刘柏森曾勾通袁世凯政府的农商总长张謇,欲通过袁政府下令楚兴公司移交四局给大维公司继续承租。[②] 时袁派其亲信段芝贵任湖北督军,徐荣廷以黎元洪的关系,另徐荣廷曾赞助辛亥革命(时任武昌总商会长,直到1920年底任期届满),也与段成了至好,徐荣廷被段聘为咨议,楚兴公司承租四局经营也得到了段的支持,大维公司继续承租四局的要求遂遭否决。当时“湖北省议会”的湖北地方封建士绅,常以四局系湖北财产应由鄂人资本经营(楚兴主要股东刘伟是蜀人)为理由,经常在议会提出议案,时而要求取消楚兴的承租权,时而要求增加租金。1919年的《汉口中西报》就不时传出四局加租的消

① 黄师让:《裕大华企业四十年》,《文史资料精选》第六册,中国文史出版社1990年版,第473页。

② 黄师让:《裕大华企业四十年》,《文史资料精选》第六册,中国文史出版社1990年版,第469页。1924年5月发行的《湖北实业月刊》第1卷第7号,第99页记载:“清督瑞澂于宣统三年捏故将应昌公司斥退,改租大维公司,闻系南通张啬菴主持开办。”

息[①]。但继任督军王占元认为四局既已招商承办，政府即应守约，且王占元、徐荣廷亦系拜把兄弟，王占元续聘徐为咨议，故在王占元任内，也没有动摇楚兴公司对四局的承租权。

直系军阀萧耀南继任督军后，正值楚兴盈利最多的黄金时代，唐春鹏、石星川为首的“将军团”觊觎已久，假维持辛亥首义老人生活为名，恢复纱布丝麻四局，接办楚兴公司，[②]力怂萧耀南勒令楚兴公司结束。受军阀势力的严重压迫，楚兴公司本来租约于1923年4月15日到期[③]，只得提前三个月把四局承租权移交“将军团”组织的楚安公司。

在与军阀、政客和“将军团”争夺四局承租权的过程中，楚兴公司的股东和主要管理人员就开始筹划建立自己的工厂，在移交楚兴之前三年——1919年开始筹备自办工厂。四局移交后，楚兴股东即以经营四局历年积累的白银210万两组成汉口大兴纺织股份有限公司（1921年成立），工厂设在河北石家庄；楚兴主要负责人徐荣廷等以经营四局历年分红并召集商股投资，组成汉口裕华纺织股份有限公司（1920年成立），在武昌建裕华纱厂。裕华纱厂和大兴纱厂于1922年先后开工投产。经过不断努力，这个由楚兴公司孕育出来的纺织企业，最后发展成为总部设在武汉，拥有石家庄大兴厂、裕华纺织公司（有武昌厂、成都厂、重庆厂）、大华纺织公司（有西安厂、四川广元厂）、湖北黄石利华煤矿、永利银行和从事进出口的华年股份有限公司等骨干企业，并对山东枣庄中兴煤矿、四川川康毛纺织厂、重庆及上海庆华染料厂、四川民生轮船公司等企业重点投资的庞大的裕大华资本集团。

在楚兴公司承租四局合同期限行将届满之时，“即有鄂籍有力军人傅人杰、石星川、蔡汉卿等出面争租于前，京绅周树模、田文烈等委托代表王运孚、李作栋等出面争租于后，几经调停，始决由军人、京绅两方共组楚安公司，向省署承

① 参见《汉口中西报》1919年3月24日《四局加租之成立说》、4月14日《省公署四局加租之咨复》等，缩微号539号。武汉图书馆藏。

② 王保民：《湖北将军团的成立和接办楚兴公司经过》（未刊稿），武汉市档案馆藏档案，档案号：现138-1-45。

③ 《军人承租四局合同草约之披露》，《汉口中西报》1922年2月22日第3张，缩微号544号。武汉图书馆藏。

租”[①]。在移交时，对于机物料作价白银 40 余万两，楚安拒不付款，又不让楚兴拆迁，公然据为己有。据 1924 年《湖北实业月刊》记载，楚兴公司和楚安公司贸易大宗仍以纱、布二局为最，每年出货约值 1700 万两。楚安公司总理唐春鹏，经理韩惠安，协理石汉舫（石星川）。

随着北伐的胜利、北洋政府的垮台，“将军团”的楚安实业股份有限公司对四局的承租经营也寿终正寝。1927 年 3 月至 1928 年 6 月，四局由开明公司短暂承租了一段时间。1928 年，桂系统治武汉时期，黄梅生、龚藻棠等组成湖北武昌福源公司，以“金钱贿赂当道，得充经理”，承办纱、布、丝、麻四局，与省政府订约承办 10 年。自 1928 年 8 月起承租。1928 年赚洋 70 余万元。到 1929 年底旧历年关停工休假。原决定开年开工，到开工期，厂方宣布“纱局因损坏过多暂停”，闹出了工人与厂方的纠纷。[②] 省政府收回四局另行招商承租。

福源公司停产后，1930 年 6 月—11 月，曾有公益公司筹资 20 万元承租，筹备主任周荒初，副主任为原福源经理黄梅生，但四局并未开工。同年由民生纱厂与省财政、建设两厅签订租厂合同，接手承租纱布丝麻四局。民生纱厂原始筹集资金 40 万元，由曾在胡宗铎军队当过军需处处长的陈化平任董事长，汪镜清任经理。民生纱厂厂房设在武昌文昌门外（布局在马路北，纱局在马路南），锭共约 10 万余枚（布局 4 万余，纱局 5 万余），布局有 1000 余台布纱机，在汉口设办事处（1933 年 9 月 5 日《时代日报》载工厂登记为“汉口民生纺织公司”）。民生纱厂前后办了 9 年多，由于经营不善，中途因亏折关系，三次停顿，三次改组。

从接手到 1931 年，因管理不善，加之 1931 年大水灾，原始资金加增筹的 20 万银元共 60 万元全部亏折，没有流动资金，工厂陷入停顿。[③]

1932 年，省建设厅派员测绘评估省有各工厂产业价值，得到的结果是张之洞开办的大小工厂此时多半破败且难于恢复，“丝局已成一堆废铁，绝无恢复的可能；麻局亦难恢复；纱局现正计划恢复；布局现状最好，计五年后可成一新厂”[④]。

---

① 《鄂纱布丝麻四局争租之观察》，《申报》1922 年 1 月 22 日，第 8 版。

② 参见《碰报》1930 年 2 月 15 日，《震、华两工厂纠纷》；2 月 18 日，《福源停工纠纷》，武汉市档案馆藏档案，资料号：bW3/4。

③ 参见鲁履安《我和民生纱厂》，武汉市政协文史资料委员会编《武汉文史资料》1988 年第 3 辑，第 67~68 页。

④ 《省有各工厂，全部产业值千余万》，《汉口中西报》1932 年 8 月 19 日，第 8 版。

此时据《汉口中西报》记者向武昌纺织工会调查，民生纱厂有男工 4400 名，女工仅 3 名，童工 300 名。1931 年水灾后，武昌民生、第一、裕华、震寰四纺织厂共有失业工人 6100 余人，竟无法安顿。[①] 1932 年 6 月，民生公司承租之四局仅仅布局一部分开工，建设厅决定修改合同促使早日将纱局恢复开工，并威胁如民生公司不允修改是项合同，否则即取消该公司承租权，另行招商承租。[②] 1932 年 9 月，“省府为维持多数失业工人，决即将纱、丝、布、麻各局，另行招商承办。惟以纱局停工已久，亟待修理然后始可招商，乃责由民、财两厅向民生公司借款四万五千元，作为修理费……着手修理”[③]。

因无商续租承办四局，1932 年仍由民生纱厂股东再筹 30 万元投资续办。民生纱厂的主要产品依然是 14 磅和 17 磅的天字官布。这种粗布只适合做军服、被服和农民的粗布衣服，城市人口很难采用，产品销路问题主要是通过董事长陈化平在北平军分会军需局的同学关系做军装、被服解决。生产方式为自纺自织，布机用不完的纱也向市场出售，但数量很少。至于丝、麻局则并未开工，该两局厂距纱、布两局较远，还须由承租商人指派专人看守厂房和机器，发放保管人员的薪饷（无商承办时则由省财、建两厅发给薪饷）。[④]

1933 年，武汉各纱厂因营业不振，各厂酝酿裁员，借以维持近状。民生纺织公司首先实行裁员。工人因生活所关，以事先未征得同意，群起反抗，于 4 月 30 日发生强大工潮，并因军警开枪酿成惨剧。罗洪盛等工人身受重伤，并有一人被捕。同年 5 月 6 日，省府建厅刚调解完结民生纱厂工潮，第一纱厂、震寰纱厂又宣告裁员，办法是每星期开工五日，停工二日，工资减为七成发给。是“遵全国纱厂联合会之决议”。[⑤]

到 1934 年，民生纱厂又因亏折停工，并延续 2 年左右。官方因民生亏折停工，工人生活无着，一时既无续租之商，不仅影响税收，还须派人看守机器，厂方

---

① 《武昌四纺织工厂鸟瞰》，《汉口中西报》1932 年 8 月 24 日，第 8 版。

② 《建厅决与民生公司修改合同恢复纱局》，《汉口中西报》1932 年 6 月 19 日，第 8 版，缩微号 550 号。武汉图书馆藏。

③ 《省府向民生公司借四万五千元修纱局》，《新快报》1932 年 9 月 3 日，武汉市档案馆藏档案，资料号：bW3/9。

④ 参见鲁履安《我和民生纱厂》，武汉市政协文史资料委员会编《武汉文史资料》1988 年第 3 辑，第 71 页。

⑤ 参见《申报》1933 年 5 月 3、4、7、9 日报道，合订本 304 卷，第 41、66、155、207 页。

支付一切管理费用,便又多次动员民生恢复业务,并允为“破例扶植”,同意减少租金,由月租 3 万元降为年租 3 万元。民生公司利用所剩存货及机物料、铺底、花纱等 20 余万银元的资产,吸收汉口银钱业等流动资金 10 万元左右,继续开工。同时改组董事会,选龚寿征任董事长,鲁履安为总理,汪镜清连任经理。并开始改用女工纺纱织布。1936 年至 1938 年,逐渐扭亏为盈。①

1938 年武汉抗战军兴,湖北省政府以“为适应非常时期增加生产需要”为由,决定收回武昌旧有纱、布、丝、麻四局,并成立整理委员会,派高惜冰、徐若霖等接收民生纱厂,决定民生公司以 4 月 30 日为截止期。5 月 1 日,民生公司正式办理交厂手续,由整委会负责,改名为“湖北织布官局”继续开工。②

湖北官布局的经理是刘绍远。1938 年五六月间,湖北官布局因武汉战事开始西迁。当时决定只拆迁一万锭子到陕西宝鸡,因湖北省政府缺乏经费,运到宝鸡东关的湖北织布官局机器一直闲置。日本飞机两次轰炸宝鸡,官布局的机器损失不少,只剩五千锭子的纺纱机勉强可用,其余的炸毁严重,无法修复。时中国银行为发展西北的业务,成立了雍兴公司,束云章兼任总经理。西安中国银行、国民党政府经济部工矿调整处驻陕西办事处和织布官局三方合作设厂复工,湖北织布官局出五千锭子的纺纱机,雍兴公司负责解决动力、机物料和房子及招募培训工人等。雍兴用咸阳打包厂作为厂房,定厂名为咸阳纱厂,1942 年初开工生产。总理束云章、经理刘绍远,厂长是曾留日的王瑞基,工程师是曾留日的刘持钧。被炸后残余的五千锭子中,又拼凑了二百锭子和一台钢丝机,以比废铁高一点的价钱卖给了很小的民康毛棉厂,这个厂在抗战胜利后停业了,其余的锭子已成废铁。③

抗战胜利后,因湖北织布官局在咸阳纺织厂的机件过老,无法再行迁回;咸阳纺织厂与咸阳打包公司于 1940 年起合资经营,1947 年度盈余 300 余亿元(法币)。1948 年开纱机锭子 13300 余枚,日产棉纱 20 余件;布机 154 台,日织 14 磅

---

① 参见鲁履安《我和民生纱厂》,武汉市政协文史资料委员会编《武汉文史资料》1988 年第 3 辑,第 71~72 页。

② 《民生纱厂移交,改设织布官局》,《申报(汉口版)》1938 年 4 月 27 日,第 2 版。另参见鲁履安《我和民生纱厂》,武汉市政协文史资料委员会编《武汉文史资料》1988 年第 3 辑,第 70 页。

③ 参见刘益远《抗战初期武昌官布局拆、迁、建的经过》,中国人民政治协商会议湖北省委员会文史资料研究委员会编《湖北文史资料》1985 年第 12 辑,第 172 页。

布260匹。唯地方摊派过多，负担过重，因物价飞涨，工人又要求增加工资，该厂时有停工之举，业务较前退化。① 在武汉由湖北省政府接收的原织布官局仅余布机数十台，②1946年组织湖北省纱、布、丝、麻四局复厂筹备委员会，筹备恢复四局，改组为“文襄纺织公司”，另择址建厂，计划于1948年底完成建厂。③ 因资金短缺未能全部动工④，原官布局厂房拨归玻璃厂（即华中玻璃制造股份有限公司）使用，纱局基地30亩作价投资汉口中国农业机械公司。⑤ 1948年，咸阳纺织厂经理刘光兴辞职，由湖北省政府派熊道琛接任，熊未及到差便辞职，由省府改派鲁新烈接任。⑥

（四）张之洞离任前夕所办其他工厂的苟延残喘

在民国时期，张之洞在武汉创办的纺织工厂的地位，被由民间资本创立并逐渐发展壮大的裕大华纺织公司、武昌第一纺织厂、震寰纺织公司、汉口申新第四厂等四大纺织厂所取代。但张为武汉成为华中地区纺织业中心，乃至全国重要纺织基地之一的地位奠定了基础。除了大型的重工业企业汉阳铁厂和军工企业汉阳兵工厂以及大型的民用机器纺织企业群布、纱、丝、麻四局之外，张之洞又在20世纪初，创办了一批民用工厂，它们是造纸厂、针钉厂、制革厂、毡呢厂、官砖厂、模范工厂和贫民大工厂。

1902年，张之洞将纱、布、丝、麻四局招商承办，把官方的股金转化为工业贷款，又积累了一些资金办起了一批官办民用企业。这批新建的工厂有两类，一类是手工工厂，另一类是近代企业。

手工工业主要有手工善技场和贫民大工厂。

模范大工厂原名善技场，光绪三十三年（1907年）在武昌兰陵街（今解放路）

---

① 参见《湖北省企业委员会工作报告（1948年6月至11月）》，武汉市档案馆藏档案，资料号：bB4/6。

② 参见《武汉调查》，1949年4月新华书店印行，武汉市档案馆藏档案，资料号：cU1/26。

③ 参见《民国三十七年度湖北省政府工作计划》，武汉市档案馆藏档案，资料号：bB4/10。

④⑥ 参见《湖北省企业委员会工作报告（1948年6月至11月）》，武汉市档案馆藏档案，资料号：bB4/6。

⑤《湖北省公营事业监察委员会工作报告》（1948年6月—11月）第14页，武汉市档案馆藏档案，资料号：bB4/11。另见《湖北省政府工作计划》（1948年度行政事业部分）“建设”，项第15~16页，武汉市档案馆藏档案，资料号：bB4/10。

建造厂房,委任留日习工业的范鸿泰主持场务,次年建成投产。场内分设纺织、金、木、制革等各种工艺,招集生徒,分班学习技艺。1908 年改为官商合办。

北洋政府时期,1917 年报道,模范大工厂"所产各货均系仿制机洋货",呈请仿照纱、布、丝、麻四局生产货例定一年包税额,以示提倡实业。① 1917 年 5 月,《汉口中西报》曾报道模范工厂有扩充计划。② 1919 年,武昌模范大工厂实行了扩充③(以后情况不详)。

1907 年,张之洞在汉口硚口下首堤外劝工院的基础上兴办了贫民大工厂,专制普通简易的日常用品,为教育贫民自谋生计之用,为社会福利性质企业。中途曾经停办。1916 年,湖北省署拟于全省三道适中之地各设贫民大工厂一处,并各筹经费五万串以资周转,江汉道则就夏口原有工厂扩充,由商会举定工厂总理,呈由省长公署委任,由道尹监督之。④ 1919 年,汉口贫民工厂大扩充。⑤

汉口贫民工厂是汉口手工纺织一大工厂,规模宏大,资本富裕,历年办理虽无多大发展,亦著一定成绩。全盛时期,曾开机 400 余乘,容纳工人 800 余。及至武汉国民政府时期,多数工人积极参加了共产党领导的游行罢工,全厂生产额锐减,工作几形停顿。加以机器损坏,资本削蚀,货料废置,遂使该厂一蹶不振。1928 年,桂系的胡宗铎任武汉市政委员会委员长时,曾拨款 1.5 万元,以维持厂务,委王治焯为主任,内设总务、制造、营业三部,共有职员 29 人。内部虽加洗刷,无奈设计未尽精详,资本不敷周转,仅以百余工人开机数十乘,不独无有盈余,反将成本亏损。及伍静田接任该厂,经费支绌,即或有跑马、演剧等筹款,实惠亦无几,致出产减至十分之八,工人失业者 600 余人,又因撙节开支,裁减人员几及半数,几近破产。1929 年汉口特别市社会局接收后,对该厂进行整顿,由第十五次市政会议决定,拨款 5 万元作为该厂基对金,以维持厂务;由国民党汉口市党部、汉口总商会、总工会、商民协会、国民救国会、保安联合会六团体各推一代表组成监察委员会,负责筹划与监督该厂基金及稽核全厂账目,厂内行政权则

① 《汉口中西晚报》1917 年 2 月 12 日,缩微号 549 号。武汉图书馆藏。

② 《汉口中西报》1917 年 5 月 15 日,第 2 张第 5 页,缩微号 535 号。武汉图书馆藏。

③ 《汉口中西报》1919 年 7 月 18 日,缩微号 540 号。武汉图书馆藏。

④ 《全省贫民工厂沿革史》,《汉口中西晚报》1916 年 11 月 28 日,缩微号 549 号。武汉图书馆藏。

⑤ 《汉口中西报》1919 年 3 月 17 日,缩微号 538 号。武汉图书馆藏。

仍属市政府;委任张惟行为厂长,伍静田为副厂长,厂内仍设总务、制造、营业三部。[①]

即使经过了这样的整顿,仍未取得任何效果。"只以历任经理,办理不善,遂致日形衰落。至1930年,汉口市社会局接办以来已逾一载,耗费公帑巨万,终无成绩可言。"又由市政会议通过成立贫民大工厂整理委员会加以整顿。[②] 其后的《汉口市政公报》《汉江市政概况》再也未提到此厂。似1930年后贫民大工厂就停工了。

1938年武汉沦陷后,伪政府在汉口亦设了平民工厂等。

1940年7月,伪政府将平民工厂与救济院、乞丐收容所、妇女职业讲习所合并改组为汉口市教养所,专收容一些老弱残废妇孺。内分总务、养给、工艺、营业四组,另设缝绣班。[③]

抗战胜利后,回汉接收的国民党汉口市政府即筹设贫民习艺所,呈准第六战区接受日方物资委员会,指定日伪所营小型工厂三处交汉市政府接管,计有织袜、织布机及面粉机等件。汉口市政府计划习艺所设置织袜机80部、缝纫机5部、织布机20部、织毛巾机20部、面粉机1部,收容较壮健的贫民100名,回籍义民(即随政府逃难到大后方,后回原籍的难民)100名、残废贫民60人进厂工作。[④] 位于硚口汉口贫民工厂的地标留在1946年1月的汉口市略图上。[⑤]

张之洞在清廷宣布实行"新政"后创办的近代工厂有1907年创办的造纸厂、针钉厂、制革厂、毡呢厂、官砖厂。张之洞以"官办不如商办实惠尤易及民,但考

---

① 《整顿贫民大工厂经过概状》,汉口特别市社会局1929年编《汉口特别市社会情况调查》,武汉市档案馆藏档案,资料号:bC11/6。

② 1930年《汉口市政府建设概况》,"社会"项,武汉市档案馆藏档案,资料号:bB13/2。1934年至1936年的《汉口市政概况》未见有汉口贫民工厂的记录,有汉口市救济委员会辖妇女救济所、乞丐收容所两所,救济所从事手工工作。

③ 参见《汉口特别市政府二周年市政概况》1941年4月,"社会"项,武汉市档案馆藏档案,资料号:bB13/5;《汉口特别市政府四周年市政概况》1943年,"社会"项,武汉市档案馆藏档案,资料号:bB13/7。

④ 参见1946年编印《汉口市政报告》,"社会"项,武汉市档案馆藏档案,资料号:bB4/16。另见《汉口市政府三十四年度(十月至十二月)工作报告》,"社会"项,武汉市档案馆藏档案,资料号:bB1122/29。

⑤ 参见《汉口市政府三十四年度(十月至十二月)工作报告》插页,武汉市档案馆藏档案,资料号:bB1122/29。

虑到官不过问,往往流弊丛生”,便决定“招商承办”。不过与前两个手工工厂一样,各厂建设未竟,张之洞便奉诏离职晋京做大学士去了。万事开头难,张之洞创办这些工厂开了个头,他身后这些工厂发展的日子却更难。

造纸厂在武昌城外白沙洲建设,所用机器均购自外洋,投资官款 30 万两,后追加到 50 万两,委候补道程颂万、高松如办理。1909 年建成,生产竹纸、连史纸等三种产品。1911 年,买办刘子敬承租商办。1916 年,白沙洲造纸厂负责人劳用宏聘工业专家何鹿莘入厂为总工程师,每日出纸一百三四十令。①

制革厂建于武昌城保安门外南湖,傍岸建造厂房。由继张之洞任两湖总督的赵尔巽令官钱局拨款兴办,机器设备购自德国,固定资产投资计用去官款 50 万两。

1904 年在武昌武胜门外所建砖厂因规模较小,产品供不应求。张之洞以汉阳各厂用砖甚多,俱来远道,价昂而不能应急需,乃于汉阳赫山北麓建筑官砖厂。该厂于 1908 年建造,烧造青、红各砖及耐火砖、红瓦等,为建筑各厂厂房之用。

1907 年,张之洞在武昌城北武胜门外下新河地方,划拨织布局新购官地 130 余亩,建造厂屋,创设毡呢厂。按照商律股份有限公司条例,定为官商合办。他吸取以往四局失败教训,“这一次他公开承认,政府干涉近代工业的管理是错误的,他提出倡办经过改革的官商合办公司,其经营将对股东们负责。张之洞还答应私人投资者,他们在湖北和湖南两省拥有生产和销售的专利权,并且在头五年期间保证投资者获得其本金的百分之五的利润”②等。

但他的希望还是破灭了。在 1906 年筹办时他原计划建一个资本为 80 万两的毡呢厂。在开办时,定为官、商各出资本 30 万两。1908 年,由鄂督陈夔龙委派湖北试用道严开第充任总办,会同官钱局候补道高松如拨款施工。官本实际拨付 30 万两。严开第先后向本埠、沪上及南洋广事招徕华股,实际仅收到132950 两私人资本。机器由德商礼和、信义两洋行订购,1909 年冬试车,每昼夜可出毡呢 600 余码。用上等洋毛和棉料制成,供军警、邮差及铁路人员服装之用。开工不及一年,毡呢厂因缺乏流动资本而停工数次。1911 年,鄂督瑞澂委派王潜刚接

① 《局厂近纪》,《汉口中西晚报》1916 年 7 月 31 日,缩微 549 号。武汉图书馆藏

② 〔美〕费正清编,中国社会科学院历史研究所编辑室译:《剑桥中国晚清史(1800—1911)》(下卷),中国社会科学出版社 1985 年版,第 498 页。

办,聘留学美国的王家鸾为工程师,由官钱局借洋 20 万元。开工未久,逢辛亥武昌起义,人员逃散,工厂停工。[①]

到 1916 年 12 月北洋政府陆军部接办该厂时,毡呢厂已负债累累。除原厂总理严开第经手零星债款了结,高宝记以毡呢押借东方银行之款除将质当物售银缴还外,尚欠 5000 余两。该厂息借瑞记一款为数甚巨,严开第允诺该行欠款 3 万余两以股票抵偿,其余欠款请省财政厅列入厂产项下作 60 万两过交陆军部接收。[②]

针钉厂的创办,源于张之洞以湖北所需针钉多系进口,市场需求量大,有利可图,便委派候补道黄厚成会同候补道高松如筹办针钉厂,选定赫山汉阳铜币局旧址创办。

1907 年,张之洞离任,针钉厂由继任人赵尔巽接续督办,招集商股,并由官方投资银 30 万两。陈夔龙接任赵尔巽督鄂后,奏将产品照机器仿制洋货之例,在第一关完值百抽五正税,此后无论运往何处,概不重征;其在省境销售者,获专利 15 年。为确保官款投资的 5 厘利息,规定在该厂获利较丰后,酌提红以为报效。但是由于贪污浪费严重,管理紊乱,直至 1909 年 5 月才正式投产。开办数年,未曾获利,开工一年便停工数次。这个由欧洲进口的最新机器装备组建的厂,1910 年就宣布破产,亏空巨额公款。总办黄厚成不仅毫无办厂经验,而且至少侵吞了公款 5 万两,后被革职监禁。宣统三年(1911 年)五月,由南洋华商承租续办,唯制针而不制钉。[③]

1922 年《申报》的报道中,提到张之洞创办的这些民用企业,只能用一种无奈的口吻来指出,毡呢厂、白沙洲造纸厂、制革厂等早经停闭,不独毫未收益,并且耗去保存修缮费万余元。汉阳红砖厂勉强维持现状,而针钉厂也已退租。凡属官办实业,均足令人生人亡政息之感。[④] 1924 年,《湖北实业月刊》报道汉阳针钉厂改名为汉阳中华铁器股份有限公司。在 1947 年的武汉市区略图上,只剩下"针钉厂原址"的名字作为地图上的一个地标。

---

① 参见吴熙元《湖北毡呢厂之调查暨恢复意见》,《工商半月刊》1930 年第 2 卷第 21 号,第 13~14页。

②《毡呢厂之藤葛》,《汉口中西晚报》1916 年 12 月 6 日,缩微号 549 号。武汉图书馆藏。

③ 杨大金:《现代中国实业志》(上册),河南人民出版社 2017 年版,第 1157 页。

④《鄂纱布丝麻四局争租之观察》,《申报》1922 年 1 月 22 日,第 8 版。

1932 年,湖北建设厅派员测绘评估省有各工厂的价值,张之洞开办的“大小厂二十处,现仅十一处”,包括纱、布、丝、麻四局在内,“且多破败难于恢复”。当年 8 月,正在测绘中的有白沙洲造纸厂、官砖厂、制革厂等;已测绘完毕的毡呢厂“需洋十八万元恢复”。[①]

湖北省官砖厂在 1931 年由恒泰公司向省建设厅标租三窑,在大水灾中被冲毁,旋修复一个。于 1935 年又被洪水洗冲,另订租约,延长五年。1936 年建设新窑,1938 年被日寇侵占,将砖瓦搬运以修筑飞机场。抗战胜利后,照租约尚有两年未满,省府通过,再订五年至 1951 年满期,以实物承租,每年交砖 42 万块;湖北省企业委员会接管后,改订交砖每年 54 万块。两窑产量,每月产砖 90 万块,产瓦 13 万块。逐日细修,完全归该公司负担,又建设两个瓦场、工人住宅,完全具报有案。解借时,折旧计价,厂地二三百亩,又于公产上拨了一部分土地,在赫山之下,1948 年又被水淹没,停工两月。该公司产品销路,除武汉外,以南京为主。每 1 万块砖照当时(1948 年 10 月)市价约值金圆券 330 元,瓦 1 万块约值法币 1800 万元,均不够成本。[②]

从以上企业的历程来看,张之洞官办实业大多数不成功。商办之后随世界与国内政治、经济环境的改变而时好时坏,但其结果大致殊途同归,不是关停破产,就是勉强维持。但张之洞倡导和创办实业,起到了令华商“自行仿行”的示范效用。

张之洞莅鄂以后,他与其继任者先后创办了近 20 家洋务企业,以重工业为主,轻工业为辅。受张之洞政策的倡导,清末湖北武汉民族工业勃兴,规模较大,行业也新,涉及 30 多个领域。1895—1900 年出现了 10 家,1901—1907 年创建了 66 家。但总体格局上,民族工业是以轻工业为主、重工业为辅。

张之洞创办实业,不仅扩散了先进的生产技术,也带动了某些部门或某种原料生产的发展,带动了其他行业对近代机器的使用。如在布、纱、丝、麻四局的影响带动下,武昌建起了民族资本的纺织企业一纱、裕华、震寰各厂,加上汉口的申新纺织厂和由商人承租的四局,至抗战开始时,已有纱锭 273000 枚,织机 4500

---

① 《省有各工厂,全部产业值千余万》,《汉口中西报》1932 年 8 月 19 日,第 8 版。

② 《湖北省公营事业监察委员会工作报告》(1948 年 6 月至 11 月),第 16 页,武汉市档案馆藏档案,资料号:bB4/11。

台，成为华中机器纺织中心，同时带动了湖北和周边省份棉花等工业原料生产的发展。张之洞积极倡导在湖北各地推广美棉，改良原棉品种。抗战前，每年集中在汉的棉花达200万担，主要集中在鄂、湘、豫、赣等省，而湖北棉产量居全国第一。输入武汉的200万担棉花，武汉各纱厂用棉90余万担，几近输汉棉花总量的一半。又如对民族机器制造业的影响。汉阳周恒顺机器制造厂原只是个手工业炉坊。1898年周仲宣子承父业之时，张之洞创办的汉阳铁厂已开始生产，机器市场和钢铁原材料的情况均有所好转，炉坊生意才日渐好转。又受汉阳兵工厂翻砂技术的影响，并聘请在汉阳兵工厂和上海江南造船厂工作的有名技术工人胡尊五、胡幼青父子为技师，由小规模的炉冶手工工厂发展成为武汉最大的机器厂，先后制造了茶砖机、蒸汽机、顺风号轮船、抽水机、起重机、榨油机、制砖机、卷扬机等，享誉海内外。该厂生产的打包机还被日本三井、三菱洋行看中并购买。后胡尊五、胡幼青父子又自办一家机器厂，发展成为武汉第二大民办机器厂。

武汉的另一个机器制造厂——汉口扬子机器厂受汉阳铁厂的影响更为直接。这个1907年7月成立的机器厂，一部分是汉阳铁厂投资，一部分是著名华商宋炜臣等投资。初创时，是由“汉阳铁厂搬出之旧机器所组成”。后该厂成为汉阳铁厂产品的最大消费者之一，主要出产铁路车辆、桥梁、叉轨以及造铁壳船、拖轮、拖驳，完成钢铁结构工程及修理工程等。后扬子机器厂改名为六合沟机器厂，1938年被政府购买，与汉阳铁厂一并西迁合建工厂。

张之洞创办的布、纱、丝、麻四局还有一个直接衍生的重要机械企业，就是武昌造船厂的前身——湖北省建设厅武昌机械厂。1934年承租四局的民生纱厂停工停租时，实际上纱、丝、麻三局机器已不能生产。此时省航政处汉冶萍轮驳事务所正需要一个厂修理所管船驳、航轮及添造船坞。1934年4月20日，省政府通过决议，派建设厅技正张延祥筹建武昌机械厂，于当年6月6日开工。厂址设在原纺纱官局，开办时接收了纱局电机房及纱、布、丝、麻四局适用的机器设备，计有车床、刨床、钻床10余台，正式员工40名，这是湖北省最早的官办机械厂。1936年8月，江汉造船厂并入，更名为武昌修船厂，改由省航业局领导。抗战期间西迁万县，1939年1月更名为湖北省建设厅机械厂，1943年1月更名为湖北省建设厅万县机械厂。抗战胜利后迁回武昌，1945年11月2日定名为武昌船厂，为湖北机械厂下属厂。新中国成立后该厂曾改名，1953年1月正式改名为武昌造船厂。

由张之洞倡导的机器工业，在武汉城市现代化过程中不断发展壮大。据1947年调查，武汉较大的机器工厂有10余家。据1949年1月的材料显示，武汉共有500余家机器工厂(其中200家左右已停工)。

张之洞扶持的民营企业中，著名的既济水电公司不能不提到。过去，汉口市民生活用水都是靠挑长江与汉江水，连租界也不例外。除租界外，汉口华界根本没有电灯。从1896年起，就不断有汉口绅商申请办水电，或因股本不足或暗掺洋股而为督抚所不准。英、法商人也想染指华界水电业，均被张之洞婉言拒绝。

1906年，宁波旅汉商人宋炜臣经张之洞批准，联合湖北、江西两帮巨商十数人共同发起筹办水电公司，取"水火既济"之义，定名"商办汉镇既济水电股份有限公司"，宋炜臣任公司经理，王予坊任协理。公司设在英租界一码头太平路(今江汉路)。张之洞特拨官款30万元作为股本相助，并特许既济专利，规定汉口地区"除租界外，不得另设电气灯、煤油汽灯、自来水公司"。既济公司下设电气灯厂和自来水厂。电厂设在汉口大王庙襄河边(今沿河大道利济路口)，水厂设在硚口宗关上首襄河边，同时在后城马路建水塔作为供水配套设施，由英籍工程师穆尔氏负责工程设计。1908年电厂建成送电，总装机容量1500千瓦，占当时全国经营电厂总容量的1/3。水厂于1909年建成供水，日均供水量达500万加仑(22727吨)，供水面积4.3平方公里，连当年汉口租界也全赖该厂供水，不仅改变了市民的生活状态，同时也改善了城市的消防条件。

辛亥革命爆发后，既济公司营业一度陷于困境，至1916年营业才有所进展。1922年，万 抝伯接任经理。1925年，吕超伯任经理，既济公司进入历史最盛时期。至1926年，电厂总装机容量10500千瓦，水厂夏季每日保证700万加仑供水量。

大革命时期，武汉国民政府财政部部长宋子文插手既济，派财政部次长张肇元对既济公司进行整理，组成11人的整理筹备委员会。1927年春，"筹委会"召开股东会，推选刘少岩(宋子文在上海圣约翰大学的同学、汉口慎昌洋行买办)为经理。大革命失败后，桂系"武汉政治分会"派员整理既济，迫刘少岩去职。1929年4月，蒋介石"西征军"赶走桂系，由南京国民政府财政部部长宋子文支持，刘少岩再度出任经理。1935年，既济公司向上海中国建设银公司(宋子文与江浙商人的大财团)寻求投资，中国建设银公司以李馥荪、周宗良、宋子安等10户名义，认定投资350万元，加上从市场收购的既济股票，总数达到公司全部股票的2/3。

宋子文财团渗入后,既济公司于 1937 年 6 月实行改组,由宋子文兼任董事长,李馥荪(原浙江实业银行总经理)任总经理,中国建设银公司派潘铭新任负实责的经理。

武汉沦陷前夕,既济的主要电气设备拆迁至重庆。沦陷后,水、电厂设施为日军强占使用。抗战胜利后,既济于 1945 年 9 月收回复业,并接管英商汉口电灯公司。李馥荪任董事长,潘铭新任总经理。新中国成立后,汉口既济水电公司与武昌鄂南电力公司于 1951 年 11 月合并,组成武汉冶电业局。1953 年 1 月,武汉水电分治,成立武汉市自来水公司。电厂则归于武汉供电局。

二、张之洞倡导的商业与商务机构及商会的嬗变

在一个长期封闭的农业社会,儒家思想的重农轻商观念桎梏了封建统治者和大多数儒家官僚的思想和行动。"只是到 19 世纪中叶,当西方工业革命终于以雷霆万钧之力推动其世界征服运动进入一轮新周期,而中国内部也开始出现王朝统治危机之时,内因和外因才达到一个交会点,开始逐渐影响中国历史发展的转向。""西方殖民主义入侵不同于中国历史上的'外族入侵',而是现代资本主义的世界扩张运动。由于这一全新的外部因素介入,中国被卷入世界发展的大潮之中。"①

面对国门洞开、洋货倾销的局面,国人的危机意识日益增长。张之洞从商品经济迅猛发展和商业竞争日益激化的形势中,形成了自己的商战思想,以期发展本国的商务,发挥商战的能力,俾能挽回利权。同时,这种危机感和张之洞的思想觉醒也刺激着最高当局的神经。光绪二十四年(1898 年)六月初七日,军机大臣奉上谕寄湖广总督张之洞、两江总督刘坤一:"振兴商务为目前切要之图。""泰西各国首重商学,是以商务勃兴,称雄海外。中国地大物博,百货浩瀚,果能就地取材,讲求制造,自可以暗塞漏卮,不致利归外溢。著刘坤一、张之洞拣派通达商务、明白公正之员绅,试办商务局事宜。先就沿海、沿江,如上海、汉口一带,查明各该省所出物产,设厂兴工。果使制造精良,自能销路畅旺,日起有功。""以期逐

① 罗荣渠:《现代化新论:世界与中国的现代化进程》,商务印书馆 2009 年版,第 254 页。

渐推广，驯致富强。”①

张之洞认为“商务乃今日要政”②，“农工商三端，事本相因……至劝工固属要义，然工艺一道，官不能劝工，惟商乃能劝工耳。若此一货销路快、运商多，则业此工者日多，制此货者日精，故必商学既博，则工艺自盛。若无运商，无销路，则工亦安从劝哉”③。这是中日甲午战争以后，洋务派致力于军事现代化以图保国维护统治的强国梦破灭后的清醒认识。

所以，张之洞的办法是于汉口设立商务局，以鼓舞联络川、陕、豫、云、贵、湘、粤等处工商为要义。与刘坤一在上海办商务局“随时知照”，“联络一气”，提出八条措施：一曰启发（办商报、商会、商学以启发商智）。二曰倡导（制造土货需用机器，官筹资并借商款先设数厂，令华商观感，起示范作用，见有成效，自行仿行）。三曰合力（商务必集公司方能大举，一省商力不足，合他省以益之。即资源和生产销售者优势互补，在武汉一带设栈或设机厂）。四曰塞漏（与在内地设厂制造土货，洋商合办，“即免占我全利”，并可“学其工艺”）。五曰祛习（明定赏罚，去除偷工减料、掺杂使假、集股诈骗等恶习）。六曰保护（凡曾倒塌之商，令登商报，使远近感知，不准再更名充商贸易，以保护客商的利益）。七曰体恤（税厘方面提供优惠政策，新制土货可以抵制洋货的，减免税厘，定明专利年限加以保护，不准他商仿造。张之洞曾批准华商宋炜臣创办的汉口燮昌火柴厂享有十年专利）。八曰奖励（对创机厂暨捐资兴办商报、商会、商学及在外洋学成工艺回华可资实用者，奏明请奖）。“总之，不外于抵制洋货，依仿洋式，借助洋师之义。”④在这里，张之洞已有了提高华商及土货团体竞争能力，与洋商进行商战的意识。

1899 年，张之洞在汉口创办《商务报》。1902 年，他又在汉口创办商务学堂。

---

① 《汉口试办商务局酌拟办法折》（光绪二十四年八月初八日），周校鸾点校，赵德馨主编《张之洞全集》（第三册），武汉出版社 2008 年版，第 505 页。另见《札委王秉恩等在汉口相地开办商务局》（光绪二十四年七月二十二日），吴剑杰点校，赵德馨主编《张之洞全集》（第六册），武汉出版社 2008 年版，第 152～153 页。

②④ 《汉口试办商务局酌拟办法折》（光绪二十四年八月初八日），周校鸾点校，赵德馨主编《张之洞全集》（第三册），武汉出版社 2008 年版，第 505、506 页。另见《札委王秉恩等在汉口相地开办商务局》（光绪二十四年七月二十二日），吴剑杰点校，赵德馨主编《张之洞全集》（第六册），武汉出版社 2008 年版，第 152～153 页。

③ 《复商部一首》，吴剑杰等点校，赵德馨主编《张之洞全集》（第十二册），武汉出版社 2008 年版，第 112 页。

张之洞曾说：“华商性情，但以袭故套图小利为事，而惮于求精。”①又说：“看以后时势，中国岂能以兵存，仍是以商存耳。”②所以，张之洞对湖北商人一方面劝导，一方面奖进。他在武汉创办博览会、劝业场，提倡外贸，其目的就是期望商人破除旧习，具有世界眼光，发挥商战的能力，俾能挽回利权，地方更臻繁盛。他给湖北武汉人民带来的是用现代商业的眼光，通过商战走出内部商业循环格局而走向国际商场。他的这种志愿，在湖北被人十数年如一日地坚持。

湖北武汉商品会展经济，实自张之洞始。武汉地区未成立商会之前，商人多自谋生理，彼此不相闻问，虽有所谓“八大帮”的行会，也只是各行业内部的组织，行会之间的互相沟通很少。而与农工联络的机构，久无所闻。所以商品不能日精，土货输出者日少。自从 1861 年汉口辟为对外通商口岸后，外国商品涌入武汉三镇，小至针钉、火柴，大至机器、轮船，都是洋货的天下。为此，张之洞创办了武汉最早的商品博览会，以驱动湖北武汉实业界参与国际竞争，振兴地方经济。

光绪二十四年（1898 年），张之洞札江汉关道开办汉口商务公所，建“宽敞明洁之屋”，采取湖北地产所有各物暨人力所成各货凡有益民用可以贩运远方者，在公所“分别陈列，标明生产地方，价值、运本”，供中外商人参观订货。专派坐办常驻经理其事，同时令各帮大商公举董事数人入局协同经理，随时会议，并邀请有阅历的行商坐贾常来公所评论商榷，比较物产之精粗，工艺之优秀，考求采制配用新法，以提高质量，扩大销售，占领市场。相机推广、筹本集股、购制运销等具体商业活动，统由商人自行筹办，政府不插手。而维护正常的交易秩序，搜寻提供外省外洋商品及质量信息等服务性的工作，“则禀官为之主持照料”。在这里，张之洞已经把商品展览会的政府组织服务工作与商人的具体业务行为划分开了，成为后来者效仿的样板。

光绪二十八年（1902 年），张之洞又在武昌城兰陵街（今解放路）创建两湖劝业场。当时，北京、天津建有劝业场。武汉的两湖劝业场规模宏大，与北京、天津劝业场成鼎足之势。

---

① 《札江汉关道劝谕华商购机制茶》（光绪二十五年四月十四日），吴剑杰点校，赵德馨主编《张之洞全集》（第六册），武汉出版社 2008 年版，第 233 页。

② 《致西安樊云门（二）》（光绪二十七年二月初一日酉刻发），吴剑杰、薛国中点校，赵德馨主编《张之洞全集》（第十册），武汉出版社 2008 年版，第 262 页。

张之洞在《札委高松如等会同承办劝业场工程》中指出："照得各国都会地方，多设有劝工场及商品陈列所，聚百货于其中，分行罗列，以类相从，物标定价，听人观览购取。工者价昂而售速，劣者价贬而滞销，彼此相形，自生激励。"①他办劝业场的目的，就是"以开风气"，增强国产商品的竞争能力。

两湖劝业场设在省城长街（今解放路，兰陵街为长街的一段）三佛阁迤南路西一带，原属两湖书院的产业，南北长二十三丈有奇、东西深五丈有奇。它既是展览馆，又是大商场。内分 3 个主要展厅：一为内品劝业场，分类陈列本省各州县和武汉地区人工制造品；一为外品商业场，招商陈列适于民用的外省和外国各种货物、机器；一为天产内品场，陈设湖北、湖南两省各种土产、五金矿质、煤炭各项，有用之土石泥沙，以及各种谷、果、茶、麻、油、漆、竹、木、药材、皮革、骨角、毛羽等，以备外省及外国人游览，考辨采取，制造借用。"内品场以劝工，外品场以劝商，天产内品场以统劝工商，兼可劝农。此项劝业场专备工商各业陈设各件，断不收取房租地租。"②劝业场内又设了南、北两场，每场门面 79 间，场前场后又摆摊 42 处，凡入场经营者，完纳租金，专售国货，标明定价，公平交易。张之洞此举开风气之先，有力地促进了武汉三镇的商务发展，拓展了武汉商品市场。

其后，宣统元年九月十五日至十月三十日（1909 年 10 月 28 日至 12 月 12 日），湖广总督陈夔龙"为协赞南洋赛会、奖进商业、鼓励商材"，又在武昌文昌门外乙、丙两栈组织了"武汉劝业奖进会"，以更大的规模组织商品展览和销售。会场占地十亩，物品按类陈列，计五大类，分天产品（稻谷、杂粮、蔬菜、药材、矿石、竹木之类）、工艺品（竹木器、手工制品、机器、陆军器械、服装、金饰玉器、铁床藤椅、绸缎布匹之类）、美术品（精细之雕刻、华美之瓷器、苏织、湘绣及花卉、人物画像之类）、教育品（图画仪器、化学原料、体操器械、手工制品之类）、古物参考品（古玩玉器、字画珠宝品类最多，余如翡翠瓶、花盆、万年青、珊瑚树、吉庆牌、朝珠、宝石、翎顶、烟瓶各物，汉唐以下古铜器暨先贤真迹字画等）。会场系西式楼房，两旁平房亦招有商店营业。会内定章，凡购物者先付半价，交由会计处给予收条，俟闭会后十日内将价交清，取物出场。③ 又设直隶、湖南、上海、宁波四个展

①② 《札知府高松如等承办劝业场》，吴剑杰点校，赵德馨主编《张之洞全集》（第六册），武汉出版社 2008 年版，第 435 页。

③ 参见《武汉劝业奖进会开办》，《申报》1909 年 11 月 3 日，第 2 张第 4 版。另见《详纪武汉劝业奖进会之内容》，《申报》1909 年 11 月 5 日，第 2 张第 4 版。

馆,还在汉阳兵工厂等设7个特别陈列馆。这次较大规模的展览销售会,推进了湖北、武汉的工商百业,营造和扩大了武汉市场。当时汉阳兵工厂的兵器,刘泰昌的轧花机件,陆军工厂的皮靴,武昌制革厂的皮箱,武昌制麻局、武昌工艺实习厂、汉口劝工厂和一些私营厂店的产品,都很精良,颇受顾客欢迎,并获得奖牌。

1914年6月20日,巴拿马赛会开幕。其陈列物品均用玻璃橱柜装盛,分为三部:一为教育部,陈列各学校出品,尤以女生手工山水人物图画绣花各件最引人注目;二为工艺部,陈列武汉官商各厂出品各色布匹、绸缎、毡呢,瓷器、铁路机械,及各属著名茶叶;三为天产部,陈列土产、五谷菽麦各项,种类最为繁多,约有六七千种。展会还招商承办会上的车马酒食。有趣的是,1909年的奖进会和1914年的展览会上,都有木雕黄鹤楼的展品。1929年,汉口国货展览会在新市场举行。1937年,粤湘鄂赣四省特产联合展览会巡展到汉。

但是,张之洞所创办的商品博览和销售场所,在以后的岁月中并没有得到良好的经营运转。据1917年的报道,“省垣兰陵街劝业场自前清张文襄督鄂时建设至今十余年,屡换总理,迭谋振兴。上年冬季由兼省长王氏改良章程,虽云振兴,而商人与总理格格不入,依然不守场规,来去自如。南北两场空号不下二十余所,一道官符封备,驱逐声浪不绝耳鼓”。湖北督军兼省长王占元不由发出这样的感叹:“武汉实业局厂一经商办即有起色。劝业场亦实业一途,迭经整顿,不能振作。大率官、商习气两不相融。”[①]好像是要证实王占元哀叹不虚,1917年,承办布、纱、丝、麻四局的徐荣廷为了解决四局一带摊户拥塞妨碍交通的问题,规定布、纱两局外适中的江岸前张文襄公纪念亭北首沿岸建筑门面屋三十余间,任许各项摊户觅保领贸,不收费,但限制早来晚去,不留人宿,并拟定市场条规令摊户共同遵守。在王占元还在绞尽脑汁考虑劝业场改良办法的时候,布、纱局前新市场于当年2月24日落成开市。[②] 1920年9月,劝业场入驻商户与场方又因场租问题发生激烈冲突。[③] 军阀统治的乱政,阻碍了武汉工商业的发展。其后,武

① 《改良劝业之计画》,《汉口中西晚报》1917年2月15日第3版,缩微胶卷号549号。武汉市图书馆藏。

② 参见《布纱局前之新市场》,《汉口中西晚报》1917年2月25日,缩微549号。武汉市图书馆藏。

③ 参见《劝业场之顶租风潮》,《汉口中西报》1920年9月11日,缩微541号。武汉市图书馆藏。

汉迭经战乱、天灾，城市地位不断下挫，商品博览会再也难现昔日盛景。

张之洞提倡的商品博览，促进了湖北武汉地区商品质量的提高。1910 年，湖北筛选精品参加在南京举办的跨省区的南洋劝业奖进会。湖北的政、军、商学各界约 3000 人赴宁参观、洽谈。武汉参展的商品获奖可观。汉阳铁厂的铁器受到好评获奖。仅汉口参展商品获一等奖的有美粹学社的绣字、彩霞公司的绣画、肇兴公司的新式绸缎、兴商公司的茶砖。获二等奖的有鼎孚公司的轧花机、太久保公司的罐头、利华公司的皮革等 92 项。还有多项获三、四等奖。1911 年，武汉产品参加过世界性的博览会，获奖的有汉冶萍公司的钢、铁制品和耐火砖，武汉劝工院的铜器、玻璃和瓷器、地毯，湖北制麻局的葛布等 10 个单位的十几种产品。1914 年，汉阳产的钢轨也在欧洲博览会上获奖。1915 年，在美国费城的巴拿马赛会上，汉口有袁采章的花缎、姚春和的铜器、信记的茶叶等 20 项产品获一等金牌奖，另有二等银牌奖 8 项。1919 年，巴拿马赛会的酒类比赛，汉汾名酒也获奖牌。①

茶叶是湖北土产出口大宗。汉口开埠以后，英、俄商人接踵而至，大量购运湖北茶叶，垄断了湖北茶市。在开埠之初的 20 年里，茶叶逐步成为汉口第一大出口商品，输出额占全国出口总量的 60%左右。19 世纪 80 年代以后开始疲软，英、美等市场逐渐为印度、锡兰和日本茶抢占。19 世纪 90 年代后，俄商独占汉口茶市。时张之洞督鄂，大力提倡外贸。1891 年，张之洞倡议兴办机器制茶，令江汉关税务司穆和德筹兴茶房，准许富商集股购地种茶、购机制茶，如商本不足，可筹集官款相助，但不得招附外商入股。张之洞还制订出由商人运茶外销的策略。1890 年，张之洞开始筹划运销丝、茶于俄、美等国。光绪二十年(1894 年)，张之洞以红茶由俄商购买居多，但往往退盘割价，华商甘受抑勒，认为唯有自行运赴俄国销售，不致多一波折，操纵由人。于是委托江汉关道恽祖翼选办上等红茶 200 箱，借附俄商茶船，运赴俄国敖德萨分销，又委托顺丰洋行将 120 箱红茶运销莫斯科、恰克图。但只试办了两次。

在张之洞的赞助下，商办机器焙茶公司于 1898 年在汉口成立，董事长是江汉关税务司穆和德。董事会由汇丰银行买办席正甫，阜昌砖茶厂买办、汉口大茶行老板唐瑞芝，上海招商局总办陈辉庭，与茶务有关的唐翘卿及汉口巨商数人组

① 皮明庥：《一个总督 · 一座城市 · 一场革命》，武汉出版社 2001 年版，第 45~46 页。

成,资本银6万两。同年,中国第一部茶叶压延机运到羊楼洞茶区开工制茶。①

在张之洞各项政策的鼓励支持下,汉口作为一个比东南沿海商埠城市开放晚了20年的内陆口岸,很快就赶超上来。清末日本驻汉口总领事水野幸吉当年写道:“与武昌、汉阳鼎立之汉口者,贸易年额一亿三千万两,夙超天津,近凌广东,今也位于清国要港之二,将进而摩上海之垒,使观察者艳称为东方之芝加哥。”据统计,1882—1891年,汉口贸易收入为3.58亿海关两,1892—1901年进出口贸易总值4.94亿多海关两,比上个10年增长了40%。20世纪的最初10年,汉口与近20个国家通商,对外贸易总额始终都占到全国对外贸易额的10%左右,间接对外贸易常居全国第二位,成为当时唯一可与沿海几大通商口岸城市相匹敌的内地通商口岸。20世纪20年代,汉口的贸易值更是突飞猛进地增长,1928年是它的高峰年景,贸易总值达到377504295海关两,相当于1882—1891年贸易收入的总和。

武汉工商业的发达,源于张之洞奠定的基础。到武汉会战前,工厂共有516家,工人4300余人;商店2万家,店员10万人左右;银行、钱庄及保险公司160余家。全面抗战前,虽然汉口对外贸易尤其是直接外贸额在五大商埠中排序有下降态势,但国内贸易值仍占我国五大商埠(上海、天津、汉口、青岛、广州)的第二位,仅次于上海;对内和对外贸易总值占第三位,仅次于上海、天津。汉口为三大茶市之一,全面抗战前汉口茶叶出口量占全国总出口量34%,桐油出口亦达到23%~40%。汉口为国内拥有最大商业圈的都市,为周围各省农产品输出的总汇。

由商业的勃兴而带动工业。据1947年经济部调查委员会的调查,汉口面粉产量在20个大城市中,仅次于上海;动力机和作业机的产量分别为20个大城市产量总和的10.8%和19%。这还远远没有恢复到全面抗战前的状况。②

张之洞不仅注意商业本身,而且很注重商务机构的组建,尤其看重民间商会在发展地方工商业、协调政府与商家关系中的巨大作用,主持和推动创立官办的

---

① 皮明庥:《一个总督·一座城市·一场革命》,武汉出版社2001年版,第43~44页。

② 《武汉概况》,书报简讯社1949年4月编印,第2~3页。20个全国重要城市是上海、南京、天津、北平、青岛、重庆、沈阳、西安、汉口、广州、台湾(应为台北)、兰州、汕头、福州、昆明、贵阳、长沙、衡阳、南昌、九江。

商务局和民间商会。

在康有为推动的那场流产的改革运动期间(即戊戌变法),张之洞于 1898 年响应帝诏而命令在汉口设立商务局,“以启发商智,联络商情为要义”,然后次第举办商学、商会等事。张之洞办商务局,立足于以汉口带动长江中上游各省经济。认为上海为沿海总汇,汉口为上游要冲、铁路枢纽,自应设立两局。上海一局由两江总督刘坤一派人开办,汉口设立商务局,以鼓舞联络川、陕、豫、贵、湘、粤等处工商为要义。张之洞派委湖北差委候补道王秉恩暨奏调江苏候补道程仪洛总理其事,并遴选各商帮“通晓时势”的商董 24 人为总董,分董 36 人。总董的组成并不拘于本地绅士,因为“汉口之商外省人多,本省人少”,但取其熟悉商情。①

于是,“以行帮为核心的秘密的地方自治政府机构”由是设立,由两位上层的候补道台所管辖的“商务局”所组成。它是一种政府辅助权力机关。②

1898 年筹办汉口商务局时,张之洞即有由“本(商务)局商董邀集各省各帮大商入局,订立商会,或面商,或通函,或登报,互相讨论考校,以期联络协助,力厚气旺”之议。1902 年,清廷推行“新政”之时,张之洞令商务局劝集商款在汉口创立商务学堂、商会公所,以报效巨款之汉口商人黄训典充当商会总董。商会在形式上是民间组织,政府在经济上不支持,基本上是自治机构。但它对政府有强烈的依附关系。

“长江流域一带联系相当紧密的地方精英……开始通过近代商业媒介突出本身的政治角色,以成为真正捍卫民族,反对外国侵略的人。”“其中许多社团组织——譬如商会和专业协会随着新政改革(1902—1908 年)而开始被正式确认法团……这完全是一种混合发展,因而给予它们正式地位就可以通过置它们于官方监督和控制之下而损害它们的自治。”③

1903 年,在清政府为支持现代化运动和领导工业发展建立的新部门之

① 参见苑书义、孙华峰、李秉新主编《张之洞全集》(第五册)、(第三册),河北人民出版社 1998 年版,第 3652、1329 页。

② 〔美〕魏斐德:《清末与近代中国的公民社会》,载汪熙、〔美〕魏斐德主编《中国现代化问题——一个多方位的历史探索》,复旦大学出版社 1994 年版,第 36 页。

③ 〔美〕杜赞奇:《中国近代史上的国家与公民社会》,载汪熙、〔美〕魏斐德主编《中国现代化问题——一个多方位的历史探索》,复旦大学出版社 1994 年版,第 365~366 页。

一——商部正式成立的时候，张之洞在年底回复商部的公函中，明确提出要开商会。"商会者，谓于繁盛镇市，令商人自立一会，按期聚会，互相讲求孰利孰害，孰缓孰急，若上海、天津、汉口、广东等处尤要。"①

新设立的商部计划在各省开设分部，直接负责督办其他部门筹划的所有重大商业项目。1904年，商部酝酿成立商务局负责其事，各省的回音是类似局所早已存在——暗指1896年张之洞为所办企业募集资本设置的机构。它们已不再受商人们的信任。②

1905年，汉口商务总会成立。由汉口商务局根据商部所定章程，邀集商董，推举总理、协理、总董。初假商务局办公地。但商务局并未撤销，并直接插手商会的选举和改选。自此以后，商会的整个发展过程中，多数时候商会的领导层是由政府指定的，即使选举出来的领袖，也是政府认可的。

1907年，农工商部奏定商会章程，"有湖北之汉口为应设商务总会之处"③。1907年底，商会一年任期届满，商务局总办孙询刍牌示汉口三十余帮重举帮董参加汉口商务总会的改选，并举用高济川任商会坐办，裁判、书记也由商务局总办举用。因汉口商务局总办"选举商会总协理一事不合舆情"，被职商黄训典、蔡辅卿联合各行商列款向继任鄂督控告，要求另立商会。但鄂督赵尔巽却批示说"该商等既已另立商会，已存有意见，在该商等无合群兴业之心"，只是准许"所有各帮未举商董之人准其照《商法》第四条章程，由该帮自行选举归入总会"。④ 汉口商务总会总、协理选举之后，报农工商部加札任用。同时，湖广总督裁撤了官办的汉口商务局，全镇商务事宜均归商会办理，独立的商会算是正式成立了。1907年12月26日，改选后的汉口商务总会在后花楼正街开第一次大会，商务局总办孙询刍等出席。商会总理卢鸿沧报告中再提"商战"，为中国五十余处有名商埠遍插洋旗，大宗生意都被抢去而痛心疾首。他指出商会的三大宗旨：一须和洽商

---

① 《复商部一首》（光绪二十九年十二月），吴剑杰等点校，赵德馨主编《张之洞全集》（第十二册），武汉出版社2008年版，第112页。

② ［法］白吉尔：《晚清的一次失败的现代化尝试》，载汪熙、［美］魏斐德主编《中国现代化问题——一个多方位的历史探索》，复旦大学出版社1994年版，第173页。

③ 吕东寅：《夏口县志》，1920年版，"商务志"，第13页。

④ 《汉口重举商董》，《申报》1907年11月15日，第12版。《汉口商会任用职员》，《申报》1907年12月22日，第2张第4版。《禀控商务局总办之督批》，《申报》1907年12月25日，第2张第4版。

界人心，二须发达商界知识，三须讲求商界利弊。孙总办演说则谓“官商融协，凡有公益之事，可依商之主义为之”①。所谓“官商融协”也就是依附当局。到民国以后，这种依附关系丝毫未减弱。1923 年，汉口总商会改选，当选第十届会长、副会长的周以灿、郑焕文在当选到任的照会上说：“缘由呈报督军、省长核咨在案。”②

省城武昌商人曾于 1901 年谋设商会未果。1907 年，武昌劝业场商董张楫、唐际清发起开办商会，禀报武昌知府赵楚江，“试办之初，暂不举总协理”。公举李文藻权理会事，吕逵先主文牍，获准先行试办。③ 1909 年，武昌商务总会遵章正式成立，公举总理、协理及会董各员。

“晚清社会的商会并非代表其成员经济利益的自发、自主的组织。成立于 1904—1911 年间的商务会，名义上必须服从北京政府颁布的统一条令。到 1911 年辛亥革命前夕，在全国范围已经形成了有 800 多个商务会的巨大网络。”“商务会及其代表的通商口岸的精英们在开展经济活动时，并不以服从中央政府指令来报偿他们所得到的特许权。”④武汉的商会亦不仅仅是在经济活动中不服从中央政府了。1911 年武昌首义，汉口商会总理蔡辅卿及商董韦紫封、刘子敬、刘歆生、李紫云、宋炜臣、万扔伯等及武昌商会负责人吕逵先、汉口巨商徐荣廷，都为民军捐款募粮、救治伤员、组织劳军，为新成立的鄂军政府和汉口军分府维持市面。部分商会商董还参加了军政府的工作。徐荣廷不仅当上了官钱局总办，后还成为武昌商务总会的总理。与攻打武汉的清军则不合作，体现了资产阶级上层人士和由他们组成的商会这种中间组织在城市现代化进程中的政治价值取向。

1915 年，北洋政府颁行《商会法》，规定各地方最高行政长官所在地及工商业总汇之大商埠，得设立总商会，其余设立商会。1916 年 1 月，汉口商务总会遵照新的《商会法》改组为汉口总商会，原汉口工业分会被农工商部下令取消，并入汉口总商会，总商会的总、协理名称改为会长、副会长。那些张之洞时代商会的

---

①《汉口商会开会纪事》，《申报》1908 年 1 月 6 日，第 1 张第 4 版、第 5 版。

② 武汉市档案馆藏档案，档案号：165-1-43-11。

③《禀请试办商会章程》，《申报》1907 年 8 月 27 日，第 12 版。

④〔法〕白吉尔：《晚清的一次失败的现代化尝试》，载汪熙、〔美〕魏斐德主编《中国现代化问题——一个多方位的历史探索》，复旦大学出版社 1994 年版，第 174 页。

商董成为张之洞“新政”遗产的一部分,继续在民国的商会中发挥着重要作用。卢鸿沧是一、三届的总理,二、四届议董,七、八届特别会董。刘歆生是一届协理,二至六届议董,七、八届会董。蔡辅卿是二届协理,四届总理,二、六届议董,七届特别会董。宋炜臣是一、四、五、六届议董,七届会董。七届会长俞清澄,是二、三、五、六届议董,八届特别会董。齐相琴,是二届总理,四届议董,七、八届特别会董。等等。

汉口总商会不仅在协助管理工商业务上发挥作用,还积极在市政建设上投入巨大的热情。在《汉口中西报》上出现最多的好像就是商会的消息,诸如维持官钱票、推销印花税、修马路、选举、维持市面、救济赈灾等。

汉口总商会的新办公地是由清末鄂督赵尔巽于 1908 年拨给的汉口张美之巷后城马路官地 3 万平方米,1919 年汉口总商会向会员募款,由汉协盛营造厂中标承建会所。1920 年 12 月 28 日迁入办公。未建成前则在扬子街等地办公。新汉口总商会大厦成为永久性的办公地,直至今日仍为武汉市工商联办公地。1922 年在汉口总商会举办了第四届全国商联会,但由于议题的分歧,酿出了各有一半省份代表分别在汉口、北京同时开会的分裂局面。到汉开会的主要是黄河以南东部沿海及内陆武汉经济圈的省份代表。

1929 年 8 月,南京国民政府颁布了新的《商会法》,汉口总商会改组为汉口市商会。新的《商会法》确定商会以图谋工商业及对外贸易之发展,增进工商业公共之福利为宗旨。1938 年 10 月武汉沦陷时,汉口市商会自行解散。汪伪政权于 1940 年 7 月成立武汉特别市商会,同年 9 月改为汉口市商会,直至日本投降。1945 年 10 月,组成汉口同市商会筹委会,同年 12 月改组为汉口市商会整理委员会。1946 年 5 月,召开第一届第一次会员代表大会,正式成立(复员)汉口市商会,分设商事调解、税务研究、设计等委员会。汉口市商会的职能为筹议工商业改良与发展,推行工商业法令,办理工商业户开业、歇业、转业申请登记,调解工商界纠纷以及筹募军款和派销公债等事宜,受政府之监督与指导。1948 年 6 月,成立汉口市工业会,从商会中分离,各工业同业公会一并从商会划出。1932 年,汉口市商会所属同业公会为 126 个,1944 年为 160 个,1948 年增至 227 个。1909 年正式建立的武昌商务总会于 1916 年改组为武昌总商会,1935 年改组为武昌市商会。抗战胜利后于 1945 年建立武昌市商会整理委员会,1946 年 7 月正式复员武昌市商会。

三、城市管理的机构创立、更迭与市政交通建设的发展

(一)城市管理体制的创立与更迭

张之洞对武汉市政体制改革的最大贡献,就是在光绪二十五年(1899 年)奏准在汉口设立了夏口厅,与汉阳县分治。

中国传统的地方行政管理机制是“城乡合治”“重乡治而忽市政”。武昌、汉阳,是作为郡、督署或府、县的治所而存在,汉口只是附属于汉阳县的一个普通商业市镇,并没有独立的地位。这种情形颇合马克斯·韦伯“中国只有传统的政治中心,而没有真正的城市”的说法。尽管 1861 年汉口开埠后,汉口城市地位有了很大变化,租界里近代城市的建设与管理模式与华界发生着观念冲突,有着示范效应,华洋商贸的发展与过去已有了巨大反差,在华界与租界发生冲突时,仍然需要隔在汉水以南的汉阳府会同江汉关道处理,“于民事、洋务均多窒碍”(张之洞语)。

阳夏分治,从表面上看是建制的分开,而实际上是张之洞看到汉口作为工商大埠发展的趋势,需要获得独立的发展空间,从封建的管理体制中离析出来,建立独立的市政管理体制。同时,阳夏分治,将襄河以北的汉阳县城 1000 多平方公里面积归于夏口厅,为汉口的城市发展预留了充足的发展空间,为日后汉口市的建立架好了阶梯。从此,武汉两县一厅的格局形成。

张之洞在武汉兴办的新型市政机构是警察总局,这是张之洞市政体制改革的又一重要步骤。

光绪二十八年(1902 年)六月,张之洞首先在省城裁撤旧有武昌保甲局,设立武昌警察总局,以武昌知府梁鼎芬、试用知府金鼎总办警察局务,归臬司(按察使司)管理。总局下设省城内中、东、西、南、北五局,城外东、西、水、陆四局。酌采外国章程,先募练警察步军 550 名,警察马军 30 名,清道夫 202 名,从上海雇募曾充捕头的英国人珀蓝斯充当警察总目。警察局的职责范围包括稽查户口,保卫生民,清理街道,开通沟渠,消除疫疠,防救火灾,建设市亭,扫除污秽,安设路

灯,查缉奸宄等,[1]为近代城市管理的综合职能部门,是准城市政府性质的市政机构。

1903 年,汉黄德道奉命改汉口保甲局为汉口清道局。该局显然是个市政机构,下分 6 个分局,并改襄河水师为水上警察。次年改为警察局,以汉阳知府为总办。局下设分区。1903 年,汉阳亦设警察局,下设 7 个分局。

1907 年,湖北巡警道设立,为一省警政最高机关,直接受总督节制,间受中央民政部门监督。武昌警察总局改隶巡警道,更名为湖北警务公所,汉口、汉阳警察局亦更名为总局,隶属巡警道。

湖北警务公所设总务、行政、司法、卫生四科,其职权,不仅包括在马路和街道站岗巡逻,管理刑事案件和有关户口、婚姻、土地、债务一类的民事案件,举凡修筑道路和改善市街等,有关交通、卫生、市政的土木工程事务等,都在其管辖范围内,是警察、司法和市政的混合性综合机构,还不是现代意义的警察机制,准城市政府的特征非常明显。虽然如此,它却起到了从旧体制过渡到新体制的桥梁作用。这种城市管理机制影响深远,一直到武汉市政府建立,城市的卫生和市容事务仍旧归公安局办理。其后汉口、武昌两市分治,1928 年 12 月到 1929 年 4 月,汉口市卫生部门才从公安局分离出来,单独负责卫生防疫和马路清扫管理工作。而武昌和汉阳直到 1930 年,城市的卫生和市容管理依然附着于警察局。

第三类机构是 1900 年奏准设立的武昌商场局和 1905 年在汉口创立的汉镇马路工程局。不能仅仅将汉镇马路工程局看成是修马路的机构,它同样带有城市管理机构的职能。

张之洞已经开始为武汉搭起了适应城市现代化发展的新型市政建设和管理的机制框架。但这些机构的设置明显带有不完全适合现代城市管理的过渡性特征。

尽管阳夏分治以来,汉口有了独立的建制,但夏口厅或夏口县的行政机构都无法统筹全市政务、商务、外事和建设。汉口、武昌、汉阳,军、政、财、文大事常直接听命于总督,经江汉关道而施行,乃至各区警察署亦由省派出而不属夏口厅。包括修建张公堤、成立后湖清丈局以及修建后城马路,皆由总督张之洞等决策,

---

① 《省城创办警察折》(光绪二十八年六月初二日),周秀鸾点校,赵德馨主编《张之洞全集》(第四册),武汉出版社 2008 年版,第 66 页。

由江汉关道实施。①

汉口商人参政的自治机构是在张之洞身后才有的。宣统年间，成立了汉口自治公所、汉口市政会，以补夏口厅之不足。自治公所是一个议事机构而无行政权，市政会则是由警察局主导的商人与警察局的联合体。而警署亦不隶于夏口厅，所管治者亦以警政治安为范围，并非全方位的市政机构。②

1912 年民国建立以后，武汉三县一厅的政府机构有所改变，夏口厅改为夏口县，江夏县改为武昌县，汉阳县依旧，撤武昌、汉阳两府，武、阳、夏三县属省署下设的江汉道管辖。武昌县知事兼任武昌地方审检厅初级审检，夏口县知事兼汉镇地方审检厅初级审检。机构虽有分设，但县级主官的主要职权与传统的县官并没什么两样。警政方面，1912 年设汉口警视厅，1914 年改为汉口商埠警察厅，1916 年 4 月改为汉口警察厅。省城武昌警务处总绾全省警务。汉阳则以县知事兼警务所所长。

辛亥之役，清军一把大火，汉口繁华市区几成焦土。民国建立后，1912 年 3 月建立了汉口市街建筑筹办处以改良市政。旋因经费困难等，改组为马路工程局主修马路。无论是建筑筹办处还是马路工程局，均为湖北省都督府直辖机构，不听命于夏口县。这时的马路局也不只是一个修马路的机构。如“电车为市政之一”，汉口 1912 年创办电车轨道的议案原呈汉口建筑处，后于 1913 年 7 月由马路工程局“与他项包工包料各合同并案废止”。可见马路局同样带有城市管理机构的部分职能。③

1913 年 12 月，北京政府垂涎汉口，在夏口县设置属于中央的督办汉口商场建筑事宜处，以从事汉口建设，并控制汉口的税收和工商业。这个督办公署与湖北省署级位不相上下。1914 年督办杨度到任，马路工程局撤销，设立汉口工巡处，由江汉关监督兼管汉口工巡事宜。至 1919 年，汉口工巡处一直都在履行规划修筑汉口马路的职责。其后，汉口马路工程局重新取代了工巡处，不再是江汉关监督兼管的机构。1922 年，汤芗铭督办汉口商场建筑事宜，将“凡关于汉口商场之工程机关归并于该处”④、汉口马路工程局收并于汉口商场督办处。治安马

---

①② 皮明庥：《一个总督 · 一座城市 · 一场革命》，武汉出版社 2001 年版，第 381 页。

③ 《创办汉口电车之波折》，《申报》1914 年 9 月 30 日，第 6 版。

④ 参见《申报》1914 年，《汉口中西报》1919 年和 1922 年 2 月 4 日、5 日、22 日。

路交通、市容卫生防疫等,仍由汉口警察厅负责。1917年接管德租界建立特别区,由内务部任命汉口警察厅厅长兼任汉口特别区市政管理局局长。1925年接收俄租界建立第二特别区,由外交部任命江汉关监督兼省交涉员,兼任第二特别区管理局局长。这些机构都不隶属于夏口县。此时汉口的市政是中央及省属机构管辖的,尚未取得市政的统一。

1920年1月,武昌商埠局成立,主要负责原张之洞自开商场区域的规划与管理。武昌城内有警察处,下设马路工程局,但这些都是不隶属于武昌县的市政机构。

1923年4月,武昌建立湖北省会市政筹备处,设市政审计股和市政执行股。市政审计股由省署秘书长为主任,高审厅厅长和高检厅厅长为副主任,造币厂厂长,武昌关监督,烟酒局局长,印花税局局长,水利局局长,武昌地方审、检两厅厅长,债券局局长,武泰、武丰两闸委员为股员;市政执行股由省政务厅厅长为主任,江汉道尹、警务处处长为副主任,财政厅厅长、教育厅厅长、实业厅厅长、官钱局局长、陆军测量局局长、武昌商埠局局长、官印刷局局长、林务专员、省农事试验场场长、武昌县知事为股员。这是一个以省直机关为主,省、道、县三级结合的组织,开始谋求武昌市政的统一。[①] 1923年,汉口商场督办处扩大为督办武阳夏商埠建筑事宜处,武昌商埠局并入,武汉三镇城市公共工程建设管理始趋统一。在军阀割据的时代,这个与省督军和省长级别不相上下的机构,终是难有作为。

清末至北洋政府时期,武汉市政机制显现出来几个特点:传统县级行政机构几乎没有管理近现代城市市政的权力;三镇市政由直属省署的机构或直属中央的机构建设和管理;市政机构混杂,尚未有完全适合现代城市发展、有明确专业分工的市政管理体系;武汉三镇市政建设与管理逐步趋向统一。总体上,武汉市政体制逐步向适合城市现代化发展需要转型过渡。

直到1927年4月武汉市政府建立,现代城市的市政管理机制才初步确立。

1926年9—10月,国民革命军相继占领汉阳、汉口、武昌。武汉市政机构为之一变,适应现代城市管理的机制才真正形成,但旧有的县署机构仍然存在。1926年9月,刘文岛被任命为汉口市第一任市长,10月7日成立了武汉的第一个

---

① 《省会市政筹备处成立》,《汉口中西报》1923年4月14日,参见涂文学主编《武汉老新闻》,武汉出版社2002年版,第223~224页。

市政府——汉口市政府,统辖第一、第二特别区管理局(它们原直属于省府)外,市府设财政、工务、公安、教育、卫生、统计各局及秘书、审计两处,同时成立汉口市政委员会,以市长和原有两管理局及新设各局局长组成。市长是市政委员会的主席。隶属于湖北政务委员会。武昌城区于1926年12月组设了武昌市政厅,黄昌谷为武昌市市长。1927年4月,武汉三镇城区正式合一,历史上第一次建立武汉市政府,陈友仁、苏兆征等十一人被任命为武汉市政委员会委员,设常委三人,不设市长,汉口市政府和武昌市政厅同时裁撤,所属机关归武汉市政委员会接收办理。城区以外的原有三个县仍归该县政府管辖。①

此时的市政有了统一的市政府指挥。市政委员会由武汉国民政府、中央及省的党政机关和工会、商会选出委员组成,体现了政府和社会民间团体共同参政议政的特点。市政建设由工务局规划和实施。另外,武昌、汉口还各自组成了政府部门与商界社团共同合作的马路建筑委员会。1927年3月,在收回的汉口英租界辖区内成立外交部汉口第三特别区市政局。②

1927年12月桂系统治湖北时,改武汉市政府为武汉市政计划委员会,设常委三人,隶湘鄂临时政务委员会。所有前市政府组织,除公安局外一律撤销,改设事务、计划两部,财税事务由湘鄂临时政务委员会管理。

1928年5月,湖北省政府决定成立武汉市工程委员会,由湖北省建设厅厅长石瑛任主席,内设总务、工程、拆迁三处。设址于武昌前官钱局旧址。武汉市工程委员会仅限于工程一部分,其他市政无力发展,省政府遂将其改组为武汉市市政委员会,以胡宗铎为委员长。市政委员会成立后3个月,市政进行仍无专人负责。遂于1929年2月正式改组为武汉市市政府,采市长制,潘宜之任市长。这一时期的武汉处在一个动荡时期,市政机制不稳定,没有办法切实推动武汉城市现代化的顺利发展。

1928年12月31日,将第一、第二特别区管理局撤销,于1929年1月1日由武汉市市政委员会各局接管两管理局行政事宜。③

蒋桂战争以桂系失败而告终,蒋系南京国民政府重新取得了对武汉的控制

---

①③ 参见《汉口市政建设概况》1930年,武汉市档案馆藏。

② 参见《汉口英租界改为第三特别区之市政局经中央政治会议通过》,广州《民国日报》1927年3月22日,第5版。

权。1929年4月,刘文岛代理武汉市市长,武汉市市政府改组为武汉特别市市政府,直辖于国民政府。同年7月,改武汉特别市为汉口特别市,辖汉口、汉阳两城,武昌城以省城划出,隶湖北省政府,成立武昌市政委员会。这时,汉口、汉阳的关系发生了倒置,张之洞之前是汉阳辖汉口,此时汉口已取得大城市地位,反辖汉阳了。汉口与汉阳隶属关系的完全逆转,意味着城市对乡村统治地位的确立。由于城市现代化的长足进展,"重乡治而忽市治"的传统地方行政管理理念开始改变。同年,由于夏口县署已完全失去在汉口城市管理体制中的地位与作用,于是,夏口县被裁撤,从舵落口沿张公堤以外夏口县属乡镇(相当于今东西湖辖区)重归汉阳县。1927年后的武汉三镇,实际上已经市县分治,县政府的职权彻底从大城市析出。现代城市按适合它发展的机制大踏步地前进了。

汉口清道事项向由公安局兼理。1928年12月武汉市政委员会设立卫生局时,清道事项并未移转,当时公安局设有卫生科。1929年4月成立武汉特别市卫生局时,公安局清道事项划归卫生局接办。武昌、汉阳两区公安分局内各设卫生办事处。[①]

汉口在以后的发展中,虽有院辖、省辖之变化,机构时减时增,但大体上按现代城市部门专业分工的管理机制在运行。武昌于1935年建立了市政处,隶省建设厅。武汉沦陷后,1939年曾建立伪武汉特别市政府,后又改伪汉口特别市政府,武昌市区作为省级政治中心,并未能达到普通市建立市政府的目标。抗战胜利后,国民政府重新恢复汉口市政府。1946年10月,武昌市政府正式建立。而汉阳城区始终是个县城的模式,初归汉口市,1930年又划归汉阳县,后包括在武昌市的城区,行政管辖权全由武昌市政处负责。1946年7月,汉阳市区重归县治,终脱不了县城的命运。

(二)现代市政交通发展

张之洞在武汉的市政创新有几个重点工程:在武昌修武金堤、武青堤,建武泰闸;在此基础上,在城北武胜门外沿江十里按自开商埠的规划清丈地亩;在汉口建张公堤以御后湖水患并扩大汉口发展空间,奏准拆除汉口后城垣,并建议以拆城之石筑堤;建立后湖清丈局,清查涸出地亩以备开商埠;建立马路工程局,修

---

① 《汉口市政建设概况》1930年,武汉档案馆藏。

筑后湖新区道路；下令拆除后城，并在城基上修筑后城马路（今中山大道一段）；鼓励商人自办中国人自己的城市水电公用事业等。在连接武汉与外界的交通上，主持修筑了京汉铁路南段，并筹备修筑粤汉、川汉铁路湖北段，还最早提出在武汉长江上修建大铁桥以使京汉、粤汉铁路连通；力主开办国家邮政并在汉首先实施；扩展湖北省内及与周边省内的电报线路等。

张之洞的市政建设举措，对于武汉城市空间布局的扩展和现代城市格局的形成影响深远。在武昌，自 1899 年到 1902 年，先后新修了武青堤（武昌至青山）和武金堤（武昌至金口），建成武青闸和武泰闸以控泄内湖之水，免除了夏汛江水倒灌之患。又增高加修了省城沿江驳岸，与两堤相接，涸出良田无数，为粤汉铁路的修筑解除了后顾之忧。在汉口，修建后湖长堤——张公堤。“该处邻近铁路，若筑长堤以御水患，则堤内保全之地，即为商务繁盛之区。”“使堤内涸出地亩，辟作市场，永无水患。”1904 年至 1906 年，筑官堤：东起牛湖广佛寺前（今堤角），向西北越过岱家山折向西南，经姑嫂树至禁口止，长 113500 米。同时，又修以皇经堂为起点，由南向北经长丰垸旧堤直至禁口与张公堤相接的张公横堤。张公堤未建以前，汉口市区局促于从硚口沿城堡（今中山大道）下至通济门（一元路）。张公堤的修建，消除了汉口城腹背两面受水患之忧，为新通车的京汉铁路建立了防水屏障，为市区的扩大奠定了基础，涸出了大量的良田。1917 年 2 月，《汉口中西报》的一篇文章说：“汉口后湖一带均经筑堤捍水，变泽国为桑田，至今民食文襄之惠。以视苏堤春晓、花柳六桥迥乎。”张公堤的建成，取代了汉口城堡的防洪功能。1907 年，张之洞下令撤除城墙，城基建后城马路（今中山大道硚口至江汉路一段），至民国初年，这条马路正式竣工。这是三镇华界市区现代化街道建设的开端，并以后城马路为主干，修建马路十几条通入旧市区。

1905 年，张之洞设立汉镇马路工程局，专门负责规划和修建新区马路。修筑了沿京汉铁路大智门至玉带门的马路。并借鉴租界市政规划的经验，于 1906 年指令夏口厅及江夏、汉阳二县拓宽武汉三镇街道，旧城改造和新建临街房屋从原线后退三尺，以便救火。《海关十年报告》指出：“（汉口）街道正在被拓宽，所有新建筑都必须从原线后退三尺，像在租界一样。”同时，政府还在“城市的街道上维持治安，并作出了一定的努力来改进排水管道和维持环境卫生”。

1906 年，张之洞下令省城警察总局和江夏县严禁滨湖居民侵占消纳城中积水的官湖、在沿湖地段填土造屋，同时派人丈量湖面，钉桩立碑明定界址，对任意填占的,勒令拆让挖浚,还湖旧观。[①] 他的这种城市生态保护措施,比后人更具长远眼光。然而可惜的是,作为防止城市渍水的一部分,他的这种措施在其身后长期未受到应有的重视。

张之洞因修芦汉铁路调到武昌,1889 年至 1905 年主持修通了芦汉铁路,后该铁路延伸为京汉铁路。又筹修粤汉、川汉铁路。他第一个提出在长江上修建铁桥连通武汉两岸,沟通南北铁路。由于经费问题无法实现,把建铁桥的事交付粤汉铁路一起办理。北洋政府和国民党政府也多次议修长江大桥,并进行过勘探和两次设计,终因种种原因未能实现。直到新中国成立后,万里长江第一桥——武汉长江大桥才变成现实。

汉口张公堤、后城马路与京汉铁路的修成,彻底改变了汉口城市布局,甚至影响了人们的观念,乃至培育了像刘歆生这样的资本家。京汉铁路通车后,汉口市区江岸车站、大智门车站、循礼门车站和玉带门车站等 4 个车站建成,随着水陆联运的兴起,长江沿岸、租界和铁路之间迅速发展为汉口新兴的闹市区。近代汉口华界第一批马路如歆生路、大智门路、火车站前马路、何家路、小华景街马路、德华里下马路、三元里下马路等均介于租界与铁路之间,是南北走向,与铁路和租界呈垂直形态,清晰地显示出铁路兴起后引起的水陆联运对汉口城市发展的推动。京汉铁路东西向直贯汉口市区,带动了城区面貌的改观。如硚口至谌家矶一带,1894 年以前还只是“草庐茅店,三五零星”的荒凉景观,铁路开通后,这一带很快变得“廛居鳞次……三十里几比室直连矣”。铁路沿线如玉带门、大智门一带原为荒僻之地,因铁路车站建立,仓库、工厂、搬运所相继出现,附近的贫民茅屋次第改为商店,辟为商场,地价迅速看涨。据徐焕斗《汉口小志》记述:“往时每方 19 两者,今涨至 44 两,但距玉带门外里许尚有每方六七两之价格。”正如 1920 年《夏口县志》指出:“猥自后湖筑堤,芦汉通轨,形势一年一度,环镇寸土寸金。”

张公堤的修筑也成就了一个大地皮商——刘歆生。在张公堤修筑以前,后湖的地很便宜。买办刘歆生购买张公堤以内汉口市区、郊区约 1/4 地皮,并建有很多房屋。自堤修筑后,地价不断上涨,使刘成为汉口的地皮大王。西商跑马场

---

① 《札警察局、江夏县严禁侵占官湖》(光绪三十二年六月二十九日),吴剑杰点校,赵德馨主编《张之洞全集》(第六册),武汉出版社 2008 年版,第 508 页。

以及后来的模范区等,都是刘歆生提供的地皮。

当然,张之洞也有预言不准的时候,如武昌自开商埠。光绪二十六年(1900年),张之洞认为武昌北门十里以外之河岸地方,已定为粤汉铁路起点,将来该地必为商务繁盛之中枢,遂奏准自开商埠。他本指望“五年之后铁路大通,北达欧洲、南守香港,群商趋之若鹜,自然争先订租,今日一亩,异日百倍其值”,“以其成为汉口相媲美的武昌大商场”。但是张之洞的乐观预测并没有得到实现。与“汉口铁路码头相对”、拟定为“粤汉铁路码头”这块地方,终因粤汉铁路工程经费受限等迟迟不能起步,而指望以粤汉码头为兴机的武昌自开商埠成为泡影。即使到了民国时期,随着粤汉铁路的建设,建立武昌商埠局,试图将这块地方重新规划建设为商场,筹修马路;1923 年武阳夏商场督办处还聘请了一批勘测队员丈量此处的土地,打算扩张商埠,但终究未成气候。

民国以后,汉口后城马路日益繁盛,人力车骤增,马路损坏很快。“培补几乎不及。”1918 年后城一带马路损坏,由工巡处处长吴仲贤“购备坚结红砖,将马路全体翻新”,马路中间约八尺宽,两旁则仍为沙泥建筑。1923 年,汉口后城马路观音阁至贫民工厂段路面损坏,几年未大修,时有车辆伤人,又予以修补。[①] 20 世纪 20 年代,汽车已驶上了后城马路。后城马路在 1927 年以前也改修成了柏油路面。1927 年,后城马路改名为中山路,歆生路改名为江汉路。与中山路连接的特三区(原英租界)马路名湖北街,与湖北街相接的特二区(旧俄租界)马路也改名为五族街。

1927 年 2 月至 6 月,后城马路由怡园(即江汉路口)至六渡桥一段,改柏油路为黄泥灌浆路。后又改为碎石路。1929 年至 1930 年,汉口中山路扩宽六渡桥至满春段路基,怡园至满春段改铺柏油路,以便汽车、马车行驶。1933 年至 1936 年,中山路满春至硚口分三段改铺水泥混凝土路面,这一段路面狭窄。1930 年,五族街(保华街至黄兴路)碎石路加铺柏油路面。1929 年至 1930 年,一元路至日租界特一区(旧德租界)汉中街加铺柏油。1935 年属今中山大道下段的平和街铺水泥路面。1931 年大水使路面损坏,水灾后进行了整修。1936 年中山路上出现了木制的分道线,中间走汽车、马车,两边走人力车和行人。1938 年,武汉成为战时首都,中山路交通量陡增,江汉路至民生路段中山路路面再一次修理,为底

① 《汉口中西报》1918 年 10 月 7 日,1923 年 4 月 23 日。

铺沥青上铺碎砂石的砂油路。以后修修补补不断。[①] 日伪时期，1943 年 6 月，硚口至江汉路的中山路改称中山西路和中山中路，与中山路连接的江汉路至一元路的湖北街、五族街、法租界亚尔萨罗南尼街（原租界拆汉口后城而建设）及一元路至黄浦路段的汉中街、原日租界中街、大和街并入中山路，称中山东路。1946 年元旦，中山路改名为中山大道，合原中山路到一元路，再从一元路原汉景街、平和街等到黄浦路改为中山大道下段，原中山东路一元路至黄浦路段并入胜利街。

后城马路的建成发展，改变了汉口的商业格局。辛亥革命后，1912 年到 1920 年间，汉口出现了建房热，在六渡桥、江汉路、大智路一带原来的荒地、废墟、水塘之上填土建房。1913 年起，在刘歆生提供的地皮上，西起江汉路、北抵铁路、东至大智路、南抵今中山大道这一紧接租界地段，经过 10 多年建设，建成“模范区”，按照甲级砖木结构建成一个个里弄社区，共 2000 多栋房屋。修建了丹凤街、华商街、铭新街、吉庆街、泰宁街、保成路、汇通路、伟雄路（今南京路）、云樵路（今黄石路）、瑞祥路、交易街等。商贾们纷纷购置路旁土地建房开店。这些街道一般为 10 米到 20 米宽，铺以碎石。1917 年，京汉铁路自歆生路至刘家庙一带共二十余里路堤，填宽新辟马路 1 条。[②] 1919 年，从英租界后城马路至打球场的马路（今球场路）建成。

从六桥渡到江汉路一带各里份和新式高层建筑如新市场等在这一时期渐次建起，并跨越后城马路（今中山大道）。这一带新建房屋鳞次栉比，仿洋创新，形成了整齐的马路和两侧的店铺，奠定了市区中心的格局。繁荣的闹市从江边、河边向中山大道一带内移。1921 年，后城马路外后湖三新横街后一带地方又辟市场；大智路至车站路一带的昔日水塘上也竖起西式洋楼；汉口自歆生路到三元里（铁路孔外）并延至刘家庙一带出现了大量市街，新城区在不断扩展。汉口市区的地皮价格飞涨，如 1914 年建五常里（水塔后面）时每平方米地价 50 两，1915 年为 200 两，1917 年猛涨至每平方米 1000 两。

1929 年以后，城市现代化建设进一步加强，道路建设更加规范。连通中山路与江边的民生路、三民路、民权路、民族路等，依次在原有街巷基础上拆房扩宽而

---

① 参见汉口《民国日报》1927 年，《汉口市政建设概况》1930 年，《汉口市政概况》1935、1936 年各卷，武汉市档案馆藏。

② 《汉口中西报》1917 年 6 月 5 日。

成。在城市街道宽度方面,民国时期在张之洞的“后退三尺基础”上有很大发展。1914 年,湖北省警察厅曾饬令各署定各街等级,召集业主会讨论决定,城市街道分为三级,大街宽度 26 尺(约 8.7 米),中街为 22 尺(约 7.3 米),小街为 18 尺(约 6 米)。1921 年,武昌警务处再次拟定街巷宽度册,采英尺丈量,分送业主会和商会,定所有大街宽度二丈,以建筑木尺为丈量标准(每八尺六寸合英尺一丈,英尺二丈即合 1.72 市丈,合 5.7 米),但遭到 300 多业主反对,要求以原习惯用市尺定宽度(即二市丈,约合 6.6 米)。[①] 1930 年,汉口市工务局从适应新都市发展出发,将汉口城市街道分为五级:一级路宽 40 米以上,二级路宽 30 米以上,三级路宽 20 米以上,四级路宽 15 米以上,五级路宽 10 米以上。

京汉铁路通车后,带动武汉贸易发展。宣统年间的工商界人士张寿波在《最近汉口工商业一斑》一书中评论道:“现近年汉口贸易额增进之数,较前几大一倍,伟然占全国通商口岸之二位,皆此铁路之力。”到 1916 年,据京汉铁路管理局调查,京汉铁路专用货车及客车共计 3560 辆(节),其中客车 108 辆(节),卧车 14 辆(节),首车(火车头)63 辆。另有亚细亚煤油公司自备煤油车 2 辆(节)。[②] 1917 年,京汉铁路等北方四铁路实行联运。1917 年年底,大智门车站被改造成三层洋式房三大栋。1921 年 1 月,京汉、粤汉铁路实行联运。铁路运力的增强,铁路运量的发展,促进了武汉贸易的发展。

张公堤在民国以后也不断地进行培修。1916 年至 1938 年的《汉口中西报》,时常有加筑张公堤和长丰堤的消息。汪伪时期,张之洞之子张仁蠡任伪汉口市市长时,1940—1941 年间倡修了连接张公堤,从禁口向西经额头湾,折向东南至舵落口的长堤,长 9.8 公里。由舵落口至蔡家庙一段,就长丰堤老堤身加高加宽。从蔡家庙到禁口一段则完全重筑新堤,并新修后湖泵站。这一段堤被称为小张公堤。此外,这段时间还培修了张公堤。[③] 足见张公堤对汉口发展的重要和人们对张公堤的重视程度。

张之洞办市政,对武汉现代化起到了重要的积极作用,改变了城市的空间布局,使武汉面积扩大,获得更多发展的机会和发展空间。如果没有张公堤,就没

---

① 《改良市政之难点》,《汉口中西报》1921 年 11 月 3 日,第 3 张,缩微 544 号。武汉市图书馆藏。

② 《京汉货客车之调查》,《汉口中西晚报》1916 年 11 月 28 日。

③ 参见《汉口特别市四周年市政概况》,1943 年,武汉市档案馆藏档案,档案号:Bb13/7。

有刘歆生购买大量土地填湖造市；如果没有后城马路的修建，就没有中山大道的繁荣商市和一大批现代化的里份；如果没有京汉铁路的修建，城市就不可能扩展。但在民国时期，京汉铁路又成了汉口市区扩展的一种限制，主要城区一直被圈缩在铁路线以内，而极小部分城区已有些急不可耐地翻过铁路，在张公堤内的后湖田野上开花了。

四、湖北教育改革与湖北武汉在全国教育地位的提升

武汉早期现代化教育，最早是由张之洞设计和组织实施的。在晚清内忧外患的衰变期，张之洞在新旧思想的冲突中，作为一个开明而务实的封疆大吏，明白只有屈于慈禧太后的权威以得到她的支持，以不太冲击社会体制的思想和行动才能开展有成效的洋务实践。在指导思想和实践上，只能是采取折中冲和的办法，可归纳为19世纪60年代到90年代在中国广泛流行的一种社会思潮——“中体西用”。1898年春，湖广总督任上的张之洞著成风行一时的《劝学篇》，系统地表达了他对新旧之学的见解。明确提出“旧学为体，新学为用”的主张，将“中体西用”作为推进教育现代化的指导原则。

武汉地区早期教育现代化的成功实践，从事实上证明了“中体西用”宗旨在当时的适用性。正如王国维所说：“中西二学盛则诸盛，衰则诸衰。风气既开，互相推动，且居今日之世，讲今日之学，未有西学不兴中学能兴者，亦未有中学不兴而西学能兴者。”①“中体西用”虽有其历史局限性，但在保留和弘扬中华优秀文化基础，采纳西方先进科学技术和文化教育理念以兴一代学风，重振湖北地区教育与学术等方面，体现了张之洞的睿智。

张之洞在湖北办教育，以省城武昌为中心，办了新式的大、中、小学堂和各种专门学堂，并且选派大量的可造之材出国留学。

张早年任湖北学政时，办有经心书院，督鄂后办有两湖书院，皆旧式书院。后两湖、经心书院及旧有江汉书院改章为新式书院，并办有算学学堂、方言学堂、

---

①《国学丛刊序言》，转引自王国维著，周锡山评校《王国维文学美学论著集》，上海三联书店2018年版，第250页。

自强学堂、武备学堂、将弁学堂、农务学堂、工艺学堂等新式学堂。1902年，清廷推行"新政"始，张之洞将旧有的学堂加以改革。两湖书院等书院改为文高等学堂，后改为两湖总师范。自强学堂改为方言学堂、农务学堂改为农业学堂、工艺学堂改为工业学堂，并新设文普通学堂、武普通学堂、高等小学堂、支郡师范学堂、女子师范学堂、省师范学堂、军医学堂、陆军小学堂、存古学堂、仕学院等。

张之洞办新学，改变湖北武汉的一代文风。比如，实业学堂和军事学堂，目的是以速成之法造就为洋务运动服务的应用型人才，课堂讲授主要以西学和实践操作为主。普通学堂作为基础教育，在课程设置上基本中西学平分秋色。初等、高等小学堂以识字课比重大，中学课较西学课多；普通中学堂中西学课时随年级变化而增减，年级层次越高，西学比重越大。而特殊学校中西学课程两极分化。一种如存古学堂，目的在保存"国粹"，中学为绝对主导课程；一种如方言学堂，主要培养外语人才，中学课程只是点缀。可见张之洞办学是既重学理又非常务实，培养了一大批中国近代社会出类拔萃的人才。

张之洞办的省级官办学堂经辛亥武昌起义后均停办，后在这些校址上改建或新建新式的学校。张之洞创办新学，不仅使武汉成为两湖地区文化教育中心，迅速提升了城市的文化品位，而且他善于革新，以新法办学，将西学引入学校教育之中，武汉又因此成为全国新式教育中心之一。在城市功能分配上，张之洞办学主要集中在武昌，从而奠定了武昌作为武汉文化城区的布局基础。

（一）两湖书院及其改造和流变

同治七年（1868年）张之洞出任湖北学政时，在武昌三道街创立经心书院（今武汉市第四十中学处），其时武昌已有了一个江汉书院（洪武二年，即1369年创办）。张之洞调任湖广总督后，1890年在武昌创办了两湖书院，课程大体分为经、史、文、理四科。这三个书院都是旧式书院性质。甲午战败后，1897年张之洞开始按近代学堂模式策划武汉书院的改革。这是张之洞教育思想转变，"以造才济时用"思想的体现。1897年，自强学堂改组，增设算学、格致（物理、化学）等，移交两湖书院办理，聘进了一些外籍教师。学生课业不重制艺，而重实学。这时两湖书院已具综合性大学的雏形，较之1898年兴办的北京京师大学堂还早了一年。1898年5月，清廷令省府、州、县的大小书院一律改为兼习中西学之学堂。1899年，张之洞仿近代学堂，对两湖、经心、江汉三书院进一步进行创造性的改革。在改革时期,张氏大批地选派两湖、经心的优秀生去日本留学深造。这些学员回国后,控制了清末民初的湖北教育界。

1902 年,张之洞推行新学制。设学务处,任梁鼎芬为总提调。两湖、江汉、经心三书院合并为“两湖大学堂”。1903 年,全国学堂改制,废除书院,改为学堂,从小学、中学、师范以至高等专门学堂,在省会逐渐设立,并普及于各府州县。其时,各学堂堂长、教员绝大多数为三书院修业过的学生。两湖大学堂旋又改名“两湖高等学堂”。除原有课程外,增加了理化、法律、财政等科,挑选三书院优秀生入学。这已初具新式高中规模。

经过实践,张之洞认识到要学好科学技术,必须办好中小学堂,而“师范学堂为教育造端之地”①,先得培养大量优秀师资。1904 年,张之洞将两湖文高等学堂裁撤,原址改建两湖总师范学堂。张之洞兼学堂总督,以梁鼎芬为首任总监督(后任为刘鸿烈),学堂教师阵容强大,有留日学生陈文哲、陈英才,社会名宿陈树屏(翰林,武昌府同知)、张继煦、谈锡恩(后任武昌师大校长),外籍教员有兰泽利太郎、稻井幸一等。将两湖书院平房拆除,建为两层楼房的校舍。南北书库加以维修,新修礼堂。

1906 年 10 月,两湖总师范学堂开学。第一学期招收 480 人,课程有修身、中文、经学、教育、算学、英语、历史、地理、物理、化学、博物(即生物学)、手工、音乐、美术、体操等。五年毕业。1907—1908 年,又设立了理化、博物专修科,相当于现大学专科。全校学生增至 780 人,俨然具有一个新式师范大学的规模。理化、博物专修科是湖北省最早的高等理科专业学堂,开高等师范理科先河。

随着辛亥革命成功,两湖总师范学堂结束。

两湖总师范学堂结束后,鄂军政府交通司驻校舍。未几,民国元年(1912 年)交通司裁撤,在该校舍设立私立英文馆,延聘留美大学毕业生郭泰祺为馆长。教育司将其改为官立,拨给公费,黎元洪捐修校舍门楼。民国二年(1913 年)改名为外国语学院。12 月,郭泰祺随黎元洪入京,教育司改委饶汉祥为校长。1914 年 8 月,教育部以原名不合学校系统,将其改名为湖北外国语专门学校。② 该校聘请的外国教员有德语教师格拉塞(兼任武昌高师教师)、英语教员华回澜(兼任

① 张之洞:《筹定学堂规模次第兴办折》,《张文襄公全集》卷五十七,“奏议五十七”,第 3 页。
② 1916 年《湖北外国语专门学校同学录》,武汉市档案馆藏档案,资料号:bG31/208。

武昌高师教师)、韦棣华(武昌文华大学图书馆教师)等。1922 年该校迁至南湖。1924 年易名为武昌文科大学。北伐军占领武汉后,该校归并于武昌大学,成立武昌中山大学。

湖北外国语学校毕业生中,著名的有 1916 年毕业的李之龙(学名李启明,字在田,曾任鲍罗廷英文翻译,中山舰事件时的中山舰舰长兼代海军局局长)。

1921 年 9 月,陈雨苍请准以教育部的庚子赔款为基金,在两湖书院旧址创办省立医科专门学校。1924 年改为湖北省立医科大学。该校后亦合并于武昌中山大学。

民国二年(1913 年),在两湖师范学堂的旧址恢复了省立第一师范学校并附属实验小学。省立第一师范是民初武汉地区唯一一所培养小学师资的完全中等师范学校。大革命时期,一师停办。

大革命时期及以后,两湖书院旧址上设立了武汉中央军事政治学校(中央军事政治学校武汉分校),后私立育杰中学也在此建立。

1920 年,在两湖书院的旧址开办了私立武昌艺专,为今武汉音乐学院的前身。后该校并于武昌美专。

1930 年,以两湖书院东部房屋(今武汉音乐学院)为校址,建立了湖北省立武昌高级中学。

抗战胜利后,两湖书院校址上还有国立体育师范专科学校(1941 年在四川江津县成立,当时是全国唯一的一所 5 年制体育师范学校),省立医科大学旧址上设有湖北省立医学院(1943 年在鄂西创立)及附属医院和省立医事职业中学。

两湖总师范外,张之洞还下令在武昌创办了湖北省立师范学堂(1902 年),除开设普通学外,另加教育学、卫生学、教授法、学校管理法等科,名额 120 名。该学堂"专为养成中小学堂教习之选"①。

省立女子师范学堂、支郡师范学堂也先后在武昌建立。1905 年 9 月,张之洞决定在省城武昌开办支郡师范学堂以培养湖北各地初级师范学堂的师资,次年正式开学。学员分府录取,由各府申送,每堂 100 名,不限年岁。先设有甲、乙、丙、丁、戊、己六堂,后又增设庚、壬两堂,分散在武昌各处办学。甲、丙两堂设在旧江汉书院内,乙、丁两堂在黄土坡租民房,戊堂设在昙华林,己堂设在贡院内衡

① 张之洞:《筹定学堂规模次第兴办折》,《张文襄公全集》卷五十七,"奏议五十七",第 3 页。

鉴堂,庚、壬两堂设在贡院内提调厅。截至 1907 年 7 月,该学堂共毕业学生 620 人,回各府县初级师范学堂和师范传习所执教。

1912 年,创办于清末的湖北省立女子师范学堂(初设武昌忠孝门内,后迁至紫阳湖皇殿左首)恢复,改名为湖北省立第一女子师范学校。1927 年该校并入省立第一女子中学。

1907 年,张之洞在武昌三道街经心书院的原址,创设了存古学堂,以体现他“旧学为体、新学为用”的思想,培训一批专门研究国学的通才。“重在保存国粹,且养我中学之师。”该校只办了一班就因辛亥革命武昌起义而停办了,校址为革命军的监察部占用。1914 年 2 月,警察学堂、巡警教练所移驻于存古学堂旧址。[①] 1916 年 9 月,国立武昌商业专门学校在该校址开办,这是我国第一所全国性商业专门学校。1922 年教育部颁布新学制,规定可以设立单科大学。1923 年夏,商业专门学校改办商科大学,1924 年正式改名为国立武昌商科大学。1927 年,武昌商科大学并入武昌中山大学(该处后为武汉市第四十六中学校址)。

1929 年初,在经心书院旧址开办了湖北省立师范学校,1935 年改称湖北省立武昌师范学校,次年该校迁设于武昌阅马厂南清末张之洞兴办的武普通学堂旧址。

(二)最早专习西学的自强学堂及其后继者

1891 年,张之洞为培养对外贸易方面的人才,拟开办一所学外语的学校,在武昌三佛阁铁政局旁创办算学学堂,并将方言、商务两学堂附列其中。经两年筹备,正式设立了武汉地区第一所外语专门学堂——自强学堂,这是湖北设立的第一个独立学堂。自强学堂初分方言、算学、格致、商务四斋。“方言,学习泰西语言文字,为驭外之要领;格致,兼通化学、重学、电学、光学等事,为众学之入门;算学,乃制造之根源;商务,关富强之大计。”[②]除方言(外语)一斋学生在堂学习外,其他三斋均不用住校上课,由学堂按月出题考试。自强学堂先招了两班,第一班有黄兴、唐才常等。1896 年,张之洞决定改定自强学堂的章程,改变该堂格致、商

---

① 《鄂城新纪事》,《申报》1914 年 2 月 8 日,第 6 版。

② 《设立自强学堂片》(光绪十九年十月二十二日),苑书义、孙华峰、李秉新主编《张之洞全集》(第二册),河北人民出版社 1998 年版,第 898 页。

务学生学习成效甚微的状况。1897 年,算学科移交两湖书院,裁格致、商务两科,自强学堂改组为方言学堂。外语中,先开设英、法、俄、德文 4 门,不久增日文一门,共 5 门,即在汉口设租界通商的五国语言。张之洞“师夷长技以制夷”的政策显而易见。张之洞并将在汉阳铁厂附设的化学学堂并入自强学堂。

1904 年,自强学堂改名为方言学堂,迁至武昌东厂口原农务学堂校址(张之洞于光绪二十四年即 1898 年在四川会馆基址建农务学堂,时已迁)。课程除五门外语外,还有地理、历史、算术、公法、交涉等课,五年毕业,以培养外交人才为主旨。

辛亥武昌起义,该方言学堂校舍设立武昌军官学校。

1912 年 9 月,教育部公布《师范教育令》,规定高等师范学校定为国立。1913 年,教育部划全国为 6 大师范区,各区设师范一所,湖北区包括湖北、湖南、江西三省。同年,湖北省都督拨定武昌军官学校校址(即方言学堂旧址),建立国立武昌高等师范学校。1914 年武昌高师开办本科。中共一大代表、革命家陈潭秋 1919 年毕业于该校英语部。1923 年 11 月,学校将原来的 4 部改为 8 系,并在教学内部上作了相应调整,已超出了民初《师范教育令》的框框,与当时的大学类似。依教育部当年《学制系统改革案》,1923 年 9 月,该校自行改为师范大学。1924 年 2 月经教育部批准,国立武昌师范大学正式建立。1924 年 9 月,按照教育部的命令,国立武昌师范大学改名为国立武昌大学。北伐战争中,各大、中、小学校大多陷入瘫痪。北伐军占领武汉后,1926 年底,国民政府决定将武汉地区原有的国立武昌大学、武昌商科大学、省立法科大学、省立文科大学、湖北医科大学以及各私立大学(如中华大学等)进行大合并,改组为国立武昌中山大学,直辖于武汉国民政府,筹备委员会设在原武昌大学校内。1927 年 3 月,武昌中山大学正式开学,以前武昌大学(设理科、医科)、商科大学(设预科、文科、师范)及法科大学(设商科、法科)为校址。改革后的中山大学,本科中文科、理科、经济科、法科为四年制,医科为五年制,预科为二年制。中山大学成为一所革命的、多学科的综合大学,也是当时武汉唯一的一所大学。

南京国民政府成立后,1927 年冬,大学院决定彻底改组武昌中山大学,将其停办。1928 年 7 月,建立国立武汉大学。筹委会设在东厂口方言学堂旧址,并开始在东湖之滨珞珈山创建新校区。1928 年 9 月,武汉大学在东厂口成立,分设三院五系,10 月招考新生,开始上课。1932 年后,新校区校舍陆续建成,学生、教员陆续去新校上课。东厂口原校址后成为武汉大学医院和武大城区办事处所在地。①

20世纪30年代武汉大学迁往东湖后,东厂口校址先后设省立女子高级中学和省立武昌第二女子中学。

（三）新式中小学堂的创办

张之洞在武昌办学,除了各种类型学堂之外,对于各级学堂也很注意。从光绪二十九年(1903年)起创立了东、西、南、北、中五路学堂。首先开办的是南路小学堂,其他几路小学堂随之成立。招收粗通文理的11~14岁的学生,4年毕业,官费供给食宿。1904年2月,五路学堂均告开办。

东路小学堂最初设在贡院,不久迁至昙华林街(今武汉市第十四中学校址)。在东路小学堂在贡院的旧址(今市幼师校址),民国初年设立了湖北公立法政专门学校,1922年改为湖北省立法科大学,1927年并入武昌中山大学。1908年在昙华林东路小学堂旧址设立第二文普通中学堂,1912年10月在此开办了湖北省立第一中学,中国共产党杰出领导人之一陈潭秋即为一中毕业生。1927年,省立一中成为本省规模最大的一所综合中学。

西路小学堂最初设在望山门内,为时只几月,移到贡院北面,为时一年多。后在黄鹤楼下修建新房(现为武汉市武昌区黄鹤楼小学和幼儿园校址)。1913年在该校贡院校址成立了省立第二中学,后改为三中,1927年合并几所学校,复为省立二中(初中部),1929年后改为省立武昌高级商业职业学校。

南路学堂地址在今紫阳路烈士祠西侧原工艺学堂旧址,该处房屋已毁。

北路学堂地址在北城角原武昌左卫衙门。1927年毛泽东等在此办中央农民运动讲习所。1927年6月在此办过湖北省职业学校(设有职业师范、职工教育、女子职业、商科四科),20世纪30年代在此办湖北省第二女子中学。

中路学堂最初设在贡院,不久移至南楼(今解放路西侧长江大桥南面,武昌区工商管理局驻地)。

1903年张之洞筹建两湖总师范时,建立附属高、初两等小学堂,作为总师范学生实习所,为武汉开设完全小学堂之始。

---

① 参见国立武昌高师、武昌师范大学、武汉大学1916年至1934年各期同学录。

在张之洞的开明政策和积极倡导下，省城武昌创办小学 60 多所，全省各县也纷纷将县属旧书院改为高等小学堂。迄 1910 年，汉口城区设立官立初等小学堂 20 所，汉阳县官设立初学堂 14 所。

1910 年，武汉三镇高等小学堂和两等小学堂共有学生 2040 人，初等小学堂 2461 人，女子小学堂 400 人，总计 4901 人，各类小学堂教习 214 人。

继五路小学堂开办，张之洞在武昌创办中学堂“文普通中学堂”。

1903 年，文普通中学堂正式开办于武昌铜元局街（今读书堂）大朝街口（今武汉市第三十一中学校址，民国时张难先等在此办大江中学）。

1908 年，继任总督陈夔龙在昙华林东路小学堂旧址（今武汉市第十四中学东院）添办第二文普通学堂。不同于一文普的偏重文科，二文普的课程注重理科。1912 年二文普改建为省立一中，1938 年迁鄂西，并入省立联合中学建始分校。1946 年返武昌原址，改为省立第一初级中学。新中国成立后，先后改为省立武昌一中、武汉大学附中、武汉市第十四中学。

清末，在武汉地区的新式教育体系中，普通中学严重滞后，只有 10 所左右，省立中学堂仅 2 所，体现出张之洞经营中学教育的重点在职业教育和师范教育方面，如他曾下令将不够办学条件的各府中学堂改办师范（初级）学堂，以培养足够的小学师资，为中学教育的发展培植根基。

（四）实业教育的起步

由张之洞实际主持制订、清廷颁布的《癸卯学制 · 实业学堂通则》规定：“各项实业学堂均分为三等：曰高等实业学堂，曰中等实业学堂，曰初等实业学堂。”

三种实业学堂中，最早出现的是高等实业学堂。1897 年，张之洞在东厂口四川会馆筹设农务学堂。1904 年，湖北农务学堂在武胜门外宝积庵（今湖北大学处）建成新校舍，乃将学堂更名为高等农业学堂，并辟有实验农场，聘外籍农艺师，引进美国优良品种。一面培养人才，一面作为推广新农艺、新品种的基地。至 1905 年，高等农业学堂分普通科和专科。1907 年，高等农业学堂内附设农业小学堂和蚕业学堂。1909 年，湖北当局在贡院开办的一所农业中学堂于 1910 年春与湖北高等农业学堂合并。至此，该农业学堂有小学、中学、专科三个层次，形成一个比较完善的农业教育体系。

辛亥革命爆发后，学堂负责人逃散，学堂财物被附近农民抢劫，房舍被焚毁。

1931年,宝积庵校址(农场)新建成湖北省立乡村师范学校校舍①,改乡村师范为湖北省立教育学院,设乡村师范专修科和农事教育专修科,1936年停办。1937年10月,在此开办湖北省农业专科学校,设农事、农艺专修科,并附设高级农业职业学校。1945年秋,战时创办于恩施的湖北省立农学院(由农业专科学校改组而成)迁回武昌原址。

1898年在武昌三道街创办工艺学校,分设汽机、车床、绘图、翻砂、打铁、玻璃各项工艺学科,聘日籍教员,优秀学工还被选送出国。1902年,湖北工艺学堂改制,升格到高等学堂程度,1907年正式定名为湖北工业学堂。移校址于停办的原道师范学堂内,分设理化、机器制造、织染、建筑4门,培养高级工业技术人员。

1906年,张之洞拨筹湖北公款,派人赴日接办了原为中国留学生而设的东京路矿学堂,改为湖北驻东京铁路学堂,为湖北培养铁路建设人才。

此外还办了敬节学堂、育婴学堂等。

至1910年,武昌地区共有各级各类官立实业学堂14所。

(五)军事、警察学堂的建立

改革军制、组成新军是湖北洋务运动的一个重要组成部分。张之洞视练兵为“身心性命之学”。

1897年,张之洞奏请设立武备学堂,1年后新校舍在武昌黄土坡落成,1901年设立培训旧军官以适应“新式战法”的将弁学堂。1902年,张之洞将军事教育作为新学制体系计划的一个组成部分。1903年,武普通中学堂在阅马场南面正式建立,又将武备学堂改为武高等学堂。1904年,将弁学堂并入武高等学堂。1905年遵清廷陆军学堂章程,改高等学堂为武师范学堂。张之洞的军事学堂仿日本陆军士官学校学科。民国时期,武普通中学堂校址曾为省教育厅办公地,1936年教育厅迁走,改为省立武昌师范学校校址。

1906年,湖北遵章开办陆军小学堂,张之洞认为陆军小学堂规模太小,1907年上奏朝廷变通,扩大规模。湖北陆军小学堂扩充为湖北陆军特别小学堂。1909年,陆军特别小学堂原址一部分改为湖北陆军讲武堂,一部分改为陆军测绘学堂。1903年改为湖北陆军测量学校。1911年,测绘学堂全体学员参加武昌起

① 参见《湖北省第一乡村师范学校校舍落成纪念特刊(民国二十三年十月)》。

义。1916年学校停办。

湖北军医学堂1906年开办于武昌县华林左卫城隍庙,主要学习近代西方医学、药学及解剖学。

20世纪初,张之洞在武汉地区创建近代警察教育,培养新型警察势在必行。1903年,张之洞饬令在武昌阅马场设立警察学堂,开武汉警察教育之先河,并派员赴日本学习警务。1909年,警察学堂改为武昌高等巡警学堂和武昌巡警教练所。

此外,为了改造旧官吏,培养适应洋务新政的新型管理人才,1902年,张之洞着手建立了仕学院。这是湖北乃至全国第一所试图按近代学堂规章和教学模式培训在职官吏的官员进修学校,为后来的官员在职培训开了头。

(六)张之洞培育的人才在民国的影响

张之洞办新学,选派学生出国留学,为湖北武汉乃至全国造就了一大批人才。虽然其初衷是为了维护封建统治,但其结果是培植了封建制度的掘墓人。这些学生后来不少成为叱咤风云的政治领袖和建树卓著的学界精英。

两湖书院的学生中,著名的有辛亥革命领袖黄兴,湖北自立军首领唐才常,同盟会会员、国会议员、史学家刘成禺,著名史学家、武昌师范大学和武汉大学教授王葆心,著名数学家蔡存芳、万声扬,湖北民政长夏寿康,武昌高等师范学校校长谈锡恩(君讷)等。

曾就读于经心书院的有:张继煦(春霆),曾任湖北第一师范学校校长及教育部普通司司长、武昌师范大学校长、安徽教育厅厅长,新中国成立后任武汉市人民委员会委员;李步青(廉方),著名数学家,是曾任武汉大学校长的周鲠生的老师,曾任河南教育厅厅长,新中国成立后任中南教育部副部长;王式玉,曾任湖北女子师范学校校长和省教育厅科长;何成濬,两任湖北省主席,湖北省议会议长,号称"湖北王";李书城,曾任国民党湖北省政府委员、湖北省民政厅厅长、建设厅厅长,新中国农业部部长;孔庚,辛亥时在山西任大同镇守使,大革命时任国民党湖北省政府常委;屈德泽,曾任湖北高级农业学校校长;杨介廉,湖北实业厅厅长;杨惠康,湖北财政厅厅长;魏宸祖,北洋政府时期任驻比利时大使;权量,交通部部长;吴经明,北洋政府陆军部军需司司长;史青,京汉铁路局汉局总工程师;杨雨廷,鄂军政府外交部副部长、驻澳大利亚副领事,新中国成立后为武汉市参事室参事;屈佩兰,在王占元治鄂时任湖北省议会议长、国立武昌商业专门学校校长;李德寅,王占元治鄂时任湖北省议会副议长;冯开浚,鄂军政府内务部部长;阮毓崧,鄂军政府民政司司长;耿觐文,大革命时期汉口第二特别区管理局局长,新中国成立后为湖北省人民政府委员、省政协副主席;还有清末官至奉天巡抚的周树模以及官至学部大臣、曾任湖北第一师范学校学监的杨湖樵等。

两湖总师范培养的人才,有民国名人王世杰,曾任武汉大学校长、教育部部长、外交部部长;黄昌谷,首任武昌市市长,湖北建设厅厅长、教育厅厅长;金宗鼎,湖北外国语专门学校校长;李春萱,辛亥革命时期湖北军政府财政司司长;张国恩,大革命时湖北省政府委员兼民政厅厅长、武汉市政委员会委员;李范一,曾任湖北省建设厅厅长,新中国成立后任燃料工业部副部长;等等。

文普通学堂(含二文普)的学生中后来卓有影响的有:宋教仁,同盟会改组国民党后代理事长;董必武,中共一大代表、中华人民共和国代主席;石瑛,大学教授、武昌大学校长、湖北省建设厅厅长、首任南京市长、湖北省临时参议会议长;黄侃(黄季刚),大学教授、著名国学大师;王介庵,省教育厅厅长;等等。

武普通学堂毕业的夏斗寅,曾任湖北省主席。

将弁学堂出身的刘佐龙,曾任湖北省省长和国民革命军第十五军军长。

湖北陆军学堂学生中,胡瑛(字经武),在辛亥革命曾后任山东都督。武备学堂学生中,吴禄贞(字绶卿),辛亥革命时任新军第六镇统制;辛亥革命领袖孙武;陈宧,曾任四川督军;王鸿年,曾任驻朝鲜总领事、外交部俄文法政学校校长、驻日本横滨总领事等。

湖北陆军特别小学堂的学生中有蔡济民,曾任中国同盟会湖北分会参谋部部长。

五路高等小学堂的学生中,有后来享誉国际的地质学家、新中国地质部部长李四光(仲揆);郭泰祺,曾任武昌商科大学校长、国民党政府外交部次长和驻英大使;范熙绩,曾任陆军中将,1927 年北伐时任师长、湖北省政府委员;等等。

在这些名人中,很多人都曾出国留学,接受西方新思想,影响了湖北武汉乃至全国的历史进程。[①]

---

① 教育部分主要参考张继煦《张文襄公治鄂记》,皮明庥等著《武汉教育史》,《武汉文史资料》1986 年第一辑、第二辑、1990 年第 3 和 4 辑合刊,20 世纪 30 年代的《武汉日报》,1949 年的《武汉调查》,《湖北档案史料》第三辑及部分学校同学录、纪念刊等。

（七）湖北图书馆的创建与流变

张之洞在改革教育的同时，也非常注重在学堂内设立书库，两湖书院就有丰富的书库藏书供师生借阅。在两湖总师范学堂时期，南北书库已初具现代大学图书馆的规格，藏书4万余卷。后来，南北书库的一部分由省立图书馆继承，一部分转至省立第一师范学校。

光绪二十八年（1902年），张之洞与湖北巡抚端方合奏清廷，建立湖北图书馆。1904年，“鄂省图书馆建立”，馆址设在武昌兰陵街西侧（今解放路人民电影院），首任馆长冯汉骥。省图书馆开办时，端方派人去上海、日本购回一批新书，另集中武昌各书院的藏书4万册，藏书量位居当时全国省级图书馆的前三名。1908年，馆址迁入对面博文书院校舍。

1934年，经省政府决议，推定李书城、沈祖荣、谈锡恩等负责筹建湖北图书馆新馆舍，决定以昙华林1800余平方米的土地换取湖北省图书馆新馆1118平方米原属湖北下台军人夏斗寅的土地。当年动工，1936年底完工。不久因抗战爆发，新馆舍为军队占用。1938年，省图书馆西迁恩施，将重要书籍迁走。新馆舍为汪伪省立图书馆和警保处联合占用。抗战胜利后，在恩施重建的省图书馆除留下一部分图书充实恩施图书馆外，其余于1946年8月全部迁回武昌新馆，并接收了汪伪省图书馆藏书、版片和什物，计图书16万册，版片3万余。新中国成立后，省图书馆继续发挥着其文化教育功能。

张之洞“湖北新政”遗产大致有三个流向：一部分至今仍在发挥其作用，如铁路、市政基础建设、图书馆等；一部分经过改造重组延续至今，如由纱、布、丝、麻四局部分机器发展而来的武昌造船厂、在自强学堂的后身方言学堂校址基础上重建的武汉大学以及钢铁工业等；还有一部分则湮没在历史发展的长河中。

张之洞留下的丰厚“新政”遗产影响是如此深远，以至抗战胜利后的国民党当政者再一次按照现代发展的要求重新着手制订武汉区域规划时，也要借鉴张之洞的历史经验。《武汉区域规划初步研究报告》在总结了张之洞以来的建设成就和经验后，作出了建设“武汉市中心区”（武汉三镇）、“大武汉市区”（纵横60里，东到葛店，南达纸坊，西迄新沟，北抵横店）、“武汉区域”（包括武昌、汉阳、黄陂、黄冈[1]、鄂城、大冶、嘉鱼、沔阳等八县之沿江与沿湖地带)的层级建设规划设想,并认为“张之洞原计划,今日仍适用之”。

新中国成立后,毛泽东主席也对张之洞给予了很高的评价。1958年夏季,他在武昌主持中共中央八届六中全会期间,曾对河北籍的湖北省委书记王任重及一批湖北籍同志说:“湖北的工业基础,如汉阳铁厂、纺织厂、兵工厂、京汉铁路,都是张之洞带头办的。这是你们湖北人的骄傲!你们要后来居上。”[2]张之洞“湖北新政”遗韵,由此可见一斑。

(原载《张之洞与武汉早期现代化》,中国社会科学出版社2003年版。又载台北《湖北文献》第153、154期)

---

① 今日的新洲当时分属于黄陂和黄冈两县。

② 冯征:《弘扬民族优秀文化,加速改革开放,迎接二十一世纪》,载于河北省炎黄文化研究会、河北省社会科学院编《张之洞与中国近代化》,中华书局1999年版,第2页。转引自皮明庥、邹进文著《武汉通史·晚清卷(上)》,武汉出版社2005年版,第247页。

张之洞与近代汉口茶业出口贸易振兴述论

汉口是华中、西南、东南地区近代中国茶叶集散地，茶叶对外贸易第一大港，“万里茶道”的真正起点。“汉口为我国茶乙(叶)最大聚散市场，出口超过上海、福州、九江之上，一般占全国总出口量60%左右。”①在汉口诸多出口商品中，茶叶对外贸易举足轻重，几占汉口出口贸易总量半壁江山，“中国出口土货以茶叶为大宗，而汉口商务之盈绌尤专视茶叶为盛衰”②。但由于种种原因，19世纪80年代起，汉口茶叶对外贸易萎缩，由提供世界茶叶消费量的86%降到只有25%。张之洞就任湖广总督后，高度重视茶叶种植、加工和贸易，视为鼓励商战、堵塞漏卮、挽回利权之要务。在张之洞的不懈努力下，20世纪初年的汉口茶叶贸易“奇迹般地复苏了”。③

一、盛极而衰：近代汉口茶叶贸易的演变

武汉茶叶贸易由来已久，远在唐代，武昌、汉阳即有茶市。明代中叶汉口成镇后，茶叶是汉口市场重要商品之一，“在汉口建立之初，从湖南和其他茶产区汇集并重新分配茶叶就成为汉口的主要功能之一。历明清两代，汉口为国内以及北边的蒙古和俄国的亚洲部分提供了巨大而且不断增长的茶叶供应量”④。说汉口是当时国内最大的茶叶码头，一点也不为过。1728年中俄《恰克图条约》签订

---

①《武汉市进出口商业解放前历史资料》(未刊稿)。见皮明庥、冯天瑜等编《武汉近代(辛亥革命前)经济史料》，武汉地方志编纂委员会办公室内部印行，1981年版，第41页。

②《札江汉关道劝谕华商购机制茶》(光绪二十五年四月十四日)，吴剑杰点校，赵德馨主编《张之洞全集》(第六册)，武汉出版社2008年版，第233页。

③〔英〕穆和德等著，李策译：《近代武汉经济与社会——海关十年报告：汉口江汉关(1882—1931)，香港天马图书有限公司1993年版，第78页。

④〔美〕罗威廉著，江溶、鲁西奇译：《汉口：一个中国城市的商业与社会(1796—1889)》，中国人民大学出版社2016年版，第67~68页。

后,汉口成为茶叶对外贸易重要口岸。其时晋商在福建、江西、湖南、湖北等地广购茶叶,集中到汉口后,或转道北京、张家口通过陆路销往恰克图,或通过上海走水路销往俄国。据统计,1837—1839 年,汉口销往俄国的茶叶平均每年为 8071880 俄磅,共 700 多万市斤。[①] 1850 年,俄商私自在汉口收购茶叶,开汉口茶叶直接外贸之先河。

1861 年汉口开埠后,率先登陆汉口的外商,其经营业务主要是茶叶贸易。1863 年夏,"上海麦加利银行首先派人来汉,起初是赁屋营业,且是春来秋去,仅为经营茶业的洋行服务。随着进出口贸易的发展,该行业务范围扩大。1865 年决定在英租界内建楼(今洞庭街 55 号)正式开业"[②]。近代汉口的外资工厂,最早、最主要的行业是茶叶加工,"一直到最近几年,制茶业的相对重要程度,虽然有一些下降,但仍然是汉口的首要工业"[③]。1865 年,俄商顺丰砖茶厂从崇阳迁来汉口。"(俄国)顺丰公司是最早的欧洲在华企业之一,在汉口开埠前后它已经从事了很多的活动,并且发展了华北的茶业。公司经营了一个大的、闻名本埠的砖茶厂,每年产砖茶 150000 篓,每篓 1.5 担。工厂使用最新的机器,雇工人八、九百人,日夜开工"[④]。稍后不久,俄商阜昌、新泰砖茶厂也迁入汉口,"在这些砖茶厂中,阜昌砖茶公司所经营的工厂要算是最大的一个,这个公司在福州、九江、上海、天津、可仑坡和莫斯科都有支店。……其汉口工厂设在英租界,规模宏大,设备完善,在欧洲人监督下工作的中国工人,约有 2000 人"[⑤]。新泰砖茶厂也是与顺丰、阜昌不相伯仲的俄资砖茶企业,1891 年 5 月 1 日,该厂举办盛大宴会和博览会,庆祝建厂 25 周年,正在中国访问的俄皇太子尼古拉专程来汉参加庆典并参观新泰砖茶厂,足见其规模之大和地位之显赫。1872 年,英国商人也在汉开办砖茶厂,但不久停办。自从俄商砖茶厂开办之后,制茶业遂成为当时汉口最大的工业,汉口也因此成为全国茶叶加工和出口的中心,所输出的砖茶约占全国输出砖茶总量的 60%,年输出总价值达 200 万两白银。19 世纪 90 年代以前,汉口的茶叶加工业主要由俄商所掌控,"19 世纪 70 年代汉口有俄商四大砖茶厂,共有蒸

---

① 周娟美:《晚清晋商与湖北茶叶的发展》,《山西高等学校社会科学学报》2005 年第 7 期。

② 蔡萼英:《汉口第一家外国银行——英商麦加利银行》,见政协武汉市委员会文史学习委员会编《武汉文史资料文库》第五卷《租界洋行》,武汉出版社 1999 年版,第 137 页。

③④⑤ 《商埠志》第 712、716 页。见皮明庥、冯天瑜等编《武汉近代(辛亥革命前)经济史料》,武汉地方志编纂委员会办公室内部印行,1981 年版,第 13 页。

汽动力砖茶机 15 架,茶饼压机 7 架。砖茶机每台日产砖茶 120 筐(每筐 130 余斤),茶饼机每台日产茶饼 21 筐。数千名中国工人为俄国资本家提供高额利润,每年由汉口输出的砖茶约占全国砖茶输出总量的 60%。90 年代与 20 世纪初的 20 年中,每年由汉口出口的茶叶在 40 万担上下”①。

近代汉口对外贸易,茶叶一直占据重要地位,“照得茶叶一项,为中国出口之大宗,汉口一镇,又为各省茶市之枢纽”②。首先,茶叶是输出商品之大宗。《汉口小志》列表统计的大宗出口货物计有 104 种。③《夏口县志》将其分为三类,一曰“由汉口直接输出未经转口者”,包括棉花及其制成品、各类杂粮、牛羊皮、各类药材、桐油及各种植物油、矿砂及煤铁、茶叶等共计 63 种;二曰“外国输入品转口再输出者”,包括各类洋布呢绒制品、钢铁铜铅等金属制品,机器五金,煤油,染料颜料,洋参药物,海参海带等海产品,生活日用杂货等共计 58 种;三曰由“内国输入品转口再输出者”,包括棉织品、矿产品、皮革及制成品、书籍纸张、茶叶及其制成品、其他日用杂货等共计 36 种。“汉口向为土产集散之地,未开埠前即已如此。因武汉处江汉平原中心,物产丰饶,而交通水陆两便,生产者易于集中。故开埠以后,外人视此为纯粹生产原料、价格极为便宜之地。土产品最著者,以茶叶为第一,行销俄国及其他各国。次为棉花、桐油、苎麻、猪鬃、药材、牛皮、杂粮、丝类、烟草、生漆、家禽、家畜、鸡蛋等项。工业原料,土产消费,均为输出大宗。”④水野幸吉通过对清末汉口市场贸易状况的深入调查,认为其“输出品主要是农作物”,位居前列的是茶、大豆类、棉花、桐油等四类。“在汉口的农作物的输出品中,上据首位的大宗生意是茶叶”。⑤

其次,茶叶的贸易量一直稳居汉口对外贸易量之首位。“汉口为我国茶乙(叶)最大聚散市场,出口超过上海、福州、九江之上,一般占全国总出口量 60%左右。所有湖北、湖南、河南、陕西、广西、贵州等省及江西、安徽出产之部分,都集

① 郭其耀:《武汉最早的外商工厂——俄商砖茶厂》,见政协武汉市委员会文史学习委员会编《武汉文史资料文库》第五卷《租界洋行》,武汉出版社 1999 年版,第 170 页。

②《札江汉关税务司筹兴茶务》(光绪二十三年十月十一日),吴剑杰点校,赵德馨主编《张之洞全集》(第六册),武汉出版社 2008 年版,第 92 页。

③ 徐焕斗著,张博锋、尉侯凯点校:《汉口小志》,武汉出版社 2019 年版,第 123~124 页。

④ 扬铎:《武汉建国前经济略谈》,见政协武汉市委员会文史学习委员会编《武汉文史资料文库》第三卷《工商经济》,武汉出版社 1999 年版,第 11 页。

⑤〔日〕水野幸吉著,武德庆译:《中国中部事情:汉口》,武汉出版社 2014 年版,第 132 页。

中于汉。自1861年汉口辟为通商口岸后,对外贸易即以茶乙(叶)为第一位。1890年以前,一般出口总在70万—80万担之间,最高年份曾达到120万担,情况盛极一时。惟有这时茶乙(叶)出口,全为外商垄断”。[①]

汉口茶叶输出不仅在本埠外贸中稳居第一,而且在国内各大商埠中也独占鳌头。19世纪60—70年代,“[汉口的]主要出口货是茶,今年茶的出口比以往任何一年都多,但欧洲对这种茶的消费增加,能与供应的增加相适应,湖广两省茶的种植近来有了扩张,几乎较十年前增加了50%,只要生产者能够得到他们现在所得到的价格,茶的种植也许会继续扩张。本埠输出了适合英国市场的茶约计600000箱,每箱重951磅,较去年输出增加了100000箱”[②]。汉口因此成为“中国内地的一大茶叶口岸”,其出口额一般占全国出口总额的60%左右,“汉口因为地处产茶最多的三省湖北、湖南及江西的中心,与四川、安徽、陕西、江苏等省又有水路相贯通,因此汉口成为中国最大的茶叶市场达60年之久”。[③]

但是,19世纪80年代以后,汉口茶市持续增长的势头受到限制。据统计,1881—1890年,汉口茶叶的年均流转量为958453万担,1891—1900年维持在957392担左右,1901—1910年为999178担,20年间仅增长20个百分点。1882—1891年的《海关十年报告》说,“从总体上看,该埠土产和茶叶贸易在稳步下降,尤其是1886年以后。1891年的贸易额与1886年相比减少了大约120000担,与1882年相比减少了20000担。从记录情况看,1886年贸易额最大,出口900000担,1891年投放市场的茶叶只有很少一点没有售出”[④]。汉口茶叶的市场流向也在这时发生了变化,主要输往俄国,而英国则主要从印度、锡兰(今斯里兰卡)等国进口茶叶。“装载茶叶直航伦敦的船只这十年里不断减少:1884、1885、1886年14艘;1887年减少到10艘;1888年为7艘;1889年6艘;1890年、1891年分别只有四艘。另一方面,运送茶叶到敖德萨的船只却在增加,1886年只有3

---

① 《武汉市进出口商业解放前历史资料》(未刊稿)。见皮明庥、冯天瑜等编《武汉近代(辛亥革命前)经济史料》,武汉地方志编纂委员会办公室内部印行,1981年版,第41页。

② 《Commercial Reports,1871年,汉口》,第38页。见姚贤镐编《中国近代对外贸易史资料1840—1895》(第三册),中华书局1962年版,第1472页。

③ 〔美〕威廉·乌克斯著,依佳、刘涛、姜海蒂译:《茶叶全书》(下册),东方出版社2011年版,第651页。

④ 〔英〕穆和德等著,李策译:《近代武汉经济与社会——海关十年报告:汉口江汉关(1882—1931)》,香港天马图书有限公司1993年,第4页。

艘;1887 年 5 艘;1888、1889 年 6 艘;1890、1891 年达到 8 艘。1890、1891 年从汉口启航直达敖德萨的船只是开往伦敦的一倍。”[①]19 世纪的最后十年,汉口茶叶出口贸易状况持续恶化,1892—1901 年的《海关十年报告》指出:“这十年里茶叶贸易严重萎缩……三十年前中国提供了世界茶叶消费量的 86%,现在只有 25%。廉价的印度茶和锡兰茶充斥了伦敦市场……幸运的是俄国人仍然钟爱中国茶,需求量还不断上升。1892 年俄国从中国进口茶叶二千七百万磅,1900 年达到四千三百万磅。大量茶叶经汉水运到西伯利亚和蒙古。”[②]

汉口茶叶出口下降,既有外部因素,也有主观原因,关于内因将在下节详述。就外因来看,主要是日本、印度、锡兰等国家和地区出产的茶叶与中国形成竞争,如印度茶叶,质量优良,且“印、英相去较近,茶价虽昂,水脚较省,故英商多舍中而就印”[③]。“这样,印度和锡兰茶逐渐打破了华商对国际市场的垄断,西欧许多国家大多转向印度和锡兰购茶。如以英国为例,1866 年印度茶仅占英国茶叶消费量的 4%,1876 年上升为 17%,1886 年则更升至 41%。中国邻近日本茶叶的发展,则很快占领了华茶在美国的市场。如 1867—1877 年,中国绿茶输美量减为 950 万磅,而日本则增至 1900 万磅,占压倒优势。”

二、“亟图变计”:张之洞振兴茶务举措

面对汉口茶叶贸易日益式微,张之洞就任湖广总督后,洞察茶叶种销经营弊端,有针对性地谋求振兴之策。

由于茶叶出口是湖北商务重中之重,茶叶税收几占海关关税之半数。因此,张之洞高度重视茶叶生产、加工和贸易,“照得中国出口土货以茶叶为大宗,而汉口商务之盈绌尤专视茶叶为盛衰。近年印度、欧美、东洋各处种茶渐多,销流渐广。虽茶质远逊中国,而外国人究心培植、加工、烘制,洋茶货价日高一日,我茶出口年少一年。若不及早整顿,则必如他事终落人后,原有大利尽为外人夺去,

①② 〔英〕穆和德等著,李策译:《近代武汉经济与社会——海关十年报告:汉口江汉关(1882—1931)》,香港天马图书有限公司 1993 年版,第 4、42~43 页。

③ 〔清〕柯来泰:《救商十议》,《皇朝经世文三编》第三十一卷,第 2 页。

岂不可痛可危"[1]。

张之洞首先对两湖茶叶生产和贸易做了充分调研,由于水土、气候诸因素,湖南、湖北不少地方都适宜种茶,"查湖南、北产茶州县约共二十三处,叠经本部堂博采周谘"[2]。张之洞了解到,因种茶致富者在在有之,"湖南业此致富者实繁有徒,湖北如崇阳、通山等州县,近年俱以种茶获利"[3]。

汉口茶市为何式微?张之洞通过调研后认为:"但因采摘不时,或种制未善,或搀杂不净,以致销数日少,价值日低。""查茶为中国商务大宗。中茶味性最佳,远胜印度所产,外洋需用甚多,亦极肯出善价,俄商给价尤优。然必须叶嫩味香,质无搀杂,制无烟气者,洋商方肯高价售买,否则退盘压价,徒贻亏累。"[4]总括言之,有五个方面的问题:

一是茶叶种植方式落后,茶叶采摘过晚,采得茶叶叶老质粗,且错过卖茶黄金时间,自然只能贱价出售。"惟山户小民,终岁栽植辛勤,不获一饭之饱。其故何欤?矧茶树冬槁春荣,时届清明节候,次第萌芽,一到谷雨节,则叶便舒矣。采茶者以愈嫩为愈贵,若多延数日,则叶片已老,便成无用。故采摘必在谷雨节之三五日间,是以植茶之户纵家有数口,亦不能足供采摘,必须添催工人。际此彼此同时,工人又不能贱雇。以近年之茶干头二三春扯计,每斤单秤不及百文,然以四斤生叶始能晒得干叶一斤,除开销摘工之外实已无余。故山户终岁勤劳,不获一饭之饱之情形也。"[5]"查中国茶种之佳,地球无匹,徒以株守旧说,不知变通,栽种既未合法,焙制又复失宜,遂为洋商所厌弃。"[6]《海关十年报告》亦认为:"中

---

① 《札江汉关道劝谕华商购机制茶》(光绪二十五年四月十四日),吴剑杰点校,赵德馨主编《张之洞全集》(第六册),武汉出版社2008年版,第233页。

②④ 《札南、北藩司饬各属讲求制茶(附单)》(光绪二十七年六月初三日),吴剑杰点校,赵德馨主编《张之洞全集》(第五册),武汉出版社2008年版,第265页。

③ 《札襄、郧、荆、宜各属查明土性试种茶树(附单)》(光绪二十七年十二月十二日),吴剑杰点校,赵德馨主编《张之洞全集》(第五册),武汉出版社2008年版,第327页。

⑤ 《光绪十三年十一月二十三日,江汉关税务司裴式楷申呈总税务司,附录汉口茶叶公所呈报茶市情形节略》,见姚贤镐编《中国近代对外贸易史资料1840—1895》(第三册),中华书局1962年版,第1473页。

⑥ 《札江汉关税务司筹兴茶务》(光绪二十三年十月十一日),吴剑杰点校,赵德馨主编《张之洞全集》(第六册),武汉出版社2008年版,第92页。

国种植主们……拒绝运用先进的种植方法和生产技术,思想保守。”①“在扬子江流域产茶区未曾听说过大的茶园。农民起初种植茶叶是为了满足自家的需要,后来由于利润可观才追加种植面积。茶叶的种植和配制不讲究任何科学,只是因袭本地既有的粗放经营的陈规。竞争从来没有进入茶农的思维。”②反观印度,“种植者们通过培育灌木取代破败的植物。灌木栽种后,两年内可以产茶,五年内即可大量采摘。最初摘掉的是花蕾和两片顶叶;日子一久,从树干里滋生出许多新的嫩叶,在环境恶劣的时候,它们就留下来给树干补给养分。这样茶树就可以源源不断地提供市场所需的茶叶”。“而中国人必须每年栽种一次,这不仅意味着突击性的工作,较少关心,而且可能每株死亡,导致后来的退化。茶叶堆在一块等着晒干,碰到阴雨天,淋湿了即使不发霉,也会失去原来的味道和色泽。种植者们的无能使茶叶失去了往日的繁荣,落到今天这步惨景。”③

二是茶叶加工囿于传统手工工艺,制出的茶叶既不卫生,生熟不匀,烟火气、霉气重,洋人以为诟病,尽管地方官员极力劝导茶农和茶商推广机器制茶,但囿于观念和财力等原因,成效甚微。对这一情况,张之洞了解得很清楚。“前经屡饬江汉关道悉心考究,妥议详夺,并札委税务司穆私德劝令华商集股,仿照外洋烘制之法,购机试办。旋据江汉关道详:据武昌府崇阳、蒲圻、通山、咸宁、兴国等州县,及茶厘委员易守学灏暨茶叶公所商董禀复前来,大率皆以机器制茶水味苦涩,香气不清,只宜英国,以外则不能畅销。机器价贵,成本难筹,不若仍循其旧为词。查华商性情,但以袭故套图小利为事,而惮于求精。官场积习,但以因循省事搪塞上司为能,而懒于振作……须知中国茶叶所以至今仍胜于洋茶者,乃中国土性天气使然。至于人工烘制,则人事之不齐,断不能机器之一律。若中国仍用旧法,洋商必借口人工不能停匀,制法不能干洁,极力传播煽惑,务使各国尽销洋茶而后已,恐各国销路日久皆将窒塞,岂独一英。”④

三是茶商、茶农弄虚作假,茶叶质量低劣,商业信誉尽失。一些不法茶商在收购茶叶时弄虚作假,坑骗茶农,“至茶商入山买茶,多用大秤,往往有加至三十

①②③〔英〕穆和德等著,李策译:《近代武汉经济与社会——海关十年报告:汉口江汉关(1882—1931)》,香港天马图书有限公司1993年版,第42、78、80~81页。

④《札江汉关道劝谕华商购机制茶》(光绪二十五年四月十四日),吴剑杰点校,赵德馨主编《张之洞全集》(第六册),武汉出版社2008年版,第233~234页。

二两以外者,园户不堪抑勒赔本,不得不迟摘粗茶,并以搀杂水湿充数,希图多压斤两。茶质不佳,茶价安得不贱"①。

四是市场机制不健全,传统农业社会结构下小农经营,根本谈不上产业化、规模化和科学种植及配制,政府对茶叶出口不仅没有有效的支持,反而征收重税。"咸同年间,申、汉两处所售红绿洋茶,日销日广,售价逐高,当时所定值百抽五之例,每担完出口税银二两五钱,合之售价尚不甚为相左。今日东洋产绿茶,印度产红茶,均免出口税,则又用机器制造,成本甚廉,行销甚广,故中国之茶日形壅滞,无不互相贬价,年甚一年,近来各商罢业居多,综合出口茶叶,转之从前销数十绌其四五矣。"②中国茶叶面对国际市场往往是被动的,当国际市场上需求畅旺时,茶叶出口呈现繁荣景象,反之,则由于缺少积极应对措施而一蹶不振,市场机制不健全带来茶叶贸易衰落。

汉口茶商力微识近,恶性竞争,给洋商以压价贱买、操控市场的空间,亦是汉口茶叶贸易衰微的重要因素。"至汉口茶商连年亏折,大抵皆因零星小贩太多,资本不足,重息假货,减价争售,致坏市面。"③

尽管两湖及汉口产茶、制茶和茶叶贸易问题多多,导致 1880 年代以来汉口茶业出口量价齐跌,关税锐减,但张之洞也了解到,仍有一些产茶州县狠抓茶叶质量,茶叶价格逆势增长。"湖南安化一处,于茶务已有振作之势。该处之茶,前数年在汉口出售,每百斤可得价至四十二三两,嗣渐低减,仅卖十余两。地方官以茶叶如此低价,实因种制未善,于光绪十五年时面谕乡民采茶务须趁早。乡民颇知遵行,次年售至三十七两,复于去岁又经示谕,劝令益加谨慎,今年新茶竟增至五十八两之数。又闻安徽宁国府有一县官亲至乡间教民种茶之法。宁茶每担先仅卖三十余两,去年增至四十余两,今年竟至六十两。"由此,张之洞认识到,振兴两湖茶叶贸易,并非没有可能、无所作为,关键在人。"可见茶叶并非不能整顿,总须办理得人。"④因此才有以劝农种茶有无成效考核产茶州县官员政绩政策

① 《批道员庄赓良禀陈茶商条陈》(光绪二十年二月二十七日),吴剑杰、薛国中点校,赵德馨主编《张之洞全集》(第七册),武汉出版社 2008 年版,第 166~167 页。

② 《商约税则议略》,《昌言报》第一册(光绪二十七年),第 9~10 页。

③ 《札江汉关道劝谕华商购机制茶》(光绪二十五年四月十四日),吴剑杰点校,赵德馨主编《张之洞全集》(第六册),武汉出版社 2008 年版,第 234 页。

④ 《札南、北藩司饬各属讲求制茶(附单)》(光绪十七年六月初三日),吴剑杰点校,赵德馨主编《张之洞全集》(第五册),武汉出版社 2008 年版,第 265 页。

的出台及实施。

张之洞振兴汉口茶叶贸易举措，大体包括如下几个方面。

一是调整政策，劝农种茶。茶叶是获利颇丰的经济作物，晚清两湖地区种茶致富农户不在少数，有鉴于此，一些州县官员积极劝农种茶，脱贫致富。如谷城县令就发布“劝民兴种茶树”告示，并采购种苗无偿分发给茶农试种：“照得养民之道，在于为民兴利。兴利之法，固以农桑为本，而因地因时，可以并行不悖者，莫如种植茶树。本县籍隶湖南，各州县产茶最广。近年造作红茶运赴汉口等处发卖，因此致富者不一而足。即在本乡肩挑负贩，亦复获利甚丰。其种植之地，惟尽沙处不相宜，此外尽土及半沙半土，皆有树必获。无论山阜岭坡，但择向阳之处，并无妨于稻麦及桑树等物。上冬年腊间，本县捐购茶子，今正于署后隙地如法试种，均已发生。兹复捐廉，选派妥人，前赴岳州一带地方采购。一俟到县，即分发各乡绅耆，转付该民等领种，不经差役之手，不取分文费用。除将种法详细开示外，合行出示晓谕。为此，示仰军民人等知悉。尔等务须遵照领种，虽采叶需五年之后，而一经成树，即生息无穷。幸勿惜目前劳费，致负本县为地方兴利之至意。”[1]张之洞对谷城县令劝农种茶举措大加赞赏，决定在两湖地区推广其经验，“谷城瞿令所陈种植采制之法，颇中窾要。丞应札饬地方多山之各属仿照，劝民种植，以阜民财”[2]。并饬发谷城县劝民兴种茶树示稿及种植采制办法十条，供各地劝民种茶参考。光绪十七年十二月十三日（1891 年 1 月 12 日），札襄、郧、施、宜各属查明土性，劝民种植茶树：“襄、郧、宜、施四府及荆门州所属当阳、远安等处，人民素患贫乏。由于山多土瘠，专恃番薯、羊芋为生，一遇欠收，立形艰困。地方官果能讲求，察视地利土脉物性所宜，教民垦治种植，以补杂粮之不足，自可转贫为富，起敝为隆。查种茶惟沙地不宜，其半沙半土之地皆可种植……为此，札仰该府州即便遵照，转饬所属查照黏抄事理，切实查明。如果土性宜茶，一面购买茶子试种，一面出示剀切劝谕，并筹议劝导倡办之法，具禀察核。”张之洞还着重强调所属府州县官员要切实负起责任，亲力亲为，“督率考察，实力劝谕兴

① 《谷城县劝民兴种茶树示稿》，吴剑杰点校，赵德馨主编《张之洞全集》（第五册），武汉出版社 2008 年版，第 327 页。

② 《札襄、郧、荆、宜各属查明土性试种茶树（附单）》（光绪十七年十二月十二日），吴剑杰点校，赵德馨主编《张之洞全集》（第五册），武汉出版社 2008 年版，第 327 页。

办”,使之卓有成效。并不得“视为具文,率以土性不宜、民情窳惰等语一禀了事”①。

二是改变种植方式,提倡科学种植,鼓励商人集资合股设厂种茶制茶。张之洞以为,中国茶叶要有竞争力,必须要“亟图变计”,在茶叶种植和加工科学化上下功夫,“栽种必明化学,焙制又须机器”,“延请洋人督率教导”。他要求产茶州县官员“督催早采,限谷雨前五日摘毕,并禁园户搀水,商贩加秤”。② 光绪二十三年十月十一日(1897 年 11 月 5 日),札委江汉关税务司穆和德筹划茶制良法,并在汉集股设厂加工制造:“查江汉关税务司穆和德于茶务目击情形,深明利弊,极愿为中国茶利谋补救之术,本部堂实深嘉许。合行札委该税务司筹画种茶制茶之良法,在汉口或产茶地方设立厂所,延致洋人,实力教导,俾中国茶市日有起色。其如何访觅明白事理之富商商集股分,以及如何购机制茶以成佳茗,购地试种以期推广,并延请洋人、酌雇印度工人以资教授各事宜,统归该税司一人主持。惟不得招附洋股,倘经查有冒附,惟该税司是问。”③

三是倡导机器制茶,提高制茶效益和制茶品质。张之洞指出,机器制茶,“味美价善”,是提高华茶竞争力、振兴茶务的重要途径。“数年来,俄人亦渐买印度茶,所买者即皆机器之所制也。近年温州机器制茶,味美价善,洋报称盛,该官商等独未之闻耶。”光绪二十五年四月十四日(1899 年 5 月 23 日),《札委江汉关道劝谕华商购买机器制茶》饬“江汉关道趁此茶商云集之时,务速再为传集各商,权力劝谕筹办。以为明年之计,毋负本部堂劝导苦心,务期议有端倪。如有须官力维持保护之处,本部堂定必竭力扶持。倘商人集股不足,本部堂亦可酌筹官款若干相助,以期成此盛举”④。

四是建立绩效考核机制,鼓励产茶州县官吏勤政务实,督催茶农种茶采茶“摘早精制”,不搀假制假。为此于光绪十八年二月十八日(1892 年 3 月 16 日)

① 《札襄、郧、荆、宜各属查明土性试种茶树(附单)》(光绪十七年十二月十二日),吴剑杰点校,赵德馨主编《张之洞全集》(第五册),武汉出版社 2008 年版,第 327 页。

② 《致江宁刘制台》(光绪十八年二月十八日发),吴剑杰、薛国中点校,赵德馨主编《张之洞全集》(第八册),武汉出版社 2008 年版,第 120 页。

③ 《札江汉关税务司筹兴茶务》(光绪二十三年十月十一日),吴剑杰点校,赵德馨主编《张之洞全集》(第六册),武汉出版社 2008 年版,第 92 页。

④ 《札江汉关道劝谕华商购机制茶》(光绪二十五年四月十四日),吴剑杰点校,赵德馨主编《张之洞全集》(第六册),武汉出版社 2008 年版,第 233~234 页。

致电两江总督刘坤一:“茶务关系民生大端,非有部定实奖,不能鼓舞。若仅外奖,督抚着意者偶一行之,不关心者则章程废矣。州县督催早采,限谷雨前五日摘毕,并禁园户搀水,商贩加称。此只两三月内事,似不甚繁。拟改为每年汉口茶市,售价最高,查明由于摘早制精,不搀水者,照寻常劳绩请奖一员,次高者外奖两员,三年皆最,高官系一任者,照异常劳绩请奖一员,三年皆次高,照寻常劳绩请奖二员,均不得逾额。查明实系奉行不力一年者,记过停委一年,如一连三年不力者,实缺撤任,候补停委二年。赏不滥,罚不重,似不至冒滥及有妨他务。”[①]对于劝农种茶得力且“办有成效”的官员,张之洞表示“定当奏明优予奖励”。[②] 还由政府出面,往俄罗斯直销鄂产红茶。“光绪二十年,公以红茶销路,俄商购办为多,而往往退盘割价,华商甘受抑勒,惟有自行运赴俄国销售,不致多一转折,操纵由人。然茶商力薄,非官提倡不可。乃饬江汉关道恽祖翼选办上等红茶二百箱,附俄商茶船,运赴俄国阿疊萨海口,托出使俄国大臣许景澄委员照料。头茶销毕,复选购二茶中之最上红茶一百二十箱,交顺丰洋行,分寄俄境水运之莫斯科,陆运之恰克图,颇获赢利。此事以官力统制,不受洋商之抑勒,极为得法。惟试办两次,共用成本银七千余两,后未能踵行也。”[③]

五是严把种茶、制茶质量关,确保上市茶叶价优质良,维护良好营商环境和市场秩序。张之洞认为,振兴茶叶贸易,提高茶叶出口价格,关键还是要在提升茶叶品质上做文章,“本源不清,其余都是末节。是精茶色、恤园户两条,尤为根本”。为此,他要求产茶州县官员“督催早采,限谷雨前五日摘毕,并禁园户搀水,商贩加称”[④]。他严令主管茶叶生产和销售的地方官员对商户加称、茶农搀假问题认真对待,“一并妥议办法禀复”[⑤]。

六是出台恤商政策,支持两湖茶商做大做强制茶贩茶产业。光绪二十年二月二十七日(1894 年 4 月 2 日),张之洞在道员庄赓良奏文上批示,要求湖南、湖北两省通力合作,积极筹划,出台支持茶商政策:“汉口茶市连年疲累,自应力予

---

①④《致江宁刘制台》(光绪十八年二月十八日发),吴剑杰、薛国中点校,赵德馨主编《张之洞全集》(第八册),第 120 页。

②《札襄、郧、荆、宜各属查明土性试种茶树(附单)》(光绪十七年十二月十二日),吴剑杰点校,赵德馨主编《张之洞全集》(第五册),第 327 页。

③ 张继煦:《张文襄公治鄂记》,湖北通志馆,1947 年版,第 35 页。

⑤《批道员庄赓良禀陈茶商条陈》(光绪二十年二月十七日),吴剑杰、薛国中点校,赵德馨主编《张之洞全集》(第七册),第 167 页。

维持。本部堂叠经札饬湖南、湖北两藩司、江汉关道考求茶务利弊，转饬南北两省产茶各属晓示民间，讲求种植烘制之法，酌议地方官劝惩章程各在案。现经南抚部院吴奏派该道来鄂，筹办茶务，力筹恤商之策。此举关系南北两省商务大局，自宜乘此筹定良策，两省通力合作，即日切实举办。”其时两湖茶商拟修建茶叶公栈，但经费短绌，希望政府给予支持。张之洞批示同意筹措官款三万两予以支持，“兹据该商等拟请筹修公栈，恳请借款三数万两以资经始，一面按箱抽费接济，成功此举，洵为茶务要图。应即准如所请，由官筹款三万，借与该商等公所，具结承领，分期抽还。南茶箱数较北茶多至一倍有余，此项应由南省筹借二万，北省筹借一万。现已与南抚部院函商，意见相同。仰该道即传知各商迅速筹议，一面议章抽费，一面购地举办”。[①] 粤汉铁路武昌至岳阳段线路设计时，并不经过羊楼洞。光绪三十二年十一月二十六日（1906 年 1 月 10 日），张之洞致电勘路委员张价藩、孙家钧及蒲圻县令，要求“迂干就支”，改道羊楼洞，以达“路、商两宜”，便于茶叶运输和贸易：“鄂岳铁路自以经由羊楼峒为宜。虽云迂干就枝，实则路、商两宜，应即照准，改由中七里穿过羊楼峒以转达羊楼司。该县、委等即告知日本技师，并晓谕该处商民知之。”[②]光绪二十八年四月初五日（1902 年 5 月 12 日），张之洞还曾致电两江总督刘坤一，商讨酌减茶税问题。先是有吕、盛大臣（即上海吕海寰、盛宣怀）奏请减轻茶叶出口税，海关总署在未与各地方总督、巡抚通报的情况下而“率行奏请即减”，“顷据江汉关道禀，税司已奉总税司电，饬令知照茶商，此后出口茶税不得过实本百分之五。而敝处既未奉旨，亦未接外务部、户部咨电知照……即径由总税司径行各税司减税，向来亦无此办法，尤不可解”。张之洞认为，“中国茶务日坏，必须设法振兴，以纾商困。敝处去腊歌电亦深以减茶税为是”。但因苦于“京饷、洋款何从筹措”，“必须筹有抵补，方可酌减”。“就江汉一关而论，税收约二百万，茶税居其半，以后顿减七十万，所有京饷、洋款何从筹措，即将来加税亦断难抵足，必须另筹拨补，焦急万分。”于是他向刘坤一讨教，“公统筹全局，有何挽救良策”[③]。刘坤一 5 月 15 日（四月初八日）

① 《批道员庄赓良禀陈茶商条陈》（光绪二十年二月十七日），吴剑杰、薛国中点校，赵德馨主编《张之洞全集》（第七册），武汉出版社 2008 年版，第 166~167 页。

② 参见吴剑杰编著《张之洞年谱长编》（下卷），上海交通大学出版社 2009 年，第 943 页。

③ 《致江宁刘制台》（光绪二十八年四月初五日亥刻发），吴剑杰、薛国中点校，赵德馨主编《张之洞全集》（第十册），武汉出版社 2008 年版，第 374 页。

回电,同意张之洞"先筹抵补,而后议减"的意见,建议张之洞致电外务部,陈述地方筹款任务艰巨,经费短绌,请求户部给予补贴:"鄙见或由公胪叙短绌之多,无法筹补各情,电外部请商户部,如能拨补最妥,否则或将减案展缓举办。"[1]5月26日(四月十九日)张致电外务部和户部,请求将茶税减免展缓至明年再实施:"减茶税虽是好事,但未筹抵补,先减进款,尚非长策。况茶市草开,遽来此信,各国商人未及周知,今年办茶仍不能踊跃,徒损税项,无济于事……此事既尚未定办法,则开办亦尚无定期,似可展缓至明年再行开办,以便遐迩周知,中国亦可徐图抵补。万恳俯赐询商赫德(海关总税务司——引者注),有何妥善补救办法。"[2]5月28日(四月二十一日)外务部回电,表示仍维持海关总署"按时价值百抽五"原案,"茶叶减税已奉旨允准,未便展缓致失大信。现由敝部核定,按时价值百抽五办理。本部已札总税司转饬各税司遵办,希尊处转饬江汉关道照办"。[3]

三、昙花一现:汉口国际茶港地位的丧失

张之洞振兴茶务的举措成效明显,20世纪头十年,汉口茶叶贸易因此出现回升势头。"1909年前茶叶一直是汉口最重要的创汇来源,从而使它逐渐博得了茶叶港的美名。1886年茶叶的销售达到历史最高纪录,以后迅速下滑,到1890年人们普遍把汉口视为一个染料口岸,中国茶叶的前景越来越险恶,但茶叶后来却奇迹般地复苏了;茶叶在地方贸易中地位的重大变化以及茶叶贸易总趋势的变化要求我们把观察的眼界不能局限于这十年。"[4]在《海关十年报告》中,1902—1911年,这十年汉口茶叶贸易,无论是总量还是砖茶等品种的出口量均呈增长势头:

---

① 《刘制台来电》(光绪二十八年四月初八日巳刻到),吴剑杰、薛国中点校,赵德馨主编《张之洞全集》(第十册),武汉出版社2008年版,第374页。

② 《致外务部、户部,江宁刘制台》(光绪二十八年四月十九日丑刻发),吴剑杰、薛国中点校,赵德馨主编《张之洞全集》(第十册),武汉出版社2008年版,第382~383页。

③ 《外务部来电》(光绪二十八年四月二十一日午刻到),吴剑杰、薛国中点校,赵德馨主编《张之洞全集》(第十册),武汉出版社2008年版,第383页。

④ 〔英〕穆和德等著,李策译:《近代武汉经济与社会——海关十年报告:汉口江汉关(1882—1931),香港天马图书有限公司1993年版,第78页。

这十年里的总值达到 84996817(担)。从上表可见 1905 年前茶叶贸易一直保持着上升势头。(1902 年—395161,1903 年—425796,1904 年—445352,1905 年—378382,1906 年—342518,1907 年—401038,1908 年—423532,1909 年—349066,1910 年—381845,1911 年—435911)

英国商业部有关最近五年的报告显示,印度茶从 183850000 磅上升到 187280000 磅;锡兰茶从 106320000 磅上升到 109620000 磅;爪哇茶从 17840000 磅上升到 26350000 磅。中国茶从 13180000 磅上升到 24820000 磅。

这十年里砖茶出口从 477000 担上升到 612000 担;后面一个数字包括进口茶末 106000 担,小京砖从 4262 担提高到 7800 担,后一个数字中进口的 3900 担外国茶末计入在内。①

汉口茶叶出口贸易的这种繁荣势头一直持续到 1914 年第一次世界大战前夕,"从清末民初直至第一次世界大战前,武汉茶叶外销数量很大,每年三百至四百万箱,有一年达到五百万箱,是茶叶外销全盛时期"②。"茶为吾国特产,两湖产量最丰,江、浙、皖、赣次之。清末民初西人常年驻汉购运出口,本市形成为华中茶叶集散地。当时茶业旺极一时。"③

20 世纪头十年汉口茶叶贸易的增长,显然与张之洞的一系列振业茶务举措有关。《海关十年报告》分析认为,"茶叶复苏的前提必须是政府和农民改变种植态度;前者把它视为一个特别税收项目,后者把这种作物当作子孙继承的传家宝"④。而张之洞恰恰在这这几个方面花了很大气力,着力改善茶业种植方式和加工方式,并取得了很好的效果。"只有中国政府能改变这种状况。首先它应废除特别税,减免加在茶农身上的其他各项税收。第二,聘用一名外国专家巡访各

①④ 〔英〕穆和德等著,李策译:《近代武汉经济与社会——海关十年报告:汉口江汉关(1882—1931)》,香港天马图书有限公司 1993 年版,第 79~81 页。

② 程静安:《旧武汉茶叶概况》,武汉市档案馆编《茶档:武汉市档案馆馆藏茶叶档案资料汇编》,武汉出版社 2021 年版,第 4 页。

③ 汉口市茶行商业同业公会:《汉口茶叶出口贸易简史》,武汉市档案馆编《茶档:武汉市档案馆馆藏茶叶档案资料汇编》,武汉出版社 2021 年版,第 34 页。

地，向农民示范怎样成为一名种植者，而不应仅仅是大自然赐与的聚敛者。政府给这位外国专家配备几名中国助手，让他们能在较短的时间里独立地向农民传授剪枝、锄草、施肥、育苗等方面的知识。第三，装备一些小型制茶机械；它们并不昂贵，实验表明，这样配制的茶叶提高价值 5%。”①尤其是减少茶叶出口税，对茶叶出口增加带来立竿见影的效果，“1902 年中国政府志愿把茶税降低了一半，即为 1.25 海关两，这种税率对较便宜的茶叶来说仍然是沉重的。尽管贸易报告把它视为中国收入减少的一个原因，但对茶叶贸易的复苏来说具有刺激作用，这一年赢利四万担。出口数字是我们观察这项贸易的很好导向，尽管价值时有波动，1901 年在原有税率下出口只有 354050 担。”②

张之洞振兴茶务促进汉口茶叶贸易逆势回升，留给我们诸多启示。张之洞作为一代能臣，慧眼独具，既认识到茶叶贸易对于振兴商务、挽回利权的极端重要性，同时又洞悉传统农业文明背景下茶叶生产、加工、贸易各环节中存在的弊端与痼疾；既把振兴茶务放置于其“新政”重要地位，亲力亲为，常抓不懈，又善于抓住其中的关键环节和关键问题而大力作为，善作善为，如变小农经济为集约性经营，变手工烘制为机器制茶，变小商小贩、无序竞争为合股经营，抱团对外，变粗放经营、制假贩假为精耕细作、诚信营商等，有的放矢，对症下药，以期从根本上提升中国茶业在国际市场上的竞争力，使茶叶生产和贸易发展可持续、有后劲。张之洞振兴茶务的实践表明，在从传统自然经济向商品经济转型过程中，市场这只手在茶叶生产和贸易的发展繁荣中固然重要，但政府支持和干预作用同样不可小觑。从这个意义上看，晚清湖北和武汉是幸运的，两湖的茶农和汉口的茶商是幸运的。因为，并不是所有的官吏都有张之洞这样的远识，这样的魄力，这样的眼光！

但是，由于张之洞所处中国从传统农业文明向现代工业文明转型过渡的历史时段下小农思想观念和生产方式顽强存在，由于专制体制下“但以循省事搪塞上司为能，而懒于振作”之“官场积习”作祟，由于“转输贸易”商业模式和急功近利码头文化熏染下汉口商人“力微识近”营商环境的制约，由于中国传统官场“人在政在，人走政息”的锢习使然，由于 20 世纪第二个十年国际环境风云变幻，中

---

①② 〔英〕穆和德等著，李策译：《近代武汉经济与社会——海关十年报告：汉口江汉关（1882—1931）》，香港天马图书有限公司 1993 年版，第 81、79 页。

国茶叶失去俄罗斯市场……20世纪初年汉口茶叶贸易繁荣终只昙华一现,随着1907年张之洞的离去,汉口“茶叶的地位江河日下,人们对‘茶叶港’的前景普遍持悲观的看法”。到了民国初年,19世纪60—70年代收茶季节汉口江岸茶船云集的繁忙景象不复存在。“汉口获得如此重要地位的原因,还有一部分是来自俄国大多数茶商在此设有工厂,因此自从俄国失去大主顾的资格以后,汉口原来的外国茶商荟萃中心的身份,就开始失去了它的重要性。”“茶和芝麻是本埠最重要的出口产品,棉花也值得特别注意。”《海关十年报告》指出:“芝麻贸易持续上升构成了这十年贸易的一个重要特征;从而使主要交易活动从春季转换到秋季,芝麻一度使汉口设施超负荷运转,在此过程中它充分显示了自己的活力以及适应环境的能力,并成为河南和汉口腹地致富的源泉。”海关报告指出由于芝麻出口的持续增长,“从产值上看,芝麻在汉口港的繁荣中所起的作用已远远把茶叶甩到后面”,“1899年突破了百万马克,即使在这时人们绝对没有想到这一小型出口产品在这十年末将完全改变该港的状况以致人们感受不到茶叶的份量。如果考虑它的相对价值,在过去几年里芝麻的税收远远超过了茶税。芝麻的出口量是茶叶的九倍”。[①]

1914—1918年的第一次世界大战,使“汉口的茶叶出口事业顿时宣告停止。多数茶行也纷纷关闭”[②]。到20世纪第二个十年,俄国完全退出茶叶市场后,汉口茶叶出口市场更加萧条,“这十年行将结束时政府采取了一项权宜之计,免除茶叶的所有税收,这一切对改善茶叶的境况于事无补,并且由于俄国暂时退出中国市场而使形势变得更加严峻。销往中国其它口岸的茶叶也在不断下滑,以红茶为例,1912年为171500担,1921年仅为21000担;与此同时,绿茶和小京砖茶分别从41000担,415000担减少为640担和15000担”。[③]20世纪20年代末30年代初,汉口茶市的衰落已呈不可挽回趋势,“民四欧战发生,华茶贸易停顿,茶市一落千丈。欧战终结,印度、锡兰、爪哇追踪华茶,竞销欧美市场,华茶贸易遂以苏联为中心,并以中苏国交为转移。民十以后,外人虽数度来华采购,始终未

①③〔英〕穆和德等著,李策译:《近代武汉经济与社会——海关十年报告:汉口江汉关(1882—1931)》,香港天马图书有限公司1993年版,第81~86、111页。

②〔美〕威廉·乌克斯著,依佳、刘涛、姜海蒂译:《茶叶全书》(下册),东方出版社2011年版,第651页。

能恢复旧观"[1]。用1921—1931年《海关十年报告》的话说是"已经衰落到了很不起眼的地步"[2]。到民国中后期,这种衰落趋势有增无减,愈演愈烈,许多茶行歇业和改行,汉口重新沦为内贸性茶叶市场,如一战后,"红茶外销呆滞,洋行停购,茶栈逐渐收歇,茶行情况有些变动,有的停止,有的顶让"。1924年,"茶行关闭十多家,所存仅有少数几家"。1927年秋季,"老行逐渐复业的有五六家,与'撮摸行'形成对立,老行经营到一九三二——一九三三年歇业改业,仅存利森一家,其余中小行上十家,经营市销和津、沪、粤、豫等省市的内销为主,外销次之"。"抗战胜利一二年,有茶行四五家,随后增到十二家,除市销外,国内客路渐次恢复"[3]。

汉口茶市由盛转衰,让不少茶商怀念起张之洞,汉口茶叶公会亟思茶务振兴之策,"今后欲求华茶尤其是两湖茶复兴,一方面需要政府扶植茶叶生产(派员赴产区督导改良品质,举办轻利茶货等),减轻茶叶成本(如减轻茶叶运费水脚,免征货物税等)"。此与张之洞晚清振兴茶务举措何其相似!从一个侧面反映了张之洞"湖北新政"的历史贡献和深远影响。

(原载《学习与实践》2023年第1期)

① 汉口市茶行商业同业公会:《汉口茶叶出口贸易简史》,武汉市档案馆编《茶档:武汉市档案馆馆藏茶叶档案资料汇编》,武汉出版社2021年版,第34页。

② 〔英〕穆和德等著,李策译:《近代武汉经济与社会——海关十年报告:汉口江汉关(1882—1931),香港天马图书有限公司1993年版,第157页。

③ 程静安:《旧武汉茶叶概况》,武汉市档案馆编《茶档:武汉市档案馆馆藏茶叶档案资料汇编》,武汉出版社2021年版,第3~4页。

论武昌起义的城市革命特性[①]

引言

1911年10月10日晚，武昌城头传出一声枪响。此一响后，不足数小时，楚望台军械库即告失守；不足一天时间，十八星旗取代了大清黄龙旗飘扬在了武昌城头；不足三天，汉阳、汉口都为民军光复；不到三个月时间，四方云集相应，统治中国两百六十多年的大清王朝迅速土崩瓦解，末代皇帝溥仪仓皇退位，一个崭新的共和国——中华民国诞生。两千多年来，从陈涉、吴广发难于大泽乡，到洪秀全、杨秀清起事于金田，反抗统治者的起义从来只在草泽乡野，领导和参加者多是手握大刀长矛的乡村知识分子和农民，从未有过像武昌起义这样发生在一个有着现代工商业的大都市、由中产阶级领导广大市民踊跃参加的城市市民革命，而且能迅速便取得成功，确乎可称奇迹。

城市革命本义是指在原始社会向文明国家发展进程中城市的形成，无城市社会因此变为有城市社会。其先决条件之一是具备生产余粮的能力，因此它首先以农业革命为前提。由于产品有了剩余，人们可以进行商品交换和商品再分配，又导致财富集中和阶级分化，从而出现城市与国家。

本文将辛亥武昌起义定义为城市革命，实际上是指发生在城市里的市民革命或资产阶级民主革命。随着工业化、城市化和城市现代化的兴起，以工商业者和知识精英为主体的市民阶层崛起，其发展与统治城市的传统专制制度产生日益剧烈的冲突，从而引发革命，革命之后，传统专制体制被冲破的缺口必然为城市化进程带来更大的发展空间，进一步推动传统城市向现代城市转型。从这个意义上，笔者只是借用了城市革命这一概念从一个新视角来论析武昌起义。

---

① 本文与高路合著。

辛亥革命这场近代推动中国社会转型的历史大戏,何以会在武昌首先取得成功?这其中是纯属偶然,还是有其必然的原因?毫无疑问,辛亥革命作为一场发生在现代城市的中产阶级革命,它的成功和武汉的城市早期现代化发展有着深刻的必然联系。清末民初,传统农业社会向现代城市社会开始转型,武汉,因其悠久的商业传统和独特的历史机缘,在这场社会变革中,成为国内工业化、城市化较领先的城市。转型引发了革命,革命的领导阶级和参与者是所谓的城市中等阶级——工商业者和现代知识精英。革命的目标和最终结局是维护中等阶级的利益,推翻专制制度,实行民主共和,推动城市功能的全面转型和现代城市市政的发展。

一、城市背景

在中国传统城市体系中,武汉,更具体地说是汉口,是一个卓尔不群的另类城市。

城市功能的另类性。中国传统城市功能从一开始就偏重于政治和军事,用马克思的话说,只是“王公的营垒”和“经济结构上的赘疣”。① 中国古代城市大都具有政治统治和军事防御的性质,在韦伯眼里,包括中国在内的古代东方是没有城市的。城市存在与否,是否以西方标准为唯一标准,还需要探讨。但汉口早在近代开埠以前,就有着不同于中国其他传统城市的另类品性了,与韦伯所谓的“城市”概念有着不少契合之处。作为明清以来因商业因素而城市化的典型,汉口城市结构体系一开始就具有非政治化倾向。汉口长期以来没有成为地方行政中心,而只是一个附属于省、府、县的地方政权的商业性市镇。乾隆时期所修的《汉阳府志》形象地道出了汉口这种另类品性:

> 汉镇,一镇耳,而九州之货备至焉,其何故哉?盖以其所处之地势则然耳。武、汉为九州之腹心,四方之孔道,贸迁有无者皆于此相对代

---

① 〔德〕马克思:《资本主义生产以前的各种形式》,中共中央马克思恩格斯列宁斯大林著作编译局编译:《马克思恩格斯全集》第46卷(上册),人民出版社1982年版,第480页。

焉，故明代盛于江夏之金沙洲，河徙而渐移于汉阳之汉口，至本朝而尽徙之，今之盛，甲于天下矣。夫汉镇非都会、非郡邑，而人烟数十里，行户数千家，典铺数十座，船泊数千万，九州诸大名镇皆有让焉，非镇之有能也，势则然耳。

从这段表述中我们看到，汉口既“非都会”，亦“非郡邑”，而仅仅是一个“镇”而已。“都会”和“郡邑”都是传统时代政治中心的称呼，这段话表明汉口与武昌和汉阳相比，基本上不具备传统政治中心的功能，城市功能是商业性的而非政治性的。早在明清时期，汉口因得江、汉交汇之便，擅通江达海之利，一跃而成为的商业巨镇，与北京、苏州、佛山并称“天下四聚”，“云、贵、川、湘、桂、陕、豫、赣之货皆于此转输”，汉口已成为国内最大的商品集散中心。

城市空间布局的另类性。早期汉口城区布局不像传统城市以朝廷官衙为中心，而是以市场为中心，沿汉水、长江岸线向外呈扇形发展。并随着商业的繁荣，逐渐形成与“路”相垂直、与江河走势相呼应的商业街道。由于是依水沿江因商而建的城市，汉口的城市形状，就不可能像以皇朝都城为参依的、作为地方政治中心治所的省会、府、县城池一样方正谨严，而呈现出有利于商业的一派自然形态：“上街路少下街稠，卧帚一枝水面浮。扫得财来旋归去，几人骑鹤上扬州。”①“地势上狭下宽，形如卧帚，后无座山，故财易聚亦易散。”②自发形成的城市在功能空间上完全以有利于展开商业活动为目的，从事商业活动的街市、会馆、码头、店铺等充斥着整个城市，商人们为了商业运输的需要，一窝蜂地挤向沿河地区，城市缺乏功能分区而显现出一种混乱不堪的状态，前店后场(厂)，街市狭窄拥挤。自然型的、无序的发展正体现了汉口作为一种非行政的城市而存在这一特点。

城市居民结构的另类性。传统城市居民主要是官员、士绅，而且多是临时居住在城市，在乡间大量购置土地，最终告老回乡。乡村世界，才是传统士大夫得以安身立命的归宿。汉口，作为一个因商而兴的商业市镇和转输贸易的商业码头，从业人口中，大商人、小商贩、水手、船夫、码头工人占了这座城市居民的绝对多数，且是永久性居民。“大小不等的各种批发商人和零售商人总共汉口固定劳

①② 〔清〕叶调元著，徐明庭、马昌松校注：《汉口竹枝词校注》，湖北人民出版社1985年版，第5页。

动力总数的四分之一。在里德记录的4000人例子中,明确有25%的商人和小贩,如果从他的调查中排除存有疑问的农民的话,这个比例将接近三分之一。”罗威廉曾经详细研究过晚清(1860—1895年)汉口居民的职业结构,结论是商业人员占总人数的30%,运输人员占30%,而官员及专业人员仅占5%。对比地方文献史料,我们可以证明,罗威廉的研究是富有价值并比较真实的。据宣统元年(1909年)清廷民政部的统计,当年汉口从商人数在5万人以上。民国初期,由于辛亥之役,汉口总人数虽大幅度减少,但从商人数与官绅士民之间的人口比例结构依然如故。据《汉口小志》中民国二年(1913年)的统计,在册总人口198050人中,政军学界人数为3750人,商界人数高达30990人。后者与前者的比例几近10:1,商人占总人口的1/6,绅界人士只有293人。在1916年湖北汉口警察厅对汉口户口及人口职业所做的调查表里显示,在254062的总人口中,商人占了109859人,约占43%,官僚和公吏一共只有750人。

城市社会文化的另类性。商人既然在社会关系中占有如此重的比例,其对社会文化所发生的影响是不难想到的。在开埠以前,汉口城市文化已经摆脱传统政治文化的禁锢,衍生出与之对立的带有早期现代色彩的市民文化。这种市民文化一方面体现在有悖于传统礼教的所谓“薄风陋俗”,如崇奢去俭、重利轻义等。叶调元曾评说汉口“以质朴为鄙陋,以奢侈为华美,习与性成,积重难返”①,另一方面,商人阶层的主体意识和城市自治早在开埠以前就已经相当抢眼。罗威廉很欣赏汉口市民的某种公共精神和自治意识。“在19世纪的汉口,理论上的政治权威体系与事实上的政治权威体系之间似乎存在着一个巨大的鸿沟。实际上,一种实质层面上的自治已经出现,它拥有真正的权力,并在官府与地方社会领导层之间达成了某种平衡;在19世纪的发展历程中,这种平衡逐步向后者倾斜。”②罗威廉认为,汉口与中国传统城市不一样,城市的管理权和管理事务不是为官厅控制,而实际上是由行帮和民间团体所操纵。梁启超在《中国文化史》里曾言道:“吾民族只有乡自治之史迹,而无市自治之史迹。”“欧洲国本,积市而成,我国国家,积乡而成,故中国有乡自治而无市自治。”汉口城市自治与早期的

---

① 〔清〕叶调元著,徐明庭、马昌松校注:《汉口竹枝词校注》,湖北人民出版社,1985年版,“自叙”,第1页。

② 〔美〕罗威廉著,江溶、鲁西奇译:《汉口:一个中国城市的商业和社会(1796—1889)》,中国人民大学出版社,2016年版,第381页。

近代欧洲有许多共同点。相比其他城市,清代汉口城市行政相对弱化,商人、民间团体组织自治以及在公共领域活动十分活跃。汉口开埠前,汉口的城市管理事务如救灾、赈济、消防基本上依赖商人及商团组织进行。武汉地区会馆等商团组织数量众多,力量强大,“一镇商人各省通,各帮会馆竞豪雄”①。除这种以地缘关系联络在一起的会馆以外,还有如粮帮、药帮、船帮、钱帮之类的同业公会,这种公会则在一定程度上超越了地域局限,以行业的经济利益为纽带将同行联系在一起。除会馆以外,还存在着大量的民间城市自治组织,这些组织通常也是由绅商集资兴办,有的就是由会馆兴办。比如,当时会馆在汉口集资兴办了民间救火机构——水龙局,也叫“笆斗会”。“轿子飞跑锣乱打,各帮会馆水龙来。”②还有救生船,“数尺黄旗桅上挂,往来游奕救生船”③,由民间绅商创办的慈善机构敦本堂所设,除救助溺水者外,还从事尸首与货物等打捞工作。

总之,由于“九省通衢”的独特地理位置和“转输贸易”的商业特色,汉口经历了从传统商业集镇向现代城市转型的漫长历史进程,武汉的城市功能结构早在前近代时期即开始孕育出原生型现代化的某些形态特征。1861 年汉口开埠后,在外力和内力的共同作用下,武汉开始沿着新的城市发展轨迹运行。城市功能结构发生本质嬗变。开埠通商,使汉口由一个以农副产品交易为主体的区域性中心市场转变为国际贸易市场;19 世纪 80 年代张之洞督鄂所推行的“湖北新政”,武汉由一个单一的贸易大港转变为重工业、轻纺工业、手工业、原料加工业等门类相对齐全的复合型工商业大都会;现代城市文化与城市现代化同步产生与发展,武汉不仅是区域教育与文化中心,而且成为内陆现代文化传播源和新思想的发源地之一。

城市的功能发生嬗变和现代城市文化形成的同时,一个新的城市市民阶层开始形成,其民主自治精神也在成长。

汉口最先进入新型市民阶级行列的是外国洋行、银行里的买办资本家。开埠后,来到汉口的洋商为了与中国人展开贸易活动,大量兴办洋行、银行、工厂、轮船公司,雇佣了一批略懂外文又熟谙商务的中国办事人员,沟通中西贸易,从而形成了一个买办阶层。辛亥革命前,外国在汉工厂有 40 多家,洋行 130 多家,

---

①②③〔清〕叶调元著,徐明庭、马昌松校注:《汉口竹枝词校注》,湖北人民出版社 1985 年版,第 14、190、9 页。

银行也不下10家,形成了一个为数不下500人的买办队伍,有所谓广东帮、宁波帮、本地帮等买办集团。买办是近代中外贸易的桥梁,外国洋行—买办—中国商人构成了近代汉口中外贸易的主体,如美最时洋行买办王伯年、瑞记洋行兼住友银行买办欧阳会昌、立兴洋行和东方汇理银行买办刘歆生,这批人积累了比旧式商人和官员更为巨大的财富。据相关资料统计,从1861年到1911年这50年间,汉口买办阶层共获利润达1.35亿海关两之巨。[①]

在万商云集的汉口,民族资产阶级的主体还是以商业、金融资本家为主体。辛亥革命前,汉口"总计商家7000户,其中以中小资本家为多数,1920年已逾1万户"[②]。随着外贸发展,商业的繁荣,汉口钱庄也获得极大发展,清末汉口已有大小钱庄121家,1903—1905年,钱庄每年对商业放款总数都在4500万两至5000万两之间。20世纪初年,汉口钱庄开始向近代工业放款,如汉口"新泰厚""尉泰厚""怡和利"钱庄入股程明祖拟开办的"清华公司"的水泥、榨油工厂。这意味着钱庄开始向近代金融业转化,钱庄主成为近代金融资本家。据《夏口县志》统计,汉口商会一至八届领导层成员共219人次,其中钱庄经理有46人次,占21%,数量仅次于商业资本家而远高于产业资本家。

张之洞推行"湖北新政"后,武汉工业化进程也开始起步,工业资本家形成。特别是在甲午战争之后,由于清政府放宽了对民间办厂的限制,1896年武汉地区出现了民族资本创办的、采用机器生产的两家近代工厂——兴商砖茶厂和美盛榨油厂,武汉民族资本主义工厂由此肇始。1905—1907年出现了武汉民族资本主义工厂发展的高潮,产生了一大批民族资本企业和工业资本家。如宋炜臣创办燮昌火柴厂、既济水电公司、扬子机器公司等。民办工厂逐步超过了官办工厂,《江汉日报》刊发《武汉工厂调查表》,总计1908年武汉三镇兴建工厂80家,其中华商工厂32家,外商工厂31家,官办工厂13家,官督商办工厂4家。[③] 至辛亥革命前,武汉地区民族资本主义工厂企业有120多家,其中有资本可查的为30多家,资本总额约为1000万元。买办资本家、金融资本家、商业资本家和工业资本家共同构成了城市市民阶级的上层。

---

① 冯天瑜、张笃勤:《辛亥首义史》,湖北人民出版社2011年版,第63页。

② 皮明庥:《近代武汉城市史》,中国社会科学出版社1993年版,第674页。

③《武汉工厂调查表》,《江汉日报》光绪三十四年五月十七、十八日。

随着工业化的起步,武汉也随之形成了一支庞大的产业工人大军。仅以宋炜臣的燮昌火柴厂为例,1897 年创办时有工人 1400 名,最多时 2500 人。到辛亥革命前,武汉民族资本家创办的工厂有工人 8000 人左右。而张之洞创办的官办企业,其规模又远远超过民办工业,仅汉阳铁厂就有 3000 多名工匠,湖北枪炮厂有 1200 多工人。所以,至辛亥革命前夕,武汉的官办企业和民办企业里的产业工人规模是相当可观的。罗威廉指出:“单是在汉口,1899 年大约有 1000 人,5 年之后飞速增加到 1 万人,到民国初年,更增加到 3 万多人。”①水野幸吉在《中国中部事情:汉口》一书中称:“在武汉三市(汉口、武昌、汉阳)的各种工场所工作的职工人数,大约不会超过 3 万人。在汉口这样的百货辐辏之地,其劳动力多为搬运夫(苦力),在到各工场或仓库前,排成行列等待搬运货物。仅汉口一地,其搬运夫的数量可以 10 万计。”②这支庞大的劳工大军是城市市民阶层里的重要组成部分,并在日后的革命中冲锋陷阵,追随资产阶级和知识精英去反对他们的敌人。湖北军政府成立后,许多工人踊跃参军;武汉保卫战的四十多天里,汉阳兵工厂工人积极赶制军火,“平时每日造枪六十支,现加至八十支,夜工倍之”③。三千多工人的日夜赶制,有力支援了阳夏战争。如果说,资产阶级知识分子是城市革命的领导者,无产阶级就是城市资产阶级革命的主要动力之一。

张之洞兴办实业的同时,也深感“国势之强弱在人才,人才之消长在学校。环球各国竞长争雄,莫不以教育为兴之急务”④。他极力兴办新式学堂,发展近代教育,到 1907 年,湖北已有各级各类学堂 1512 所,学生 57751 人,按当时人口 34329524 计算,每万人口中的专门学堂学生 0.21 人,中学堂学生 0.4 人,小学堂学生 14.7 人。为培养洋务运动急需的各类人才,还大量派遣留学生赴日学习,1901 年,中国留日学生达 271 人,其中湖北籍 47 人,占 17%,居各省前列;1902 年 10 月湖北籍留日学生 126 人;1903 年湖北籍留日学生 153 人;1904 年 10 月,全国留日生 2406 人,湖北籍 341 人,占 14.2%。在这些新学堂里,形成了一个不同

---

① 〔美〕罗威廉著,江溶、鲁西奇译:《汉口:一个中国城市的商业和社会(1796—1889)》,中国人民大学出版社 2016 年版,第 16 页。

② 〔日〕水野幸吉著,武德庆译:《中国中部事情:汉口》,武汉出版社 2014 年版,第 5 页。

③ 剑农:《武汉革命始末记》,中国史学会主编《辛亥革命》(五),上海人民出版社、上海书店出版社 2006 年版,第 174 页。

④ 《筹定学堂规模次第兴办折》(光绪二十八年十月初一日),周秀鸾点校,赵德馨主编《张之洞全集》(第四册),武汉出版社 2008 年版,第 87 页。

于旧式士大夫的知识队伍，属于资产阶级和小资产阶级范畴。辛亥革命中，这些由新学堂培养出来的青年学生充当了领头先锋，成为资产阶级的政治代表。据统计，湖北武昌起义后，12 个部门 22 名负责人中，留学日本的 11 人，留美的 1 人，毕业于两湖总师范的 6 人，毕业于中国公学、湖北军校、长沙正经学堂、武昌文普通高等学堂的 4 人。①

科举制废除后，近代知识分子在彻底断绝了通过科举入仕做官之路后纷纷寻找新的出路。一部分文人、官僚开始经营工商业，向民族资本家和官僚资本家转化；还有一部分向自由职业者转化，如报馆主笔、记者、编辑、议员等；此外，投身新军者也不在少数。在汉口出现了一个庞大的自由知识分子群体，据《汉口小志》记载，仅汉口一地，在报界从业者即达 33 人，詹大悲、何海鸣、查光佛、宛思寅、高汉声等人都是著名的近代武汉报人。文学社社员多是湖北新军士兵、下层军官和学界人士，有姓名可考者 243 人。②

正是由于汉口作为一个传统商业社会，广泛存在商人阶层，城市功能结构转型之后，新加入工业资本家、金融资本家、自由知识分子和大量的产业工人等，一个具有现代城市共同体意识的新型市民阶级萌生了。晚清武汉（汉口）的市民阶级已经具有产生现代市民社会的某些背景条件，即较为成熟的市场经济和所有制形式多样化、私有商业机构和社会组织保持相对独立和自主性。关于经济，罗威廉对汉口商业的高度评价可作佐证："19 世纪汉口的商业世界完全符合马克斯·韦伯（Max Weber）所提出的'经济理性'的主要标准：资本的普及化及其精巧的运用。"③翻检《汉口小志》，可见罗氏所言不虚。武汉"三者有鼎立之势，占长江沿岸最枢要之地，商况之殷盛，亦冠于沿岸之诸港"；"中国全贸易港中除上海之外，更无其匹者"；"汉口为交通中心，其地理上情势有类似于芝加哥者。非仅以商业地见知于世，盖为工业地为希望焉"；汉口金融"其组织办法，大抵合数商人之资本共同成立者为多，所谓合资组织"；"汉口之第一商业机关为商务总

---

① 李明伟：《清末民初中国城市社会阶层研究（1897—1927）》，社会科学文献出版社 2005 年版，第 533～534 页。

② 张玉法：《清季的革命团体》，台北"中央研究院"近代史研究所专刊（32），1975 年，第 612 页。

③ 〔美〕罗威廉著，江溶、鲁西奇译：《汉口：一个中国城市的商业和社会（1796—1889）》，中国人民大学出版社 2016 年版，第 88 页。

会,其次为各团体联合会。商业之种类而区别者,故有三百六十行之名称,各种生业无所不备";"汉口交易习惯为中国极复杂一部,盖有商业之种类或国籍之异同所生,又或由各个信用之程度以异,其交易习惯而不能一律";"在决定货物之买卖""货物交付"之方式等方面,汉口商界都有成熟且大家认同的习惯。而商业组织和民间团体,汉口的多种商业公司、商业团体公馆、行会、协会等历史悠久,汗牛充栋。新的股份制公司如雨后春笋般出现,在原来以地缘、业缘为纽带建立的行会、会馆基础上,出现了跨行业的、带有现代社团性质的商会组织。

关于辛亥革命后汉口有无市民社会,学术界历来有争议,如果按照亚当·弗格森《市民社会历史》中一种城市生活与商业活动的繁荣社会,以商业为目的的结社视为市民社会之特征的说法,晚清汉口至少已初具市民社会的雏形。辛亥革命前,武汉市民社会已经在政治经济、社会、文化等方面形成多元特色。政治领域,文学社、共进社等资产阶级革命团体以推翻专制的民主革命为目标,无疑是带有政党性质的"政治社会";经济领域,类似既济水电公司、汉冶萍公司等股份制工商组织,它们独立于国家,并参与市场竞争;社会领域、汉口总商会等作为跨地域、跨行业组织,成为国家、政府、商人之间的中介,形成所谓"公共领域";文化领域,近代学校和一大批民办报纸媒体成为市民表达诉求的公共舆论空间。19 世纪末 20 世纪初,武汉民办报纸如雨后春笋般出现,据统计,1905—1911 年民办报纸达 54 种。① 如《汉口中西报》《工商日报》《江汉日报》《湖北日报》《大江报》等,这些现代报纸成为市民阶层进行舆论宣传、宣泄情绪、表达意愿的公共领域,也促使了资产阶级民主革命思想广泛传播。

近代市民社会从一开始就是以专制国家的异己力量出现的。"一个强有力的、健全的市民社会,能够推动政治革新,并监督政府和国家","市民社会有助于反击对手,有助于完成转型,有助于巩固并深化民主","在民主化进程的任何阶段,一个生机勃勃的、独立的市民社会都是有价值的"。② 的确,晚清汉口的市民阶级在推动城市转型、参与社会革新、反对专制政治、推动民主进程方面发挥了主导作用。他们积极参与晚清"新政",其上层人物利用谘议局这样的平台提出

---

① 刘望龄:《黑血金鼓——辛亥前后湖北报刊史事长编》,湖北教育出版社 1991 年版,第 3 页。

② 〔美〕约翰·基恩著,王令愉、魏国琳译:《市民社会:旧刊象,新观察》,上海远东出版社 2006 年版,第 40 页。

了改革吏治的政治主张。宣统元年(1909 年),湖北谘议局就出台了关于整治湖北吏治的六条议案:汰冗员、勤考核、祛夙累、定公费、专责任、禁积压。[①] 他们利用舆论工具抨击时政,监督政府,主张革命,鼓动大乱。1906 年,周珍发表《中国货币改革难》,批评清政府财政改革“流弊兹甚,岂积重之势,未可一日返耶”;1911 年,黄侃在《大江报》发表《大乱者,救中国之妙者也》,酿成著名的“大江报案”,成为武昌起义重要的导火线。1910 年 2 月 28 日,《时报》报道一则关于汉口的新闻,大意是说当地徐太守带警察随意拘捕并殴打满春戏园售票员和守门人等。园主不服徐太守这种目无法纪的做法,一边通禀督院、巡警等衙门,请为申雪,一面由商会向农工商部与民政部申诉。[②]从这件报道可以看出,当时商人们不畏强权,不甘再任由专制政府肆意践踏人权,学会了通过法律手段和舆论攻势来对抗专制强权,维护自己的合法权益,换取城市自由民主的空间。

近代武汉市民社会在同国家抗争中走向成熟的标志性事件是保路运动。保路运动始终贯穿着一个铁路是“官办”还是“商办”的争夺,也就是国家主导还是商人——资产阶级主导的争夺。铁路和城市文明密不可分,和商民阶层的切身利益关系极大。清政府的“铁路国有”政策,实质是将铁路修筑权和铁路控制权一并出卖给了外国人,向外国借款筑路又一并将两湖盐厘捐税作为抵押,这不仅严重损害了商民的利益,也损害了其他市民阶层的利益。因为,政府向外国借款后的负担一定会转嫁到民间,这必然会侵犯城市市民的利益空间,自然遭到了以商人、士绅为首的全体市民阶层的反对。在这场风潮中,市民社会包括商业公司、社会团体、舆论传媒都广泛参与,以社会之合力与政府据理力争;湖北铁路协会代表于 1909 年北上晋京请愿。协会会长刘心源到京后,三次上书邮传部,力陈“铁路宜予湖北自办”。[③] “湖北同乡京官及学界、商界六百余人,亦于十二日集议办法。”“适同时护理湖广总督,及铁路协会,湖北谘议局,湖北教育总会,武昌商务总会,汉口商界、善堂、报界,咸有电致军机处,外务、度支、邮传诸部,陈明

---

①② 武汉大学历史系中国近代史教研室编《辛亥革命在湖北史料选辑》,湖北人民出版社 1981 年版,第 215、217~219 页。

③《记湘鄂路线商借外款情形》,《东方杂志》1910 年第 7 卷第 1 期,“中国时事汇录”,第 11~12 页。

股款已齐,要求准予商办。"[①]湖北留日学生也积极响应,多次电函张之洞和湖北当局,阻止向外国借款,"湖北之利权湖北人有之,湖北人合中国力办之,凡外人皆不得干涉"[②]。"与其将来偿此巨款,驯于外人之下,不如归鄂民自筹商办,且获厚利。"[③]留日湖北学生铁路会代表张伯烈、夏道南严正提出:"衡之我国,国有则类官办,民有则类商办。但中国幅员宽广,铁路繁多,政府穷乏无策,致为外人所经营者,十有八九。由此观之,与其集中国全体之铁路,遗累政府一身,不若分全国各路使各省人民自为担任之之为愈。"[④]

面对武汉市民社会要求铁路商办的要求,清朝政府明确告知:"英法德三国驻京公使,即各备公文,照会外部……声明不能承认。"[⑤]瑞澂对商学绅严密纠察,对集会、言论自由严格限制。在宜昌,因为川粤汉铁路收归官办,使原来股东的股本有去无回,引发了股东与公司冲突,当地政府竟派兵镇压,酿成了大规模械斗,"各警勇见众股东忿激,风潮甚烈,难以和平了结,随禀报宜昌府袁太守核办,即请宜防营管带陈嘉猷率队弹压。众股东一见军队弹压,愈为忿极。遂各回乡村,纠集农民二千余人,执械抗拒,殴毙兵士二十余名……近来人心惶惶,城内商民亦因之罢市"[⑥]。

宜昌械斗事件发生在辛亥前几个月,从市民社会的视角看"保路风潮"的结局,我们不难发现其不成熟和局限性,正如国外一些研究者所指出:"在许多城市和城镇,被称为'社团'的一些行业性组织如商会、银行家圈子、律师圈子以及其他类型的团体情况也是如此。通过各种各样的组织,地方精英们在'自助'中发展了利益,达到了对商贸、扶贫、储水、治安等的控制,还明确表达了他们对政府国内外政策的批评。这些团体充当了国家权力的武器,同时又是正在形成中的

---

① 《邮传部批准湖北设立商办粤汉川汉铁路公司》,《东方杂志》1910 年第 7 卷第 3 期,"中国大事记",第 39 页。

② 《时报》乙巳二月初九日。武汉大学历史系中国近代史教研室编《辛亥革命在湖北史料选辑》,湖北人民出版社 1981 年版,第 450 页。

③ 《趣报》宣统元年十月初四日。刘望龄等编著《辛亥革命首义与时论思潮详录》,华中师范大学出版社 2011 年版,第 303 页。

④ 《湖北商办铁路意见书》,汉口汪日升石印局宣统元年孟冬月印。武汉大学历史系中国近代史教研室编《辛亥革命在湖北史料选辑》,湖北人民出版社 1981 年版,第 465 页。

⑤ 《记湘鄂路线商借外款情形》,《东方杂志》第 7 卷第 2 期,"中国时事汇录",第 39 页。

⑥ 《宜昌因铁路酿出殴毙兵士之风潮》,《时报》1911 年 6 月 28 日,第 6 页。

社会利益的媒介。换句话说，这些团体可以被看作市民组织的雏形，尽管它们的总体特征和日复一日作为自治器官的功能仍旧依附于国家官方组织下的‘官治’，官方拥有承认或不承认这些组织的权力，也有阻挠或监督他们自治倾向的权力，并拥有必要时使用警察和暴力手段。”①正是“警察和暴力”唤醒了武汉市民社会，他们终于认识到，以和平请愿和议会斗争为手段谋求经济自主和民主自治，无疑是与虎谋皮，他们对这个政府感到了深深的失望，和政府的冲突由是渐升级为暴力性质。最终引发了1911年10月震惊世界、改变中国历史进程的暴力革命——武昌起义。

二、城市革命

回顾欧美主要资本主义国家的城市市民革命历程，可以发现，武昌起义也一样具备城市市民革命的基本要素。

城市革命必须发生在城市。英国革命发生于伦敦，起于国王要逮捕五位议会领袖，伦敦市民自发起来保卫。国王遂离开伦敦，在诺丁汉城建立大本营，从此，内战就在这两个城市间展开。法国革命始于巴黎人民攻占巴士底狱，之后巴黎就一直是各种势力交战的中心。辛亥革命是由一系列武装起义引发、最后成于辛亥年间武昌城头的一连串起义所组成的，其中，具有代表性的两次起义是广州起义和武昌起义，而广州和武汉都是近代以来开埠通商后，现代工商业得到较为充分发展的现代城市。

在革命方式上，武昌起义和欧美其他城市革命一样，充满了和平手段与武装起义的交织运用。和平手段是城市市民阶级争取民主、平等、自由所运用的重要手段。为保护私有财产和有利于工商业发展，城市市民阶级一般倾向于用游行罢工、议会谈判、协商调停、和平请愿等手段协调各方利益解决矛盾，取得各方利益互惠。城市市民阶级不同于传统农民阶级一味用破坏性行动去杀富济贫，只有到矛盾激化到无可调和时才使用武力去推翻专制统治。英国革命前夕，查理

① ［美］约翰·基恩著，王令愉、魏国琳译：《市民社会：旧刊象，新观察》，上海远东出版社2006年版，第33页。

一世的税收政策导致城市工商业萧条,引发城市平民多次起义,才有1640年国会召开,后有两次内战;法国大革命先有三级议会召开,后来人民群众攻占巴士底狱揭开革命序幕,在整个革命过程中,人民群众通过武装起义三次选择最符合自己需要的政权,使得法国革命成为世界资产阶级革命的典范。在中国,和平请愿早在革命爆发前就已经发生,立宪派的和平运动往往气势不输革命派,李提摩太评价资政院弹劾军机大臣:"吾辈居中国四十年,一旦得目睹此景象,殊堪惊讶。吾辈今日所见者,与前日所想望者,有过之而无不及。土耳基、葡萄牙之两大革命尚不能比。盖今日之有资政院,一若满人权利递交人民,仿佛二十国同时革命而不流一滴血云云。"①有许多人原本是倾向于通过和平请愿和议会政治走向君主立宪,当现实粉碎了他们的幻想后,最后主动参加了革命,较有代表性的人物就是汤化龙。

汤化龙本是立宪派,1910年请愿开国会,他作为湖北谘议局议长连续上书,态度坚定。宣统三年四月,他参加了北京宪友会组党会议,被举定为假定主席,后态度转趋激烈,多次抨击政府腐败,抗议皇族内阁,反对铁路国有。"汤化龙任湖北谘议局议长时,对反对清政府向四国银行团借债筑路的事是支持的。在湖北铁路协会的大会上,汤化龙的讲话,曾历数时政的腐败,特别严厉抨击当时邮传部大臣盛宣怀,认为邮传部把张之洞费了很大力气收回来的川粤汉铁路建筑权重又送给外人,无非是想在借款时攫取巨额回扣,是媚外肥私,丧权卖国。他号召湖北全体同胞踊跃筹集筑路款项,抵制外债,争回路权,以救亡图存。会后,大家都说汤议长的主张对得很。"②由于请求清政府召开国会的要求未能实现,以汤化龙为代表的立宪党人转而同情革命。汤后来呼吁响应独立的电文较为客观地反映了他由对清政府抱以立宪幻想,到幻想破灭转而支持革命的心路历程:"清廷无道,自召灭亡,化龙知祸至之无日,曾连合诸公奔赴京都,代表全国民意,吁请立宪,乃伪为九年之约,实无改革之诚……楚虽三户,誓必亡秦。非曰复仇,实求自救。"③

从汤化龙的转变过程可以发现,城市资产阶级参加革命的一个重要目的在

---

① 《译电》,《民立报》宣统二年十二月初三日。

② 李健侯:《武昌首义前后忆事八则》,中国人民政治协商全国委员会文史资料研究委员会编《辛亥革命回忆录》二,文史资料出版社1981年版,第81页。

③ 张国淦:《辛亥革命史料》,上海龙门联合书局1958年版,第101页。

于建立有利于民族资本主义发展的政治制度,并获得管辖、治理城市的权力,以促进城市工商业的发展。为达此目的,他们可以选择和平改良,也可以采取武装起义;可以选择君主立宪,也可以拥护民主共和。改良与革命,君宪与共和,之间并无实质区别,都只是资产阶级实现自己目的的手段而已。

革命主体是城市市民阶级。英国革命领导阶级为城市资产阶级和新贵族,革命主力是农民、手工业者与城市贫民。查理一世为进行苏格兰战争而向城市工商业者征税,可伦敦的商人不愿意借钱给国王,于是召开已经停止多年的议会,剥夺了国王随意征税的权力。王权与议会的矛盾其实体现的是传统专制统治集团与城市中产阶级的利益冲突。法国,起来反对旧制度的是整个第三等级,第三等级指革命前有纳税义务的人构成的等级,与那些不纳税、享有封建特权的人构成的第一等级(僧侣)和第二等级(贵族)相对立,具体包括农民、手工业者、小商贩、城市贫民和资产阶级等,占法国全国人口的95%以上。资产阶级在第三等级中经济上最富有,政治上最成熟,居于领导地位。18世纪末,法国资产阶级革命前夕资产阶级领导的第三等级已成为反封建的主力军。梁启超尝言道:“泰西革命之主动,大率在中等社会,盖上等社会则其所革者。”①这种中等社会的革命,其实就是城市市民阶级的革命。

城市市民的广泛参与,是城市革命的重要特性。武昌起义表面上看,是秀才造反,还有人说:“武昌起义实际上是湖北的士兵革命。”②武昌起义的领导和参与者虽然是文人、士兵与下层军官,实际上他们代表着当时的中间阶级或市民阶层。

清末,新军采取新法练兵,士兵从民间选募,模仿西方征兵制,晚清新政导致的大批破产农民和失业手工业工人成为新军士兵。新军要求士兵通文墨,于是秀才当兵成为很时兴的社会风尚。原来旧军官难以胜任,新军排长以上的中下级军官,多数从武备学堂出身的学生中选拔任用,还有一部分是从国外军事学校留学归国的学生中选拔,一大批资产阶级、小资产阶级知识分子进入新军,进行革命活动。湖北新军“将弁多以学生充当,入伍兵亦多具有知识者”③。有人回

---

① 梁启超:《中国历史上革命之研究》,《新民丛报》1903年46~48期合本,第117页。

② 《座谈辛亥首义》,中国人民政治协商会议湖北省委员会编《辛亥首义回忆录》第1辑,湖北人民出版社1979年版,第5页。

③ 张春霆:《张文襄公治鄂记》,湖北通志馆1947年版,第24~25页。

忆:“我是 1905 年在黄陂应募入伍的。那次募兵结果,九十六人中就有十二个廪生,二十四个秀才。马队第十一标是这样,陆军第八镇和陆军第二十一混成协所属步、马、炮、工、辎五种部队,都有不少的读书分子入伍。”[①]这批知识分子多出身于富农或地主家庭,家境殷实、颇有田产,有些人还出自大富之家。在求学过程中,他们接触了西方民主自由理念和革命党的革命宣传,转变为具有新思想的革命知识分子,如王汉、吴贞三、李长令。有的人原本就是抱着革命的目的而入伍,如张难先、刘静庵、孙武。科学补习所六名主要领导人,五人在学界,学堂学生占全所一半以上。大批新型知识精英涌入军队,极大改变了军队的阶级构成和思想结构。恩格斯曾这样评价西方征兵制:“在每一个健康的男子都在经历军队生活的今天,这种军队开始愈来愈多地反映人民的情绪和思想;作为主要压迫工具的这种军队,日益变得不可靠了……既然发生了这类情况,既然军队中也出现了曙光,那就意味着旧世界的末日已经不远了。”[②]这个评价也适用于武昌起义时的湖北新军,新军这个群体实际上已成为当时城市市民阶级下层的一个集合体。

就是革命者利用的会党,也由于现代社会生产方式的影响,在出现某种变化。会党的主体部分是由于城市化运动的产生离开了农业生产而沦为城镇下层劳动群众的市民阶层,主要包括破产农民、手工业者和城市贫民。曾有人在老河口和襄樊一带对 76 名江湖会成员的社会成分和职业进行过一个调查:小店东 15 人,脚夫 3 人,帮工 3 人,士兵 21 人(其中下级军官 2 人),小贩 1 人,屠宰工 3 人,巡警 4 人(其中下级警官 1 人),厨师 1 人,挑水工 1 人,近郊农民 2 人,船夫 5 人,木匠 3 人,地主 1 人,小知识分子 4 人,装卸工 1 人,衙役 1 人,铁匠 1 人,地保 1 人,旧式造船工 2 人,无业游民(暂时失业)3 人。[③] 这个调查可以明确反映出,会党的成员已经以城市市民为主了。当时,会党参加新军和新军参加会党都很常见,科学补习所即曾作为会党的介绍入伍机关;鄂北光化、襄阳起义是新军张国荃等与江湖会联合发动的。“城市下层市民队伍的不断扩大,农民小商品生产倾

① 陈孝芬:《辛亥武昌首义回忆》,中国人民政治协商会议湖北省委员会编《辛亥首义回忆录》第 1 辑,湖北人民出版社 1979 年版,第 70 页。

② 〔德〕恩格斯:《巴黎公社二十周年给法国工人的贺信》,中共中央马克思恩格斯列宁斯大林著作编译局编译:《马克思恩格斯全集》第 22 卷,人民出版社 1965 年版,第 214~215 页。

③《光化老河口、襄樊江湖会党人简况一览表》,华中师范学院历史系编《江湖会资料选辑》,1961 年,第 130~141 页。

向的逐步加强；这些变化都改变着哥老会社会成份的构成，使哥老会由以自然经济条件下的农民为主体的反清结社，演化为以下层市民为主体、以具有小商品生产者倾向的农民为附从的反清结社。这种重要的演化，又使哥老会完成了从以农村为活动中心到以城市和交通线为活动中心的自发战略转移，形成了对帝国主义和清政府统治的经济政治中心——城市的直接威胁。这是会党之所以成为资产阶级民主革命的社会基础，革命党人之所以对会党进行发动、组织、改造并曾倚之为主力的原因所在。"①

工商业者作为中产阶级的重要力量，开始本来倾向以和平请愿、通过谘议局制订法案实现君主立宪，但冷酷的现实逐渐令他们对清廷失望，转而支持、参与并领导革命。革命爆发后，武汉有许多市民自治团体对革命予以积极支持。如协助起义军的有汉阳商团、永济消防会、水土果帮自治会、仁义下段保安会、清和保安会、商防义成社，直接参加起义的有商团保安会、汉口公益救患会、夏口四区公益会、堤口下段商团保安会、清真自治公益会、公立永宁救火社、普济商团自卫社、公善保安会、演说自治戒烟会、黄陂街上段保安会、四官殿商防保安会、敦乐保邻会。这些团体都是商民组成的自治团体，代表城市市民阶级上层——资产阶级亦即中产阶级的利益。他们的加入，对革命起了重大帮助，时人回忆：

> 初，汉口各团组织联合会，其关系起义伟业者，设演说而疾专制，重自治以基共和，对于清政府抵抗铁路国有，要求国会速开，有捕逮鼓吹改革者，则多方辩(辩)护，有调查组织机关者，则极力弥缝，鼓荡舆情，胚胎革命，各团联合会力实居多。至是则云涌风随，首先响应。会员等无昼无夜，守望梭巡，一面分途演说，安慰人民，称民军运筹美备，虎贲鹰扬，救民出水火而登衽席，诚属易事。请各店铺居民，照常居住交易，劝户悬一灯，家抽一丁，同为卫护。②

---

① 陈辉：《再论武昌首义爆发的原因》，湖北省社会科学联合会编《辛亥两湖史事新论》，湖南人民出版社1988年版，第69~70页。

② 汉口各团联合会：《汉口各团联合会协助民军纪实》，中国人民政治协商会议湖北暨武汉市委员会等编《湖北革命实录馆武昌起义档案资料选编》(上卷)，湖北人民出版社1984年版，第245~246页。

湖北军政府成立伊始,商会总理蔡辅卿即令各保安会以白布为标记,接应民军。当民军开赴汉口时,汉口商民燃点鞭炮,夹道欢呼。[①] 在民军从武昌渡江以前,汉口各团联合会即担负起维持社会秩序的责任。首义期间,商会商团资助民军经费一百多万元。除此以外,李紫云、刘歆生、徐荣廷、宋炜臣等都慷慨解囊,支援革命。

除了民族资产阶级以外,下层市民特别是工农群众也积极支持革命,军政府决定扩军后,许多学生、工人、农民踊跃投军,"不到五天就招足了四个协,约两万人的新兵"[②]。续招的第五协熊秉坤部,内中有大冶矿工一千多人。[③] 武汉保卫战的四十多天里,武汉人民给予了积极支援。有人回忆:"我黄营张文彬鸣号冲锋,民众助声喊杀,敌向滠口溃退,遂将刘家庙占领。敌遗弃粮秣、子弹、帐棚甚多,居民与铁路工人争相搬运,老幼男妇送茶送饭者络绎于途。"[④]10 月 18 日,铁路工人、刘仁洋铁厂工人与近郊农民拆毁铁路十余丈,使敌军火车倾覆,革命军乘势反击,工人、农民手持铁棍、锄头助战,"一时死者如墙倒"[⑤]。

托克维尔在《旧制度和大革命》里曾经揭示了一个耐人寻味的现象,在发动法国大革命、反对王权的参加者里,除了遭受压迫的第三等级以外,还有社会上原有的特权阶层——贵族阶级。在法国大革命即将来临之际,路易十六开始进行改革,然而"对于一个坏政府来说,最危险的时刻通常就是它开始改革的时刻"。改革不仅激化了第三等级与特权的阶级矛盾,也侵犯了贵族们的既得利益,许多贵族也和资产阶级一起高呼打倒王权,各种利益不同甚至对立的阶级都团结在自由平等的大旗下。其真实目的反而被这种抽象的理想所掩盖。"封建制度的某些部分在法国已经废除时,人们对剩下的部分常常抱有百倍的仇恨,更加不能忍受,农民和领主、第三等级和特权阶级的矛盾越加尖锐,这就是为什么

---

① 皮明庥:《武昌首义中的商会商团》,《皮明庥文集》第 1 卷,湖北教育出版社 2010 年版,第 266 页。

② 章开沅、林增平主编《辛亥革命史》(下册),人民出版社 1981 年版,第 75 页。

③ 熊秉坤:《回忆辛亥首义后的两件事》,中国人民政治协商会议湖北省委员会编《辛亥首义回忆录》第 4 辑,湖北人民出版社 1981 年版,第 102 页。

④ 王瓒承:《辛亥首义阳夏光复纪实》,中国人民政治协商会议全国委员会文史资料研究委员会编《回忆辛亥革命》,文史资料出版社 1981 年版,第 238 页。

⑤ 佚名:《中国革命日记》。转引自章开沅、林增平主编《辛亥革命史》(下册),人民出版社 1981 年版,第 77 页。

革命在法国比在欧洲其他国家更早爆发的主要原因。"①反观中国19世纪末20世纪初的清王朝,也在推行着一场所谓的"新政",但这场"新政"在加重了农民负担的同时,也损害了一大批传统士大夫的利益,士大夫们科举入仕之路断绝,从而对朝廷产生不满,转而接受了先进的西方现代理念,并日益萌生推翻朝廷的革命思想,革命者的主体是中下层知识分子与此不无关系。资产阶级上层企图通过"新政"与朝廷分享权利、进入各级权利中枢的愿望,最终也没能实现,改革结果加剧了地方实力派、传统政治势力、资产阶级上层与专制政权的矛盾,把他们从传统政治营垒推到革命阵营之中。这样,如同法国大革命一样,几乎所有的阶级、阶层都与清廷或貌合神离,或分庭抗礼,导致了革命爆发,专制政权覆亡。

梁启超尝言道:"暴动事业,无论在何国,无论在何时,其必出于啸聚,必为无机的群众。"②梁启超此段言论目的在于指责资产阶级革命,担心革命会导致传统农民暴动的破坏局面。其实辛亥革命绝对不是一场"无机的群众"进行的"啸聚",而是有着严密的组织,经过精心准备的政治社会革命。

武昌起义之前,革命党人进行了长期的有组织的准备工作,仅组织而言,在全国有同盟会,在湖北有日知会、科学补习所、文学社、共进会,"湖北革命团体,在同盟会成立之前曾有3个,同盟会成立之后则出现33个,占1905年以后全国革命团体总数(127个)的1/4,占整个华中地区的53%"③。清末湖北的政治团体多达七八十个,这些组织有着明确的推翻专制政府、建立民主共和的现代纲领,并为实现这个纲领进行了长期的动员准备。从一开始,革命党人就进入新军,运动新军,改造新军。朱元成、范腾霄、曹进、刘静庵、张难先、胡瑛等进入新军活动,向新军散发《猛回头》《黄帝魂》《革命军》等书,建立革命团体科学补习所,举行演讲,促成了新军由维护旧制度的武装向革命武装转化。范腾霄曾回忆刘静庵当年运动新军的情形:

> 静安体虽较弱,然勤于操练,循军规,不少懈忤,有暇则时以种族等

① 〔法〕托克维尔著,冯棠译:《旧制度与大革命》,商务印书馆1992年版,张联芝所撰序言,第Ⅵ页。

② 梁启超:《暴动与外国干涉》,张枏、王忍之编《辛亥革命前十年间时论选集》第2卷(上册),生活·读书·新知三联书店1963年版,第282页。

③ 张玉法:《清季的革命团体》,台北"中央研究院"近代史研究所专刊(32),1975年,第680页。

常识灌输于同营行伍间。营众见静安与余莫逆，亦均敬信之。历时三年，渐与各军同志稔。各军优秀干部，不第充心于学术之砥砺，且醉心于种族政治之革命，日深且切。此后黎所统各军声誉日著，其功名亦与日俱增，由范围最小之马队管带，而前锋督带，而混成协统，而常备军第二镇镇统。旧日之马队出身官弁头目，均超升不次，此具有新思想之多数青年军官，把握军权，卒致辛亥革命，墟满社而底于成，虽运会所趋，而静安置身营伍数年鼓舞之力，其可泯哉。①

由此可见，武昌起义绝不是像旧式农民暴动一样为摆脱生存危机而一时兴起的“啸聚”，而是一场有组织、有准备、有明确目标的现代城市起义。

而且，起义的参加者们也绝非“无机的群众”。从他们个人而言，大多是知识分子，为一种崇高的理想而参加革命，不为升官发财，更不为温饱，因为他们大多家境殷实，有些人还是富商巨贾名望显族，如刘公家便是襄阳三大富室之一。他们却为革命出钱出力，甚至毁家纾难，在所不惜。刘公多次出资捐助革命报刊《民报》等，为筹措革命经费，他以捐官为名向家里索要了五千两白银，为共进会的机关设置、旗帜制作、钞票印刷、炸弹制造等活动提供了开支。殷子衡说他参加革命的原因有三：一由于留心时务，二由于读书有悟，三由于慈悲心驱使。② 他们对革命的支持和参与，早已跳脱出为谋生而揭竿的群氓啸聚，实是出于一种对超越个人功名利禄推翻专制、建立共和之崇高理想的自觉。就其组织而言，都不是旧式的会党或梁山泊那样的绿林山寨，而是具备现代政党性质的团体，其维系成员的纽带不再依靠江湖义气、血缘关系，而是依靠实现民主共和的信仰。在革命过程中，这些组织除有严密的纲领外，还有周密详尽的计划，如文学社在起义之前的计划里不仅有起义的具体方案，如“举义之时，宜乘盛，不宜乘衰”“宜乘暗，不宜乘明”“宜派可靠之队伍守卫官钱局”“未举义前亦应派人前往各省连（联）合，使能同时举义”“武汉三镇必须同日举事”，还有对保护城市秩序和市民财产安全的规定，“确非我党类，只要严守中立者，不可加害”，“中外商民须竭力

① 范腾霄：《辛亥革命前之社团运动及起义后军事之一幕》，丘权政、杜春和选编《辛亥革命史料选辑》续编，湖南人民出版社 1983 年版，第 65~66 页。

② 参阅贺觉非《辛亥武昌首义人物传》（上册），中华书局 1982 年版，第 20 页。

保护，使皆知我军原为复国仇而起，别无犯秋毫”。[1] 占领武昌后，他们明确表示要迅速结束混乱的局面，主张建立军政府，“是日也(即二十日)，武昌虽克，皆系人自为战。纵有司令以统率之，苟无健全之政府，外人视之，与一片散沙无异，岂有不借口干涉之事。于是，公同举定黎公元洪为都督。鄂军政府即以此而成立矣”[2]。可见，武昌起义的参加者们不是什么“无机的群众”，而是一群站在时代潮流之前、敢为天下先的革命精英。

武昌起义作为一场城市革命，有着明确的城市革命理论纲领和建立民主共和的目标。在思想理论的准备上，主要有两个方面内容。一是崇拜法国大革命，鼓吹暴力革命。康有为反对暴力革命，在《法国革命史论》中指责法国大革命是“妄行杀戮，惨无天日”的“恐怖之世”，认为罗伯斯庇尔、马拉、丹东皆是“酷毒民贼”“屠伯悍贼”。汪东在《民报》上发表《正明夷〈法国革命史论〉》进行驳斥，认为法国大革命乃“布奔氏(波旁王朝)之失民心，由来有渐，其不即发者，譬之硕果，酝酿未熟，一旦及秋，则子散落若雨，路易第十六，乃适当其冲耳”。“革命即不能不杀人流血，杀人流血，忍事也；忍而为之，即将以达其舍身拯民，不忍人之心也。”田桐在《清政府之立宪问题》里说：“流血者，自由之母也；立宪者，革命之产儿也。”章太炎高呼：“公理之未明，即以革命明之，旧俗之俱在，即以革命去之。”更称革命乃“天雄大黄之猛剂”“补泻兼备之良药”。对革命进行热切讴歌最有代表性的还是当属邹容《革命军》。邹容在《革命军·绪论》里热情赞颂：“巍巍哉！革命也。皇皇哉！革命也。”革命事业“郁郁勃勃，莽莽苍苍，至尊极高，独一无二，伟大绝伦”。革命是“起死回生之灵药，返魄还魂之宝方”。《湖北学生界》也有人为实现人权，号召“当操巨刀纵阔斧，斩除种种阻碍，达我报国之血忱。有妖魔鬼物障碍其间，拔剑斩之，牺牲一身，以除巨蠹”[3]。

二是鼓吹民主、自由、人权。武昌起义前夕，无论革命派还是立宪派，都有着鲜明的现代国民意识。“奴隶无权利，而国民有权利；奴隶无责任，而国民有责任；奴隶甘压制，而国民喜自由；奴隶尚尊卑，而国民言平等；奴隶好依傍，而国民

---

①② 参阅王华国《文学社事实》，中国人民政治协商会议湖北省暨武汉市委员会等编《湖北革命实录馆武昌起义档案资料选编》上，湖北人民出版社 1981 年版，第 11~13、17 页。

③ 杨笃：《敬告同乡学生》，《湖北学生界》1903 年第 5 期，“论说”，第 13 页。

尚独立。”[①]他们认为,国民才是国家的主体,“政治之善恶,常视国民进化之程度为正比例,其民为自主独立之民,其国即为自主独立之国”,“今日之中国,国民主义之时代也”,“立国于地球之上者,无国民则亡,有国民则强”。[②] 并且把人民的权利看成是国家权利的根本,“民权之集,是为国权;民而无权,国权何有?”[③]。人民的权利是天赋的,人民的权利神圣不可侵犯,“盖人性赋自天,人权亦赋自天。天所命者,人不得而夺……但人权固非难得之物,如高官厚秩、印累绶若者也。一治事、一言论、一思想、一操笔、一交接之顷,莫不有我行我法,为外界所不能侵蚀者存……人权于诸君,非第曰我,非第曰匹夫云,也负今世界最完美、最高尚、最雄伟之资格”[④]。因此,有人高呼:“誓将赋同仇之什,光复宗邦;击自由之钟,重宣独立,匪直黄白必须立平等之任,即红黑亦将燃既死之灰。”[⑤]在对权利的阐释上,亦有鲜明的政治、经济指向。首先权利是一种参政议政的权力。“何谓权利?曰:天之生人也,既与以身体自由之权利,即与以参预国政之权利。故一国行政之权吾得而过问之,一国立法之权吾得而干涉之,一国司法之权吾得而管理之。”[⑥]其次,天赋人权的核心内容之一就是私有财产不受侵犯的权利。“经济之最大动机,实起于人类利己之心……而所谓经济上之欲望,则使财物归于自己支配之欲望是也。”“今日一切经济行为,殆无不以所有权为基础,而活动于其上。”“私有制度虽谓为现社会一切文明之源泉可也。”[⑦]而且,他们还认识到,政治上的权利必须和经济上的权利相符合,纳税人向政府交了钱,他就必须拥有相应权利,“人以不出无偿之金钱之精神,以对国家,则民权在是矣”[⑧]。他们严厉批判了政府在经济上向商人滥征租税、政治上打压商人的做法,“借租税以要求权利,固中国人所不为,至于监督租税之一事,尤非中国人意想之所及……吾民之所放弃而不知监督,任政府之滥掷者,亦不知几何矣!淫后构广厦以行乐,所费皆民之膏血;异族仰糟米以糊口,所食皆民之钱粮。若以例美人所以独立,法人所以革

---

①⑥ 孙中山:《说国民》,《国民报》1901 年第 1 卷第 2 期,“社说”,第 1、2 页。
② 李书城:《中国之前途及国民应尽之责任》,《湖北学生界》1903 年第 3 期,“论说”,第 4 页。
③ 梁启超:《二十世纪之中国》,《国民报》1901 年第 1 期,“时论”,第 7 页。
④ 杨笃:《敬告同乡学生》,《湖北学生界》1903 年第 5 期,“论说”,第 13 页。
⑤《汉声》1903 年第 6 期,第 2~3 页。
⑦ 饮冰:《再驳某报之土地国有论》,《新民丛报》1906 年第 91 号,“论著”,第 4 页。
⑧ 雨尘子:《近世欧人之三大主义》,《新民从报》1903 年第 28 号,“政治”,第 24 页。

命,其糟蹋吾民之权利,不知若何,而吾民无抗之者也!"①。

武昌起义作为一场现代城市市民革命,与传统的农民起义相比,有着鲜明的时代特征。

现代城市革命的爆发根源与传统农民暴动有着历史性的区别。农民暴动多是由于传统农业社会的顽症——土地兼并导致"富者田连阡陌,贫者无立锥之地"局面出现,迫使农民铤而走险,揭竿起义,起义的目的在于获得土地。而城市资产阶级革命是由于工业化带来的城市化进程加快,市民阶层崛起,与传统的专制政体发生矛盾,从而引发革命,目的在于获得管辖城市的权力,推动工商业的发展。

农民起义通常崇尚"等贵贱,均贫富""有衣同穿,有田同耕"的平均主义思想,常采取杀富济贫的手段来实现这种目标。起义的矛头既指向朝廷,也指向具体的有产者。因此在实践上往往是剥夺地主土地,压制工商业发展,造成血流成河、人烟稀少、土地荒芜的破坏局面。而城市革命的目的在于改变桎梏城市现代化发展的专制制度,不是为了改朝换代。除了镇压极其顽固的对抗分子以外,不实行杀富济贫的平均主义,反而保护工商业者利益,鼓励商品经济的发展。要发展商品经济,自然也会反对均平思想。革命派明确指出:"盖社会革命者,非夺富民之财产以散诸贫民之谓也。若是者,即令得为之,曾无几何之效果,可谓之动乱,不可谓革命也。"②

农民起义的最终结果还是在农业传统社会的旧体制中循环往复,不可能创造新的生产方式和社会体制。农民领袖开始带领贫困大众反抗朝廷,后来自己也企图登基称帝,"群雄之崛起,则非独欲拨乱诛暴而已,实各抱帝王思想,故各不相下"③。正因为其起兵造反的目的是为称帝,各起义集团为争夺全国统治权的战争往往比推翻旧皇帝的时间还长,耗费的精力更多。"中国历史上之革命,其颠覆政府也,用力少,为时暂;其争帝也,用力多,为时久,亦易见矣。"④结果常常造成生产力严重破坏,数十年难以恢复。"中国革命,蒙革命之害者动百数十

---

① 雨尘子:《近世欧人之三大主义》,《新民丛报》1903年第28期,第26~27页。

② 县解:《论社会革命当与政治革命并行》,《民报》1906年第5号,第49页。

③④ 精卫:《驳革命可以生内乱说》,《民报》1906年第9号,第34、35页。

岁,而食其利者不得一二年,故一度革命,而所积累以得之文明与之俱亡。”[1]这是农民革命的性质决定的。而城市革命则不同,“以争帝之故,而互相屠杀,则由于其建设之目的,不外乎帝制自为,故有此结果。然则内乱之故,非由其破坏之手段而生,乃由其建设上之目的而生耳。使今后中国之革命,其建设之目的,非在帝制自为,则颠覆政府之后,革命家必不致相争;争夺不生,则内乱必不作”[2]。城市现代化发展着重建设,反对破坏,因此革命者最关心的是能否建立起良好的制度,为发展城市工商业营造一个良好的制度空间,而不在于谁掌握最高权力。革命者恰恰是反对帝王思想,主张建立民主法制社会,给城市现代化的发展以制度保障。基于此故,革命军愿意让黎元洪做湖北军政府都督。孙中山只要袁世凯赞成共和,可以把大总统职位拱手相让,自己专心去修铁路。宋教仁终生为实现议会政治而奋斗,“为平民政治而死,惧独夫专制复生”。殷子衡在萍醴起义失败后被捕,饱受酷刑,待革命结束后,他却脱离政治献身基督,终生服务于宗教界和教育界。张难先因对参与袁世凯复辟帝制的筹安会不满,回沔阳种地灌园,曾参加讨袁起义,失败后又回家种菜,闲时访友求学,“常无以为炊,甚至寒天解身上马褂和布袍入质库”[3]。京山人王守愚在宋案后,积极联络各方讨袁,蒋翊武、王宪章死难后,常说:“当竭尽所能,以酬死友。”进行过多次反袁斗争,后来又积极参加孙中山北伐,“忧劳过度,肺病加重,暂住鼓浪屿友人家。一闻各处失败消息,必搥胸大哭,继以吐血。他自知不久于人世,每以无补于国为恨”[4]。恩施人田道生,武昌起义第二天即纠合同志响应,参加了汉口战役,每战必身先士卒,撤退时必在最后,裁兵后回家终生务农。正是由于城市革命者在现代城市文明中有这种重制度建设而不慕个人权位的素质,所以城市革命在推翻旧政府之后,各方利益冲突可以用各种协商办法进行调解,而不只有武力解决一条出路,局势较易趋于平稳。依法规建设国家、建设城市,将社会带出改朝换代的循环怪圈。当然,城市革命者身上仍然可能带有传统官僚文化的负面特征,在湖北革命者中,表现得比较明显的有孙武之流。这是现代城市文明发展得不充分以及传统力量

---

① 梁启超:《中国历史上革命之研究》,1903 年《新民丛报》第 46~48 期合本,第 124 页。
② 精卫:《驳革命可以生内乱说》,1906 年《民报》第 9 号,第 34 页。
③ 贺觉非:《辛亥武昌首义人物传》(上册),中华书局 1982 年版,第 26 页。
④ 胡祖舜:《武昌开国实录》(下),武昌中华印书馆 1948 年版,第 372 页。

的惯性作用在其身上的反映。

农民起义的发动手段主要是口号、揭贴，还有宗教迷信，如太平道、拜上帝教等，反映了农民阶级自身由于素质的落后，无法找到先进的理论和组织手段来动员群众。城市市民革命有着现代城市文化的浓烈氛围和深厚的现代思想理论基础，有长期的思想启蒙运动作准备和铺垫，其理论武器已彻底抛弃了传统的神学迷信成分，代之以民主、人权、自由、平等等现代社会理想，其动员群众的方式主要是组建新式团体，制订严密纲领，创办报刊，通过现代媒体散播自己的思想，并深入下层群众和军队中进行宣传动员。文学社、共进会有明确的革命纲领，如共进会有"首先推翻帝制，效法共和""限制资本""平均人权""民族平等""收回租界""遵守国际公法"等十条法规。而且，城市革命家在传播现代思想的时候，其目的不仅仅是发动群众夺取政权，确乎有启蒙民智、铸造现代国民的文化追求，他们充分认识到，建立民主共和制度，并尽快实现工业化和城市现代化，必须培养一大批具有现代知识、文化的现代国民。"革命者，非徒以触发社会之感情而已，必且导其知识，养其能力，三者具，而后革命可言。"①

尽管资产阶级的城市革命与农民的农村革命有着如此巨大的区别，但是，由于辛亥革命前夕的中国仍然是一个农业社会，城市与乡村之间、农民与市民之间，存在着千丝万缕的联系，发生在城市的资产阶级革命不可能孤立地进行，它必然为农村社会经济文化的整体环境所制约并直接影响革命的形式及其结果。

英国革命前，资本主义已深入农村，破坏了封建经济结构，使农民同地主、专制王权之间的矛盾激化起来。国王、封建贵族、国教教会的地租、免役捐、什一税及各种勒索，使他们成为农民仇恨的对象，农民与手工业工人成为资产阶级、新贵族利用的力量。1643 年，当王军进逼伦敦时，手工业者、帮工、学徒组成民团和附近农民武装奋起出击，解除威胁；克伦威尔组织的新模范军在打败王党军的军事行动中起了决定性作用，其以自耕农为主体，包括手工业者、工匠和学徒。恩格斯如是评价英国革命与农民革命的关系："发动者是城市中等阶级，而完成者是农村地区的自耕农……如果没有这种自耕农和城市平民，单单资产阶级决不

① 胡汉民：《民报之六大主义》，《民报》1906 年第 3 号，第 5 页。

会把斗争进行到底,也决不会把查理一世送上断头台。”①

在法国,是巴黎和外省的城市革命和农村革命共同爆发,没有农村的革命,巴黎和外省城市的革命就会一无所获。法国革命前,农民有着沉重的纳税负担,受到国家、领主、教会、高利贷者的盘剥,城乡矛盾突出;人口增长,导致城市扩大。在旧制度末期,全国有16%的人口在城市,加剧了对农产品的需求,也刺激了物价上涨,首先是粮食价格的上涨。1788年开始的农业歉收和工业危机,导致农村工业较发达的地区失业人数增加。当巴黎人民攻占巴士底狱后,农村由春季抢面粉、抗税暴动转变为夏季政治骚动,威胁着城市资产阶级财产,出现“大惊恐”,城市粮食短缺,面包供不应求,巴黎人民群情汹涌。面包匮乏和物价高涨是法国人民反对旧制度的重要原因,乔治·吕德指出:“一如整个18世纪,大革命时期人民起义最经常的原因就是下层人民经常要求得到廉价的足够的面包和其它产品,以及渴求对此采取必要的行政措施保证。”②而食物短缺的罪魁实际上是那些城市囤积居奇者和食利者,农民不愿出售粮食换取贬值的纸币,使各大城市出现粮荒。“昂贵不是因为缺少食品,这是一种囤积居奇的结果,这种结果是所有的富人,由于不幸的道德败坏,也由于所有有些钱的公民们,直接、间接地协作造成的。”③城乡矛盾引发城乡骚乱,最后人民群众用自己的武装斗争一次次淘汰不能采取有效措施协调城乡矛盾、促成城乡联盟的政权,选择了雅各宾派。雅各宾派的经济措施中最重要的是限价政策和土地法令,通过限价,暂时牺牲了资产阶级一部分利益,满足了广大平民的基本生活需求;土地法令虽未建立农民土地所有制,却废除了农民的封建义务和什一税。这些法令在当时有效形成了资产阶级、城市手工业者和农民亦即城市和乡村的联盟,保证了法国大革命的胜利。

从英法城市革命的过程可以看出,城市革命往往得到农村农民革命的支持才能取得胜利。而其中最耐人寻味的是,革命前农民所受的苦难除一部分是封建贵族和教会强加的以外,还有相当一部分是由于城市工业化和资本主义深入

---

① 〔德〕恩格斯:《〈社会主义从空想到科学的发展〉1892年英文版导言》,中共中央马克思恩格斯列宁斯大林著作编译局编译:《马克思恩格斯选集》第三卷,人民出版社2012年版,第763页。

② 〔苏〕Я·M·扎赫尔著,申晨星译:《忿激派运动》,吉林大学出版社1986年版,第27页。

③ 〔法〕饶勒斯:《法国革命的社会主义史》第7卷,巴黎1924年出版,第75页。转引自王养冲、王令愉著《法国大革命史(1789—1794)》,上海人民出版社2014年版,第339~340页。

农村导致的，如资产阶级的圈地运动、城市市民对农村农产品和原料的掠夺等。然而这些矛盾当时却被广大人民与封建王室、教会的矛盾所掩盖，一切斗争的矛头都指向了王室和教会，城市资产阶级得以利用农民达到自己目的。正如布罗代尔所说："如果怀着今天的心态阅读过去的资料，人们立即能认识到资本的特权已经是确定无疑的事实，但在当时，认识到这一点却必须等很长的时间，大体上要等到工业革命的发生，这不仅因为十八世纪的革命者本身就是'资产者'，而且因为资本的特权在十八世纪利用了人们在其他方面的觉醒以及革命者对其他特权的揭发，躲过了注意。人们攻击旨在保护贵族利益的神话，攻击等级社会的神话。这样一来，与出身等级制相对立的金钱等级制就不再显得是一个独立的和有害的等级。"①反观武昌起义这场中国的城市革命，尽管也得到了鄂东、鄂西、鄂北农村的响应，但真正以农民为基本力量进行的起义只有京山，其余地方都是依靠新军、会党和当地士绅，这场革命显然未能充分利用农村革命作为城市市民阶层的同盟，更没有引起农村的大规模变动。革命者忽视在农民中扩大自己的影响，高举反清旗帜的是以留日学生为主体的革命知识分子，依靠的是会党和新军，缺乏广大的群众基础，尤其缺乏充分的农村动员。这不仅让人想起了毛泽东的话："一切革命同志须知：国民革命需要一个大的农村变动。辛亥革命没有这个变动，所以失败了。"②这的确是中肯之论。尽管我们不该过于苛求前人，但反思历史的经验教训，挖掘深层的历史原因还是必要的。

表面看来，武昌起义缺乏农村革命支持的原因是资产阶级革命者对动员下层群众尤其是乡村农民的忽视。但若认真考察，其实还有更深层次的经济原因和社会原因。

从前文可以看出，英、法等国家城市与乡村同样存在着矛盾，有时候这种矛盾还很尖锐，但资产阶级革命者最后还是能建立起城乡同盟，这不仅取决于革命者自身的素质，更是因为这些国家的城市资本主义发展原本是建立在农村的充分发展之上的。在城市革命之前，资本主义在农村已经有一个长期的发展了。侯建新认为："英国中世纪晚期至近代早期，农业劳动生产率呈明显的上升趋势。

---

① 〔法〕布罗代尔著，顾良译，施康强校：《15至18世纪的物质文明、经济和资本主义》第2卷，生活·读书·新知三联书店1993年版，第554页。

② 毛泽东：《湖南农民运动考察报告》，《毛泽东选集》第1卷，人民出版社2008年版，第16页。

16世纪后,英国人口成倍增长,然而人均产量增长得更快,这被西方经济学家称为现代意义的经济增长。这是英国历史上,也是人类历史上,一个国家第一次能够持续向不断增加的人口提供不断攀升的生活水准,从而超越了'马尔萨斯危机',取得工业社会的首张入场券……第一个工业化国家的出现,不是以农业的萎缩为代价,也不是靠'挤压'、甚至牺牲农民的利益,恰好相反,在资本主义将农民作为一个阶级吞噬掉之前,它是以个体农民物质力量和精神力量的普遍发展为其发展的基石。"[①]也就是说,农业资本主义生产方式的出现是西欧农村上百年乃至几个世纪发展的结果,在出现那种掠夺农民生产资料的原始积累之前,西欧农村经济与社会已取得了很大发展。农业的增长,改善了农村的产业结构,促发了乡村工业,特别是毛纺织业的成长,形成了一批新兴工业区和乡村工业企业家。正是农村劳动生产率的提高,造成了工商业城市的复兴。农业的发展孕育了工业世界,农村的复兴带来了城市的繁荣。因此,西欧城市与乡村原本就有着天然的密不可分的联系,在城市革命中,市民阶级也较容易与乡村农民结成可靠的同盟。

反观中国近代城市的发展,则走了一条不同于西欧的道路。近代开埠通商以后,传统社会城乡合一状态开始打破,其城市现代化道路与乡村发展开始脱节,城乡对立初现端倪。尽管明清之际,中国江南农村已出现资本主义萌芽,一批手工业专业市镇崛起。但鸦片战争之后,这一正常进程中断,中国的一些城市早期现代化多由开埠通商外力所推引,不仅不是建立在农村资本主义充分发展基础之上,反而以广大农村经济破产、牺牲农村和农民为巨大代价。资本主义工商业主要集中于东南沿海及长江中下游沿江一些城市,广大的内地和乡村,受资本主义生产方式影响极其微弱,仍然是以小农经济为主体的社会。"近代贫困、动荡的农村已成为中国发展的中心问题,在危机重重的近代,中国现代化的领导者们急于使中国早日摆脱半殖民地半封建社会的困境,把现代化的希望放在沿海和广大城市,以期见效快,自然忽略了广大农村和腹地。然而这时的农村,各种危机已达到极限,人和地的关系、农业产量和人口压力的关系、土地的占有和使用关系都无法再维持原来的格局。加上战争和灾荒时时雪上加霜,大量无地

① 侯建新:《社会转型时期的西欧与中国》,济南出版社2001年版,第11页。

的农民挣扎在死亡线上，而发展有限的城市又把他们排斥在外。”①清末民初的中国，出现人口向城市集中的趋势，这并不完全是城市工商业发展的结果，而是由于农村经济破产，大批农民被从土地上挤出来，涌向城市。而在农民涌向城市之时，又带来城市劳动力过剩问题，工人工资下降，劳动者生活更加贫困，购买力下降，结果严重影响了城市工业化进程，加剧了城市资产阶级、工人阶级与农民阶级的冲突。

面对初现端倪的城乡冲突，清政府不仅没有采取有力措施加快农村现代化建设，通过发展农村经济缩小城乡差距、缓解日益尖锐的城乡矛盾，反而在所谓“改革”过程中将大批“新政”费用强行摊派给下层人民。以湖北为例，1909年湖广总督陈夔龙奏称：“近以朝廷力图自强，出款繁多，几骤过从前数倍。”②据《湖北通志》卷五十《经政》八“榷税”部分记载：1901年后，新增捐税有米谷捐、储备捐、洋油捐、火车捐、盐斤加价等。湖北拟就的1912年预算里，从前占政府财政收入75%~80%的田赋收入，当时只占1/4，其余的3/4来自盐税、杂捐和表列为“临时收入”的与新政措施有关的“捐献”。③ 官吏与士绅借机对民众巧取豪夺，引发大量抗粮、抗捐、抗税等自发性群众反抗。清政府为增加财政收入，大量铸造铜币，导致通货膨胀、物价飞涨。“1908年，驻宜昌的英国领事发现，在前十年之内，用铜币购买芝麻油、皮棉、小麦、大麦、酒类、食盐和猪肉，其价格上涨几乎接近了百分之百。”④“从汉口来的一份报告显示，依据铜币——穷人的常用货币——计算，米价的通货膨胀实质上大于其它交换手段。”⑤通货膨胀引起的骚乱遍及整个湖北。同时，新学堂创办的费用一面加重了农民的负担，而其教授的新知识又严重脱离了农村的实际，没有给广大农民带来实际利益，这就加剧了农民对城市改革的不满。1910年长沙抢米风潮中出现了焚烧新学堂的行为，就表明乡村农民和城市资产阶级、知识精英之间存在着利益上的冲突。

---

① 何一民主编《近代中国城市发展与社会变迁（1840—1949年）》，科学出版社2004年版，第435页。

② 《湖北通志》卷五十三《经政》十一“新政”“财政”，湖北省长公署1921年刻本，第36页。

③ 〔美〕周锡瑞著，杨慎之译：《改良与革命——辛亥革命在两湖》，中华书局1982年版，第138页。

④ H·A.立特（宜昌），1908年7月25日，附录D，F.O.228/1693。转引自〔美〕周锡瑞著，杨慎之译：《改良与革命——辛亥革命在两湖》，中华书局1982年版，第140页。

⑤ 特纳（汉口），1910年8月6日，F.O.228/1761。转引自〔美〕周锡瑞著，杨慎之译《改良与革命——辛亥革命在两湖》，中华书局1982年版，第140页。

我们再来看一看武汉的城市发展与周边农村的关系。汉口的发展尽管对周边武昌、黄陂、汉阳、孝感等地区有着辐射作用,带动了当地的发展,使得长江、汉水沿线出现了一批新型市镇。但总体而言,其对江汉地区的辐射和影响是十分有限的,近代汉口仍然是自然经济和农业文明汪洋大海里的一叶孤舟。城市现代化运动与农村的衰败形成鲜明的两极。首先是武汉周边农村商品化程度较低。据农商部 1919 年调查,全省自耕农为 1561137 户,占总户数 3670781 的 42.5%,半自耕农 770337 户,占总户数的 21%,佃农为 1339307 户,占总户数的 36.5%。据 1914 年国民政府农村部中央农业实验所对湖北省 28 个县地租形式综合调查,实物地租占 79.8%,货币地租只占 20.2%,劳役地租成为实物地租的附属不单独存在。[①] 其次是晚清农村衰败极其严重。与清中叶相比,晚清湖北水稻产量是下降的,平均而计,清中叶,双季稻亩产三石多,合今制在 400 市斤以上。[②]而到了清末,据日本外务省《清国事情》(上册)记载,1907 年以前,湖北农作物平均亩产量是稻米 1.2 石(折稻谷 2.4 石,合今制每亩 326 市斤,清 1 石合今 136 市斤)。[③] 与清中叶相比,下降幅度约为 20%。

湖北频繁的天灾更使得农民生活极其悲惨。1877 年,黄陂、孝感大旱,"田中旱禾,一望而为黄草漫天……几乎颗粒无存",黄陂县西北各乡"老幼男女,相继而逃荒者几千人,村落一空"。[④] 1882 年,潜江林家埠溃口,"全邑被淹……乡民俱枵腹耕耘,而秋禾复遭水患,以致草菱榆屑,聊以充饥。甚有将子女远鬻他乡者,男孩不过千余文",所到之处"饿殍载途,疮痍满目,啼饥诉哭,比户皆然"。[⑤] 1895 年,宜昌、施南两府所属十三州县,及郧阳属竹溪、保康、房县,"春夏干旱,秋间霪雨数十日,米谷包谷番薯洋芋全都坏烂……数月来,多食草根树皮及观音土,食者辄病"[⑥]。1897 年,"天门、汉川,被水灾民数十万,不惟无粮可食,无田可耕,抑且无地无屋可栖止"[⑦]。进入 20 世纪后,沉重的政府税赋负担和外国资本主义的经济侵略,严重破坏了农村生产力,导致水利建设败坏。20 世纪最初十年,天灾连年不断,1911 年,沙洋堤决,潜江、钟祥、监利等县均被水淹,"所有受灾

① 湖北省地方志编纂委员会编《湖北省志·农业(上)》,湖北人民出版社 1994 年版,第 22~23 页。

② 吴慧:《中国历代粮食亩产研究》,农业出版社 1985 年版,第 207~208 页。

③ 湖北省地方志编纂委员会编《湖北省志·农业(上)》,湖北人民出版社 1994 年版,第16 页。

④⑤⑥⑦ 李文治:《中国近代农业史资料》第 1 辑,三联书店 1957 年版,第 730、731 页。

之区，一片汪洋，数里不见烟火。灾民有生食野兽之肉者，有握泥裹腹致毙者，有挖掘树皮草根以济急者，令人不忍目睹”①。

生产方式落后、经济困窘、自然灾害，再加城市新政增加的负担，使灾民大批流入城市，所去之处，以汉口为多。“汉口地方乃聚至二十余万人。”②汉口城市人口的增加，并非城市发展本身的拉力所致，更不是由于农村经济的发展导致劳动力过剩，而是由于农村经济的衰败所造成。黄陂、孝感一带破产农民和手工业者、小商小贩，成为汉口移民的主要来源，这些灾民涌向武汉，引发了严重的城市社会问题，“某种程度上，从腹地移向汉口的人都是被迫离开家乡的。除了日渐增长的人口压力外，频繁的洪水（汉水流域）和饥荒（干旱的河南平原），以及太平天国运动后大量的政府军队被遣散，都促进了19世纪后期的城市化……1884年《汉阳县识》的作者感叹道：‘溯道光初年，汉市殷盛，惰民流丐于此者滋多。’更为不稳定的是妓女、赌徒和小罪犯，其人数在1870年后成倍增长。这些失去社会地位的人的增加对汉口后来的历史产生巨大的影响，他们使得案件增加，社会日益动荡不安”③。当时武汉的工业发展程度尚不足以解决如此多的移民生计问题，城市容纳能力有限，形成了大量的城市失业者和游民，加之飞腾的物价和下降的工资，使广大平民阶层感到城市化运动仅仅使城市商人、士绅获得了利益，而广大城市平民的利益却受到了侵犯。不仅农民对城市产生了对立情绪，城市市民阶层内部的矛盾也因城市化发展而渐趋激烈。1905年，汉口铜货帮三千多工人为反对资本家克扣工资而罢工；1907年，汉口铜币局工人为反对降低工资定额而罢工；1909年，地产商刘歆生为升高一片土地地基欲赶走棚户，遭到袭击；同年同月，九千砖茶厂工人罢工；1910年4月，三千名工人袭击俄国砖茶厂，武昌棉纺厂工人为抗议资本家虐待工人而罢工。这一系列运动都体现着城市工人与资本家之间的矛盾。它们深刻表明，在辛亥革命爆发以前，城市与乡村，中国的资产阶级、士绅阶级和下层的工农群众已经存在着巨大对立，因此，尽管他们都有了革命的要求，将矛头一齐指向了清政府，但始终难以结成广泛而坚固的同盟。尤其是革命政权建立后，双方的矛盾就表现得更加明显。1912年3月19

①② 李文治：《中国近代农业史资料》第1辑，三联书店1957年版，第731、723页。

③ 〔美〕罗威廉著，江溶、鲁西奇译：《汉口：一个中国城市的商业和社会（1796—1889）》，中国人民大学出版社2016年版，第246~247页。

日，巡警厅严厉限制集会结社，命警察署“日夜梭巡，如有此等情弊，定即严行禁止，以保秩序，而维治安”①。革命初步胜利后，城市上层阶级为了自身利益，对向农民做出过的承诺也开始反悔，《时报》曾直言不讳：“武昌起义时，都督本有铲除满清一切陋税之布告。乃现在武昌、夏口、大冶、黄冈、汉阳、黄陂、广济、圻春、黄梅、蒲圻、圻水、荆门、兴国等十三县先后呈请财政司酌减。该司因本省财政支绌，对于黄冈等县求免陋税则否认；对于武昌等县求折银价则驳斥，且有实证实解之命令。是不啻变陋规为正税，于满清薄税之名亦不保存，殊属非是。”②农民的沉重负担并未在清政府倒台后得到减轻，城乡对立愈加凸显。

辛亥革命后，湖北农村并没有出现预想中的现代性“变动”。民国时期，湖北省城市人口占全省总人口比重只有8.8%，低于全国10%的平均水平。③ 农业生产仍以手工操作为主，耕作靠犁、耙、锄、锹，多数农户农具数量不足。据金陵大学农经系1935年在孝感县对58家农户的调查，58家农户家庭人口平均为6.3人，劳动力2.2人，耕地27.8亩，拥有农具平均价值为78元。农户拥有的农具中价值最高的为牛车，购置了这种农具的农户仅占总农户的18.4%。《中国近代农业史资料》（第2辑）记载：应城县清水湖村，无耕畜的农户，1923年为8%，1928年增至35%，1933年则大半农户无耕畜。④ 农业种植结构方面，据1934年《中国农业概况》，各类农作物种植面积比例为粮食占74%，油料（大豆、花生）占7%，棉花占10%，⑤经济作物种植面积明显偏低。落后的农业生产方式、不发达的商品经济、沉重的地租剥削以及频繁的水旱，湖北农村之衰败，在全国也属罕见。民国中央农业实验所潘鸿声教授在1934年调查湖北农村时描述：“乡村穷困之状，当较其他各省地尤为甚……惟近年受天灾人祸之影响，生活更趋穷困，吃白米饭者，百中难有数家，大半皆食粟米、高粱、红薯，此外也有吃芝麻叶和红薯叶者……此犹上中人家，其赤贫者，均以麦皮菜根充饥，其有终年无油盐可食者。”⑥

在传统乡村文明和小农经济的汪洋大海里，汉口这座“东方芝加哥”，仿佛一

---

① 《巡警厅限制集会结社文》，《民立报》1912年3月19日。

② 《湖北征收钱漕之变本加厉》，《时报》1913年5月23日，第4页。

③ 据胡焕庸、张善余《中国人口地理》（下册）有关统计数据整理。转引自何一民《从农业时代到工业时代：中国城市发展研究》，巴蜀书社2009年版，第217页。

④⑤ 湖北省地方志编纂委员会编《湖北省志·农业（上）》，湖北人民出版社1994年版，第19~20、28页。

⑥ 潘鸿声：《湘鄂赣三省工地利用及人口调查》，《农报》1934年第1卷第20期，第500页。

座孤岛,茕茕而立。城市现代发展的城乡生态链严重断裂,缺乏可持续繁荣发展的天然支撑。江汉地区这种基于自给自足性小农经济形成的谋生型文化滋生出功利主义的小农意识和政治情结,也深深浸润到武汉城市文化的基因中,严重影响到辛亥革命领导人的视界、胆识和气魄。大汉口传统的市民文化形成了武汉人首创精神与争先性格,敢于造反的勇气和善于造反的精明,而江汉文化中的急功近利的价值观则导致首义英雄们壮勇有余而谋略不足,有献身革命的豪情却缺乏指点江山的胆魄等,有的甚至蜕化变质,走上传统政治的老路。

让我们把问题还是回到城市和城市革命本身:作为一场城市革命的主体,城市市民为了城市以及市民自身的自由发展,他们希望通过革命达到怎样的目的?也就是说在革命中和革命后提出了怎样的诉求?

三、城市诉求

武汉市民城市共同体意识的觉醒,既是武昌起义之因,又是武昌起义之果。也就是说,城市市民革命的目的、动机、诉求就是通过民主革命,清除城市现代发展的制度与观念障碍,推动城市经济与社会的现代化。这种城市诉求首先体现在对资产阶级民主革命纲领的理解上。

众所周知,同盟会的十六字纲领——“驱除鞑虏,恢复中华,创立民国,平均地权”凝聚着孙中山先生的民主革命思想和三民主义精神。但是,“平均地权”口号在当时并未得到广大革命者的认同,早在同盟会成立大会上,就有人对于“平均地权”四字不赞成,“在座会员有数人对于‘平均地权’有疑义要求取消”,经孙中山“剀切解释,至一小时之久,众始无言”。[①] 孙中山的亲信对这一口号也颇多不解。胡汉民称:“‘革命本素志,民族主义、民权主义俱丝毫无疑义矣;惟平均地权、民生主义,犹有未达之点。’盖是时法政学校所讲授之经济学,实为资本主义学说,即所得参考书,亦不过至社会改良而止。”[②]何香凝对此事也有回忆:

① 冯自由:《二民主义与三民主义》,《革命逸史》第2集,中华书局1981年版,第132页。
② 胡汉民:《胡汉民回忆录》,东方出版社2013年版,第13页。

胡汉民为了“平均地权”四个字与孙中山先生辩驳了差不多一个通宵。胡汉民认为不宜于在那个时候提出“平均地权”的口号,孙先生向他解释说:“你参加反清朝帝制,这很好,但解决民生问题,也是我们革命目的之一,而要解决民生问题,首先就要平均地权、节制资本。”我记得那天夜里我在床上醒了又睡,睡了又醒,还听见他们在隔壁房间争论不休,一直辩论到深夜三时以后,胡汉民才勉强加盟。①

孙中山先生基于对欧美诸国资本主义生产方式导致阶级压迫之弊端的深切体察,希望以“平均地权”为主要手段消除社会的不平等,防止贫富分化在中国出现。但这个主义是针对私有制和资本主义的,孙中山先生后来甚至说:“一旦资本主义渐次成长,则其所予吾人之压迫,必将更甚于吾人所推翻之专制政体。”②明显和当时正在上升中的城市资产阶级的利益产生了冲突。资产阶级需要的是经济上的自由、获取财富的自由、允许他们对工农大众进行剥削的自由。梁启超就认为:“夫惟有大资本然后能为大企业,亦惟有大企业斯能生大资本。”③这种愿望又被抽象化为“人权”的口号,令资产阶级得以凭借成为全民代表,清政府在他们的心目中成为阻止他们实现这种“人权”的最大障碍。因此,必须清除这个障碍,才能获得符合他们利益的“自由”。孙中山先生本人或许并非一资产阶级革命家,实为一为全体大众谋幸福解放的平民革命家,然而他要代表他所身处的组织,要受制于他所处的社会关系。“平均地权”被革命者怀疑、漠视,而“人权”口号受到重视。正因为此,共进会在其誓词中将“平均地权”改为“平均人权”,鲜明地表达了自己的资产阶级性质。

“平均人权”的口号与“民权主义”精神一致,都是革命者从英、美等国资产阶级前辈思想家、政治家的著作如《论法的精神》《社会契约论》里学来的资产阶级共和国的政治方案,以此作为与专制主义战斗的精神武器。“所谓人权无非是

---

① 何香凝:《我的回忆》,中国人民政治协商会议全国委员会文史资料研究委员会编《回忆辛亥革命》,文史资料出版社 1981 年版,第 16 页。

② 孙中山:《中国的下一步》,中国社会科学院近代史研究所中华民国史研究室等合编《孙中山全集》第 2 卷,中华书局 1981 年版,第 328 页。

③ 饮冰:《再驳某报之土地国有论》,《新民丛报》1906 年第 91 号,“论著”,第 57 页。

市民社会的成员的权利，即脱离了人的本质和共同体的利己主义的人的权利。"[①]这种"市民社会的成员的权利"对于中国近代早期市民阶级来说，包含着两个方面的内容。

首先，"平均人权"就是要提高工商业者地位，为商人提供主导经济和参与政治的权利。商人在中国传统社会为士民之末。士农工商，商人最"贱"。随着近代工商业发展和社会转型，商人要求提高自己的地位。"诚以商务一道在中国古代误置之于士农工商之末，乃不知现在列强均借此以应优胜劣败之雄谟。譬如在座诸君，官界、军界、学界，以及农工等均有人，然使无商界财政，则诸君之运动必不亨通。"[②]要求提高商人政治地位的声音也不绝于耳："外国之富商大贾，皆为议员，执政权，而中国则贬之曰末务，贱之曰市井，不得与士大夫为伍。然一旦偿兵费赔教案，甚至供玩好养国蠹者，皆莫不取资于商人……然则中国之商人，不过一供给财用之奴隶而已，国民乎何有！"[③]这里明确提出了解决商人的"国民"待遇问题，商人不仅要与士大夫平起平坐，而且还要参与政治，成为国家的主人。

其次，"平均人权"就是主张私有财产神圣不可侵犯，保护公民对财产的所有权，大力发展资本主义。湖北军政府颁布的《中华民国鄂州临时约法》顺应民意，宣布人民一律平等，享有言论、集会、结社、信教、居住、财产、营业等权利，第一次把"人民"的民主权利提到了应有高度。后来湖北军政府就保护私有财产问题又颁布了更细致的法令："凡在民国势力范围以内之人民，所有一切私产仍归于民享有……前伪清政府官吏所得之私产，现无确实反对民国之证据，已在民国保护之下者，仍归该私人享有。"[④]对保护实业尤其重视，1911 年 11 月 30 日，内务部就下达了保护实业的法令；军政府还采取措施稳定金融，安定物价，设中华银行，规定原有官票照旧兑用，"自克服武昌，即派兵将官钱局所有产业资本竭力维持，丝

① 〔德〕马克斯：《论犹太人问题》，中共中央马克思恩格斯列宁斯大林著作编译局编译：《马克思恩格斯全集》第 1 卷，人民出版社 1956 年版，第 439 页。

② 《武昌湖南会馆特别大会议改汉口湖南会馆为商学会之演说》，《江汉日报》光绪三十四年五月十九日，武汉大学历史系中国近代史教研室编《辛亥革命在湖北史料选辑》，湖北人民出版社 1981 年版，第 304 页。

③ 孙中山：《说国民》，《国民报》1901 年第一卷第 2 期，"社说"，第 6~7 页。

④ 《内务部为奉谕保护人民财产给各属的札饬》（1912 年 1 月 30 日），辛亥革命武昌起义纪念馆等合编《湖北军政府文献资料汇编》，武汉大学出版社 1986 年版，第 690 页。

毫无损”[①]。“先前在湖北市面流通的货币,除银两、银元、铜元、制钱以外,尚有湖北官钱局发行的银票、银元票、制钱票三种。军政府通告,这些银、钱票一律按面值流通,并设军界兑换所,商界兑换处,限一人日兑制钱票一串、银元票一元。”[②]

南京临时政府成立之后颁布的《中华民国临时约法》,第一章“总纲”规定:“中华民国由中华人民组织之;中华民国主权属于国民全体。”这就从根本上否定了两千年来的君主专制制度,确认了“主权在民”的政治原则。第二章还规定:“中华民国人民一律平等,无种族、阶级、宗教的区别;人民享有人身、居住、财产、言论、出版、集会、结社、通信、信仰等自由;人民有请愿、诉讼、考试、选举和被选举等权利;人民有纳税、服兵役等义务。”这表明,城市革命者从国家法律的层面实现了对自己“人权”的肯定与保护。

汉口市民素有城市自治的传统,他们参与市政建设,主导城市消防、治安、卫生、道路、慈善等公共事务,其保安会俨然城市基层政权组织。但是,这种自治组织和自治活动毕竟还是民间性、自发性的。随着市民阶级力量的日益强大、城市共同体意识的日益觉醒,武汉市民要求参与甚至主导城市政治经济活动亦即城市自治的愿望日益强烈。辛亥革命前夕,由于清朝推行“新政”,宣布在全国推行地方自治,汉口商民积极响应,城市自治运动十分火热,先后成立了自治公所及城议事会、城董事会。“从汉口自治公所及城议事会、城董事会的活动情形看,他们至少已初步采用了民主议事程序,具备调查事实以了解社会现状的科学精神。”[③]

城市自治,首先是希望城市独立,变城乡合治为市政独立,使城市成为独立的政治实体,成为相对于乡村、相对于国家和地方政府的所谓自治单位,即“城市共同体”,表达了市民社会要求与国家和政府分享政治权利的诉求。《汉声》声称:“地方不自治,则商民诸法必不能直接而周知,其惯习但以少数人之意见擅定之,则与旧时之法律无异也。而欲吾国人之有同德同心,不可不设立议院,而地方不自治,则代议之士必无定见……而其他之关于兵政、关于财政、关于教育、关

---

① 《内务部关于官票照旧兑用的布告》(1911 年 11 月 13 日),辛亥革命武昌起义纪念馆等合编《湖北军政府文献资料汇编》,武汉大学出版社 1986 年版,第 658 页。

② 章开沅、林增平主编《辛亥革命史》(下册),人民出版社 1981 年版,第 67 页。

③ 苏云峰:《中国现代化的区域研究:湖北省,1860—1916》,台湾“中央研究院”近代史研究所,1987 年修订版,第 284 页。

于路矿,诸问题何一不当自地方始耶?”[①]湖北地方自治研究会在其创办杂志上宣称:“国会者,地方所从出;无地方,则无所谓国会。是国会为立宪之母,而地方自治又为国会之母。”[②]以为先有地方自治才有立宪民主国的自治思想,表明商人阶层的国家本位意识正在逐步为地方本位意识、城市本位意识取代。并且还出现了多次请开国会的请愿,如 1910 年 11 月 12 日,武汉同志会、武昌商会等团体前往湖北督辕请速开国会,声势浩大,“观者咸谓督辕中自张文襄七十寿辰后,未有如此之热闹也”[③]。

辛亥革命后,随着商人地位的提高,武汉市民城市诉求在两难境地中艰难地表达。一方面他们要求政府将前清业已启动的市制改革继续,建立起现代市制,实现市政独立,但这意味着城市将置于国家的行政序列,势必改变汉口这个非行政中心的商业城市长期官治弱化的现状,对市民自治或将产生不利影响;另一方面,辛亥首义为武汉商界积累了参与城市管理事务的政治资本。汉口地皮大王刘歆生曾对鄂军都督黎元洪说:“都督创造了民国,我则创造了汉口。”以汉口各团联合会、各保安会为代表的基层自治性社团组织,在民国建立后很快恢复、重建、重组。汉口商会也很快恢复活动,他们与官方分享城市治理的权力,如汉口各团联合会与汉口警方就日常市政管理就有明确分工,并在市政建设中与官方展开利益博弈。商界要求城市自治,往往因为资产阶级私心作祟而无视城市发展大局,给城市现代化带来负面效应。我们在本文第四部分中将要专门谈论的业主会与官方就修筑马路展开的斗争就是这方面典型例证。这种两难表达的最终结局是国家政权的日益强大、市民自治力量日益削弱,亦即汉口市政由前清民间主导演变为辛亥前后官方与民间互动直至民国中期政府完全主导而宣告市民自治理想破灭,与此相伴随的是市民对通过革命亲手建立起来的新政权希望的一并幻灭。

武汉市民阶层城市诉求的第三个内容是辛亥革命后形成了加快促进工业化、城市化和城市现代化的共识。孙中山先生对于中国的工业化、城市化信心百

---

① 《论中国合群当自地方自治始》,《汉声》1903 年第 7、8 合期,第 7 页。

② 《湖北地方自治研究会宣言书》,《湖北地方自治研究会杂志》1909 年第 1 期,第 127 页。

③ 《武汉各团体往督辕请速开国会》,武汉大学历史系中国近代史教研室编《辛亥革命在湖北史料选辑》,湖北人民出版社 1981 年版,第 380 页。

倍、乐观其成，指出中国处在大规模的工业发展前夜，再过五十年，中国将会出现很多像上海一样的工业城市和国际化大都市，其《建国方略·实业计划》对中国工业化、城市化提出了许多具体的设想。在孙中山号召的鼓舞下，海内工商界群情振奋，“实业救国”，蔚为风气。“窃维二十世纪之世界，各竞争于工商立国之潮流，先进者行之已见富强之效果。中国守农立国故步，逐至贪弱难支。今幸障碍铲除，民国成立，此有志时局者投决奋起之秋……谋商业发达先在劝工，而欲工业振兴必先组织工厂，则工厂为企业先导，亦维持社会之首要，而发扬国步之壮图也。”[①]在民初工业化、城市化热潮中，“首义之城”的武汉是孙中山先生重点关注的城市之一。他要求把“首义之城”建成“模范之市”。《建国方略》中为武汉未来城市现代化描绘了一幅美好蓝图。“武汉者，指武昌、汉阳、汉口三市而言，此点实吾人沟通大洋计划之顶水点，中国本部铁路之中心，而中国最重要之商业中心也……”他认为三镇人口过百万，“汉阳已有中国最大之铁厂，而汉口亦有多数新式工业，武昌则有大纱厂”，“汉口更为中国中部、西部之贸易中心，又为中国茶之大市场。湖北、湖南、四川、贵州四省，及河南陕西、甘肃之各一部均恃汉口以为与世界交通唯一之港。至于中国铁路既经开发之日，则武汉将更形重要，确为世界最大都市中之一矣。所以为武汉将来立计划，必须定一规模，略如纽约、伦敦之大”。孙中山先生对武汉城市现代化的总体构想具有科学性和前瞻性，对武汉航运、商贸、市区扩展、架设长江和汉江桥梁、开凿隧道、填高江滩等都有卓越见解，后来，武汉的城市规划基本以孙中山《建国方略·实业计划》为圭臬，并在今天陆续转化为现实。

孙中山先生对武汉的热烈期许，极大地鼓舞武汉社会各界发展民族工业、建设现代化武汉的热情，一份份描绘武汉未来发展蓝图的城市规划次第出台。1912 年，战火甫熄，汉口建筑筹办处制订了《建筑汉口全镇街道图》；次年由英国工程师葛雷武制订的渗透西方现代市政理念的重建汉口规划《建筑汉口商场计划书》出台；1914 年，归国留学生汤震龙制订出《建筑汉口商场计划书》，在这些规划中，较有影响的是由孙武主持制订的《汉口市政建筑计划书》。

1923 年，辛亥首义将军、湖北省汉口地亩清查专局督办孙武主持编制的《汉口市政建筑计划书》出版。孙氏曾赴东洋、西洋考察，目睹伦敦、柏林、纽约、东京

---

① 《南京爱国工厂宣言书暨简章》，1921 年 6 月，中国第二历史档案馆藏档案。

等名城的风采,吸收西方先进的城市规划理论,结合武汉实际,提出了“拓商耕农、交通为首、水路并举、法政兼施、中西融合、广筹资金、民众参与、重视管理”的城市建设和管理的思想,设计了汉口总体发展规划与分期施工方案。其中包括确定汉口城建基本性质和发展方向,预测城市发展规模;对汉口发展用地进行功能分区和比较选择;规划市内道路系统和火车站、长江大桥、汉水桥、港口码头、防汛、排水、公园和绿化、治安防护、农业用地等。将欧美最新的市政改革成果如功能分区制(一般分街市为五区,即行政区域、商业区域、工业区域、住宅区域、混合区域)和20世纪初期才盛倡的田园都市运动直接引入了规划,代表民初汉口市政规划最高水平。

孙中山、孙武等人关于武汉城市规划的设想,对于民国中期武汉、汉口的城市规划和建设产生了直接影响。20世纪20年代末至30年代中期,武汉市政府与汉口市政当局曾经有过三次市政规划,即1929年《武汉特别市工务计划大纲》。1930年《汉口市分区计划图》,1936年《汉口市都市计划书》,这些规划按照现代方式规划城市空间,具有鲜明的现代城市建设理念,既具有整体和系统性,统筹规划城市的功能以及空间格局,又兼顾各个具体的建设项目,使之适应城市现代化发展要求;既注意保持汉口城市个性特色,如码头和传统商业街区的维护和兴建,又提出按照现代化标准改造传统街区和布置城市空间,其中尤注意城市公共空间和公园、绿地的建设,表现出城市规划者现代城市建设理念和较高人文素养。

武汉的几次都市规划,为城市建设发展拟订了宏大的建设蓝图,推动了民国时期城市基础设施建设走入现代化和科学化的轨道,其中的部分计划不仅指导了当时城市建设与发展,也为新中国成立后很长一段时间的城市规划和建设提供了可资借鉴的依据。

四、城市发展

“雄镇曾闻夏口名,河山百战未全更。”武汉历来为兵家必争之地,战事频仍,屡建屡毁,屡毁屡建,“汉口通江水势斜,兵尘过后转繁华”,就是这种城市周期性毁兴、乱治的形象写照。武昌起义,带给武汉的首先便是战火与动荡,造成街市焚毁和工商业的重创。

辛亥武昌起义战事旷日持久,汉口保卫战尤其艰苦惨烈。冯国璋为粉碎市民的抵抗,竟纵火焚烧了汉口市区。据《申报》1911 年 11 月 10 日报道,冯氏"谓恐汉口街巷藏有革命党人而巷战,非将房屋焚尽不可,于是纵火焚烧三日三夜不息"。"冯国璋于初九日忽令官军在汉口分三路纵火焚烧市镇,一由水电公司后街,一由四官殿,一由玉带门,烧至三日,火尚未熄,情状甚形凄惨。"[①]在纵火焚烧的同时,清军"任意抢劫,沿街惨杀人民无辜,三岁小孩多被杀尽。汉口有十二龄幼女、滠口有五十余岁老妇,均被北兵轮奸而死,其凶虐已可想见"。曾有人回忆当时情形:"冯纵令部队放火,大烧街市,肆行抢劫,并不准保安会救火,有救者当被枪杀。火延烧三日三夜不熄,天为之变赤,上自硚口,下至蔡家巷,汉口繁盛区域俱成一片焦土,被害者不下数十万家,损失财产无法统计,市民男、女、老、幼,伤的伤、死的死,为数更难以估计了。"[②]1911 年 12 月 25 日,《申报》以《汉口大遭兵火之调查》刊登该报第二特派员对汉口街市被焚情况的详细调查,证明上述回忆所言不虚。由于冯国璋的纵火,汉口五分之一的街市化为焦土,十余万人无家可归。革命后,湖北社会长期陷入萧条动荡,湖北军政府在革命后陷入内讧,无力从事恢复社会经济、举办城市建设的具体工作,使得城市一片混乱、衰微。"市面萧条,人口锐减,1912 年春,汉水河口聚集之船,不及往年的 1/10。"[③]

战争期间,汉口中外商人纷纷将资金向外埠转移,造成资金外流。《时报》报道:"战事平息以来,汉口商业蹶而不能复振,资本家皆不敢卷土重来。"[④]全省财政"全年亏数应有二千七百数十万元",另欠洋债"综计二百三四十万……曾通告洋商以六个月为清理期间,转瞬届满,即应付款,而款尚无着,危险万状"。[⑤] 武汉金融一向操于外国银行之手,起义之后,各钱庄、行商悬欠外国银行四百余万元,"故各银行紧握基金,不再放松,以致市间现银缺乏,即铜元亦不多见"[⑥]。金融业

① 《北军焚杀汉民之惨剧》,《申报》1911 年 11 月 10 日,第 1 张第 4 版。

② 辜仁发:《辛亥革命阳夏战争述略》,中国人民政治协商会议湖北省委员会编《辛亥首义回忆录》第 1 辑,湖北人民出版社 1979 年版,第 191 页。

③ 皮明庥:《简明武汉史》,武汉出版社 2005 年版,第 215 页。

④ 《言之可痛》,《时报》1912 年 5 月 24 日,第 4 页。

⑤ 《鄂省财政谈片》,《时报》1912 年 11 月 25 日,第 4 页。

⑥ 《阳历元旦武汉社会之观察》,《时报》1913 年 1 月 10 日,第 3 页。

衰败,也导致了工商业凋敝,“比来百业停滞,商务衰败”[①]。“湖北实业之败坏,自起义以后已达极点。”[②]大批企业破产倒闭,“贫民大工厂则资本耗尽倒闭矣;白沙洲造纸厂则既亏折停办矣;红砖各厂则强夺商业为官业,而位置私人矣;模范大工厂则只有月出而无月入,其款半干没矣……而言如龙角山矿山则已耗折四千二百余串矣,马鞍山煤矿则已亏折四千余串矣,炭山湾煤矿则已亏折六万余串矣,韩家山铜矿则已亏折五六万余元矣”[③]。只有振兴实业,才能使贫民、灾民、失业、犯罪等城市问题从根本上得到解决。要振兴实业,需要一个有魄力且有责任感的高效、廉洁政府来主导经济建设。但遗憾的是,武昌起义未能造就这样一个城市政权。湖北军政府一些官吏碌碌无为、尸位素餐,政界之腐败污秽,在某种程度上更甚于晚清。当时的报刊文字对此多有揭露:“汉口警视厅厅长可以无罪而杀人;武昌财政司长可以奸占有夫之妻而无事;各属抢劫巨案,日丛于报纸之书;各知事滥刑无辜,时闻于小民之口。官方罔饬,民气日疲,火热水深,殊堪浩叹。至于各部人员之拥挤,各人办事之颟顸,往往倒行逆施,发见不可思议之怪状。”[④]湖北军政府根本无力也无心主持城市的恢复、重建工作。

但是,由于辛亥革命推翻了几千年的专制制度,中国开始由官治社会向民治社会,特别是传统农业社会向现代工业社会、乡村社会向城市社会的全面转型。辛亥革命建立了现代资产阶级民主共和体制,从制度上为工业化、城市化、城市现代化扫清了障碍,武汉的城市现代化发展面临巨大的历史机遇。

辛亥革命后,无论是湖北军政府、南京临时政府,还是北京政府,都解除了清政府关于发展工商业的禁令,出台一系列政策,鼓励工商业发展。湖北军政府刚成立不久,屡次下令保护实业、维持商业秩序:“照得前清劝业道所管省城内外各种实业、房宇、田产、器具极为重大,若不加意保存,即无以谋将来实业之发达,而筹民生主义之进行也。”[⑤]“本军政府极力维持人民治安,保证商民利益,断不有惊

① 《阳历元旦武汉社会之观察》,《时报》1913 年 1 月 10 日,第 3 页。

②③ 《鄂省实业前途大危机》,《时报》1913 年 6 月 8 日,第 5 页。

④ 《民立报》1912 年 10 月 16 日。转引自辛亥革命武昌起义纪念馆等合编《湖北军政府文献资料汇编》,武汉大学出版社 1986 年版,第 610 页。

⑤ 《内务部关于保存实业的告示》(1911 年 11 月 30 日),辛亥革命武昌起义纪念馆等合编《湖北军政府文献资料汇编》,武汉大学出版社 1986 年版,第 700 页。

扰妨害之举动。凡大兵所克复各处,无不设法维持市面,使商民安堵。"①南京临时政府初创时即在中央设立了实业部,作为执掌实业要务的最高领导机关,实业部要求各省设立实业司,还要求各实业司将有关本省农工商矿诸要政,"凡已经创办者,或急需筹办者,或暂从缓办者,分别详细呈报本部,以便确定经济政策,总筹进行方法"②。这些措施、法令,从国家立法的层面肯定了发展工商业的必要性,保障了广大工商业者所应享有的根本权利,无疑大大有利于工商业的发展。

在经历了短暂的战争剧痛后,武汉犹如凤凰涅槃,浴火重生。民国初年出现了继张之洞"湖北新政"之后新一轮工业化建设热潮。新的工业化运动涉及门类多,领域广,更重要的是民间资本投资热情高涨。"1912 年至 1926 年,在武汉三镇,民族资本共投资兴建、扩建各类工业企业约 600 家。这些企业分属 20 多个行业,以纺织业最多,约 290 户,其次是碾米业,约 90 余户;再次为印刷业,71 户;接下来为机器制造业,58 户。纺织业与粮食加工业成为这一时期工业建设的主力军,它们的发展影响并带动着武汉工业的全面发展。"③1915—1922 年,武汉先后由民间资本投资建起一纱、裕华、震寰、申新四大纱厂,加上原有的官纱局、官布局以及一大批中小企业,共有纱锭 26 万枚,布机累计 8000 余台,纺织工业成为武汉支柱产业之一,武汉也成为仅次于上海的全国第二大纺织工业中心。武汉工业在纺织工业带动下整体规模比辛亥革命前增长数倍,形成了一个以纺织、冶金、食品加工、机械制造为核心的工业体系。据 1936 年的统计,武汉有工厂 516 家,工人 4.38 万人,资本总数 5148 万元,年产值 1.9 亿~2 亿元,在全国居第三位,是仅次于上海、天津的全国第三大工业中心。在经营模式方面,辛亥首义以前,武汉近代工业多为"官办""官督商办"或"官商合办",早期工业化运动在很大程度上依靠行政力量进行。辛亥首义后在经营模式上已经超越张之洞时代"自相挹注"的方式,多采用股份制的经营方式,并引进西方现代企业管理制度,建立新的生产关系。以民初纺织业代表企业裕华、大兴和楚兴等纱厂为例,这些企业普遍实行股份制,确立了以董事会为中心的现代企业治理结构。企业内部,

① 辛亥革命武昌起义纪念馆等合编《湖北军政府文献资料汇编》,武汉大学出版社 1986 年版,第 657 页。

② 中国科学院近代史研究所史料编译组编辑《辛亥革命资料》,中华书局 1961 年版,第 59 页。

③ 涂文学、刘庆平主编《图说武汉城市史》,武汉出版社 2010 年版,第 222 页。

不再是过去工头、把头管理的体制，而是代之以经理、副经理、工务处、总务处等相关职位和机构的管理。企业内部实行新的会计制度和复式记账法，对成本的控制和产品质量的监控都达到一个新的水平。经济发展模式的转变使得武汉的城市功能在辛亥以后开始发生本质嬗变，武汉进一步发展为一个门类齐全的现代工业中心。

武汉的对外贸易在经过辛亥年间短暂停歇后，从 1912 年起又恢复常态。20 世纪 20 年代，汉口的贸易值更是突飞猛进地增长，1928 年是它的高峰年，贸易总值达到 377504295 海关两，相当于 1882—1891 年贸易收入的总和。国内贸易继续保持发展态势，仍为全国五大商埠（上海、天津、青岛、广州）之第二位，仅次于上海，对内和对外贸易总值为第三位，仅次于上海、天津。汉口为国内三大茶市之一，茶叶出口量占全国 34%，桐油出口量亦占全国总量的 23%—40%。汉口为国内拥有最大商业圈的都市，为周围各省产品输出之总汇。

与此同时，武汉的社会风俗也在辛亥革命后发生巨变，这场变化渗透到了经济、政治、文化和日常生活礼仪等诸多领域。具有现代资产阶级文明性质的新时尚逐步取代了专制社会下的旧式礼仪文化，主要表现在剪辫子、废除“老爷”“大人”称呼、革除官员仪从、取消跪拜等移风易俗的活动中。蔡寄鸥曾回忆：“起义以后，人人都讲平等，所有起义的同志，都能以身作则，不许喊老爷，不许喊大人，不许坐轿，尤其不准坐四人大轿。”这种变化反映在商业经营领域是一些颇具时代特色的商业门类大量出现，色布行、花布行、呢绒行、内衣店、西服店、时装店大量开设。传统服务行业亦追风逐俗，新式理发店取代了往昔的剃头铺，宾馆旅店取代了客栈酒肆，大餐馆、西餐厅人头攒动，歆生路、六渡桥霓虹灯五光十色，各大百货商店的橱窗装饰尽显奢华，展示出一个现代化都市繁华、时尚的风采。

辛亥革命带给武汉最大的改变，是现代市制的创立。“中国自周以降，虽亦有市政，但历代都市均在国家行政隶辖之下，无市自治之可言。中国之有近代都市行政与市组织，盖为三十年间事。”[①]光绪三十四年（1908 年），清廷颁布《城镇乡地方组织章程》，拉开了近代城市独立与市政改革的帷幕。张之洞主政湖北期间，一些准市政机构和城市管理机构相继出现，如武昌警察总局、汉口清道局、湖北巡警道、武昌商场局、汉镇马路工程局以及汉口自治公所、汉口市政府等，但这

---

① 钱瑞升：《民国政制史》（下册），上海人民出版社 2008 年版，第 683 页。

些机构设置明显具有不完全适应现代城市管理的过渡性特征。1912 年民国建立后，最先成立的市政管理机构是 1921 年 2 月成立的汉口马路工巡局。由于阳夏战争对汉口市区造成了巨大破坏，中央政府和省政府出于对重建汉口问题的关注，先后设立了多个专门机构。1912 年 2 月，南京政府对武汉的市政建设表示关心，“此次被兵燹后，宜规划妥善。房屋若何建筑，道路若何修理，须先行图绘，俾有所准则，人民有所遵守”。并派李四光、祝长庆、周汝翼三人前往汉口调查，[1]命设汉口建筑筹办处，马路工巡局归并其中。黎元洪照会汉口商务总会，命刘歆生、宋渭润等会同汉口建筑筹办处人员磋商，“盖汉口系通商巨埠，全国中心，稍有知识，莫不企改旧观。求完美之建筑，壮万国之观瞻，全在此举。断不能因陋就简，坐失时机”[2]。于 1921 年 11 月撤销汉口建筑商场筹办处，设立汉口马路工程专局。此后至 20 世纪 20 年代初期，汉口所设立的专门市政机构有督办汉口建筑商场事宜处、马路工巡处、汉口马路工程局。这些管理机构相比晚清汉口市政机构，更加趋向市政管理的专门化。

1911 年 11 月，江苏省临时省议会通过的《江苏省暂行市乡制》首次提出了市制的概念。1918 年，中华民国军政府设立广州市政公所，1920 年改名为广州市政厅；1921 年，北京政府颁布《市自治制》；1926 年，孙科主持颁布了《广州市暂行条例》，中国近代史上真正意义的城市改革启幕；1928 年，国民政府颁布中国第一批市组织法——《特别市组织法》和《普通市组织法》，以中央的名义正式将城市纳入国家行政序列，中国城市终于有了一个正式的名分，从封建行政体系附庸转变为一种独立的政治经济社会实体，获得了地方自治和民主政治优先发展的权利。作为首义之地的武汉，其城市发展也一样获得了长足进步。

在自清末迄民国中期的市政改革中，武汉市政有多项进步。一是结束了城乡合治状态，现代市制基本确立。过去武昌、汉阳均处于封建道、府、州、县的行政建制框架内。汉口先隶属于汉阳县，继而成为夏口厅，再成为夏口县，无专门独立的行政建制。张之洞主政湖北期间，汉口的现代市制开始萌芽，1899 年张之洞奏准在汉口设夏口厅，城市已经带有准市政厅意味，汉口与汉阳分治，城市自

① 曹亚伯：《武昌革命真史》（下），辛亥革命武昌起义纪念馆等合编《湖北军政府文献资料汇编》，武汉大学出版社 1986 年版，第 703 页。

② 《民立报》1912 年 3 月 27 日。转引自辛亥革命武昌起义纪念馆等合编《湖北军政府文献资料汇编》，武汉大学出版社 1986 年版，第 714 页。

治开始萌生，建立了相对独立的市政管理体制。但是，此时汉口仍然是中央政权的行政附庸，行政上缺乏独立性。直到辛亥革命后，现代市制才得以确立。武昌起义后，湖北各府、州、县纷纷起义，先后光复。在此情况下，湖北军政府于1911年10月28日开会拟订《地方官职会草案》，决定改革光复后的地方政治制度。其主要内容为：除武昌府外，原府及直隶厅、州一律撤销，武昌作为首都仍设府，散厅、州一律正名为县，以其原有区域为县的区域。此草案于1912年1月17日颁布实行。这样，夏口厅改为夏口县，夏口县不再附属于汉阳府，而成为与江夏县、汉阳县同级的独立的正式行政单位。不过，由于辛亥革命后政局动荡，市政体制仍未发生根本变革，但辛亥革命后汉口城市地位的提升，却为其日后独立成市做了铺垫。经过一个曲折的过程，武汉才最终建立了现代城市体制。1926年9月国民革命军北伐占领汉口时，刘文岛被任命为汉口第一任市长，1926年10月7日，成立汉口市政府，真正现代意义上的市制至此确立。二是武汉三镇长期分治的状态开始改变。1926年底，国民党党政联席会议宣布：国民政府于1927年元旦在汉办公，并发布命令，确定国都，以武昌、汉口、汉阳三城为一大区域，“作为京兆区”，定名武汉。这体现了孙中山先生在《建国方略》中建设大武汉的思想开始落实，建立统一的市政府管理三镇。1927年4月，国民党二届三中全会通过决议，成立三镇合一的武汉市政府，确定武汉为中央直辖特别市，市政由中央接管办理。武汉三镇终于摆脱了县、厅的狭小建制，标志着城市建制和现代城市市政机制的初步形成。虽然三镇后来分合无常，但三镇合一始终是这座城市发展不可逆转的趋势。

辛亥期间，阳夏之战焚毁了汉口繁华的市区，武昌起义后，汉口重建成为各界关注的重大课题。汉口被毁，虽是剧创，亦是契机。历史上，一个城市遭到毁灭后又浴火重生的事例比比皆是。1871年，美国芝加哥大火足足摧毁了芝加哥城的三分之一，包括当时芝加哥市的商业中心。但这场大火为芝加哥烧出来了一条条宽阔的大路。大火之后芝加哥诞生了全新建筑学派，弗兰克·盖瑞的贝壳形露天音乐厅、弗兰克·洛伊德莱特的罗比之屋、格兰特公园都是在芝加哥大火后建立起的著名建筑。在大火之前，贯穿整个城市的芝加哥河，由于工业污染和保护不利而自然环境恶化；大火之后，政府规范了芝加哥河两岸的规划与开发，使得芝加哥河得以重生。汉口的城市精英们在辛亥革命之后也有此宏愿。革命期间，孙中山担任临时大总统时饬令实业部通告汉口商民重建市区，希望

“首义之区，变成模范之市”。黎元洪专门发布《示谕维持汉口商市文》，强调重建汉口规划的意义，认为这是“吾国第一次开辟商埠之伟大事业”。但是，由于革命后湖北政局不稳，内部权力斗争激烈，加上湖北政府与南京临时政府、北京政府之间的矛盾，更兼经济实力有限，政府的规划成为一纸空文，统一的大规模重建工作也一再难产。汉口的广大商民为尽快复业以维持生计，纷纷在原店址或店基上重新建起店面或房屋，到 1914 年，汉口城区的 80% 街市得到重建。1912—1920 年，一批工商实业家、买办商人掀起了民间房地产开发的热潮，一排排中西合璧的新型里弄涌现出来。如沪商蒋广昌和胡庆余堂合资修建了义成总里，蒋沛霖修建了德润里，刘子敬修建了辅堂里、辅仁里、辅义里。新型里弄的建设又促进了城区的开发，大智路、车站路之间的友益银行由偏僻的水塘变成繁华的中心城区；江汉路、六渡桥一带都成为新的闹市中心。尤其是“地皮大王”刘歆生在民初以大手笔规划建成了汉口西起歆生路（今江汉路）、北抵铁路（今京汉大道）、东至大智门马路（今大智路）、南抵保华街和湖北街（今中山大道）的“模范区”，堪与西洋租界媲美。但是，总体而言，汉口重建由于缺乏统一规划和政府主导，除所谓“模范区”不乏现代都市气息外，无论道路规划，还是房屋建筑，都显得杂乱无章，乏善可陈。汉口按照现代方式规划城市空间、建设现代化国际大都市的绝好机会就此错失。

与城市现代化发展良机失之交臂的当然不仅仅是市政建设。辛亥革命之后相当长一段时期内，武汉城市现代化行动迟缓，步履蹒跚，现代城市体制难产，现代城市建设长期无所作为，人们曾经希望的革命后建设一个如纽约、伦敦一般繁荣且美丽的现代化大武汉、大汉口的梦想一次次幻灭。原因何在？这既与革命自身的不彻底性有关，亦受制于当时的国内外政治经济大环境，直接原因恐怕还是武昌起义后形成的特殊政治生态。

辛亥革命后，湖北原有的城市政治权力瓦解，为了争夺城市管理权，各方力量在武汉进行角逐，矛盾尖锐。大体上，有三大矛盾制约着武汉的现代化发展。

第一类矛盾是以黎元洪为代表的湖北地方势力与先后作为中央政府的南京临时政府、北京政府的斗争。这种斗争既是地方与中央实权人物之间的权力争夺，同时也具有地方主义与国家主义、城市自治与中央集权几种不同的现代化道路与治国理念之争的性质。革命摧毁了传统社会秩序，社会陷入紊乱，国家财政困窘，金融不振，政令懈弛，军事孱弱，再加外有列强环伺，因此许多人在革命后倾向于实行中央集权，由中央政府对全国资源实行有效统一调度，尽快实现国家现代化。“吾国之宜于中央集权者，固非徒执强干弱枝之说以蔑视各地方也。盖证之国民之性质，宜团结而不宜涣散；察之国际之位置，宜合力而不宜分峙。对内对外，皆当厚集势力于中央者，亦时势所不得不尔。”[①]从孙中山到袁世凯，也都是主张走国家主义道路的。这必然和地方实力派产生深刻矛盾，也会在一定程度上侵犯地方的自主性。尤其是在有着较为悠久的城市自治传统的武汉，必然产生较多纠纷。比如，临时政府财政困难，所谓“财周急于星火，筹款难于登天”。武昌方面不予支持，电拒南京政府对沙市、宜昌、江汉三关的税收要求，南京临时政府拟向招商局借款，先电武昌，“务望贵处赞成，可稍纾贵处及中央政府财政之困难”[②]。武昌却以民心不服为由，拒绝了南京政府要求。当然，湖北政府的拒绝或许亦有其不得已的苦衷，因为当时不仅中央财政困难，地方财政也极为支绌，有识者指出：“中央以财尽而告急于各省，各省亦以财尽而告急于中央。需款之途，万分急迫，全国民之心力目力，日惟纷扰于财政困难之漩涡中。”[③]所以，当时的情形是，辛亥革命打破了旧的全国政治经济资源系统，在这一过渡时期，中央和地方域要趁此时机伸张自己的势力，攫取更多的权力资源，中央希望加强对地方资源的控制以支持国家建设，地方亦力图较少受到中央干预，争取更多自主权和更多资源，这之间的博弈、角逐十分剧烈，直接影响了武汉市政建设的展开。早在革命期间，南京临时政府内务部就汉口城市复建问题先后以沁（1月27日）电、先（2月1日）电致湖北军政府黎元洪，“本部拟令工程师即日来鄂，与公筹议应行如何下手。顷闻……该处已有商人建筑房屋，恐规划不良，滞碍善政，且致遗万国之讥评”。要黎“暂令停止作工，以重市政而壮观瞻”。[④]“本部已派李四光、祝长庆、周汝翼三员前来调查，应请尊处会同办理。”[⑤]黎元洪1912年2月3日的复电却表达了“鄂人治鄂”、自己规划的意思：“汉口市镇，已派员测量地盘。就绪后，拟就近觅工程师规画一切，再筹办法。”并辩称：“近有汉口奸商，勾引外

---

①③ 沙曾诒：《论中国今日急待解决之三大问题》，《东方杂志》1912年第9卷第3号，第7、9页。

②④⑤ 曹亚伯：《武昌革命真史》（下），辛亥革命武昌起义纪念馆等合编《湖北军政府文献资料汇编》，武汉大学出版社1986年版，第638、703、704页。

人,贪图汉市建筑权,敝处已经阻止。"[1]后来,袁世凯委任杨度督办汉口商场重建事宜,将汉口马路工程局改为马路工巡处,又成立江汉关监督兼理工程处。这些都反映出地方与中央实权人物之间为争取城市管理权的斗争。到了袁世凯时期,通过"霸王请客"方式促使黎元洪北上、段祺瑞督鄂,从而实现了北洋军阀对湖北的全面控制,但是,政治上控制并不等于市政上控制,从杨度的督办汉口建筑商场事宜处到张国淦之督办武阳夏商埠事宜处,北洋政府控制武汉市政的图谋一次次破产。杨度曾经雄心勃勃,"拟建一武汉铁桥,以联络南北两岸,令火车、汽车等皆能从桥上经行,而粤汉与京汉两路借此可以联接,由汉口以达武昌者,可不复有渡江之苦矣"[2]。但随着袁世凯帝制复辟失败,杨度官位不保,"率以洪宽失败,此说遂随杨君子以俱隐"[3]。张国淦被任命后未及到武汉,在北京接受新闻采访时也是踌躇满志,欲在任内大显身手。"至若举办计划,有与前杨皙子所计划者不同之点。则杨系先从旧街入手,吾则拟先新后旧……"某君(即记者——引者注)最后又问其赴任日期,张答:"俟朱公使由英来电报告拨款手续后,即行赴汉,大约不出一月也。"[4]但最后因种种原因,张并未到任,其重建宏愿胎死腹中,结局比杨度更惨。"强龙压不过地头蛇",中央大员除了遭遇到地方实力派人物的掣肘外,另有素有自治传统的商界的抗衡。因此,从 1913 年"两段督鄂"一直到 1927 年武汉特别市政府成立,由官方主导的武汉市政管理和市政建设鲜有作为。

第二类矛盾是政府主导与民间主导的矛盾。业主会与官方的博弈则尤其具有典型性。在汉口的重建过程中,由于官方意欲按照现代城市建设的要求主导城市的规划,这就必然触及商人的个人利益,商人的自治要求与政府之间的矛盾再次凸现。市民们为维护自身的利益,组织了所谓"业主会"与政府抗衡。汉口业主会的性质系为保障权利而设,组织人员大多为商界名流。业主会在民初势力很大,在汉口市政现代化中时常担当政府与业主之间的协调角色,但这种角色很多时候并不光彩,只为业主私利,不顾城市现代化的大局。为此,官民冲突不

---

① 曹亚伯:《武昌革命真史》(下),辛亥革命武昌起义纪念馆等合编《湖北军政府文献资料汇编》,武汉大学出版社 1986 年版,第 703 页。

②《将来之汉口》,《申报》1914 年 11 月 10 日,第 6 版。

③《武汉未来之交通》,《汉口中西报》1922 年 2 月 15 日,第 3 张。

④《张国淦关于商场之谈话》,《申报》1920 年 3 月 13 日,第 2 张第 7 版。

断。“汉口经北军一炬，识时者咸谓此乃改良市政之绝好时机。无如建筑筹办处规划过大，与商民程度相去太远，故日前于四官殿等处动工修筑建路，令人拆屋让基，几酿暴动风潮”，业主会一致反对修路，后经反复磋商，“只允就路修路，以各户让地三尺为归结”。建筑筹办处只有请来军警震慑，才保证在河街一带修路没有发生冲突。[①] 1913 年，汉口建筑筹办处改为马路工程局，规定街分三级，巷分五等，只于城垣内修筑直马路三条，横马路七条，由于街巷不一，沿线各业主报请勘丈时屡起事端。后由汉口业主会修改街巷等级，呈请汉口商埠警察厅贴出告示，晓谕各业主，争端才平息。经业主会修改后的街道等级虽与马路工程局原定等级没有大的区别，但街道尤其是街巷尺寸均有所缩小。很显然，业主会的努力大过了官方的马路工程局。业主会与马路工程局在民初的利益博弈，其意义可能有所谓公域和私域的价值冲突，也有市民自治传统下民初民间主导市政的流风余韵。但业主会的这种“主导”，不利于城市现代化改造与建设则是毫无疑义的。

第三类矛盾则是首义新贵与暴发富商之间的矛盾。如果说，业主会与汉口市政当局的冲突显示了民初汉口商界整体力量的强势，那么下面我们将要谈到的刘歆生、周五常与孙武的地产争夺，则典型地反映出传统官僚政治统治下个体商人的弱小与无能。刘歆生由囤积地皮起家，到 1910 年，资产已有 1000 余万。“汉口地皮之最多者，大抵为刘歆生，市房最多者，大抵为周五常，盖其地产房屋皆占汉口之特别地位，成注意之焦点也。”[②]刘、周的富庶，引起“首义新贵”将军团的垂涎。1923 年，湖北当局成立汉口地亩清查专局，由义威将军——“首义三武”之一的孙武出任督办，主持后湖地亩清丈事宜（即产权登记）。孙武清丈验契，名义上“以正权原”，实际上将打击矛头指向刘歆生，据《汉口中西报》1923 年 4 月 29 日报道：“鄂督困于需索，当局罗雀掘鼠。近竟查得后城马路外刘歆生、周五常管有价值二百余万之地皮一大段，谓系官产，已于本月二十五日由夏口县署处分，凡地皮及建筑物一律无偿收归官有。”对于没收的手法，刘歆生在 1924 年给湖北督军萧耀南的呈文中充满愤怒：“孙督武带兵士流氓二百余人，身穿军服，携带枪械，任意于歆生后湖一带地产上栽立碑石，强夺至三十余万方之多；勒逼

① 《汉口市政新谈》，《申报》1912 年 5 月 13 日，第 2 张第 6 版。
② 《汉口房产地皮之近状》，《湖北实业月刊》1924 年第 1 卷第 7 号，第 106 页。

各租户过租。”刘歆生采取多种途径试图收回地产,始终未获成功。为了保全产业,刘歆生据理力争,向“省署禀恳停止勒迫过租”,在报刊刊登启事,声明产权。除大打笔墨官司外,刘歆生还行贿将军团成员,将西园(今中山公园)送予省财政厅厅长李华堂;拉拢将军团成员参与修建汉口模范区,让其得利。但刘歆生无论是登报声明产权,还是呈请省政府重新审查,抑或暗箱操作权钱交易,各种手段施尽,都不可能将已收归官有的地产获还。

对此,武汉舆论界一片哗然,《汉口中西报》记者写下《夏口县强收民产之巨案》一文,对官府“假处分官产之名,行掠夺民产之实”猛烈鞭挞:“刘歆生,资本家也,向来负有‘地皮大王’之雅号。以社会上贫富不均而论,吾人良不愿为富人张目,且国中握有权力及财力者,方能竭智尽能压迫国中之弱者贫者。今地方政府没收富者之巨额财产,吾人但视为大虎之吞噬小虎,无所用其顾恤。独是虎食未足,又将残人。当局之爪牙若政务厅,若夏口厅,方能日布网罗,为虎作伥,凡属业主,亦当有兔死狐悲之觉悟。”①

“凡属业主,亦当有兔死狐悲之觉悟”,可谓点睛之笔。官僚政客之淫威把商人们对民国、民主、人权的信任与信心摧残殆尽,其投身工商业和城市建设的热情因此而一落千丈。历史跟这些首义新贵们也开了一个大大的玩笑,辛亥革命作为一场市民革命,无论起义之前的革命纲领还是革命胜利后的官方文件,都做出了平均人权、保护私有财产的庄严承诺,却不料,最终破坏城市革命宗旨的居然是城市革命者自己。一个健全的民主法治社会的建立,远非辛亥革命所能完成,需要几代人甚至几十代人持续不断的努力。正如孙中山先生所说:“革命尚未成功,同志仍需努力。”

余论

武昌起义,一场具有世界意义的城市武装起义。她超越地域,超越国界,在追求民主、自由、平等、人权方面曾经与英、法资产阶级革命前辈进行过超越时空的对话;她效法欧美,又颇具创造性地建立起资产阶级民主共和国,不仅开中国

① 《汉口中西报》1923 年 4 月 29 日,缩微片 547 号,第 3 张。武汉图书馆藏。

历史新纪元，而且在亚洲也属首例。武汉，也因此成为中国乃至亚洲穿越专制制度的黑夜迎来民主共和第一道曙光的城市。

武昌起义，一场有别于传统农民战争的城市革命，她与农民革命的区别不仅仅在于农村与城市、农民与市民的不同，而且在于革命形式、手段、内容、目的的全面出新。她终结了几千年来中国传统的革命斗争样式——农村的农民革命，开辟了城市市民革命的新时代；她以“武器的批判”终结了中国几千年的传统文明——农业文明与乡村文明，踏上了工业社会与城市社会全面转型的漫漫旅程。

武昌起义，一场改变中国社会运行轨迹的深刻而广泛的社会革命。如同法国大革命一样，“不仅是要变革旧政府，而且要废除旧社会结构，因此，它必须同时攻击一切现存权力，摧毁一切公认的势力，除去各种传统，更新风俗习惯，并且可以说，从人们头脑中荡涤所有一贯培育尊敬服从的思想”①。从此，民主共和观念深入人心，开放与改革成为世纪性主旋律。一个民主、法治、开放的中国在辛亥百年后崛起于东方，融入世界国家之林！

武昌起义，不仅是中国的，也是世界的；不仅是一个革命历史事件，更是一种全新的现代文明形态……

（原载《辛亥革命与百年中国：纪念辛亥革命一百周年国际学术研讨会论文集》第 2 册，社会科学文献出版社 2016 年版）

① 〔法〕托克维尔著，冯棠译：《旧制度与大革命》，商务印书馆 1997 年版，第 48 页。

武昌起义后汉口重建中的国家与社会

辛亥革命在武汉首义,也在武汉首胜,武汉这座英雄城市在为中国乃至亚洲近代民主共和体制的建立作出不朽贡献的同时,也付出了城毁人亡的惨重代价。阳夏战争中"汉口华界房屋烧毁十之六七",房产损失折合白银 885 万余两,战后汉口、汉阳工厂倒闭,商店歇业,17 家典当铺损失 340 万串,100 多家钱庄 3000 万两债务不能收回,18 家票号因挤兑和放款不能收回资金周转不灵而"牵连倒闭者十有八九"。① 但武汉是一个极具韧性、自我修复能力极强的城市,武昌起义后仅 4 年,"到 1914 年,城市 80%得到重建"②。汉口重建是在国家和政府主导下全体市民尤其是商界广泛参与下进行的,国家与社会、政府与民间既相互配合,又彼此斗争,突出反映了辛亥革命后汉口市民社会与国家分享政治权利主要是城市自治权利的政治诉求和现代民主意识、法治意识的觉醒。

一、政府主导:一波三折,乏善可陈

武昌起义后,战火甫熄,南京临时政府和湖北军政府即谋划汉口重建。1912 年 1 月 27 日和 2 月 1 日,南京临时政府内务部以沁电和先电致湖北军政府黎元洪:"汉口市政问题,为万国所注意,此次被兵燹后,宜规划妥善。房屋若何建筑,道路若何修理,须先行图绘,俾有所准则,人民有所遵守。想尊处亦有同情。本部拟令工程师即日来鄂,与公筹议,应行如何下手。顷闻汉上来人言,该处已有商人建筑房屋,恐规划不良,滞碍善政,且致遗万国之讥评。可否由公处暂令停止作工,以重市政而壮观瞻。""汉口街市建筑及难民救济,均关重要。本部已派

① 参见涂文学主编《武昌首义与武汉早期现代化》,武汉出版社 2011 年版,第 185~186 页。

② 〔英〕穆和德等著,李策译:《近代武汉经济与社会——海关十年报告:汉口江汉关(1882—1931)》,香港天马图书有限公司 1993 年版,第 137 页。

李四光、祝长庆、周汝翼三员前来调查,应请尊处会同办理。”[①]1912 年 2 月 2 日,临时大总统孙中山饬令实业部通告汉口商民建筑市场:“鄂江起义以来,战事倥偬,凡百生业咸受影响,商家贸易尤遭损失,而汉口全市为北兵焚毁,其惨酷情形,本总统蹙焉悯之!幸今者东南底定,民国肇基,商务为实业要政之一,亟应恢复,善后各事,尤宜审慎,须立永远之计,毋为权宜之策。兹据汉镇商民张崇、吴沛霖等呈请筹办汉镇商务、建筑市场等情,本总统察核情形,尚属可行。爰审定办法,先清丈被焚各家基址,即行登录,经地主议定地价,每年由公司纳租于地主,地主须按照所定地价百分之一纳地税于国家,径由公司缴纳,由租内扣除,以一事权。他日国家因公需地之时,即照现定地价随时买收,豁除前清给发官价之苛例。凡我国民仰体时艰,咸知大义,和衷共济,庶几商业之日兴;戮力同心,相跻共和之郅治。”[②]2 月 8 日,孙中山又就汉口绅商宋炜臣等呈请改良市场、请设建筑工程司等令内务部筹划兴复汉口市场:“据汉口绅商宋炜臣等呈请改良商场,寓赈于工,并请设立建筑公司各由,绘图具说前来。所陈各节不为无见。此次武汉首义,汉口受祸最酷,伪清政府迫于人道,尚拟事定赔偿,国民政府对于汉口市场兴复问题,提倡补助,自是应有之义,本大总统尤深同情。惟汉口为水陆要冲,铁路、航路俱以为集合点,该绅商等所拟规模,未免限于市廛一方面,于各路停车场与轮船系留所衔接方法,以及电车、市厅等项,尚缺完全计划。内务部于市政土木各事,有统筹全局之责,希即迅速筹划,与该绅商等妥为接洽,务使首义之区,变为模范之市,有厚望焉。”[③]内务部落实孙中山饬令精神,一方面“电商鄂军大都督”,晓谕汉口重建,“市政改良建筑”;[④]一方面迅即派李四光等赴汉,与湖北军政府商讨汉口重建事宜。据 1912 年 2 月 11 日《申报》报道,2 月 10 日,夏口知事发布市政建设通告,指出“市政问题亟应提前解决。本知事顷奉都督面谕暨临时中央政府电商规画,不日由宁派工程师来鄂(李四光等业已抵鄂——引者注),公同筹议”。2 月 8 日,孙中山饬令内务部筹划汉口重建,2 月 10 日李四光即已奉命抵汉,其行动不可谓不迅速。[⑤]

---

① 曹亚伯:《革命真史》(下),中国长安出版社 2011 年版,第 155~156 页。

②③ 中国社会科学院近代史研究所中华民国史研究室等合编《孙中山全集》第 2 卷,中华书局 1982 年版,第 58、68~69 页。

④《新汉口建筑章程》,《申报》1912 年 3 月 2 日,第 2 张第 6 版。

⑤《汉口市政谈》,《申报》1912 年 2 月 11 日,第 2 张第 6 版。

湖北方面，湖北军政府都督黎元洪响应南京临时政府号令，1912 年 2 月 3 日复电内务部："汉口市镇已派员测量地盘，就绪后拟就近觅工程师规画一切，再筹办法。"[①]3 月下旬发布告示，部署汉口市政规划、马路辟建、街市公园建设等重建事宜。"照得汉口自遭兵燹，阖镇财产俱付灰烬。前经中央政府电商本都督，饬设汉口建筑筹办处改良市政，业经开办在案。惟兹事体繁重，特由本都督照会汉口商务总会，公举参议刘绅歆生、宋绅渭润等，公同筹办处人员切实磋商，以期完善。盖汉口系通商巨埠，全国中心，稍有知识，莫不企改旧观，求完美之建筑，壮万国之观瞻，全在此举，断不能因陋就简，坐失时机。"该告示将汉口马路规划为 12 丈、10 丈、5 丈三类，拟修马路东自英租界一码头起，西至硚口止；南自江河岸起，北至铁道止。并计划将来北辟至姑嫂树，南辟至万家庙江岸，东辟至谌家矶河岸，西辟至韩家墩。按照这个规划，汉口城市空间将由一万七千方丈扩展至十七万方丈。并对夏口县署、警察署、中小学堂、市商议院、建筑公司、公园以及劝工厂、菜市场、厕所等公共设施一一规划，"须照已定图式，于适中处分设之"。"凡公地圈内之建设，如电车、电灯、电话、自来水、自来火等项，应由鄂军政府许可之公司举修，无论人民与他公司，均无建筑之权。"[②]

1912 年 2 月，武昌起义后首个汉口市政机构汉口建筑筹办处成立，3 月 2 日《新汉口新筑章程》发布："汉口建筑筹办处刻将马路测绘完竣，所有市房亟应盖造，于是拟定章程八条，当即宣布，俾业主有所遵循……兹当筹办伊始，亟宜清理全镇地址，划分街道及房屋式样，以资建筑。除由本筹办处派定测绘专员测量地段、绘图贴说外，相应通告本镇各业主，限于一月以内将红、黑二契检齐，赴本筹办处报验注册，俾资区划，克日修造，以兴市政而便商廛。切勿迟疑观望，致误市机。"[③]然因主其事者不懂市政，昏庸腐败，运作大半年而毫无建树。对此，舆论纷予劣评。"市街建筑处开办已阅六月矣，员司近百人，耗费将十万，无实在预算表，有建筑之名号，无建筑之实际也。"[④]"汉口建筑新市筹办已阅一年，耗去经费数十万仅成一纸街道，此外别无成绩。"[⑤]"汉口自被焚后，议建新市街，设立专局

① 曹亚伯：《革命真史》（下），中国长安出版社 2011 年版，第 155 页。
② 《新汉口之大建筑》，《申报》1912 年 3 月 26 日，第 2 张第 6 版。
③ 《新汉口建筑章程》，《申报》1912 年 3 月 2 日，第 2 张第 6 版。
④ 《时评》，汉口《国民新报》1912 年 7 月 10 日，第 1 页。
⑤ 《汉口建筑新市手续》，《申报》1913 年 1 月 28 日，第 2 张第 6 版。

筹办将近两年，耗去公帑十万余元，至今尚未开建。”①

1912年11月，汉口建筑筹办处为马路工程局所取代，该局负责人容觐彤为市政工程专家，意欲有所作为。其上任伊始即勘测道路，制订重建规划。但因经费短缺、市民纷扰而有始无终。《申报》评论说：“汉口市政应行改良谋之数年毫无成效，众皆谓为借款不成所致，实则非也，查元年黎黄陂在领鄂督任内即有筹备建筑处之设立，其规画极为宏远，嗣以事体过大，款项难筹而以，地与业主交换又纠葛纷繁，难得其平，乃改为专事开辟马路，废建筑处设马路工程局，其成绩仅于后湖修马路数段。”②

1913年岁末，督办汉口建筑商场事宜处成立，该处隶属于北京政府，以杨度为督办。次年1月2日，杨度抵汉视事，“顷大总统已任命杨度为汉口商场建筑督办，由内务部行令来鄂，令吕省长将汉口现设马路工程局筹办情形以及各种案卷赶急清理完备，以便杨监督来鄂接办。现吕省长已饬该局总理陈育武预备交代，并悉杨督办昨已来鄂，寓居凤台旅馆”③。关于事宜处组织架构，据《申报》介绍，“拟在租界觅租极大房屋为督办公所，并闻其下须设三大局，共须用局员数百人，规模极为阔大，且拟聘用外人为总工程师”④。5月，隶属于湖北省政府的马路工巡处成立，以之替代马路工程局，由江汉关监督丁士源兼任监督，故又名江汉关管理工巡处。督办汉口建筑商场事宜处成立后，杨度办了两件事情，一是聘请英国工程师葛雷武编制汉口重建规划，二是与英国萨慕尔公司谈判并签订了借款合同。关于汉口重建规划，据《申报》披露：

> 盖汉口开辟市场之议始于张文襄，其时盖欲从后湖着手。以故投机家其时已纷购地皮为牟利基础，有刘某者投资将及千万以上，其他各商财产之压滞于此者，合计亦不下数千万。革命之役，市街被劫，因是有改建商场之议。在黎副总统时代，已纷传借款之议而未成。嗣乃以杨度为督办，而有今兹借款之举，故其工程之计画约计有：(1)改良旧日之市街。(2)将各国租界倚于陆地之三面均辟为市场，以省各国推广租

①③《杨度督办汉口建筑市场》，《申报》1914年1月3日，第2张第6版。

②《汉口改良市政谈》，《申报》1916年10月31日，第2张第6版。

④《汉口新市》，《申报》1914年1月14日，第2张第6版。

界之议，而为中国将来商场之模范。(3)垦辟后湖是也。

因此乃拟开一汉水支河，包后湖、租界等地之后而入口，一以杀汉水夏涨之害，一以使不倚江倚汉之地亦得交通便利，易于发达。此河成后，汉口全市将仿佛成三角形之一洲，四面皆水，码头可以泊船起货。盖今日汉口之水利，惟租界独有之，其租界以外则受水害(水涨之害与无水之害)而无水利也。

因此乃拟造一武汉铁桥，以联络南北两岸，令火车、汽车等皆能从桥上经行，而粤汉与京汉两路借此可以联接，由汉口以达武昌者，可不复有渡江之苦矣。故其附属之营业，则将以商埠公司之名义，自办电车、自来水、电灯等项，果尔则真中国一大托辣(拉)斯托矣。[①]

汉口重建借款可谓一波三折。黎元洪的汉口建筑督办处曾以汉口地方税作抵押向国内外多家洋行、银行如美国大赉洋行、纽孟银行，中国兴业公司贷款，但“俱为鄂省议会所掣肘，致不能成立”。后来北京政府又有“以政府名义向法国实业银行贷款三百万镑，专以建造汉口新市”[②]之议。但遭到列强无理阻碍，英、德、法、俄、日五国驻京公使致书外交部，要求拓展汉口租界。据《申报》报道：“汉口各国领事、商人等要求推广租界交涉已久，中央政府所以坚持不允者，因其接近京汉铁路，既损主权，复失路利也。现汉口领事、洋商闻上海公共租界已经中政府允为展宽，特开联合会讨论，拟借建筑汉口马路借款一事趁此要求，若不准推广汉口租界，则马路借款即不能成，并公决此事关系各国公共权利，纵中政府不借法国实业银行之款，各国银行之要求亦然。故刻下建筑借款，法银行虽已签字，不肯交款，致建筑市场督办杨度一时不能出京来汉。借款之受人要挟如此，言之殊可痛心也！”[③]杨度接任汉口建筑事宜处督办后，又“向英国银行议定借款二千万元，以备建筑汉口市场之用，其担保品即系汉镇税捐”[④]。当然，这次借款谈判也十分艰难，“英商所索权利甚苛”，一是贷款折扣，英商所索“扣头则按照债票发行之实价，除去六厘交款，可以谓之九四扣”；二是货款抵押，“即以借款所办

① 《将来之汉口》，《申报》1914 年 11 月 10 日，第 2 张第 6 版。
② 《汉口新市》，《申报》1914 年 1 月 14 日，第 2 张第 6 版。
③ 《推广汉口租界之要挟》，《申报》1914 年 2 月 23 日，第 2 张第 6 版。
④ 《杨度督办汉口建筑市场》，《申报》1914 年 1 月 3 日，第 2 张第 6 版。

之工程及营业并商场之收入为之,不别以他种权利作抵";三是英国公司要求承办汉口商场建设购料业务,"而一英公司经手购料等,则与以百分之四之酬劳"。谈判虽然成功,但一战爆发后,英国银行资金短绌,支付能力有限,遂承诺"俟欧洲战事毕后交款"[①],最终不了了之。据后来接任事宜处督办的张国淦透露,"当时政府派杨度督办其事,该款仅交三万元,而洪宪帝制事起,遂停顿至今"[②]。也正是由于借款无着落,巧妇难做无米之炊,加之杨度此时正忙于为袁世凯称帝奔走呼号,无暇他顾,只是在京遥控督办汉口建筑商场事宜处工作,汉口重建虽然有美国工程师葛雷武制订的富于远见的重建规划,但终究只是停留在纸上的蓝图而已。如杨度孜孜以求的建设长江铁桥,使京汉铁路与粤汉铁路联结起来,并借此解决武汉市民"渡江之苦","率以洪宪失败,此说遂随杨皙子以俱隐"。[③] 杨度主政之督办汉口建设商场事宜处成绩甚微,《申报》曾作如是评论:"中央特任杨度督办……杨在京迄未问事,其成绩更远出工程局下,数年以来共糜款约五十万,于市政毫无裨益。究其所以失败之原因,虽由借款不成无以供其措置,然实由主其事者毫无市政学识之故。惟今日言壮观瞻则曰巴黎市街如何美观,应施其图于汉口,明日言因陋就简则曰照原街道两边让宽了事。设局以来从未闻有汉口市街实测图、市政改良意见书及建筑费预算表一见于市,固非尽由款项之难筹,业主之反对有以致之也。"[④]

杨度去后,督办汉口建筑商场事宜处虽然继续存留,其间有诸如张国淦等主持其事。1920 年 3 月,张国淦获任事宜处督办赴任前夕,在接受《申报》记者采访时,表达了对汉口重建不同于杨度之思路:"至若举办计划,有与前杨皙子所计划者不同之点。则杨系先从旧街衢入手,吾则拟先新后旧。盖旧街衢人烟已密,欲其骤然改观,实有碍难。若先由新街衢入手,则居住旧街衢者,可渐移满,然后再将旧街衢而一新之。"[⑤]但张氏与他的前任一样,受制于客观条件,说的多,做的少,无大作为。当然,这其间政府也建设了一些零星的市政工程,如 1917 年 6 月,京汉铁路管理局主持修筑自歆生路至刘家庙 20 余公里马路;1918 年 10 月,马路工巡处主持人主持,修筑后城马路;1919 年 3 月,马路工巡处主持修筑大智门至

---

①《将来之汉口》,《申报》1914 年 11 月 10 日,第 2 张第 6 版。

②⑤《张国淦关于汉口商场之谈话》,《申报》1920 年 3 月 13 日,第 2 张第 7 版。

③《武汉间未来之交通》,《汉口中西报》1922 年 2 月 15 日,第 3 张。

④《汉口改良市政谈》,《申报》1916 年 10 月 31 日,第 2 张第 6 版。

华景街一带马路;1919 年 9 月,特别区管理局主持修理广兴里以下、德华里以上各条马路等。

1923 年,北京政府改督办汉口建筑商场事宜处为督办武阳夏商场建筑事宜处,委汤芗铭为武阳夏商场督办。汤芗铭新官上任三把火,准备撸起袖子大干一场。他委托工程师汤震龙对汉口重建进行规划,汤震龙不负厚望,于次年出版了长达 4 万余字、厚达 120 页的《建筑汉口商场计划书》。与此同时,义威将军、汉口地亩清查专局督办孙武也主持编纂了《汉口市政建筑计划书》,孙武版计划书的独到之处是引入欧美城市功能分区和田园都市理念,对汉口城市用地进行了功能划分,并提出了"拓商耕农、交通为首、水路并举、法政兼施、中西融合、广筹资金、民众参与、重视管理"的城市建设和管理思想。但是,20 世纪 20 年代政局动荡,军阀擅权,汤芗铭与时任湖北督军兼省长萧耀南曾因省长职务明争暗斗,矛盾很深。武阳夏商场督办在行政级别上与湖北省政府不相伯仲,一个城市两个不相隶属、相互对立的机构并存,自然是彼此拆台,纠葛不断,其城市规划和建设根本无法实施、落到实处。

总体而言,武昌起义后的十余年间,由政府主导的汉口重建乏善可陈,政绩寥寥。究其原因,一是时局动荡,重建机构更迭频繁,各不统属,互相抵牾,内耗多多。武昌起义后,南京临时政府秉承孙中山旨意,关心并直接主导汉口重建,但湖北军政当局则不希望中央政府过多干预。如 1912 年 2 月 3 日内务部针对汉口重建恐因规划不良和商人自建而导致"滞碍善政",电令黎元洪"由公处暂令停止作工,以重市政而壮观瞻"。[①] 而黎元洪回电却表示:"汉口市镇,已派员测量地盘。就绪后,拟就近觅工程师规画一切,再筹办法。"并辩称:"近有汉口奸商,勾引外人,贪图汉市建筑权,敝处已经阻止。"明确表示出"鄂人治鄂"、自己主导重建的意愿,并组建了隶属于湖北军政府的汉口建筑筹办处,而南京临时政府李四光、祝长庆、周汝翼等"特派汉口建筑筹备员"只负协助之责。北京政府时期,在隶属于中央政府的督办汉口商场建筑事宜处存续期间,又有地方政府主导的汉口马路工巡处(江汉关管理工巡处),两个机构各自为政,互相掣肘。后期,不但隶属于北京政府的督办武阳夏商场建设事宜处与隶属于湖北省政府的汉口地亩清查专局并存,而且分别出台《建筑汉口商场计划书》(汤震龙)和《汉口市政建

---

① 曹亚伯:《革命真史》(下),中国长安出版社 2011 年版,第 156 页。

设计划书》(孙武),使得汉口重建规划彼此冲突,莫衷一是。

二是政府主导的市政机关衙门气息严重,机构臃肿,人浮于事。汉口建筑筹办处除职员80余人外,另有杂役74名,总计逾150人,每月伙食费、员工薪金、房屋租金等,总开支逾2000元。[①] 其开支大部用于人员工薪生活费用,而且随意性强,"市街建筑处开办已六阅月矣,员司近百人,耗费将十万,无实在预算表,有建筑之名号,无建筑之实际也"[②]。督办汉口建筑商场事宜处排场更大,筹办期间,即"拟在租界觅租极大房屋为督办公所。并闻其下须设三大局,共须用局员数百人,规模极为阔大"[③]。主持汉口重建事务主要官员除孙武曾经游历欧美、日本,略通市政外,其他主管官员皆非市政专业人士,如杨度上任时舆论就评论其"毫无市政学识"[④]。汉口商场建筑筹办处督办左德明,"既鲜工程学识,办事又不得要领,开办年余,糜公款已达三十余万元,而于汉口建筑不先事测量,徒为纸上空谈,不体察人情,自作奇幻理想,于街道拟剖三角形,于田地则主张互让法,自欺欺人,不第失千载一时之好机会,而业主之怨谤同声而起"[⑤]。汉口重建过程中暴露出来的外行主政、腐败公行,受到舆论界猛烈抨击。《东方杂志》载文说:"武汉三镇市政之腐败,几非笔墨所能形容!"[⑥]

三是汉口重建所需经费规模巨大,国家缺乏强有力的财政支撑。"按汉口一埠若照新式建筑,需费必在英金三百万镑以上。"[⑦]1912年11月,汉口商场建筑筹办处的重建经费预算一千余万,具体包括:"(一)河岸、城垣购地价值共需银三百五十万;(一)桥口至歆生路等处,四横马路共需银一百五十万;(一)河边驳岸共需银七十万;(一)各路石块约共需银一百五十万;(一)各路沟渠、铁板及测量等款共需银三百万。总共需银一千零二十万。"[⑧]但"鄂省财政支绌已达极点"。武昌起义后,汉口市场疲软,商税征缴困难重重,"近则惟持武汉商店之运输而汉口商铺已十焚其七,因不能建筑房屋之故,甚难复业。其存在者又以时闻兵变谣

① 汉口《国民新报》,1912年7月26日,第4页;9月19日,第4页。
② 《时评》,汉口《国民新报》1912年7月10日,第1页。
③ 《汉口新市》,《申报》1914年1月14日,第2张第6版。
④ 《汉口改良市政谈》,《申报》1916年10月31日,第2张第6版。
⑤ 《省议会质问汉口工巡处案》,《大汉报》1917年4月26日,第3张第5页。
⑥ 周以让:《武汉三镇之现在及其将来》,《东方杂志》1924年第21卷第5号,第77页。
⑦ 《汉口借款合同签约矣》,《申报》1912年6月6日,第2张第6版。
⑧ 《汉口建筑大计画》,《申报》1912年11月14日,第2张第6版。

言可骇,亦不敢多办货色,是该税局收数一时断难复旧"[①]。财政税收难以支持汉口重建,只有转向商业贷款和发行公债。如前述无论是黎元洪还是杨度都曾与美、英、法等国银行商谈借款合同,但皆因种种原因搁浅。在与外商谈判借款的同时,湖北地方当局曾有四次发行公债之议,一次是1912年3月,湖北省民政长及汉口各团联合会决定发售公债券;一次是1912年11月,湖北省临时议会议决发行公债1000万两;一次是1912年12月,中央政府担保发行5000万两汉口重建有期定限偿还公债票;一次是1913年5月,湖北省民政长与汉口马路工程专局联合发行汉口建筑公债票等。但这四次发行公债的举措或因与中央政府发行的公债相冲突,或因汉口商界反对而未能实施。建设资金短绌,致使政府主导的汉口重建规划一再搁浅,最终流产。对此《江汉关十年报告》不无遗憾地说:"1914年底一项新的发展汉口的计划再次跃居先要位置,这项计划由海关税务监督丁士源将军具体负责。它包括改造租界区到张公堤间的面貌,在长江大堤、日租界北面到京汉铁路间修建一条林荫大道,这条路从铁路路基处继续延展,经过水塔,穿过汉口老城直抵长江边。汉口城区的公路网络和泄水体系也确定下来了,今后这项计划将扩展到硚口,从经济角度看,这个计划是正确的,也是可行的。由于资金筹集方面的困难,组织者又不愿向外国货款,因此,它有可能重蹈汉口重建方案的覆辙。"[②]

四是汉口重建既有政府与汉口各方尤其是商家利益纠纷,又有重建工作是官方主导还是民间主导的权力博弈,无休无止的内耗也是重建计划受阻、重建质量不高的重要因素。

二、民间参与:多重角色,毁誉参半

总括汉口民间社会在城市重建期间诸种表现,其大致扮演了三种角色,即参与者甚至主导者角色、协调者角色、反对者角色。

---

① 《湖北财政之悲观》,《申报》1912年4月5日,第2张第6版。

② 〔英〕穆和德等著,李策译:《近代武汉经济与社会——海关十年报告:汉口江汉关(1882—1931)》,香港天马图书有限公司1993年版,第137页。

参与者与主导者角色 汉口民间参与甚至主导汉口城市重建主要体现在以下几个方面：

其一，建言献策。1912年2月，宋炜臣、刘歆生等即上书南京临时政府，“呈请改良商场，寓赈于工，并请设立建筑公司”①。与此同时，宋炜臣等给副总统、湖北都督黎元洪上达呈文，希望政府抓住时机，尽早启动汉口重建，重振大汉口商业中心都市之雄风：“窃查汉口一镇水陆交通为中国之中心点，凡东西各国考察商务者，皆诩为最良之商埠。惟曩因租界以上市廛节（栉）比，房屋鳞次，未能与租界联络一气，收整齐划一之效，识者恨焉。今当劫灰之余，亟宜建筑江岸马（码）头，开筑马路，成一完美商场。其对于各国租界有高屋建瓴之势。一切建埠、筑路、捐税、造屋、卫生、巡警名节，悉照工巡局章程办理。如此则华洋商务之精华将荟聚于华街一带，诚为改良商场之绝好机会。况兵燹以后，贫民无以为生，弱者则为饿莩，强者则为盗贼，今公家既举此大工益，以私家之建筑，既可寓以工代赈之意。至应用地亩，即于各业户中十分抽取一分，已可敷用。其建筑经费，暂由政府筹垫，所有垫款本息，仍于商场布置完备后，设法陆续归还。但使工程早一日兴办，即商埠早一日发达，贫民少一日流离，似为筹办善后者之不容缓图。”并对马路和码头修筑、房屋街巷建造等提出6条具体建议：

> （一）建筑江岸码头　拟由花楼起至桥口下首止，约计筑造长英尺三千丈之谱，每丈工料约需银六百两，共计需银一百八十万两。
>
> （一）开筑马路　拟由江岸至京汉铁道，计开直路二十二条，每条统扯长约四百丈，以二十二条计算共计约八千八百丈。又由花楼至武圣庙，拟修横路十二条，每条约长一千二百丈，共约计一万四千四百丈，横直共计约二万三千二百丈，每路宽约四丈，约计用地九万二千八百方……右建筑江岸马头、开修马路两项，共需工料银三百二十万两。
>
> （一）抽地筑路　自花楼至武圣庙，约计有地一百二十万方，于每一百方中抽地十方，拨作马路之用，共约抽地十二万方。除马路实用九万二千八百方，尚余地二万七千二百方及老路，留为各段马路修造学堂、

① 中国社会科学院近代史研究所中华民国史研究室等合编《孙中山全集》第2卷，中华书局1982年版，第68页。

菜市场及便厕之用。倘再有余剩,即将此地出卖,作为抵还公家垫款之用。

(一)此际汉口房屋焚毁殆尽,业主多半无银造屋。拟借外款一千五百万两,约可造市屋三万间,名为"商办建筑房产公司"。但此款须请政府担保方能有效。各业户如无力建造者,即以基地作抵押,借银造屋,其契据归政府派员会同建筑公司经管,其租金拨归建筑公司收纳,候将本利收清无欠,其地屋仍归原管业收租。庶于三年内,全镇房屋可以复原。并请政府速设立汉口商场工程局,出示晓谕全镇商民被毁之屋暂时不能建造,候马路划妥再行办工兴造,免得造而复拆,损失造本。

(一)请政府速设清丈局晓谕商民,将已毁屋基赶速报局注册,验明契据,给发新地契,以资业主建筑市屋。

(一)工程局晓谕商民,各业户造屋先绘图样,送工程局核准方可建造,以归划一。[①]

其二,参与重建规划与规则制订。汉口商场建设筹办处成立后,黎元洪即"照会汉口商务总会,公举参议刘绅歆生、宋绅渭润等,会同筹办处人员切实磋商,以期完善"[②]。官商一起商定马路数量、宽度,路基土地征用,市民建筑房屋须报批建筑图稿等。经过官商双方近一年的协商努力,汉口重建规划终于于1912年岁末出台。"汉口市街建筑处新拟汉口街道图一张,比原图收缩,而比商会所拟者规模稍大,繁简颇为得中,呈请军、民政府咨交议会议决施行,两政府当即照请交议矣。"[③]为了避免市民在房屋建筑过程中自行其是、有碍市容观瞻,汉口商会制订了统一标准后晓谕市民:"汉口华界房屋烧毁十之六七,清军退后,商董刘歆生、宋炜臣、李子云、韦紫封等筹议规复市面之策。拟先将商业最盛之黄陂街、河街市房修复,然后徐图建筑其他街巷。计河街由招商局起至襄河大中码头止,黄陂街由大董家巷起至武圣庙止,所毁市房不下三千栋。该处街道本狭,现在应放阔街道,议定设一汉口兴市建筑公司,招集股本二千万元,无论华、洋商皆可入

① 《汉口新市场办法》,《申报》1912年2月9日,第2张第6版。
② 《新汉口之大建筑》,《申报》1912年3月26日,第2张第6版。
③ 《汉口建筑大计画》,《申报》1912年11月14日,第2张第6版。

股。凡在该地屋基,各令退出四尺作为公共马路。所有市屋俱建三层楼,以省基地,其三方俱用砖墙,墙外不露寸木,庶足消弭火灾。其地主不愿令建筑公司代造者,须先将屋样绘图送市政厅核明方准兴工,以免式样纷岐。其由公司代造者,将来告竣,或按价收值归还原主,或收租金若干,限年核算扣回。闻各商董均赞成,现正妥筹办法及招股章程,指日发表。"①

其三,参与或主持马路、街巷和居民区建设。阳夏战争后,战火甫熄,商界即酝酿市面恢复、城市重建工作。1912 年 1 月,商界领袖刘歆生、宋炜臣等聚会商讨汉口重建,据 1 月 26 日《申报》报道:

> 汉口华界房屋烧毁十之六七,清军退后,商董刘歆生、宋炜臣、李子云、韦紫封等等议规复市面之策。拟先将商业最盛之黄陂街、河街市房修复,然后徐图建筑其他街巷。计河街由招商局起至襄河大中码头止,黄陂街由大董家巷起至武圣庙止,所毁市房不下三千栋。该处街道本狭,现在应放阔街道,议定设一汉口兴市建筑公司,招集股本二千万元,无论华、洋商皆可入股。凡在该地屋基,各令退出四尺作为公共马路。所有市屋俱建三层楼,以省基地,其三方俱用砖墙,墙外不用寸木,庶定消弭火灾。其地主不愿令建筑公司代造者,须先将屋样绘图送市政厅核明方准兴工,以免式样纷岐。其由公司代建者,将来告竣,或按价收值归还原主,或收租金若干,限年核算扣回。闻各商董均赞成,现正妥筹办法及招股章程,指日发表。其黄陂街接近花楼一段市房,并准于西历三月间开工建筑,以该处系华洋交界地点,商务最盛,故亟须恢复也。近有某国工程家闻悉此议,运动垫款包修以上街巷道路与房屋,只索价一千八百万金。商会中人以关系甚巨,尚未许之。②

与此同时,"汉镇商民张崇、吴沛霖等呈请筹办汉镇商务,建筑市场"③。1912 年 6 月,华侨代表也向黎元洪递交呈文,请求组建建筑公司,参与汉口重建,"以

①② 《规复汉口商场之硕画》,《申报》1912 年 1 月 26 日,第 2 张第 6 版。

③ 中国社会科学院近代史研究所中华民国史研究室等合编《孙中山全集》第 2 卷,中华书局 1982 年版,第 58 页。

辅官力之不足，以补建筑筹备处之不逮”：“窃汉口为中华名区，轮舶聚集，商贾辐辏。自开为通商口岸，欧美各国联袂接踵，相与征逐浸假，而洋楼高耸浸假，而马路宏开，中国街衢亦渐扩充蓓蓰于前，由是汉口商务之发达，遂为中国冠。我军起义，南北交锋，汉镇商场，焦土一片，哀哀赤子，流离无依，营营口阛，荒芜满目。副总统痌瘝在抱，不忍繁盛之区日久荒凉，迭次谕令侨等回国，相度该地情形，妥筹善后，以便特别构造，光复旧观。闻命之下，克日束装，以期无负德意。但该地业主创巨痛深，不资辅助之力，断无改良之方。旧日市面湫溢嚣尘，不加改作之功，难收宏大之效。侨等再四商筹，拟集合资本，组织建筑公司，改筑街道，变易旧形，以辅官力之不足，以补建筑筹备处之不逮，此则侨等之责任，未便旁货者也。”①

最初，政府宏伟的重建蓝图使广大市民深受鼓舞，充满期待，汉口商务总会等民间团体也是摩拳擦掌，蓄势待发，准备与政府合作共建美好家园。但是，由于官僚体制痼疾作祟和重建经费无着，武昌起义后由政府主导的汉口重建除修筑了几条马路外，街道、市场和居民区的建设始终停留于纸面规划而毫无建树，汉口市民在经过了漫长的等待之后，终于对政府重建汉口彻底失望。于是，汉口商务总会等汉口民间组织开始主动作为，各自为政，修路建房。

如修马路：

汉口市街建筑处新拟汉口街道图一张……该图系修长马路两条……修横马路四条……长横各路均宽九丈。各街道又有集家嘴河岸筑横马路一条（此由地方出款），均以五丈宽为率，因由商民自行建筑，不拘形式，故未图绘。②

四官殿上首剪子街至龙王庙为往来要道，自遭兵灾后，年久失修，沟路不通。现自夏令，天气亢阳，臭气难当，与卫生大有妨碍。兹该段宁平保安会长及商民张大兴等为热心公益、注重卫生起见，昨十三日特集合众街邻在剪子街洪记茶楼会议，筹有的款，不日购就砖石，限于月

① 《华侨新汉口建筑公司规则》，《申报》1912年6月8日，第2张第6版。
② 《汉口建筑大计画》，《申报》1912年11月14日，第2张第6版。

底开工云。[1]

本镇大夹街、流通巷、南城公所附近一带,或被火焚,或年久失修,以致阴沟壅塞,道路不齐。昨经公益救患会、工程事务所邀集街邻及各帮董事公议,以分上、中、下三等,先街后巷,陆续进行,并以大夹街为起点。经公赞成,当将所议细情呈报夏口县署及警厅出示保护矣。[2]

如建新市场:

张美之巷后城马路一带,现经巨绅刘、杜诸君发起创建新市场,原估二十万元,讵现除由刘君经手募集股款二十万元及(其)他各股东所认二十万元,共四十万元,尚不敷甚巨。其工程之大,可想见矣。

汉口商界主导汉口重建成效最显著者,当推所谓"模范区"建设。武昌起义后不久,一些富商纷纷投资房地产,汉口兴起建房热。1914 年至 1918 年间,沪商蒋广昌和胡庆余堂,在今江汉路、南京路间合资修建义成总里。官僚袁观海修建了长怡里、长乐里、长康里、长寿里、长青里等里弄。任过上海道的桑铁珊修建了保和里、保安里、保成里。赣商周扶九(即周五常)修建了以五常里(今永康里)为中心的中山大道两侧店铺住房数百栋之多。在六渡桥到江汉路一带新建房屋鳞次栉比,仿洋创新,形成了整齐的马路和两侧的店铺,奠定了市区中心的格局。有鉴于这一区域规划和建房的较高品质且居住者大多富商巨贾,1922 年 11 月,汉口商界与警务部门协商,将歆生路至大智门马路英租界外到京汉铁路之间划为所谓"特别模范区",汉口警察厅在区内专设警所以施保护,类似当下物业费之区内运营经费由业主自行担负。据当时报载:

新马路后,自华商商团组织事务所以来,迭经该所与警察厅磋商,拟将该地一带(划)为特别模范区,所有经费完全由该地方住民及房主担任。此议早已宣布。十九日汉口警察厅已正式发表,准先办一特别

---

① 《筹款修理街道》,《汉口中西报》1917 年 7 月 15 日。

② 《修理街道》,《汉口中西报》1918 年 10 月 30 日。

警察所,当即饬彭某(名已忘)为所长,并在七分署以及七、八两总署,拨调干警共二十四名,试办四个月,所有经费日下尚未规定,准于二十一、二号正式成立,并通知彭所长对于各机关公所、洋行认真保护。①

其四,要求参与主办电车等公用事业。武昌起义前,即有商人在汉口创办电车之议,"日本留学生颜寅亮君,去年曾请在汉口创办电车,经夏口县自治会议,以汉口马路狭窄,恐伤行人,故未准办"。武昌起义后,颜氏又向夏口县地方当局提出办电车申请,同时提出申请的还有绅商胡文达。颜、胡提出的汉口电车线路分二到三期进行,先期敷设自硚口到歆生路再到大智门后城马路约 8 华里线路;第二期自硚口沿襄河(汉江)至招商码头,又自大智门经华景街至田家大路等线路;第三期,经过数年营运积累经验和资金后再逐渐敷设扩充全镇。② 对于颜寅亮的申请,夏口县知事以"汉口市政问题尚未解决,一切手续不便预定"为由婉拒。③ 至于胡文达,汉口商场建筑筹办处的回复是"缓办":"此项轨道敷设应以汉口市街建筑为前提,一切设施方能妥贴。现在市街建筑尚未切实解决,轨道敷设应即缓办。"④过了两年,即 1914 年 9 月,汉镇商人李国镛、谭启瑞、颜寅亮、胡文达、庄宝衡、徐昌炳、汪启照、龙光宗、曾尚斌、廖相如、杨剑青、李毓芳、郑伯勋、唐斌、王家桢、何茗青等合股成立了"商办汉口全埠电车股份有限公司",向汉口工巡处督办丁士源递交创办电车申请。对此申请,汉口市政当局再次予以拒绝。丁士源在 10 月 2 日给北京政府内务部报告中这样陈述其拒办理由:"此项建议早经取销,现在本监督兼管汉口工巡事宜,所有关于市政事宜正在筹备进行。电车为市政之一般,应否开办,本监督自察酌地方情形,权衡缓急办理。各该具禀人何得以援照前案为词,希冀禀准开办,且查核假定各图表预算各节尤征各该具禀人对于此事毫无研究,苟如各该具禀人所意计,非徒无益公众,且恐有碍私人资产,所请碍难照准。"⑤内务部赞同丁士源的意见,经办人、内务部一科长李升培表示:"电车为市有营业之要图,汉口为各省交通之巨埠,此种事业洵宜有完全

① 《模范市区之创办》,《汉口中西报》1922 年 11 月 21 日,第 3 张。

②⑤ 《江汉关监督兼任外交部特派湖北交涉员管理汉口工巡事宜丁士源据案批驳商人请准创办汉口电车的文书》,中国第二历史档案馆藏档案,全宗号一〇〇一,目录号 2,案卷号 839。

③ 《汉口创办电车之议复活》,《申报》1912 年 3 月 4 日,第 2 张第 6 版。

④ 《创办汉口电车之波折》,《申报》1914 年 9 月 30 日,第 2 张第 6 版。

计画,庶于市政前途方易收整齐画一之效。兹据管理汉口工巡事宜丁士源详报商人李国镛等禀请创办汉口电车业已据案批驳详情备案等情,办理尚属妥协,拟准备案并批饬。嗣后如规定汉市电车计画仍随时报部查核。"①内务部的这个意见,实际上暗含这样的意思:电车作为城市重要的公用事业,必须市有公办,不宜私有商办。其实,无论是建筑筹办处以道路未修、市政设施不全婉拒,还是丁士源以承办人缺乏电车交通专业背景为由驳回申请,都只是托词,根本原因正是北京政府内务部所暗示的禁止民办城市公用事业。对此,湖北军政府都督黎元洪早在1912年3月26日的告示中即已明白昭示:"汉口建筑筹办处即派专员勘定将来不易之街衢、堤岸,立定界桩,作为公地。凡公地圈内之建设,如电车、电灯、电话、自来水、自来火等项,应由鄂军政府许可之公司举修,无论人民与他公司,均无建筑之权。"②此后又有1917年4月商人谭寿堃等呈请招股承办汉口电车,自然又遭到丁士源的继任吴仲贤的驳回。③

相较商办电车的一波三折,商人承办汉口轮渡则颇为顺利。"武汉轮渡系前巡道冯启钧创始,辛亥后收归官办,嗣仍发还由冯转租合记公司商办。"其时汉口商人纷纷投资汉口轮渡,形成合记与永济两大公司竞争局面。"永济公司以汉口下段尚无轮渡,是以开办六码头轮渡公司,与合记之汉阳门、平湖门、文昌门双峰并峙,名守各界,不越雷池。合记见永济下段营业发达,又得汉口德租界收回接管之故,租得七码头起岸点,是以亦办下段之轮渡,以致永济大受影响。双方争执不下,已在各官厅互控。刻闻有人调停,永济补填合记数月来亏折,合记即将七码头轮渡抛弃,由永济完粹经营下段云。"④1917年6月,又有汉口轮渡总公司和大庆轮渡公司相继创办运营。汉口轮渡总公司由邓君桐等创办,主要包办粤汉铁路的武汉轮渡,"装运客商、货物往来"⑤。阳夏轮渡以汉阳周恒顺为大股东,汉阳商会同人"亦有赞助",主要经营汉口到汉阳之间的轮渡,"轮渡往来线路,上水以汉口水厂为起点,至汉阳东门外少一停顿,起载搭客,而以鹦鹉洲竹木局门

① 《江汉关监督兼任外交部特派湖北交涉员管理汉口工巡事宜丁士源据案批驳商人请准创办汉口电车的文书》,中国第二历史档案馆藏档案,全宗号一〇〇一,目录号2,案卷号839。

② 《新汉口之大建筑》,《申报》1912年3月26日,第2张第6版。

③ 《请办电车公司》,《申报》1917年4月7日,第2张第6版。

④ 《轮渡营业之竞争》,《汉口中西报》1917年6月9日,第3张第6页。

⑤ 《筹设轮渡总公司》,《汉口中西报》1917年6月11日,第3张第6页。

首为终点。下水反是……所定价值极为低廉，每次每人取渡资六十文，东门减半，迟日行驶，生涯谅必大发达也”。①

协调者角色 民初汉口重建，修筑马路征地拆迁，关乎市民切身利益，加之汉口商场建筑筹办处等官方市政机构无视民意，野蛮拆迁，激起众怒，重建受阻。“汉口自遭北军焚后，虽经建筑筹办处将街道测绘成图，并将全图及办法发表，乃该业主等以道路占地过宽，将来换给官基难得公允。刻道路未曾兴修，又禁盖造房屋，是商务民业两受其害，业已群起反对。讵日前筹办处又宣布，凡未烧之房屋，与马路工程有碍者，亦须拆让。各业主闻之愈哗，于是组织产业联合会迭次聚会，设法阻挠。”②其时官民矛盾主要集中于两个方面，一是修路所征之地，官方应允按面积以官地补偿，“然商民等坚以换地难于适合繁盛之地点，群议要求凡掉换之官地，必须接近其原地之处，否则决不承认”③。二是汉口商场建筑筹办处最初规划汉口马路、街道宽度分别为十二丈、十丈、五丈不等，修路过程中需要沿线市民拆屋让基，于是遭到市民反对。解决上述难题，汉口市政机构最初的办法是动用行政手段强制征地，甚至在市民聚众强力抗争时动员军警弹压，如四官殿马路修筑时，“令人拆屋让基，几酿暴动风潮”，“建筑筹办处以凡民难于谋始，已请兵来汉照料工作，以资镇摄”。④ 结果官民矛盾更加激化，重建受阻，“迁延半载，迄未实行”⑤。

万般无奈之下，黎元洪亲自出面，延请汉口商务总会出面协调，化解争端。汉口商务总会也主动作为，居间调停，息事宁人。于5月12日开会商讨积极配合官方调解事宜，“闻张国溶、胡瑞霖、徐金声诸君，以商民不知改良市政之益，只斤斤于目前小利，虽以压力从事，究不若令其心诚悦服，俾合力经营，速观成效，爰联络总商会著名诸董事及商团联合会，创办市政筹备会，以辅助建筑进行，化导阻扰为目的。日昨在小关帝庙联合会事务所开发起会。首由胡瑞霖报告开会宗旨，次由徐金声报告章程草案，稍加研究，均已通过。当场举定胡瑞霖为正会长，张国溶为副会长，刘毂臣为会计员，蔡辅卿、李紫云、王开庭、盛竹书为评议

---

① 《阳夏轮渡之创办》，《汉口中西报》1917年6月26日，第3张第6页。

②③ 《新汉口建筑种种》，《申报》1912年4月20日，第2张第6版。

④ 《汉口市政新谈》，《申报》1912年5月13日，第2张第6版。

⑤ 《新汉口建筑近闻》，《申报》1912年9月4日，第2张第6版。

会”[①]。从这个名单看,市政筹备会几乎囊括了汉口总商会高层人士。经与官方充分协商,最后决定商界以市政筹备会的名义参与汉口重建事务,“官商合办以息事端”:“汉口建筑筹办处系奉都督命令而设,纯为官办性质,故各职员仍染官场积习,颇与商界不谐。所以开办三月之久仅绘一不适用之草图,所定办法又迹近扰民。由是汉上商民群起反对,该处亦以积极手段对待商民,甚至调兵弹压,督拆民房,迫开马路,两方面愈形激烈,几有决裂不可收拾之势。汉口总商会为调停计,日前召集全体会议决定,恳求官商合办以息争端,而免此巨祸。业奉黎都督批准,将建筑筹办处即日改为官商合办。昨已饬内务司赶刊关防,换恰启用,以昭信守。其中所用各员除总理左君德明仍充总理外,余人多有更动,马路工程亦暂停止,闻须重测路图,冀便商民业主云。”[②]

新的重建协商机制建立后,果然不负众望,积极协调纠纷,化解矛盾,较好地解决了拆迁换地和拆屋让基这两大阻碍马路和街道建设的难题。

关于以官地换私地,建筑筹办处曾请汉口商务总会出面协调,对此,《申报》曾有披露:“建筑筹办处所绘之新图及建造房屋办法,早已呈由都督发交省议会核议。而议会以其中碍难之处颇多,事关重大,迟迟未能决议。昨由都督咨催,该会乃始申复。略谓:以官地与民地交换,手续繁难,用人稍一失检,流弊随之而生。现民力凋弊已极,何堪再受隐亏?若换地办法无一定标准,凭三数人意见,窃恐难免不有因此而失其财产者。现筹办处于此换地重要之事尚未定有完善办法。此本会不能轻于决者一。此项建筑与民间有直接关系,筹办处开办以来,从未闻与民间磋商一切;与闻此事者,仅一商会……”[③]1912 年 9 月 3 日,黎元洪与汉口商务总会会商,决定以购买方式解决换地难题,“预算估购地价,计河岸城垣两长马路约共需银二百七十万两,四横马路共需银百万两”[④]。

因拆迁换地和拆屋让基牵涉面广,几乎涉及汉口所有商民直接利益,汉口商民曾组织专门的团体——业主会,就马路等级、拆屋让基等事宜与政府抗衡交涉,关于这个问题,我们将在下一节详细论述。由于官方在设计重建方案及实施

① 《汉口市政新谈》,《申报》1912 年 5 月 13 日,第 2 张第 6 版。
② 《官商合建新汉口》,《申报》1912 年 5 月 14 日,第 2 张第 6 版。
③ 《新汉口建筑种种》,《申报》1912 年 4 月 20 日,第 2 张第 6 版。
④ 《新汉口建筑近闻》,《申报》1912 年 9 月 4 日,第 2 张第 6 版。

过程中,忽视甚至蔑视市民合法权益,毫不顾及民众感受,官民隔膜几致水火不容。而汉口商界自治组织——汉口商务总会(汉口总商会),既了解市民意愿和诉求,又与地方当局保持紧密关系,当危机出现时自然而然地充当了协调者角色,并作出既有利于城市重建顺利进行,又充分顾及市民利益诉求,最终官民双方都能接受的危机解决方案,是为城市早期现代化进程中政府主导、民间参与、国家与社会协调一致破解城市建设与管理难题的较为成功的案例。

反对者角色 汉口重建过程中,政府与市民之间虽然矛盾多多,冲突频仍,但总其大要者主要体现在两个方面,一是筑路过程中拆屋让基触动绝大多数商民利益而遭遇强烈反弹,酿成群体事件;一是政府举借外债和发行公债,其利息以汉口税捐作抵,引发商界集会上书、一致声讨。关于业主会反对拆屋让基,主张维护地产权益,我们留待下节专论,这里着重谈谈借款风波中,汉口商界以反对者角色与北京中央政府抗争始末。

1912 年 5 月,黎元洪与美国大赉公司草签 1750 万美元借款合同,黎元洪希望由中央政府担保。但参议院在表决时删掉了草约中"需其担保"4 字,汉口商界闻知后即表反对。汉口总商会、业主会及商团联联名致电参议员,表示借款"由湖北自偿,增重人民担负"。"窃以汉口损失原因民清战事,与他省受损关系悬殊。又日后关税必属国家岁入,振兴商务税额自增。如谓必由湖北担任,则今次借款为资本,而来日之增税即为利息,是汉口关税宜有特别规定,方足以昭公允。综言之,汉口借款应由中央担任,鄂非自私,法理、实际两有可证。应速电探询,如尚未议决,急宜主持正论以示大公。"武汉各界还在汉口大舞台召开大会,到会者一千余人,会上宣告成立汉口救国会,"当推黎本唐君为主席报告开会宗旨,次都督府代表高汉声、吴道南及各界志士相继演说,大抵反复详言借款系存亡之故,尤以高君所言最为扼要"①。7 月 20 日,针对黎元洪即将与大赉公司"正式签押","此款由汉口地方税担负偿还",汉口业主会、商团联等又召开会议,"要求改定建筑筹办处所拟章程共有七项",其中第五项明确要求"各团体于规定新市各项税捐须有参议权"。② 并派人将该决议呈黎元洪及汉口商场建筑筹办处,"昨建筑处总理张大昕君特召集本处参议与商会议董各员商议,就要求条件

---

①《汉口救国会断指悲剧》,《申报》1912 年 5 月 31 日,第 2 张第 6 版。

②《新汉口即将建筑》,《申报》1912 年 6 月 29 日,第 2 张第 6 版。

逐一讨论发抒意见，签注呈复黎公查核，大概无甚反对，业主会与各团体极为满意"①。

1912 年岁末，北京政府以抚恤商民、补助商务为名，决定在汉口发行总额为 5000 万两的公债券，前 5 年只付息不还本，从第 6 年起每年偿还本银总额的 1/25，至第 30 年还清，其利息在湖北营业税、汉口房租、落地税附加等税项中给付。② 汉口商界知悉此事后，于 1913 年 3 月某日以总商会名义致电北京政府，明确表示反对《公债票保息办法》。不日，北京政府回电汉口商会，仍然坚持上述还本付息方案。于是，"商帮王琴圃、樊步青、刘仁山、周秉彝、王心田诸君，当于初十日晚九点钟在各团联合会讨论公债票利弊"。联合会会长周允斋发言指出："政府补助汉口应由现金，何以剜肉医疮，何仍取诸疮痍人民……汉口人民替伊还债，愈负愈重，劝君等不必为伊所用，请商会即与本会磋商再发一电，由政府担任利息或减轻亦可。"樊步青的发言与周允斋略异，认为"因汉口为通商大埠，货通中外，所加之税系取之各处商民，并非汉口一隅担负，此固无庸虑者"。但他也认为："民军起义，汉口适当战线焚烧殆尽，此次损失，理应国家赔偿，何得就地筹款，其如周君所谓剜肉医疮何也？"盛竹书的发言更是危言耸听："补助汉口公债票本是剜肉补疮，依愚看来，较诸满清中东之役赔三百兆，庚子之变赔四百兆，将己之肉剜补于人似胜一筹。值此商战时代，汉口金融机关滞塞已极，若非设法补助，外人均可自由赴各处采办，华商变为苦工，商务不兴，何以立国……惟愿贵会诸公以振兴商务为前提，与商会联络一气，另筹完善办法而已。"③

1913 年 4 月 10 日和 4 月 16 日，《申报》分两期登载汉口市民黎大钧等 47 人给北京政府的上书《武汉公民呈请取消公债票文》全文。该文首先指明，鉴于阳夏战争使汉口"财产损失，室家流离"，汉口商会、业主会等为振兴商务、救济产业起见，请求政府予以恤偿。然而政府却以发行补助汉口商务公债票予以搪塞应付，引起汉口市民强烈反弹。"是以周良璧等条呈意见于前，张坤山等广布传单于后，舆论沸腾，已可概见。"呈文认为，"某等谊属公民，即有负担之义务，即有讨论之责任"，应该知晓和参与关乎自身利益的城市事务的研讨和决策。于是通过

---

①《新汉口即将建筑》，《申报》1912 年 6 月 29 日，第 2 张第 6 版。

②《参议院已提出筹款恢复汉口商业》，《民立报》1912 年 12 月 25 日，第 6 页。

③《汉商讨论公债票之意见》，《申报》1913 年 3 月 18 日，第 2 张第 6 版。

集会征求广大市民意见,就取消公债券“略分六说,详细陈之”。其中四点,依法据理,言多剀切。一是从债务人应当担负公债之利息的角度而论,公债券“明明为政府补助费,因缺现金,乃募虚债。则债务人属之政府毫无疑义,乃公债利息反筹诸汉口房捐附捐,是又以债权人负担利息矣。此种法律,实为万古万国所未有。自今以后,诚恐私人籍口凡债务人皆可以不付利息,流弊尚堪言哉”!二是房捐、附捐本来就是地方税,“皆非缴纳政府之款”,而且营业税亦有国家税、地方税之别,“今公债章程第六条筹还票本仅以营业税三字笼统言之,亦欠分明。由是言之,恐不特利息为债务人担负,即票本亦将归债权人担负矣。是又何必美其名曰中华民国补助商务公债票?反不如质言之曰汉口商民自募公债票,自偿损失、自筹本息较为直接痛快也。民虽至愚,亦不受此虚惠矣”。三是公债券只是补偿一部分人损失,但“利息则筹自地方,是债权人与债务人均立于旁观地位,而以第三人负其义务,此种法律实属创闻”。少数人得利而要全体市民一起偿还,“吾知凡有血气之伦莫不指以为怪者,乃不意宣布于报告确定为章程者,竟有类似行为,诚百思不得其解也”。[①] 四是辛亥革命带来全国各省不同程度的破坏和损失,如果其他省份都仿效湖北要求中央政府发行公债券,以实易虚,“则现金之恐慌翘足可待”。凡此种种,政府不负责任,转嫁于地方和人民的公债券“至有害于国家,有害于商民”,理所当然地遭到全体市民的反对,全体市民一致要求“取消公债票,别筹善法”:“某等或居武昌,或居汉镇,此项损失亦颇不少。如果债票有利无弊,岂肯违要求之初心,舍补助之近利而自贻戚。无如公理所在,担负所关,就目前言虽因损失而得虚名之补助;为日后计,反因补助而受无穷之损失。两相比较,不得不抑私情而昭公论,用特缕乞,俯赐察核,迅赐取消公债票,别筹善法”。[②] 在汉口市民的强烈反对下,北京政府发行补助汉口商务公债券闹剧草草收场,无果而终。此后又有 1921 年湖北省政府发行以汉口商场作抵押的所谓选举公债,也因汉口总商会、业主会、各团联合会的一致反对,甚至“以死抗争”而流产。[③]

汉口商界反对政府借款既基于减少自身经济利益损失的自我意识,同时随

---

① 《武汉公民呈请取消公债票文》,《申报》1913 年 4 月 10 日,第 3 张第 11 版。
② 《武汉公民呈请取消公债票文(续)》,《申报》1913 年 4 月 16 日,第 3 张第 11 版。
③ 《反对商场借款之酝酿》,《汉口中西报》1921 年 1 月 15 日,第 3 张。

着反对借款活动的持续展开,进一步演化为城市共同体意识和公民权利意识。首先是对汉口城市地位有了新的认知:“我汉口居中国之中央,占商务之要点,居高屋建瓴之势,一呼而全国响应,无有能过之者。”①“汉口乃天下人之汉口,非湖北之汉口,此项借款,汉口人民实难担任。”②其次是既然借款为了抚恤战争损失和用于城市重建,作为城市主人的汉口商民要有知情权、参与权甚至决策权,“某等谊属公民,即有负担之义务,即有讨论之责任,爰是会集于省城保安总社,广征意义”③。1913 年 4 月 10 日《申报》刊登的汉口市民反对发行汉口商务公债票的请愿书,标题为《武汉公民呈请取消公债票文》,落款亦标明“武汉公民×××”,凸显了汉口市民的这种现代公民意识和公民权利意识。三是汉口市民社会国家本位意识开始被地方本位意识和城市本位意识所替代,“因汉口为通商大埠,货通中外,所加之税系取之各处商民,并非汉口一隅担负,此固无庸虑者,查民军起义,汉口适当战线焚烧殆尽,此次损失理应国家赔偿,何得就地筹款,其如周君所谓剜肉医疮何也?”④。

三、官民互动:权力博弈,价值冲撞

如上所述,武昌起义后的汉口重建是在政府主导下民间积极参与、政府与社会合作进行的。但是,由于民初武人专政、政局动荡、吏治腐败,国家和政府相对衰弱,由于汉口独有的商业贸易功能所形成的商人自治的城市另类特质,以及城市重建过程中社会关系重构和利益分配重组等多重因素,汉口重建中的官民之间(主要是官商之间)虽然不乏良性互动和默契配合,然总体而言,互动和配合是短暂的、次要的,斗争和矛盾则是长期的、主要的。这种矛盾和斗争主要围绕以下三个方面而展开:

城市重建政府主导还是民间主导 由于汉口商界自明清以来一直主导城市市政和商事活动的历史惯性,汉口商会领袖们便理所当然地以为武昌起义后汉

① 《汉口商界之奋起》,《民立报》1913 年 5 月 4 日,第 6 页。
② 《业主反对借款》,汉口《国民新报》1912 年 6 月 27 日,第 4 页。
③ 《武汉公民呈请取消公债票文》,《申报》1913 年 4 月 10 日,第 3 张第 11 版。
④ 《汉商讨论公债票之意见》,《申报》1913 年 3 月 18 日,第 2 张第 6 版。

口重建应该由其所主导，从前引 1912 年 1 月 26 日《申报》报道中我们即可看到，汉口商界领袖刘歆生、宋炜臣、李紫云、韦紫封在战火甫熄、民国始建之际，就迫不及待地谋划汉口重建，内容包括规划道路、制订建房规格和标准、筹组公司机构、募集建设经费等，并以汉口商务总会的名义上书黎元洪，全面申述商界战后关于汉口重启商贸、重建街市的种种主张："(一)请现款。今日钞票拥滞，现银缺乏，急需维持市面，以现银补钱票帮之不足，金融流通转圜自易。(二)求抚恤。汉口为起义之区，又当交战之冲，无论何业，商民惨苦，几难言状，不有抚恤无以慰众心而固生计。(三)请速建筑。查回汉商民现几无立足立地，行号群趋租界，铺店支棚为生，且有无屋可栖、泊船停岸者，外溢中虚，实非久策。急宜规定建造，可以镇观望者之心，免致久困，益增商累。(四)请缓催欠款。前清银行及官钱局折放款项，拟求从缓催收，各存户分存数目，拟劝从缓提取，俾银钱各业可抒目前之急，而无竭蹶之虞，各帮赖以周转，市面即可流通，其未经损失各商家，尤须催令赶速还款。以上四项，统乞副总统出示晓谕，限期担承，稍展时日，以期顾全大局，藉兴市面。"[①]俨然城市主宰者和城市重建组织者与领导者。

对于商界的吁请和参与，无论是南京临时政府还是湖北军政府，最初都采取欢迎、接纳姿态，孙中山在给实业部和内政部的饬令中，对汉口商界主动请缨参与汉口重建表示赞赏，"本总统察核情形，尚属可行"。指示两部"迅速筹划，与该绅商等妥为接洽"。[②] 黎元洪在关于汉口重建的告示中，也明确表示邀请汉口商界领袖参与汉口建筑商场筹办处工作，"汉口自遭兵燹，阛镇财产俱付灰烬。前经中央政府电商本都督，饬设汉口建筑筹办处改良市政，业经开办在案。惟滋事体繁重，特由本都督照会汉口商务总会，公举参议刘绅歆生、宋绅渭润等，会同筹办处人员切实磋商，以期完善"[③]。当然前提是必须承认政府主导，其重建机构和建设项目纳入政府统一领导和管理。如黎元洪在 1912 年 4 月 12 日《黎副总统维持汉口商市之文告》中就明确宣示国家和政府的这种主导权，"富国莫要于通商，通商莫先于立市。中国商务不能发达，由于市道素少讲求，然如周官所制，司

---

① 《汉商会维持市面策》，《申报》1912 年 4 月 13 日，第 2 张第 6 版。

② 中国社会科学研究近代史研究所中华民国史研究室等合编《孙中山全集》第 2 卷，中华书局 1982 年版，第 58、68 页。

③ 《新汉口之大建筑》，《申报》1912 年 3 月 26 日，第 2 张第 6 版。

市次叙分地，而经市县师量地辨物而制域，则市廛区画建设之权应归国有”[①]。

武昌起义后，汉口市政机构几经流变，有汉口建筑筹办处、马路工程局、工巡处、建筑汉口商场事宜处、武阳夏商场建设事宜处之类的官方机构和市政会这样的官商共商市政机构，政府意欲强化对汉口城市事务的管控，“1912 年，商会试图主导汉口市政重建，曾经呈请湖北军政府，要求政府出面担保商会举借外债 1500 万元，被黎元洪军政府拒绝。究其原因有二：其一，从中央政府到湖北省府，均担心汉口重建事权因此落入外人之手；其二，以黎元洪军政府亦主导汉口重建，当然不愿出面为借款担保”[②]。建筑汉口商场事宜处理接管汉口建设后，其工程计划基本撇开了商会和其他民间组织而以官府为主导。1923 年，武阳夏商场建设事宜处委托工程师编制《建筑汉口商场计划书》，汉口地亩清查专局督办孙武主持编制《汉口市政建筑计划书》，都是政府行为，民间组织已失去了在城市规划中的话语权。

但是，受制于政局动荡、武人专政、官僚昏聩贪腐、财力短绌等多重因素，面对汉口华界大部分被烧毁，城市大面积重建时间紧迫、任务繁重、斥资甚巨，刚刚成立的民国和组建起来中央、地方政府显得力不从心，长期无所作为，建树甚微，给予民间留下可以发挥作用、自主建设的广阔空间。一方面，政府在筹集建设经费、协调政府与市民关系等都需要甚至依赖商会等组织参与；另一方面，当内外借款长期无着、重建市街遥遥无期时，不得不放手民间各自为政，自主建设。如商界主持的部分马路修筑，包括所谓“模范区”在内的汉口居住区、商业区的建设，就是在政府无力组织实施、无钱开展建设的情况下进行的，而马路、街巷等级及尺寸标准，初期官方曾经有过详细规划和较高标准，但遭到广大市民的激烈反对，最后由汉口总商会居间调停、汉口业主会等民间组织主持制订并实施，表现出国家和政府对于商会等民间组织主导城市重建的某种无奈。

汉口重建伊始，中央和湖北地方当局意欲对标伦敦、香港等国际大都市规划和建设汉口街道，黎元洪在告示中明确宣示：“汉口以全国水陆之中枢，四通八达，天然第一绝大商埠，从前街道湫隘污秽，灾疫时作，而栉比鳞次无法改修，早为中外通人所诟病。适有上年兵燹之厄，民国政府乘兹时会，派遣工师开设建筑

---

① 《黎副总统维持汉口商市之文告》，《申报》1912 年 4 月 12 日，第 2 张第 7 版。

② 方秋梅：《近代汉口市政研究（1861—1949）》，中国社会科学出版社 2017 年版，第 302 页。

公司筹办处,绘图帖说,将汉街市道全体改革,焕然一新,为吾国第一次开辟商埠之伟大事业。"[①]3 月 26 日汉口《马路图式》公布:"拟定河街马路一条,最窄处宽十二丈,其他马路宽十二丈、十丈、五丈不等。"[②]但按照这个等级标准修筑高水平的马路,必须以沿线居民拆屋让基为巨大代价,理所当然遭致广大业主强烈反对。政府软硬兼施、商会居间协调也无济于事,工程陷于停顿,"迁延半载,迄未实行"[③]。为应对修筑马路、街道可能给居民造成的利益受损,汉口市民于 1912 年 2 月成立业主会与政府交涉并谋求马路等级标准制订主导权。"民国元年正月,由蓝熙周、金维藩、李浚堂、马良骥、刘骥、黄兆桢、黄锡龄、周有章、汪钧、邓毓翔、张正国、张文基、程荣、汪道和、宋用宾、万昭度、胡贤宰、李继纲、王开瀛、黄传柱、冯壬、冯辛等发起,并由张仁芬、徐家钟、贺良谟、杨尊祖、黄毅、高廷杰、王桢、张和信、李敬铭、余士熙、张世濂、周润芝、周先魁先后维持会务,呈请前湖北内务司颁发登记,以昭信守。"[④]"汉口业主会组织之性质,系为保障业主权利而设,组织人员大多为商场名流。系以个人为单位,经费在税契项下加百分之二拨充。"[⑤]业主会在民初势力很大,其地产规模几占汉口全市范围之百分之八十左右,"就张公堤范围内言,为本分子所有者,实居万分之七八千。就汉口旧市镇言,为本分子所有者,比较亦占多数"[⑥]。汉口业主会认为,广大业主反对拆屋让基修筑马路,除业主利益受损外,一个重要因素是"建筑处不与人民接洽",政府无视市民的知情权和参与权。[⑦] 也就是说,业主会要向政府争取马路等级标准制订的参与权甚至主导权。5 月 17 日,汉口业主会开会作出八条决议,其中第二、五条涉及马路修筑,"路线要缩减""上下房屋不拆,凡有大工程者,路线须设法偏让,其小工程不能偏让者,照价赔偿"[⑧]。7 月 9 日,汉口业主会又"决定办法八条,呈请副总统核示"。其中第二条:"路线须酌量减少,丈尺须酌量减窄。路线多少,计划

---

① 《黎副总统维持汉口商市之文告》,《申报》1912 年 4 月 12 日,第 2 张第 8 版。

② 《新汉口之大建筑》,《申报》1912 年 3 月 26 日,第 2 张第 6 版。

③ 《新汉口建筑近闻》,《申报》1912 年 9 月 4 日,第 2 张第 6 版。

④ 武汉市地方志办公室、武汉图书馆编《民国夏口县志校注 · 建置志》,武汉出版社 2010 年版,第 138 页。

⑤ 《湖北实业月刊》1924 年第 1 卷第 7 号,第 107 页。

⑥ 《建筑商场与后湖业主会》,《汉口中西报》1920 年 11 月 16 日,第 3 张。

⑦ 《业主开会详记》,汉口《国民新报》1912 年 5 月 15 日,第 4 页。

⑧ 《业主会之决议》,汉口《国民新报》1912 年 5 月 19 日,第 4 页。

已定,颇难更改,至宽窄尺度,可随时酌量核减。"第六条:"业主于建筑、税则须有参议权。建筑之事,应请都督饬业主会举代表二人前来参议。"第八条:"人民服从公家沟渠巷道定式外,须有自由建筑权。"[①]在汉口业主会一再强烈要求下,黎元洪同意业主会公举建筑参议 6 人,与商会及建筑筹办处一起协商确定马路等级乃至其他重建事宜:"汉口建筑筹办因业主意见不同,黎公体恤众情,允准公同商会从长计议,各节已纪报端。建筑处日昨通知汉口业主联合会速举参议数人送由该处,禀請民政长委任。当经举定陈君仁斋、姚君恒卿、李君钧甫、项君仰之、夏君子文、杨君荫如六人,会同参议一切云。"[②]9 月 3 日,黎元洪特邀汉口商务总会、业主会等民间组织负责人到都督府开会,议决市政改革诸项事宜,其中关于马路和街巷等级标准有重大改革。对此,1912 年 9 月 4 日的《申报》以《新汉口建筑近闻》作了较详报道:"后城垣及河岸东西两长路,均自桥口起,一至歆生路止,一至招商局止。自蔡家巷、四官殿、五彩巷、邱家垱等处起,通过后城马路筑横马路四条。长横各马路均宽八丈,由官拨款修筑。""又自集稼嘴河岸起,通过城垣马路筑横马路一条,议由地方人集款修筑。""此外各街道,其宽均以汉三丈为准,两边各以滴水为界,房屋任人民自行建筑,但不得过为逼窄卑陋,致妨市政规模。"[③]《申报》的报道披露新的马路街道等级标准是由黎元洪军民政府、总商会和业主会共同商定,而《汉口小志》则明确指出是"由业主会修改街巷等级,呈请警察厅出示晓谕,争端始息":

汉口建筑房屋,前清时张文襄公规定各让三尺。民军起义,楚人一炬,可怜焦土。遂建议仿巴黎都城改建西式楼房,自江岸至铁道旁修筑横直马路,建设建筑筹办处一所,公同研究,靡费至二十余万之多,迄无成效。遂改设马路工程专局,规定建筑办法,街分三级,巷分五等,只于城垣以内修筑直马路三条、横马路七条。兹将马路面积列表于左:

…………

以上共计十条,总方积五万零九百八十二万方。

---

① 《关于建筑之问答》,汉口《国民新报》,1912 年 7 月 9 日,第 4 页。

② 《举定建筑参议》,汉口《国民新报》,1912 年 7 月 31 日,第 4 页。

③ 《新汉口建筑近闻》,《申报》1912 年 9 月 4 日,第 2 张第 6 版。

街巷宽窄不一,各业户报请勘丈者屡起争端,现由业主会修改街巷等级,呈请警察厅出示晓谕,争端始息。兹将修改街道等第表及巷道说明书抄录于左:

大街　　二丈六尺

前花楼正街直达黄陂鲍家巷街口。花楼河街直抵米厂。大码头河街直达硚口玉带门正街。

中街　　二丈二尺

后花楼直达花布街口。大夹街系由花布街口直达徽州会馆。半边街系由万寿桥直达纬子街。小夹街下自田家巷上至仁寿宫止。芦席街直达打扣巷河街。草纸街直达老水巷。

小街　　一丈八尺

棉花街直达硚口。万寿桥下由土垱街直达新堤。张美之巷、火巷、长胜街系由六度桥直达万年街。万年街、戏子街、得胜街、横堤篮子街、徽州会馆以上中路。新码头以上河街。新码头横街、沈家庙街、宝庆街、万寿宫街、梳子街、青龙街、关道街、剪子街、衣服街凤麟街、襪子街、回龙寺街、广益桥堤街、太和桥街、堤口街、老君殿街、打铜街、兴隆街。

其余如美人街、下横堤街地形弯曲,不宜作街。安定巷、胭脂巷人烟稀少,仍应为巷,拟一并作为巷道。至巷道宽度,仍遵警厅布告,分作五等,除私巷不计外,凡巷均以六尺为起、一丈四尺为止。不及六尺者,由两面让归六尺;六尺以上者,概照每边退让不过一尺之规定办法。①

由于汉口业主会来自业主,有着广泛的群众基础,其主导制订的新的街巷等级标准最大限度地反映了广大业主利益诉求,因此新的筑路标准一俟出台便“争端始息”,为之后马路街巷建设扫清了障碍。在业主会的支持和配合下,汉口马路修筑开始有序进行,当时报载:“市街修筑横马路宣传将近一载,兹记者至各方面确切调查,始悉工巡处长已于日昨亲至业主会商订一切,催令速将界线以内业户邀集会议,声称省公路署一再敦促该处,拟定阴历五月初旬开工,该会长会员

① 徐焕斗著,张博峰、尉侯凯点校:《汉口小志》,武汉出版社 2019 年版,第 141~142 页。

承奉面谕后,连日招聚各业主磋商办法,闻着手仍以后花楼、六度桥两处为目的云。"①

汉口商界当然不满足于仅仅主导几条马路的修筑和几片房屋的建设,其终极目标是主导,至少是和政府共同主持汉口城市市政事务。早在1912年5月,汉口商会领袖就酝酿成立"市政筹备会","以辅助建设进行"。负责该会筹备者几乎囊括汉口商会所有领导成员,如胡瑞霖、张国溶、蔡辅卿、李紫云、盛竹书等。1919年,汉口总商会蔡辅卿等联络孙武等政界人士筹组"汉口市政促进会",商界参与单位有汉口总商会、汉口慈善会、汉口红十字会、汉口业主会、汉口各团联合会等,意欲改良汉口旧市政,建设汉口新市政。② 1921年10月,汉口商界又乘北京政府改组督办汉口建筑商场事宜处,张(国淦)去汤(芗铭)来之际,筹组"汉口市政学会"③,以期搭"鄂人治鄂"、地方自治政潮之便车,攫取城市市政主导权和领导权。

关于民初汉口市政,政府与民间主导权之争,对于城市重建总体影响是弊大于利。政府由于组织和领导的低能低效,导致城市重建仅限纸上谈兵已如前述,而以商界为龙头的汉口社会由于经济实力有限和眼光短视,其参与和主导的重建项目尽管不乏"模范区"之类的亮点工程,但绝大部分由居民自建的房屋低矮杂乱,官方规划的对标巴黎等国际都市的现代化笔直宽敞的马路街道被代之以业主会自定标准而修筑的逼窄曲折的小街陋巷,"汉口路政不兴为交通不便之第一原因……后城马路当推为交通最便、秩序最好之处,但属有限,六渡桥以上马路既窄又年久失修,所谓交通便利者尚如是,则其他距马路较远或距河岸、江岸较远者自不堪言状矣"④。对此,1912—1921年的《海关十年报告》不无惋惜地评论道:

> 按现代原则重建1911年革命期间被大火焚毁的汉口老城区的计划由于资金短缺陷入流产。这一计划搁置后,一些业主收回原先的承

---

①《横马路开工有期》,《汉口中西报》1919年3月22日,第3张。

②《汉口中西报》1919年4月5日,第3张。

③《督办汉口商场之今昔(续)》,上海《民国日报》1921年10月3日,第2张第7版。

④《汉口房产地皮之近状》,《湖北实业月刊》1924年第1卷第7期,第108页。

诺,按照老样式建造新建筑。到 1914 年,城市 80%得到重建,在现代原则基础上改造城市的机会丧失了。[1]

马路修筑公域与私域的冲突 汉口重建马路街巷修筑过程中政府与民间主导权争夺的本质是利益——公域(公共空间)与私域(私有地产产权)的博弈。

客观而言,民初汉口重建,无论是黎元洪时期湖北地方当局还是北京政府委任的市政机构,其初衷无不对标国际大都会,按照现代城市建设的要求展开城市的规划并组织实施,"将汉镇市道全体焕然一新,为吾国第一次开辟商埠之伟大事业"[2]。黎元洪在 1912 年 4 月 12 日发布的《黎副总统维持汉口商市之文告》中指出,按照现代都市标准规划和建设汉口城市空间,必须对城市旧有马路、街道、房屋进行拆除改造,他指出,旧汉口街道弯曲狭窄,错杂横斜,形式既不雅观,也不利交通、卫生、消防和商业经营。如果修建笔直宽敞的现代化马路交通"则车马行人各有界线,均留余地可无危险之虑";消防上"若照新图道宽而墙高,火力既不能延烧,且救火与避火者通行无阻,可无灾殃之虑";卫生上"若照新图市面既宽,沟渠既洁,得以吐纳空气,而无烟火淤湿毒气之熏蒸,可无妨害卫生之虑";商业经营上"若照新图则街衢洞达,一览易了,纵横经纬,货别隧分,洋商华侨,闻风争至,可无阻滞营业之虑"。"以上各端特其大较,此外各公园、水电等项应有尽有,必须有丰亨豫大之财力,荡平溥博之地形。庶足以发扬商务之精神,规制人民之秩序,光大中华之名誉,开拓列强之观听。"[3]对于可能因此带来的市民财产损失,黎元洪当然心知肚明,他一方面动之以情,晓之以理:"须知世界文明程度日高,权利竞争日亟,小市为大市之所并,弱商为强商之所役,积久不振,必至入其罗网,吸尽脂膏,穷蹙以至于亡。该商民等毋得畏全盘翻动之劳,贪一时省事之利,知二五而不广而不知一十,以坐昧经国大计。今日之事,非改头换面破除从前陋习,不足以开风气,非捐弃金钱牺牲土地,具宏远之规模,谋商情之变利,不足以挽利权。"一方面讲明政策,诱之以利:"安土重迁畏难惮改,此吾国人之惯性,以营个人之私业尚且不可,何况大局所关岂能曲徇迁就。以商民学术之

---

① 〔英〕穆和德等著,李策译:《近代武汉经济与社会——海关十年报告:汉口江汉关(1882—1931)》,香港天马图书有限公司 1993 年版,第 137 页。

②③ 《黎副总统维持汉口商市之文告》,《申报》1912 年 4 月 12 日,第 2 张第 8 版。

未精,阅历之未遍,既无世界之观念,安有全局之统筹,如谓就原有之路线,则杂乱而不成章,如谓缩当街之房屋,则减裂而不适用,不知灰烬之余,势难仍旧,拆卸之工万不能省。该商等原有繁盛或偏僻之地,概由公司按方估价,依次掉换,不敷之地,由公照赔,不过移步换形。"①

黎元洪以居高临下的口吻指责汉口商民"安土重迁,畏难惮改""可与乐成,难与虑始",汉口业主会并不认同,业主会重要骨干周允斋严辞驳斥:"建筑马路,我辈不赞成者,亦非无自。(一)建筑处不与人民接洽;(二)街道前让后展,以后湖荒地享前街权利;(三)不应先拆未烧之屋;(四)建筑必须借债还债之法,仍间接取诸吾民;(五)每以英伦敦、美纽约比汉口,一言不合,辄加我辈以不开通之名;(六)以江河两岸作青皮地固妙,但原在两岸之人以何法安置之;(七)此时以减价买来之地皮,将以贵价卖去,迹近垄断。我辈反对修筑者,不过反对此不良之办法而已。"②这就是说,汉口商民并不反对按照现代方式修筑马路、建设汉口商场,反对的只是政府不与广大业主充分协商沟通、不尊重人民财产私有权,以牺牲广大业主利益为代价的野蛮施政。

1912 年初,为重建汉口,汉口建筑筹办处将全镇街道测绘成图,并将全图及施行办法发表。"该业主等以道路占地过宽,将来换给官基难得公允。刻道路未曾兴修,又禁盖造房屋,是商务民业两受其害,业已群起反对。"4 月,筹办处又宣布,凡在辛亥战火中"未烧之房屋,与马路工程有碍者,亦须拆让"。各业主闻讯后更加激愤,"于是组织产业联合会,多次聚会讨论,设法阻挠"。借口是筹办处现定的街道图多是参照欧美城市的方法,"作三角尖形,弃地过广,耗费滋多,呈恳鄂都督饬筹办处另就汉口原来地势、街道重绘一图,所有马路即以旧有官衙展宽,以免与商民掉换基地之纷扰"。黎元洪示谕解释,"须知旧时汉市,只一万七千方丈之街道,今拓至十七万方丈而强,是弃地可无容虑。街道作正面平方形,仅得一方之视线,尖形则邀三方之环顾,是尖形非不便也。灰烬之余,房屋已极朽败,拆遣万不可缓。至原有繁盛或偏僻之地点,概由公正绅商按方估价,依次掉换,又何耗费之有?且改良建筑,于消防上、卫生上均有莫大之利便,断不能因陋就简,失此正好改良时机"。但是商民等坚持以"换地难于适合繁盛之地点"为

---

①《黎副总统维持汉口商市之文告》,《申报》1912 年 4 月 12 日,第 2 张第 8 版。

②《业主开会详记》,汉口《国民新报》1912 年 5 月 15 日,第 4 页。

由,“群议要求凡掉换之官地,必须接近其原地之处,否则决不承认”。[①]

5月,筹办处在四官殿等处动工修筑马路,令人拆屋让基,几酿暴动风潮。“旋经业主集合会要求停工五日,由业主议定办法再行动工。”但是业主会议全场一致反对修路。经过反复磋商,“只允就路修路,以各户让地三尺为归结”。建筑筹办处只有请军队来震慑,维持施工,才保证在河街一带修路没有发生冲突。

1913年,汉口建筑筹办处改为马路工程局,规定建筑办法,街分三级,巷分五等,只于城垣内修筑直马路三条,横马路七条。由于街巷宽窄不一,沿线各业主在报请勘丈时屡起争端。后由汉口业主会出面与建设筹办处反复磋商,修改街巷等级,尽量减少因马路街道扩展给业主带来的损失。呈请汉口商埠警察厅贴出告示,晓谕各业主,争端才平息。

建设新汉口,按照现代方式规划和拓展新的城市空间,必然要以牺牲私域——私人财产、私有空间为代价。主要包括,一是修筑马路拆迁换地或使繁华商业地段换至偏僻之处导致地皮价值缩水,二是整修街巷拆屋让基使沿线业主地产受损。这个代价在城市现代化进程中当然是必须的、不可避免的,但在处理公与私冲突的理念和方式上,传统社会与现代社会却大相违异。传统专制社会以“普天之下,莫非王土”为由不尊重甚至不承认私有财产,一般动用政治权力乃至武力予以强征,汉口商场建设筹办处以军警处理四官殿筑路风波即是其流风余韵。诚如汉娜·阿伦特所说:“私域中的经济问题不能通过公域中的政治权力来解决,否则会因为经济贫困问题的解决而放弃民主共和的政治追求,这是一种不能适应现代的政治观。”[②]现代社会尊重私有财产的合法地位,法律保护私有财产的神圣不可侵犯,处理公私财产问题一般采取市场等价交换、赎买、民主协商等方式来进行。值得欣慰的是,由于辛亥革命推翻专制体制,民主政治体制和民主法制观念初步建立,由于汉口自明清以来独特的商业功能和根深蒂固的自治传统,由于辛亥前十年间武汉新文化新思想启蒙,民主民权思想渐入人心,当公域与私域发生冲突时,汉口市民不仅勇于以法律作武器捍卫自身权益,而且善于以团体的力量通过协商争取自身利益最大化,从而获得城市公共空间扩展与市

① 《新汉口建筑种种》,《申报》1912年4月20日,第2张第6版。

② 杜翠叶、孙碧苗:《解读汉娜·阿伦特“公域”、“私域”理论之政治意义》,《理论界》2010年第1期。

民私人权益保障之双赢结局。

地产清查中官有与私有的对决 如果说,业主会与市政当局的冲突显示了政府对商人利益的轻视,那么,下面我们将要谈到的汉口地皮大王刘歆生在武昌起义后汉口地产清查过程中,因其拥有的房地产被当局强行收归官有而与政府产生一段持续近二十年的冲突,则反映了城市现代化进程中官商关系更为复杂的一面:既有强势政权、政客对弱势商人的掠夺,又有商人以正当和非正当手段极力维护私有财产的合法性使其不受或少受损害。

刘歆生由立兴洋行买办囤积地皮起家,到1910年,资产已值一千余万。[①]1924年《湖北实业月刊》刊载了一篇《汉口房产地皮之近状》的调查:"汉口自辛亥革命以还,旧式房屋立被于火者,皆逐渐建筑新式,而后城马路之进化,大有一日千里之势,如新辟之新马路一带,即由偏僻之区而进为繁华之域,比租界有过之无不及,于是此处不动产,亦变为汉口绝好之产业,从前囤有此处地皮或水淌者,皆利市百倍焉。汉口地皮最多者,大抵为刘歆生,市房最多者,大抵为周五常,盖其地产房屋皆站汉口之特别地位,成注意之焦点也。"[②]

辛亥首义中,刘的房地产在汉口大火中虽然严重受损,但剩余部分仍多得惊人,引起湖北地方当局以及"首义新贵"将军团的垂涎,于是成立专门机构予以清查。"清查机关,旋设旋废,元年二月设夏口清丈局,三月又设夏口公产局,六月并为阳夏公产清丈局,旋改为汉口商场公产清理处。其名称虽冠以公产字样,而民产清丈手续亦由该清理处派员兼办。"1925年10月,湖北巡按使段书云上呈北京政府内务部,决定成立夏口县清查地亩事务所,并颁行《夏口县清查地亩暂行章程(草案)》。[③] 无论汉口地产清查机构怎样变更,打击矛头一直指向地皮大王刘歆生和房产大王周五常。1923年孙武任清丈局督办专员时更是如此。孙武和刘歆生同为汉阳柏泉人,两人从小不合。又因为孙武任清查督办之前,曾强占刘歆生牛路口等处地产,经刘诉讼至大理院未遂,其强占餍欲之忿,此次正好找到了报复的机会。

其实在民国前,地方官府官僚对于刘歆生这种投机资本家就深恶痛绝,寻机

①《富商刘人祥将入法籍》,《申报》1910年5月21日,第1张第2版。

②《汉口房产地皮之近状》,《湖北实业月刊》1924年第1卷第7期,第106页。

③《湖北巡按使咨送夏口县清查地亩暂行章程》,中国第二历史档案馆藏档案,全宗号一〇〇一,目录号2,案卷号1590。

打击。1910 年 5 月 21 日的《申报》就曾报道了《富商刘人祥将入法籍》的有趣报道,而起因是“汉口富商刘人祥(即刘歆生),由立兴洋行买办囤积地皮起家,现有资产一千余万。惟其地皮之在后湖者颇有纠葛,刘因此托名洋商以资抵抗”。当时有任鲍氏向湖广总督瑞澂呈送禀文控告刘歆生侵占其地,请求官府下令拆让。而瑞澂的批文则用两个字来解决刘歆生后湖地产纠纷,那就是“充公”:“查此案前据江汉关道两次具禀,该氏控争之地,业经断令充公,则此地已与该氏无涉。至刘人祥串挂洋旗,捏契图占,早已讯供确凿,是其心术险诈,直一地方无赖之尤,免于究办以属格外从宽。若如来禀所称,尚敢霸踞不让,尤属胆大妄为。仰江汉关道严饬夏口厅押迅令速拆让,立界充公,限五日内禀复。如敢挺抗,即照会法领事签字提讯,禀请从严惩办。”于是有刘歆生见此批后极为惶恐,求法领事“允其入籍,将所有产业概行过户洋商,以资保护”的传闻。

1923 年孙武查处刘歆生地皮的方法与瑞澂如出一辙,也是令夏口县署办理并收归官有。据《汉口中西报》1923 年 4 月 29 日报道:“鄂督困于需索,当局罗雀掘鼠。近竟查得后城马路外刘歆生、周五常管有价值二百余万之地皮一大段,谓系官产,已于本月二十五日由夏口县署处分,凡地皮及建筑物一律无偿收归官有。”这一次强收的地产系刘歆生在汉口后城马路闸口外一大段,计 100449.13 汉方;周五常后城马路外五大段,共计 7690 余方。其上的建筑物也“作为逐年收益之抵偿”而没收。官府认为:“后城马路外一带,当张公堤未挽筑以前,悉皆湖濠。迨张公堤告成,该处逐年淤积,成为平地。刘歆生见荒地无人管理,乃据为已有,并先后盗卖与周五常等地皮约二万方,未经卖出者万余方。”而根本不承认刘歆生将湖淌洼地填土筑基的事实。其实可以扯上的理由,就是刘歆生抄契十纸(原契押在日本住友银行),周五常抄契二纸,“其契载之坐落,界至均与原地形出入不符,又不能切实证明其权源之取得”。没收的手法,《汉口中西报》的记者说得比较客气:“夏口县宣告处分书后,并不取业主同意,迳行着人栽立界碑。”

1923 年 5 月 2 日,汉口业主维持会和汉口市政促进会致电北京政府内务部,状告孙武等恃势抢夺商民资产,“孙武、杨翰芳等蒙蔽当局,攫取清查地亩督办及处理专员等骈技官衔,为鱼肉汉口市民之计,妄指土垱至襄河以内之地为官河,闸口至张公堤以内之地为官湖,价值数千万元,无偿收归官有。于是以迅雷不及掩耳之手段抢夺最钜资产,一变而为地皮大王。近更组织公司由孙某出面以贱价一元五角一方收买济生堂官产,并着手没收五常里至三分里一带房屋地皮,一意孤行,肆无忌惮,此等骇怪政策,不唯专制国家无如是之,黑暗即过激政府亦无如是之凶残。现在市面震动,群情惶惑,多数业主均谋挂洋旗以托命,大好商场不尽沦为租界不止,兴念及此,不寒而慄。”①而刘歆生在1924年给湖北督军萧耀南的呈文中则充满愤怒:“孙督武带兵士流氓二百余人,身穿军服,携带枪械,任意于歆生后湖一带地产上栽立碑石,强夺至三十余万方之多;勒逼各租户过租”。孙武如此卖力,1924年8月《公论日报》的一篇《孙尧卿最后之希望》道出了原委:“惟孙武费去如许心力,所查出之官产约三十余万方,值银三百余万两之谱,依该处章程,提百分之二十为奖励金,应得酬银约四十万两之谱,刻已托人探询省长意旨,拟请转函吴巡帅(摘注:吴佩孚),可否准其于所查官产内售卖若干,以资弥补。”

刘歆生称:“该孙武于强取收归官有,而后复将该地产变卖数段与人管业。查其卖地执照,并非领自湖北财政厅,系由前任政务厅长邓振玑与孙武狼狈为奸,蓦办之空白执照临时填发。”②而且“终而乘移交之际,于咨报盗卖十八段地产之外,复蓦留地产十余段,以为入己分肥之用。现经歆生查明,卖与洋商得价入私者已有三段,歆生业赴夏口法院向买主依法诉追。其余尚有十五段,则概为报酬各机关平日与孙武狼狈相依,扶同强夺盗夺之宵小”。而咨请变卖十八段地产的价金,孙武是为了“弥补设局经费”。湖北省长公署则批示:“刘歆生称管业各产均执有红契、粮单。如果证据确凿,在官厅何至遽行收归公有?仰候令行官钱局转行夏口县知事会同汉口商会详确查明,秉公办理,具报察夺。”③

对于官府没收刘歆生、周五常财产的行为,社会上也不乏公论。前述《汉口中西报》的记者就秉笔直言,对官府的腐败进行了无情的鞭挞:“刘歆生抄契十纸,周五常抄契二纸,虽未见原契,而中经诉讼及官厅之验印,绝难认为纯系伪造。当时官厅既弃置不顾,领有之主权数经移转,刘、周契买而来,依法当然营业,官厅何所信据,竟能断定其纯系侵占,敢于全数没收?”“周五常产地,明为契约转卖之所有权。纵令刘(歆)生侵占官地,其责任完全由刘负担,官厅何以迳行没收周产,否认其法律行为?令周向刘要求损失,试问刘、周买卖契约成立多年,

---

①② 《汉口业主维持会等陈诉清查地亩督办孙武、杨翰芳掠夺地产的文书(1923年5月至1924年4月)》,中国第二历史档案馆藏档案,全宗号一〇〇一,目录号2,案卷号1604。

③ 《照录刘歆生于十三年十二月十三日呈湖北省长公署文》,汉口《国民新报》1926年5月14日。

今没收者非刘而为官厅，法律上周户能向刘户主张权利否?”“刘歆生，资本家也，向来有‘地皮大王’之雅号。以社会上贫富之不均而论，吾人良不愿为富人张目，且国中握有权力及财力者，方日竭智尽能以压迫国中之弱者贫者。今地方政府没收富者之巨额财产，吾人但视为大虎之噬小虎，无所用其顾恤。独是虎食未足，又将残人。当局之爪牙若政务厅，若夏口县，方能日布网罗，为虎作伥，凡属业主，亦当有兔死狐悲之觉悟。”“夏口县此次出力不少，论功行赏，当列前茅，吾为侯小汀氏贺。虽然侯君，当局所信任者也，烟雾迷天之汉口，市政腐败，街市秽浊，烟赌之毒，遍于寰区；无告之民，乞丐市上，是亦侯君所宜问也。”①

刘歆生也不是省油的灯。在向省署禀恳停止勒迫过租汉口后城马路外地产不被批准的情况下，仗着自己有洋行的背景，竟于1923年8月15日以傅宜耕、龚宏发、周松记等租户不应承认官租为由，“命经租人率领工人多名，前赴该租户住宅，捣毁一切用具，勒令搬迁”②。一方面又向官员行贿，将新修的西园(今中山公园内)送给将军团成员、省财政厅厅长李华堂，企图以此设法保留大部分地产。另外刘歆生又暗中邀请汉口总商会负责人从中斡旋，愿缴应缴税捐，还乐捐50万元，以保住他的产权。为了拉拢将军团，刘歆生还以济生一路至济生五路(今前进一路至民意四路)这一带4万余亩地皮为股，组成了济生公司，由吕伯超出面任经理，由李春萱、李华堂、傅楚材等分任董、监事。公司股本为200万元，每股1万元，由将军团里的人和地方显要人士认股，每股只付现款3000元，其余7000元为虚股，公司买卖地皮所得的利润按股分红，使入股的将军们钱、地双收，皆大欢喜。刘歆生因资本周转加速也获得了偿还欠贷款金，也保住了部分地产。③

但不管是刘歆生登报声明主权，还是禀恳省府重新审查，或是用其他见不得人的交易等手段，都不可能将已收归湖北官钱局的地产获还。1925年，湖北督军萧耀南派省高等检察厅检察长王树荣、江汉道尹周英杰、湖北官钱局、汉口总商会会同调卷验契，没有让刘歆生的心愿实现。

1926年北伐军底定武汉，仍将该产处分归公，交财政委员会管理。此后刘歆

① 《夏口县强收民产之巨案》，《汉口中西报》1923年4月29日，第3张。

② 《官厅执行刘歆生地皮处分之严厉》，《汉口中西报》1923年8月26日。

③ 胡莲孙：《三镇房地业丛谈》，见政协武汉市委员会文史学习委员会编《武汉文史资料文库》第三卷《工商经济》，武汉出版社1999年版，第513页。

生又与南京国民政府湖北、汉口地方当局进行旷日持久的官司诉讼,一直持续至1936年。但不管是北洋军阀统治还是国民党统治,对于已没收的民间产业,政府是不可能再发还给业主的。刘歆生的地产,仅一部分在汉口市政府举办土地登记时得以明确产权。如刘歆生于清宣统年间向大清银行和汉口交通银行借款购地,即以地契数十纸作抵。1919年,因借款未能按期清偿,双方又签订合同,规定清偿期限最迟不得超过5年,而后所押地产由于孙武胡乱没收而发生纠葛以致停顿,两银行虽执有契约,终以经界不明,无从清理。自汉口市政府举办土地登记,公布各区地籍图册后,汉口交通银行即派员按图核对,财政部复咨请湖北省政府转饬汉口市政府代为清厘。经派员会同查勘估价,计押产面积51万余平方丈,估定地价共值银洋286万余元,于1936年4月,按一本一息办法,划出价值112.1万余元的土地,归财政部及交通银行管业,以抵偿借款。所余部分,仍由刘歆生登记管业。此项悬案遂经解决。

对比清末和民初政府在地产清理中对于私人地产的态度,我们可以洞悉其中的变与不变,不变的是无论清朝的总督(瑞澂)还是民国的督军(萧耀南)、专员(孙武)都无一例外蔑视商人权利,将刘歆生的私有地产"充公"和"无偿收归官有"。尽管武昌起义后湖北军政府就保护私有财产问题颁布了相关法令,"凡在民国势力范围以内之人民,所有一起私产仍归于民享有……前伪清政府官吏所得之私产,现无确实反对民国之证据,已在民国保护之下者,仍归该私人享有"。但专制余毒并未随起义硝烟一起散去,首义新贵与旧官僚同流合污,"没收富者之巨额财产","大虎之噬小虎,无所用其顾恤"。[①] 变的是刘歆生等面对强权的巧取豪夺已不再是假借洋人"允其入籍"、将地产"过户洋商,以资保护",而是借助舆论,登报声明主权,并拿起法律武器,向夏口县法院依法诉讼。刘歆生维权方式的变化,显然与辛亥前后民权思想启蒙和共和时代民主法制彰显氛围大相关涉。早在武昌起义前,武汉的革命组织共进会在其革命纲领中将同盟会纲领"驱除鞑虏,恢复中华,创立民国,平均地权"中的"平均地权"改为"平均人权","平均人权"就是主张私有财产神圣不可侵犯,保护公民对财产的所有权,大力发展资本主义。"民权之集,是为国权;民而无权,国权何有?"[②]人民的权利是

---

① 《夏口县强收民产之巨案》,《汉口中西报》1923年4月29日,第3张。

② 《二十世纪之中国》,《国民报》1901年第1卷第1期,第7页。

天赋的,人民的权利神圣不可侵犯,“盖人性赋自天,人权亦赋自天。天所命者,人不得而夺……人权于诸君,非第曰我,曰匹夫云也,负今世界最完美、最高尚、最雄伟之资格。”[①]武汉革命党人和民族资产阶级心目中的“人权”除了参政议政权外,更为核心的内容就是私有财产不受侵犯的权利,“私有制度虽谓为现社会一切文明之源泉可也”[②]。由是观之,民初地产清理中官有和私有的对决,实质上是民主与专制、法治与人治、民权与王权的对决,既表现了辛亥革命后汉口(武汉)市民社会民主和法治意识的觉醒,也曲折反映出近代中国民主与法治建设命运多舛,任重道远。

(原载《史林》2021 年第 6 期,曾入选中国社会科学院、湖北省人民政府主办的“纪念辛亥革命 110 周年国际学术研讨会”征文。)

① 《敬告同乡学生》,《湖北学生界》1903 年第 5 期,第 2 页。
② 饮冰:《再驳某报之土地国有论》,《新民丛报》1906 年第 91 号,“论著”,第 4 页。

武汉城市早期现代化

——20世纪二三十年代汉口市政研究论纲

一、“市政改革”:中国城市早期现代化的重大事件

在中国近现代城市史的研究中,城市现代化从一开始就是研究者关注的重要主题。作为现代化晚发型的发展中国家,中国城市的现代化进程曲折坎坷,充满艰辛。笔者在一篇文章中对中国城市从传统向现代转型的这种漫长过程作过如是论述:由于中国城市发展传统惯性使然,促使近代中国城市变革时,转型最早和最直接的内部动力不是来自市民和企业家、商人,而是仍然来自官方开明的政治势力。19世纪60年代开始的洋务运动,是中国人依靠自力与内力推进城市转型的首次尝试;20世纪最初的几年清朝政府迫于各种压力所推行的“新政”,也在客观上促进了城市的变革;20世纪二三十年代所推行的“市政改革”,同样是出自政府行为。这几次改革对城市社会的进步都有不同侧面的推动,第一次更多地体现在经济方面,使中国城市从传统的单一政治军事功能向工商文教复合功能型城市转轨;第二次则体现在政治与社会领域,客观上促进了市民意识的觉醒,城市自治开始萌生;第三次则使城市从封建行政体系附庸转变为一种独立的政治经济社会实体。城市从传统到近代的转型至少在形式上至此完成。

笔者对中国城市现代化进程历史阶段的这种描述,可能只是一孔之见。其中对于发生在20世纪二三十年代的“市政改革”运动在中国城市现代化进程中的历史作用,笔者给予了相当高的评价。“市政改革”运动的成绩并不仅仅在于修了几条马路,盖了几座楼房,使城市的外在景观有了一些现代气息,广义“市政改革”的核心,是那些具有现代西方城市管理知识背景的市政专家们,借鉴西方先进的城市制度和城市管理体制,在广州、上海、天津、汉口、杭州等沿海沿江开放城市率先实行市制改革,并以法律的形式加以确立,从而使中国城市作为一个

独立的政治单元第一次出现在国家政治版图上。仅此一项,"市政改革"运动的功绩就不能低估,它带给中国城市的变革是历史性和革命性的:由于工业化和城市化发展的需要,中国城乡合治的传统开始改变,城市不仅摆脱封建国家和地方政权附庸地位而有了独立的市政府,而且获得了地方自治和民主政治优先发展的权利。在那些市政改革专家们看来,政治民主化不仅是市政改革的重要组成部分,而且是城市现代发展所应该追求的长远目标。为了确立这种现代化的城市政府体制以及确保这种体制的有效运转,市政改革除了在法律上对政府机构组成人员的产生、权利和义务、议事和办事程序、规则等予以规定以建立起制度保障机制外,还十分注意培养市民的民主自治精神、现代城市家园感和公共意识,扩大了城市政治的参与面,并取得其对城市现代管理制度推行的广泛支持。由于20世纪二三十年代的市政改革主要还是一种政府主导型的改革行为,市民自觉地参与城市政治建设和管理的程度还极为有限,市民自治和城市政治民主化进程受到国家政权的左右与干扰。但是,以追求城市独立和市民自治为旨趣,通过循序渐进的民主政治建设和按"现代方式"规划布置城市空间,推行带有浓郁西方化色彩的城市管理,最终实现城市现代化,是此次"市政改革"贯穿始终的主题。城市独立和市民自治的愿望也以城市与地方的分治、独立的市政府和专业化程度很高的市政机构的建立得以部分实现,现代城市体系的雏形开始形成。

二、汉口在"市政改革"中的特殊地位

在这次颇具规模的"市政改革"中,汉口具有特殊地位。首先,汉口是较早进行市政改革的城市之一,民国时期著名市政学家董修甲于1926年所著《市政学纲要》,列举的一批较早进行现代市政运动的城市中就有汉口:"近年来,我国各省工商发达,城市日见兴盛,因之市政问题,竟成当今唯一之急务。三年前,吴淞虽一度筹办市政,但未及两载,骤然中止。安庆、福州、九江等处,各已筹备市政多年。南京于数年前,开始筹划市政,并于本年九月,正式成立市政督办公署,制订计划,积极进行。淞沪商埠督办公署,于今年五月成立,颇有刷新上海市政之宏愿。此外如广州、杭州、昆明、北京,及天津、汉口、东三省各特别区,均早举办

市政有年,各省提倡市政之热心,于此可见一般。”[①]其次,汉口是当时少数几个特别市之一,据国民政府内政部年鉴编纂委员会1936年编纂出版的《内政年鉴》统计,当时全国批准成立的特别市(或院辖市)共有7个:南京、上海、北平、天津、青岛、汉口、广州。其中汉口设立特别市的时间最早,1926年10月北伐军攻克武汉,12月设武昌市和汉口市,次年1月国民政府从广州迁到武汉,将武昌和汉口两市合并为武汉特别市,直隶于武汉国民政府。1929年6月,武昌划出,改隶湖北省政府,武汉特别市更为汉口特别市。其他6个特别市,最早设立者为南京,设立时间是1927年5月,较之武汉晚4个月。最晚的是北平市,直至1930年11月才被批准为院辖市。第三,武汉尤其汉口的特殊地位,是当时市政研究者和市政改革家们关注重点之一。有人在当时市政学界最具权威性的杂志《市政评论》上撰文认为,从国防的角度考虑,中国少数仅有的重工业、工厂、大商家及大银行多半集中于上海等沿海城市是很危险的,因此必须在内地选择一些城市进行重点建设。但是,“在内地选择一个适宜的地点,作为工商业的中心,是不易的。只有天然的优良条件,未具相当的政治的经济的基础,是不够的,我们从各方面观察及研究,认为武汉三镇是最应当积极建设的内地城市。在历史上,武汉有其特殊之意义,它不但为国人所重视,同样的为国际间所注意;在地理上,武汉居全国中心,扼大江上下游的咽喉,为军事上必争之地,有国防上的重要意义;在经济上,武汉是华中物产汇聚及运销的所在,是长江上游的‘生命线’;此外,就交通言,它是全国三大交通干线的交接点;就工业言,它有历史较久及规模可观的各种工厂;这些物质的及社会的条件,在内地是找不到第二个的”。“我们根据上述的分析,认识了武汉的重要,我们可以说:建设武汉是一个国防问题,是一个使中国现代化的问题,是一个与全国有关的问题,不是一省或一地方的问题。假若现在我要喊口号的话,我当首先喊:中国要努力于都市建设!政府应积极建设武汉!”[②]第四,汉口“市政改革”和市政建设特色突出,成效显著。武汉和汉口地位的重要,当然不只有一般学者注意到了,事实上当时的国民政府对于汉口这个特别市是非常重视的,委派了资历和学历都很高的刘文岛任市长,具体主持市政的工务局局长董修甲是美国加州大学的市政学硕士、国内著名的市政学家。在当

---

① 董修甲:《市政学纲要》,商务印书馆1927年版,“序”,第1页。

② 姜春华:《都市建设与建设武汉》,《市政评论》1935年第3卷第8期,第11页。

时7个特别市中，南京、上海、广州、汉口四市人事配备有两个显著特点，一是市长人选都是由具备丰富从政经验、受到国民政府信任和重用的高级军政党政人员担任；二是4个市政府高级职员专业化程度较高，不少具备专深知识技术素养，又有留学经历和行政经验的专门人才，被安排到这些城市政府中担任部门领导职务。这种良好的人事配备从一个重要侧面说明了汉口在国民党中央政权心目中的重要地位，汉口的市政改革和市政建设也因此搞得有声有色，在全国各大城市中名列前茅，有不少举措在全国都属首创，如实行政府采购，"国内首采斯者为汉口"①。市政府的设立，受到市政学界广泛赞誉："近数年来，我国各城市，对于市政稍加注意，举凡通商大埠，如上海、广州、天津、汉口等处，均有市政机关之创设，以谋市民之幸福。"②

由于汉口在20世纪二三十年代"市政改革"中这种特殊地位，因此，无论是在近代中国的城市地位还是"市政改革"运动本身，汉口都值得重视。1926—1938年是汉口城市发展史上的黄金时期：独立的具备现代政治形态的城市政府正式建立；具有现代民主政治意味的市组织条例被批准实行；特别市的建制使汉口获得了前所未有的发展条件和发展机遇；城市规划的制订、功能分区的划定、一系列城市管理制度和规定的出台，将城市的发展纳入了制度化、规范化、科学化运行轨道之中；市民对城市的责任观念、公共意识开始形成；市容市貌大为改观，现代化都市风貌粗具规模。1933年，《道路月刊》记者到汉口采访，对其整洁美丽的市容留下了深刻的印象："近两年来，市府修路的成绩，出乎我们意料之外，由牛路跳过了马路的阶段，进而为现代的柏油路。汉口法日两租界，觉得自惭形秽，竟步市府之后尘而翻造柏油路了。记者这次到汉口来，从三个特区到两个租界，走的都是康庄大道。""租界及特区以内之各种旧式衖堂，大半已翻造为新式整洁的衖堂。从前残破的房屋，黯淡的市容，无不一扫而空，而并从前蹲伏在路旁褴褛不堪的乞丐，已差不多完全肃清了，今日的汉口市，已不是蒙不洁的西子，而是装束入时的少妇。"③

纵观近代汉口近百年来城市现代化进程，有三个历史阶段不可忽视：1861

① 张锐：《青岛市政实况》，《清华周刊》1932年第38卷第9期，第55页。
② 陈恺廷：《我国目前的几个市政问题》，《市政评论》1936年第4卷第3期，第8页。
③ 菊：《武汉的新气象》，《道路月刊》1935年第47卷第2号，"杂俎"，第3页。

年,汉口被开辟为通商口岸,由一个以区域交换市场为主体的内陆商业市镇迅速上升为开放的国际性城市;1889—1907年张之洞督鄂实行新政,汉口由功能单一的商业城市向复合型工商城市转型;第三个历史时期便是这次"市政改革"。从城市史的角度审视,20世纪20年代末30年代初是汉口现代城市体系最终形成时期,其在武汉近代城市发展史上的地位至关重要。研究这段历史,不仅具有填补学术史空白的意义,更重要的是通过找准其现代化进程中的几个关键链,在对这些关键链的分析研究中,厘清武汉(汉口)城市现代化的发展线索和内在理路,探讨现代社会条件下城市政府如何行使管理职能,以完善城市功能结构,提高城市现代化管理水平,对当前武汉对外开放和现代化建设事业具有重要的借鉴作用。

三、市政、市政改革与汉口城市现代化关系

在这里有必要探讨一下"市政"这一概念。笔者笔下的所谓"市政",既不是时下只涉及市政建设与管理的狭义市政概念,亦非那种将城市所有事务包括工商业、交通、公安、卫生、公用事业、文化教育,也就是城市经济、社会、文化、基础设施建设等方面综合管理的过于宽泛的广义市政。而是通过中西市政观念的比较,从城市现代化的视角予以观照,探讨以城市自治和民主为核心的现代城市政府体制和城市公共管理机制的现代市政理念,及其对城市现代化产生的深刻影响。中国传统市政观念以《周礼·地官》为代表:"凡会同师役司市帅贾师,而从治其市政。"这里所谓"市政"当然不是严格现代意义上的"市政",但从中亦可窥见封建官吏管理城市事务(那时还只是集市)的管理体制,是一种典型的"官治";西方意义的"市政"二字,原系译自英文 Municipal Administration 二字,字义为"属于城市地方自治的",Administration 字义为"行政",故 M·A 二字,为城市地方自治的行政,即市政也。① 这里的"市政",核心是"自治",即强调城市的独立行政地位,以及城市市民自己决定和自己管理自己的事情。这与中国市乡合一、城市作为封建政权的堡垒和附庸的状况迥然有别。这正是马克斯·韦伯所

① 参见《路市问题咨询》,《道路月刊》1935年第47卷第1号,"会务",第2页。

说的“中国城市的繁荣不是依靠企业家的本领,或城市公民政治上的魄力和干劲,而是依靠皇帝的行政管理机构,特别是水路上的管理机构”,“西方城市是一个共同体——在古代也是一个宗教团体——在中世纪,它则是一个受誓约约束的互助团体”。如果从现代西方“市政学”严格的意义来理解市政,它实际上包括三个内容要素,即相对独立的城市政府体制、发达的市民自治和民主政治体制、以建立市民公共意识为旨趣的市政建设与管理机制。近代中国的市政体制、市政建设和市政管理在现代化进程中,既有与近代西方市政理念相一致的地方,即向西方学习的一面,但在更多的方面有自己的特色,反映出东方和西方、传统与现代的矛盾与冲突。总体上看,20 世纪二三十年代的中国市政体制和市政建设与管理,从内在理念到外在形式都试图师法欧美(主要是美国),如要求建立独立的市长制及专业化、职业化公务员队伍的城市政府体制,并通过制订一系列法规和条例规范政府行为、限制政府人员的行政权力;通过设立参事会之类的机构,对市长和市政委员会的权力进行监督,实现市民对城市事务有限度的参与;城市实现功能分区,市政建设实行科学规划、专业化管理,建设项目实行招投标制;城市管理朝法制化、科学化迈进,着力培养市民对城市的认同感和公共意识。但是,由于转型期的中国社会过渡特征十分明显,城市化和城市现代化总体水平很低,由于民国中期国民党强化独裁统治,整体上缺乏实现政治民主化的氛围和条件,因此中国市政学习西方,实行现代化的改造往往袭其皮毛而遗其精髓;城市获得独立发展的空间有限,机会有限,始终摆脱不了国家和地方政权的从属地位;政府在市政建设与城市管理过程中的主导地位不断得到加强,而过去曾经发挥过重要作用的民间组织如商会等,则被挤到无足轻重的角落,①显得无所适从和无所作为;市民的公共意识和对城市事务的参与意识参差不齐,所谓民意往往只是少数社会上层人士如商会会长之类意志的体现,而广大下层市民则对触及他们自身利益的一些市政举措进行抵制,对城市现代化运动采取不合作态度。

基于对“市政”概念的上述理解和对民国中期中国市政现代化状况的总体把握,笔者对 20 世纪二三十年代汉口市政及与城市现代化关系问题的研究基本上循着这样一种思路进行:研究“市政”,超越“市政”,立足汉口,跳出汉口。前者讲的是研究目的不仅仅是厘清市政改革的基本线索,弄清市政建设与市政管理

① 参见《路市问题咨询》,《道路月刊》1935 年第 47 卷第 1 号。

的一般状况,而且要着重对市政与汉口城市现代化的关系问题进行深入研究;后者则是在描述20世纪二三十年代汉口市政改革运动共性问题的同时,通过与同类城市的比较,探讨汉口市政改革和市政建设与管理的地区特色,从而显现出研究成果应有的学术价值和现实功用价值。

循着上述思路,围绕"市政与城市现代化"这条主线,关于市政改革对汉口城市现代化产生影响的几个关键问题有待深入研究。第一,通过对汉口特别市和汉口市政府的组成状况、《汉口市暂行条例》、《武汉特别市政府组织条例》及其他相关规定、条例的分析,一方面研究现代城市政府体制的构架及运行机制,探讨现代市制转型的动态轨迹、动力机制、一般模式;另一方面对市民自治及市民对城市政治参与面、广度与深度加以研究和评估。第二,钩稽清理有关市政建设与市政管理中政府与民间组织(主要是商会和同业公会)之间关系史料,对市政建设由民间主导向政府主导转变后民间参与城市现代化建设的形式、内容乃至观念、心态进行研究,从市民与政府尤其是市民与城市关系角度,进一步探讨市民的公共观念、自治意识、民主意识。第三,汉口作为条约口岸城市,民国中期市政呈现多头管理、四分五裂的混乱状态,既有法租界、日租界,又有分属于国民政府外交部和湖北省政府的特一区、特二区、特三区。"这些城市(指通商口岸)由于有外国租界而成为西方和日本影响的焦点,从而为国内的各项改革提供了一种模式和挑战,尤其是在卫生、公共工程和警察等方面。可是与此同时,这些城市主权的不完整也带来了城市综合规划的困难和难以调动整个城市的资源。主权的分裂也使得诸如卖淫、赌博和吸毒等应受到限制或禁止的活动可以从一个管辖区逃避到另一个管辖区。"①20世纪20年代后期,国内民族主义情绪高涨,要求收回租界和国家统一的呼声高涨,汉口市政当局在谋求市政统一方面作了很大努力,取得了一定成效。具有现代意识和具备现代化、国际化素质的汉口市政当局在民族主义、追求市政统一与城市现代化的张力之间艰难地维持着某种平衡,即在谋求市政统一的过程中,按照现代国际关系法则处理关于汉口外国租界、领事馆、洋行的市政事务和纠纷,既保护了城市在市政规划、建设、管理上的整体性,维护了城市政府的有效权威,又不妨碍继续学习欧美,不断推进城市现

---

① 〔美〕李·麦萨克、史翰波、罗美芸:《上海之外:从圣迭戈看中国城市》,转引自《城市史研究》第13—14辑,天津古籍出版社1997年版,第309页。

代化总体目标的实现。第四,探讨城市政府如何按“现代方式”规划和整顿城市空间,评估市政“公共工程”建设与管理的现代化效应。一是城市空间的重组、外在景观的变化和基础设施的现代化与市民生活质量的提高、公共观念的形成;二是城市实行功能分区,新型社区的形成对传统城市社会的冲击并引发新的社会变动,形成新的社会阶层聚落和良性社会互动;三是在推行现代化、科学化、规范化的城市管理过程中所引发的市民传统与现代、私域与公域等观念的冲突,在冲突与相融的过程中克服传统乡民(地方)观念和臣民意识,形成新的市民意识和城市意识。“这种意识不是城市人所具有的那种非地方的城市意识——提出民国时期的城市至少出现了一类城市意识,这是一种不依靠任何特定城市的世界主义的意识。与此同时,各城市中存在的市民后援行为的实例,显然表明他们具有希望城市成为‘首善之区’的共同观念,这意味着与特定城市相联系的城市意识也在发展。”①

四、中国近代市政史研究的回顾与展望

资料检索表明,海内外史学界对20世纪二三十年代“市政改革”运动的研究十分薄弱。国外,美国史学界近几年才开始关注这个话题,1995年10月,在武汉召开的“社会转型与文化变迁”国际学术讨论会上,美国肯塔基大学历史系助教授司昆仑(Kristin Stapleton)提交的论文《民国时期的市政发展:历史传承与异域影响》,首次研究“市政改革”运动兴起的原因及所产生的影响,评估“市政改革”对中国城市现代化成绩,对把握中国民族主义的特质和城市现代性与西方影响之间的关系的重要意义等作出了开创性研究。1996年9月7—9日,著名美国学者周锡瑞在加州大学圣迭戈分校主持召开了题为“上海之外:勾画民国时期的中国城市”的学术会议,会上提交的论文有不少涉及民国时期城市市政问题,如迈克尔·秦(Michael Tsin)的《重新规划广州》、董悦(Made line Yue Dong)的《市民的公园与国家的象征:北京的全国性变革》、王立平(Wang Liping)的《近代发明

① 〔美〕李·麦萨克、史翰波、罗美芸:《上海之外:从圣迭戈看中国城市》,转引自《城市史研究》第13—14辑,天津古籍出版社1997年版,第311页。

的传统:杭州旅游业和空间的变化,1900—1930》、司昆仑的《成都时期的杨森:城市建设政策与文化演变》、查尔斯·马斯格罗夫(Charles Musgrove)的《建造梦想:国民党理想首都的政府建筑,1927—1937》等。据美国学者说,这次会议和上述论文主要试图回答这样一些问题:“全中国城市的市政改革家如何试图按照民国时期被承认为‘近代’的方式整顿城市空间,训化百姓?如果说,为中华帝国城市提供了直线方城型规划模式(比较而言)的传统智能创建了城市空间的话,那么我们如何理解20世纪的城市精英显然关注于重整被他们认为是极为混乱之地?各个城市的领导者和居民如何将他们城市的经历与上海的榜样联系在一起?”通过对“市政改革”即美国学者所说的“近代工程”或“公共工程”的研究,扩展和深化中国近代城市史的研究,“即对中国城市的研究应当由出类拔萃的通商口岸转移到探讨其他中国城市所走过的不同发展道路,从而使他们摆脱上海创造自己的近代个性”。① 应该指出,美国史学界对民国时期“市政改革”运动的研究在研究领域的开拓、研究视角的创新方面都作出了重要贡献,如他们将研究的重心放在分析和探讨“市政改革”运动中国家、城市空间和社会变迁之间的关系,以及市民城市意识增强等深层次问题。但是,由于史学观念的差异(主要是“冲击—反映”模式和“公民社会及公共领域”理论)和西人对中国城市社会的隔膜,美国学者的许多观点是值得商榷的,如过分强调西方影响,夸大市民社会的公共观念和民主意识等,我们在研究汉口市政与城市现代化关系时,在借鉴他们的理论、观点和方法的同时,将根据汉口本身的实际状况作出自己的判断、分析和评价。

与海外的研究相比,国内史学界对民国时期市政问题的研究更显冷清。据笔者所见,专题述论这一时段市政的专著只有留美青年学者史明正的《走向近代化的北京城——城市建设与社会变革》和四川大学历史系博士赵可的博士论文《市政改革与城市发展》两部。其他著述中涉及市政的篇章有张仲礼先生主编的《东南沿海城市与中国近代化》中第十三章《东南沿海五口市政近代化与城市发展》以及上海、天津、重庆、武汉几部近代城市史著作中对近现代市政问题的论述等。纵览国内市政史研究状况,笔者以为上述研究成果虽不乏筚路蓝缕之功,但

---

① 美国城市史学会会刊《城墙与市场:中国城市史研究通讯》(Wall and Market Chinese Urban History News)第1卷第2期1996年秋季。转引自《城市史研究》第13—14辑,天津古籍出版社1997年版,第308~309页。

不足之处亦较明显，概括起来有如下几点：

1.草创阶段的中国近现代市政史研究，在研究理念、研究方法诸方面都带有浓厚的西化痕迹。史明正对北京20世纪前30年市政建设的研究，差不多就是一个美国式研究的翻版。如强调城市建设和社会变动之间的互动关系，注意研究城市基础设施和公用事业工程的进步对20世纪前30年北京城市环境、城市居民生活质量所产生的影响，在城市景观变迁与社会生活的变革之间寻找有机结合点，这显然与上述美国学者的研究思路如出一辙。史氏对北京近代市政建设成就进行评价的参照对象也是欧洲、美国、日本的一些大城市而非国内同类城市。由于他的理论框架和现实参照物都是欧美的，尽管视角独特，方法新颖，给人以耳目一新的感觉，但完全照搬西方理论模式来研究中国城市现代化问题，其结果是削足适履，对处于现代化早期的北京城市现代化水平作出过高的评价，读者从书中看到的只是一个类似欧、美、日现代化早期都市的北京，碧瓦红墙的皇城根下老北京那浓浓的京味儿在作品里便淡了许多。

2.也许是对"市政"概念理解的歧义，或者是因为对"市政改革"运动的研究理论准备不足，国内一般研究者在研究20世纪二三十年代的市政改革和市政建设、管理的时候，只注意研究市制建构、城市规划、城市建设和城市管理等表层问题，而对现代市政建设中最核心、最本质的要素——城市政治构架和市民参与城市事务，即城市与国家、城市与市民之间的关系问题却缺乏最基本的认识和研究。《东南沿海城市与中国近代化》和《市政改革与城市发展》在涉及市政改革对城市政治现代化进程的推动问题时，仅仅从管理的角度切入，亦即从政府决策民主而非市民广泛参与政治的角度来肯定城市政治民主化。如《东南沿海城市与中国近代化》在谈到市政会议集体讨论决定市政问题时，就是这样肯定其进步作用的："由集体来讨论决定，而非由一长擅权而定，这也是封建专制主义时代的旧官衙所难以做到的，这个进步给予市政管理的实效是显而易见的：(1)近代的城市管理远比古代城市复杂得多，一个总董或市长，只有通过集思广益，才能制订出比较合理的、全面的市政措施。另外，近代城市的每个部分、每个方面都是互相有机地紧密结合在一起的，因此只有大家互相集合在一起，共同商量研究，才能找到统筹解决和比较能贯彻执行的办法。(2)市政会议由实际工作部门和地区的负责人参加，同时，会议采取或定期，或经常举行的办法，若成为一种制度，这就会使市政问题处于经常性的、务实的交流、探讨、研究之中，这在一定程度上是能提高城市管理的效率的。”①

事实上，近代市政民主化，绝不仅仅局限于“行政的民主化”，尽管国民党政府出于专制独裁统治的需要一再推迟和拖延城市自治期限，但民国中期城市自治和政治民主化至少在以下三个层面上展开过：其一是理论和舆论层面。20世纪二三十年代，不少市政学家和市政学著作都极力鼓吹城市自治与独立，主张市政民主化，并介绍和引进欧美先进市制，设计了一张张市政民主蓝图，十分注重市民在城市政治民主化的地位和作用。著名的市政理论家和市政活动家董修甲就曾将“须有热心与开明之市民”列为“模范市政”三要素的首位，“市民能否热心，能否开明，与市政府之优劣成正比例”。他主张开发市民智力以稳定市民的“公共良心”，“近来西方各市，当以公共良心之发现颇能革城市之事务。但公共良心忽然发现，出于一时之义愤，及公共忿怒一去，其良心又将消灭于无形矣。故吾人不应专赖市民一时之良心，当以市民之智力为依归。如市民有辨别是非之知力，则公共良心，将日见发达”。市民如何参与市政？董修甲开出两剂药方：一是公开行政使市民广泛知晓城市的事情，“所谓公开行政法者，包含两事：一在编制市政事实，二在使市政事实编制后确能分置于民心中”；二是建立相应的机构以拓宽市民参与城市事务的渠道，“欧美各城市中常有市政自组之机关，其目的有专门研究一市市政之改进者，亦有兼涉市政者。此种机关，市政府应利用之，如能善于利用，则凡市政府一举一动虽不能完全依该各机关，俾知市民，但因其常时报告消息，随时解释一切，其能减少市民之误会，增加其谅解处甚多。此种机关为何，(一)曰新闻报纸，(二)曰市政研究会，(三)曰商会，(四)曰工会，(五)曰纳税同人会，及其他同样性质之组织，皆市民自组之机关也。该各机关对于城市及市政府之责任，各皆随时讨论，胸有成竹。欧美各城市，此种组织极多，而各城市当局，得该各机关之助力，而致市行政于改进者，至为不少。现今我国人对于是种组织，往往误认为捣乱机关，不肯利用之，接进之，致误会日多，而往往可以辅助其进行者反而破坏之，殊为可惜。除此非正式之市政团体外，各城市市民，仍应设置正式市政机关，专门传播一市市政消息。此种机关之责任，专门收集市政材料，并将所收集者，整理清洁，编制成书，分送市政府各部及各市民。此种团体，可以联络市政府各部及各市民。此种团体，可以联络市政府，与市民

---

① 张仲礼主编《东南沿海城市与中国近代化》，上海人民出版社1996年版，第565页。

之感情,使之免除隔阂也”。[1]

其二是制度与组织层面。早在1921年7月,北洋政府就曾颁布了《市自治制》,明确市为法人,市长由市自治会就居民中具有市自治会会员被选资格者选举产生,市政组织采取分权市制,设自治公所为执行机关,自治会为议决机关,特别市另设参事会为执行辅助机关。1920年12月23日,广东省政府颁布《广州市暂行条例》,借鉴美国市委员会制,其市行政事务由市长及市行政委员会议决执行,市长由选举产生,但同时规定“于本暂行条例未修改以前由省长委任,任期五年”,此外,另设市参事会和审计处两个具有立法和监督性质的独立机构,参事会的职权:(一)议决市民请愿案咨送市行政委员会办理之,(二)议决市行政委员会送交案件,(三)审查市行政各局办事成绩。参事会是独立于行政机关具有议会性质的代议机关,“市参事会与市行政委员会间权限上之争执由省长裁决之”。审计处“办理审计事项”,是独立于市长的监察机关,“审计处处长于本暂行条例未修改以前由省长委任”。南京国民政府成立后,进一步规范了全国的市制,1927年6月20日,中央政治会议通过送中央执行委员会交国民政府公布的《特别市组织法》,对特别市政府组织及权限作出了明确规定,确立了现代新型市政体制,即以市长为主席的市政会议执行特别市行政事务,以市民为代表组成的参议会对市长和市政会议履行监督、复决职能。其中,关于参议会的权力,《特别市组织法》有多项条款,包括审议、建议、要求复决及罢免市长等。同日通过的《市组织法》,在上述问题上与《特别市组织法》完全相同。《特别市组织法》和《市组织法》是现代中国第一批统一全国市制的城市组织法,尽管它们因“缺乏自治精神,为批评者所诟病”[2],按这个规定成立的市参议会亦如有的研究者所说“不过是一种辅助行政会议的审议机关而已”[3]。但是,对于刚刚迈进现代门槛的中国城市来说,由封建国家和地方政权的附庸到初步完成现代城市体系的建构,确立了初具民主雏形的市政体制,不能不说是一个巨大的历史跨越。自从这两部统一的城市组织法颁布后,全国各级各类城市的立法建制有了统一的法律依据,地方城市组织法都大同小异,无出其右。如《汉口市暂行条例》,在机构设置上采委

① 董修甲:《市政问题讨论大纲》,上海青年学会书报部1929年版,第324~326页。
② 钱端升等著:《民国政制史》(下册),商务印书馆2018年版,第420页。
③ 顾敦鍒:《中国市制概观》,《东方杂志》1926年第26卷第17号,第39页。

员会制，设市政委员会、参事会、审计处三大权力机构。以市政委员会掌市行政，“市长及局长处理事务概依汉口市政委员会议决行之”；参事会“代表市民辅助行政”，其职权为：“（一）议决市民请愿案咨送市行政委员会办理之，（二）议决市行政委员会送交案件，（三）审查市政各局进行市政成绩，（四）审查市预算送呈，（五）审查市决算。”“市政委员会对于市参事会议决有异议时得交汉口市参议会复议，市参事会仍执前议时，市政委员会应执行之”；“市参事会与市政委员会发生权限上争执时由省政府裁决之”。审计处的职权为：“（一）审查市财政收支每月清册及检核各种收支单据，（二）审查市行政委员会所订立有财政上关系之各种契约合同，（三）献议关于市政会计方式之改良，（四）编造明年市政审计报告书呈省政府。”

其三是实施与参与层面。一般而言，在新的市政体制构架内，市政会议公开行政是实行得比较好的，作为立法机关的市参议会虽相形见绌，但也并非毫无作为。如汉口特别市临时参议会于 1929 年 8 月 1 日成立，议员由市各法团推举 18 人及市长聘请知名人士若干充任，议长由市长兼任。其职权有四：建议本特别市兴革事宜，讨论市长咨询事件，讨论市长交议市民请愿事件，审查本特别市行政之成绩。参议会每月举行常会一次，“在此过渡时期，藉以征集市民公意，改进市政”，①其他如北京、上海等市都成立过参议会和临时参议会，但由于种种原因，参议会的地位、作用都与立法初衷相去较远，参议会参与和监督城市政府行政及市政事务，只能说是民主政治的有限实施。至于市民参与和监督市政，虽未达到自觉的程度和理性的高度，但在开放度和市民智识较高的城市如上海、汉口等城市，其自治意识和参与意识表现得相当明显。他们或是通过商会、同业公会等组织代言甚至直接参与市政，或是自发组织起来抵制不良市政，如董修甲在谈到市民与市政关系时，就曾列举上海市民反对租界和华界市政当局不良市政的许多例子。“近年来我国上海市民，常有反对工部局之举动，盖亦因租界市民之智识日增，对于市政皆知反对于租界当局不善处理之处，多所愤恨不平。”“前年南市拟增收公益捐，市民始终反对。市政当局为顾全颜面计，只得自愿暂缓征收。”②

3.如果说具有海外背景的史明正研究方法西化痕迹过浓，那么国内学者的论

① 钱端升等著：《民国市政史》（下册），商务印书馆 1939 年版，第 780 页。
② 董修甲：《市政问题讨论大纲》，上海青年学会书报部 1929 年版，第 324~325 页。

述方式则往往导向另一个极端——过于传统。一是视野不够开阔，仅仅局限于对“市政改革”运动本身的研究，没能将其放在近代中国城市现代化的整体进程中去作综合的、长时段的考察，因而存在就事论事的倾向，使市政改革游离于城市现代化进程之外而非紧紧融于其中，未能从本质上解读市政改革运动在现代中国城市发展史上的地位和作用。近代市政体系的建构是城市现代化的一个重要环节和重要方面，而并非有些研究者所认为的仅仅是城市现代化的一种作用力和一个影响源，只有将近代市政与近代城市现代化联系在一起加以深入研究，才能从中国社会现代化“长时段”的历史进程中对其作出恰如其分的价值评判。二是研究方法单一，仅仅局限于传统的历史学的研究方法。其实，近代市政本身便是一个包容各种学科如地理学、生态学、社会学、规划学等的系统工程，研究近代市政问题，研究者必须具备多学科的立体的知识素养和思维方式，多角度、多侧面、多向度地对其予以观照，否则不仅不能深入堂奥，还有可能在未入门时便迷失在市政这座系统工程大殿的门外。

深入开展中国近代市政史研究，应该以市政与城市现代化关系为主线，将市政改革运动放在城市现代化总体进程中来考察，大处着眼，小中见大；同时由于市政研究涉及面广，应该拓展研究视野，引入城市社会学、城市地理学、城市规划学、城市生态学等多学科研究方法，对20世纪二三十年代的市政史进行多角度、全方位透视；再以较开阔的视野吸纳国外城市史学界的一些新观点，作为考察20世纪二三十年代市民社会形成与异动的一种参照系，并应该根据中国城市现代化历史发展的实际本身做出自己的判断，真实地描绘出城市早期现代化进程中政府与市民、市民与城市既抗争又相容，既殊途又同归的起伏不定的矛盾曲线，从而揭示“市政改革”最终与初衷相去甚远的深层社会文化动因。

（原载《城市史研究》第26辑，2010年）

市制建立与中国城市现代化的开启

——基于20世纪二三十年代武汉(汉口)建市的历史考察

尽管近代中国城市现代化包含十分复杂的内容,但是谋求城市政治的独立,即确立独立的城市建制,建立能独立行使市政权力的现代城市政府,无疑是城市摆脱封建政治附庸地位,从单一的政治军事堡垒转化为具有现代复合型城市功能——全国或区域政治经济中心的首要前提和必备条件。20世纪二三十年代的“市政改革”,国家以法律的形式确立了“市”的独立建制,在全国普遍建立了城市政府,这至少从“形式上”完成了从传统城市向现代城市的转型。但是,理想的现代城市市政,不仅需要城市建制这种所谓“市政独立”的“形式”,更需要以现代民主观念和法律制度作保障,以广大市民参与甚至主导城市政治、社会、经济生活为依归的城市自治和市民自治。这不仅是西方现代城市市政民主的精髓,也是民国时期一批知识分子主张“市政改革”的精神要义。汉口,由于特殊的历史渊源和城市性质,虽然早在清末即开始了市政独立和城市自治道路的艰难探索,20世纪二三十年代“市政改革”更是走在全国城市的前列,但是,由于城市现代民主、自治体制的建立受到政治传统和市民素质尤其是国家整体政治环境的影响和制约,“市政改革”总体而言是有其“形”而遗其“神”,城市并没有取得所谓“自由法人”地位,市民自治不过画一个饼而已。中央集权与城市自治、官治与民治、人治与法治、官僚治市与专家治市始终是困扰民国时期城市现代变革的四大难题。此种情形,不仅其他城市如此,就是汉口这样素有独立意识和自治传统的商业城市也不例外。

一、缘起

在中国古代,城市并无独立地位,一直是各级封建政权的附庸,城市和乡村之间是一种单向交流,乡村为城市提供日常所需,而城市对乡村的贡献却极为稀少。马克思曾言:“古典古代的历史是城市的历史,不过这是以土地财产和农业为基础的城市;亚细亚的历史是城市和乡村无差别的统一(真正的大城市在这里只能干脆看作王公的营垒,看作真正的经济结构上的赘疣);中世纪(日耳曼时代)是从乡村这个历史的舞台出发的,然后,它的进一步发展是在城市和乡村的对立中进行的;现代的历史是乡村城市化,而不象在古代那样,是城市乡村化。”① 美国学者乔尔·科特金在《全球城市史》中也写道:“这种持久的农业影响也反映在城市内部。可以说,当时的杭州、广州、漳州和北京都能跻身世界上规模最大、规划最好的城市之列,但是城市周边的环境通常都是拥挤的乡村,没有什么本质的不同。中国的城市尽管规模宏大,却只是形成了更大的农村环境的‘质量密集’版而已。”②而马克斯·韦伯更是直言“中国古代没有真正的城市,‘在西方以外,从来没有过以一个自治团体形式存在的城市’”,“中国城市不具有欧洲‘城市共同体’特征,没有独立的经济功能,没有独立的城市建制,没有独立的城市市民自治”。③

正是由于传统中国农业——乡村社会的基本特征,使得历代中国统治者治理国家的基本思路和政策都是“重乡治而轻市政”,国家行政序列中有“省制”“县制”而无独立的“市制”。“在秦代和西汉时,这种大都会城市的市场都为‘官设’,其中设有市楼(也称为‘旗亭楼’),以市令(也称为‘市长’)为首的市丞、市啬夫等官员在那里进行管理。”唐朝“制度上规定在唐朝的各都市中一律实行市制,并配置了‘市署’、‘市令’和‘市丞’”。④ 但这些所谓的“市令”“市丞”只是管理市场交易的官员,其职务略相当于今日的工商管理局局长,“城乡合治”机制下的城市只是国家和地方政权的“附庸”。

1840年鸦片战争后,国门洞开,西方的器物、技术、制度、文化大量传入中国。在地方政权架构中,“市制”日益凸显。1908年,清廷颁布《城镇乡地方自治章程》,第一次以政府的名义明确了城市为一政治单位,规定府厅州治城厢为城,即

---

① 〔德〕马克思:《资本主义生产以前的各种形式》,中共中央马克思恩格斯列宁斯大林著作编译局编译:《马克思恩格斯全集》第46卷(上册),人民出版社1982年版,第480页。

② 〔美〕乔尔·科特金,王旭等译:《全球城市史》,社会科学文献出版社2006年版,第83页。

③ 〔德〕马克斯·韦伯著,康乐等译:《经济与历史》,《韦伯作品集Ⅱ》,广西师范大学出版社2004年版,第216~269页。

④ 〔日〕斯波义信著,布和译:《中国都市史》,北京大学出版社2013年版,第17、22页。

今日之市。1911 年,《江苏省暂行市乡制》颁布,将“城”统称为“市”,使“市”的名称被普遍采用。

进入民国后,“市制”建设开始提速,20 世纪二三十年代,知识界率先介绍并传播西方先进市政思想,发起所谓“市政改革”运动。1926 年,孙科主持颁布的《广州市暂行条例》,“始为中国市制放一异彩”①,开启了中国建立“市制”实质性进程。而武汉则紧随广州后,成为全国第二个实行新市制的城市。1928 年,南京国民政府公布《特别市组织法》和《市组织法》,1930 年 5 月又公布新的《市组织法》,以中央的名义正式将城市纳入国家行政序列。

“自民国十七年国府公布特别市组织法及市组织法以后,国内市制差告一统,然该两法缺乏自治精神,为批评者所诟病,故复有十九年五月之市组织法,画市为区坊闾邻,对于市之自治规定颇详。”②新的市法出台,现代市制推行,20 世纪 30 年代,中国掀起了一股建市热潮,至抗战前夕,南京国民政府批准成立的市近 30 个。据钱端升《民国政制史》介绍:“直隶于行政院之市,现有南京、上海、北平、天津、青岛、西安(市政府未成立)及重庆,威海卫行政区直属于行政院,故亦附述于此;隶属于省政府之市,有广州、汉口、杭州、汕头、济南、成都、贵阳、长沙、兰州、厦门、昆明、开封、桂林、衡阳、南昌、韶关及自贡;设市政筹备处者,有包头、武昌及连云;设市政委员会者,原有九江及郑州,现九江市政委员会已裁撤。”③正是在这样的时代背景下,武汉(汉口)顺势而上,立市建制,迈开了城市现代化的艰难步履。

二、武汉(汉口)建市

1926 年 9 月 7 日,国民革命军占领汉口,10 月 10 日,北伐军攻克武昌,武昌、汉口、汉阳三镇成为广州国民政府统辖地域。同月,广州国民政府批准设立湖北政务委员会,以邓演达为主任,统理全省政务,省直接领导各县。1926 年 10 月 7

①②③ 钱端升等:《民国政制史》(下册),上海人民出版社 2008 年版,第 683、684、732 页。

日,国民政府"以汉口为华洋互市之区,实全国商务中心",宣布成立汉口市政府。[1] 按照湖北政务委员会公布的《汉口市暂行条例》,汉口市直属于湖北省政府,不入夏口县行政范围,但市长由国民政府任命,刘文岛被任命为汉口市第一任市长。新成立的汉口市,除了汉口华界区域(即老城区)外,还将原湖北省政府管辖的第一特区(旧日德租界)、第二特区(旧俄租界)管理局纳入其管辖范围,成立了财政、工务、公安、教育、卫生、统计各局,府内设置秘书、审计两处。各局局长、秘书长由市长呈请湖北省政府任命,审计处处长由湖北省政府任命。[2]设立市政会议。1926 年 10 月 20 日,汉口市政委员会成立[3],以市长为主席,各局长为委员,隶属于湖北省政务委员会。同时,依照《汉口市暂行条例》,设市参事会代表市民辅助市政。汉口市政委员会"多依粤市章程办理"[4]。

同年 12 月 10 日,蒋介石以国民革命军总司令的名义任命黄昌谷为武昌市市长。12 月 18 日,黄昌谷在给武汉临时联席会议的呈文中云:"国民革命军总司令蒋十二月十日第四十七号任命状开:任命黄昌谷为武昌市市长。此状。等因。奉此。市长适于本月十六日到差任事,除分呈外,理备文呈钧会审核备案。"[5]武昌建市至此进入筹备阶段,据孙科《计划武汉三镇市政报告》说:"武昌市亦经由总司令部委任市长,现正筹备中,闻其组织除无特殊管理外,大致与汉口市政委员会略同。或拟加设土地局。至于汉阳市政,则尚未筹办。"[6]

1926 年 12 月和 1927 年 1 月,《汉口市暂行条例》和《武昌市暂行条例》公布。[7]《汉口市暂行条例》共 8 章 47 条,《武昌市暂行条例》共 6 章 32 条。两市市政体制大同小异,均采取委员会制。

1926 年底,国民党武汉临时中央党政联席会议经过筹备,宣布从 1927 年元旦正式在汉办公并发布命令,确定国都,以武昌、汉口、汉阳三城为一大区域作为"京兆区",定名武汉,并组织管理京兆区委员会。

---

①② 《汉口市政建设概况》1930 年 9 月第 1 期第 1 篇《总务》,第 15 页,武汉市档案馆藏。另见《湖北政府公报》1926 年 11 月 29 日第 1 期,武汉市档案馆藏。

③④ 《汉口民国日报》,1927 年 7 月 3 日。

⑤ 国民党党史馆档案,档案号:汉 0617 号。

⑥ 孙科:《计划武汉三镇市政报告》,《市声周报》,1927 年 1 月 1 日。

⑦ 武汉地方志编纂委员会办公室编《武汉国民政府史料》,武汉出版社 2005 年版,第 219~223 页。

1926年12月,国民党中央执行委员、国民政府委员临时联席会议第6次会议议决,推定孙科、宋子文计划武汉三镇市政委员会。[①] 1927年1月,国民党中央宣传委员会关于武汉市政问题报告称,当时三镇的市政机关,汉口有市政委员会,武昌有市政厅,汉阳还没有设立市政机关。为了进行市政建设,联席会议决定:"(一)由中央设立武汉三镇市政委员会,以左列九人组成之:财政部长、交通部长、外交部长、湖北省民政厅长、财政厅长、建设厅长,武昌市长、汉口市长、汉阳市长。前项委员会对中央负责,为武汉三镇最高市政指挥监督及议决机关,其组织条例另定之。(二)武汉三镇市行政机关一部分有归并统一之必要。(三)由中央每月发给补助费二十万元,以六个月为限。"[②]由于正式的湖北省政府没有成立,此计划被搁置,三镇仍各自为政。

1927年3月15日,汉口英租界正式收回后,成立了汉口第三特别区管理局,直隶于国民政府外交部。[③] 委原武昌市市长黄昌谷为该特别区市政局局长,谢保权为主任。[④] 该局设董事会,监事7人,除以局长为董事长外,于常年大会时,按票选出中国人3名、英国人3名充之。[⑤] 中方的3名董事为汉口商会周星棠、省总工会朱菊(和兰)及市党部李国暄;英方的3名董事为亚细亚煤油公司的查尔顿、怡和公司的杜纳里、原英租界工部局总董狄克根。从此,该特别区"实际上管理权,完全操在我方之手,英董事3人实无能为力"[⑥]。

由于迁都之争及其他原因,湖北省政府迟迟未能成立。国民党二届三中全会后的4月10日成立了湖北省政府,旋即又成立了武汉市政府。1927年4月22日,国民党中执会致函武汉国民政府,告知其已正式成立:"公启者:关于武汉市政府已成立,应由国民政府下令改武阳夏三镇为武汉市。同时下令裁撤武昌、汉口两市政厅案,经本会政治委员会第十四次会议决议武汉市政府现已成立,武昌、汉阳、汉口三市归并管理,并定名为武汉市。前武昌、汉口两市政厅着即裁

---

① 《湖北政府公报》1927年1月10日第7期,第82页,武汉市档案馆藏。

② 孙科:《计划武汉三镇市政报告》,《市声周报》,1927年1月1日。

③ 《汉口市政建设概况》1930年9月第1期第1篇"总务",第15页,武汉市档案馆藏。另见《湖北政府公报》1926年11月29日第1期,武汉市档案馆藏。

④ 《广州民国日报》,1927年3月22日。

⑤ 《汉口民国日报》,1927年7月12日。

⑥ 《一周时事述评》1927年3月14日第13期,武汉市档案馆藏。

撤,交国民政府照办,相应函知贵府,烦即查照办理。此致,国民政府。”①“经中央政治委员会议决,由中央党部、国民政府、省市党部、省政府、汉口市商会、汉口市商民协会等各推委员共组武汉市政府,计中央党部推陈公博、苏兆征,国民政府推陈友仁,省党部推吴士崇(即吴德峰——作者注)、何羽道,市党部推詹大悲、李国暄,省工会推向忠发,省政府推张国恩,汉口市总商会推周星棠,汉口市商民协会推郑慧吾,共十一人为委员,并经国民政府任命于四月十八日正式成立武汉市政府。票选陈公博、李国宣[暄]、吴士崇为常务委员。将前有之汉口市政委员会、武昌市政厅及武昌市工务、公安各局一律裁撤,就原有之汉口市公安、财政、教育、工务四局改为武汉市政府公安、财政、教育、工务四局。武昌公安局改为第一公安分局,汉阳公安局改为第二公安分局,所有第一、第二、第三特区管理局,均划归武汉市政府范围;于武汉市政府设秘书处,前汉口市卫生局裁撤。前汉口统计局改统计股附于秘书处第一科。对于市政则从新计划力求发展,对于用人则力避宂[冗]滥,以党部及各团合组之政府,集各方之意见,共策进行,预(科)[料]前途当有良好之成绩。”②武汉市政府设址汉口慈善总会(今市一医院中山大道一边隔壁),于是,以武昌、汉口、汉阳为管辖区域的三镇合一的市政府第一次成立。

关于武汉市政府成立之具体日期,历来有 4 月 16 日与 4 月 18 日两种说法。上引武汉市政委员会报告即说“并经国民政府任命于四月十八日成立武汉市政府”。但笔者认为武汉市政府成立应为 1927 年 4 月 16 日。根据有二,一是汉口市代理市长张笃伦给国民党中央执行委员会的呈文:“敬呈者:武汉市政府定于本月十六日午前十时,在崇善里旧汉口市政委员会举行成立典礼,届时敬请钧会派员监誓,并赐训词。”③二是《汉口民国日报》1927 年 4 月 17 日的报道,“武汉市政府是由武昌市政厅、汉口市政委员会、汉阳市政委员会合并成立总机关”。这两则材料,邀请函在成立典礼之前一日,新闻报道在成立典礼之后一日,正好印证武汉市成立日期在 1927 年 4 月 16 日。

1927 年 7 月 15 日,汪精卫“分共”后,武汉与南京在反共问题上达成高度一

①③ 国民党党史馆档案,档案号:汉 635、641 号。

② 《武汉市政府行政概况——武汉市政委员会报告(1927 年 7 月 11 日)》,《长江流域商民代表大会日刊》1927—07-11、12、14。

致,宁汉逐渐合流。9 月 16 日,由 36 名委员组成的中央特别委员会在南京成立,代行中央最高职权,新的南京国民政府于 9 月 20 日重组成立,武汉国民政府宣布正式撤消,武汉进入了由李宗仁桂系集团长达近两年(1927 年 9 月 20 日—1929 年 4 月 5 日)的统治时期。

桂系把持武汉市政,原武汉市政府各委员纷纷离任。1927 年 12 月,湘鄂临时政务委员会派张有桐前来接收,改武汉市政府为武汉市计划委员会,推举龚树溶、周星棠、李翊东 3 人为常务委员,于 12 月 31 日就职视事。前武汉市政府下设机构除公安局外一律撤销,只设公安、事务、计划 3 个机构。1928 年 5 月,湖北省政府第 6 次政务会议决定,武汉市政计划委员会更名为武汉市工程委员会,省政府委任胡宗铎、张难先、石瑛、孙绳、王恒、严重为委员。5 月 7 日,该委员会在武昌原湖北官钱局旧址成立,石瑛被推选为主任,工程委员会下设总务、工程、拆迁三处。

1928 年 11 月 1 日,新的武汉市政委员会成立,胡宗铎任委员长,报载:"武汉市政委员会一日成立,发出宣言。委员长胡宗铎,委员石瑛、陶钧、张难先、严重、孙绳、王恒、时功玖、但焘等,亦同时宣誓就职(一日下午二钟)。"[①]1929 年初,湖北省政府第 77 次政务会议决定,取消多年采用的委员会市制,改组武汉市政府,采取市长制。2 月 1 日,新一届武汉市政府正式成立,潘宜之任市长。"潘宜之三十一日晨一时抵汉,一日就市长职。市委会三十一日柬请政分会,省府、省市党部派员参加,并请张知本监誓。(三十一日下午十钟)"[②]

1929 年 3 月底至 4 月初,武汉桂系政府随着蒋桂战争以蒋介石一派的胜利无果而终。4 月 5 日,蒋介石的中央军接收武汉,南京国民政府发布第 1463 号训令,改武汉市为武汉特别市。[③] 同时任命刘文岛为武汉特别市市长并组武汉特别市政府。据内政部第 504 号公函云:"迳启者,查武汉地方曩系普通市制,此次武汉勘定,业经主席指派刘文岛为武汉特别市长并奉篠电饬与文官处,照委该特别市各局局长及参事各员,当经本部函请国民政府文官处查照办理本案。惟查特别市组织法第三条规定,特别市之设立依国民政府之特许行之,现武汉既定为特

① 《武汉市委会成立》,《申报》1928 年 11 月 2 日,第 2 张第 7 版。
② 《潘宜之就市长职》,《申报》,1929 年 2 月 1 日,第 3 张第 9 版。
③ 中国第二历史档案馆馆藏档案,全宗号 1,目录号 2,案卷号 1654。

别市,拟请呈由国民政府明令公布以完手续。"[1]4 月 6 日,刘文岛就任武汉特别市市长,并任命了市政府主要官员,据《申报》报道:"刘文岛为武汉特别市长。刘六日就职,当召集职员训话,并委戴经尘为社会局长,戴维夏襄理财政局事宜。刘并向蒋辞总政治部主任职,专任武汉市长(六日)。"[2]

但根据《特别市组织法》第一条规定,特别市直辖于国民政府,不入省县行政范围。武昌为湖北省政府所在地,省市政府同在一区内,政令分歧,利益冲突。同时,因汉口地当冲要,轮轨如织,工商荟萃,户口众多,有单独组织特别市之必要。于是,刘文岛向南京国民政府提出改武汉特别市为汉口特别市的请求。

同年 6 月,经行政院会议决议,改武汉特别市为汉口特别市,以汉口、汉阳为管辖区域,并将武昌改为普通市划归省政府管辖。6 月中旬,南京国民政府将此决定告知湖北省及武汉特别市政府:"国府文官处函市府,着改名汉口特〔别〕市府。经十次市政会议决,即日改名,并函省府武昌各该管事项,准七月一日移交。(二十一日专电)"[3]1929 年 7 月,汉口特别市政府正式成立,直隶行政院。以刘文岛为市长。先后设立公安、社会、财政、工务、卫生、土地、教育、公用 8 局。武昌所有行政事务于 7 月 1 日正式移交省政府,"乃设武昌市政工程处于建设厅"。[4]

汉口特别市政府成立后,夏口县区域与行政事务已大部分划入市范围,县公署形同虚设。湖北省政府遂拟裁撤夏口县治,将该县管辖区域分别划归汉口特别市政府及汉阳县政府管辖(张公堤以外),一切行政事务均由汉阳县处理,呈报国民政府批准,1929 年 7 月 31 日,裁撤了成立十余年之夏口县。[5] 从此,汉口在一个城市里政出市、县两个政权的局面结束。

同年 7 月,经湖北省与汉口特别市协商,湖北省政府第 68 次政务会议划定汉口特别市范围,市区东界起自张家河口之谌家矶,沿扬子江汉口江岸、汉阳江岸以达汉阳之老关抬船路为界;市区北界起自张家河口之谌家矶沿张家河岸经二道桥,沿朱家河岸至戴家山迤西沿张公堤堤外脚至禁口,再迤西沿长丰垸堤外

---

① 中国第二历史档案馆馆藏档案,全宗号 1,目录号 2,案卷号 1654。
②《刘文岛就武汉市长》,《申报》1929 年 4 月 8 日,第 4 版。
③《武汉市府更改名称》,《申报》1929 年 6 月 23 日,第 2 张第 7 版。
④ 方刚:《湖北省会市政建设计划纲要》,见《汉口商业月刊》1935 年第 2 卷第 3 期,第 4 页。
⑤《汉口市政府建设概况》1930 年第 1 期第 1 编"总务",第 9 页。

脚经余家湾、毕家咀等处以达张家岗为界；市区西界起自汉口之张家港，沿长丰垸堤外脚经东姚家湾迤南以达舵落口，沿襄河东岸下流以达汉阳琴断口，沿三眼桥港岸经保丰闸、三眼桥以达升官渡为界；市区南界起自升官渡沿大路经潘家庙迤东经港口以达大山寺，迤南沿拦江堤内以达老关之抬船路为界。①

1930 年 4 月，以汉阳城区划归市辖诸多不便，经省市两政府联席会议决定，并经国民政府第 74 次国务会议批准通过，将汉阳城区划归湖北省政府管辖，并入汉阳县，于 5 月 15 日移交。同年，省市两府联席会议议决，原夏口县旧管田赋等税在汉口市区以内者由市府管理，在市区以外者归所管县署（即汉阳县）管理。夏口县旧管租界地租划归汉口市政府。

1930 年 5 月 20 日，南京国民政府公布了新修订的《市组织法》。新的《市组织法》与 1928 年《市组织法》的一个重要不同就是废除特别市的提法，但对直辖行政院的几个市仍予以保留，即"十九年市组织法虽废除特别市之名而未废其实，改分市为隶属于行政院及隶属于省之二种"②。新的《市组织法》颁布后，南京国民政府以"训令第 2174 号"文件将"原有之南京、上海、天津、青岛、汉口五特别市均除去'特别'二字，直隶于行政院；北平特别市当时系河北省政府所在地，广州特别市系广东省政府所在地，分别改称并改隶于河北省及广东省政府"③。汉口特别市政府接到行政院训令 2392 号指示后，即着手进行更名事项。1930 年 6 月 20 日，刘文岛给南京国民政府去函报告更名工作进展情况："钧院第二一七四号训令，以据内政部呈为依照新颁布市组织法，拟具市改组办法请鉴核施行案。经院决议改特别市为市，重委市长均转呈政府照办，余悉照部议办理，除转呈暨分另外，令仰查照部议办理等因奉此。自应送遵照积极筹备，藉副钧院推行新制，促进市政之至意。兹经职拟具实行新制办法：（一）调查户口限七月二十日前由公安局办理完竣后送交社会局。（二）划分区坊闾邻由社会局于八月十日前会同财政公安两局完竣后呈府核验。（三）本府一切章程细则交参事会各局处依照新市组织法修正呈报行政院备案。以上三条并经提交第六十次市政会议议决分令所署，迅即遵照办理各事案，所有尊令依照内政部拟具各市改组办法提案议

① 《湖北省关于准予派员会勘省市界情形的指令及湖北省教育厅的呈文及市政府关于会勘情形及附图说明的呈文》，湖北省档案馆馆藏档案，档案号：LS1-3-0101-003。

② 钱端升等：《民国政制史》（下册），上海人民出版社 2008 年版，第 703 页。

③ 中国第二历史档案馆藏档案，全宗号 6，案卷号 1099。

决进行。”[①]南京国民政府内政部接到刘文岛的请示函后，报经行政院同意汉口市工作部署。经过近2个月的工作，7月28日，刘文岛致函行政院，报告汉口特别市改为汉口市工作已于7月1日办理完毕："呈为奉令改汉口特别市为汉口市，业已遵照前令于七月一日依法改组具报……谨查前奉钧令改汉口特别市为市职已遵于七月一日依法改办，并具报在案。兹奉前因理合将依法已改汉口特别市为缘由备文呈请钧院俯赐鉴核……"[②]

1930年8月，湖北省主席何成濬以武昌为辛亥首义之区，宣布成立武昌市。10月，"复设武昌市政府，下设工务局"。但根据《市组织法》，人口须在30万(或人口在20万以上，且营业税占该地1/2以上)方能建立普通市，武昌人口、税收均不足此数，不能建立。武昌市政府仅存1个月，即遭国民政府否决。何成濬只得"奉行政院令武昌不必设市之后，即令将武昌市政府取消"(同时取消"市"字名称的还有宜昌、沙市、新堤，即今洪湖市、武穴、老河口、樊城、沙洋等)。省会武昌的市政仍归省建设厅办理，乃成立湖北省会工程处，处理武昌城的工程事宜直至1935年。1931年1月13日省政府第68次政务会议决议，将武昌市区归并到武昌县。

1931年6月2日，湖北省政府主席何成濬致函南京国民政府，以武昌、汉口"密迩相距甚近"以及省市财政经费短绌为由，要求取消汉口特别市，将汉口改为省辖普通市。[③] 何成濬电文中所说汉口各界皆不赞成设市，并非空穴来风、毫无根据的臆说。先是前年12月，汉口有商民刘炳勋等17人联名上书南京，要求撤销汉口市：

> 窃查国家设官分职，所以为民也，故与民有利者，国家多设一机关，而民不怨，与民无利者，国家少设一机关，而民不病。国家政治机关之设立与否，恒以环境之需要与民众之意者为转移，此古今中外民权发达之国家所必由之道也。自本党建都南京以后，中央鉴于国内各地市政之不发达，仿效欧西，试行市制，始则划分各地都市为特别市、普通市，

---

①② 中国第二历史档案馆藏档案，全宗号6，案卷号1099。

③《何成濬请早须撤销汉口特别市政府明令并陈武汉各界意见，拟暂不设市政府，组织市政委员会隶属省政府专办汉口市政以节经费》，中国第二历史档案馆藏档案，全宗号2，案卷号18。

继则划分为甲等市、乙等市，于是汉口遂由武汉市政委员会而改为武汉市政府，复由武汉市政府而改为汉口特别市政府（现为甲等市），在中央无非欲在汉口专设一管理市政之机关，藉以谋市民之幸福，意至善也。无如事实适得其反，自有市府之后，市民不徒未蒙其利，反觉有无穷之困苦，市政不徒未见改良，反日见腐败不堪，此其中症结之所在，实以汉口市区自民元以来，始则受北洋军阀十余年之压迫，继则受民十五、十六年武汉共产政府一度之摧残，终则因桂系军阀多方剥削，近则因叛乱迭起，故数年以来，市上商店先后倒闭者日有所闻，而折本之家将行倒闭者更不知凡几。以如此萧条之市场，政府当局应如何发展工商，应如何开辟财源，应如何减轻市民之负担，必合取之于市用之于市之原则，庶几使此疲惫不堪之市民或有来苏之望。今市府当局不此之务，只知扩大其内部之组织，广设骈枝机关，使市府每月办公经费及工作人员薪公之总额几达三十万元以上。如此大宗之款项，取之于市民用之于市官，故市府多存在一日，即市民多一日之痛苦。试看近日汉口市之腐败与夫苛捐杂税之繁多，市政府之成绩可以概见，而中央设汉口市府之结果如何亦不待问而知矣。且夫南京市政府之设立以南京为首都所在地也。上海市政府之设立以上海为远东商务之重心，华洋杂处，人口众多，且亦与江苏省政府之距离较远也。广州市虽为繁盛之区，终因处于省府之所在地，故将市政交之于广东省政府。天津市虽为东北重要之商场，近因河北省政府迁津，亦有不再设市制之趋势。汉口市区既不可与首都相提并论，而商务萧条，更不可以远拟上海，且与湖北省政府一江之隔，如以广东、天津相比较，以汉口市政交之湖北省政府，在事实上既无若何隔[阂]核难行之处，在经费上每年可以减少三百余万行政经费之支出，市民可免除无穷之困苦，市政亦于发达，均收其利，有何不可？市民等鉴于目前所受困苦之日深，当此中央完成减政励精图治之时，不得不将汉口设市府之害痛陈于钧院之前，尚乞俯察下情，将汉口市政府即日明令取销，以利市民而恤商艰，实为德便。①

---

①《汉口市民代表刘炳勋等呈为痛陈汉口设市商民困苦情形请俯察下情将汉口市政府即日明令取消》，中国第二历史档案馆馆藏档案，全宗号2，案卷号18。

刘炳勋等17位市民的陈情书关于将汉口撤市并省之理由是否合理得当，我们下面将要有所讨论。何成濬从经济利益和权力争夺的双重目的出发要求撤销汉口市建制，除了走上层路线，在行政院走门子做工作外，上述市民陈情书也不能排除何氏有利用民意挟持中央政府之嫌。总之，在何成濬上下其手、大力运作下，1931年6月9日，行政院第25次国务会议决定，撤销汉口特别市建制，改为隶属于湖北省的普通市。6月22日，行政院以第2993号训令致内政部和汉口市政府，告知改汉口特别市为普通市。[①] 同日，国民政府指令下达后，汉口市政府即着手改制工作。

6月3日，汉口市市长刘文岛致函行政院，表示服从政令："钧院第二九九三号训令，以查前据湖北省政府电请早颁撤销汉口特别市明令并陈武汉各界意见，拟暂不设市，只组织市政委员会，隶属于省政府，专办汉口市政等，请经院决议，汉口改为隶属于省政府之市，呈请国府令行，当经电复，并呈国府在案。兹奉令开呈，悉应准照办。仰由该院另□□可也，等因。除令行湖北省政府暨内政部外，令仰遵。等因，奉此并准湖北省政府函同前由，谨送令办理，当即令各局处会暨市立医院赶办结束以备移交，并函请湖北省政府当派员接收……。"[②]7月，汉口特别市政府正式改为汉口市政府，直隶于湖北省政府，由何葆华任市长。市府内设秘书处及一、二、三科。附属机关除接管市立医院、平民教养所、中山公园建筑事务所、妇女救济院外，火葬场改为火葬管理委员会，其他的如平民接待处、工商调查处、合作指导委员会、社会局（改为第二科）、工务局（改为第三科），均由市政府接收裁撤；汉口市公安局直隶于湖北省政府，改名汉口公安局；财政局、税捐稽征处、公债基金保管委员会由省财政厅接收；公共汽车管理处、度量衡检定所、苗圃事务所由省建设厅接收；教育局及所属机关、学校由教育厅接收；邮电检查所由武汉筹备司令部接办。[③] 同时，何葆华市长因经费短绌，为节省开支，将采办委员会裁撤。

---

① 《行政隐患第2293号训令，汉口改为隶属省政府之市》，中国第二历史档案馆藏档案，全宗号2，案卷号18。

② 《刘文岛呈为奉令改汉口为隶属省政府之市遵即赶办交代仰祈钧鉴》，中国第二历史档案馆藏档案，全宗号2，案卷号18。

③ 汉口市政府编《汉口市政概况》1933年度。

1932 年 4 月，万声扬接任市长，将卫生管理处裁撤，市府内增设第四科，所有清洁打扫事项，划归公安局办理；公安局重归市政府指挥，复改名汉口市公安局；苗圃事务亦由建设厅移交市政府接管。此时，汉口市又改为特别市，隶属行政院。7 月复改隶湖北省。[①] 10 月，市政府改组，吴国祯任市长。

武昌方面，1935 年 6 月，湖北省政府成立了武昌市政处，与普通市近似，又不等于普通市。处长李捷才，其后由程文勋继任，1937 年由杨锦昱接任。抗战胜利后杨再次任处长，1946 年任武昌市市长。

三、武汉（汉口）城市政府体制

武汉现代城市市制的创立，受《广州市暂行条例》的影响最大。1926 年，湖北政务委员会公布的《汉口市暂行条例》及《武昌市暂行条例》，差不多就是《广州市暂行条例》的翻版。汉口市政府所设机构与广州相同，为市政委员会、参事会和审计处三个机关。综览武汉（汉口）城市政府体制，主要经历了委员会市制和市长市制。

（一）委员会市制

汉口市政委员会是议决与执行市务的唯一重要机关，由市长与各局局长组成。市长为一市的代表，又是市政委员会的主席，有总理全市行政事项大权。市长由国民政府任命，这一点与原广州市制不同。1921 年公布的《广州市暂行条例》规定，市长由市民选举，但于暂行条例未修改前，由省长委任。汉口市行政事务的管理，由第一特别区管理局、第二特别区管理局、财政局、工务局、公安局、教育局、卫生局、统计局分任，除两个特别区外，其他各局与广州市相同。市政委员会于市长之下设秘书长 1 人，秘书 3 人，承市长之命掌理以下事项：（1）机要事务及检阅文稿；（2）主管文牍及保管档案等事项；（3）编辑印刷市政公报并各种市立条例及报告；（4）掌理庶务及收发事项；（5）其他事务之不属于各局及特别机关专管者。汉口市政委员会设技正 1 人，技士 2 人，襄助市政委员会审核工程计划，

---

① 皮明庥主编《近代武汉城市史》，中国社会科学出版社 1993 年版，第 350 页。

监督工程进行。汉口市各局局长、秘书长、技正由市长荐请湖北省政府任命。秘书、技士由市长委任。可见,汉口市也是典型的市政委员会为官厅代表的委员会市制。

关于市行政事务的办理,市政委员会遇繁重或不属于各局之市行政事务,得经参事会决议、市政委员会核准,设置特别机关处理之。市政委员会对于市参事会议决事件有异议时,得交参事会复议。如参事会仍执行前议时,则市政委员会应照原案执行。第一、第二特别区管理局分别掌理收回德、俄租界时订定的原有章程所规定的事务。其他六局则分别办理该局所属的事务。

市参事会是代表市民辅助行政的代议机关,由湖北省政府就特许之各职业团体各指派一人组成。市参事会主席由该会选定。市参事会的职权有 5 种:(1)议决市民请愿案,送市政委员会办理;(2)议决市政委员会送交案件;(3)审查市政各局的成绩;(4)审查市预算送呈;(5)审查市决算。如市参事会与市政委员会发生权限争执时,由省政府裁决。

审计处是办理审计事项的机关,其职权有 4 种:(1)审查市财政收支每月清册及检核各种收支单据;(2)审查市政委员会所订立有财政上关系的各种契约合同;(3)建议关于市政会计方式的改良;(4)编造每年市政审计报告书,呈报省政府。审计处与市政委员会发生争执时由省政府裁决。审计处处长由省政府任命,承市政委员会或市参事会的邀请,得列席市政委员会会议或市参事会会议,但无表决权。

1927 年 4 月 16 日成立的武汉市政府也是委员会市制政府。这个经中央政治委员会议决定组成的武汉市政府,由中央党部推举 2 人,国民政府推举 1 人,省、市党部各推举 2 人,省工会推举 1 人,省政府推举 1 人,汉口市总商会推举 1 人,汉口市商民协会推举 1 人,共 11 人为委员,并经国民政府任命。由 11 个政府委员,投票选举 3 人为常务委员。与汉口市政委员会不同的是,武汉市政府只设常委而不设市长,这在武汉现代城市政府的历史上是比较特殊的。实际上,这种委员会市制除广州市和武汉市外,全国其他城市再没有采用过。这个武汉市政府是由中央及省、市三级党部,中央与省二级政府及分别代表工人、大商人和中小商民利益的团体合组而成,似乎更合委员会市制之意,或许更多地体现了孙科所认同的“公意与民治”的思想。3 个常委分别代表中央及省、市三级党部,实际上是一个国民党“党治”政府(其中有以个人身份加入国民党的共产党员)。

武汉市政府除设秘书处及各局外,设市政会议,议决各事项。所以武汉市政府也是集议决权与执行权于一身的政府。同时,划入武汉市范围的第一、第二特别区管理局及收回英租界组成的第三特别区管理局,“暂时为应对外交策略起见,仍由外交部直接指挥,但市政委员会开会时,特别区局长须出席报告市政情形,并参与讨论问题,以收统一之效”。另外,市政府成立后,“因环境的要求,谋事实之便利”,依第四次市政会议决议案,组织了清理武汉各慈善团体委员会、武汉市政府财政委员会;依第七次会议决议案,组织了市工厂委员会。

根据《汉口民国日报》报道,武汉市政府需要向商民代表大会等报告市政府工作。

武汉(汉口)市政府机构的设立,已经呈现了与封建社会及北洋政府时期城市政务机构不同的特点。为适应城市现代化、城市功能复合化的特点,管理机构按专业化分工,协调管理城市各项事务,专业化、科学化的特点初步呈现,不同于以前一官统管多职,州府县官集行政权与司法权于一身的传统城市面貌,如民国前期,夏口县知事也兼地方审判厅之职,市政府事务的议决,突出了民主化、公意化的特征,不同于封建政权的主管长官按个人意志独断专行,并初步出现了民意机关牵制行政机关的格局,城市现代化管理机制初步形成。

武汉(汉口)市实行的委员会市制,确乎是具有某些现代自治和民主意味的现代城市政府制度。首先,委员会市制的市政府由社会各界人士组成。在武汉市政府 11 人的组成名单中,其中就有汉口总商会 1 人、汉口市商民协会 1 人,是一种市民和民间团体参与城市政务的政治构架。政府定期向市民通报工作,从制度上保证了市民对城市事务的知情权。其次,政府内部构架和议事、执政方式既有民主又有集中,市长既是一市之代表,又是市政委员会的主席,有总理全市行政事项的大权。但市政府设市政会议,由各局局长和政府秘书长组成,城市各种重大事项需由市政会议集体议决。最后,它在形式上体现了权力的分离与制约。一是在政府内部设立审计处,建立起监督监察机制;二是成立由社会各界组成的代表市民辅政的代议机构——参事会,对政府工作进行监督和咨询。参事会独立于政府之外,是所谓体制外的监督机构,当与市政府发生意见分歧时,裁决权在省政府而不是后来南京国民政府的有关《市组织法》规定的市长等,这些都从制度上体现了城市市政所谓的“公治与民意”。

但是,对武汉(汉口)委员会市制时期民主和自治水平的评价总体上不能过高,其历史局限性是相当明显的:城市自治受制于中央集权,受制于国民党的“党治”,如政府的主要组成人员是国民党中央及省、市党部负责人,国民党的意志就是政府的意志;行政权和立法权缺乏有效的分离和相互制约,参事会只是咨议性质的机构而非立法机关;民间组织和市民对城市事务的参与度也极其有限,市政已由清末民初民间主导完全转化为政府主导,等等。究其原因,除了中国城市化和城市现代化总体水平太低,国家还没有为城市现代民主市政体制的建立准备完善和充分的政治民主条件和环境外,主要还是制度因素——源于对委员会市制的曲解和实用主义价值取向。

总之,《汉口市暂行条例》也如《广州市暂行条例》,都采取了美国的委员会市制,但实际上是曲解了的委员会市制,也就是中国化了的委员会市制。这种抽掉自治与民主精髓的所谓委员会市制,理所当然地受到那些渴望将西方民主市制移植于中土,在中国推行以“民治和公意”为宗旨的市政改革的市政精英们的批评和苛责。同时,也由于这种不中不西,即在民主、自治和集权两方面都表现得不彻底的体制怪胎不合当时的中国国情,最终只能昙花一现,很快即被新的市政体制——市长市制所取代。

(二)市长市制

上面论述的委员会市制之所以多少体现了一些公意和民治的色彩,主要是由两个方面的因素促成的。一是大的政治环境。当时正处于北伐战争时期,国民革命如火如荼,国民党还没有取得完全执政地位,需要借民主拉拢人心,同时军阀混战,各自为政,统一的中央集权还没有形成,客观上为推行带有民治和自治色彩的委员会市制创造了条件。二是委员会市制的倡行者孙科深受西方尤其是美国民主制度的影响。“孙曾留学美国,研究市政于李德教授之门”,故不遗余力地介绍西方先进市制。他不但主持制定了《广州市暂行条例》和《汉口市暂行条例》,而且将其付诸实施。孙科曾主持过这两个市政府的工作,并在这两个城市推行委员会市制,由于孙科特殊的身份和影响力,“不数年而广州市政之名乃闻于全国”①,武汉和汉口的市政也有显著的成绩。但是,随着国民党统一中国,南京国民政府成立,国民党一党专制集权制的确立,市政体制也随之发生重大改

---

① 张锐:《比较市政府》,上海华通书局1931年。

变。城市政府在运行机制的正规化、专业化、法制化方面逐步走上正轨，获得长足进步。但是城市自治却有倒退趋势，城市自治、市民自治只是体现在城市法规的条文之中，城市与中央、地方政府之间，市民与城市政府之间矛盾冲突不断发生，因此"时为批评者所诟病"。

1927 年 11 月 20 日，南京国民党中央政治会议通过《特别市组织法》和《市组织法》两个市制法规，于北伐军占领北京实现南北统一后的 1928 年 7 月 3 日由国民政府公布。它们是以《广州市暂行条例》为蓝本，再加以修改而成的。特别市为首都或百万人以上的都市或有特殊情形的都市，直隶于中央政府，不入省行政范围。普通市则直隶于省政府，不入县行政范围，人口 20 万以上。这两种市只有地位的高下与形式的大小不同，在性质与组织上大体相同。它们各有两个机关：市政会议和市参议会。市政会议有议决与执行全权，其委员都由政府委任，其实不过是中央政府或省政府的特别行政区域而已。以市民代表组成的市参议会亦不过是一种辅助行政会议的审议机关。按照民国学者顾敦鍒的说法，这个市制可归纳于委员会市制以内，也是美国委员会市制的变相。但特别市与普通市市长以及各局局长等都需受中央各主管部院及建设委员会，或省政府各厅厅长及大学区校长的限制，这又有法国市制的色彩。① 这种市制模式，一直影响到当今中国的市制。另外，《特别市组织法》明确规定，特别市政府依中国国民党党义及中央法令综理全市行政事务。而《市组织法》也规定，市设市政府，依中国国民党党义及中央与省法令综理全市行政事务。可以说，国民党以法律的形式确定了建立"一党专政"的现代城市政府机制。

1930 年，国民政府废除了上述两个市制法规，重新制订了包括特别市和普通市在内的《市组织法》，于 1930 年 5 月 20 日公布施行。1937 年，又宣布废止了《市组织法》，公布施行《中华民国修正市自治法》。新的《市组织法》和后来的《市自治法》都规定，直隶于行政院的直辖市为三类：(1) 首都；(2) 人口在百万以上者；(3) 在政治上、经济上有特殊情形者。但同时又规定，具有前项二、三两款情形之一而省政府所在地者，应隶属于省政府，即为省辖市。当时的汉口市人口只有七八十万，当属于第三类，这也为省市因经济困难于 1931 年 6 月后改汉口为省辖市埋下伏笔。新《市组织法》对隶属于省政府的省辖市的设立条件也有所提

---

① 顾敦鍒：《中国市制概观》，《东方杂志》1929 年第 26 卷第 17 号，第 39～40 页。

高:(1)人口在30万以上者;(2)人口在20万以上,其所收营业税、牌照费、土地税每年合计占该地总收入1/2以上者。《市自治法》更规定省辖市的设立条件为“人口在30万以上而工商业发达者”。《市组织法》规定直辖市与省辖市仍然各有两个机关:市政会议和市参议会,其职权、性质与以前大致相似。

武汉在1927年12月由湘鄂临时政务委员会接管后,经历了各种委员会市制时代,于1929年2月重新建立省辖市政府,采取市长制。但这个市政府只存在了2个月。1929年4月南京国民政府批准建立武汉特别市政府,7月又改为汉口特别市政府。武汉特别市政府存在的短暂几个月里,曾经制订公布了《武汉特别市政府暂行条例》。这个《暂行条例》与《特别市组织法》内容大致相似。在刘文岛1929年8月21日上报中央政府的《汉口特别市政府工作摘要报告书》(民国十八年四五六月份)中,只有《汉口特别市政府秘书处及各局组织细则》《汉口特别市政府市政会议规则》及《汉口特别市临时参议会规程》,未见《汉口特别市组织条例》;在1930年9月出版的《汉口市政府建设概况》(第1期)中,也未见《汉口特别市组织条例》。

遵照《特别市组织法》制定的《汉口特别市政府秘书处及各局组织细则》于1929年6月27日第一次临时市政会议通过,7月25日呈报行政院备案,对市政府所属秘书处及财政、土地、社会、工务、公安、卫生、教育、公用八局的机构设置与职掌、人员构成与任用方式等做了较详细的规定。半年后,因1930年1月1日裁撤土地、公用两局归并于财政、工务两局,又制订了《汉口特别市政府工务局附设公用科组织细则》等。

但汉口特别市也只存在了两年,1931年7月改为普通市,直隶于湖北省政府。1933年《汉口市政府组织规则》经国民政府1406号指令准予备案,1933年8月湖北省政府令准。由于省市财政困难,机构大幅缩减,按《市组织法》规定,将应设各局,除公安局外,均缩改为科。1937年4月,《修正汉口市政府组织规则》呈准国民政府备案。由于1932年国民政府公布了《市参议会组织法》和《市参议会选举法》,因而《修正汉口市政府组织规则》没有将设立参议会列入条款。值得注意的是,这个《汉口市政府组织规则》依然遵循的是1930年的《市组织法》,而不是当年年初公布的《市自治法》[①],可见《市自治法》没有实际施行。1938 年 5 月,调整市政府内部职能分工及人员编制等的《修正汉口市政府组织规则》再呈国民政府,行政院指令,在汉口市原设有的社会、财政、工务、地政 4 科的基础上,“卫生事务在该市急宜设科专管以应急需”。[②] 1938 年的《汉口市政府组织规则》成为 1945 年抗战胜利后重建汉口市政府及修订组织规则的基础。

四、武汉(汉口)市政运行机制

汉口市政体制和运行机制既有普遍性又有其特殊性。就普遍性而言,汉口作为全国城市体系中的一员,同样要按南京国民政府颁布的城市法规统一行政而不能自行其是;就特殊性而言,主要是汉口市政体制多变,时而特别市,时而普通市,尤其是变为普通市或省辖市后,城市市政受制于地方政府,市政独立更加举步维艰。下面,我们以《特别市组织法》《武汉特别市暂行条例》《市组织法》及《汉口市政府组织规则》等为依据,结合汉口市政府具体的市政实践,考察两个方面的问题:一是从汉口市政府架构与运作方式看汉口市政正规化、制度化的运行机制;二是从汉口市临时参议会的组成及运行状况看市民自治。

(一)汉口市政府的组织架构及正规化、制度化的运作方式

1.市政府及市政会议

1928 年颁布的《特别市组织法》关于市政府组织及权限规定:“特别市设置特别市政府,依中国国民党党义及中央法令,综理全市行政事务”;“特别市政府于不抵触中央法令范围内,对于全市行政事项得发布命令及单行规则”;“特别市政府设市长一人,由国民政府任命之,指挥并监督特别市政府所属职员,特别市市长为简任职”。1930 年颁布的《市组织法》第四章“市政府”中对于市政府和市长职权有所修改:“市设市政府,依法令掌理本市行政事务,监督所属机关及自治

① 参见湖北省档案馆藏档案,档案号:LS1-3-2220。市保甲组织则另订有《汉口市警察局住户联保办法》,见湖北省档案馆藏档案,档案号:LS3-3-2380。

② 湖北省档案馆藏档案,档案号:LS1-4-3529。

团体”;“市于不抵触法令范围内得发布市令制订单行规则”;“市政府设市长一人指挥监督所属职员。隶属于行政院之市,市长简任,隶属于省政府之市,市长简任或荐任”。按照这些规定,市长是一市的代表,又是行政会议主席,有指挥并监督市政府所属机关各员之权。特别市市长由国民政府任命,为简任职。而普通市市长则由省政府呈请国民政府任命,为简任或荐任职。但汉口市略有不同,即使是成为普通市以后,《汉口市政府组织规则》依然写明市长为简任职。

市政府由市长、秘书长、各局局长及参事组成,市行政事务按性质由各局分任。特别市各局局长,为荐任职或简任职,由特别市市长呈请国民政府任命。《武汉特别市暂行条例》则增加“审计处设处长一人”,各局“于必要时得设置副局长一人或两人”,与1927年的武汉市政府相似。普通市各局局长,由市长呈请省政府任命,受荐任职待遇。但1933年后,除公安局单独存在外,汉口各局归并为三个科,第一科掌理社会局、教育局事项,第二科掌理财政局、土地局事项,第三科掌理工务局、公用局事项,并设技正室。1937年后各科调整更名为社会、财政、工务、地政、卫生科,以上科室均设于市府内合署办公。公安局局长、市府科长为荐任职。秘书长主管秘书处,掌管文牍、庶务及其他不属于各局专管事项。特别市秘书长由特别市市长呈请国民政府任命,为荐任或简任职。普通市秘书长由市长呈请省政府任命,准受荐任职待遇。但1933年后的汉口市政府由于机构的归并,秘书处的职掌除通常秘书处的管辖事项外,另设一股专办前卫生局之职务,即关于公共卫生及医院、菜市、屠宰场、公共娱乐场所之设置与取缔事项,以及核议公安行政一切事项。无秘书长之设,只设两个秘书,为荐任职。1937年复设秘书长1人,为简任职。参事辅助市长掌管关于法令起草、审议及市政设计事项。特别市政府设参事2至4人,由特别市市长呈请国民政府任命,为荐任或简任职。普通市政府设参事2人,由市长呈请省政府任命,准受荐任职待遇。汉口改为普通市后,只设技正2人,未设参事,但实际有参事兼技正1人。1937年后《修正汉口市政府组织规则》中复设参事2人,掌理市单行规则和命令之撰拟、审查事项,为简任或荐任职。1938年5月行政院明确指令,经行政院第364次会议决议,“参事2人,应定为荐任”。因汉口市情形特殊,参事准暂受简任待遇。①

按各种城市组织法规,上述市长、局长(科长)、秘书长(秘书)及参事(技

① 湖北省档案馆藏档案,档案号:LS1-4-3529。

正),任期资格没有限制。但1928年的市制法规规定,加入行政会议的参事会代表,任期两年,每年改选半数。而且此项代表之选举者,亦不以参议会议员为限。而1930年《市组织法》无此规定。

按照《市组织法》,市政府议事和决策机构是市政会议。1928年的《特别市组织法》和《市组织法》规定,特别市与普通市的市政会议,都由市长、参事以及各局局长组织之,凡设有参议会的市,参议会亦得选举代表4人加入市政会议。《武汉特别市暂行条例》则规定,“本特别市政府设市政会议,由市长、秘书长、参事及各局局长、副局长组织之”,没有参议会代表参加。

市政会议有以下议决权:(1)关于秘书处与各局之组织细则事项;(2)关于市单行规则事项;(3)关于市预算决算事项;(4)关于新课税捐、募集市债及公共事业之经营事项;(5)关于市政府各局处间权限争议事项。市长认为有必要时,亦得将其他事项提交市政会议审议。1930年颁布的新《市组织法》则将第四、五项调整为:(4)关于整理市财政收入及募集市公债事项;(5)关于经营市公产及公营事业事项。1933年的汉口市政府市政会议由市长、秘书主任、秘书、科长、技正及附属机关主管长官组织之。

市政会议可随时由市长召集,至少每月开会一次,实际上汉口市最初每星期开会一次,1932年10月后一般每两星期一次。市政会议议事细则,由该会议另定之。从武汉市档案馆保存的市政公报的记录来看,汉口市市政会议一般由市长主持,市长不在时由市长委托的秘书长主持,议题会前拟定,经市长审核后列入议事日程,临时增加议题需履行相应程序并经市长同意方能上会。会议程序为市长报告会议内容后,与会人员发表意见,意见一致后市长总结,要求政府相关职能部门办理执行,倘有不同意见且分歧较大时,一般由市长裁决。如市长也认为本次会议不能决定时,则交职能部门进一步调查研究,提出审查意见或方案,留待下次会议再议。

另外,按照《特别市组织法》的规定,《武汉特别市暂行条例》也规定,“市政府关于特别事项之调查或研究得由市长聘任专家组织临时委员会”。1930年后的《市组织法》和《汉口市政府组织规则》也规定,因事务需要得聘用或委用专门技术人员。这些都体现了专家治市在现代城市管理中的地位和特点,根本有别于以前传统的官僚制地方行政制度。

2.市政府办事制度

汉口市政府有别于以往传统城市的进步，突出体现在运作机制的制度化、规范化、程序化上。这种制度化、规范化、程序化除了体现在市政会议以外，还在市政府的办事制度等方面有了进一步的开创和完善。1929 年起，大批的汉口地方行政法规陆续由市政会议审查通过。

1929 年 7 月至 1931 年 6 月的汉口特别市制订了《汉口特别市政府及所属机关办事通则》（以下简称《办事通则》），各局处也分别订定了各自的《办事细则》，武汉城市政府的运行开始走向制度化、规范化、程序化的道路。

《办事通则》共有 11 章 86 条。除总则和附则外，对权限及责任、收发、管卷（即文件整理归档和档案保管利用）、办公时间、假期值日、请假、奖励、惩戒、纪念周等做了较详细的规定。如在《通则》中规定，各局处应将职员考绩簿于月终呈送市长审核，各科、各附属机关应将所属各职员考绩簿于每月十五日及月终汇送该管各局、处长查核。又如请假制度，对请假的时限、批准手续、是否扣薪、请假给假的处理等方面都有规定，并规定“职员任满三年以上者得给假两月”。在奖励规定中，终年不请假者，可受二等记功奖励。办公时间、请假、奖励、惩戒等规定构成政府职员的考勤制度。

3.集中采办制度

汉口特别市政府还有一个比较新颖的制度，就是借鉴西方采办集中办法，对市政府各局之所属各机关采购物料实行集中采办的制度。刘文岛任市长时，1929 年 4 月，武汉特别市政府建立总采办处，5 月改组为采办委员会，7 月 1 日汉口特别市市政会议决议，以公安、工务、财政、卫生、公用、土地、教育各局长及参事 1 人，共 9 人为委员，以参事为主席委员，同日组织成立。同月，市政会议通过了《采办委员会组织章程》和《采办委员会购料、验收、付款章程》。其后还通过《采办委员会会议规则》，使武汉在制度化、规范化、程序化、实用化等条件下，一开始就使政府的采办工作循序操作，少走弯路。1931 年 6 月汉口改为省辖市时，采办委员会曾因经费困难一度撤销。1932 年 10 月吴国祯任市长后重提建立采办委员会，并拟定组织章程。后改为购料委员会，并修改规程。1933 年 2 月，购料委员会成立，委员计 5 人，由湖北省政府秘书处、财政厅、建设厅、汉口市政府、汉口市临时参议会各派一人会同组织。但汉口市因购料事务繁多，加派一人。请购机关得派员临时参加，说明请购材料的品质，但无表决权。1935 年 3 月，汉口市政府又函请省审计处派员于购料委员会每星期二开会时到会参加,共同决定各项紧急重要事务及购买材料的方法。购料委员会公推一人为常务委员驻会办事,开会时为主席。办事机构附设于市政府。

对于购料的程序,汉口特别市实行集中采办制,对200元以下的物品采购虽不要求统一采办,但规定由需用局处按月报告,由采办处或采办委员会对市内物品行情进行调查后,选择物美价廉者,通告需用单位照购。这两个委员会的共同规定是,凡市政府机关及所属各机关购料一次在200元以上者,不能自行购买,须市长核准交委员会办理,经召集各委员会议,决定或直接购买,或招标办理,由委员会议定价格并报市长核准,方能照办,并负责验收。购料委员会在此基础上对购料办法加以完善,更规定凡请购物品价格在千元以上者,由委员会决定投标购置。其程序是,由购料委员会拟具招标简章,登报通告招商投标,并签呈市长转呈省政府,并函审计处、财政厅、市党部,分令公安局、市商会,请购机关派员临场监标;并于投标后,随即开标。如报标者仅有一二家,不能投标时,则由审计处代表监视购买,或召集原报价商人,由各机关监标员当场讲价,或由各商开具价单,密函用火漆封口,送交购料委员会定期函招各机关原监标员,当场启封,公开评定最合标准而最廉者购买,随即通知审计处及请购机关共同验收。购料委员会还规定,请购机关不得介绍商店及规定价目。所有请购物品验收合格后,通知请购机关付款。采办委员会或购料委员会概不经手付款,亦不承办计算。

(二)汉口临时参议会的组成及其运行状况

按1928年《特别市组织法》和《市组织法》规定,特别市和普通市都设立由市民代表组织成立的参议会,任期2年,每年改选半数,设议长、副议长各一人,由会员互选,任期一年。但这两种参议会须于市政府成立一年后由国民政府斟酌设施情形核准后始得设立。

1929年成立的武汉特别市政府在《武汉特别市政府暂行条例》中规定,“本特别市政府斟酌本市市政设施情形得依照中央颁布之《特别市组织法》第四章之规定设立参议会”,并认为,本市“初涉市政,百废待举。而民众训练尚未实施,于市政之重要皆无深刻认识,甚或心切自私,圈顾群利,集求近效,难于图治,误会偶一发生,推行必多障碍”。为“征集市民公意以资积极改进市政”,提前设立武汉特别市临时参议会,按照《特别市组织法》之法意,拟定《临时参议会组织规程》,提经市政会议决议,报准行政院备案。后武汉特别市改组为汉口特别市,改定规程呈准备案,设立汉口特别市临时参议会,于 1929 年 8 月 1 日举行成立典礼。

该会由汉口特别市党部及各民众团体按照规定的参议员员额推举,另有市长照规程聘请 7 人(其中有 2 名英国人)组成。临时参议会设议长一人,由市长兼之,而不是选举产生。并规定临时参议会附属于特别市政府。因而也就没有《特别市组织法》和《市组织法》均规定的如下职权:参议会得依全体议员半数以上之同意,将该会通过之议案,请求市长交付市民复决;此项请求如被市长拒绝,其在特别市参议会,得请求国民政府裁决之,其在普通市参议会,得请求省政府裁决之;特别市与普通市参议会认为市长违法失职时,得各依全体议员 2/3 以上之同意,向国民政府与省政府请求罢免。汉口的临时参议会只有以下 4 项职权:(1)建议本特别市兴革事宜;(2)讨论市长咨询事件;(3)讨论市长交议市民请愿事件;(4)审查本特别市行政之成绩。简言之,只有"指导和监督"市政两种职能,对此,刘文岛在临时参议会成立典礼上的演讲词说得颇为明白:

> 本来从原则上讲,地方自治机关,是应当由选举产生的,市府之有市参议会,犹如中央政府之有国会,所以参议会,是全市的最高机关。中央因为在军事时期之后,举国的秩序,没有恢复;人口调查,没有精密计划,所以参议会由地方选举的实行,规定在一年以后,就是说,正式参议会,须在地方政府成立一年后,方能成立。然而政府最需要的:是要使民众能了解,民众能信任,主政的,应当将现状和将来的计划——尤其是财政,公开向民众剖视,所以兄弟想到一种通融办法,就是成立临时参议会,来指导和监督汉口的市政,虽然名分上不能算作正式市参议会,性质究竟还是相同的,因为都是以指导和监督为终点的。①

刘文岛是留过洋的法学博士,对西方政党政治尤其是分权制是十分熟悉的,1933 年曾出版过《政党政治论》,推崇孟德斯鸠的"三权分立"说:"是故政治学上

① 《本府成立临时参议会的意义　刘市长在参议会成立典礼时演词》,《新汉口·汉市市政公报》1929 年第 1 卷第 3 期。

之分权说,不过如经济学上之分业耳,换言之,不分权则非立宪谬也。不分权则政务迟滞不举,生种种障碍,无以替治是也。毕竟政治上之分权说,不过应用经济原则于政治,明夫分业之功,即明夫分权之效,非孟氏说无价值也。”[①]从其主观愿望上讲,他是希望按照“三权分立”的理论来构架汉口市政体制的,但刘氏毕竟不是纯粹的政治学学者,作为一个政府官员,他必须服从国民党一党专制的“党义”。因此,在其领导下的汉口市临时参议会,既不能按相关程序依法选举产生,也不能在立法和监督两方面履行职能而成为“全市的最高机关”,最终只能是一个“以指导和监督为终点”的咨议机构而已。

临时参议会每月举行常会一次,于必要时得由市长召集临时会。临时参议会开会时,秘书长,参事,各局长、处长均得列席参加讨论,但无表决权。而临时参议会的日常事务,由市长指派市政府秘书处职员办理。尽管参议会作为权力制约机构发挥的作用十分有限,但参议会成员参与市政的热情很高,一些建议被市政府采纳,如临时参议会成立时,议员周仲宣建议完善参议会的工作方法,黄文植建议政府以后不要乱加新税等,都被刘文岛认为是很好的意见,市政府要认真研究后加以采纳。刘文岛任市长时,也经常向参议会报告市政府的工作,主要是财政方面的收支状况、公债用途,并将政府市政规划、建设的方针和设想,拿出来征求议员们的意见。刘文岛表示:“希望诸位日后对兄弟所报告的加以审查加以批评,并注意言行是否合一,制度有无弊害,随时加以指导。诸位所代表各团体有何意见,尽管向参议会提出,在可能范围内,自当竭诚接受。汉口市是汉口汉阳市民的汉口市,希望诸位要不辞劳苦的来监督,来指导!”[②]本着这样的宗旨,当时的市政府还在市府门口“设了一种告密箱”,使市民“对于市政的利弊,皆可投之告密箱”[③]。总体而言,由于刘文岛个人的因素,早期的汉口市参议会运作在“监督和指导”的框架内还是较为规范化、制度化的,但刘文岛引退之后,情况便每况愈下。

1930 年新的《市组织法》颁布,对市参议会的职权又作出调整,规定市参议会享有立法权和财政权,但其对市政府的监督权更加弱化,先前赋予的请求罢免

① 刘文岛:《政党政治论》,北京商务印书馆,1922 年版。
②《本府成立临时参议会的意义 刘市长在参议会成立典礼时演词》,《新汉口·汉市市政公报》1929 年第 1 卷第 3 期。
③《刘市长在总商会欢迎席演词》,《武汉特别市市政月刊》1929 年第 1 卷第 1 号,第 30 页。

市长权也不复存在。这样的立法机关权力有限,主要起到咨询和审议作用。虽然国民政府颁布了《市参议会组织法》和《市参议员选举法》,但"正式的"市参议会几乎在整个中国都不能产生和存在,"至在(民国)二十三年以前依市参议会组织法而设市参议会者,只有北平市,旋亦奉令停办"[①]。

汉口改为省辖市后,1932 年 12 月仍呈准设立临时参议会,"聘请本市法团领袖及资望素著之绅商为参议"。没有任期规定,只是规定"正式参议会依法成立时,临时参议会即行撤销"。但汉口市的"正式参议会"直到抗战胜利后才建立。1932 年汉口市临时参议会重组时有 5 名外籍参议员,1933 年后外籍临时参议员更达到 6 人,分别为英、法、德、日、美国籍,代表在汉居住于原特别区(即旧租界)外籍商民的利益。

作为过渡性的咨询机关,临时参议会对市政府并没有起到分权的钳制作用,甚至没有达到《市组织法》所规定的权力。其组织条例对其职权仅规定市政府应将有关提案交议于临时市参议会,但临时参议会无权强迫市政府执行其决议,市政府也无执行的法定义务。参议会每月举行常会一次,议长仍由市长兼任,会议由议长召集。其职权"仅能为建议、讨论、审查、补助,故仅为咨询性质"。其宗旨是"在此过渡时期,借以征集市民公意,改进市政"[②]而已。翻检此一时期档案文献,类似刘文岛时期政府从善如流,认真听取议员和市民意见和建议而改进政府工作,指导市政建设的记录已经鲜见。法治不如人治,城市现代化变革至少在制度层面上的变革路程还相当遥远。

总体而言,民国中期"市改改革"期间,在城市上层的决策层面,权力制衡仅停留在文字表面,市民自治也只是咨询、建议,而且还局限于社会上层中的少数人士。1930 年《市组织法》规定市公民"有出席居民大会、坊民大会,及行使选举、罢免、创制、复决"之权,也仅限于最高参加区民大会、区民代表会以及对区长及坊长等以下人员的选举和罢免等。公意与平民政治远没有实现,市民自治的目标远没有达成。这是民国城市的普遍现象。以市参议会为核心的民主立法机关的长期滞后,是南京国民政府时期市政体制的突出特点之一,也是国民党集团实行一党专制的集中表现。

---

①② 钱端升等:《民国政制史》(下册),上海人民出版社 2008 年版,第 713~714、748 页。

五、意义

武汉建市是武汉城市发展史上划时代的事件。

武汉(汉口)现代城市制度的建立,并非一路凯歌,而是沿路布满坎坷荆棘。可以毫不夸张地说,在南京国民政府颁布《特别市组织法》《市组织法》后最初建市的一批城市中,武汉(汉口)是市制最为多变的一个城市。

首先,三镇时合时分,分合无常,城市统一进程一再受阻。武汉(汉口)最先建市的是1926年10月成立的汉口市,接着12月建立武昌市。1927年初,国民党临时中央党政联席会议在汉办公后,正式宣布在汉设立"京兆区",定名"武汉",4月16日,武汉市政府正式成立。武汉市成立后,原来成立之汉口、武昌两市撤销,武昌、汉阳、汉口统由武汉市管理。1929年6月,应武汉市市长刘文岛请求,南京国民政府决定改武汉特别市为汉口特别市,以汉口、汉阳为管理区域,武昌另设省辖普通市,但因城市人口不达《市组织法》规定的30万设市标准未被批准。统一设市才两年的武汉市又告解体。武汉市解体后,汉阳最先由汉口特别市管辖,但1930年4月,以汉阳城区划归市辖诸多不便,经省、市两政府联席会议决定,并经国民政府第74次国务会议批准通过,将汉阳城区划进湖北省政府管辖,并入汉阳县,于5月15日移交。同年,省、市两府联席会议议决,原夏口县旧管田赋等税在汉口市区以内者由市府管理,在市区以外者归所管县署(即汉阳县)管理,夏口县旧管租界划归汉口市政府。1938年10月武汉沦陷后,1939年4月成立了伪武汉特别市政府,三镇形式上又连为一体。1945年9月抗战胜利后,国民政府"光复"武汉,于1945年10月1日成立汉口市政府,为省辖市,1947年8月升格为院辖市。武昌于1946年10月成立武昌市政府。汉阳市政体制在"光复"后几经变更,1946年10月汉阳城区为汉阳县管辖,1948年并入武昌市管辖。武汉三镇分治状态结束、重新成为统一的武汉市是1949年5月武汉解放后才有的事。

其次,武汉(汉口)时而特别市,时而普通市,城市行政等级更张频繁。1926年设立的汉口市和武昌市,由于《特别市组织法》和《市组织法》还没有颁布,城市并无特别市、普通市等级之分。1927年4月成立武汉市,是以首都的名义由中央宣布成立并直接领导的,其市政委员会组成人员由中央和地方组织、团体派员组成,理所当然地应为特别市。此后武汉市一直是直辖的特别市,1929 年新的《市组织法》颁布后,国民政府决定废除“特别市”的提法,汉口特别市虽然去掉“特别”二字,但还是当时少数几个由行政院直辖的城市之一。1930 年 6 月,汉口特别市被降格为普通市,即由行政院直辖改为湖北省管辖。1932 年 4 月,汉口市改隶行政院,由省辖升格为院辖,但奇怪的是,仅仅过了 3 个月,当年 7 月,汉口市复改隶湖北省。一直到全面抗战爆发武汉沦陷,武汉一直为省辖普通市。沦陷时期乃至“光复”后,武汉(汉口)时为特别市(沦陷),时为省辖市,时为院辖市。几番升降沉浮,让人生变幻莫测之叹。

武汉(汉口)设市等级的这种反复变更,在当时的几个大城市中可说是独一无二的。在南京、上海、北平、天津、广州、汉口、青岛等大城市中,一直为特别市(院辖市)的是南京、上海、青岛 3 市,曾有变更的为北平、天津、广州 3 市。北平:1930 年 6 月,因当时河北省会设于北平,故隶属于河北省政府;1930 年 11 月,河北省会迁至天津后,北平市改为直隶于行政院。天津:1929 年 11 月前一直是院辖市;1930 年 11 月,“河北省政府由北平移设天津,天津市乃改隶于河北省政府”;1935 年 6 月,“河北省会移设保定,行政院又令津市恢复旧制,改为院辖”。广州:“广州曾取得特别市之资格,徒以其为省府所在地,故依市组织法不能不隶属省政府,广州市政府最近亦曾要求改为直属,但中央格于法令未加批准。”①可见,除天津的设市等级变化稍多一些外,其他两市都只有一次变更。

复次,武汉(汉口)市制时而委员会市制,时而市长市制,市政府名称亦变化多端、兴废无常。武汉国民政府时期成立汉口市、武昌市及武汉市,采取委员会市制,此制一直延续至桂系统治武汉的末期,1929 年 2 月才确定为市长制。桂系统治武汉时期,武汉市政府机构名称最为多变。因为市制多变,其政府下设机构也一再更设,这在当时全国设市城市中也是绝无仅有的。

武汉(汉口)建市过程中的上述诸多曲折,其形成原因是多方面的。既有城市自身空间分隔、交通阻断的客观因素,又有国家市政初兴、城市法制草创等外在原因。但笔者认为其中有两个重要因素不能忽视。

一是省、市政府之间为争夺汉口财政税收权利的利益博弈。武汉(汉口)在

---

① 钱端升等:《民国政制史》(下册),上海人民出版社 2008 年版,第 737~747 页。

湖北长期一城独大、鹤立鸡群，全省财政税收全赖武汉尤其是汉口。武汉（汉口）市政独立，直辖中央，无疑是给湖北的财政釜底抽薪。因此湖北省政府当局一直要求南京国民政府将汉口由院辖改归湖北省管辖，以便湖北省有权力管理和支配汉口的财政税收。因此，湖北省财政困难是造成省市合并、汉口失去市政独立基础的一个重要原因。汉口市改为省辖市，虽然表面上还是一个独立之市，但并无独立的财权，一直到1932年10月吴国桢市长上任前，“按前奉总司令蒋电令，汉市经费仍归省府统支”①。杨永泰任湖北省主席后，湖北省虽然将汉口市各项行政管理权包括财权交还给汉口市政府，“经常门内之收支两款，又将湖北省与汉口市划分清楚，各不相混，从湖北省支出项目划出二十六万四千余元，归汉口市负担，也从省库收入方面划出相当的数目，归汉口自行经营”②。省市财政虽然划分，汉口市政府的预算与开支结算仍然要报省政府核批。不仅如此，1933年至1936年汉口市各项兴建翻修工程年度计划预算呈报省府后，都须呈报豫鄂皖三省“剿匪”总司令部审批指令才能进行。③ 牢牢掌握汉口市财政支配权，使城市绝大部分财政收入为省政府所用，正是湖北省必欲将汉口市政揽入其麾下的真正原因。

二是“重乡治而轻市政”的国家和地方治理传统观念作祟。综观何成濬给南京国民政府的呈文及汉口商民代表的陈情书，尽管要求撤市、并市的理由多多，但其中心思想便是汉口市组织独立的市政府并无必要，由省政府直接管理汉口城市事务即可，也就是由省政府代行市政府之职。按照何成濬的意思，汉口不仅要由院辖改为省辖，而且汉口市政府也应一体撤销，只需设置一个虚设机构市政委员会即可。以刘炳勋为首的汉口所谓“市民代表”，更是直接提出“将汉口市政府明令取销，以利市民而恤商艰”的要求。这无疑使汉口又退回到明清时代，甚至与张之洞时期设“夏口厅”专管汉口市政相比也不知倒退了多少。好在南京国民政府并没有完全采纳何成濬的意见，只将汉口市由院辖市降格为省辖市，汉口市政府仍然得以保留，汉口现代市制建设才免遭夭折的厄运。

与汉口商民主动要求撤市并省相对应的是汉口市民对撤销夏口县制所持的

---

① 湖北省档案馆藏档案，档案号：LS1-5-4236。

② 杨永泰：《总部新颁法规的精义及豫鄂皖政制改革与财政整理》，第67页、第77~82页。豫鄂皖三省“剿匪”总司令部印行。武汉市档案馆藏档案，资料号：bB4/1。

③《汉口市政府市政工程计划表》，湖北省档案馆藏档案，档案号：LS1-5-5305。

强烈反对态度。1929 年 7 月,湖北省政府考虑到汉口特别市政府成立后,夏口县区域与行政事务大部分划入市范围,县公署形同虚设,决定报请南京国民政府批准,撤销夏口县建制,将其管理区域分别划归汉口特别市政府及汉阳县政府(张公堤以外)。消息传开,舆论哗然。以李介侯等 19 人为代表的汉口市民以“夏口县维持县治委员会”名义上书南京,强烈要求保留夏口县建制。该文云:

南京国民政府主席、行政院长、内政部长钧鉴:本月二十一日,湖北省政府召集第七次政务会议临时动议,内载方兼民政厅长提议裁撤夏口县案,决议咨内政部呈行政院请国民政府核准裁撤,逖听之下,惊骇莫名。窃思县治变更,政府自有权衡,而民意从违上宪不无疑虑。溯我夏口县沿革,自清光绪二十五年鄂督张文襄奏为华洋杂处,交涉纷烦,有正印专官驻扎汉口,不足以应付交涉而资治理,遂将汉阳襄河北境划拨夏口管辖,此当日设置夏口之主因也。然自分设县治以来,夏口已成独立性质,若复裁撤归并,其失便利者实大且多,今略举之:夏口县备称冲繁疲难,今虽将汉口划归市府管辖;而上面水陆之趋集汉口者,尤以夏口境地为通衢,故夏口之繁难仍不减于汉口,倘非设立专官,势必难资镇摄,此不应裁撤者一。夏口县精华虽已划入汉口特别市范围,疆域狭小,几无设治之必要,不知领土虽小与行政毫无妨碍,南美之秘鲁、智利,国疆亦号弹丸,陕西之高陵县,广袤不过三十余里,汤以七十里,文王以百里,国小易治,古今所同认也。今当筹办模范县之时,若以夏口小县,首先试办,轻而易举,收效尤速,此不应裁撤者二。县之存废,本以地方财赋之能否独立为政,夏口县除划拨汉口特别市外,半据湖乡,似无独立之能力,不知地方财赋全恃整饬之如何耳。查夏口县境域,除划入特别市外,尚有千五百方里之广,其熟地约一万五千石之谱,年可获田赋洋五千数百元,其熟田约五千石之谱,年可获田赋洋七千数百元,两共每年征收已达一万三千元左右,其余税契牙贴屠宰等税尚不在内,又况堤院筑成(夏口县堤院业蒙湖北建设厅核准派队测量所有意见书附呈),则院内三千余万亩荒地转瞬变为膏腴,照亩升料,年可增田赋洋七万之谱,兼之堤面道路即可做长途汽车之用,交通便利,收入较丰,是夏口财力实有独立之可能,此不应裁撤者三。再查县组织法第四条,内载各县县政府按区域大小、事务繁简、户口及财赋多寡分为三等，未闻有不及若干区不能成县之规定，第六条内载各县按户口及地方情形分为若干区，又各区应以二十至五十乡镇组成之等语，夏口除划拨市区外，照每区以二十乡镇计得划为十余区，是夏口号属小县，实备县组织之资格，此不应裁撤者四。又闻夏口裁撤有归并汉阳之说，据此说者，势必铸成大错。夫夏口与汉阳划分迄今三十余年，汉水阻隔，天然鸿沟，人民情感久同秦越，以素不相惬洽而遽强之合并，一切政事支配难免不起冲突，譬如山西之清源县，因裁撤而归并徐沟，人民不愿归并，至今称为清源乡。乐平县因裁撤而归并平定，人民不愿归并，至今称为乐平乡。然考地方行政事务，乡与县始终不相契合，在前清专制时代，对于该乡人民尚能曲从民意，今为民国，自宜专以民意为依归，此不应裁撤者五。综上数端，均系实在情形，总之，县之存废，均与地形、环境、人情、风俗习惯种种有绝大关系，审慎不厌周详。是以于本月二十一日骤阅报载湖北省政府会议后，当即公示全县等政商学各界及父老昆弟，假夏口闾邑公所开紧急会议，一时到会者已达千余人之众，地不能容，乃择定空坪改为露天会议，据全县民众一致声称，宁做夏邑饿殍之鬼，不愿做汉阳蜾蠃之民。情词激昂，誓死力争，属会忝膺代表，对于官厅设施固不敢妄持异议，对于地方人民又未敢缄默不言，事机迫切，只得不揣冒昧，谨就管见及当日开会情形，除迳呈湖北省政府暨民政厅外，理合据实电函总听，恭恳迅予知行湖北省政府，仍准旧治，以顺舆情，不甚悚惶，待命之至……①

此篇呈文洋洋近两千言，所列不裁撤夏口县虽有 5 条理由，但其中“县之存废，均与地形、环境、人情、风俗习惯种种有绝大关系，审慎不厌周详”才是点睛之笔，县制与县治，在上——为国家最基本最核心的政治单元，自秦以来沿用二千余年的郡县制，用日本学者斯波义信的话说，县为“领土帝国支柱”②；在下——在

---

① 《湖北省裁撤夏口县划归汉口市汉阳县管辖》，中国第二历史档案馆馆藏档案，机关代号 2，目录号 1，案卷号 1126。

② 〔日〕斯波义信著，布和译：《中国都市史》，北京大学出版社 2013 年版，第 15 页。

乡土和专制社会的乡民和臣民看来,县不仅是一个行政社区,一个经济单元,更是一个根植于数千年农业—宗法社会融入人情风俗的精神家园。因此,一旦面临裁撤,市民(实际上仍然是乡民)就难以接受,“情词激昂,誓死力争”。由此可见传统体制在市民——乡民心目中的足够分量。而当湖北省政府要将汉口撤并归省时,汉口市民态度完全不同,不但没有人站出来反对,反而推波助澜,上书予以大力支持。传统县制和新兴市制的两种不同命运,令人感叹,使人深思。

现代市制的建立,使中国城市作为一个独立的政治单元第一次出现在国家政治版图上。中国“向来重乡治而轻市政”以及城乡合治的传统开始改变,武汉等地的设市掀起了中国城市化和城市现代化最早的一波浪潮,是我国逐渐告别乡村本位,从乡土社会向现代城市社会过渡的重要标志。城市不仅摆脱封建国家和地方政权附庸地位而有了独立的市政府,而且获得了地方自治和民主政治优先发展的权利。城市独立和市民自治的愿望也以城市与地方的分治、独立的市政府和专业化程度很高的市政机构的建立得以部分实现,传统城市的功能单一性、政治地位的从属性以及与乡村的同一性开始改变。中国城市从传统到现代的转型至少在形式上至此完成。武汉建市对武汉的现代发展更直接的意义在于促成了武汉城市的统一,武汉三镇首次结束行政分治状况而形成了城市统一体,“武汉”作为一个城市的名称第一次出现在中国行政区划版图上。尽管武昌和汉口后来有分有合,但武汉现代城市体系开始形成,“大武汉”城市格局至此奠定。

武汉建市的起点很高。武汉和后来的汉口是当时少数几个特别市之一,国民政府以汉口为“华洋互市之区,实全国商务中心”,在建市的同时宣布在武汉建都,以武昌、汉口、汉阳三城为一大区域作为“京兆区”,定名“武汉”,并组织管理京兆区的委员会。尽管后来国民党定都南京,但武汉仍为国民政府直辖的特别市。据国民政府内政部年鉴编纂委员会1936年编纂出版的《内政年鉴》统计,在最早批准成立的7个特别市或院辖市(南京、上海、北平、天津、青岛、汉口、广州)中,汉口设立特别市的时间最早。武汉特别市地位的确立,大大提高了武汉作为区域和全国政治中心的功能,为武汉城市现代化发展创造了条件。

武汉建市使城市获得了现代化发展的体制保障,城市有了独立法人地位,城市政府得以按照城市自身发展规律规划城市、建设城市、管理城市。

武汉(汉口)建市后,市政府秉承孙中山先生把武汉建成如纽约、伦敦一般大的遗愿,第一次对武汉进行了全新的现代规划,按照现代方式重组城市空间,武昌是政治、文教中心,汉口为商业和经济中心,汉阳偏重发展工业和旅游业。这些今天耳熟能详的武汉功能分区,其实早在 1929 年的《武汉特别市设计方针》《武汉特别市工务计划大纲》中就已确定。武汉设市,引入现代城市体制,借鉴欧美国家城市规划和建设经验,对三镇功能进行合理定位与分区,避免了三镇功能分区的重复和同质化,而可整合并有效配置城市资源。汉口特别市成立后,又对汉口市区进行了两次大的系统规划:《1930 年汉口市分区计划图》和《1936 年汉口市都市计划图》。这两份规划内容包括全市面积、功能分区、人口规模、道路系统规划以及市场、运动场、飞机场、过江桥梁、隧道建设计划等。这些城市规划既立足于汉口市情,又善于借鉴欧美城市规划经验以及“田园都市”和《雅典宣言》“都市功能分区”的现代城市规划理念,既符合城市客观实际,又具有超前宏阔的国际化、现代化视野。如刘文岛认为世界各国城市形式有放射式和长方形式的,而汉口地形为扁长形的,“所以我们暂时的计划,便是要造成长方形的汉口城市”。董修甲、张斐然等市政专家在主持编纂武汉和汉口规划时,对城市公园及环境尤为着力,董氏把公园定位在不仅是广植花草、环境优美的公共园林,而且还是市民运动休闲、社会教化的场所。1936 年的汉口都市计划书,规划沿江修筑 40 米宽的环市林荫大道,其目标是汉口环市林荫遮蔽,市区公园星罗棋布,组成“园林城市”。

武汉(汉口)建市后,新的城市政府的主要职能就是进行市政建设。为此,汉口市政府制订了详细的市政计划。

> 工务计划,应先定适宜之分区,所谓适宜之分区者,指本特别市中工业、贸易、住宅、行政,各区之划分是也。各区应以天然形势为定,更须以行政区为中心区,其他各区则环绕之,各建互通之道路,凡市府之各局,与各局附属机关,均应聚集于此,为一市最重要之集中点。其次为水陆交通,按本市阳夏两镇,中隔襄河,交通诸多不便,拟架设铁桥三座,以联络之,利便之。再大汉口之建设,不可不改良港务,扬子江与襄河,为本市天然交通之水道,其堤岸与码头,既多未设,即其河身,亦甚淤浅,入冬往往不利舟行,又港务计划,不可轻忽者也。至于阳夏铁路之改良与建筑,虽系铁道部之责任,然关于道线与总车站之决定,本府

亦可加以研究，为之计划，以便建议于铁道部，请其采纳。外阳夏之旧有道路，仅前一二特区，尚有可观，其余多具无规则之形式，且街面太狭，自有汽车以来，实不敷用，亟应逐渐拓宽，以利行驶。但对于新市区之道路，应规定一定之制度，考东西各国之街道，概分长方形与弯曲自如者两种，本府应酌量地方情形，参用两种制度之长，而去其短。有良好之道路，而无适当之沟渠，道路必难清洁，卫生必难讲求，故沟渠制度，应规定焉。本市旧市区各街道，非系沟渠未备，即系设备明沟，如此简陋，实觉不善，本府自应详细计划，根本改造，期能适合公共卫生。关于本市之公共建筑物，种类繁多，除本府办公房屋可敷用无须另建外，其他如市立图书馆，演讲厅，实为本市急需设置之建筑物。又如公共厕所与菜场，每感缺乏，现已调查各处所必需者，计划增加矣。至公墓及公共浴堂，亦为本市急需之设备，以其关系公共卫生特大也。本特别市，公园及娱乐场所甚少，应于工务计划中，规定有大小公园，通气草地及戏院，游戏场等等。再本市贫民极多，住所恶劣，如不改良其家宅，何以解决大多数市民之住居问题？对于平民新村之建筑，亦有详细计划。如得相当款项，则新村计划，可以实现，彼英国“田园都市”，行将发现于我汉口特别市矣。

上述城市建设计划，既具有整体系统性，统筹规划城市的功能以及空间格局，又兼顾各个具体的建设项目，使之适应城市现代化发展要求；既注意保持汉口城市个性特色，如码头和传统商业街区的维护和兴建，又提出按照现代标准改造传统街区和布置城市空间；既注重传统城市的改造和城市基础设施建设，又关注城市生活、生态品质的提高，表现出汉口市政府作为一个现代城市政府一定程度的成熟。因此，不仅得到后人较高评价，而且其具体规划“有一定的科学性、真实性和指导性，不少规划思想、原则和功能分区的设想为以后城市规划、建设所吸收”。①

1928—1938 年 10 年间，汉口市政府在汉口共新辟现代化柏油马路 6 条，总

---

① 武汉市地方志编纂委员会主编《武汉市志 · 城市建设志》(上卷)，武汉大学出版社 1996 年版，第 113 页。

长 4.7 公里;改造碎石路加铺柏油路 19 条;碎石路改铺水泥路 4 条;新辟和改煤渣、土路为碎石路 6 条;新建马路路基和临时马路 16 条,基本构筑起汉口城市街区道路系统。尤其是沿江大道的修建,中山马路的改造以及三民、民生、民族、民权等道路位于汉口中心地段的繁华商业区,其改建、拓建和新建后,不仅使汉口老商业区的市容市貌有根本性改观,更加强了中山大道与长江、汉水沿岸港口客货交通直达与快速的联系,进一步加强了汉口港埠吞吐功能,有效地提升了城市商业功能。1933 年,《道路月刊》记者到汉口采访,对其整洁美丽的市容有深刻的印象:"近两年来,市府修路的成绩,出乎我们意料之外,由牛路跳过了马路的阶段,进而为现代的柏油路。汉口法日两租界,觉得自惭形秽,竟步市府之后尘而翻造柏油路了。记者这次到汉口来,从三个特区到两个租界,走的都是康庄大道。""租界及特区以内之各种旧式衖堂,大半已翻造为新式整洁的衖堂。从前残破的房屋,黯淡的市容,无不一扫而空。而并从前蹲伏在路旁褴褛不堪的乞丐,已差不多完全肃清了,今日的汉口市,已不是蒙不洁的西子,而是装束入时的少妇。"①

武汉(汉口)政府不仅注重城市道路、公园等硬件建设,更把以培养广大市民"文明的城市生活习惯"为旨趣的市政管理放在突出位置。现代"市政改革"的重要目的,用胡适的话说就是培养市民与乡民迥然有别的城市生活方式和城市生活习惯,否则就"不配办市政",而且"决不会有良好的市政"。市民生活方式和生活习惯的"市民化"才是真正本质的现代城市化。为此,汉口市政府既有明确认识,也有行之有效的措施。首先是制订了系统的城市管理法规,将城市管理纳入制度化轨道。这些规章制度包括市政管理设施,主要有建筑管理,如《拓展街道条例》《建筑暂行规则》;公用事业管理,如《监理商办公用事业规则》;车辆与交通管理,如《公共汽车行车规则》《市街交通管理规则》等;电气事业管理,如《取缔机械、电气执行业务暂行规则》《掘路暂行规则》等;广告管理,如《广告管理暂行规则》《取缔张贴广告暂行规则》等;清洁卫生管理,如《整理清洁章程》《街市清洁暂行规则》《取缔饮食店卫生暂行规则》《取缔旅馆客栈卫生暂行规则》《私有里巷清洁暂行规则》《管理公共厕所暂行规则》等。据统计,至 1930 年 3 月底,汉口市政府共颁布出版各种法规 500 多种,其中大部分是关于城市管理

① 菊:《武汉的新气象》,《道路月刊》1935 年第 47 卷第 2 号,"杂俎",第 3、4 页。

的制度规定。汉口市政府在依法治市、按照规章进行城市管理的同时，下大力气进行城市综合整治。在街道沟渠卫生管理、城市垃圾处理、公共厕所管理、浮尸露棺处理、丧葬改革、广告管理、菜市场的建设和管理以及取缔街头露宿等不良习俗等方面都常抓常管，使城市市容以及市民生活习惯都有极大改观，"所有街道、沟渠、里巷等一切卫生清洁事宜，较前易于处置，而日有进步矣"[①]。汉口市政府还充分发挥政府行政资源优势，组织和动员广大市民开展群众性清洁城市运动，并使之制度化与常态化。每年按全国统一规定，春夏秋冬共举行4次全市性大扫除。1935年3月，汉口市公安局制订全市每季按户清洁检查法，规定每年3月16日、5月16日、9月16日、12月16日等时间（即全市大扫除的次日）分别举行，每届先由各分局转饬辖境内各商店住户，对住宅、厨房、厕所、堂房、庭院、水沟、墙壁等处，切实整理扫除清洁，以使派员检查。经3次检查仍未清洁者，即予处罚，每季检查3星期。[②] 此外，还经常组织卫生展览和卫生沿江比赛，分发卫生知识宣传品，举行卫生宣传动员大游行等活动，以唤起广大市民卫生观念，自觉维护社会公共卫生，有效地促进了全民卫生运动的开展，极大地改善了城市卫生环境。

纵观近代武汉近百年来城市现代化进程，有三个历史阶段不可忽视：1861年开埠，汉口被开辟为条约通商口岸，由一个以区域交换市场为主体的内陆商业市镇迅速上升为开放的国际性城市；1889—1907年张之洞督鄂实行"新政"，武汉由功能单一的政治中心或商业城市向复合型工商城市转型；第三个历史时期便是这次"市政改革"所建立起来的现代市制。从城市史的角度审视，20世纪20年代末30年代初是武汉现代城市体系最终形成时期，不仅在武汉现代城市发展史上的地位至关重要，而且对武汉后来的发展走向产生了深刻影响。

（原载《江汉大学学报（社会科学版）》2017年第4期）

---

① 刘文岛：《汉市之现在与将来》，《中国建设》1930年第2卷第5期，第23页。

② 《汉口市警察局业务纪要》（1935年1月—1936年12月），武汉市档案馆藏档案，资料号：bc16/19。

集权政治与专家治市：近代中国市政独立的艰难旅程

——1930年代汉口个案剖析

一、专家治市的必要性和可能性

20世纪20年代末30年代初，中国一批城市政府相继建立。作为具有履行地方行政机关和实行城市自治的地方自治团体双重职能的现代城市政府，担负着建设现代城市的繁重任务。城市是人口集中居住、工商业集中发展的复杂系统。现代城市的建设和管理是一项系统工程，需要一大批具有专业知识背景的专家型技术干部。“专家者，富有该项学识经验之专门人才也。英市行政之实际工作，概由此等专家任之。市秘书长、市财务局长、市警察局长、消防队长、医官、卫生视查长、市工务局长等，均是也。”[①]市政专家董修甲也提出：“市政为建设事业，须有专门人才，以理其事，方可收事半功倍之效。”[②]

当时也初步具备了在城市政府中实现专家治市的条件：其一，现代城市政府按专业化分工构架，城市建设和管理技术难度大，知识密集程度高，需要在政府职能部门配备具有现代知识素养的职业公务员。如工务局官员需要有城市规划和建筑学方面的专门知识；财政局负责编制财政预算，作为一门专业性很强的工作，非经济专业人士不能为之；由于近代新式簿记会计方法的采用，因之会计工作也需要懂得现代会计学知识的人来担当。时人认为：“近代的市行政专门的技术，照样得要专门人才来处理。”[③]“办理市卫生，断不可不用有医学智识的人；办

---

① 张锐：《比较市政府》，上海华通书局1931年版，第94页。

② 董修甲：《京沪杭汉四大都市之市政》，上海大东书局1931年版，第22页。

③ 张锐：《促进市行政效率之研究》，《市政评论》1935年第3卷第18期，第4页。

理市教育,断不可不用有教育智识的人。让学医学的人去讲求卫生问题,学教育的人去办理教育事业,当然皆能发挥他们的本领,结果定必事半而功倍,其效率之大可知。反之,若用学法律的人去监督市工程,用学工程的人去办理市选举,必定枘凿不入,遗误甚多。"[①]总之,所谓专家行政,就是由专业人士来办理专业事务。另外,由于城市管理工作的特殊与繁复,市政管理人员的专门化需要既有专业知识又有管理知识的复合型人才。"即以卫生而论,普通医士所知者,不外应诊视病,割症开方,对于预防传染,检查食料等等,多未讲求。举为卫生局长,一有传染病发生,当必茫无所措。由此以推,专门位置,必须专门人才充当,断不宜滥竽充数,贻害无穷。"[②]

其二,随着西方现代城市学理论的引进,国内对实行现代城市民主治市、科学治市的呼声日高,能否实行"专家行政",成为评判"良好市政"与否的重要标准。市政学者张锐认为:"历观各国市政组织虽有出入,而任用专家则为其相同之点。德国各市素以专家行政名于世,不待言矣。即以英市而论,其行政工作名虽操于市议会中各项委员会之手,而实皆由常任吏员(专家)主持……美国亦非例外,纽约之'介眉'(Jimmie Walker)固有统而不治之名,有风流市长之号。芝加哥之'比鲁'(Bill Thompson),固以满口胡说、袒护帮匪名于时。然而纽约、芝加哥之市政均极振振有声,且为市政学者所称道。其故何耶?此二公者,均不敢忽视专家行政而已!至于采用市经理制各市,专家政治尤为不移之原则,并行政首长亦专之。吾人可谓二十世纪良好市政之基石,实专家行政也!"[③]专家治市也是提高城市管理水平的重要保证,"就市政之实际设施而言,必须竭力讲求效率。所谓效率包含用人的效率与用钱的效率两种。在用人一方面说,最要紧的是用得其当,使被用的人能尽量发挥其才学"[④]。而现代城市复合性功能结构,决定了城市管理高密度的知识和技术含量,"城市政治与中央或省的政治有根本不同之点,那便是城市政治是偏向于事务的,而中央或省,是倾向于政治的"[⑤]。这种"偏向于事务"的构架机制决定了城市市政必须是"专家行政",其要点就是适应

---

①④ 臧启芳:《市政和促进市政之方法》,《东方杂志》1925 年第 22 卷第 11 号,第 28 页。

② 陈良士:《国民市政常识之培植》,陆丹林编纂《市政全书》(上册),道路月刊社 1929 年版,"论著",第 71~72 页。

③ 张锐:《比较市政府》,上海华通书局 1931 年版,第 659 页。

⑤ 郭体乾:《市委员制与市经理制》,《道路月刊》1930 年第 31 卷第 3 号,"论著",第 20 页。

城市“偏向于事务”的特点,实行“政务与事务官吏严格的区分”①。这样不仅可以保障专家治市,而且可以澄清吏治,避免无学无识的庸官占据市政要津,保证有专业技能的人才在市政岗位上各尽其才。至于如何推行政务官和事务官相区分的市政体制,市政学家提出两点意见:一是制定“文官保障法”予以制度保障,二是通过考试将专业技术人才选拔到市政管理岗位。“用考试制度选拔真才,自然是最好的方法,但所有的市政吏员不一定都可由考试取得。因为有政府有政治,有政治就免不了有政务官。政务官不必考试而后可以任用,用时他们亦不受文官保障法的保障。事务官必须由考试取得,受保障,一经考取任用,滔天的政潮和他们不生关系。”②而且,“市行政吏员之任用政策应效法美市之‘贤能制度’(Merit System),以公开考试为招致吏员之原则。注重专家行政,打倒历年相沿不论资格引用亲旧之恶习。市政府良否测验之标准,此点盖极重要也”③。

其三,当时,一批留学欧美、具备现代专业知识之士回国后到政府任职,成为专家型官僚,使专家治市有了可能。其时,在海外留学的中国人直接感受着西方的现代城市文明。一些人对市政管理产生浓厚兴趣,继而专攻市政科学,学成回国后矢志于市政学研究和城市建设、管理。如四川的白敦庸,1919 年留学美国,“见彼邦城市之治理,迥异中土,市民熙熙攘攘,共享太平,心羡而乐之……遂变更未出国前之志趣,弃工厂管理之学而攻市政管理”④。当时在欧美专攻市政学的中国学者不在少数。1936 年,时任《市政评论》杂志总编辑的市政学家殷体扬即表示:“我国近十数年来,前往欧美专门从事市政研究的人们,据我所知道的,约有七十多位。”⑤这些留学生回国后,从事与市政有关的工作大致有三种情况:一是直接进入城市管理层,成为我国现代城市第一代建设者、管理者,如曾主持广州建市的孙科、武汉特别市第一任市长刘文岛、长期主持上海工务局工作的赵祖康等;一是专力于市政学研究、宣传、普及工作的教授和编辑,如著名市政学者张锐、张慰慈、殷体扬等;一是既为市政官员又是市政学者的两栖人物,如曾先后

①② 张锐:《促进市行政效率之研究》,《市政评论》1935 年第 3 卷第 18 期,第 4、5 页。
③ 张锐:《比较市政府》,上海华通书局 1931 年版,第 632 页。
④ 白敦庸:《市政举要·自序》,转引自赵可《市政改革与城市发展》,中国大百科全书出版社 2004 年版,第 73 页。
⑤ 殷体扬:《解决中国市政问题的一个企望——读了董修甲先生〈中国市政问题〉一文后的感想》,《市政评论》1936 年第 4 卷第 4 期,第 2 页。

任教于北京、上海多所大学,1928 年后步入政界的董修甲等。上述这些人,由于特殊的人生经历和知识背景,使他们在市政研究和实践中具有世界视野和现代意识,在传播和引进欧美先进市政理念、构建中国现代城市市政体系等诸多方面筚路蓝缕,多有开拓。

其四,国民党虽然本质上实行一党专制,但在表面上提倡专家治市。随着 1928 年 6 月北伐军占领北京,国民党宣布“统一告成”,军政时期已经结束,开始进入训政时期。国民党中央政府把市政改革作为训政时期的建国急务之一。蒋介石即讲过:“建设之事万端,唯市政最为先务。”[①]1929 年 4 月蒋介石到达武汉后,即任命他所赏识的具有法国巴黎大学法学博士学位的刘文岛为市长。不久,南京国民政府一些要员还发起成立了中国建设协会,“以研究及宣传并促进建设事业为宗旨,以登记及介绍并联络建设人才为职责”[②],并创办杂志《中国建设》,推出一系列建设专刊,邀请各行业专家纵论国家建设大计。由董修甲主编的该刊第 3 期“市政专号”,所刊文章的作者均为“国内各市政专家,及实际主持市政当局”,他们“各抒高见,以为办理都市建设事业者之南针”。[③]

总之,南京国民政府时期市政改革实行的专家治市具有双重意义:一方面,通过专家治市、精英政治,城市政府有限度的决策民主得以体现,虽然相对于市民自治、市政民主、市政独立有很大的局限,但毕竟迈开了民主管理、民主决策的艰难步履。因此,所谓专家治市实际上是专家治国在城市治理上的具体化,民国政治民主化进程通过政治精英实施民主治市而初露端倪。另一方面,专家治市更是科学治市的首要前提和基本要求,适应了现代城市功能的系统性及城市政府专业化分工运作模式等要求,使城市建设和管理的科学化有了最基本的人事制度保障。然而也须看到,城市自治、民主治市和专家治市、科学治市的成功与否,又受制于国家政治民主化的整体进程,实际上为国民党一党专制和个人独裁的集权政治所支配。

---

① 蒋筱秋:《在三民主义下的市政问题》,《市政全书》第一编,道路月刊社 1929 年版,第 56 页。
② 编者:《〈中国建设〉发刊词》,《中国建设》1930 年第一卷第一号。
③ 董修甲:《市政专号志言》,《中国建设》1930 年第 2 卷第 5 号。

二、专家治市的初步进行

如果以专家治市作为优良市政的评价标准来审视20世纪20年代末30年代初中国的城市,汉口应是最合格的城市之一。时人即指出:"国民革命军北伐告成后,桂系统治武汉,组织武汉市政委员会,包括旧日汉口、汉阳、武昌三地。引用市政专门人才,成绩斐然可观。"①汉口特别市建立后,第一任市长刘文岛即深谙西方专家治市之道,他认为:"市政为重要建设事业,所有职员及各项工程人员,应有专门之技术。故本府及所属各局处绝对以用人唯才为主旨,不分省界、性别,凡学识经验有一己之特长者,无不尽量延用,否则无论如何,均不录用。""市政建设工作,既繁且重,非精明强干,不耐其劳。故本府用人,又以年富力强为标准。"②因为市政府与一般省、县政府不同,内部组织系统比较紧凑,行政层次少,围绕城市建设和管理设立市政机构,除设有专门主管市政建设的工务局外,还有维护城市治安、卫生和促进公用事业发展的公安局、社会局、土地局、公用局、卫生局等机构。以汉口为例,这些机构的主要官员大多毕业于国内外的大学和专门学校,不仅具备相应的专业知识和技术背景,而且具有城市市政方面的识见。因此,汉口建市之初,市政府及主要职能部门初步形成了专家治市的局面。

专家治市,首先市长必须是专家。市政专家冯秉坤在评论市长的任职条件时指出:"市长一席,非必市政专家,方可充任。凡具有高深学识,隆厚资望,目光远大,操守严明,能够驾御其僚属者,均可为之。"③当时汉口的主政官员如刘文岛、吴国桢等,即与此标准较为契合。他们善于吸收西方的现代城市建设理念,积极推进汉口城市的现代化建设。

刘文岛(1893—1967),字永清,号尘苏,湖北广济(今武穴市)人,先后就读于保定陆军军官学校、日本早稻田大学政治经济系,1924年获法国巴黎大学法学博士学位。其早年曾追随孙中山从事国民革命,1925年从法国回国,经蒋介石介绍

---

① 张锐:《比较市政府》,上海华通书局1931年版,第615页。
② 刘文岛:《汉市之现在与将来》,《中国建设》1930年第2卷第5期,第3、7页。
③ 冯秉坤:《各市政府成立十周纪念感言》,《市政评论》1937年第5卷第6期,第2页。

加入国民党。曾任国民革命军第八军党代表兼政治部主任参加北伐。1926 年 10 月受命出任汉口市市长。1929 年 4 月后,又先后担任武汉特别市、汉口特别市市长。刘文岛是典型的学者型官僚,虽然不是市政管理学出身,但是政治经济与法律也是现代城市自治所必需的专门化知识。1929 年月 6 日,他在重掌汉口市政的第一天即表示,虽然“有时亦从军,有时亦从事政治”,但是“志愿是在市政,对于市政极有兴味”。①

刘文岛在汉口市市长任上的施政很有方略,成绩斐然。首先是善于用人。除了注重任用技术官僚外,他还十分注意不因政局的变化而弃用前任市政府中的技术人员,从而保持了城市政府专业化与政府工作的稳定性和连续性。1929 年 4 月,原桂系掌控的武汉市政府改组为武汉特别市政府,刘文岛规定,原市府职员“除自请辞职者外,凡成绩优异,学识经验宏富之同志均经加委留用。续用之各职员,亦均以才授事,决无偏倚”②。如董修甲、吴国柄等原市工务局一批有留学背景的工程技术人员,都留在新市政府继续发挥才干。刘文岛也十分重视城市政府人员构成的专业化。在市政府的高级职员中,除公安局局长由军警人员担纲外,教育、财政、公用、工务、土地、社会、卫生各局局长及政府秘书长,一般都由具有较高学历及专业技术的人员出任。其中 5 位局长有留洋背景,4 人为留学欧美、日本的博士、硕士或学士,1 人为日本高等专门学校毕业。从 1930 年 3 月汉口特别市政府各局处职员的教育程度调查统计表中,可以清楚地了解当时汉口市政府职员的构成特色。在汉口特别市政府各局处总计 904 名职员中,国外大学毕业者 28 人(其中工务局有 12 人),国内大学毕业者 116 人,国外专门学校毕业者 30 人,国内专门学校毕业者 234 人,总计达 408 人,占职员总数的 45.1%。汉口特别市政府知识化、专业化特点十分明显。

---

① 《武汉特别市市政月刊》第 1 卷第 1 号,武汉特别市政府秘书处 1929 年印行,“纪事”,第 26 页。

② 刘文岛:《汉市之现在与将来》,《中国建设》1930 年第 2 卷第 5 期,第 3 页。

汉口市政府各局处职员教育程度统计表

教育程度	秘书处	工务局	卫生局	社会局	教育局	公安局	财政局	合计	所占比例%
国外大学毕业	7	12	4		2		3	26[28]	3.1
国内大学毕业	19	25	9	12	20	11	20	116	12.8
国外专门学校毕业		13	6	3	1	2	5	30	3.3
国内专门学校毕业	30	53	19	30	19	51	32	234	25.9
军警学校毕业	16	7	6	9	10	65	26	139	15.4
中等学校毕业	30	29	10	26	10	42	39	186	20.6
职业学校毕业	5	21	8	2	3	16	29	84	9.3
小学毕业	2	7			2	8	18	37	4.1
其他	2	1	1		1		9	14	1.5
未详	2	12	1	1	1	8	11	36	4
总计	113	180	64	83	69	203	192	904	100

资料来源:刘文岛:《汉市之现在与将来》,《中国建设》1930 年第 2 卷第 5 期,第 5 页。

其次,刘文岛十分重视现代城市科学的研究、宣传和普及。为了“集思广益,以定市政措施之计划与进行之方针”,刘文岛于 1930 年发起组织学术研究会,集中专家,共同研究。刘氏亲自担任会长兼市政管理组组长,以工务局局长任工程组组长,公安局局长任公安组组长,财政局局长任财政组组长,卫生局局长任卫生组组长,教育局局长任教育组组长,社会局局长任社会组组长,董修甲参事任国际组组长。研究会会员除市长、秘书长、参事及各局局长、各局处职员外,还聘请学术专家为特别会员。会员需拟定学术问题,交所属组组长提出研究,并向大会报告研究结果。各组每两星期集会一次,每月举行一次大会。研究成果除由大会向全体会员宣布外,每月还在汉口市政府公报《新汉口 · 汉市市政公报》中刊布。此外,会员的学术著作经该会评议会审定后,也由该会出版。①

当时全国许多城市都编纂出版过《市政公报》之类的刊物,不仅仅是作交流、研究之用,更重要的目的在于向市民公布政府工作,以养成市民关心城市事务的兴趣,主动与政府合作办市政。汉口市政府即宣称其编纂市政丛书的目的是:

① 《汉口市政建设概况》第 1 期第 1 编,汉口市政府 1930 年 9 月印行,第 43~44 页。

“新汉口之设施,实有赖乎开明之市民,与政府相合作。因此唯有编刊市政丛书,藉以为启迪市民之助,使全体市民了解施政之大纲与建设之需要,起而共同努力,各为相当之贡献,俾于心理建设及物质建设,同收实效。”[①]编纂刊行的市政丛书分撰述及译述两类,包括设计、经济、社会、土地、工务、警务、卫生、公用、教育、劳动、商务、娱乐、常识及史料等。当时刊行的著作主要有董修甲所著的《我国大都市之建设计划》《现行市组织法评议》《我国市财政问题》等;翻译的著作主要有美国的市政管理科学著作《政府与公共卫生》《采办学原理》等,并在译述过程中先行分期在市政月刊《新汉口·汉市市政公报》上发表。

武汉市政委员会创办的《市政月刊》,其宗旨是使“全体市民,得随时了解政府之措施,各抒己见,通力合作”,让市民参与到城市自治事务中来。这已经开始展现了新型的城市政府“使一切事务尽量公开”的政府与市民互动的现代城市管理理念。[②]1929 年 5 月,刘文岛又任命曾为中华全国道路建设协会编纂《市政全书》的陆丹林为市政府秘书处编纂主任。董修甲提议的发行法规汇编、行政统计年刊、市府工作总报告及各局业务报告等,都在汉口市得以实现。市府工作总报告于 1930 年 9 月以“汉口市政建设概况”的正式名称出版,全面总结了 1929 年 4 月至 1930 年 6 月底市政府的各项工作。《市政月刊》也“日有改良”。这种市政宣传的传统在市政经费日益支绌的吴国桢市长时代仍得以继承,吴国桢并专门向省政府申请专项经费以维持市政宣传品的出版。后来,《市政月刊》改为《市政季刊》,《汉口市政概况》也先后出版了 1933 年度(1932 年 10 月至 1933 年 12 月)、1934 年度(1934 年 1 月至 1935 年 6 月底)、1935 年度(1935 年 7 月至 1936 年 6 月底)本等。

再次,刘文岛还十分关注市政工作的学习借鉴与改进。1930 年 3 月,他派时任市政府参事的董修甲赴南京、上海、杭州三市调查市政,以资借鉴。董修甲考察归来,写成《调查京沪杭三市市政报告书》,刊载于《新汉口·汉市市政公报》第 1 卷第 12 期至第 2 卷第 2 期。后董氏又将其整理为《京沪杭汉四大都市之市政》一书,于 1931 年由上海大东书局出版。尊重专家、尊重科学,按客观规律办事,是以刘文岛为代表的汉口市政府专家型主官有别于过去时代长官意志独断专行、“一言堂”决定行政事务的显著特点。

---

①② 《汉口市政建设概况》第 1 期第 1 编,汉口市政府 1930 年 9 月印行,第 46、48 页。

刘文岛热心市政建设,见识广,办事明达。刘文岛在两次市长任期内,完成了汉口建市及市政府组织按照专业分工建立“一处八局”基本架构的工作,建立了吸收各界代表参加的临时参议会,使城市市民自治轮廓粗显。他借鉴西方经验率先实行政府集中采办制度,并为其他城市所效仿;还建立和完善了市政府的办事规则和各种城市管理制度。1929 年 4 月 6 日,刘文岛上任伊始,就表示要“秉总理天下为公之旨,继续努力,发展武汉市政,为市民谋福利,为党国争光荣”。1929 年起,他参考欧美现代都市情形,组织制订和通过了庞大的《武汉特别市工务计划大纲》,包括武汉三镇的功能分区(按行政、住宅、商业、工业、教育等功能对全市分区)、水陆交通(公共汽车与电车、桥梁、轮渡、港务、铁路、道路)、沟渠(三镇阳沟改阴沟)、公共建筑物(公署、市立图书馆与讲演厅、公共厕所、菜场、公墓、公共浴堂、公共娱乐场即公园、博物院、游戏场、戏院等)、公用事业工程(自来水、路灯、广告场、电气煤气事业)等内容。该计划拟分三期完成:第一期计划从 1929 年至 1933 年;第二期计划从 1934 年至 1938 年;第三期计划为 1939 年以后,包括完成沟通三镇的桥梁。三期计划实施程序罗列较详。其中,短期工程计划包括新建和改造、改良武昌和汉口部分道路及汉口下水道系统、武昌自来水、汉口新建菜场、平民新村、公共厕所、火葬场、公园等。武汉市改为汉口市后,1930 年 6 月他又组织修改制订了《汉口市分区计划》,同时还制订了详细的《汉口旧市区马路干线计划》等计划,并在任期内开始了汉口旧市区马路干线计划的实施,新开辟了旧市区沿江大道和民生、民族、民权、三民路等柏油路。在兴建江汉关至民生路的旧市区沿江马路、建筑沿江驳岸码头过程中,因拆迁英商太古洋行的货栈而发生外交交涉,结果是太古货栈同意拆迁让路,市政府允许其在新筑道路与码头外江滩建新货栈,体现了刘文岛领导的汉口市地方政府能够理智地以公平原则处理国际性争端,保证了市政建设的顺利开展。同时还拆除了周家巷至龙王庙一带杂乱的吊脚楼,将又脏又臭的龙王庙至江汉关一带变成宽敞清洁的沿江大道。此外,汉口市政府还将私家园林“西园”扩大 7 倍,改建成汉口第一个城市公园——中山公园,并在市政府前新建了一座府前花园,均免费供人游览。①

① 参见刘文岛《汉市之现在与将来》(《中国建设》1930 年第 2 卷第 5 期)及《汉口市政建设概况》第 1 期第 1 编。

另一位市长吴国桢,也是一位留学海外、在汉口颇有建树的市长。吴国桢(1903—1984),字峙元,湖北省建始人,1921 年毕业于清华学堂,随即赴美留学,为格林奈尔大学经济学学士、普林斯顿大学硕士和哲学博士。1928 年吴国桢到湖北,任湖北省汉口烟酒税务局局长。1929 年刘文岛第二次掌理汉口时,吴先后任土地局、财政局局长;1931 年汉口改制,吴调任湖北省政府委员兼财政厅厅长。1932 年蒋介石在武汉成立"剿总",吴国桢由省主席何成濬推荐任蒋的秘书,受到蒋的青睐。1932 年 10 月,吴被任命为汉口市市长(随后又成为湖北省政府委员),当时年仅 29 岁,成为最年轻的汉口市市长。

吴国桢任汉口市市长整整 6 年(1932 年 10 月—1938 年 10 月),是民国时期汉口市市长任期最长的一个。然而,其任职期间,正值汉口多事之秋,湖北七易省主席(何成濬、张群、夏斗寅、杨永泰、黄绍竑、何成濬、陈诚),国民党内部各派势力斗争异常激烈。当时汉口还由院辖市改为省辖市,省、市财政划分开,市财政自由支配之权有限,加之 1931 年大水后元气未复,后又有 1935 年的大水灾,汉口的新建工程不多。即便如此,吴国桢勉力而为,仍开展了不少修整工程。如建立中山公园董事会,邀请社会贤达做董事,动员社会力量集资,修复并扩建了中山公园及运动场;还在市内拓宽了 10 余条柏油路干线;并继续修建沿江防水墙、整治下水道系统,特别是对模范区杂乱无章的下水系统进行了重新改造,完成了原特一区的三阳路总下水道改造及单洞门至查家墩出三眼桥的汉口总下水道新修工程。虽然新辟的马路很少,但 1935—1936 年修筑了府东二、四路(今前进二、四路)两条碎石路,1937—1938 年将府南路(今利济北路)改成简易的煤渣路,并完成了五权五路(今硚口路之河边至京汉大道段)扩宽的雏形。① 从吴国桢掌理汉口时期的市政建设来看,主要遵循了刘文岛时期拟订的计划,体现了现代城市专家治市的理性与城市政府行政体系运作的延续性。

在汉口市政府,除了有像刘文岛、吴国桢这些专家型的城市主要负责人之外,更重要的是有一批具有国内外大学或专科学校毕业的专业化政府部门职员,保证了市政府的建设理念能持续奉行。如汉口市政府工务局的局长、科长、技正(工程师)等,许多是留学欧美、日本的毕业生,学习和掌握了海外先进的城市建

① 参见《汉口市政概况》(1933 年度、1934 年度、1935 年度),汉口市政府 1933 年、1935 年、1936 年印行。

设管理理念,对武汉的城市现代化建设起到了很大的促进作用。工务局局长董修甲,江苏人,曾获美国密西根大学经济市政科学士,加州大学市政管理硕士。1929 年 4 月任工务局局长前,曾任京沪一些大学的市政学教授、上海特别市政府专任参议、杭州市政府参事、武汉市政委员会及市政府秘书长,著有《市政学大纲》等一系列介绍现代城市建设管理的著作,有一整套市政管理理论。庞大的《武汉特别市工务计划大纲》就是在他的直接主持下完成的,该书成为其后汉口市各种建设计划的最初蓝本。工务局继任局长陈克明,黄陂人,英国格拉斯哥大学工科学士,任职前曾任湘鄂路工程师、交通部技正、平汉路工务处处长、粤汉路副局长、汉口特别市政府参事。陈克明还是一位理论与实践相长的实干家,刘文岛时代的汉口市政计划与建设,都是在他的直接主持下完成的。

为汉口市政建设做出较多贡献的市政专家还有吴国柄。吴国柄,字政衡,湖北建始人,吴国桢之兄,毕业于英国伦敦工科大学机械科,曾任比利时乌格瑞厂工程师,后以专使随员身份考察欧美各国,还担任过平奉路(北平至奉天)造车厂厂长。1928 年吴国柄到武汉,适逢李宗仁任国民党中央政治会议武汉分会主席,提出"建设新湖北,建设新武汉",于是吴国柄毛遂自荐,提出修建公园计划,被委以湖北省政府监修专员,监修汉口第一公园(中山公园),完成了中山公园的人工造湖工作。武汉重新建立市政府后,吴国柄担任中山公园技正兼建筑主任、工务局第三工程处副主任等职,后任汉口市政府参事兼技正。他常骑马巡视汉口各处,提出过很多市政建设的建议,如沿江沿河的马路建设、汉口市下水道建设、清除市内浮棺等。①

汉口新型城市政府专家治市的总体特点是,市长统筹领导,按专业化分工由各部门领导分级负责、分专业组织实施,组成由上至下的分级网络体系,各部门专家和相关职员在各自的领域发挥作用,共同推进市政建设和城市的发展。城市政府从高级官员到普通职员均以中青年为主,年龄结构趋于年轻化,保证了市政府富于朝气,锐意进行城市改造和新的建设。大批学有专长的专家学者在政府中运用其掌握的西方先进市政知识治理城市,提高了管理城市事务的水平,促进了城市现代化的发展。在专家治理下,1930 年代汉口步入城市早期现代化发

---

① 吴国柄:《我与汉口中山公园及市政建设》,政协武汉市委员会文史学习委员会编《武汉文史资料文库》第三卷《工商经济》,武汉出版社 1999 年版,第 450~484 页。

展的黄金时间,城市规划的制订、功能分区的划定及一系列城市管理制度和规划的出台,将城市发展纳入了制度化、规范化、科学化的轨道之中,依法治市成为市政管理现代化的一个重要标志。在武汉(汉口)特别市政府成立后的一年间,“先后修订公布之各项章则以百数计”,所有法规分 8 辑刊出。截至 1930 年 3 月底,共出版法规 500 余种,基本做到“市政进行,咸资法令”。① 市容市貌也大为改观,汉口已初具现代化城市的风貌。1933 年,《道路月刊》记者到汉口采访,对城市的整洁美丽有深刻的印象:“近两年来,市府修路的成绩,出乎我们意料之外,由牛路跳过了马路的阶段,进而为现代的柏油路。汉口法日两租界,觉得自惭形秽,竟步市府之后尘而翻造柏油路了。记者这次到汉口来,从三个特区到两个租界,走的都是康庄大道。”“租界及特区以内之各种旧式衖堂,大半已翻造为新式整洁的衖堂。从前残破的房屋,黯淡的市容,无不一扫而空。而从前蹲伏在路旁褴褛不堪的乞丐,已差不多完全肃清了,今日的汉口市,已不是蒙不洁的西子,而是装束入时的少妇。”②

三、专家治市的历史困境

民国时期汉口的专家治市取得一定的成果,但应当清醒地看到,当时专家治市极不彻底,专家治市与集权政治始终存在着复杂而尖锐的矛盾。这种矛盾主要表现在两个方面,一方面是专制体制、环境对专家治市的制约,另一方面是专家对专制体制的屈从与依附。

尽管民国时期专家治市的呼声很高,且在上海、南京、天津、汉口等大城市中也得到有效推行,但是这种治市机制并没有法律依据和制度保障。1928 年南京国民政府公布的《特别市组织法》和《市组织法》中只有两条内容涉及专业技术人员,即第三章“特别市政府组织及权限”之“第十四条,特别市政府依事务之需要得聘用专门技术人员”,“第十五条,特别市政府关于特殊事项之调查或研究,

① 《汉口市政建设概况》第 1 期第 1 编,汉口市政府 1930 年 9 月印行,第 25~26 页。
② 菊:《武汉的新气象》,《道路月刊》1935 年第 47 卷第 2 号,“杂俎”,第 3~4 页。

得由市长聘任专家组织临时委员会”。[①] 1930年修改后的《市组织法》第四章“市政府”中只保留了上述第十四条的内容，而关于市长、秘书长、市政府参事及各科局负责人的任职条件并没有就学历、专业知识及任用程序（如考试录用、选举等）做出规定，更没有类似西方政府中职业公务员的法律条款。对此，当时即有学者提出责难：“本组织法……对于近代市行政之几项重要规定却付阙如，未免遗憾。例如市长对于行政上所负之责任，专家任用之规定……而不见于本组织法中者也。”它如“各局局长及重要吏员之责任应有专门资格之规定”，亦忽略不表。[②]

没有法律保证的体制是十分脆弱的，它既不能使专家治市制度化，也给那些喜欢任人唯亲、滥用庸人的市政领导人提供了可乘之隙，许多城市政府机构中仍然是“万金油”式的官僚主政。表现之一是城市高层领导人不是军人便是政客。时人即指出：“我国各市的组织，除了从前广州和武汉两市，曾经一度采用委员制之外，按照中央颁布市组织法的规定，原是市长制，所以现在各市的组织，也是市长制。不过现在之市长，多数是军人出身。他们对于军事学识，容许有相当的研究和经验，可是对于政治，恐怕还是门外汉。市政是专门的事业，固然不是军人所能懂得，就是懂得政治的人，而不懂得市政的，行政上也感着许多困难。现在是训政时期，市长的职责，异常重要，不是东奔西走席不暇暖般作说客的所能胜任。试问这样做法，又怎能有良好的成绩？”[③]其次，一般政府官员中的专业人员亦是凤毛麟角，“政府为各项行政之主脑，除市政府人员应具有市政学识外，其他政府官吏，亦不可无市政学识，所以辅助进行也。查我国政府官员具有市政学识者极少，即在地方政府任事者，亦多尸位素餐，或学非所用，平时对于市政学，多不事研究，此不特因彼等在学时，无输入市政学识之机会，抑就职后，亦无亲近各项政事之地方，且惰乃天性，吾人只见孳孳为利者，孰见孳孳为学者乎？”[④]第三，由于公务员保障法的缺失，加之长期形成的任人唯亲、滥用庸人的官场积弊，严重影响了城市政府中的事务官——专业技术人员正常作用的有效发挥。“我们再看看各市的市长，除了从前广州市长孙哲生以外，有那一个能做三年以上的市

---

① 参见陆丹林编纂《市政全书》第5编，道路月刊社1929年版，“各省市制法规”，第1～14页。

② 张锐：《比较市政府》，上海华通书局1931年版，第602、589页。

③ 丹林：《市政杂谈》，《道路月刊》1930年第31卷第1号，“论著”，第11页。

④ 陈良士：《国民市政常识之培植》，陆丹林编纂《市政全书》第一编，道路月刊社1929年版，“论著”，第78页。

长呢？市府的参事、局长、秘书、科长、技正，及其他职员，也是常常调换的。旷弃职务和办事不力营私舞弊等等，固应撤差，若果他是有相当的成绩，或是考试录用的，要是换了一个市长，或一个局长，倘若你找不着一个有权有势的人，或者和新市长新局长有关系的保荐函电，那你就非预备开步走不可。因为一个新市长，和一个新局长接事时，他的亲戚朋友，和亲朋中的亲朋，都如蚁附膻般来找差事了，其中拿着有势力的人荐函来讨差事的更多……这个不良的陋习，其实普通官场是这样，市政是属建设事业的机关，也蹈了恶劣官场的状态，不能不教人失望。"[①]正因如此，使得本来就少得可怜的市政专业人员时存五日京兆之念，事业心大打折扣。凡此种种，结果便是专家治市举步维艰，真正的市政专家裹足难行，而"万金油"官僚却大行其道。市政精英们对此深恶痛绝，有人甚至喊出了"打倒'万能杰克'"的口号：

> 中国政治，"万能杰克"（Jack-of-all-trades）的政治也。中国市政，亦"万能杰克"之市政也。执中央政府吏员而察之，泰半均"万能杰克"也。省政府、市政府、县政府之吏员亦均一邱［丘］之貉。此辈今日可为统税局长，明日可任市政府工务局长，后日复可膺军政部航空技正。究其所学，则除升官发财外，无他特长之学识。究其所为，上焉者萧规曹随，抱撞钟和尚、敷衍塞责主义；下焉者则肆意搜括，既无专门学识以作其谋生之工具，只好趁此机会大搂一气，以保持其失业后之饭碗。上行下效，几成一时风尚……近代政府，工作复杂，舍专家盖无由治。譬之治病，必求于医。譬之补鞋，必求于匠。有病找鞋匠，鞋破找医生，人必以为大笑话。实则此项笑话直日日扮演于吾人之前，而吾人乃视为当然，不之觉耳。欲使政府中鞋匠不为人医，医生不补人鞋，首先必打倒"万能杰克"政治！[②]

在"万能杰克"主政下，专家治市被腐败的庸人政治氛围所侵蚀、吞没。民国时期整体腐败的社会政治环境下，期望一展抱负的市政精英们除了遗憾愤懑外，

---

① 丹林：《市政杂谈》，《道路月刊》1930 年第 31 卷第 1 号，"论著"，第 11～12 页。
② 张锐：《比较市政府》，上海华通书局 1931 年版，第 657～658 页。

别无他为。

其实,在国民党“一党专政”的集权政治体制下,所谓专家治市也是有前提和条件的。从主观上来说,国民党利用专业技术人才治理城市主要限于在技术和管理层面进行市政建设,如修马路、分区规划、做财政预决算、编市政公报、整治城市社会风尚、改变传统陋习,等等。但涉及政治体制上的根本问题时,决不许越雷池一步,如民主选举、市民参政等。而且所用专家也大都是如刘文岛、吴国桢等服膺国民党“党义”的体制内人物,而具有激进改革倾向的张锐之流是不能入阁治市的,只能作“清流党”。正如刘文岛所言,国民党的原则是“党外无党”“党内无派”,一切遵循国民党和蒋介石的意志。国民党及其政府体制本质上是集权和专制,因此,城市的发展必然要服从国民党党义和遵从蒋介石的绝对权威。据曾任行政院政务处处长的何廉回忆:“委员长走到哪里,政府的真正权力就行使到哪里。就职权而言,他领导一切。”①1929 年 4 月,蒋介石以陆海空军总司令的名义任命刘文岛代理武汉市市长,接着以蒋为主席的国民政府正式任命刘为市长。吴国桢就任汉口市市长,表面上看是湖北省政府委员会会议议决的结果,但实际上是因为吴国桢跟随蒋介石期间,受到蒋的青睐。此外,作为省辖市汉口市市长的吴国桢也是非同寻常的简任官,当时全国只有北平、青岛两个直辖市改省辖市的在任市长是简任,不受省政府监督。1937 年 11 月和 1938 年 6 月,吴国桢以“经费支绌”,“捉襟见肘,穷于应付”为由,三次呈请辞职,而作为军事委员会委员长的蒋介石亲自去电“慰留”,并电示省府不准其辞职。②

专家治市与集权政治的矛盾,除了政治价值取向外,还更多地表现为现代城市建设与管理中民主治市、科学治市与长官意志以及市政建设违背规律而屈从于政治和军事斗争的需要之间的矛盾。在 1930 年代,尽管汉口因为专家治市和专业化管理使其依照欧美现代城市的大致模式并结合自身特点的城市建设,展示出现代化发展的良好态势,但由于国民党集权政治的影响,特别是蒋介石军事独裁化的制约,汉口的城市发展并没能完全按照城市政府制订的建设计划顺利进行。刘文岛、吴国桢在创立城市新面貌的同时,也不得不屈从于蒋介石的军事

① 〔美〕费正清、费维恺编,刘敬坤等译:《剑桥中华民国史(1912—1949 年)》(下卷),中国社会科学出版社 1994 年,第 154 页。

② 湖北省档案馆藏档案,档案号:LS1/2/1446。

政治独裁的需要。为了适应蒋介石所谓“剿匪”的军事需要,汉口市政府不得不放下城市建设计划,赶修一些用于军事的临时性工程。如 1930 年 1 月开工的航空路,“自跑马厂至飞机场一段,原无路基,前因军事紧急,提前铺正中间的约 4 公尺之碎石路面”,就是根本不按正常的筑路程序的建设。[①] 1932 年蒋介石在武汉设立豫鄂皖三省“剿总”,自任总司令,坐镇武昌。同年 10 月,蒋令在汉口后湖一带修筑临时马路。汉口市政府按其附发的略图勘测,确定需修路 7 条,于 1933 年 12 月开工并陆续完成。[②] 由于这些路不是市政府计划修筑的新马路,也不是有规则的直线路,而仅将原有农村的小土路加宽加高,再铺以煤渣,因此除新华路(由双洞门至万国跑马场)、惠济一路(今惠济路之香港路至澳门路一段)外,其余各路今已不知所踪。

集权政治左右城市政府。妨碍和掣肘专家治市,在汉口最为突出的表现是汉口市建制的频繁更张。1929 年 4 月 5 日,武汉市政府改为武汉特别市政府,直隶于国民政府。将武昌改为普通市,划归湖北省政府管辖。1931 年 6 月,汉口特别市改为省辖市。1932 年 4 月,汉口市又改为特别市,隶属国民政府行政院。然而不到 3 个月后,即同年 7 月,汉口特别市又复改隶湖北省。汉口市制的频繁变动,体现了南京国民政府决策的随意性,汉口的市政独立也因此受到多方影响。市制频繁更张和市政官员(尤其是主要官员)频频调动,人在政在,人走政息,造成城市管理队伍极不稳定。如,1931 年汉口改制不仅上交了各项独立的管理权利,也带走了管理城市的专家型领导。市长刘文岛调任省民政厅厅长;市财政局归并至省财政厅,吴国桢由局长变成了厅长;工务局裁并到省建设厅,局长陈克明转任省水利局局长;董修甲等人也相继离开武汉。懂建设、会理财的专家型领导被调离了汉口市,却派来一个“万能杰克”式的官僚何葆华任市长,这对汉口市的发展无异于釜底抽薪。何葆华到任后的第一件事,就是裁撤了具有较先进的管理制度的采办委员会。此外,当年长江大水,何葆华妄将每个防汛麻袋提价 1.5 元,并将规定麻袋中的豆、沙比例之七三成,改为三七成,从中大肆贪污。这导致张公堤溃口,大水冲入汉口市区,使市民的生命财产遭受空前的巨大损失,

---

① 《汉口市政建设概况》第 1 期第 2 编,汉口市政府 1930 年 9 月印行,“工务”,第 13 页。

② 《汉口市政概况》(1933 年度),汉口市政府 1933 年印行,第 9~11 页。

为此何受到省市两党部弹劾,1932 年 4 月辞职。[①] 然而令人诧异的是,直到何葆华辞职 6 年后的 1938 年 4 月,中央公务员惩戒委员会才将"免职并停止任用一年"的惩戒议决书送达,理由是"何葆华为汉口市市长亦负防护抢救之责,该被付惩戒人等指导不良,策划无方,自不能免除《惩戒法》上应负之责"[②]。而 1932 年接任汉口市市长的"书生"万声扬,由于财政困难,难以开展市政建设,加之官场请托频繁,对市政事务穷于应付。[③] 同年 9 月,万声扬呈请湖北省政府"援照成案举办本年秋季种痘并拟具办法及预算书请鉴核",但因"库款奇绌停办"。[④] 万本人也被省政府以"另有任用"而免职,遗缺由吴国桢继任。

汉口频繁改制还造成撤压机构的后果,导致有作为的专业技术人员大量流失。机构撤并的直接原因即市政府经费被"奉令裁减"。吴国桢在呈省政府文中称:"府内经费在特别市时代月支二万三千余元,自二十年七月改并即月支一万七千余元,至二十一年十月改组,府内经费奉令裁减一次,十一月又奉令裁减,月仅支一万四千余元,内部组织自当力求紧缩。而公安局经费亦经二十一年十月、十一月两次缩减",而"所有职务势未便减,反予增加","事繁费绌,本府不免多感困难",只有"督促员司努力工作"。[⑤] 市政府经费缩减的原因之一,是省政府将直属中央的汉口市党部的经费 97918 元在市政府预算总额不变的情况下,列入市预算。[⑥] 其结果只有紧缩市政府编制,以最低数额的职员去管理复杂的现代城市事务。吴国桢还在另一呈省府文中写道:"查特别市政府刘前市长任内于十九年二月间奉行政院第 4503 号令发《组织规则》内各处局科员名额总数 186 人,除公安局外尚计 156 人。自二十年七月改置为隶属于钧府(省政府),财政、教育

---

① 何树松、王廷杰:《贪污溃堤被撤职的市长何葆华》,参见政协武汉市委员会文史学习委员会编《武汉文史资料文库》第七卷《历史人物》,武汉出版社 1999 年版,第 288 页。

②《中央公务员惩戒委员会关于湖北省防水不力人员陈克明、何葆华、江署生等 26 人的惩戒案、议决书》(1938 年 4 月),湖北省档案馆藏档案,档案号:LS1/4/3662。

③ 万澄中:《"书生"市长万声扬及其一家》,政协武汉市委员会文史学习委员会编《武汉文史资料文库》第七卷《历史人物》,武汉出版社 1999 年版,第 283~284 页。

④《湖北省政府委员会第 5 次谈话会议议事录》(1932 年 9 月),湖北省档案馆藏档案,档案号:LS1/1/38。

⑤《汉口市市长吴国桢呈省政府文》(1933 年 4 月 29 日),湖北省档案馆藏档案,档案号:LS1/3/2220。

⑥《湖北省政府委员会第 40 次会议议事录》(1933 年 7 月 25 日),湖北省档案馆藏档案,档案号:LS1/1/4。

各事项分归各厅办理，事务减轻，何、万两前市长任内委用科员30至40人。二十一年十月间重行改组，举凡特别市政府时代之社会、财政、工务、教育、卫生、土地、公用等局事务统归本府直接办理，公安局亦归本府管辖，府内事务之繁颐，无虑数倍于刘、何、万三任。”“因府内经费再四缩减，故暂时不顾事务之殷繁，试就万任成案先行列为30人至40人”，且上任“半载以来，每以人数太少，因而发生种种困难，是事实上委有增额必要”。因此，吴国桢再三呈请，担负秘书、社会、财政、工务、教育、卫生及公用管理事务的市府科员“增列为50~60人，虽与未经确定之原案微有出入，而较之特别市政府曾经行政院核定名额总数156人(公安局科员名额在外)当不及五分之二”。[①] 内政部终以“该市本系由直隶行政院之市改置为隶属于省政府之市，情形特殊，似可准予变通办理”，呈行政院会议照准，列入《汉口市政府组织规则》，转呈国民政府备案。[②]

上面主要论述了集权政治体制下专家治市的重重艰难，其实，专家治市艰难的另一方面还来自专家自身。在这些专家型官僚中，最能体现民国时期市政专家屈从和依附于集权政治特征的当属刘文岛这样亦学亦官者。刘氏经蒋介石介绍入党，是国民党中央党部的候补执行委员，始终自觉地维护国民党的集权政治和蒋介石的独裁统治。蒋桂战争后，蒋介石夺占武汉，以“湖北安，天下安”而设立武汉特别市，委任刘文岛为武汉特别市首任市长及随后的汉口特别市市长。这一任命体现了蒋的意志。正如刘文岛所言，“蒋总司令因为武汉的秩序非常重要，就命兄弟暂时来维持市政府的事务”[③]。刘文岛在任两年多时间里，依靠众多专家，制订了现代城市发展规划，建立起现代城市的运作制度，发行市政债券，并在旧市区大刀阔斧地新辟了沿江大道和民生、民权、民族、三民等现代化的柏油路面主次干线，改造了中正、中山主干道，正式建成中山公园等，显示了他的才干。且“市府自刘文岛走后，虽有市府之名，实等于保管处”[④]。但由于刘文岛亦学亦官亦军的特殊身份，加之与蒋介石的特殊关系，形成了他对蒋介石和国民党

---

① 《汉口市市长吴国桢呈省府文》(1933年5月19日)，湖北省档案馆藏档案，档案号：LS1/3/2220。

② 《内政部咨文》(1933年7月27日)民字第1854号，湖北省档案馆藏档案，档案号：LS1/3/2220。

③ 《欢宴省市整委及新闻界》，《武汉特别市市政月刊》第1卷第1号，武汉特别市政府秘书处1929年印行，第30~31页。

④ 周荣亚等编：《武汉指南》，第一编“地理”，新中华日报社1933年印行，第7页。

的人格依附,唯蒋马首是瞻。上任伊始,刘文岛即在汉口市政府扩大纪念周的演讲中宣称:"蒋主席曾经面谕,及国府文官通电:要全国上下,一心一德,党外无党,党内无派,拥护中央和平的政略与防卫的战略。""我们要和法国人全国上下都拥戴杰尔[①]作行政元首一样,切切实实来拥戴蒋主席作我们军事政治的最高领导者。"并且认为,"今日中国的农商学兵各界,都无政治和法治的充分常识与精神,都不知或不肯运用选举斗争的方式","所以,我们中国国民党,就要将农工商学兵联合起来,结成革命的团体,谋全民的解放",因而主张"一致团结起来打倒共产党"和"'勾结'共产党的一切'反动派'"。并表示,他"因为受了党训、校训[②]及蒋主席薰育,故始终本着亲爱精诚的精神,企图使各位同志,共纳于三民主义的正轨"。[③] 在1929年4月28日欢宴省市党部整理委员及新闻界的致词中,他又宣称,"我们是要以党治国",政府"所有一切的行政计划政策,都应该根据党的意旨去做"。并且认为国民党"是民众的党"。"党的意思,就是民众的意思",表示要请各位党部委员"严格监督,切实的指示,使市政府永远在党的指导之下建设新的武汉"。[④] 这些表白,表明刘文岛维护国民党集权政治和效忠蒋介石完全是出于一种自觉。刘文岛与蒋介石集权政治的这种特殊关系,也揭示出民国专家治市本质上是一种披上专家治市外衣的"政党治市"和"集权治市",与欧美城市依靠具有独立人格和独立思想的专家独立地、民主地和科学地治理城市的现代市政体制相去甚远。

与刘文岛相比,也曾为汉口市市长的吴国桢情况有所不同。虽然他也是简任市长,且与蒋介石有长达半年过从甚密的特殊关系,但他毕竟是省辖市的市长,要受省府的牵制。一方面,吴作为一个年轻的学者型官僚,虽也曾留学海外,但胆识和魄力远不如刘文岛;另一方面,吴在任的时期,很多有名望的市政专家已经离开汉口,其缺少得力的知识型属员相辅佐。虽然吴国桢主政汉口时间最长,但因市财政困难、水患影响以及市政管理人员大幅度减少,其掌理汉口的抱

① 杰尔,普法战争后当选法国行政元首。

② 指黄埔军校校训。

③ 刘文岛:《我们如何应付困难》,《汉口市市政公报》第1卷第2期,汉口市政府秘书处1929年版,第1、4、5页。

④《欢宴省市整委及新闻界》,《武汉特别市市政月刊》第1卷第1号,武汉特别市政府秘书处1929年印行,第31页。

负难以施展。如,刘文岛在任时也曾财政困难,但吴国桢时任汉口市财政局局长,成功辅佐刘氏发行了150万元建设公债;而在吴氏任汉口市市长时,却不仅背着公债还本付息的压力,且新的建设公债发行也遭失败。此外,吴国桢任汉口市财政局局长时就被诉“违法苛征”遭弹劾,1934年又以同样理由遭到起诉。吴国桢在市长任上时,较少建设像刘氏那样大刀阔斧新辟高等级干道(含下水道)的工程,多是改造地下管网和翻修补修路面等修修补补的工程,很多工程(如旧市区次干道拓宽)都未能按照刘主政时期制订的市政规划时间表完成,汉口市政现代化建设处于徘徊状态。因此,吴国桢三番五次请求辞职,表现出学者型官僚对集权体制不敢也不愿抗争的无奈。

总之,由于市政体制为民国政治体制所制约,听命于国民党中央及蒋介石个人的权力意志,加之近代中国没有建立起西方式的独立公务员体制,且中国城市早期现代化尚处于起步阶段,以及中国近代知识分子身份转变和文化转型过渡性特征所形成的对权力的人格依附,近代中国没有也不可能建立起真正的专家治市的“良好市政”。无论管理和建设城市的专家有多大的才干,制订的城市建设和发展规划如何科学化,都被国民党一党专政的集权政治体制和“万能杰克”们的昏聩无知所抵消,真正的市政民主和市政独立依然遥遥无期,城市现代化困境重重。

(原载《近代史研究》2009年第3期)

按照“现代方式”重组城市空间

——1930年代汉口城市规划理念评析

何谓城市的“现代方式”？如果以传统城市作为参照系，那么城市的“现代方式”应该是城市功能结构的现代性：从单一到复合，从纯粹的政治中心和军事堡垒到工业中心和商业都会。城市市政体系的现代性：从“城乡合治”到市政独立，从官僚治市到市民自治。城市空间布局的现代性：从“城”“市”分离到“城”“市”合一，从前店后厂、人店杂居到功能分区。城市物质形态和外在景观的现代性：从砖房瓦舍到水泥高楼，从青石小街到柏油马路，从阳沟到下水道，从马车轿子到有轨电车，从私家园林到公园广场……高楼大厦、柏油马路、有轨电车、烟囱汽笛，是现代城市最具时代个性的景观特征，而城市的工业化则是城市现代化的最本质的体现。因此，“市政改革”最基本的任务，首先是改变传统城市“城”“市”分离的空间结构和与现代城市复合型功能结构不相适应的物质结构，根据现代市政科学理论的要求，改造传统街市，重组城市空间，建设城市公共基础设施，使城市成为适合工商文教综合发展和适宜人居的最佳空间。

一、以功能分区为主旨的现代城市规划思潮的勃兴

19世纪末20世纪初，欧美一些城市化高度发展的国家兴起对城市重新规划和重新设计的热潮，这一方面是城市化高度发展所带来的众多“城市病”所致，另一方面也是城市现代化发展需要提出了按照现代方式科学地重组城市空间的要求。“市政科学在二十世纪放了一个异彩，而城市设计更成为市政科学中不易之定论。”①

为了吸取19世纪城市化运动中城市盲目扩张、无序建设的教训，20世纪初

① 吴嵩庆：《我们要求一个市设计法》，《市政评论》1935年第3卷第3期，第1~2页。

期,欧美各国都强调城市的规划与设计。1909年,英国颁布《市设计法》,引起各国纷纷效尤。1933年8月,国际现代建筑协会在希腊雅典召开会议,会议通过了著名的《雅典宪章》。该宪章第一次明确提出城市具有居住、工作、游息、交通四大功能,"居住、工作、游息与交通四大活动是研究及分析现代城市设计时最基本的分类","每个城市都应该有一个城市规划方案,与区域计划、国家计划整个地配合起来",并且"必须制定必要的法律以保证其实现"。

城市应按居住、工作、游乐进行分区,三者之间应作平衡布置,同时建立一个联系三者的交通网。《雅典宪章》明确了现代城市的主体功能,并强调城市内部功能结构的分工与整合,对于改变当时城市无序建设状态无疑有积极作用。

20世纪以降西方发达国家注重城市规划、建设现代新型都市的潮流,引起中国一些有识之士的注意。1919年孙中山领导的中华革命党创办的《建设》月刊,已经有关于现代市政的论文刊载。1919年9月,该刊第1卷第3号上,曾留学美国的林云陔在《市政与二十世纪之国家》一文中,就论述了城市的分区与屋宇计画、警察火警卫生、经营公用事业、办理公益事务、修养与娱乐问题及市政经费与用度等问题。

20世纪30年代,市政学专家们吸取西方先进城市规划理念,强调按城市功能分区的原则来重新规划和设计城市空间,"(a)划定路线。划定全市区的路线,无论其为应新筑的或应改良的。(b)划定空地。划定全市区的广场 places, squares,小公园 gardens,大公园 parks,森林 woods, forests reserves,运动场,植物园,动物园,花圃,苗圃,及其他应保存空地。(c)划定公共事业地点。划定公共事业如纪念碑塔之位置,车站,飞机场,码头,堆栈,电车栈,公共汽车站,自来水厂,电灯厂,煤气厂,污水清理场,污物消毁厂,以及行政机关,市立医院学校,及其他文化美术等建筑物之地点。(d)划分市区 zoning。划分全市为行政区,文化区,住宅区,工业区,商业区,农业区等。(e)设计上水道下水道分布网。自来水及暗沟之分布网,及其流动方面,亦须规定,此点在我国格外重要"①。标志着"市政改革"运动的开展,这里提出的城市规划意见,涉及城市交通、工作生活环境与设施、文化娱乐和公共休闲场所、城市功能分区等诸多方面。与当时西方市政学界的观点如出一辙,符合城市发展的现代要求和人对城市的现实需要,照此规划

---

① 吴嵩庆:《我们要求一个市设计法(续)》,《市政评论》1935年第3卷第4期,第6页。

建设城市,则城市的现代功能大体具备,现代城市格局初具雏形。

二、汉口市政府的现代市政建设理念

20 世纪 30 年代的汉口就城市规划而言,无论是理论探讨还是规划实践都走在当时全国城市的前列,因此探讨这一时期的汉口市政规划,不仅有个案的意义,而且有普遍的、典型的意义。纵览当时汉口市政府的城市规划建设理念,归纳起来,大致有如下四个方面。

其一,学习西方城市规划经验,通过有系统的规划和改造,改变汉口不规则的长方形城市格局。1929 年,刘文岛在汉口特别市临时参议会成立会议的致辞中说:"我们的建设计划分两种,一种是物质建设,一种是精神建设,先讲物质建设,我们怎样改造我们的汉口呢?大概城市的形式有二,就是放射式和长方式,法国巴黎多是放射式的,而美国城市多半是长方式的,我们当应按照地势来断定改革的形式,汉口旧市区的地形是扁长形的,所以我们暂时的计划,便是要造成长方形的汉口,江海关以西沿江马路,已在修筑中,宽度定四十英尺,最低限度,今年可以修到招商局附近,中山马路亦在积极修筑中,还有几条横路,亦同时开工,但是长方形的街道,有利亦有害,最后还是想以市府所在为全市的中心区域,附近广建图书馆,公园等,另筑放射半径形的新马路,所以最后汉口的改造形式,是长方形与放射式相混合的。"①后来汉口市的几次规划基本上都体现了刘文岛的这一设想。

其二,参照西方城市功能分区的规划理论,结合汉口城市具体状况,将汉口按商业区、工业区、住宅区、小工商业区以及高等教育区、市行政区进行功能分区,以彻底改变汉口工商不分、人商混居的杂乱壅塞状况。关于这个问题,我们将在下一节详细论述。

其三,在城市建设中,把道路等城市基础设施的规划和建设放在突出位置。董修甲指出:"在最初成立政府时,是要对于物质建设特别注意,因物质建设不注

---

① 汉口特别市政府秘书处:《汉口特别市市政公报》1929 年第 1 卷第 3 期,武汉市档案馆档案。

意,就不能发展交通,交通不发展,就不能发展工商业了。所谓物质建设是指道路、码头及上下水道之建筑与公用之业事建设。至于社会行政、慈善行政以及社会教育与公共卫生,皆可以稍缓一步。”①工务局局长陈克明介绍汉口的道路建设时指出:“本市之主要及次要干道,均拟铺柏油路面,其余暂铺碎石。在未十分发达之处,路线虽规定甚宽,而路面在开始建筑时,则只铺砌中央一部,以节省经费,以后随交通状况,渐次铺宽。”②位于近郊的汉口第三主干道中正路(今解放大道)在整个 20 世纪 30 年代就是按这一原则逐步扩宽改造的。

其四,吸收“田园都市”理念,注重城市园林绿化和公园的规划建设。武汉建市以后,市政当局不论怎样更替,都十分重视公园建设。1928 年起,汉口市就已规划出并积极建设了汉口的第一大人造公园——中山公园和小公园——市府前花园,武昌则积极筹划有天然形势的蛇山公园、首义公园。1929 年 6 月出版的《武汉市政月刊》第 1 卷第 2 号“建议”版,发表武汉特别市政府总工程师张斐然的《武汉特别市之设计方针》,其中在公园系统设计方面,他主张参照日本“每市民无论如何不得少于 9 平方公尺之面积”的最低标准,斟酌损益,作为武汉全市相当的公园系统,以附丽于各区。汉口方面,设想以江畔、张公堤、赛湖、后湖、罐子湖、各跑马场、中山公园及其他原有林园、天然山水等,略加整理与点缀,并用 45 公尺以上之大路连络,使自成体系。武昌方面,则以沿江及各湖山名胜如黄鹤楼、抱冰堂、蛇山、蟹山、凤凰山、莲花湖、二郎庙、沙湖、小湖、晒湖、狮子山、珞珈山等之风景最佳之地作为一系。汉阳方面,则以城内之郎官湖、沧浪水、却月城、凤栖山、龟山、香炉山、月湖、汤湖、墨水湖、龙阳湖、扁担山、仙女山、美娘山以及其他有名山寺,又作为一系。其余戏院、博物院、动物园、游泳池、音乐厅、图书馆、公会堂、大运动场等,则附设于各系之相当地点内。此外尚须于交通繁盛及距离公园较远之处酌设旷场,种以树木,铺以草皮及凉亭椅桌等,以备附近老少市民游息之所。1936 年的《汉口都市计划书》,规划了沿江河及张公堤 40 米宽的环市林荫大道,其目标是汉口环市大道林荫遮蔽,市区公园星罗棋布,组成“园林城市”。

① 董修甲:《中国市政问题——在武昌市政处讲演》,《道路月刊》1936 年第 49 卷第 3 号,“论著”,第 14 页。

② 陈克明:《汉口市街之计划》,《道路月刊》1930 年第 30 卷第 2 号,“论著”,第 106 页。

综上所述,汉口市政府现代城市建设理念,既具有整体系统性,统筹规划城市的功能及其空间格局,又兼顾各个具体的建设项目,使之适应城市现代化发展要求;既注意保持汉口城市个性特色,如码头和传统商业街区的维护和兴建,又提出按照现代标准改造传统街区和布置城市空间;既注重传统城市的改造和城市基础设施建设,又关注城市生活、生态品质的提高,表现出汉口市政府作为一个现代城市政府的一定程度的成熟。因此,不仅受到后人较高评价,而且其具体规划因为"有一定的科学性、真实性和指导性,不少规划思想、原则和功能分区的设想为以后城市规划、建设所吸收"①。

三、1930年代汉口城市功能分区规划

在上述规划理念的指导下,从20世纪20年代末到30年代中期,武汉特别市和汉口特别市、汉口市政府制订了三次城市规划。

第一次城市规划:1929年武汉特别市时期《武汉特别市设计方针》和《武汉特别市工务计划大纲》。1929年,南京国民政府确定武汉为特别市。特别市政府成立伊始,即着手制订武汉城市发展规划。其成果反映在武汉特别市政府工务局总工程师、毕业于英国格拉斯哥大学的张斐然在1929年6月出版的《武汉特别市市政月刊》第1卷第2号"建议"版发表的《武汉特别市之设计方针》和董修甲任局长的武汉特别市政府工务局制订的《武汉特别市工务计划大纲》两份文件中。

张斐然的《武汉特别市之设计方针》,"以从事科学之建设,谋产业之发达,并预防无秩序的人口膨胀"。对人口规模、分区、交通、公园绿化、上水排水、街道之放宽及建筑之限制、修建全市各处江岸、建筑平民住宅和关于设计之各项基本调查及测量等方面都提出了大胆的设想和建议。他从原有事实、今后趋势、交通关系、地形关系、风向关系和经济关系6个方面提出了城市功能分区的依据与意见。其具体设想虽然没有完全被以工务局名义制订并经市政会议通过的《武汉

① 武汉市地方志编纂委员会主编《武汉市志 · 城市建设志》(上卷),武汉大学出版社1996年版,第113页。

特别市工务计划大纲》和《汉口市分区计划》所采纳,但他的一些设计理念和设想的一部分措施还是在当时和以后的市政当局规划、建设与管理的运作中得被借鉴和吸收。

董修甲任武汉特别市政府工务局局长时主持制订的《武汉特别市工务计划大纲》,规划城市的范围涵盖当时的武汉市界全部区域。该《计划大纲》包括分区、水陆交通、沟渠、公共建筑物、公共娱乐场、公用事业工程六大方面。其中,三镇的水陆交通计划包括公共汽车与电车之设备、铁路之改良、江河之疏浚、堤岸之建筑及道路之设备等,特别是包含了三镇跨江跨河大桥计划,其拟定的阳夏方面三处铁桥地址——武圣庙、中马路、硚口,今日已自 1956 年以来相应建成江汉桥、晴川桥、月湖桥三座公路桥梁;其港务计划中已有展宽襄河出口和修浚扬子江利用河泥填高两岸的设想,这些设想已在今日的市政建设中实现;沟渠计划则明确要将武汉三镇街道的明沟改为阴沟;公共建筑物计划包括公署、市立图书馆与演讲厅、公共厕所、菜场、公墓和公共浴堂等方面;公共娱乐场所则包括公园、通气草地、博物院、游戏场与戏院、运动场与游泳池等规划;公用事业规划涉及武汉三镇水电、路灯、广告场、电气煤气事业等。特别是该《计划大纲》中的水陆交通和港务计划,在很大程度上继承了孙中山《建国大纲 · 实业计划》的基本思想。该《计划大纲》突出的特点是第一次按照西方国家城市建设经验和当时中国城市规划流行的做法,将城市按照功能分区实行重组规划。1930 年以后,这种分区又做了一些调整。

第二次城市规划:1930 年《汉口市分区计划图》。1930 年 7 月,汉口市政府工务科参照《武汉特别市的设计方针》的规划设想,制订了《汉口分区计划图》(见《新汉口市政公报》第一卷第十二期),分区计划系按商业区、工业区、住宅区、小工商业区以及高等教育区、市行政区等,划分城市用地。

第三次城市规划:1936 年《汉口市都市计划书》。1936 年编制的《汉口市都市计划书》经汉口市政府市政会议第 63 次例会通过,于同年 5 月 12 日由湖北省政府主席杨永泰转呈内政部,并于 6 月 6 日得到行政院批准予以备案。同时获准备案的还有《汉口市分区计划图》。关于全市面积和人口规模,《计划书》指出,除江河所占面积约 15 平方公里外,陆地和湖塘约占 119.14 平方公里。人口规模:商业区人均 30 平方米,可容 80 万人;工业区人均 50 平方米,可容 84 万人;住宅区人均 80 平方米,可容 67 万人;共 231 万人,每年人口增加率平均按 3%计,39

年后即达饱和。关于道路系统规划，总的设想是以市行政中心区为中心，向市内各地区规划几条放射线，其他大部分地区结合老市区原有道路走向，规划成棋盘式。

上述三次城市规划，尽管内容繁杂，但其主旨则是十分明确的，即都强调城市功能分区，通过功能分区，理顺城市的空间格局，并由此展开相应的道路及其他市政设施的规划和建设。

1930 年，毕业于英国格拉斯哥大学的陈克明任局长的汉口市工务局在武昌与汉口分治后调整了《汉口市分区计划》，这份《分区计划》，总结了欧美各国流行城市功能分区的五种好处："（一）分区则能应都市机能而分类使之组织化、秩序化，以求发挥其所长而矫正其所短；（二）市区内之土地，得就天然形势尽量发展，能限制地主滥用土地权，防[妨]害公众之利益；（三）使企业家明瞭市内各部土地使用之性质，得以集中力量，发展其所经营，俾土地得为经济之利用；（四）使同一性质之事业，集中于同一区域之内，可以增加市民之便利；（五）分区则土地之使用、建筑物之高度及其建筑之面积，约有一定之规定，使市民得享受充分之日光与空气，增加卫生之效能。"

《汉口市分区计划》经市政会议第 63 次例会通过。该计划的一个重要宗旨是明确提出要调整市区重心。鉴于当时汉口重心"实在外人掌握之租界中"，为了汉口的前途发展，要移转全局重心，"除逐渐改良旧市区街道外，并积极开辟民生、民权、民族及其他通后湖之干道。再以横干线之中山、中正、沿江、沿河各马路交贯之，俾后湖空地逐渐开发，庶全市中心向西北移转"。此计划将汉口划为工业区、商业区、住宅区、小工商业区、高等教育区及市行政中心区等。

工业区——该计划考虑到了工业区"须在市内水陆交通便利之处，以便起卸原料及出品，且须位于下风，俾商业区与住宅区不致受煤烟之害"。划定襄河上游宗关至舵落口一带为第一工业区，面积 63 市方里，长江下游日租界以下谌家矶附近沿江一带为第二工业区，面积 59 市方里。

商业区——划江汉路及循礼门至三眼桥以西至硚口的旧市区和中正路一带（即今三眼桥）至王家墩、宝丰一路一线（约今建设大道以内区域）为商业区，面积 49 市方里。

行政区——选定商业区内，中山公园以西华商跑马场附近（今青年路两边）为行政区。

住宅区——选"在园林幽秀清静不烦"且"与工业区不直相接连"的地区，特区（旧租界）、日法租界、模范区及西商跑马场一带划为第一住宅区，面积38市方里（约为今江汉路、循礼门至三眼桥以东，黄浦大街江边至古德寺一线以西，建设大道至江边的区域）；沿张公堤以南一带空旷之地为第二住宅区，“为将来发展之地”，面积113市方里（张公堤岱家山至竺台寺一线）。

高等教育区——在第二住宅区内，在姑嫂树以西，黄家大湾以东张公堤内，面积12市方里，“盖该处地势高爽平坦，建筑学校极为适当”。此处即为今常青路至姑嫂树之间武汉市委党校所在地的一大片区域。

小工商业区——为解决小本经营的小工商业者谋生及“工业区内劳苦职工之住屋问题”，拟将第二住宅区之南，工业区与商业区之北的一个“V”形长带状区域划为小工商业区，面积126市方里，“建筑价廉房屋”供小本生意及劳工之用。[①]

1936年制订的《汉口市都市计划书》在功能分区方面基本上沿袭了1930年《汉口市分区计划》对城市功能区域的划分。

民国中期武汉及汉口市的城市规划和城市功能分区，总体而言具有科学性和前瞻性。所谓科学性，就是规划的设计者吸收西方先进城市规划观念，将分区规划最大地科学化和效益化。汉口市政当局在总结西方城市市政发达完善的成功经验时认为“其道固不仅一端，顾其最要者，厥为分区制”。所谓前瞻性，即按照相关规划原理认真分析武汉及汉口的城市市情，在充分考虑传统城市功能分布状况的前提下，对各个功能区划进行了大幅度调整和布局。“汉口居全国商业中心，绾毂南北，为繁盛都市，正在力谋建设之际，对于实施分区制，尤为要务。惟在计划全市分区之前，首宜明瞭市重心之位置。……为本市前途发展计，须统筹全局，转移重心”，并“逐渐改良旧市区街道”[②]，尤其是通过分区规划的实施改变老商业区人商混杂、前店后厂的杂乱状态。为此重新划定了住宅区和工业区，将工业区定在襄河上游和长江下游，既顾及城市环境免受污染，又充分考虑到了水陆交通的便利。正因为这种划分建立在科学基础之上，因此，不仅民国时期的历届市政府都沿袭这一规划不改，而且新中国成立后也基本上是按照这一设想布局汉口的商业和工业产业的。

汉口城市功能分区还有更深的社会学、文化学意义。按照规划设计者的设

---

①② 《汉口市分区计划》，《道路月刊》1930年第31卷第2号，“调查”，第1~2页。

想,汉口的住宅区分为第一住宅区和第二住宅区。这两个住宅区并非简单的分区,而是一种企图将穷人和富人分开居住的分区。第一区在旧特区、日法租界和模范区,是汉口传统老城区,又相对聚居起一些中等收入以上的所谓“富人”群体。第二区在张公堤以南抵铁路外的地区,是汉口市政府规划的平民新村建设计划所在之区域。平民新村计划中说,“非贫民也,乃指一市之普通市民而言”,但从其规划和建设标准来看,富人们是决不会去居住的。1937 年和 1938 年,在硚口唐家巷和大智门车站外球场路英德球场旧址苗圃建筑的两个平民住宅区,虽然新村内建有学校、菜场、厕所、道路等,还装设了电灯,但平民新村的房屋建筑很简陋。

住宅区的上述建设计划,实际上旨在效仿西方城市建立所谓“富人区”和“贫民区”,而客观上也确乎在城市的某些区域有了一些相对的阶层分区。过去,在汉口人的居住区概念里,有一个“铁路外”的称谓,这个“铁路外”就是“穷人区”的代名词。但整体来看,汉口民国时期居住区的贫富分野并不十分明显,贫民和富商混居仍然是一种普遍现象,这在老商业区尤显突出,如雕龙画凤、明堂雅舍的淮盐巷就被一片低矮阴湿的木瓦房所包围着。汉口城市由于商人内部分层并不十分明显,大企业家和富商巨贾凤毛麟角,因此贫富分殊远不如西方发达城市甚至上海那样突出,这样一种社会状况,既决定了社区分层的有限性,同时也影响城市品质和城市文化的提升,城市的社会与文化氛围始终被浓厚的平民意识和市井气息所笼罩。

(原载《湖北大学学报(哲学社会科学版)》2011 年第 38 卷第 5 期)

近代汉口市政改革对租界的效法与超越

20世纪30年代,当"市政改革"方兴未艾之际,著名市政学家殷体扬在《市政评论》上撰文《为何要谈市政》,开宗明义一句话就是,"斯泰因(1808年前)曾对普鲁士国民说:'欲报法仇,必须改良市政。'这句话很可转告当国诸公,深长一思"①。将市政与爱国联系在一起,确乎值得"深长一思"。18世纪的普鲁士我们姑且不论,19—20世纪的中国,现代城市化和城市现代化与西方资本主义国家有着千丝万缕的联系,现代市政更直接来源于西方,产生在租界。但这种城市化和现代化却是以牺牲民族独立和国家主权为惨重代价的。特殊的历史渊源和现实状态,使中国的现代城市改革面临着双重任务:通过城市现代化带动整个国家的现代化,通过建立独立统一的城市市政以一洗国耻,实现民族振兴。汉口现代市政始于租界,从1861年到1898年,英、俄、法、德、日在汉口相继开辟了各自的租界,把欧美的市政管理体制和城市建设模式带到了汉口,被中国商民和湖北地方政府作为城市建设的样板而仿效。城市市政的这种外迁型现代化模式,虽然引进了现代西方都市文明的先进标本,但国中有国,城中有城,破坏了中国的民族独立和城市的市政统一,严重妨碍了城市一体化的规划和管理。民国建立后,北洋政府相继收回了德、俄租界,建立了两个特别区,归湖北省政府管辖,但仍有英、法、日三国租界,享有治外法权,立法、司法、行政、警察权依然独立。即使是两个特别区,也仍然是独立的市政体系。汉口的这一特殊"市情",使其主政者在谋划城市的现代化发展时,面临着现代化与民族化的艰难抉择:既要学习西方,即城市建设必须与时代同步,有世界眼光,具现代水平,又要超越西方,在大力实现现代化的同时又必须着力营造城市的个性风格,实现民族性与现代性的有机统一;既要承袭历史的包袱,谨慎对待和处理租界、特区等市政遗产,又必须直面现实,努力实现市政统一;既要恪守国际惯例和市场经济规则,依法通过外交手段协商,公平解决城市建设过程与外商甚至外国政府的纠纷,又要维护城市自身

① 殷体扬:《为何要谈市政》,《市政评论》1935年第3卷第12期,第13页。

利益,严格按既定规划进行城市建设……现代化与民族化,作为一个世纪性难题和世界性课题,在1930年代这个特殊的年代摆在汉口城市主政者面前,不知道他们会交上一份什么样的答卷?

一、判若天壤的租界与华界市政

清朝晚期,汉口建立了租界,除英租界建于1861年,法、俄、德、日租界均建于19世纪90年代。它们把各自国家的行政运行机制、城市管理模式和新潮建筑风貌等最新的市政改革成果带到了汉口。"在汉口,变化之大更是令人惊叹……新近开辟了俄、法、德租界,几年前还是稻田和肮脏小屋杂处之地现在铺设了马路,竖起了高大的住宅。这些新租界与英国租界相连,使汉口有了长达两英里长的河街。"①

汉口各租界区面江而立,通过租界当局相互间的协调、规划,在总体格局上有所统一。如各国租界沿江贯穿一条干道,干道临江外侧设置码头、趸船、花坛绿地,干道内侧建立许多高层建筑和仓库。租界中心纵贯着一条纵街(今胜利街),并穿插着一系列横街。

各租界区内的道路严格规划,并随着租界的建设不断完善。道路整齐划一,形成网络,主要以棋盘式为主,顺江方向的主要干道大部分可以贯通。德、俄、日租界最早铺设19世纪后期在欧洲新兴的柏油路,尤其德租界,"外人皆以为租借地模范"。在修筑道路的同时,各租界工部局很注重修筑较完备的下水道排水系统。不过早期的下水道是明沟和阴沟,下水管很小,污水粪水直接排入长江。

租界的大规模建设与改造,特别是高大建筑的翻造和新修,主要在1911年辛亥革命以后,尤其在第一次世界大战后的1920年前后。1911年辛亥革命后,大量华人流入租界区。"这就需要把租界背后的一片沼泽地辟为居住区,尽管建筑业十分活跃,租金还是扶摇直上。这种畸形发展相当普遍,住宅一直供不应求。外国人居住区拥挤不堪,尤其是英租界内。新近落成的商店有7、8座,土地

① 〔英〕穆和德等著,李策译:《近代武汉经济与社会:海关十年报告——汉口江汉关(1882—1931)》,香港天马图书有限公司1993年版,第30页。

费用猛增使得许多'行'只能改换新的门面。汇丰银行、花旗银行富丽堂皇的建筑于1920年竣工。在英租界内,利华银行、亚细亚煤油公司浩大的建筑工程正在施工。中国邮局、电话局、京汉铁路管理局都有了新的办公楼;正在建设中的新海关大楼钟塔高达150英尺,宏伟壮观。招商局、中国银行、台湾银行、其它[他]公司到这十年底都将有一批大型建筑落成。租界区内,兴建仓库、工厂及外国侨民住宅,占用了很大一笔投资。"①

除了整齐的街道、西式的洋房,更重要的是租界有较健全的管理体制,制定有详细而严格的市政管理制度规范。

从管理体制上说,以英租界为例,有纳税人常年大会作为最高权力机关。执行机关有工部局即汉口大英市政委员会,下设工程科管理租界内一切工程事宜,如民众的房屋建筑审批、公共阴阳沟渠和道路码头建筑等;卫生科管理租界内一切卫生事宜;警察科即巡捕房,负责维护秩序和公共安全;等等。各有专管各司其职。

管理章程采用列举式,规范、明晰、操作性强、便于执行。如汉口《英租界巡捕房章程》之《附则》第十九项规定:"凡本界内居民,每家须备有盖之渣桶一个,以储一切废物渣滓。其材料或以冰铁为之,或以涂白铅之木为之,或以木为之而镶以冰铁……当清道夫取此废物以尽其义务时,有阻之者,科以二十五两以下之罚金。"汉口《法国租界总章程》第六条规定:"白天,禁止产生可能避免的噪音。夜晚,禁止大声喧哗、大声唱歌、演奏乐器影响居民安寝。"再如,自1914年5月23日生效的汉口英租界《公共卫生及房屋建筑章程》,第二十六项是有关防火的,规定"中国人的住宅或店铺最多可存放2担稻草。有火炉或类似物的房屋或厨房,不得存放稻草。不允许在租界建有稻草房,否则,将被处以不超过10银两的罚款并可没收其稻草"。

从以上这些例子中我们可以看出,这些操作性很强的管理条款便于市民遵守和执法者执行。既有章可循,又能确保付诸实施。汉口各租界,"其道路之构造,除俄租界外,虽多用细沙,然亦时时扫除清洁,洒水润之"②,从而才有租界区

① 〔英〕穆和德等著,李策译:《近代武汉经济与社会:海关十年报告——汉口江汉关(1882—1931)》,香港天马图书有限公司1993年版,第135~136页。

② 陈方之:《汉口市之卫生》,《市声周刊》1923年9月23日第2期。

的干净整洁。

反观汉口华界，因为没有按市政规划建设，也没有统一的管理，以致到民国初期武汉“三镇市政之腐败，几非笔墨所能形容”！汉口华界“民居栉比，绝鲜隙地……摩肩叠背，拥挤不堪，处处莫不与租界成反比例。即新辟之后城马路，与租界连接，可谓华界唯一之马路，亦不免上列诸特色。道旁虽有洋桐数株，系马代桩，招贴代柱，萎靡不振，有生之形，无生之气，殊堪代表住民一般之状态也。尤可怜者，为各地新建里房，惟利是图，绝不稍留隙地以苏息民气；房屋之排列，有如义冢之密而且乱也”。“路政不修，雨则泥淋（泞）没胫，积水如溪沼；晴则如履钉山，砂砾碍足；风则扬灰迷目；雪则积久不消。既无阴沟以泄水（有亦狭小，多淤塞不通），又复不加修理，以致积水秽臭难闻，殊堪痛恨！以言交通，则虽重要如汉口华界，仅能通行包车，车行街中，侧身以避，不复能容人行矣，故人力车迄今不能开放，以致旅客来往，颇感不便。”①

租界市政显示出的优越与进步以及与华界脏乱落后所形成的强烈对比，使一些具有爱国心和进取心的国人不能不思考中国城市落后的原因和现代市政的改进之策。于是在像汉口这样有租界的城市，很自然地便有了效法租界、改革市政的一些举动。

二、汉口重建：并不成功的效仿实践

汉口的国人在城市现代化的进程中经历了一个由民间和政府不自觉地学习效仿租界，到政府直接学习西方最新的市政成果，最终超越租界的过程。

在租界洋商的示范作用下，一些洋行买办、军阀政客也乐意在租界或收回租界设立的特别区以及与租界相接的区域建房。如英商和记蛋厂买办杨坤山、黄厚卿二人，共同拥有汉口德租界（特一区）坤厚里房屋 96 栋，杨坤山、黄厚卿和汪润山共同拥有汉口俄租界（特二区）黄陂路三合里房屋，另杨坤山还拥有汉口慈德里房屋 40 余栋和春和里房屋 17 栋等产业。汉阳兵工厂总办刘庆恩、俄商阜昌洋行买办刘子敬与鲁万斋、戚寿之以及军阀萧耀南都在租界建有洋楼和里份。

---

① 周以让：《武汉三镇之现在及其将来》，《东方杂志》1924 年第 21 卷第 5 号，第 77~78 页。

当年海寿里、友益街、长兴里、三德里等处修筑了数百栋二至三层砖木结构的房屋。这些效仿都带有不自觉性。

其实要说起仿效租界，1906 年汉镇既济水电公司的建立，是一个关乎全市人民生活又紧跟先进的最好例子。它只比汉口最早的公共供电公司英商汉口电灯公司晚成立一年。其自来水供应范围包括租界在内的整个汉口城区。

然而，汉口人在学习租界的过程中并不是一帆风顺的，经过了反复和周折。民国初年华界学习西方、仿效租界在整体上就是失败的。

1911 年辛亥革命中清军的一把火，席卷上起硚口玉带门一带，下延今六渡桥、民生路、江汉路、大智路至车站路一二十里的繁华区域，汉口街市约五分之一被焚毁。“汉口华界房屋烧毁十之六七”，这本来是按照西方或借鉴租界建设现代化华界区域的良好时机。“清军退后，商董刘歆生、宋炜臣、李子云、韦紫封等筹议规复市面之策。拟先将商业最盛之黄陂街、河街市房修复，然后徐图建筑其他街巷。”①

1912 年初，既济水电公司总经理、汉口商务总会议董（会长）宋炜臣等向副总统兼湖北军政府都督黎元洪呈文：“英租界以上市廛栉比，房屋鳞次，未能与租界联络一气，收整齐划一之效，识者恨焉。今当劫灰之余，亟宜建筑江岸马头，开筑马路，成一完美商场。其对于各国租界有高屋建瓴之势。一切建埠、筑路、造屋、捐税、卫生、巡警各节，悉照工巡局章程办理，如此则华洋商务之精华将会聚于华街一带，诚为改良商场之绝好机会。”并提出六项具体建议。但因有外国商人欲插手汉口复建，企图包揽市区复建工程，南京临时政府深表关注，要求黎元洪出面劝阻，致使该计划搁浅。

1912 年 2 月，临时大总统孙中山饬令实业部通告汉口商民重建市区，并责成内务部筹划修复汉口事宜，使“首义之区，变为模范之市”②。南京临时政府还以李四光、祝长庆、周汝翼为“特派汉口建筑筹备员”，协助工程规划。中央政府饬令湖北军政府设立汉口建筑筹备处改良市政，鄂军政府以左德明为“汉口市街建筑筹备员”，调派工程师进行测量，并与明利营业公司订立合同，承修汉口马路。

---

① 中国社会科学院近代史研究所中华民国史研究室等合编《规复汉口商场之硕画》，《申报》1912 年 1 月 26 日，第 2 张第 6 版。

② 《孙中山全集》第 2 卷，中华书局 1982 年版，第 69 页。

公司着眼于汉口的现代化，参照西方城市建设和租界区市政，草拟了规划，绘制了建设汉口商场蓝图。这一计划，包括重建较为新式的商店、人行道及明暗排水沟等公共设施，改造街道和市容。黎元洪还发布《示谕维持汉口商市文》，强调重建汉口规划的利益和意义，认为这是“吾国第一次开辟商埠之伟大事业”。[1]

经鄂军都督照会汉口商务总会与建筑筹办处磋商、筹办处测绘成图，在黎元洪示谕的最初建筑办法中，马路规划为定宽12丈、10丈、5丈3类。其指导思想：“改良建筑，于消防上、卫生上均有莫大之利便，断不能因陋就简，失此正好改良时机。”全镇街道全图及办法发表后，因业主的群起反对，使建筑汉口市街计划迁延半载，未能实行。1912年9月，黎元洪与民政长刘心源柬请汉口商务总会各位执事在都督府开会讨论市政改良办法。其后，汉口市街建筑处重拟汉口街道路图一张，比原规划图收缩，而比此次商会所拟规模稍大，呈请省军、民政府咨交议会施行，两政府当即照请交议。该图规划修长马路两条，均自硚口起，后城马路至歆生路止，河街至招商局止。修横马路四条，自蔡家巷、四官殿、五彩巷、邱家垱四处河岸起，各横行通过后城马路。长、横各路均宽9丈。总共需银1020万两，建筑经费已向美商大来公司代表磋商就绪。各街道又自集稼嘴河岸筑横马路，均以5丈宽为率，由地方商民出款自行建筑。[2]

稍后，又参照伦敦、巴黎、柏林、华盛顿城市设计，综合测量绘图，马路分为4丈、8丈、12丈3类，中央敷设电车道，两旁为马路和人行道，左右植树。市区中央设大公园，街侧房屋以三层为限。计划筑路费400万元，建房费2000万元。[3]但以上这些汉口街市规划还是以老城区为中心。

无论是南京临时政府还是湖北军政府，均欲效仿租界重建汉口，但皆因财政支拙而流产。重建汉口规划既无力实现，只得先改修马路。由湖北省财政司向德商捷成洋行借款10万两，修筑了沿江正街马路。旋将建筑筹备处撤销，另设马路工程局。一年多时间，仅在后湖修造了几条马路。

1913年12月24日，袁世凯任命杨度为汉口商场建筑督办，将马路工程局撤

---

① 黎元洪：《示谕维持汉口商会文》，引自《黎大总统文牍类编》，上海会文堂新记书局1931年版，113页。

②《新汉口之大建筑》，《申报》1912年3月26日，第2张第6版。

③ 皮明庥：《近代武汉城市史》，中国社会科学出版社1993年版，第295页。

销,改为工巡处,由江汉关监督兼管汉口工巡事宜。[①] 1913 年底到 1914 年初,黎元洪在北京与总统袁世凯、总理兼财长熊希龄议定,以政府名义向法国实业银行贷款 300 万镑,专以建造汉口新市。[②] 但因种种原因,“致建筑市场督办杨度一时不能出京来汉”。[③]

1914 年底,督办汉口建筑商场事宜处聘请英国工程师葛雷武,拟定汉口市场计划书,其核心内容包括三个方面:(1)改良旧日之市街。(2)将各国租界倚于陆地之三面均辟为市场,以省各国推广租界之议,而为中国将来商场之模范。(3)垦辟后湖。[④] 此计划书认为汉口“必成一全国商务之中心点”[⑤],所以该计划是一个庞大的市区拓展蓝图。“这项计划由海关税务监督丁士源将军具体负责。它包括改造租界区到张公堤间的面貌,在长江大堤、日租界北面到京汉铁路间修建一条林荫大道,这条路从铁路路基处继续延展,经过水塔,穿过汉口老城直抵长江边。汉口城区的公路网络和泄水体系也确定下来了,今后这次计划将扩展到硚口。”[⑥]这大概是汉口最初的官方自觉的超越租界之议。

为进行这项庞大的工程,中方向英商萨穆尔公司反复讨价还价,决定借款 1000 万英镑,年息 5 厘,45 年为期,以汉口商场产业及其收入为抵押,不足部分由政府还本付息。1914 年 9 月 17 日,《中英汉口修建借款合同》在北京签字。但是这一借款修建汉口的计划亦未落实。主其事的中国官员“毫无市政学识”,今天声称仿巴黎街道,“言壮观瞻”[⑦],明日又说“因陋就简”,只照原街道两边拓宽。至 1916 年,耗费 50 万元,而市政建设进展甚微。同时英方因第一次世界大战爆发,将借款合同延期两年实施,使工程无法顺利进行。

从 1912 年到 1914 年的 3 年复建中,汉口商民为谋求生计,各自根据财力条件重建房店民宅,但由于窘于资金,不能按现代城市的建筑规格进行统筹规划和施工,其建筑规格普遍偏低。短短几年间,形成了从六渡桥到江汉路、南京路、大

---

① 《杨度督办汉口建筑市场》,《申报》1914 年 1 月 3 日,第 2 张第 6 版。

② 《最近著手之两建筑》,《申报》1914 年 1 月 14 日,第 2 张第 6 版。

③ 《推广汉口租界之要挟》,《申报》1914 年 2 月 23 日,第 2 张第 6 版。

④ 远生:《将来之汉口》,《申报》1914 年 11 月 10 日,第 2 张第 6 版。

⑤ 汤震龙:《建筑汉口商场计划书》,武昌永盛印书馆 1924 年版,第 11 页。

⑥ 〔英〕穆和德等著,李策译:《近代武汉经济与社会:海关十年报告——汉口江汉关(1882—1931)》,香港天马图书有限公司 1993 年版,第 137 页。

⑦ 《汉口改良市政谭》,《申报》1916 年 10 月 31 日,第 2 张第 6 版。

智路、车站路(今中山大道两侧)的闹市区和街后腹区的大片横街、里弄。“到1914年,城市80%得到重建,在现代原则基础上改造城市的机会丧失了。”①

1922年,华商总会的富豪、买办与汉口警察厅磋商,决定在歆生路经大智门马路的英租界外至京汉铁路间划一“特别模范区”以“与租界媲美”②,所有经费完全由该地住民和房主承担。1922年11月,汉口警察厅抽调干警24名成立一特别警察所,标志着该“模范市区”的创办。该区效仿租界的典型,成片的里弄房,醒目的仿洋楼,规整的街道网络,堪称汉口华界模范。直到1933年,模范区仍为“本市唯一整齐之住宅区,面积2580公亩,人口22918人,颇属繁盛”。但下水道与租界一样,“无整个计划,水流方向,亦不一定,管径又小”③。这是民间为主、官商结合、效仿租界一个较成功例子。

总体而言,民国初期,无论城市规划和城市建设,还是市政管理,汉口以租界为楷模建设现代化城市的尝试可说是成效甚微,乏善可陈,因此每每为人所讥。“偌大的一个汉口市,还有与他为邻的租界做着榜样,然而街市的臭气熏天,警察的腐败不堪,从来没有人去过问,竟如无人之市”,“警察局在市政尚未完成以前,本来有兼管市政的功用,不过汉口的警察连极简单的清道事务都办不了”。④

收回租界而成立的特区市政局,是直接脱胎于租界管理体制的市政机关,组织结构大致相似。但最初的机关仿效租界往往袭其形而遗其神,其实际的管理效能与旧租界相差甚远。如旧德租界,“旧时在德人统治时,一切设施,皆甚美备,外人皆以为租借地模范。该界内不独无娼妓烟赌,即旅馆酒楼,亦几绝迹,路政、沟洫、树木之整齐清洁,不更问可知。自从收归为特区后,路政不修,沟洫[亵]秽,久受邻近外人指谪”。1923年,特别区市政局局长易人,特别区市政之腐朽,“更不如从前,世昌里、晋昌里、广星里、宏顺里、寿春里等处,且有极大烟窟、赌窟、土栈、花会数家,该管理局竟视若无睹”。因为现在的“市政局泄沓成

① 〔英〕穆和德等著,李策译:《近代武汉经济与社会:海关十年报告——汉口江汉关(1882—1931)》,香港天马图书有限公司1993年版,第137页。

② 皮明庥:《近代武汉城市史》,中国社会科学出版社1993年版,第303页。

③ 参见《汉口市政概况》(1932年10月—1933年12月),汉口市政府1903年版,“工务”,第17页。

④ 记者:《汉口的市政》,《市声周刊》1923年9月23日第2期。

风,毫不实心办事耳”。①

三、超越租界:以欧美为直接参照系的“市政改革”

20 世纪 20 年代,一批留学欧美海归派人士,接触到西方最新的市政理论,目睹了最新的西方成果,眼光已不仅仅局限于租界,开始放眼世界,在城市建设和市政管理上直接效法欧美,为把汉口建设成为既具现代风貌,又有地域特色的现代化新城区奠定了最初的基础。

1923 年,北洋政府将督办汉口建筑商场事宜处扩大为督办武阳夏商场建筑事宜处,委派汤芗铭为武阳夏商场督办。汤委托工程师汤震龙进行汉口城市规划设计,编成 120 页、长达 4 万字的“建筑汉口商场计划书”。

同年,辛亥首义将军、湖北省汉口地亩清查专局督办孙武主持编制的《汉口市政建筑计划书》也出版。孙氏曾赴东洋、西洋考察,目睹伦敦、柏林、纽约、东京等名城的近代风采,吸收西方先进的城市规划理论,结合武汉实际,提出了“拓商耕农、交通为首、水路并举、法政兼施、中西融合、广筹资金、民众参与、重视管理”的城市建设和管理的思想,设计了汉口总体发展规划与分期施工方案。其中包括确定汉口城建基本性质和发展方向,预测城市发展规模;对汉口发展用地进行功能分区和比较选择;规划市内道路系统和火车站、长江大桥、汉水桥、港口码头、防汛、排水、公园和绿化、治安防护、农业用地等。② 这已经超越了对租界的简单效仿,已经把欧美最新的市政改革成果如功能分区制(一般分街市为五区,即行政区域、商业区域、工业区域、住宅区域、混合区域)和 20 世纪以来才盛倡的田园都市理念直接引入了规划。

但是,20 世纪 20 年代初政局动荡、军阀专横,武阳夏商场督办汤芗铭与湖北督军兼省长萧耀南,两人级别相当而矛盾太深。在一个汉口同时有两个不相隶属又互相对立的系统的机关编制的城市建筑计划,不知该说是汉口的幸运还是

① 《汉口中西报》1923 年 4 月 10、23 日,转引自涂文学主编《武汉老新闻》,武汉出版社 2002 年版,第 220、224 页。

② 皮明庥:《近代武汉城市史》,中国社会科学出版社 1993 年版,第 298 页。

大不幸。受人事和经济的牵制,这些计划都难以实现。而同一时期,自 1921 年广州市政公所改组成立市政厅,成为独立的城市政府,统筹规划建设和管理广州市,市政改革成果初现。

20 世纪 20 年代后期,随着"市政改革"运动的酝酿和展开,国人开始反思中国市政不如西方市政,华界市政不如租界市政的原因。有些思考开始触及专制制度甚至社会文化层面。市政学家陆丹林批评:"从前负责办理市政的,所谓督办、会办、坐办、局长、所长等挂名不做事的大人物,不是官僚就是绅耆。若聘任市政专家来做政务官和事务官的,实在'寥若晨星'。试查欧美都市发达的主要成分,固然他们的科学设计的周详,同时也因为他们受过市政训练和经验的行政官与开明市民的努力合作,造成社会化民众化的开明市政府哩! 我们的都市则反是,又何怪所举办的,多像'纸扎老虎',空有其表啊!"①

较之陆氏仅仅将市政腐败的过错归咎于腐朽昏庸的官僚政客,另一位市政学家臧启芳的剖析则更为全面而深刻:"在最近二十年内,我国一个曾到欧美去过的人回来拿人家的城市生活和我们的城市生活比一比,必定觉得万分惭愧。就是那没有到过欧美的人看一看天津、上海、汉口的租界地也很足以比较出来欧美人之经营市政与我国人之经营市政相差到什么程度了。我们这样腐败,人家那样进步,究[竟]是什么原故呢? 通常一种社会制度的良恶每受好几种社会制度的影响,所以若论起欧美市政所以进步与我国市政所以腐败的原因,当然异常复杂。然而一件事情的好坏终有其关系较大的主因。细察欧美市政发达的主因有四:(一)城市早有了地方自主权(local autonomy),(二)市民多具有自觉心,(三)平民主义发达,(四)科学进步。"②

1930 年代"市政改革"运动在中国全面展开,此时国人办市政的参照系已经悄然改变。昔日被人赞美有加、视为圭臬的租界,今日却成了市政学家们声讨抨击的对象。1930 年在汉口特别市政府秘书处任职的陆丹林撰《市政杂谭》一文指出:"内地创办市政,有一部分的人,估量租界的市政办得很好,我们办理市政,大可把它做个型范。我想他们这种观察,是错误的,是不对的。""租界中的市政,固然它有数十年的历程,自然有它相当的成效,可以给我们做个参考。不过,租

---

① 陆丹林编:《市政全书》(上册),道路月刊社 1928 年版,"编者自序",第 10 页。
② 臧启芳:《市政和促进市政之方法》,《东方杂志》1925 年第 22 卷第 11 号,第 25 页。

界因为它有特殊的关系，大部分的设施，无形中产生许多畸形的建设，是不足为训的。即如上海公共租界，在各租界当中，它的市政成绩，比较中算是好的了。不过它的缺憾，和它不能仿效的地方也很多。它起初对于市区中心没有规定，所以工商、教育、住宅等区，混在一起。”另外还有如治安形势严峻、社会失控、公共场所严重缺乏、市税混乱等一系列弊端，使租界几为“罪恶之渊薮”。“更有纳税的市民，没能够参与市政，近年虽有几个华董，不过也算点缀一下而已，他的权能，怎能和他们外国人相比呢？”①总之，“租界[借]地内一切建设，亦大多数未能尽合于欧美新市政之制度”②。

1930年代市政学家批评租界、中国市政从效法租界到直接效法欧美的转变原因何在？一批从海外留学归来，亲眼目睹欧美城市设施现代和管理先进，直接接受西方最前沿的市政学理论的知识分子，其眼界已超越了租界的视野，将欧美最新的市政理念带到城市建设的管理中。他们已经认识到，租界市政制度并没有随其母国的市政改革而改革，仍然默守旧制，已经十分落后和僵化。上海公共租界直到20世纪20年代后期，仍然沿袭着19世纪60年代从英国本土移植过来的市政体制，几十年来基本没有多大变化。汉口法租界自1896年建立后，其市政体制和法国国内的民主共和体制不同，实行的是领事独裁。所以，市政专家们认为：“我们今后要谋市政底建设，绝不当以租界为模楷。举凡一切市政底设施，总须根据科学方法，适合市政原理；更须采取市政专家之精详计划，作为参考资料。”③中国市政改革只有直接吸取西方最新的市政改革成果，直接取法于西方最先进的市政制度，才有可能毕其功于一役，使中国城市现代化至少在制度体系上与先进的资本主义国家同步。正是在这样的时代背景下，1930年代的市政改革开始超越租界，有了具有世界视野和国际目标的新起点、新高度。

自1926年10月汉口市政府成立后，市政建设和管理便开始直接借鉴西方的最新成果，特别是以代表市政发展最高水准的美国为榜样。市政府主办的《市政公》《市政月刊》等刊物几乎每一期都有介绍欧美特别是美国最新市政理论和市政制度的研究论文和译文。与此相对应，欧美新市政制度成为培训市政管理人员的重要内容。1930年，汉口学警毕业考试中，《市政学》功课的考题为：“1.美国

---

① 丹林：《市政杂谈》，《道路月刊》1930年第31卷第1号，“论著”，第10~11页。

②③ 刘郁樱：《写在〈都市建设学〉底前面》，《道路月刊》1930年第30卷第1号，“论著”，第10页。

市政制度有几种？2.德国警察人员，何以要从陆军中选出，是什么用意？”①

20世纪30年代汉口市政改革效法欧美，超越租界，主要体现在以下诸方面：

首先是市政体制上的超越。无论是委员制还是市长制，都是欧美特别是正在冉冉上升的美国各市正在采用的市制。在采用市长制时又结合当时在全国其他城市中还很少成立的临时参议会，让市民代表包括汉口的外侨代表参政议政，这种市政体制甚至超过了采用拿破仑帝国时代市制的法租界。在办事制度上，汉口市政府率先在全国采用在当时美国较普遍使用的集中采办制度，也超越了租界。在市政管理法规上，对照一下市府和租界的法规就会发现，在某些方面是类似的。因结合汉口常年形成的交通管理状况，有些是与租界看齐，如车辆行驶及行人游行须靠马路左边，就是因为英租界最早实行，其他租界与之仿效统一所形成的习惯。但有些方面比租界规定得更具体，如租界规定了清理运送粪便的时间，而1930年代汉口市在有关的管理法规中不但规定了时间，还规定了具体的路线。

其次，在市政规划上，也彻底改变了陆丹林批评租界的那种工业、商业、住宅混于一区的状况，实行了分区制。

1929年，留美市政学硕士、武汉特别市政府工务局局长董修甲应用最新的市政学理论，结合武汉的特点，主持制订了庞大的《武汉特别市工务计划大纲》，包括分区、水陆交通、沟渠、公共建筑物、公共娱乐场、公用事业工程等六大方面的内容。其中的城市功能分区规划，在武汉三镇分治后于1930年改为《汉口市分区计划》，规划汉口为工业区、商业区、住宅区、小工商业区、高等教育区和市行政中心区等，该规划经市政会议第63次例会通过后，在相当长时间内影响着汉口市的城市发展，并在1930年代的市政管理中部分付诸实践，将老市区的皮革业工厂全部迁往铁路以外另地集中就是一例。

第三，在市政建设上，汉口市政府甚至比日、法租界铺设了更多的现代柏油路，建造了更现代的由砖砌马蹄形暗沟大涵厢和大管径混凝土下水管组成的全市地下排水系统。

1929年武汉特别市工务局拟制的《工程计划》中有专门的《改良汉口下水道

---

①《关于公安事项·警教所七期学警毕业详情》，《新汉口：汉市市政公报》1930年第2卷第6期，第140页。

系统计划》,一改租界直接将污水排向城区江面的做法,汇集污水流向后湖,从城市的下游排入长江。1930 年,汉口市工务局对全市的下水道系统确定了第一期工程计划,并在修建新道路时予以实施。1932 年 10 月后,汉口市政府对包括已划入市区的旧租界和模范区在内的落后的排水系统进行了大规模的改造,形成了全市统一的下水道系统。

1929 年起,汉口新辟的主、次交通干道铺设柏油路,1931 年大水后,从 1932 年 10 月起,汉口市政府将模范区内的主要通车干道、旧租界的部分街道及与租界的连通干道由碎石路改筑为柏油路或混凝土路,也带动了租界的道路现代化改造。城市基础设施的日益更新,加上市政府按照现代管理模式制定了大量的市政建设与管理法规,加强了实在的城市管理,使武汉出现了新气象。《道路月刊》记者在汉口惊喜地看到,"近两年来,市府修路的成绩,出乎我们意料之外,由牛路跳过了马路的阶段,进而为现代的柏油路。汉口法、日两租界,觉得自惭形秽,竟步市府之后尘而翻造柏油路了。记者这次到汉口来,从三个特区到两个租界,走的都是康庄大道……租界及特区以内之各种旧式衖堂,大半已翻造为新式整洁的衖堂。从前残破的房屋,黯淡的市容,无不一扫而空。而并从前蹲伏在路旁褴褛不堪的乞丐,现在已差不多完全肃清了。今日的汉口市,已不是蒙不洁的西子,而是装束入时的少妇"①。

回顾 20 世纪前期汉口市政从最初的学习租界到最后超越租界的曲折经历,我们发现市政独立统一,是决定其成功的重要因素。按照现代市政体制进行构架的独立的汉口市政府建立后,力谋城市统一建设管理,结束了近百年多头市政的混乱局面,特别是一批带着西方最新市政理念、亲历西方现代市政最新成果的海归派专家积极投身其中,将现代理念付诸实践,使汉口市政焕发出现代青春的夺目光采,成为 20 世纪 30 年代中国城市中耀眼的明珠之一。

(原载《江汉大学学报(社会科学版)》2009 年第 4 期)

① 菊:《武汉的新气象》,《道路月刊》1935 年第 47 卷第 2 号,"杂俎",第 3~4 页。

武汉抗战史研究的多维视野

在中国人民抗击日本法西斯主义侵略战争14年历史中，武汉抗战无疑是一个重要的历史阶段。武汉抗战不仅真正开启了全面抗战的新时期，“继今往后，全面抗战到处发展，真正战争从新开始”①。而且为中国和世界反法西斯战争取得最后胜利打下坚固基础，“十五个月之抗战，愈挫愈奋，再接再厉，虽顽寇尚未戢其凶锋，然胜利之始基，业已奠定，前途之光明，希望无穷”②。武汉抗战时期的国共合作与抗日民族统一战线正式形成，工厂内迁及战时经济体制的建立，大规模移民潮与难民救济，文化抗战与大众文化的勃兴……更使武汉抗战突破单一战争史的范畴而向政治史、经济史、社会史和文化史扩展和延伸，赋予这段历史丰富的文化内涵和独特的历史与现实认识价值。

一、武汉：抗战中心和战时首都

“八一三”淞沪抗战之后，战争的阴云日益逼近武汉。11月12日，日本侵略军占领中国最大城市上海，紧接着兵分四路向南京进犯，南京不保已成定局。国民政府不得不做出迁都重庆的决定。12月7日蒋介石离开南京，在庐山停留数日后于12月14日到达武汉，12月13日，南京陷落。

南京沦陷后，武汉是中国东中部地区剩下的最大的中心城市，一下子成为中外人士关注的焦点。当年上映的由著名影星周璇、赵丹主演的电影《马路天使》，便借剧中人物问字的情节，点评了时局的危急：“‘難’，可是这边不是半个上海，也不是半个天津，而是半个漢口的‘漢’字，‘難’是漢口的一部分。”这就是说，偌

---

① 《蒋委员长告全国国民书》，《中央日报》（重庆版）1938年11月1日，第2版。

② 《毛泽东给蒋介石的信》（1938年9月29日），武汉市档案馆等编《武汉抗战史料选编》（内部印行），1985年版，第270页。

大中国，武汉还撑着半壁江山！南京沦陷前夕，国民政府以及国民党中央党部的军政首脑蒋介石、汪精卫、冯玉祥、于右任、孔祥熙、张群、何应钦、陈诚、白崇禧、陈立夫等在西迁重庆时暂驻武汉。此前，中共在武汉设立了八路军办事处（以下简称"八办"），12 月下旬，中共中央长江局在"八办"正式开始办公，在"八办"附近的太和街，新四军办事处和招待所也挂牌成立。中共领导人周恩来、王明、博古、董必武、邓颖超等也相继从延安来到武汉，武汉成为中国事实上的战时首都。

在近代中国历史上，武汉是一个伟大并富有传奇色彩的城市。由于历史发展的特殊性，反对专制的民主革命和抵御外侮的民族革命成为现代中国历史发展的"二重变奏"。不论是推翻专制帝制的辛亥革命，还是反抗日寇入侵的民族战争，武汉都在其中扮演了重要角色。武汉抗战时期，云集武汉的国共要员一致看重武汉的战略地位，1938 年 7 月 31 日，蒋介石在保卫武汉各部队官长会议上讲话："此次保卫武汉的战役，乃是我们国家前途和整个抗战局势最重要最紧急的关头，其成败得失，内则关系我抗战前途和国家民族的安危，外则足以影响国际的局势，实在是关系重大的一件大事。"[①]第九战区司令长官陈诚在纪念"七七事变"周年演说中赋予武汉在抗战的特殊地位："今日武汉已成为第三期抗战中最重要的据点，这里是我们雪耻复仇的根据地，也是中华民族复兴的基石。""无论在消耗敌人，或是打击与歼灭敌人的意义上，这次大会战对于整个战局，都有重大的决定作用。"[②]"将成为我们的对敌决战的开始。"[③]周恩来《辛亥，北伐与抗战》："武汉是中华民国的诞生地，是大革命北伐时代的最高峰，现在又是全中华民族抗战的中心。""辛亥、北伐、抗战，这三个历史时期，将造成中华民族复兴的大业。"周恩来认为武汉"这个号称'九省通衢'的华中最重要的城市"已经成为"全中华民族抗战的中心"。中共中央在致国民党临时全国代表大会的电文中直称武汉为"我们的首都"。红色诗人、作家郭沫若在《洪波曲》中对武汉这座英雄城市的又一次惊醒兴奋不已："武汉三镇，自北代以来，在刀光血影之下，已经整整窒息了十年。1937 年，在中华民族面临亡国灭种的巨大危机时，沉睡的武汉如惊醒的雄狮，昂然奋起，成为中华民族事实上的首都。"在中华民族命悬一线的危

① 杨树标、杨菁：《中国战区最高统帅：抗战时期的蒋介石》，华文出版社 2014 年版，第 136 页。
② 陈诚：《以全力保卫大武汉》，《武汉日报》1938 年 7 月 7 日，第 3 版。
③ 陈诚：《陈部长向外记者报告》，《武汉日报》1938 年 7 月 5 日，第 2 版。

机关头，武汉又一次举起她有力的臂膀，擎起中华一片天。

武汉会战首先在空中展开，1938 年 2 月 8 日爆发的第一次空战，揭开了保卫大武汉的历史大幕。这次空战，日军派出 26 架飞机，中国空军第四大队迎战，短短 12 分钟内击落敌机 11 架，“二一八”空战首战告捷。此后，在武汉上空，又先后发生了“四二九”“五三一”“八三”三次大空战。其中最为惨烈的是“四二九”空战，日军派出 69 架飞机进攻武汉，中国空军在苏联空军的配合下出动 67 架飞机迎战，空战在武昌至黄冈沿江一线上空展开，战斗异常激烈，中国年仅 22 岁的飞行员陈怀民在不幸陷入 5 架敌机重重包围的不利情形下，开足油门，冲向敌机，壮烈牺牲。4 次空战，中国空军创下击落敌机 58 架的辉煌战绩。

武汉会战的地面战场于 6 月中旬爆发，6 月 12 日，在经过长达近 10 天的苦战之后，日军攻陷安庆。安庆失守，武汉的江防外围被撕开了一个缺口。6 月 26 日，马当要塞陷落。7 月 5 日，日军攻占湖口。日军占领湖口后，乘势攻击九江。日军占领九江后，乘势向瑞昌、德安发起攻势，中国军队予以猛烈回击。10 月 9 日和 10 日，中日军队血战于万家岭，最终中国军队歼敌万余人，缴获 46 门大炮、200 余挺机枪、3000 多支枪和大量军需物资，史称“万家岭大捷”。万家岭大捷与平型关大捷、台儿庄大捷一起合称抗日战争三次大捷。在长江北岸，日军第 6 师团集中兵力进攻潜山、太湖、宿松、黄梅一线，与江南日军遥相呼应。6 月 17 日，日军攻占潜山县城。7 月 26 日占领太湖，8 月 1 日进入宿松。8 月 2 日，日军出动 20 余架轰炸机轰炸黄梅达 11 次之多，黄梅县城一夜之间沦为废墟。8 月 4 日，日军从北门攻入黄梅县城，长江沿线战事进入湖北境内。日军经过稍事休整后，便向长江中游锁钥——武汉东南门户田家镇发起猛攻，从 9 月 15 日到 9 月 28 日，半月之内，日军波田支队与南岸第 9 师团与中国守军李延年第 2 军白刃战 10 多次。9 月 28 日，日军以 78 架飞机、100 多门大炮对田家镇中心阵地狂轰滥炸，中国守军龙子育团死守不退，全部殉国。入夜，第 2 军第 57 师主力被迫撤离阵地。29 日，田家镇中心阵地陷入敌手。10 月 4 日，日军出动 80 多架飞机轰炸半壁山阵地，中国守军除 50 余人外全部战死。至此，田家镇要塞陷落。

田家镇要塞一失，武汉已无险可守，门户洞开。从 10 月 10 日开始，北岸日军相继攻占蕲春、团风，23 日攻入新洲，24 日占领黄陂，直抵汉口北部。南岸日军在攻取半壁山后，从 11 日开始，陆续攻陷龙港、阳新、大冶、鄂城、黄石，24 日陷葛店，进入武昌东郊。而大别山一线的日军也在 10 月 12 日攻占了信阳，沿平汉线南下,10 月 24 日进抵麻城,完成了日本大本营从北面和东面、东南面合围武汉的部署。10 月 25 日,中国军队撤出武汉。历时 4 月之久的武汉会战结束。

二、武汉抗战:抗日战争的历史转折点

武汉抗战是中国人民抗日战争的历史转折点。

作为抗日战争的历史转折点,武汉抗战的重要性首先体现在军事方面,武汉会战战场包括安徽、河南、江西、湖北 4 省广大地区,日军投入总兵力 30 万左右。武汉会战打死打伤日军据敌方统计约 3.55 万人,中国方面统计则达 25.6 万人;中国军队伤亡人数则达 40 余万人。由于武汉会战消耗了敌人大量有生力量,从而导致日本侵华政策的转向,被迫从战略进攻转为战略保守,中国抗战由战略防御阶段进入战略相持阶段。研究表明,武汉会战前,日军对中国军队的进攻占 94%,中国军队对日军的进攻则只有 6%;武汉会战后(1939 年 1 月—1940 年 2 月),日军进攻退到 56%,中国军队则增至 44%。[①]

改变当然不仅仅限于军事,"战事一开始,战争准备就加快了步伐。与共产党人的统一战线终于结成。政府的领导结构全部更新。同时,绝非不重要的,是政府、民众、和物资开始向中国西部内地省份大规模迁移。因此,国民党统治的结构和环境都改变了,虽然它的基本特征——一种依恃武力的独裁统治——依然没有变更"[②]。也就是说,武汉抗战带来中国社会全面而深刻的历史性变革。

政治层面 "武汉的实践已改变了中国的集体意识,并重塑了中国的政治、社会与文化。"[③]日本侵略者铁蹄践踏下的血雨腥风,全民抗战的连天烽火使广大人民增强了对民族国家的认同感,形成了新的现代国家观念,诗人王统照曾这样满含激情地高声呐喊:

---

① 吴相湘:《时代迭变中的文武政要——民国五十位军政人物列传》(下册),中国工人出版社 2011 年版,第 445 页。

② 〔美〕费正清、费维恺编,刘敬坤等译:《剑桥中华民国史(1912—1949 年)》(下卷),中国社会科学出版社 1994 年版,第 636 页。

③ 〔美〕麦金农著,李卫东、罗翠芳译:《武汉,1938——战争、难民与现代中国的形成》,武汉出版社 2008 年版,第 130 页。

一

伙伴,你应该闻到这一阵腥风!
人的肉,人的筋骨,和人的脏腑?……
从稻田里,苇滩里,北方平原与山谷,
散布开迷人的芬芳,冲过长空。
你瞧,皎白的秋星点红了眼睛。
你听,枪炮疯狂了做渴血的梦!
这深夜再容不得假作朦胧,
多轻,多细,一只蛩也叫出他的冤痛。
不是萧瑟,不是凄清,吹来这阵腥风,
自然,你听到伤兵的惨叫,女人哀泣。
但这不会动摇了勇敢者的壮气,
你要听,要得到,腥风中的言语。

二

吹来,吹来,越过血流的河沟,火窟;
吹来,吹来,我们到处踏平魔鬼的脚迹。
那高峰,夹道,淹没了树叶的高吟,低喃,
火弹,巨响——空中的钢铁相合伴舞。
夜,她在黑暗的翼下裸出身体,
我们把正义的喊声到处传布,
我们也伸出双手,曾被魔鬼的血污。
感谢!那一片黄水的江空,月明,
她的光辉,远远的,亮亮的,送我们飞行。
有我们的使命,也有她的光明见证。
我们,快快去将冤债,激怒,热情,
播散到城市,乡村,每个人的心中。

三

四千年故国自有她永恒的生命;

弯曲黄河,肥沃的扬子,多少河山,
多少物产,与过去历史上的英雄。
在土地上,他们先人曾有过鲜明的印迹,
在风雨中,他们曾[从]不停止他们的行程。
由北来,勇敢的到处喊出大战的怒声!
中国!——这多动人的名字又重新跳跃了。
他们迅速地,鲜明地,冲动人的心胸!
不怕魔鬼的播弄,不管辛苦的飞行,
我们为这两个字——中国——有我们的使命!
你能憎恨么,虽然我们是一阵腥风!

四

伙伴,你该闻到这一阵腥风,
你更该牢记着他分送的言语!
中国——为这两个字,从今以后,
你不会迷失了你的路途;你更不会
不认识腥风的来处,魔鬼的狠毒!
时代的引诱,能让你我在梦里
安度? 刀光,火影,那一条条的死尸,
为中国,他们不再怕刀光的威逼;
为中国,他们永笑的灵魂心安意足。
他们领受腥风的使命,在生与死的
关口,为中国插下了血红的旗帜,
伙伴,你闻到腥风,也认明旗上的二字![1]

在强调维护国民党的领导地位的前提下,开始了从一党执政到多党合作(主要是国共合作)、从专制政治向民主政治的艰难转变。早在 1937 年 9 月 23 日,

---

① 王统照:《伙伴,你应该闻到这一阵腥风》,参见《王统照文集》第 4 卷,山东人民出版社 1982 年版,第 304~306 页。

蒋介石在回应7月15日《中共中央为公布国共合作宣言》的谈话中明确表示:"对于国内任何党派,只要诚意救国,愿在国民革命抗敌御侮之旗帜下共同奋斗者,政府自无不开诚接纳,咸使集中于本党领导之下,而一致努力。"①宋庆龄、何香凝等进步爱国人士也大声疾呼,"尊重民意,实现民权,澈底取消一切有形或无形压制民意妨碍民权之法令""以民族国家利益为先,摈除一切不利民族国家之私见,停止任何方式之党派斗争,务使全国人民一致精诚团结"②。中国共产党是抗战民主政治转变的积极推动者和主导者,"中国共产党中央委员会谨以极大的热忱向我全国父老兄弟诸姑姊妹宣言:当此国难极端严重、民族生命存亡绝续之时,我们为着挽救祖国的危亡,在和平统一团结御侮的基础上,已经与中国国民党获得了谅解,而共赴国难了,这对于我们伟大的中华民族前途有着怎样重大的意义啊"③!武汉抗战时期,民主政治转变和进步的标志性事件是1938年4月国民党临时全国代表大会向全国发布《中国国民党抗战建国纲领》和1938年7月在武汉召开的一届一次国民参政会。《中国国民党抗战建国纲领》在民主政治建设上不乏亮点,开宗明义即指出"中国国民党领导全国从事于抗战建国之大业,欲求抗战必胜,建国必成,固有赖于本党同志之努力,尤须全国人民戮[勠]力同心,共同担负。因此,本党有请求全国人民捐弃成见,破除畛域,集中意志,统一行动之必要"④。其他如成立参政议政机构广纳社会民意:"组织国民参政机关,团结全国力量,集中全国之思虑与识见,以利国策之决定与推行。"有限度开放党禁并言论集会自由:"在抗战期间,于不违反三民主义最高原则及法令范围内,对于言论、出版、集会、结社,当与以合法之充分保障。"该纲领以重塑"民众之国家意识"抗战爱国为共同基础,以维护国民党领导执政地位为基本要求,以拥护三民主义主流意识形态为重要前提,在党际层面奠定了国共合作、统一战线的基石,在建立吸纳民意的参政机构民主政治体制,以军事为中心发展农村经济和树立重工业基础并实行计划经济的战时经济体制,保障人民言论、出版、集会、结社自由的民众运动体制等方面进行了制度安排,可以看作是抗战建国的根本大法。

---

①④ 武汉市档案馆等编《武汉抗战史料选编》(内部印行),1985年版,第29、46页。

② 宋庆龄、何香凝:《拥护抗战建国纲领,实行抗战到底》,《新华日报》1938年4月17日,第2版。

③《中共中央为公布国共合作宣言(一九三七年七月十五日)》,武汉市档案馆等编《武汉抗战史料选编》(内部印行),1985年版,第2页。

国民参政会作为各党派和社会各界人士参加、具有较为广泛民意基础的参政议政机构,打破了国民党一党专政独裁专制的体制格局,“显然表示着我国政治生活向着民主制度的一个进步,显然表示着我国各党派、各民族、各阶层、各地域的团结统一的一个进展”①。

经济层面 武汉抗战时期是近代中国从传统农业国向现代工业国转变的重要时期,至少在政界与学界观念认识层面如此。其时国民党痛切感受到,国家工业化与抗战关系“至深且钜”,中国遭受日本侵略的一个重要原因就是日本乃先进的工业国,而中国则是落后的农业国,欲战胜日本必须发展现代工业,“近代列强莫不以工业为其经济基础,中国农业自极重要,但不应以此自足,应进而提倡工业,以宏制造之能力,而应抗战之需要”。因此,国民党临时全国代表大会决议案对抗战时期工业建设做出具体部署。《中国国民党抗战建国纲领》提出“抗战与建国同时并举”,“经济建设应以军事为中心,同时注意改善人民生活……开发矿业,树立重工业的基础,鼓励轻工业的经营,并发展各地之手工业”。国民政府经济部据此制订了《抗战建国经济建设实施方案》,确立了战时经济建设的基本方针。新的战时经济建设有两点值得关注,一是在发展农业的基础上大力发展工业,加快国家工业化,“中国为农业国家,大多数人民皆为农民,故中国之经济基础在于农村,抗战期间,首宜谋农村经济之维持,更进而加以奖进,以谋其生产力之发展。至于新兴工业,直接间接关系抗战至深且钜,必须合政府与人民之力,于最短期间谋其复兴,凡此增进战时农工生产,以奠立战后经济基础”②。二是在西南地区建立工业基地,“以西南诸省为主要地区,开发各种矿产”,“建立国营重工业”,并对“民营工业及乡村手工业为普遍之调整与提倡”。如何发展内地现代工业,国民党临时全国代表大会确立沿海沿江工厂西迁和在内地建设一批工厂企业两项重大决策。关于西迁。“固有工矿设备,应设法保存以充实内地生产能力,吾国大部份[分]之工矿业,前此皆集中于沿海各地。抗战军兴,不免遭受敌人之摧残。自宜设法保全,俾能继续生产以应供需。业经政府拨款协助,迁入内地之工厂达一百四十家,机器材料共达二万吨,对于足以补助国防之钢铁、

① 毛泽东、陈绍禹、秦邦宪、林祖涵、吴玉章、董必武、邓颖超:《我们对于国民参政会的意见》,《新华日报》1938 年 7 月 5 日,第 2 版。

② 朱子爽:《中国国民党工业政策》,重庆国民图书出版社 1943 年版,第 73 页。

造船、化学、电机、橡胶及机械等工厂，尤为重视，均已分别性质迁至四川、湖南、云南、鄂西等处。河北、山东、安徽等省之煤矿设备，亦已择要内移，以为开采湖南、四川等省新矿之用。其与人民衣被有关之纺织工厂，现亦择要迁移，迁入四川者，约可有八九万锭。其他各处，亦宜筹划促进。”关于内地工矿建设，“国防急需之工厂应积极筹设。政府除保全原有生产力外，更应创造新生产能力。吾国重工业及基本矿业之创造，抗战以来未尝停顿，此后计画进展，较前应愈为积极。例如钢铁厂、钨铁厂、电工器材厂、炼铜厂等，现在四川、云南、湖南、河南、赣西等地进行者，应尅期完成。至于民生日用品所必需之轻工业，如造纸、火柴、水泥、酒精及制药等等，亦为军事上所必需者，亟应在西南西北相当地点迅速筹设”。[①] 要言之，武汉抗战时期，国民党当局明确了以现代工业化为主体建立战时经济体制的基本思路，并开始了在西南、西北地区开拓现代工业基地以支持抗战的战略布局。

文化层面 抗战使中国近代思想和文化发展出现重大转向，“在如此严峻、艰苦、长期的政治军事斗争中，在所谓你死我活的阶级、民族大搏斗中，它要求的当然不是自由民主等启蒙宣传，也不会鼓励或提倡个人自由人格尊严之类的思想，相反，它突出的是一切服从于反帝的革命斗争，是钢铁的纪律、统一的意志和集体的力量”[②]。于是，救亡替代启蒙成为抗战文化思想的主旋律，“一切为了抗战”是文化艺术家喊得最响亮的口号！不管作家、诗人、画家还是学者，无论小说、诗歌、美术还是戏剧、电影、学术著作，其注意力、着力点和主题、内容无不在民族危急，揭露日寇暴行，讴歌抗日英雄。“九一八”事变使文化抗战勃然而兴，“七七”事变全面抗战爆发促使文化抗战运动高涨，而武汉抗战则是文化抗战由分散到整合，由自发到自觉的重大转折。其标志性事件便是 1938 年 3 月 27 日中华全国文艺界抗敌协会在汉口成立，会场主席台上两行鲜红的标语“拿笔杆代枪杆，争取民族之独立；寓文略于战略，发扬人道的光辉”，鲜明揭示了文化艺术界以笔杆作武器，团结抗战的文化自觉。

也正是在“一切为了抗战”的口号和旗帜下，由于抗日救亡成为最大公约数，国民党也暂时放松了对意识形态的严密管控，武汉抗战时期于是成为民国少有

① 朱子爽：《中国国民党工业政策》，重庆国民图书出版社 1943 年版，第 76~77 页。

② 李泽厚：《中国现代思想史论》，东方出版社 1987 年版，第 33~34 页。

的文化宽松自由时期。“在 1938 年所有的战时读物的记载里,我们没有看到任何一位传媒出版者或者记者被逮捕或是暗杀。”[①]这种相对自由宽松的政治——文化氛围带来了武汉新闻出版和文艺的繁荣。“武汉媒体的快速发展是有目共睹的。1938 年前 3 个月里,日报数量从 3 种增加到 14 种,周刊数量从 20 种上升到 30 种,杂志数量在 10 个月内从 30 种骤增到 200 种。在此过程中,还有很多新的出版社成立。”[②]不仅新闻传媒如此,人文社会科学和文学艺术也出现繁华的丰收季,美国学者麦金农甚至认为,武汉抗战时期是近代以来中国文化自由发展的最好时期,“在武汉,出版物种类与数量的兴盛标志着了中国文化创作出现了根本性的变化”[③]。

社会层面 亦有三大变化。其一,社会控制由“清匪剿共”向“防奸除奸”转变。1930 年中原大战以后,国民党内部暂时停止了军事斗争。于是,蒋介石开始着手“围剿”中国共产党领导的革命根据地,又以中央革命根据地所在的江西为重点。蒋介石认为“要肃清匪患,非民众组织健全,有自卫能力不可”,遂在江西修水等 43 县“编组保甲,清查户口,同时将原有乡镇闾邻等自治组织,一律停办”。[④] 1932 年,蒋介石又采取“三分军事、七分政治”的“围剿”方针,保甲组训民众的职能更为突出。6 月,蒋介石在汉口成立豫鄂皖三省“剿匪”总司令部,并随后颁布所谓《豫鄂皖三省剿匪总司令部实施保甲训令》,要求豫鄂皖三省一律编组保甲。依所谓《剿匪区内各县编查保甲户口条例》规定,实行保甲的主要目的是“为严密民众组织,彻底清查户口,增进自卫能力,完成剿匪清乡工作”。全面抗战爆发后,蒋介石国民党改弦更张,将 1931 年颁布的旨在防范镇压共产党和革命群众的“治罪法”改为制裁危害国家安全的汉奸和准汉奸,修正《民国紧急治罪法》,颁布《汉奸自首条例》,废止旧的《危害民国紧急治罪法条例》。淞沪抗战尤其是南京沦陷后,武汉渐成后方重心,人口急剧增加,难民麇集,各色人等混杂其间。有鉴于此,汉口市党部拟具《非常时期清查户口联保办法》,呈请武汉行营

---

① 〔美〕史蒂芬·麦金农著,涂戈尔译:《武汉抗战:历史的转折点》,《武汉学研究》2021 年第 1 期(总第 5 期)。

②③ 〔美〕麦金农著,李卫东、罗翠芳译:《武汉,1938——战争、难民与现代中国的形成》,武汉出版社 2008 年版,第 86、94 页。

④ 李宗黄:《现行保甲制度》,上海中华书局 1943 年版,第 26 页。

转饬汉口市政府切实清查户口及举办联保切结，以防汉奸。[①] 1938 年 1 月，国民政府行政院又颁布《非常时期各地举办联保连坐注意要点》，规定："在城市地方，邻居多不相识，或其他容［客］民多于土著，良莠难分，彼此不愿联保者，得令就保内各觅五户，签具联保。或由县市内殷实商号或富户、或现任公务员二人出具保证书，其责任与联保同。"[②]2 月，湖北省政府、汉口市政府等机关遵照办理。4 月，汉口市保甲编组完竣。[③]

其二，社会动员从防范民众向动员民众转变。全面抗战爆发前，在"攘外必先安内"的总体原则下，以蒋介石为首的国民党对于来自民间的大众的抗日爱国诉求持完全反对甚至镇压态度，"1935 年'一二·九'运动也是如此。……在 20 世纪 30 年代中期，当蒋的权力到达顶点时，他曾极力镇压学生游行"[④]。全面抗战爆发后尤其是武汉抗战时期，蒋介石和国民党当局开始意识到，欲取得抗日战争的胜利，仅仅依赖军队是不够的，还必须动员全国广大民众积极参与。1937 年，蒋介石发表《庐山谈话》，指出"地无分南北，人无分老幼，无论何人，皆有守土抗战之责任，皆应抱定牺牲一切之决心"。1938 年 3 月底 4 月初召开的国民党临时全国代表大会的大会宣言直陈"抗战之胜负，不仅取决于兵力，尤取决于民力"。鲜明地表现出对于动员民众参与抗日运动的转变。至于如何动员民众，中共显示出与国民党不同的路径与方法，一是中国共产党视人民群众为国家的主人和抗战的主力军，即毛泽东所说的"兵民是胜利之本"，只有广泛动员广大民众，才能将日本侵略者消灭在人民战争的汪洋大海之中。二是主张彻底开放民众运动，动员广大人民群众保卫大武汉，指出扩大的民众动员，是第三期抗战的基础，是保卫大武汉的前提。[⑤] 呼吁国民党当局设立一个民众总动员委员会[⑥]，并

---

① 《市党部请行营迅饬市府严厉检查户口并施行联保办法期消弭隐患》，《武汉日报》1937 年 10 月 30 日，第 4 版。

② 《奉令发非常时期各地举办联保连坐注意要点仰遵照等因令仰督属遵照办理》，《湖北省政府公报》1938 年第 354 期，第 12~13 页。

③ 《汉口市政府关于函复本市编组保甲情形抄同办法暨一览表请查照的公函》（1938 年 6 月），武汉市档案馆藏档案，档案号：LS000009-WS031-00140-0006。

④ 〔美〕麦金农著，李卫东、罗翠芳译：《武汉，1938——战争、难民与现代中国的形成》，武汉出版社 2008 年版，第 118 页。

⑤ 《怎样彻底开放民众运动》，《全民周刊》1938 年 6 月 11 日第 2 卷第 3 号，第 34 页。

⑥ 钱俊瑞：《建议设立武汉民众动员委员会》，《抗战（上海）》1938 年 6 月 14 日第 81 号。

参加“策动全民抗战的一个崭新而有力的组织”——中央军事委员会政治部,与国民党共同开展民众组训、青年训练、民意宣导、文化宣传等民众动员工作。三是民众动员必须做深入细致的思想政治工作,激发广大人民群众的爱国热情,使其自觉投身于抗击日本侵略者的伟大斗争中去。“要使人人都懂得:日寇的强暴、亡国奴的惨痛,激动起他们保卫家乡、保卫民族、保卫自己的子子孙孙的认识和热忱,号召和鼓励他们中间的勇敢壮丁,自愿的应征上前线……”[①]倡导好男儿要当兵、服兵役抗战最光荣,形成民众自动从军抗日的社会风气。[②]

其三,社会成员出现空间迁移与阶层变动的双重流动。由于战争的广泛性和残酷性,酿成中国有史以来迁移地域最广阔、迁移人口最多的非自愿性移民运动,以地域而论有 21 个省份出现大规模难民逃亡,以难民数量而论则以数百万甚至上千万计。这些被迫迁移逃难的人群,一大批到了武汉,有报告说,仅 1938 年 6 月中旬从武汉下游城市迁徙来的难民人数即达 430000 人。据统计,1938 年 6 月武汉总人口达到 150 万。据武汉警备司令部 1938 年 9 月 20 日的清查统计,除法租界外,武汉本地人口共计 158897 户,754816 人。[③] 这就是说当时迁至武汉的人口已逾 75 万,与本市人口几乎相当。1938 年的武汉,既是华东、华北和中原地区逃难移民的聚集地,又是这些移民继续迁往西南、西北大后方的中转站。武汉抗战时期的移民内迁有两个鲜明特点:“其一,规模更大了,更多的人加入了长途跋涉的行列。正如刘敬坤所指出的:‘“八一三”淞沪会战及南京会战,两地均有大量的人口西迁,但这种西迁还限于社会的上层,尚未触及到社会的中下层。大量难民的内迁,是在南京失守后。’其二,逐渐从无序中凸现有序。尽管迁徙的路线仍很繁多,但西迁无疑还是成了难民内迁的主流。武汉成为此期内迁难民的主要集中地,以它为中心,内迁的难民再往湘鄂赣川陕云贵粤桂等后方地区疏散,‘从完整的意义上讲,1938 年的武汉是我国由立国东部沿海,转移到立国西部山区进行长期抗战的中转轴。’”[④]武汉抗战时期非自愿性移民运动,不仅带来区域尤其是区域城市人口的变化,而且因为战争使大批富人财产受损,甚至有的一夜之间沦为穷人,带来社会阶层结构的急剧重组。“在此期间,中国人口被迫重

① 《怎样做征兵运动》,《新华日报》1938 年 1 月 21 日,第 1 版。
② 《动员全国人力物力财力,增强抗战力量》,《新华日报》1938 年 3 月 16 日,第 1 版。
③ 《武阳汉三镇人口清查统计》,《武汉日报》1938 年 9 月 20 日,第 4 版。
④ 程朝云:《抗战初期的难民内迁》,《抗日战争研究》2000 年第 2 期。

新进行分布与融合。而在此迁移过程中,那些受过教育的阶层抱怨声最大。那些习惯于上层生活的城市居民突然被时局抛在乡村的贫困之中,那些仆人、大家族,以及在上海或北京曾经享有过的舒适生活都一并随风而逝。战前与战后生活状况的强烈对比,使得五四知识分子闻一多、郁达夫等感到震惊。对于中国的农村家庭来说,这种战争的创伤更为严重。那些逃难的农民趴在火车顶上,挤在剧烈摇晃的牛车上,在经受了长时间的颠簸之后,来到了华中与西南地区的城市。在这些城市临时搭建起来的难民营中,他们努力挣扎着活下来。在这里,这些曾长时间生活在封闭世界中的农民,与操不同口音的、不同层次的、不同教育程度、不同社会背景的人生活在一起。从这个意义上来说,战争是一个巨大的平衡器……战争移民能让城乡之间在社会、文化与语言上更长久的[地]融合。总之,这次战争期间的难民流动改变了现代中国的社会与心理面貌。"①

三、事件史·中时段·文明史:武汉抗战史研究的多维视野

一场对于抗日战争具有重大转折意义的武汉抗战,具有重要的历史认识价值。

武汉会战是抗日战争中具有转折意义的大事件:事件史的方法 对历史上发生的重大历史事件进行叙述与分析是传统历史学最主要的研究方法。虽然以布罗代尔为代表的年鉴学派在历史时间三个层面中一贯轻视"短时段"——传统历史叙事层面亦即所谓"事件史"层面,以为"历史学家就像一个编年史家或今天的记者一样,按照常见的叙述方式,匆匆地从一个事件转向下一个事件……这种历史读得快忘得更快,我们对它有着太多的不满,它使我们不能做出判断和理解"②。但是,对于那些重大的尤其是具有"转折点"性质的历史事件,年鉴学派也给予了足够重视:"细细研究之下,每一个事件可以分解为一系列的行为、姿态和人物……在所有这些行为、成就和生平之中,某些事件凸显出来,标志着一个

① 〔美〕麦金农著,李卫东、罗翠芳译:《武汉,1938——战争、难民与现代中国的形成》,武汉出版社 2008 年版,第 67 页。

② 〔法〕费尔南·布罗代尔著,常绍民等译:《文明史:人类五千年文明的传承与交流》,中信出版集团 2017 年版,第 39 页。

'转折点',一个新时期。变化越重大,它所预示的意义也就越清晰。"①

武汉会战正是这样一个具有"转折点"性质的大事件,它既是一个战争和军事事件,时间长达近5个月,战场遍及安徽、河南、江西、湖北4省,面积10万平方公里,大小战斗数百次,中日双方投入兵力150余万,其中中国总兵力近110万,日本总兵力40余万,双方死伤50余万,是抗日战争战略防御阶段规模最大、时间最长、地域最广、歼敌最多、影响最深远的一次战役。"尽管在战场上失败了,但外国军事观察家仍预测,中国很可能通过其战略,延长战争时间,最终以持久战方式获胜。"②但它又决不仅仅是一个战争和军事事件,围绕武汉会战而展开的一系列政治、经济、社会和文化活动,各种政治势力和各色人等云集武汉,登台亮相,表达立场,展示力量。美国学者麦金农认为,以武汉会战为中心的1938年的武汉抗战不仅是影响中国而且是具有世界意义的大事件,"1938年在武汉发生的事情,对中国而言具有至关重要的意义。武汉为全世界提供了抗日战争的研究背景,这是一段对于中国学者而言并不愉快的往事。1938年对于整个世界来说,都是关键的一年。那时西方媒体的报道都是不祥的:马德里的失守与无休止的内部派系斗争,世界各大国在慕尼黑会议上向希特勒妥协;布拉格和奥地利被占领,斯大林对苏联领导人和知识分子的血腥清洗。也许正是出于这个原因,与全世界充斥的由法西斯主义带来的负面消息形成鲜明对比的是,武汉保卫战的英雄事迹相对于1931年占领中国满洲和1937年的马可·波罗桥事件吸引了更多西方政府和媒体的关注"③。

因此,对武汉会战的"事件史"研究,理所当然地引起人们的关注与重视。当然,我们所采取的"事件史"方法,应该是有别于布罗代尔所批评的传统历史学"以'重大事件'为中心的政治史"、仅仅把历史事件当作事件来加以叙述和阐释的研究方法。新的"事件史"研究并不止于历史事件的简单叙述,还重在发现事件背后的社会文化动因并对其做深入的解读,"历史就是叙述事件,叙事就是把历史上的行动者相互之间看来是局部的、混乱的和不可理解的情节联系起来,并

① 〔法〕费尔南·布罗代尔著,常绍民等译:《文明史:人类五千年文明的传承与交流》,中信出版集团2017年版,第29页。

②③ 〔美〕麦金农著,涂戈尔译:《武汉抗战:历史的转折点》,《武汉学研究》2021年第1期(总第5期)。

加以理解和解释”①。即除了完整准确描述武汉会战的历史状貌外，着重疏理和勾勒以武汉会战为中心的武汉抗战对抗日战争乃至近代中国社会的转折作用，进而揭示隐藏其背后深层次的经济、社会、文化动因。

其实，历史学家们要真实地再现武汉会战历史状貌并非易事，作为一场规模超大、旷日持久的中日战争，过往的研究一方面由于史料掌握和运用的局限性，研究者主要采用的是中方史料而很少采用日方史料，史料占有和应用的局限性使其研究必然有失偏颇；另一方面由于战争双方出于某种需要曲意隐瞒或夸大事实真相，使得历史研究者难以复原真实的历史。“实际的历史经历还有一个特点，它使真实的历史截然不同于复述的历史和神话化的历史。这个特点与亲历者的动机意识有关……我们用来解释历史（也即理查德·马德森所说的‘解释纷繁复杂的具体事件’）的观念，往往与直接创造历史的人们的观念有很大的差异，其结果是不可避免地曲解了真实的历史。”②以武汉会战日方伤亡人数为例，中日双方当时提供的数据相差很大，判若天壤。中国方面，国民政府军令部统计公布的包括配合作战和广州战役的日军伤亡人数 25.6 万人；而日方公布的伤亡人数则仅为 3.55 万人，这显然是一个大大缩水了的数字，后来日本方面编纂的“日本战史丛书”《支那事变陆军作战》（2）所载日军伤亡人数为 12 万人左右，与当时日方公布的数据竟相差近 10 万。

对于重大事件的当下意义和历史价值的认识，大多数情况下并不会立竿见影地即时显现，绝大多数情况下可能不被时人特别是历史事件的经历者和制造者所认识。美国学者柯文在研究义和团运动的意义尤其是所谓“转折点”或“分水岭”意义时就认为，“义和团起义也是大的历史背景的一个组成部分，包括（但不仅仅限于）晚清时期此起彼伏的内部暴力冲突，农村局势的日益恶化，19 世纪中叶开始的民教冲突，中国与外国的外交关系等。由于这些现象不但向后延伸，而且向前延伸，所以义和团起义的历史意义在当时是不明确的，只能由知道义和

---

① 〔法〕韦纳：《如何写历史》，转引自何兆武、陈启能主编《当代西方史学理论》，上海社会科学院出版社 2003 年版，第 426 页。

② 〔美〕柯文著，杜继东译：《历史三调：作为事件、经历和神话的义和团》，江苏人民出版社 2000 年版，第 51～52 页。

团运动结束后的事态发展的历史学家或其他人进行总结和阐释”①。然而武汉会战并非如此,武汉会战对于抗日战争的转折性意义,无论是战前的战略布局还是战后的战略思考,当时中方国共两党领袖的认识十分明确,日本方面在武汉会战后对战争的持久性和相持性亦有新的认识。中国方面,1938 年 11 月 25 日,蒋介石在第一次南岳军事会议上即以武汉会战为界,将武汉会战结束前的抗战指为“抗战第一时期”,武汉会战则开启了中国抗战新的历史时期——“第二期抗战”:“第二期抗战,就是我们转守为攻、转败为胜的时期……敌人兵力的使用,到现在为止,已经到了最大限度;今后他再不能有更多的兵力使用到中国来。”②基于这种认识,国民党方面编纂的抗战史,将武汉会战作为抗战历史分期的重要节点,如蒋纬国总编之《国民革命战史第三部——抗日御侮》便将其作为初期战略攻势(日)、战略守势(中)到中期中日双方均呈持久相持态势的重要转折点。中共方面,1938 年 9 月召开的中共六届六中全会上,毛泽东作《抗日民族战争与抗日民族统一战线发展的新阶段》的报告,明确指出武汉会战中日本对中国必达一个战略进攻的终点,抗日战争将过渡到一个新阶段——战略相持阶段。9 月 29 日,毛泽东在致蒋介石的信中对此予以更明确的表达:“此次敝党中央六次全会一致认为:抗战形势,有渐次进入一新阶段之趋势。此阶段之特点,将是一方面将更加困难,然又一方面必更加进步。而其任务在于团结全民、巩固与扩大抗日战线,坚持持久战争,动员新生力量,克服困难,准备反攻。”③日本方面,尽管其对于武汉会战的战争转折点没有明确说法,但从官方和军方一些文件对武汉会战后的时局评估和军事战略部署等仍可见端倪。如 1938 年 10 月 21 日日本内阁会议《关于时局的处理方案》指出过去以武力迅速解决事变的倾向是“令人担忧”的,“今后,不仅要用武力,更要倾注政治、经济、文化等国家总力,向建设新中国迈进”。④ 同年 12 月 6 日,陆军省、参谋本部制订的武汉会战结束后的《对华处理

① 〔美〕柯文著,杜继东译:《历史三调:作为事件、经历和神话的义和团》,江苏人民出版社 2000 年版,第 8 页。

② 秦孝仪主编《先总统蒋公思想言论总集》第 15 卷,台北“中央”文物供应社 1984 年版,第 487 页。

③《毛泽东致蒋介石信》(1938 年 9 月 29 日),武汉地方志编纂委员会办公室编《武汉抗战史料》,武汉出版社 2007 年版,第 86 页。

④ 日本防卫厅防卫研究所战史室《支那事变陆军作战》(2),东京朝云新闻社 1976 年版,第 464 页。

办法》,明确“如无特别重大的必要时,不企图扩大占领地区”,并调整调防侵华部队,“逐步作长期持久性的安排”。[①] 因此,武汉抗战作为抗日战争的历史转折点是其时中日双方的共同认知当是无庸置疑的。诚如《剑桥中华民国史》所云:“在蒋介石方面,他并不显得垂头丧气。他乐观地宣称,放弃武汉‘标志着我们的斗争从防御到进攻的转折点’。尽管这似乎是虚张声势,但连日本人也承认,由于未能在武汉把国民党军队打垮,他们已失去速胜的机会。这时国民党军队已经撤退到有利于日本军队前进的现代交通干线之外的崎岖山区。日本高级指挥部预料胜利的时间已经不是三个月,也许是三年了。”[②]

由于“事件史”的“短时段”属性,其着重点在对事件的叙述而非解释,“一些历史学家因此对传统的事件史持强烈的不信任态度;事件史和政治史的名称被混用并不十分恰当,因为政治史并不注定就是事件史。事实上,近百年来的史学,除人为的断代史和个别的长时段解释外,几乎都是以‘重大事件’为中心的政治史,历史研究的内容和对象都是短时间”[③]。这就是说,要深入理解“武汉会战”在抗日战争乃至近代中国民族解放战争中的“转折点”意义,仅仅从短时段的事件史角度进行一般性叙述和研究是远远不够的,必须突破事件史—政治史—军事史的局限,以长时段至少中时段眼光,从政治、经济、社会、文化的广泛视野深入研究武汉抗战乃至整个抗战时期的政治格局、经济水平、社会动向和文化氛围,从“中时段—社会时间—局势”的了解和分析中“来确定各种物质与非物质的因素对历史发展的不同程度的作用”。[④]

武汉抗战是抗日战争及武汉近代史上重要的历史时期:中时段眼光 包括武汉会战在内的武汉抗战是抗日战争的一个十分重要的历史时段,毛磊认为:“‘武汉抗战’,既不是指武汉市及其周边地区的局部区域性抗战,也不仅仅局限于军事范畴的武汉会战,而是涵盖了 1937 年 12 月 13 日南京失守至 1938 年底这

---

① 复旦大学历史系编译:《日本帝国主义对外侵略史料选编(1931—1945)》,上海人民出版 1983 年第 2 版,第 286~287 页。

② 〔美〕费正清、费维恺编,刘敬坤等译:《剑桥中华民国史(1912—1949 年)》(下卷),中国社会科学出版社 1994 年版,第 634 页。

③ 〔法〕费尔南·布罗代尔著,顾良、张慧君译:《资本主义论丛》,中央编译出版社 1997 年版,第 177 页。

④ 张芝联:《费尔南·布罗代尔的史学方法——中译本代序》,见布罗代尔著,顾良、施康强译《15 至 18 世纪的物质文明、经济和资本主义》,生活·读书·新知三联书店 1992 年版,第 17 页。

一时期全国范围内的抗日斗争。在中国共产党召开的第七次全国代表大会上，周恩来作了《论统一战线》的报告，在报告中，他把 1927 年北伐到武汉后的武汉国民政府时期称为‘第一个武汉时期’，而把 1938 年称为‘第二个武汉时期’。”① “这一年在 8 年抗战中是一个相对独立的发展阶段，或者说是抗日战争史中的一段‘断代’史。这段‘断代’史的名字就叫‘武汉抗战’。正因为它是 1938 年全国抗战的专有名词，因而有着重大的历史意义和现实价值。”②

如果说，短时段的事件史研究重点是叙事即搞清楚事件的原委和真相，那么，中时段的研究方式和研究重点则是围绕事件生成机制所进行的“一种新的历史叙述方式，即所谓‘势态’、‘周期’和‘间周期’的叙述方式”，选择的时间“可以是十多年，二十五年，甚至是康德拉捷夫的五十年周期”。③ 作为武汉抗战时期最主要的重大历史事件，围绕武汉会战所展开的政党合作与相对开明宽松的政治氛围、战时经济体制、中国近代工业化水平对抗战的制约、民众动员的广泛深入与文化宣传的空前活跃，使得武汉抗战突破单一事件范畴而形成柯文所说的“向后延伸”和“向前延伸”至少 8 年甚至更长时间的重要历史时段，由此我们可以深入堂奥，以“中时段”眼光一窥武汉会战背后的政治、经济、社会与文化动因。

武汉会战是中日双方军事和经济实力极不对等的一场决斗，军事方面，“日本军队在其现代运输、火力装备、军队快速机动以及无线电通讯设备先进性方面，相对于中国军队都占有压倒性优势。中国军队在现代技术方面没有比较优势……在这次会战中，中国军队运用电话、铁路线、机枪和手榴弹进行了持久的［地］武装抵抗”④。经济方面，武汉抗战时期，中国经济总量只有日本的 1/4，日本的人均 GDP 是中国的 20 倍。1937 年底，中国工厂只有 3935 家，资本总额约 3770 万元，工人总数 45 万余人，而日本的工厂则为 106005 家，工人总数为 2937000 人，中国工业产值为 13.6 亿美元，日本则为 60 亿美元。尤其是军事工业，二者相比根本不是一个量级，日本 1937 年生产飞机 1580 架、汽车 9500 辆，日

---

① 毛磊：《论“武汉抗战”在抗日战争与反法西斯战争中的历史地位》，《世纪行》2015 年第 4 期。

② 毛磊：《论“武汉抗战”的历史地位及现实价值》，《学习与实践》1998 年第 7 期。

③〔法〕费尔南·布罗代尔著，顾良、张慧君译：《资本主义论丛》，中央编译出版社 1997 年版，第 178 页。

④〔美〕麦金农著，李卫东、罗翠芳译：《武汉，1938——战争、难民与现代中国的形成》，武汉出版社 2008 年版，第 53 页。

本可以生产从手枪到航空母舰的所有武器,而中国则只能生产步枪和小炮。如此看来,中日对垒是农业国与工业国之对垒,武汉会战是农业文化与工业文化之决斗。但是,就是这样一种力量悬殊之决战,中国军队坚持战斗近6个月,歼敌逾10万,实现了以时间换空间、由战略防御向战略相持阶段转变的战略目标。

原因何在?

被周恩来称为"第二个武汉时期"是国共暂停纷争、联合抗日,中华民族空前团结、共抵外侮的最好历史时期。战时民主政治体制的建构,形成了民主开放的政治格局,创造出一种宽松和谐的社会氛围,有利于各党派、各族人民得以"捐弃成见,破除畛域,集中意志,统一行动"①。麦金农曾以战时难民救济的例子描述这种合作的显著成效,"这样的政治合作非同寻常,在这个舞台上活动的妇女领导人既有'左派'的,也有右派的,例如共产党周恩来夫人邓颖超,与国民党蒋介石夫人宋美龄。这种促进合作的活动很快起作用了,吸引了大量志愿者与其他人的支持,它超越了政治派别,很快产生了实质性的效果"②。尤其是中共取得了合法的政治地位,中共军队纳入国家军队序列,在抗战中得到锻炼和发展。1938年上半年,八路军在华北创建了抗日根据地,武汉会战期间,八路军在华北作战1000余次,歼敌2万余人。至武汉会战结束,八路军由4万人发展为15万人,新四军由1万人发展至2.5万余人,敌后抗日根据地和游击区人口超过5000万人。中共力量在武汉抗战时期的生长与发展,不仅成为抗日民族解放运动的中流砥柱,更为新民主主义革命的胜利奠定了坚实的基础。

武汉抗战时期卓有成效的民众动员点燃了广大民众自觉抵御外侮的爱国热情,形成"工农商学兵,一起来救亡"、举国同心、全民抗战这样一种"局势"和"势态"。"中国民族必以坚强不屈之意志,动员其一切物力人力,为自卫,为人道,与此穷凶极恶之侵略者,长期抗战以达到最后胜利之日为止。"③青壮年踊跃从军,为前线源源不断地输送兵源,后方的民众有钱的出钱,有力的出力,倾力支援前

---

①《中国国民党抗战建国纲领》,武汉市档案馆等编《武汉抗战史料》(内部印行),1985年版,第46页。

②〔美〕麦金农著,李卫东、罗翠芳译:《武汉,1938——战争、难民与现代中国的形成》,武汉出版社2008年版,第76页。

③《国民参政会首次大会宣言》,武汉市档案馆、武汉市政协文史学习委员会编《保卫大武汉——纪念武汉抗战六十周年专辑》,《武汉文史资料》1998年第3期,第22页。

方抗战。“1938 年初,大约有 10 万学生难民来到了武汉。武汉三镇的大街上充溢着爱国主义的言论与墙报。正如年轻的记者伊斯雷尔·爱泼斯坦因所写到的,‘向来冷静的商业城市汉口开始变样了……’怎样利用这股力量为战争服务,成为武汉春天最有争议的政治话题。”[①]武汉会战激战正酣之际,1938 年 7 月 6 日至 8 日“七七”事变周年纪念,武汉举行支援抗战献金活动,献金活动由国共党政军要员的夫人如李宗仁夫人郭德洁、冯玉祥夫人郭秀仪等主持,各界群众,蜂拥而至,献金台前,人潮如涌。“各台的献金者,正像大汛期间的江水汹涌而来,摩肩接踵,男女老少、乞丐、苦力、伤兵、难民,以至衣冠楚楚的小商人、学生、公务人员、达官贵人,全都无分畛域地带着轻逸逾[愉]快的兴奋的步调,庙会似地向各个献金台前云集。其情绪之热烈、紧张、激越、兴奋,也正像汉口特色之一的热度,有非文墨所能形容的。”[②]短短三天,参加献金的人有 50 万人次以上,献金总额共计 93 万多元。武汉各界慰劳前线抗战将士要员会发起征集 30 万封慰问信的活动,全市市民纷起响应,一封封情真意切、感人肺腑的信件飞到了前线,飞到了正在浴血奋战的战士手中,极大地鼓舞了前方官兵们的抗日士气。正是这样一种民气和士气,支撑着手握长枪短炮甚至大刀长矛的中国士兵与武装到牙齿的日本侵略者进行着殊死决斗,直至鲜血流尽的最后一刻。

在布罗代尔的历史时间分析方法中,中时段中影响历史进程的所谓“局势”或“势态”,最主要的是所谓“经济局势”。那么,武汉抗战时期的经济局势又是怎样的呢?它对于武汉会战又有怎样的积极和消极影响呢?如前所述,由于中国近代工业化发展程度偏低,尤其与敌对国日本缺乏比较优势,对于武汉会战的总体结局带来不利影响,但这并不表示当时的政府和社会在战时经济体系建设和发展战时经济以努力支持抗战等方面无所作为。事实表明,武汉抗战时期国民政府的经济动员基本达到了预期目的,工业企业数量、工业生产能力和水平达到前所未有的规模,私人资本投资大幅增长,1937 年全国设厂 63 家(其中私企 60 家),1938 年增至 209 家(其中私企 182 家)。[③] 1937 年私人资本投资额为

---

① [美]麦金农著,李卫东、罗翠芳译:《武汉,1938——战争、难民与现代中国的形成》,武汉出版社 2008 年版,第 117 页。

② 《武汉三镇献金圆满结束　献金者五十万人以上　总数已超过一百万元》,《新华日报》1938 年 7 月 12 日,第 3 版。

③ 栗寄沧《吾国战时工业建设之回顾与前瞻》,《经济汇报》第 2 卷第 7 期,第 868 页。

2172 万元,1938 年则达到 6717.8 万元,为 1937 年的 309.3%,其发展速度前所未有。在鼓励私人投资的同时,国家加大了官营资本对私人企业的渗透和控制,1938 年国家资本产品产值占全国资本产品产值的 21.2%。战时经济的超常规发展,基本满足了战争需要,1938 年会战所需要的粮食、棉花、燃料、武器及其他军用物品、器材基本能满足。仅以上海、江浙等地西迁来汉工厂为例,其时,“在湖北省和武汉市政府的配合下,一部分内迁工厂很快顺利地安置下来,开始恢复生产。此时,正赶上兵工署急需一批军用定货,上海内迁工厂的厂主们主动将这些工作承接下来,分配给那些机器设备搬迁较易,可以迅速开工生产的厂家。于是,新民、合作五金、上海机器厂等 15 家工厂临时复工。1938 年 7 月,又有姚顺兴、华丰等 27 家工厂相继复工。这样既解决了各厂因长途迁移而造成的经济困难,又支援了抗战军需物质的供给。到武汉情势危急时,这些复工生产的工厂已开工半年左右,共计制造手榴弹 10 万多枚,迫击炮弹 2 万多枚,还有地雷、水雷、洋镐、铁铲等大批军用器材”①。为了支付庞大的军事战争开支,国民政府采取增加货币发行、调整税制、举借内外债和在海内外开展募捐献金活动等举措开辟财源,虽然每年仍有大量赤字,但收入确有较大增加,从 1938 年的 8.7 亿元增加到 1940 年的 39.71 亿元,有效地支持了抗战。②蒋介石在 1938 年 7 月 23 日接受《纽约时报》记者采访时表示“业已证明吾人之财源足以达此目的”③。

武汉抗战发生在武汉,武汉成为南京沦陷后事实上的战时首都,本土地理—社会—文化因素也深刻影响着战时民心和民气以及战争双方的战略意图、战争走向和战争进程。武汉两江交汇,九省通衢,承东启西,引南控北,自古即是兵家必争之地,历来为战事多发区,近代以来更是所谓“四战之地”,得武汉者得天下。武汉这种重要的战略地位,在全面抗战爆发尤其是南京沦陷后进一步凸显,在国民党军方曾经提出的全国 5 大国防中心区城市中,武汉赫然在列,其他 4 个城市是南京、成都、洛阳和西安。1937 年 12 月 13 日,国民政府军事委员会在武昌拟订的《军事委员会第三期作战计划》,武汉是必须确保的核心城市:“以确保武汉核心,持久抗战,争取最后胜利为目的,应以各战区为外廓,发动广大游击战,同

---

①② 欧阳植梁、陈芳国主编《武汉抗战史》,湖北人民出版社 1995 年版,第 342、359 页。

③ 秦孝仪主编《先总统蒋介石思想言论总集》第 38 卷,台北“中央”文物供应社 1984 年版,第 110~111 页。

时新构筑强韧阵地于湘东、鄂西、皖西、豫西各山地,配置新锐兵力,待敌深入,在新阵地与之决战。”①“热血沸腾在鄱阳/火花飞迸在长江/全国发出了暴烈的吼声/保卫大武汉/武汉是全国抗战的中心/武汉是今日最大的都会/我们要坚决的[地]保卫着她/像西班牙人民保卫马德里/粉碎敌人的进攻/巩固抗日的战线/用我们无穷的威力/保卫大武汉!”雄壮激越的歌声唱响大江南北,“保卫大武汉”成为最响亮的时代强音。日本方面一向看重武汉的战略地位,近代尤其是甲午战争后,日本一批批的谍报人员来到中国,深入堂奥,刺探中国政治、军事和经济情报,对于武汉尤为重视。1905 年,日本驻汉总领事水野幸吉编纂《中国中部事情:汉口》,对以汉口为中心的湖北和武汉地区地理、历史、工业、商业、航运、铁路、金融、外贸、物产、公益、公共机关、关税及邮政制度等条分缕析,详细介绍,其《自序》十分露骨地表达了日本谍报机构对于武汉的觊觎,通过染指武汉、经营武汉进而“最终解决中国事情”的战略意图:

> 满洲事虽已决。然,剑影尚未从眼中离去;炮声仍犹如在耳。值此之际,长驱直入、以图扩大利权之范围,乃是自不待言之事。观当今之时局,不可忘记:满洲只是支那问题之局部,并非全局。其最大且尚未完全解决的清国问题乃是争夺中国腹地即扬子江流域的利权之问题。此乃对于帝国最终解决中国事情,宿命性地占有极其重要的一席之地。
>
> 汉口乃长江之眼目,清国之中枢,制中国中部于死命之地,由此,帝国必须要染指于此、经营于此;此乃帝国不可回避之使命。……②

南京沦陷后,日本兵锋剑指武汉,认为武汉不仅是战略要地,也是“中国内地唯一的大经济中心”。攻下武汉,不仅可以谋取日本在中国最大的经济权益,而且可以切断国民政府在两湖地区的重要粮食和经济来源,从而“造成该政府经济自给的困难”③。在日本编印的中国城市地图中,武汉占了很大分量,大量的武汉城市地图是在 1938 年武汉抗战期间编印出版的。笔者据新近出版的《外国所绘

---

① 国民政府军令部战史会档案,中国第二历史档案馆藏。

② [日]水野幸吉著,武德庆译:《中国中部事情:汉口》,武汉出版社 2014 年版,“自序”,第 11 页。

③ 复旦大学历史系日本史组编译:《日本帝国主义对外侵略史料选编(1931—1945)》,上海人民出版社 1975 年版,第 263 页。

近代中国城市地图总目提要》统计，日本自 1900 年至 1944 年编印武汉地图共 27 幅（篇），全面抗战爆发后的 1938—1944 年编印的有 24 幅（篇），其中 1938 年编印者即达 8 幅（篇），包括《武汉三镇》（1938 年 3 月）、《武汉三镇重要设施图》（1938 年 5 月）、《汉口市街图》（1938 年 8 月）、《汉阳市街图》（1938 年 8 月）、《武昌市街图》（1938 年 8 月）、《汉口市街图》（1938 年 9 月）、《武汉三镇要图》（1938 年 10 月）、《武汉市街图》（1938 年 8 月）等。这些地图的编印者主要为日本军方，如《武汉三镇重要设施图》为日本参谋本部陆地测量部编制，汉口、汉阳、武昌街市图为日本军令部编制，另外一幅《汉口街市图》为日本第二野战测量队编制。[①] 其编制武汉城市地图的目的，一是显示了日本军方对武汉战略地位的高度重视及志在必得的信心和决心。二是未雨绸缪，为攻占武汉后经略和掠夺城市做准备。

武汉独特的地理位置，既使其成为兵家必争之地，更使其为“天下货物聚买第一大码头”。战争与城市如影随行，养成武汉人临危不惧，处变不惊，敢于斗争，敢于胜利的坚韧性格；而商业与市场经济的浸润形成开放包容、变动不居的城市文化和民主自治、自由理性的市民精神。这些具有现代意识的城市文化和城市品质在武汉抗战中所发挥的正面效应显而易见，有目共睹。麦金农曾经数次指出，兵临城下的战争阴云笼罩下的武汉并没有出现意料之中的恐怖气氛，“在军事上，连续 10 个月的围攻是非常突出和少有的。自上海、南京与济南陷落之后，在 1938 年大部分时间里，中国人生活在恐惧和痛苦之中。然而 10 个月之后的情形却大不一样了。虽然在武汉大会战之中，中国方面所付出的牺牲和所遭受的破坏都是巨大的，然而应该看到，中国方面从武汉撤出是有计划和有组织的，是一次非常成功的战略行动”[②]。“正如我们即将要看到的，武汉 1938 年 10 个月里，孤注一掷的乐观主义氛围之所以产生的主要原因，是中国最好的最有智慧的人才的努力，他们来自北京、天津、上海的知识分子难民。在武汉，这群富有才华而慷慨激昂的知识分子，比政治与军事领导人更有影响力，是他们把三镇民

① 李孝聪、钟翀主编《外国所绘近代中国城市地图总目提要》（下册），中西书局 2020 年版，第 351～360 页。

② 〔美〕麦金农著，李卫东、罗翠芳译：《武汉，1938——战争、难民与现代中国的形成》，武汉出版社 2008 年版，第 53 页。

众重新集结来保卫自己新的家园。”①麦金农将战争状态下武汉城市上空弥漫的乐观主义气氛归结为战争经验的积累、政府有效的组织和知识分子富于激情的鼓动宣传，但由于他对武汉本土文化了解不足和理解欠缺，忽略了武汉城市商兵互动形成的处变不惊、乐观文化传统和精神气质的潜在作用。正是因为这种独特的传统和气质，使武汉人在武汉抗战中表现出独特的乐观主义精神。不仅如此，身处乱局中的武汉一改“向来冷静的商业城市”的形象，以极大的爱国热情投身抗日救亡运动之中，汉口商会积极参与难民救济，“汉口传统的慈善堂是非常有名的，贺衡夫及其汉口商会，负责 57 个善堂……当时，武汉的 111 个避难所中，有 88 个设在汉口”。据统计，武汉抗战期间，武汉共设有 111 个难民救济所，“其中，有 18 个由当地市政府赈济会负责，13 个由 1910 年就已出现的同乡会负责，15 个由基督教会负责，4 个由国际红十字会负责”。②在社会动荡和民族危难之际，汉口市民社会的自治传统和公共精神充分展示出优势与活力。武汉民间组织成为难民救济的主体。商界倾囊救济难民如此，武汉戏曲演艺界亦不甘人后，汉口市剧场业同业公会组织汉剧、楚剧、平剧同人举行劳军义演，从 1937 年 9 月到 1938 年 10 月，汉口戏剧界 2000 艺人频繁登场，共举行 54 次义演，演出收入共计 2.7 万余元，加上名剧团、剧场和演职员捐款、献金，共计 5.1 万余元，悉数捐给抗战前线，“以劳力所得，贡献于抗战救国”。武汉艺人以自己的爱国行动彻底改变人们对于艺人——戏子“商女不知亡国恨，隔江犹唱后庭花”的传统负面形象。武汉会战结束后，武汉戏剧同人也没有停止宣传抗日的演艺活动，他们组成许多演出小分队辗转于抗战前线和大后方，继续劳军公演。郭沫若曾经赠诗楚剧名伶沈云陔，对武汉艺人们的爱国抗日义举给予高度评价：“一夕三军唱楚歌，霸王垓下叹如何？从兹艺事浑无敌，铜琶铁板胜干戈。”③

武汉抗战是对中国社会发生深远影响的民族解放运动：文明史的视野 日本帝国主义的侵略延缓和打断了中国传统农业社会向现代工业社会转型的现代化进程，然而，战争既是灾难也是机遇，抗日战争不仅是一场抵御外侮、反抗侵略

①② 〔美〕麦金农著，李卫东、罗翠芳译：《武汉，1938——战争、难民与现代中国的形成》，武汉出版社 2008 年版，第 79、74 页。

③ 参见涂文学、闵晏清《武汉抗战时期汉口劳军义务演出》，《武汉文史资料》2018 年第 8 期，第 59 页。

的民族战争,更是一场缔造文明、变革社会、民族复兴的深刻的伟大民族解放运动。正如著名历史学家章开沅先生所说的那样:“抗日战争是一场非常伟大的战争,不仅对反法西斯战争具有世界意义,而且对于整个人类的进步,整个中国社会的变迁都要非常重要的意义。”[①]以这个视角观照武汉抗战,我们不难发现,武汉抗战确乎留下诸多现代文明遗产。

文明史的视角使我们以更长的历史时段、更宽阔的视野和更深的层面审视武汉抗战留下的文明成果对中国社会产生的深远影响,这就是布罗代尔所说的第三层面即长时段层面。“它超出了这些事件的范围,它所考虑的只是那些按照一个世纪或更长的时间来衡量的现象……在这个最后的视角——社会学家自有他们自己的说法,他们称之为‘最深的层面’——中,文明被看作不同于标志着它们发展的偶然的和变幻无常的事件;文明所揭示的是它们自身的长期性、恒久的特征以及它们的结构——文明的近乎抽象的但却是不可或缺的图形。”[②]事实上,海内外一些学者对于抗战特别是武汉抗战的研究已经有过这种长时段——文明史的尝试,典型者如美国学者麦金农的研究,在他的那本《武汉,1938——战争、难民与现代中国的形成》中,不仅揭示武汉抗战在诸多方面促成了抗日战争的历史转折,而且深入探讨其在文化、社会和政治上改变了中国的现代历史,有些影响甚至延及整个 20 世纪。他认为武汉抗战带给中国的变化“如同第一次世界大战给欧洲带来的一样”,战时武汉在难民救济、防疫与公共卫生体系方面在“中国公共卫生组织史上是一个转折点”,麦金农指出,武汉抗战的历史运动似乎“转瞬即逝”,但是,“总结它的重要性”,其历史影响力却至深且远,如“战时难民经历如何重构现代中国的社会、文化与政治,以及‘武汉精神’为什么至今还被海峡两岸津津乐道”。[③]

这种看似“转瞬即逝”却影响深远的典型例证,是武汉抗战时辉煌而短暂的政治民主化尝试。由于战争的需要,国民党不得不暂时放弃“一个主义,一个党,

① 章开沅:《抗战时期的中国文化·序》,涂文学、邓正兵主编《抗战时期的中国文化》,人民出版社 2006 年版,第 5 页。

② 〔法〕费尔南·布罗代尔著,常绍民等译:《文明史——人类五千年文明的传承与交流》,中信出版集团 2017 年版,第 39 页。

③ 〔美〕麦金农著,李卫东、罗翠芳译:《武汉,1938——战争、难民与现代中国的形成》,武汉出版社 2008 年版,第 3、5、78 页。

一个领袖”的独裁统治，选择多党合作、政权和民意有限开放的民主政治。《抗战建国纲领》和国民参政会，作为抗战时期重要的政治文明遗产，其政治民主化尝试值得肯定。它持续时间达10年之久(1938年7月—1948年3月)，由此营造出来的较为宽松的政治环境有利于民主进步势力乘隙生长，如1941年3月二届一次参政会后成立的中国民主政团同盟，成为国共两党之外的第三种政治力量，中共积极参与国民参政会，利用这一“准议会”讲坛发表抗战与建国主张。“中国国民党与中国共产党，这两个党一方面进行公开的政治竞争，另一方面以党派的名义加入中国统一战线的阵营……这一时期的武汉享有议会式的争论和政治实验。”“在这里，人们认为容忍政治多样性，加强团结，远比坚持权利主义的党派政治更为重要。”①

但是，国民党主导的“政治多样性”只是一种战时权宜之计，国民参政会是一个“战时带有政治协商的咨询机构，其作用有很大的伸缩性。它既可以成为国民党听取全国各党派、各团体对执政决策意见的政治协商机构，也可以把它当作政治清谈馆”②。而且决议案第六条明确规定，设立国民参政会只是权宜之举，抗战停止，国家恢复常态，国民参政会立即解散，因之其对现代中国政治民主化进程的影响十分有限。而真正对后来新中国民主政治格局和走向发生深刻影响的，是以毛泽东为首的中国共产党人在武汉抗战前后对于抗战与民主建国的深入思考以及战后建立和建设“民主共和国”的系统主张。毛泽东认为，战时政府与民主政治制度并不矛盾冲突，战时政府民主性质的核心是广大人民的参与和人民的政治自由：“共产党还在一九三六年八月就提出了‘民主共和国’这个口号。这个口号政治上组织上的含义包括如下三点：(一)不是一个阶级的国家和政府，而是排除汉奸卖国贼在外的一切抗日阶级互相联盟的国家和政府，其中必须包括工人、农民及其他小资产阶级在内。(二)政府的组织形式是民主集中制，它是民主的，又是集中的，将民主和集中两个似乎相冲突的东西，在一定形式上统一起来。(三)政府给予人民以全部必需的政治自由，特别是组织、训练和武装自卫的自由。”毛泽东强调，判断一种政治制度是否为民主的制度，一个政府是否为民主

① 〔美〕麦金农著，李卫东、罗翠芳译：《武汉，1938——战争、难民与现代中国的形成》，武汉出版社2008年版，第3页。

② 欧阳植梁、陈芳国主编《武汉抗战史》，湖北人民出版社1995年版，第191页。

的政府,唯一的标准是它是不是真正代表和体现民意,是不是得到广大人民群众真心实意的拥护,“我们所要求的政府,必须是能够真正代表民意的政府;这个政府一定要有全中国广大人民群众的支持和拥护,人民也一定要能够自由地去支持政府,和有一切机会去影响政府的政策。这就是民主制的意义”。在谈到如何实行新的民主政治制度时,毛泽东提出通过国共在抗日共同纲领基础上合作达到新制度建立的目的,改造政府机构和军队制度,召集由各抗日党派、抗日军队、抗日民众团体和实业团体参加组成的临时国民大会,“这个大会的职权,应是国家的最高权力机关,由它决定救国方针,通过宪法大纲,并选举政府”。[①] 毛泽东的这个构想,体现了中国共产党代表中国最广大人民群众的根本利益,着意在中国建立多数人统治的现代民主政治制度,广大人民群众通过国民代表大会行使国家管理权利,并使政府的公共权力在民主监督下有效运行。毛泽东的民主政治建设思想直启新中国民主政治建设发展道路,中国式社会主义民主政治批判地吸收了资产阶级民主政治的合理成分,坚持党的领导、人民当家作主、依法治国的有机统一,坚持和完善人民代表大会制度,中国共产党领导的多党合作和政治协商制度,是最大多数人享有的最广泛的民主,为人类民主政治的发展开辟了新的前景。因此,新中国建立的社会主义民主政治制度与毛泽东抗战民主政治建设思想谱系一脉相承。

武汉抗战时期的另一个重要成果是工厂和人员西迁使西南、西北地区工业化和城市化水平大幅提升,中国近代工业文明与城市文明的区域发展格局发生重大改观。晚近以来,由于地理、气候、交通和对外开放等诸因素影响,中国早期工业化和城市化呈现东重西轻、南强北弱的非平衡分布状态。统计资料表明,全国工业总产值的77%以上集中在占国土面积不到12%的东部沿海地区省份。与此形成鲜明对比的是西部内陆地区工业极其落后,“中国的发展,非平均的发展,而为畸形的发展。沿海沿江各处,物质方面,较为发达,可是西北各处,不但没有进步,并且日渐衰落”。[②] 据1933年的统计,中国大陆共有内外资企业3450家,

---

① 毛泽东:《和英国记者贝特兰的谈话》,《毛泽东选集》第二卷,人民出版社1991年版,第382~385页。

② 张继:《开发西北问题》,《开发西北》1934年第1卷第1期,第4页。

其分布于西北、西南地区的仅300余家。[1]

城市区域分布方面亦呈东多西少局面,民国学者沈汝生曾著《中国都市之分布》对1930年代全国城市的区域分布状况予以详细分析。在分析区域面积与都市数量时,他将中国分为沿海区、中部区和内陆区三大区域,分布于东南沿海地区的城市总数占全国城市总数的76.2%,沿海区城市网密度为中部区的3.3倍,为内陆区的41.3倍。[2]"三区面积与都市数目,呈一极大之反比,内陆区面积大而都市少,沿海区面积小而都市多,中部则介二者之间;由此知中国都市全集中于沿海,内陆则绝无仅有,是为他国所罕见,遂成中国都市分布之特色。""其结果以东北区为第一,长江下游区次之,珠江下游区又次,东南沿海区第四,而以西南区为最少。"[3]

抗战时期尤其是武汉抗战时期,东中部地区企业大量西迁和人口大批西移,自1938年7月开始,包括原来沪苏浙迁汉企业在内的武汉工厂开始大规模内迁,据汉口市1947年8月第一届参议会第三次会议报告:"查抗日战争时期全国内迁工厂总数共有452个单位,而武汉区为223个单位,占全国总数之半,其迁往川、陕、湘、滇、黔、桂等地。"其中由武汉迁出的物质设备总数达10万吨以上。工厂内迁至西南、西北地区后逐步建设形成了一批工业区,如重庆工业区、万县工业区、昆明工业区、宝鸡工业区,填补了西南、西北地区现代工业空白,改变了旧中国现代工业区域分布畸轻畸重的不合理格局。

武汉抗战以后,随着政治经济重心的西移,现代工业等新经济要素出现,交通环境的改善,极大地刺激了西南地区城市的发展,现代城市体系加速创建,一批新兴工业中心城镇、政治中心城镇以及各类特色城镇迅速形成和崛起。一是建置市多有增设,抗战前夕,西南地区云南、贵州、四川的建置市仅有3个,即重庆、成都和昆明。抗战时期新增了自贡、桂林和贵阳等多个建置市。二是传统区域中心城市重庆、成都、贵阳、昆明等得到了快速发展,城市空间极大扩展,城市用地规模、经济规模、人口规模不断扩大,分别成为各个区域的政治、经济、交通、

---

① 参见巫宝三《中国国民所得(一九三三年)(外一种:国民所得概论)》,商务印书馆2011年版,第91~93页。

② 参见顾朝林《中国城镇体系——历史·现状·展望》,商务印书馆1992年版,第159~160页。

③ 沈汝生:《中国都市之分布》,《地理学报》1937年第4卷第1期,第3、12页。

文化中心。重庆在1937年人口为47万余人,1945年增加至124万余人;成都在1937年人口为49万余人,1945年增加至70万余人;昆明在1937年人口为14余万人,1945年达到26余万人;贵阳在1937年人口为12万余人,1942年增加到28万余人。三是城市数量、规模等级获得发展,重庆人口曾一度超过100万,成为全国性的政治、军事中心和多功能综合性中心城市。成都城市人口也快速集聚,成为西南地区战时又一个人口数超过50万接近100万人口的大城市。此外,昆明、贵阳、桂林、康定等西南省会城市人口也迅速增加,部分城市人口数已经接近50万。交通沿线部分城市人口迅速增长,形成了一批10万人口左右的中小城镇。

抗战带给西南、西北地区现代文明,其影响决不止于战争时期。过去有一种观点认为,抗战大后方的繁荣十分短暂和有限。抗战胜利后,随着机构、工厂和人员的回迁,西南地区工厂大量减少,城市人口数量急剧下降,以1945和1948年的人口对比,重庆从1245645人下降到1000356人,成都由701143人下降到641243人,贵阳由284504人下降到239571人。但是,人们只是看到这些城市战后人口数的回落,却没有看到与战前相比,西南地区城市化水平的大幅提升,对此,我们可以提供另一组数据,即1937年与1948年的对比数据。重庆由475968人增加至1000356人,增加了近53万人;成都由499059人增加至641243人,增加了13万余人;贵阳由121304人增加至239571人,增加了近12万人;昆明由142657人增加至310660人,增加了近18万人,而且昆明与上述三个城市不同,战后人口不减反增,1945年昆明城市人口为260008人,1948年为310600人,战后3年间增长了5万余人。工业化方面,战时西南、西北经济大开发,给内地工业发展打下了良好的基础。就是企业回迁,也并非所有企业一锅端,由于种种原因,不少企业留在了当地,成为所在城市骨干企业和经济增长点。典型者如汉冶萍公司的主干企业汉阳铁厂和大冶铁厂、大冶铁矿迁址重庆,1940开始投产,1943年全部建成,为抗战时期规模最大、设备最全的钢铁厂,鼎盛时期有员工15699人,钢铁产量一度占抗战大后方钢铁总量的90%,被誉为“国之桢干”。抗战胜利后,汉阳铁厂留在了重庆,新中国成立后以此为基础建设的重庆钢铁厂(后发展为重庆钢铁集团公司),成为我国重要的大型钢铁企业之一,曾有“北有鞍钢,南有重钢”之誉。由是可见,东中部较发达地区工厂、学校、人员的大规模西迁,在西南大后方撒下现代工业文明和城市文明的种子,经过漫长的生根发芽和生长,终于结下了现代化丰硕果实。

武汉抗战时期是抗战文化发展繁荣的鼎盛时期,抗战文化高扬民族化和大众化旗帜,成为民族的、科学的、大众的新民主主义文化和社会主义文化之先声。1938 年 3 月成立的中华全国文艺界抗敌协会的《发起旨趣》将文艺的命运与抗战的命运紧紧地联系在一起,赋予抗战文化唤醒民众、抵御外侮和重塑民族精神的战斗功能和时代特色,“民族的命运,也将是文艺的命运,使我们的文艺战士能发挥最大的力量,把中华民族文艺伟大的光芒,照彻于全世界,照彻于全人类”[①]。在文化民族化上,武汉抗战文化主张“革命的文艺须是活跃在民间的文艺”,“在抗战的今日,我以为,文艺必须以民族革命出发而完成民族的文艺”[②]。在文化人民性和大众化上,武汉抗战文化提出“文艺不是少数人和文化人自赏的东西,而变成了组织和教育大众的工具”,“新时代的文艺,尤其是在这大时代的文艺,早已不是个人的名山的事业,而应该是一种群众的战斗的行动。”[③]武汉抗战文化提出了“文章下乡,文章入伍”的口号,“积极的,全面的抗战必须动员全体民众。精神的食粮必须普遍的送到战壕内与乡村中。”[④]茅盾更直陈抗战文化运动的本质就是大众文化运动。“要把整个的文艺运动,作为文艺的大众化运动,使文艺的影响突破过去的狭窄的智识分子的圈子,深入于广大的抗战大众中去!”[⑤]武汉抗战文化还在文艺作品的内容与形式上对传统性与现代性、民族性与世界性以及通俗化与大众化等进行了有益尝试和探索,既对传统民族艺术样式如京剧、地方戏曲、评书、大鼓、山歌、快板、民间小调等赋予现代内容,也对现代艺术如电影、话剧、歌剧等进行民族化和通俗化改造,创作并演映了《梁红玉》(京剧)、《化子拾金》(评剧)、《青纱帐里》《保卫祖国》(话剧)、《八百壮士》(电影)、《长城谣》《沈阳花鼓》(歌曲)等大众喜闻乐见的佳作。“流动剧团、歌咏队、放映队,流到四方,四处都有广大的群众受着鼓舞……抗战歌曲流传到了深山中的牧童口里,捡煤渣的贫儿口里。一批又一批的文艺工作者,新闻记者,涌上前线。工作队、宣传队、漫画队、孩子剧团、慰劳队、服务队等等,一队复一队的走向军队,走入乡

① 参见文天行等编《中华全国文艺界抗敌协会资料汇编》,四川省社会科学院出版社 1983 年版,第 17 页。

②④ 老舍:《文章下乡,文章入伍》,《中苏文化月刊》1941 年第 9 卷第 1 期。

③《全国文艺界抗敌协会成立大会》,《新华日报》1938 年 3 月 27 日,第 1 版。

⑤《〈抗战文艺〉发刊词》,《抗战文艺》1938 年第 1 卷第 1 号。

村。兵营、战壕、广场、原野,都成了课堂;抗战话剧、抗战电影特辑、救亡歌曲,成为了武装同志与人民大众的日常生活之一部分。"①

武汉抗战文化上承"彻底地反对封建文化"的五四新文化,下启"民族的科学的大众的文化"的新民主主义文化和社会主义文化,成为中国文化现代化的一个不可或缺的组成部分和历史阶段。老舍曾经如是评价抗战文化的这种历史方位和时代价值:"这比五四的伤感与北伐的浪漫更朴实确切,这是与军民手拉手的奔赴前方,这将奠定了比五四与北伐两时期更结实更纯真的文艺。这文艺在目前就成为军民必需的精神食粮,这文艺也将自成一格,渐进而为真正民族之声,为全人类呼唤着和平与自由,并报告了争取和平与自由的经验与方法。"②毛泽东在《新民主主义论》中将五四以来的文化革命分为四个时期,其中抗日战争时期为第四个时期,并特别强调全面抗战爆发后至武汉抗战为第一阶段,对于此一阶段的文化运动他给予高度评价:"这个时期的第一阶段,是在武汉失陷以前。这时全国各方面是欣欣向荣的,政治上有民主化的趋势,文化上有较普遍的动员。"③毛泽东吸收了包括武汉抗战文化在内的现代文化革命成果,创造性提出新民主主义文化就是无产阶级领导的"民族的科学的大众的文化"科学论断。"民族的科学的大众的文化,就是人民大众反帝反封建的文化,就是新民主主义的文化,就是中华民族的新文化"④。毛泽东的大众化文化就是人民的文化和为大多数人服务的文化,这是社会主义文化与资本主义文化、无产阶级文化与资产阶级文化的根本分野。毛泽东认为,文化的大众化不是简单的方法问题和形式问题,文艺工作者首先要解决的是立场问题,即解决"文艺为什么人的问题","就是我们的文艺工作者的思想感情和工农兵大众的思想感情打成一片"。在这样一个基础和前提下,毛泽东提出文化工作者要上山下乡,扎根基层,深入群众,创作出无愧于时代,无愧于人民的广大老百姓喜闻乐见的优秀作品。中国特色的社会主义文化是新民主主义文化的承续与发展,它既坚持文化的民族性,"中国特色社会主义文化,源自于中华民族五千多年文明历史所孕育的中华优秀传统文化",在保持民族特色的同时,注重吸收全人类一切优秀的文明成果,坚持民族性

---

① 郭沫若:《三年来的文化战》,《大公报(重庆)》1940 年 7 月 16 日,第 3 版。

② 老舍:《保卫武汉与文艺工作》,《抗战文艺》1938 年第 12 期,第 147 页。

③④ 毛泽东:《新民主主义论》,《毛泽东选集》第二卷,人民出版社 1991 年版,第 703、708~709 页。

与世界性的有机结合;同时更强调文化的人民性。人民既是社会主义文化发展的基本导向和根本动力,也是文化成果的评判者和受益者。“社会主义文艺是人民的文艺,必须坚持以人民为中心的创作导向,在深入生活、扎根人民中进行无愧于时代的文艺创造”。中国特色社会主义文化发展道路的根本目的在于,坚持人民群众在文化建设中的主体作用,激发全民族文化创新创造活力,建设社会主义文化强国。

从五四到抗战,从武汉到延安,从新民主主义文化到中国特色社会主义文化,一代代探索,一次次论战,中国文化的民族化、大众化与现代化终于结出累累硕果,中国特色社会主义文化强国的桅顶已经冒出地平线,我们应该拍掌欢迎它。回首往昔,武汉抗战那激情如火的岁月人们不会忘记,“在武汉那激扬的社会氛围中,这场运动的前期活动早已把武汉三镇变为文化革命的实验场……在创造新的以大众为导向的文化过程中,中国知识分子,尤其是那些逃难到武汉的青年学生认为自己就是这场文化运动的先锋队”[①]。是的,历史将会记得这支文化先锋队,记得他们先知先觉的思想悟性和下乡村卧战壕的无我和无尽的探索。

不能遗忘的岂止是这些文化人,时间过去了 80 多年,武汉会战的硝烟早已散去,但是武汉抗战的历史不仅没有被人遗忘,反而在世界面临百年未有之大变局和中华民族复兴的时代大潮的今天更加为人们所珍视。这不禁使人想起布罗代尔《文明史》中的一段话:“一个事件或一个人在混乱无序的历史中的重要程度,取决于它(他)所要耗费的时间。只有那些经历了时段(la durée)的考验或被等同于一种恒久的实在的人,才真正被列入文明史之中。因此,通过筛选那些耳熟能详的历史事件,人们也许会认识到更为持续的实在正在浮现的轮廓,而这正是我们现在所必须要发现的。”[②]武汉抗战正是这样一个时间愈久愈能发现其价值、可以列入中华民族复兴这一伟大文明进程的历史事件和历史时段。“在保卫武汉的 10 个月里,武汉的活动家启动了改变中国社会、文化与政治的运动。这

---

① 〔美〕麦金农著,李卫东、罗翠芳译:《武汉,1938——战争、难民与现代中国的形成》,武汉出版社 2008 年版,第 86 页。

② 〔法〕费尔南·布罗代尔著,常绍民等译:《文明史:人类五千年文明的传承与交流》,中信出版集团 2017 年版,第 31 页。

些运动与在第一次世界大战中所发起的曾经改变欧洲的运动一样，具有深远的意义。”[①]它不仅成为中国抗战的历史转折点，而且改写了中国乃至世界的历史，维护和重建了中国乃至世界秩序，在反抗法西斯主义，捍卫人类文明成果的同时，创造了许多惠泽当下、影响深远的有价值的现代文明成果。惟其如此，武汉抗战这段让人刻骨铭心的历史必将深深植入华夏子孙的脑海里而成为民族记忆的一部分，让人们不断记起，反复考量……

（本文是作者为《武汉抗战与抗日战争的历史转折》一书撰写的“导论”。《武汉抗战与抗日战争的历史转折》（涂文学主编），为张宪文教授主持编纂的大型抗日战争史研究丛书之一部，即将由江苏人民出版社出版。）

---

① 〔美〕麦金农著，李卫东、罗翠芳译：《武汉，1938——战争、难民与现代中国的形成》，武汉出版社 2008 年版，第 155~156 页。

沦陷与中国城市现代化进程的断裂

——基于武汉城市样本的分析[①]

近代以来，中国现代城市化与城市现代化主要集中在东中部地区，现代工业、商贸、文教等均聚集于此。1933 年，除东北 4 省和甘、宁、青、新、滇、黔等边远省份，全国 17 个省共有工厂 2435 家，其中冀、鲁、苏、浙、闽、粤等沿海 6 省有 2241 家，占 92%，而其中 1186 家即 48.7%的工厂集中于上海一市。[②] 如果没有日本帝国主义的入侵，中国的城市化进程当会缓慢地向前发展，但抗战的爆发完全打断了这一进程。据统计，全国有 1001 座城市沦于敌手，其中东中部地区就有 755 座城市被日军占领。[③] 一时之间，东中部地区焦土一片，重要城市如上海、南京、武汉、广州等，经济凋敝、市容残破、人口锐减，大量市民或惨死于日军屠刀之下，或沦为难民流离失所，战时难民总数达到 95428771 人[④]；工厂企业或内迁，或在战争中惨遭破坏，上海沦陷前，迁出工厂 146 家，仅占工厂总数的 12.3%[⑤]，所剩之千余工厂全部沦入敌手。国土沦陷打断了中国现代城市化的进程，对城市现代化进程的破坏极为严重。

武汉是中国现代工业的发祥地，是中国近代国际性工商业城市以及华中地区重要的工业基地和经济中心。晚清时期武汉官办和官督商办工厂数量最多，占全国的 24%；工业门类体系齐全，以重工为主，轻工为辅，先重后轻，“自相挹重”；工业规模极大，如“汉阳钢铁、兵工二厂，远采德国之制，诚东亚第一之大规模”[⑥]。民国时期武汉工业进一步发展，1934 年工人数、动力数位列全国第四，资金额和年总产值居全国第五。武汉也一直是仅次于上海的中国内地最大的国际

---

① 本文与王耀合著。

② 陈真编：《中国近代工业史资料》第 4 辑，生活·读书·新知三联书店 1961 年版，第 17 页。

③ http://tieba.baidu.com/p/2015121450。

④ 常云平、刘力：《乱世飘蓬：抗战时期难民大迁移》，商务印书馆 2015 年版，第 80 页。

⑤ 林继庸：《民营厂矿内迁纪略》，中国人民政治协商会议全国委员会文史资料研究委员会编《工商经济史料丛刊》第 2 辑，文史资料出版社 1983 年版。

⑥ 参见周以让《武汉三镇之现在及其将来》，《东方杂志》1924 年第 21 卷第 5 号，第 75 页。

贸易港口城市,“从开埠直到30年代初,汉口的贸易额在大部分年份都排在第二位,仅次于上海,在四大港(上海、汉口、天津、广州——引者注)的贸易额中占据了20%左右的份额”①。武汉的城市人口常年保持在100万左右,其城市现代化建设更是在全国名列前茅。然而,这一切都因日本的侵略被彻底摧毁,7年黑暗的沦陷岁月,使得武汉的城市发展毫无建树,甚至呈倒退趋势,城市现代化进程完全被打断。因此,以沦陷时期的武汉为样本来分析沦陷对中国城市化发展进程的影响具有典型意义。

一、武汉抗战:城市畸形繁荣且昙花一现

1937年12月,南京陷落后,武汉成为当时未沦陷的唯一特大城市。政府机关、工矿企业、文化团体纷纷迁至武汉,“保卫大武汉”的歌声响彻云霄。武汉一时成为临时首都和全国的政治中心、经济中心和文化中心,迎来了近代城市发展的巅峰时期。

政治上,1937年11月初,国民政府军事委员会和许多政府机关迁入武汉。当月17日,中央、中国、交通、农民等4家中国金融业的代表性银行迁至武汉。随后,国民政府、外交部、财政部、内政部、经济委员会、建设委员会、侨务委员会、邮政储金总局、军事委员会、总司令部等相继迁至武汉。与此同时,政界精英、文化名流、军界要人、外交使节、国际友人云集武汉。另外,由陈绍禹(王明)、周恩来、秦邦宪(博古)、董必武等人组成的中共中央代表团也于12月抵达武汉,中共长江局、武汉“八路军办事处”、新四军军部先后建立。与此同时,全国性的各种救亡团体亦在汉恢复或建立。国民党临时全国代表大会、国民参政会首次会议先后在汉召开。武汉成为事实上的战时首都。

经济上,全面抗战爆发后,南京政府提出焦土抗战政策以防止经济资敌,先后成立了上海工厂迁移监督委员会和工矿调整委员会,负责组织和监督上海工厂以及华北工厂拆迁事宜。1937年8月27日,由顺昌机械厂、新民机械厂、上海

① 张珊珊:《近代汉口港与其腹地经济关系变迁(1892—1936)——以主要出口商品为中心》,复旦大学博士学位论文,2007年,第45~46页。

机械厂、合作五金工厂等4家工厂组成的联合船队赴汉;28日,大鑫钢铁厂、启文机械厂、新中机械厂、利用机械厂、精一机械厂、姚兴昌机械厂等6家工厂组成的联合船队也出发。随后,各类迁移船队接踵赴汉。据统计,在上海失守前,共有121家工厂先后迁移至武汉。[①] 在湖北省和武汉城市当局有关部门的配合下,一部分内迁工厂较快地得到安置。至1937年12月,有上海的新民、合作、慎昌等37家工厂临时开工生产,1938年1月,又有华丰、三北、华生等27家工厂临时开工生产。由各地迁汉且临时开工生产的工厂达66家。[②]到1938年6月,这些临时开工生产的工厂共制造手榴弹10万多枚,迫击炮弹2万多枚,还有地雷、水雷、洋镐等武器和军用器材。[③]

抗战时期,由于中东部地区大量工厂停业,加之战争对物资的大量需求,武汉本土企业获得了短暂的发展机会。如总部设在武汉的裕大华纺织公司,"1937年,全年盈利429.35万元(其中石家庄大兴纱厂因1937年9月14、19日被日军轰炸停工,只有1月至9月的数字);1938年,在大兴纱厂被日军占领、裕华厂于当年8月搬迁的情况下盈利比上年增长10.1%,达到476.03万元"[④]。这一时期,武汉工厂达到近700家,工业年产值超2亿元。"武汉在中国的经济地位迅速上升,成为中国政府控制的最大工业都市和抗战经济中心。"[⑤]

文化上,一大批文化界人士向武汉集结。"成千上万的抗日青年从东北、华北、华东来到武汉,文艺界、教育界、科学界的无数知名人士纷纷来到武汉,加上抗日宣传队、救亡演剧队、文化工作队、战地服务队等一、二百个群众组织先后云集武汉,使得武汉三镇燃烧起抗日的熊熊烈火,成为抗战的斗争中心。"[⑥]"迁移到武汉的科学、文化艺术和救亡团体已达一二百个,各类文化界人士达1000人以上。"[⑦]武汉抗战文化运动空前繁荣,"自1937年春到1938年10月,在武汉出版、

---

①② 孙果达:《抗战期间上海民营内迁厂在武汉》,中国人民政治协商会议全国委员会文史资料研究委员会编《湖北文史资料》1985年第2辑,第174、183页。

③ 林继庸:《民营厂矿内迁纪略》,中国人民政治协商会议全国委员会文史资料研究委员会编《工商经济史料丛刊》第2辑,文史资料出版社1983年版。

④ 张崇明:《抗战初期裕大华纺织公司撤迁始末》,《武汉春秋》2015年第8期。

⑤⑦ 皮明庥、欧阳植梁主编:《武汉史稿》,中国文史出版社1992年版,第594~595页。

⑥ 阳翰笙:《第三厅——国统区抗日民族统一战线的一个战斗保垒》,《新文学史料》1980年第4期。

发行的报刊达200余种”[①]。武汉这座不以文化显名的城市“立刻变成了新的全国文化中心城市”[②]。

但是,战争既带来武汉城市的畸形繁荣,同时又使武汉的繁荣昙花一现、转瞬即逝。南京失陷后,日本开始建立对华长期战争体制,致力于消耗中国的抗战实力,并将破坏中国经济作为重要战略目标,武汉因此成为其首要打击目标。1938年1月4日,日军飞机首次空袭武汉。此后,日军凭借空中优势,对武汉频频轰炸。3月27日,40余架日机轰炸武昌徐家棚、余家头、南湖和汉口机场,投弹140余枚。7月19日,39架日机轰炸武汉,投弹200余枚,仅徐家棚一带被毁房屋就有500余栋,死伤千人。8月,日军向市区投弹1115枚,炸死炸伤3112人,炸毁建筑物2298栋。在敌机的狂轰滥炸下,三镇工业亦被摧毁12%。1938年10月25日,武汉沦陷,城市现代化进程戛然而止。从1938年10月25日武汉沦陷,到1945年9月18日武汉“光复”,武汉经历了长达7年之久的受日本殖民统治的沦陷时期。

二、七年沦陷:武汉城市发展的至暗时期

七年沦陷是武汉城市历史上最黑暗的时期。7年间,武汉各项事业完全停滞甚至倒退,城市人口迅速减少,经济发展一落千丈,城市全面衰败。

第一,城市人口迅速减少。沦陷前,武汉三镇总人口为125万人,1939年为45万余人,1940年减至31万人,其中汉口仅有15万(见表1)。直到日军投降的1945年,三镇人口为79万,几乎仅为战前的一半。伪《政府公报》就曾这样记载:“当事变之际,市民逃避一空,繁华市镇竞呈荒凉之景象,热闹商场,徒余鼠窃之惊,所历浩劫亘古未有。”

① 戴知贤、李良志主编《抗战时期的文化教育》,北京出版社1995年版,第62页。
② 肖效钦、钟兴锦:《抗日战争文化史》,中共党史出版社1992年版,第74页。

表 1　武汉沦陷前后人口比较

	1938 年(沦陷前)		1939 年		1940 年	
	户数	人口数	户数	人口数	户数	人口数
汉口	146278	800000	69690	287991	76264	150000
武昌	59565	300000	16383	93793	17201	93793
汉阳	22936	150000	12033	52830	12348	70065
合计	228779	1250000	98106	334614	105813	313858

资料来源:伪汉口市政府《新武汉》《市政公报》等。

侨民数的变化也反映出沦陷对武汉的巨大影响。武汉是中国内地最早开放的城市之一,各国在汉侨民数量一向很多,他们多从事工商业和文教事业。晚清时,武汉就有侨民近三千人。日本侵华战争爆发后,大批外侨为躲避战乱,纷纷回国。武汉沦陷初期,除日本外,各国在汉侨民大约有 947 人。其中英国侨民最多,共有 237 人;其次为白俄,共有 168 人;再次为美国,共有 132 人。另外,德、意、法、印等国在汉也有侨民。[①] 随着日本对武汉的全面占领和殖民经济与文教事业的发展,日本在汉人数迅速增加,根据伪警察局 1941 年 10 月调查,各国在汉侨民中,日侨 985 人,德侨 81 人,意(大利)侨 23 人,英侨 123 人,美侨 34 人,法侨 63 人,其他国家侨民 67 人。[②] 太平洋战争爆发后,英美及其盟国在汉侨民悉被驱赶,留在武汉的外国人以日本人为主,另有少量德、意侨民。1945 年日军投降时,登记入册的在汉日侨多达 12988 人。

“城市是人类的集居点,主体是人。城市发展主要表现在城市人口之增加”[③],“人口问题直接影响着区域发展的水平、速度方向等”[④]。人也是社会生产力诸要素中最活跃的因素,而衡量城市化程度高低的一个重要指标也是人口集聚的多寡。对于武汉而言,战争使得人口大量流失,沦陷后日军的屠杀暴行更使得城市元气大伤,很长时间都难以恢复。

第二,工厂西迁与武汉基础工业遭到重创。南京失守后,国民党政府鉴于淞

---

① (伪)武汉特别市政府秘书处:《武汉特别市政府周年纪念特刊》,1940 年,第 4 页。

② 《警察调查外侨统计》,《大楚报》1941 年 10 月 29 日,第 3 版。

③ 赵冈:《中国城市发展史论集》,新星出版社 2006 年版,第 7 页。

④ 陈才:《人文地理学》,科学出版社 2002 年版,第 222 页。

沪会战中沿海工业损失惨重,遂正式下令筹建战时工业,以川、黔、湘西为主,将各厂继续内迁,以策后方生产之安全。当时,南京政府将抢救武汉工业作为保卫大武汉的紧急任务,从多方面进行动员、劝导。为有效组织拆迁,确定由军政部负责拆迁钢铁工厂、兵工厂,由工矿调整处(由原工矿调整委员会改组)负责全面督导和组织武汉民营、官营工厂拆迁,由湖北省建设厅负责省属工厂拆迁。

1938年3月8日,军政部钢铁厂迁建委员会成立,“下设技术、会计两室和总务、铁炉、钢炉、轧机、动力、建筑、运输7股”①。在缺少大型工具的情况下,利用敌机轰炸的间隙,用敲、钻、扛、拉等方法,共拆卸汉阳铁厂材料3万吨、重要设备1187件;拆卸大冶铁矿和铁厂器材0.325万吨、矿山铁路34公里;价购谌家矶六河沟铁厂(原扬子机器厂)日产百吨炼铁炉一座,原材料0.37万吨。为了将拆卸物资运往四川,沿途设运输站7个,雇运输工人一千余人,动用海轮11艘、江轮27艘、炮舰2艘、铁驳船4艘、拖轮17艘、木驳船218艘、川江木船800只。此外,钢铁厂迁建委员会还带运上海、南京、巩县等地迁汉的兵工厂和株洲兵工厂器材19567吨。军政部接管了日商泰安纱厂,将24800多枚纱锭、300台布机全部迁往重庆,建成专织军用布匹的纺织厂。又将汉阳兵工厂、火药厂设备材料拆运湖南。

工矿调整处确定拆迁工厂选择标准为3类14条:纺织类——国人经营的纱厂全部拆运;纱厂布机一律随厂拆迁;设法协助小型织布业内迁;根据内地需求情况决定拆迁的染厂。机器五金类——资材在5000元以上、规模较大者单独拆迁;设备简陋但能生产兵器或某种器材附件者,合并迁往一处;原动设备一律拆迁;不拆迁工厂的技术工人内迁;生铁废料尽量运往后方。其他类——资材在5000元以上者拆迁;设备较新者拆迁;后方需要者拆迁;设备工具与其他工业有关联者拆迁;后方所缺乏的项目的技术工人内迁。随后,工矿调整处将上海内迁的技术工人2500多名和在武汉招聘的青年技术人员700多人组成若干工作队,派赴各企业开展拆迁工作,并发放贷款协助内迁企业解决人员的旅费和安家费。拆卸的物资一部分通过铁路运往陕西、湖南和广西,大部分通过长江运往四川。武汉地区著名的民营工厂如既济水电公司、申新纱厂、裕华纱厂、震寰纱厂、周恒顺机器厂等均迁往后方。

---

① 皮明庥、欧阳植梁主编《武汉史稿》,中国文史出版社1992年版,第595页。

以纺织工业为例,1938 年 10 月武汉沦陷前,裕华、申新、震寰等纱厂,官布、官纱等局和军纺厂等大小纺织、染整企业 60 余家内迁至重庆、西安、宝鸡等地,有 91856 枚纱锭毁于炮火,108000 枚纱锭落入敌手,122336 枚纱锭迁至内地。迁至四川的纱锭有 71000 枚,其中裕华纱厂 32000 枚,申新纱厂 10000 枚,震寰纱厂 9000 枚和军纺厂(原泰安纱厂)20000 枚。迁至陕西的有 51336 枚,其中官布局 15000 枚,申新纱厂 20000 枚,震寰纱厂 16336 枚。[①] 此外,武昌制呢分厂迁重庆,制麻局迁万县。震寰纱厂来不及运走的布机 250 台及全部设备转移至汉口打包公司及德租界高宝堆栈存放,厂房被日军当作兵站。申新纱厂有部分机器在运陕时,因信阳失守,在折返汉口途中被日军劫走。

湖北省建设厅自 1938 年 8 月起,将湖北官布局、湖北官纱局、湖北麻布局、湖北缫丝局、白沙洲造纸厂、航务处修船厂、大冶象鼻山矿等处机件材料 6000 余吨分别运往陕西、四川和鄂西。汉口市政府所属的冰厂、水电厂、榨油厂等也先行拆运宜昌。武昌市政处下属的武昌电厂拆运一部分机器、仪表后,其余的在武汉撤退的前一天(10 月 24 日)全部炸毁。

由于各方通力合作,数月之间,从武汉迁出的物资、设备计 10.8 万余吨。除由外埠迁到武汉再行内迁的企业外,武汉本地内迁的工厂达 250 家。具体分布是:机械类 110 个,迁四川 46 个、湖南 53 个、陕西 3 个、广西 3 个、贵州等地 5 个;轻工类 36 个,迁四川 26 个、湖南 2 个、陕西 1 个、广西 3 个、贵州等地 4 个;化工类 17 个,迁四川 9 个、湖南 8 个;纺织类 83 个,迁四川 13 个、湖南 52 个、陕西 17 个、广西 1 个;水电类 4 个,全部迁往四川。

武汉工厂的内迁,是抗战时期大城市企业拆迁中规模最大、效果最佳的一次战略行动,实际上也是中国当时经济重心的一次大转移,从而大大充实了后方的抗战经济实力,也大大提高了经济比较落后的西南地区的工业化程度。从全民族抗战角度看,在武汉沦陷前的非常时期,为免于工业资敌,将武汉的工厂内迁是完全正确的战略措施。但纯从地域经济角度看,内迁的工厂约占武汉原有企业的 57%,加上敌机轰炸损失的 12%企业和来不及拆迁而主动破坏的部分,历尽七八十年艰辛而逐渐成长起来的武汉民族工业数月之内便损失 70%以上,武汉

---

① 武汉市地方志编纂委员会主编《武汉市志 · 工业志》(上),武汉大学出版社 1999 年版,第 611 页。

基础工业精华尽失、元气尽丧。

第三,民族工业遭受毁灭性打击。沦陷前,武汉是当时中国内陆最大的工业基地和经济中心,钢铁、纺织、机器制造等行业在全国都占有一席之地。沦陷后,由于日方严密的经济控制和疯狂的资源掠夺,使得武汉的民族工业遭到毁灭性打击,工厂数量大大减少,工业门类残缺不全,工业产值急剧下滑。

据汉口社会局调查,1933 年,武汉工厂总数不下 500 家,工人增至 5.7 万人,工业登记资本额约 3000 万元。至 1936 年,工厂虽只有 528 家,工人 4.38 万人,但资本却增至 5148 万元,年总产值约 1.9~2 亿元。抗战爆发后,除原有的 500 余家工厂外,从上海、河南等地迁入一大批企业,全市工人 20 万~30 万人,其中纺织工人 2 万余人,铁路工人 6000 余人,兵工业工人 4000 余人,卷烟业工人 3700 余人,印刷工人 3000 余人。① 由于当时武汉经济的畸形发展,工业生产达到历史最高峰,使武汉成为内地最大的工业基地和经济中心。武汉占优势的工业,也演变为纺织、烟草、水电、饮食、军火等工业。

武汉三镇沦陷以后,日军以"委托经营""日华合作""租赁"等为幌子掠夺中国工厂,武汉残存的民族工业完全丧失自主发展的能力。据伪汉口工商会议厅统计,1942 年武汉"复兴"工厂 133 家,约为战前武汉工厂数的 25.6%,年产额为战前的 15.8%。这些工厂多为手工、半手工操作,集中分布于三民路至硚口、中山大道以南地带的"难民区",产品主要供给日本军需。

机器制造业方面。1936 年,武汉民营机器工厂 156 家,符合工厂法和工厂登记规则的有 82 家,总资本达到了 352138 元,年产值 644099 元,动力使用计有 90 台,工人 1543 人,资本万元以上企业 10 家。沦陷后,这些数据急剧下滑。据统计,1942 年 9 月至 11 月,"武汉地区机械工业的投产工厂总数是 101 家,其中,日本人经营的工厂只有 13 家,其余的 88 家都是华人企业……从资本额来看,华人企业的 88 家工厂的总资本额是九万一千五百元(旧法币)……没有拥有一万元以上资本金的工厂,仅有一家工厂拥有一万元,有两家工厂拥有五千元以上一万元以下,其余大部分都是五千元以下的小规模工厂"②。

① 武汉市地方志编纂委员会主编《武汉市志 · 工业志》(上),武汉大学出版社 1999 年版,第 25~26 页。

② 涂文学主编《沦陷时期武汉的经济与市政》,武汉出版社 2007 年版,第 327~328 页。

轻工业方面。1936 年,日用化学、饮食品、烟草、印刷四大类工厂计有 314 家,共有资本 2200 万元,占全部民营工厂资本的 46%;工人 1.4 万余人,占全部民营工厂工人数的 33%;年产值 1.35 亿元,占全部民营工厂产值的 75%。而沦陷后,民族轻工业惨遭扼杀,武汉三镇只剩下一部分小型印刷馆和食品店维持生产。1940 年,汉口市食品业登记营业的只有 33 家,印刷业登记营业的只有 21 家。

手工业方面。1933 年,武汉地区 10 人以上的手工工厂有 71 家,除工厂外,还有近 60 个行业的手工业店、坊共 5477 家,工人近 5 万人,其中汉口 3570 家,武昌 1472 家,汉阳 435 家。沦陷后,由于日军对原材料的严格控制,导致店坊纷纷倒闭,大量手工业者失业,1940 年,汉口手工业工厂支撑开工的仅有 1854 家。

贸易航运全面衰败。民国时期,武汉一直是全国重要的贸易口岸和交通枢纽。沦陷后,由于战争的阻隔、市场的萧条以及日方对贸易航运的控制和掠夺,武汉的贸易航运呈全面衰败之势。

武汉沦陷后,汉口至重庆的水路交通因战争状态而完全阻隔,从汉口到襄樊、老河口的汉水航线同样不能通达,当年军运和民运繁盛一时的武汉港骤然萧条。后来日清公司便着手恢复上海至汉口航线。开始,尚允许外轮在规定航线上行驶,随后,日军便从军事目的出发,拒绝欧美等国的商轮行驶长江,完全垄断了长江干线航运。1941 年太平洋战争爆发后,日军将停泊在汉口的盟国船舶和中国悬挂外国旗的船舶一律没收,交付“东亚”使用。[①] 1943 年 1 月,日军为控制长江航路,强迫“东亚”“中华”“内河”三家轮船公司与长运汽船、长江产业、武汉交通、双龙洋行、戴生昌汽船等公司组成“武汉航运统制组合”,实行军需物资优先运输制。为防止美机轰炸,船舶夜开昼停,班期无定,上海至汉口要五六天才能到达,因而航业萧条,货运稀疏。

航运业的萧条,直接导致了贸易额的下滑。1936 年汉口口岸对外贸易进出口总值为 1.44 亿法币元,1937 年则为 1.55 亿法币元,而沦陷后的 1938 年陡降至 0.49 亿法币元,1939 年更是跌入 12 万法币元的低谷。1936 年汉口直接对外贸易进出口总值为 46433714 法币元,占全国2.81%;1937 年为 42423523 法币元,占

① 即东亚海运株式社,由日方于 1939 年将日丰邮船公司、大阪商船会社、日清公司以及三井、三菱、山下等日商船业公司组建。

全国 2.36%；而沦陷后的 1938 年进出口总值只有 3120303 法币元，占全国0.19%；1939 年则为 121843 法币元，占全国 0.01%；1942 年的进出口总值更是跌至百位数，只有 588 法币元。间接对外贸易方面，汉口 1936 年进出口额合计 3.068 亿法币元，1937 年为 3.26 亿法币元，沦陷后的 1938 年降至 1.124 亿法币元，1939 年更是降至历史最低点，仅有 12.1843 万法币元。①

以汉口港主要出口商品桐油、棉花、生皮等为例，1936 年汉口出口桐油为 35127 吨，约占全国桐油出口总量的 1/3。② 沦陷后，桐油出口基本中断。棉花出口方面，1937 年抗日战争全面爆发，当年就有 19 家经营棉花出口的商行停业，继续开业的中棉、松长茂、通城、永安、安泰祥、申新 6 家，也只是勉强维持；至于棉纱进口方面，沦陷后也只有日商东棉公司一家销售日产棉纱。由于具有绝对的垄断地位，东棉通过 1941—1942 年间成立的棉纱交易市场，操纵价格，大发横财，而我国的民族工业则进一步受到摧残。牛皮及皮革制品出口方面，根据《武汉报》报道，过去每年由汉口输出的生皮，每年约 10 万担，多时达到 20 多万担。沦陷时的生皮出口，因为没有精确的统计，也就难以了解，不过出口量大为减少。牛皮制品过去每月需用皮五千余张，沦陷初期虽然生意萧条，每月需用也在千张左右。到 1941 年底每月需用仅一两百张，主要为日商三井、石土家、大昌、吉田等洋行经营，场面十分萧条。③

对于欧美在汉洋行，日军则采取限制、压迫的政策，使其难以正常营业。据伪汉口特别市政府 1940 年初调查统计，当时在汉 66 家欧美商行（含部分工厂和保险公司）中，有 18 家停业，1 家暂时停业，28 家商务减少，3 家商情缩减。④ 除少数生产型企业如和利冰厂、雀巢牛乳公司以及公用型企业如汉口电灯公司还在维持营业外，直接经营进出口贸易的商行几乎全部停业；与进出口贸易相关的商行，其营业额也有不同程度的下降。多数商行只是苦苦支撑，维持门户。太平洋战争爆发后，日军宣布美英等国在汉洋行及其堆栈中的货物均为"敌产"，予以没收。勒令美英洋行交出所有账册，全部财产由日人接收。并将所有美英在汉

① 武汉地方志编纂委员会主编《武汉市志 · 对外经济贸易志》，武汉大学出版社 1989 年版，第 93 页。

② 武汉地方志编纂委员会主编《武汉市志 · 商业志》，武汉大学出版社 1989 年版，第 12 页。

③《闲话本市的牛皮业》，《武汉报》1941 年 11 月 5 日，第 3 版。

④ 武汉特别市政府秘书处：《武汉特别市政府周年纪念特刊》，1940 年，第 56~90 页。

人员禁锢起来,集中押送上海。美英在汉产业完全为日本所有。至此,武汉地区的对外贸易全部由日商控制。

第四,文教事业全面萎缩。1938 年武汉沦陷后,文教事业遭受了毁灭性打击,一方面各级各类教育和文化事业全面萎缩,另一方面文教事业的奴化色彩特别浓厚。

以学校教育为例,1935 年武汉地区有高等学校 6 所,中学 61 所,小学 637 所。而沦陷后,日伪政权开办为殖民地奴化教育服务的中小学 92 所①,高等学校仅有 1940 年开办的"湖北省立农学院"。1935 年,武汉中学在校学生为 16167 人,其中公立中学 6513 人,私立及教会中学 9654 人;武昌 11320 人,汉阳 840 人,汉口 4007 人。②而沦陷后的 1942 年,伪汉口市政府办的"市立"中学仅有学生 2637 人。

同时,日军及其傀儡代言人在武汉推行了一整套以奴化、毒害青少年儿童思想,培养"愚民"为核心的殖民教育。师资上,按照殖民主义的教育精神培养和训练被登记的中小学教师,还通过各种手段对各级教员进行密不透风的监视。课程设置上,有意减少和淡化汉语和中国历史、地理的教学。在尽量减少中文课课时数的同时,伪市政府以"为发展两国固有文化并联络上之便利起见,自应先谋两国语文之沟通"③为由,全面推行日语教育。

文化领域呈现全面萎缩之势。1942 年,汉口仅有中外报馆通讯社 13 家,出版定期刊物 15 种,已成立的文化团体 8 家。而与之对应的,沦陷前武汉出版、发行的报刊达 200 余种,全国性的文化团体就多达 15 家。

日军在文化思想领域实行全面控制,并成立专门机构,负责检查书报杂志,取缔一切带有抗日思想的出版物,同时加强殖民奴化思想的宣传和灌输,宣扬汉奸文化,鼓吹"大东亚主义"和"日中亲善"。1941 年,日伪对全市各书摊、书店进行多次检查,共焚毁所谓"不良图书"274190 册。

第五,市政建设完全停滞。20 世纪 20 年代到 30 年代中期,武汉特别市和汉

---

①② 武汉市地方志编纂委员会主编《武汉市志·教育志》,武汉大学出版社 1991 年版,第 12、139 页。

③《为呈报本市办理教育情形案——汉口特别市政府呈(府政字第 8076 号)》,《汉口特别市市政府公报》,1941 年 7 月,转引自涂文学主编《沦陷时期武汉社会与文化》,武汉出版社 2005 年版,第 503 页。

口特别市、汉口市政府先后制订了三次城市规划，分别为1929年武汉特别市时期《武汉特别市设计方针》《武汉特别市工务计划大纲》和《1930年汉口市分区计划图》《1936年汉口市都市计划书》。上述三次城市规划，通过功能分区，理顺城市的空间格局，并由此展开相应的道路及其他市政设施的规划和建设。而沦陷7年时间里，日伪政权完全抛弃了旧有的三次规划，也根本没有制订城市规划，武汉的城市建设陷入了“无规可依”的境地。

以道路建设为例。在1928—1938年，汉口共新辟现代化的柏油马路6条（同时新建地下大型排水设施），总长4.7公里；碎石路加铺柏油路面19条；碎石路改铺水泥路4条；新辟和改煤渣、土路为碎石路6条；新建马路路基和临时马路16条。翻造、修补各类马路及租界与特别区市政局翻修马路尚不计算在此列。[①] 沦陷后的武汉道路建设只是进行了一些修修补补的工作，仅修建柏油、碎石、水泥路面240352.29平方米，新式涵洞两座。[②] 另一方面，由于管理的无能和战争的破坏，原有道路破损严重。另外，日军在城内修筑工事，也极大地破坏了城市交通网，使城市设施变形或毁坏。如联络武昌山南、山北的重要交通通道——武昌洞，就被日军封锁，改成军火库。据1946年汉口市政府有关统计资料，自沦陷以后，全市所有柏油路、碎石路几乎全部毁坏，约1100万平方米的路无法继续使用。

总之，沦陷7年是武汉城市发展最为黑暗的时期，城市发展完全停滞，城市现代化的各项要素全面退化，城市现代化进程彻底被打断。

三、复原乏力：战后城市建设的停滞

1945年日本投降，经历7年沦陷岁月的武汉迎来了“光复”。然而，“光复”后的武汉并没有迎来城市发展的春天，反倒呈现出一片复原乏力、恢复缓慢之相。

武汉会战前，国民党政府进行了大规模的工厂企业内迁。除由外埠迁到武

---

① 涂文学：《城市早期现代化的黄金时代》，中国社会科学出版社2009年版，第181页。

② 徐立文：《日寇铁蹄下的湖北邮政》，《武汉春秋》1985年第5期。

汉再行内迁的企业外,武汉本地内迁的工厂达 250 家,占武汉原有企业的 57%。1945 年,日本投降后,一些迁至西南地区的企业开始回迁,但大多数则是永久地留在了后方。

1937 年,汉阳铁厂、大冶铁厂和大冶铁矿的部分设备运往重庆大渡口另建新厂。1939 年底,武汉、大冶等厂设备运抵重庆。重庆重建的钢铁厂于 1940 年开始投产,直到 1943 年 3 月,这座抗战期间规模最大、设备最全的钢铁厂方告完工。这个工厂从此落脚重庆并一直延续下来,再也没有回到武汉。

武汉会战期间被日本占领的大冶铁矿在抗战胜利后被国民政府资源委员会大冶厂矿保管处接收,并成立华中钢铁有限公司筹备处。未迁的汉阳铁厂剩余设备在沦陷时为日军所占,1946 年 1 月由湘鄂赣区特派员办公处接收,成立了经济部接收汉阳铁厂保管处,同年 9 月移交资源委员会华中钢铁有限公司。1948 年,资源委员会接收了位于上海四川路、徒有其名的汉冶萍公司总事务所。至此,经清末、民国两个时期,长达半个世纪的汉冶萍公司遂告结束。

武汉重工业的另一代表汉阳兵工厂于 1938 年迁往重庆江北鹅公岩建立机关枪厂,成为军政部兵工署第一兵工厂,对外简称“汉兴公司”。原汉阳兵工厂制造步枪子弹的部分,为了就近复工生产,迁至湘西辰溪南庄坪,这一部分后来并入军政部兵工署第十一兵工厂。1945 年抗战胜利后,十一厂新任厂长宋建寅兼任兵工署武汉接收处处长,以十一厂组成接收班子。此时在辰溪南庄坪的子弹厂仍正常生产,部分员工到达武汉,接收了位于武昌平阅路(今彭刘杨路)的日军修械厂和两湖书院、平湖门的两处军械库。至此,第十一兵工厂在武汉恢复生产。1948 年,十一厂迁至湖南株洲。原在武昌平阅路的工厂由第三十兵工厂接管,时值内战紧张之际,工厂几乎停产。而武汉沦陷时期未搬走的汉阳兵工厂设备在抗战胜利后由汉阳兵工厂器材管理处管理,但因遭破坏严重,基本不能生产,1949 年被运往台湾。

张之洞时期另一重要企业布纱丝麻四局于 1938 年改为“湖北织布官局”,其时正值武汉抗战时期,同年 5 月间,织布官局就开始西迁。当时决定只拆迁一万锭子到陕西宝鸡。因经费缺乏,运至宝鸡的锭子一直闲置,更因日本飞机两次轰炸宝鸡,一万锭子只剩五千。其后,西安中国银行、国民党政府经济部工矿调整处驻陕西办事处和织布官局三方合作设厂复工,利用咸阳打包厂厂房,更名为咸阳纱厂。抗战胜利后,咸阳纱厂的机件过老,无法再行迁回武汉。而在武汉由原湖北省政府接收的原织布官局仅有布机数十台，1946 年组织湖北省纱布丝麻四局复厂筹备委员会，筹备恢复四局，改组为“文襄纺织公司”，另择址建厂，因资金短缺，未能全部动工，其后因内战爆发，此事不了了之。布纱丝麻四局就此消失在历史的烟云中。

民营企业中，汉口扬子机器厂 1938 年被政府购买，与汉阳铁厂一起西迁，其后未回武汉。另一重要企业既济水电公司的主要电气设备在武汉沦陷前迁往重庆。沦陷后，水、电厂设施被日军强行占领。抗战胜利后，1945 年 9 月收回复业，并接管了英商汉口电灯公司，但发展已大不如从前。

纺织工业方面，内迁的设备基本留在了内地，继续生产。留内地的企业有重庆、成都的裕华纱厂，重庆、成都、宝鸡的申新纱厂以及军纺厂等。返汉后开工的纺织企业有裕华、申新、震寰等纱厂及一些中小企业。1946 年 5 月，武昌第一纱厂北场及南场先后复工，全厂职工 3706 人。武昌震寰纺织厂于 1946 年 8 月复工，陆续开出 223 台布机，次年将裕华纱厂租用的纱机 5104 锭收回开工。日本投降后裕华公司立即组织复建，由于政局动荡不安，复建进度缓慢，1948 年 9 月才复工生产，至 1949 年 5 月才开出 13400 枚纱锭。此时，全厂职工 922 人，月产 20 支棉纱 886 件。申新四厂 1948 年 10 月才正式复工，先后开出纱机 3200 锭，1949 年 2 月增至 12417 锭。

大量内迁工厂未能正常回归，使得“光复”后的武汉工业恢复乏力，工厂大量倒闭，残存工厂的生产能力、生产状况只能用惨淡来形容，工业体系、工业门类仍是残缺不全，工业建设举步维艰，远不及战前水平。工业的萎缩、经济发展的不景气直接影响到人口的聚集程度。1945 年抗战胜利后，三镇内迁人口开始回迁，武汉人口数开始有所回升，但始终未恢复到战前最高水平。1945 年为 74.87 万人，1946 年为 92.84 万人，1947 年为 99.93 万人，1948 年为 116.09 万人。① 而人口的集聚乏力使得城市消费不足、需求不旺，直接带来的就是商业贸易的不景气。“光复”后至新中国成立前，武汉百货业仅有商户 470 家，资本额为 168 万银元。1946 年汉口全年进口各类货物总值 13.22 亿法币元，仅占当年全国进口贸易总值的 0.09%。

抗战时期，与武汉城市现代化进程紧密相关的一个重要事件是《大武汉建设

---

① 苏长梅主编《武汉人口》，武汉出版社 2000 年版，第 7 页。

计划》的酝酿。1939 年秋，陈诚兼任湖北省政府主席。偏居恩施一隅的陈诚对抗战胜利充满信心，“今争取抗战胜利之日愈近，有赖于吾人奋发努力之处益多”[①]，并开始着手考虑战后湖北重建计划。几经酝酿，于 1943 年 12 月编制《大武汉市计划草案》，次年 11 月左右修订为《大武汉市建设计划大纲草案》[②]，其涵盖内容广泛，各方面规划设计甚为周详。规划以武汉发展为现代工业区域的五大区位优势（交通、劳动力、原料、能源动力、安全）为基点，将武汉的未来定位为“现代工业区域”，成为“我国中部轻重工业之中心与全国之一大都市”。

1945 年夏，湖北省政府邀请专家成立市政小组，由省政府顾问朱皆平教授为固定召集人，主持研讨武汉市政建设。市政小组在从成立至日寇投降短暂的时间里，共召开了四次小组会议，建议成立“武汉区域规划委员会”，规划战后武汉市政重建事宜。

1946 年 4 月，时任湖北省政府主席的王东原调湖南省任职，湖北省政府随即进行了改组。湖北省政府顾问、武汉区域规划项目主要负责人朱皆平“连带下台”以后，武汉区域规划机构陷入停顿状态。省政府当局站在财政的观点上认为这一工作完全属于“不急之务”。同年 4 月，万耀煌接任湖北省政府主席，武汉区域规划委员会面临机构人事调整的压力，“数月来因人事之变动及经费之支绌，工作无形陷入停顿”。8 月，万耀煌对武汉区域规划委员会“进行改组，加强组织，积极推进”。次年 12 月底，该机构“暂行撤销”。其后，由于财政的匮乏和内战局势的紧张，《大武汉市建设计划大纲草案》终究沦为纸上谈兵，完全没有实施。

总体而言，由于从“光复”到武汉解放这一时间段较为短暂，加之国民党忙于内战，更重要的是沦陷时期元气大伤等诸多因素，导致了“光复”后的四年时间里，武汉城市现代化进程陷于停滞。

---

① 陈诚：《新湖北建设计划大纲前言》，1941 年 6 月，转引自李长荣、姚正维主编《第六战区暨湖北省会恩施纪实》，湖北人民出版社 2009 年版，第 189 页。

②《湖北省政府收复失地善后工作纲要》（1941 年 7 月 23 日），湖北省档案馆藏档案。

四、功能退化与动力弱化：武汉城市现代化进程的断裂

70多年前的那场战争给世界带来巨大灾难，人类文明成果遭到空前浩劫。城市作为人类文明的一个重要成果，在这场战争中更是受到毁灭性破坏，中国现代城市化、城市现代化进程因此而停滞和断裂。

就武汉而言，日本的侵略使武汉城市遭到毁灭性打击。武汉自晚清以来积累的工业体系、城市基础建设等均被彻底摧毁。1947年，全国工业协会湖北分会调查战时武汉工业损失，“即以棉纺业而论，战前武汉纱锭仅及上海九分之一，于27万锭中竟迁川、迁陕达15万锭之多。8年来在敌人炸弹威胁下生产不间，供应军需民用不虞匮乏，事例至显。致[至]于迁运未及中途惨遭破坏者及存留本市而遭敌人劫夺，以及沦陷期内遭盟机轰炸者，其损失数字更倍于内迁。如机械工业战前近400单位，廿七年(1938年)迁至后方百分之二十五，折[拆]卸而未能迁出者百分之四十，该项机件均密存武汉，后被敌人发觉搬移，渺无踪迹”，“至于武汉整个工业在战时所遭受之损失，经本会半年来调查之结果，其统计数字如次：

武汉区工业战时损失统计表

机器损失吨位	一万四千二百二十吨
百分比	百分之六十五
材料损失吨位	一万一千二百吨
厂屋及附带设备损失百分比	百分之六十一

由上列各表以观，当能看出武汉工业服务于国家贡献于抗战者最力，而所受之损失亦最惨”。①

前后八载，武昌伤亡55403人，汉口伤亡10490人，失踪1630人。全市财产

① 宋立峰：《中国全国工业协会湖北分会代电》，转引自武汉地方志编纂委员会办公室编《武汉抗战史料》，武汉出版社2007年版，第671~672页。

损失（以损失时价格计算）总额高达 258828101985 元。其中 210709166800 元属于工商业损失。此外，损失房屋 8096 栋（含空袭损失），其中公产 119 栋，私屋 7977 栋。武胜门、黄土坡、大朝街等处破坏最为严重。面积达 1.3 平方公里。与其他大城市比较，“如上海、广州、平津、青岛等处，其损失之惨重，未有甚于汉口也”。①

由于战略地位重要，武汉在历史上一直是兵家必争之地。明清以降直至沦陷前，在武汉发生的大规模战乱就有左良玉两次劫掠武汉、张献忠攻占武汉、太平天国三克武昌、武昌首义阳夏战争等，但这些战乱对武汉的破坏程度都无法与日本侵略对武汉的破坏程度相比。上述前四次战乱持续时间都很短，战乱后城市很快恢复，且繁荣程度大大超过战前。诚如民国《夏口县志》所载清人潘耒、吴淇各写的题为“汉口”的诗所描写的那样，“汉口通江水势斜，兵尘过后转繁华”“雄镇曾闻夏口名，河山百战未全更”。左良玉两次劫掠持续时间约为一年零九个月，张献忠的大西政权占据武汉仅四个月，经历明末两次战乱的武汉在清初很快恢复，并一跃成为“楚中第一繁盛处”。太平军围绕武汉的争夺仅持续两年多，其后随着汉口开埠，武汉一时成为内陆最大的外贸港口。武昌首义阳夏战争更是只有短短 40 余天，战争结束后，汉口很快复建，模范区建设蔚为壮观，新的市区中心逐渐形成。

而日本侵华战争爆发后，因为长期处于战争的中心以及 7 年沦陷时期日军的残暴统治和经济掠夺，武汉城市功能明显退化，城市现代化的动力机制完全破坏。城市现代化的核心是城市功能的现代化，即由传统的政治或军事单一功能向现代工商文教复合功能转化。19 世纪 60 年代开埠前，作为“城”的武昌和汉阳主要是地区政治与文化的中心，汉口则是一个以区域交换市场为主体的内陆商业市镇。1861 年，汉口开埠，使得汉口由一个以区域交换市场为主体的内陆商业市镇迅速上升为开放的国际性城市。其后，张之洞推行“湖北新政”，武汉开始了从传统的政治中心和商业市镇向现代化的国际性工商业城市的转型。辛亥革命后，汉口更是飞速发展，成为比较优势突出，与上海并驾齐驱的国际性城市——“东方芝加哥”。

7 年沦陷，使得武汉曾经的中国工业化的引领者和全国重要工业中心的地位

① 武汉市档案馆等编《武汉抗战史料选编》（内部印行），1985 年版，第 553~554 页。

消失。战前武汉的钢铁、冶金、纺织等工业在全国占据重要地位,但沦陷时期工厂数不断减少,工业门类残缺不全,资本总额跌至谷底,工业现代化进程完全停滞,“其生产只限于机械零件的制作和修理,完全没有拥有大设备的工厂,尤其是中国工厂,几乎都只能称作冶炼作坊”①。

商贸方面,商户大量减少,资本额、营业额不断下滑,旧有的商业中心地位烟消云散。1934 年,三镇商户共有 28028 户②,而到了 1940 年日军在进行商店登记时,商店仅有 5218 户③。20 世纪初,武汉的贸易市场范围远及全国各地以至海外。“据《全国商埠考察记》载:东沿长江直通江西、安徽、江苏而达浙江以通海外;南接洞庭与湖南、贵州,与两广相连通;西溯长江,及于四川、云、贵而通西藏,远达缅甸、越南、印度;北赖京汉路经河南、河北而与西北各地和山东相通,间接与关外连通;西北经陆路而达陕西、甘肃,远及新疆、蒙古。”④沦陷时期,市场萎缩,其辐射范围缩小为西至宜昌、襄阳,由长江和汉水夹成的狭长三角地域,以及东至九江,南到岳阳,北抵信阳,即日军第十一军实际占领区。对外贸易总额不断下滑。1938 年汉口直接对外贸易进出口总额只有 3120303 法币元,只占全国的 0.19%,1939 年则为 121843 法币元,占全国的 0.01%,1942 年的进出口总额更是跌至百位数,只有 588 法币元。而从 1943 年至 1945 年这三年间,汉口的直接对外贸易更是一片空白,彻底与外部市场脱节。

工业化是城市化的“发动机”,是推动城市化的根本动力。特别是进入近代以后,“城市的真正发展需要依赖于工业的发展,因为工业本身所特具的‘群居’性质,也就是经济学家所说的空间聚集的性质,决定了工业是城市发展的动力来源”⑤。沦陷使得武汉的工业功能完全受损,工业精华丧失殆尽,人口无法聚集,城市一片萧条,城市现代化最主要的动力——工业化完全丧失。更为深远的是,因为沦陷对武汉工业的摧残,抗战结束后,武汉的工业发展仍是元气大伤,恢复乏力。新中国成立后,武汉的工业基础可以说是一穷二白、支离破碎。“一五”期

---

① 涂文学主编《沦陷时期武汉的经济与市政》,武汉出版社 2007 年版,第 322 页。

②③ 武汉地方志编纂委员会主编《武汉市志 · 商业志》,武汉大学出版社 1989 年版,第 63、126~127 页。

④ 武汉地方志编纂委员会主编《武汉市志 · 商业志》,武汉大学出版社 1989 年版,第 11 页。

⑤ 上海证大研究所编《长江边的中国:大上海国际都市圈建设与国家发展战略》,学林出版社 2003 年版,第 10 页。

间武汉众多的工业项目完全另起炉灶。正是由于工业化进程的乏力,使得沦陷期及以后的很长一段时间内,武汉的城市化进程完全中断,甚至呈现出不进反退的趋势。

另一方面,对于一个“因商而兴”的城市,现代商业在武汉城市发展史上始终占据着重要地位,是武汉城市化进程的重要动力之一。商业带来市场繁荣、人口大量聚集和城市影响力不断扩大。沦陷无论是对武汉城市自身商业还是市场辐射能力,都造成致命打击。城市发展的活力不复存在,开放程度不断下降,城市影响力锐减,昔日“货到汉口活”、万商云集的繁华化为泡影。

沦陷更使得武汉城市现代化发展的生态环境彻底破坏。一方面,城市人口和城市精英大量流失。沦陷后,武汉政府、厂矿、高校、文化团体纷纷西迁,城市人口大量逃亡,城市发展人气不旺,缺少活力。更为致命的是,推动城市现代化发展的城市精英人物几乎全部离开武汉。日伪政权拼凑起来后,当时的张仁蠡之辈在城市发展的理念、手段、意愿等方面与沦陷前推动武汉城市化进程的刘文岛、吴国桢等人不可同日而语。另外,由于伪武汉政府主要受制于日本侵略者,张仁蠡在组织伪市政府时期,“其基本政策和法规都是由日本顾问高濑送来的,内容多半抄自伪满洲国法规。张仁蠡及其属下所需做的,就是将这些法规翻译过来并对译文进行润饰”①。其在发展城市经济、改善民生、市政规划及建设等方面无所作为,毫无建树。

日军的殖民掠夺本性也使得其在武汉大肆推行“以战养战”的经济策略,并进行疯狂的经济掠夺。这使日伪当局在主观意愿和政策导向上,对武汉的城市发展漠不关心。沦陷时期,日本在武汉开设的厂矿企业及其经营活动,主要目的在于掠夺资源。1938 年至 1945 年,日军从大冶掠夺铁矿砂多达 5000 万吨。由于战争的需要,沦陷时期武汉城市经济实际上只是日军战争机器的一部分,包括日本企业在内的各种工商企业并没有独立的经营权,其生产经营活动与日军的侵华战争需要紧密相关。如当时日信洋行的生产活动完全由日军需要决定,产品也主要提供给日军,不能像正常企业那样进行销售和自行生产。

“城市是社会生产力发展的产物,更是社会资本投入的结果。”城市的所有基础设施建设,包括街区道路、公共建筑、水电管网、店铺民居等,无一不需要大量

① 涂文学主编《武汉通史:中华民国卷》(上),武汉出版社 2006 年版,第 302 页。

资金的投入。沦陷时期,日伪政权不愿也不可能投入大量资金进行城市的基础设施建设,城市财政捉襟见肘,市政设施一直吃战前老本,欠债多多,使得沦陷时期的武汉满目疮痍,残破不堪。

"一座大城市的最重要、最天然的基础,就是附近农村地带要人口稠密、劳动力充沛,这就为粮食给养、工业制造和对外贸易提供物质资源。"①武汉特别是汉口在明清以来的发展就得益于江汉平原、两湖地区及西南、西北和华北地区这三大商业圈的市场拱卫和经济支撑。沦陷将这种商业联系人为割裂,使得武汉的市场范围仅限于狭小的沦陷区,城市发展中必需的各种要素之间的交换、流动、转换、扩张完全阻塞,停滞,乃至中断。沦陷也使得武汉周边腹地农村经济全面崩溃,湖北农村在抗战中产生难民 948 万余人,荒芜土地 1325 万余亩,损失农具 685 万余件,耕牛近 40 万头。② 乡村腹地的衰败残破,农业经济的日益衰落,农民的日渐贫困,城市发展赖以支持的城乡生态完全被破坏,武汉成为茫茫荒野中茕茕孑立的一座孤城。

(原载《江汉大学学报(社会科学版)2015 年第 6 期,《新华文摘》2016 年第 5 期全文转载》

---

① 〔美〕罗兹·墨菲著,上海社会科学院历史研究所编译:《上海——现代中国的钥匙》,上海人民出版社 1986 年版,第 55 页。

② 赵德馨:《中国近现代经济史(1842—1949)》,河南人民出版社 2003 年版,第 283 页。

从“光复”到解放:城市的乱局与新生

一、复员还治

1945 年 8 月 15 日,日本宣布无条件投降,历时 14 年的抗日战争终于结束。8 月 23 日,国民党第六战区部队进军武汉。30 日,第六战区前进指挥所主任谢士炎少将率团从恩施飞抵武汉。9 月 16 日,王敬久率第十集团军进入武汉市区。17 日,第六战区司令长官孙蔚如乘船抵达武汉,随即在汉口上智中学设立第六战区司令长官邸。9 月 18 日,受降仪式在汉口中山公园受降堂举行,中方参加人员为第六战区司令长官孙蔚如上将、湖北省政府主席王东原、第六战区副司令郭忏中将等,日方有第六方面军指挥官冈部直三郎大将及参谋长中山贞武少将等。关于受降实况,据《第六战区受降纪实》载:

> 汉口方面:本部于九月十八日假中山公园新造之受降堂,加以布置,适当悬挂总理遗像暨委员长蒋肖像及国旗。是日下午三时,司令长官身着戎服,偕同副长官、总司令等及其他应行参加之党政军各界八十八人,相将就位后,由司令长官主持,亲将本部印就之六战作命甲第一号命令授予日军第六方面军指挥官冈部直三郎大将亲自签字受领,其参谋长中山贞武少将及来福栖静岛大佐、冈田芳政大佐、清水勗之大佐四人,均陪同参加……①

日军投降后,国民政府着手接收日军武器装备及在汉日伪敌产。8 月 25 日,成立以孙蔚如为主任委员的接管日方物质委员会,接收日军船舶 177 艘,工厂、

① 参见涂文学主编《武汉老新闻》,武汉出版社 2002 年版,第 448 页。

仓库100余所，粮食3989万斤。此外还有湖北省政府和国民政府经济部的对日接收，如湖北省政府接收了日伪省政府资产及139个单位。此外，财政部接收了江汉关。

接收即为“劫收”，日本投降后的一个多月里，国民党党政军要员从四面八方涌进武汉，大发“胜利财”，时人在报上发文予以讽刺：“日本投降后，市上流行两句术语：发‘胜利财’，升‘复员官’。我的预测，还有一种享‘太平福’即可赓续流行。”①这些军政当局要员勾结日伪，巧取豪夺，贪婪地攫取房子、车子、票子、金子、女子，是为“五子登科”。其中，国民党汉口特别市党部主任委员袁雍、第六战区汉口前进指挥所少将主任谢士炎、中央通讯社恩施分社（后改为湖北分社）主任徐怨宇、军统少将唐新等四人在武汉光复之初即率先进入武汉“劫收”，大肆搜刮，中饱私囊，被“封赠”为“劫收”“四大金刚”。接收官员贪腐成风，一些机关亦步其后尘，恣意贪污。江汉关奉命拍卖日伪物资时，勾结官商，有意压价，以破、劣为由，任意折减，其损失无可估量，从中渔利10亿元以上。湖北水上警局通过接收江河船舶获利近3000万元。一些接收机关和接收官员打着“接收”的旗号敲诈勒索，抢占民产，将一些民营资产、民有房屋视为敌产加以搜刮，如光明电影院、达昌机器染织厂等便一度被无端没收。如此这般的接收丑闻，使得国民党和国民政府威信扫地。1947年6月，湖北省参议会曾有人就此提出质询：“今复员将近两载，时间不为不久，（人民房屋）仍多为军事机关继续占用，或甲机关作用后，又移乙机关，人民房产被日寇强占流离转徙，既经七载，胜利两年收回旧业仍遥遥无期，在此房荒严重之时，人民实不堪苦。”②由国民党中央宣传部主办的《武汉日报》也不得不承认：“由中央到地方，接收的贪污，汉奸的包庇，把光复后应该光明的局面，搅得一团糟，真太伤了善良的小民的心！”③

9月17日，第六战区接管日方物资委员会抵达武汉后，立即宣布接管物资必须统一管理，接收的物资一切事宜均由该委员会统一办理。至此，接收混乱局面才稍稍得到控制。

日本投降后，省、市政府还治武汉，各项工作随之开展。1945年8月16日，

---

①《武汉日报》1945年10月24日，转引自涂文学主编《武汉老新闻》，武汉出版社2002年版，第461页。

② 涂文学、刘庆平主编《图说武汉城市史》，武汉出版社2021年版，第317页。

③《关于各县汉奸转任公职人员》，《武汉日报》1946年12月18日。

行政院委派时任鄂北行署主任徐会之任汉口市政府办事处处长。徐会之率领行署部分职员于9月12日到达汉口,当日,即在汉口商业银行开始办公。9月13日,徐会之指派人员办理伪汉口市政府机关及各项政务接收事宜。9月22日,行政院任命徐会之为汉口市市长。10月1日,汉口市政府正式成立,设于旧德租界原德国驻汉领事馆(今武汉市人民政府大院内),隶属于湖北省政府。另外,汉口市政府设立日德侨民管理处,集中管理、遣返日德侨民;房产清理处,清理省、市公产;公共事业管理处,督办汉口公共事业。

同年9月9日,行政院令设武昌市,任命杨锦煜为处长,组建武昌市政处,筹备成立武昌市政府,隶属湖北省政府,汉阳城区行政由武昌市政府管理。1946年10月10日,正式成立武昌市政府,杨锦煜任市长。汉阳城区划回汉阳县。

1947年3月23日,国民党三中全会第九次大会决议通过汉口由普通市改院辖市提议,6月7日,国民政府正式将汉口市改为行政院辖市,7月9日任命徐会之为汉口市市长,并拟定新市政府组织原则。8月1日,国民政府明令实行汉口院辖市。

抗战胜利后,国民党宣称要结束一党专政,还政于民。1945年1月30日,国民政府公布《市参议会组织条例》和《市参议员选举条例》,要求各市依例成立参议会。1946年5月26日,汉口市举行参议员选举,共选出53名参议员。6月22日,武昌市举行参议员选举,共选出22名参议员。1946年8月,汉口市参议会成立,同年10月召开第一届第一次会议。次年8月,武昌市参议会亦宣告成立。武汉市民尤其是工商界曾经对于成立参议会、还政于民寄予厚望,倾注了极大热情,汉口参议会选举时,市民报名参选十分踊跃,汉口市参议员名额为53名,报名参选者有287533人,甚至有人力车夫也报名参选。有竞选词表达对于市民通过参议会参与城市事务、使城市发展符合人民公意的愿望:"假如我能出选,一定要把民众心坎里想说的话,从我口里说出来,因为民众的要求,就是我们的要求,遵照权能分开的政治学理,造成万能的政府,发挥高度的民权,斟酌损兴损益,与时因应,然后市政设施,自能符合市民的公意。"参议会成立后,参议员对汉口城市建设和发展工商业建言献策,光复之初,鉴于武汉"市面情形实已极度凋敝,而交通阻塞、经济枯竭又为复兴建设之最大障碍",汉口市参议会不遗余力地多次呼吁并提请政府当局扶助及关注武汉工业复兴问题,"爰于第一次大会决议吁请中央贷款400亿,调剂市场金融,扶持工业复兴",希望"政府鼓励生产,扶植民营企业,更以最大努力迁归疏散后方之工厂,以为振兴工业之倡导,如此次日本赔偿我国物资中,尤当竭力请求中央将纺织、制粉、炼铜、造船等工厂尽先配置汉口,以为发展民族工业之基础”。[①] 参议员柴海楼提出调剂金融辅助、恢复工商业以繁荣市面;人民复归市屋,解决房荒;增加生产,减轻捐税,救济失业,安定民生;培修马路、清理沟渠、疏通下水道、改善卫生、防止疫病;普及强迫教育,多设国民学校,以救失学,减少文盲等。在汉口市参议会第一届第八次大会上,通过了有关促进经济自由发展,取消经济管制的议案,要求汉口市政府建议中央“注重国民经济自由发展,立即撤消[销]汉口金融管理局,并将各地金融管理局一律裁拆”。[②]

但是,“还政于民”、市民参政只是国民党为笼络民心而做出的一种“民主姿态”,真正的民主政治对于刚刚走出传统专制社会的城市市民来说,还是一个遥远的梦幻。首先是参议员选举缺乏公平公正,使参议员和参议会合法性大打折扣,“市临时参议会实际上是官意机构,而非民意机构”[③]。国民党省、市党部和汉口市市长为了安插亲信,利用权力操纵选举,一些老板为了当选,请客送礼,巨额贿选,选举活动弊端百出,乱象丛生。以至《正义报》记者感叹:“民主还没有到汉口来。”[④]其次,政府对于参议员的建议和参议会的议案多敷衍塞责,并没有真正采纳。这些参议员们内心十分清楚,参议员熊秉谦在接受记者采访中就提到:“我们对于此次大会所提出的问题,希望政府能够切实做到,才不负大众所企望。”邹静轩也称:“我们在这一次大会后,只希望政府和人民要真正打成一片,及参议员所提议案,政府能切实接受,不要光发空头支票。”工会总理事柯华阶也谈到:“这次大会通过提案很多,工界方面,有设立失业工人救济委员会,失业工人介绍所,促进各工厂迅速开工,设立工人子弟学校,工厂工人宿舍,诊疗所,以及工人福利事业等,均经大会通过,惟望政府切实执行,不要老是敷衍。”[⑤]

---

① 《汉口市参议会第一届第三次大会宣言》,《汉口市参议会第一届第三次大会宣言会刊》1947年6月。

② 《汉口市参议会第一届第八次大会民政类决议案》,1949年4月18日,武汉市档案馆藏档案,9全宗3目29卷。

③ 韦庆元、王德宝:《中国政治制度史》,高等教育出版社1992年版,第434页。

④ 《人身自由也没有保障》,《正义报》1946年5月27日,转引自涂文学主编《武汉老新闻》,武汉出版社2002年版,第465页。

⑤ 《几位参议员的意见献给市政府》,《武汉日报》1946年8月21日,第5版。

1945年9月13日,国民政府派第三组接收伪汉口市警察局,随即着手重建城市警政系统。至10月中旬,调整机构,拟定编制表,计局长、副局长之下,设总务、行政、刑事、户政、外事、督察处、秘书、会计、人事各科室,及十四个分局、四十五个分驻所、刑事警察大队、保总队、消防总队等。① 1947年6月,汉口改为行政院直辖市后,警察局机构扩大,又增设了政治警察队、经济检查队等。至1949年1月,共有员警5169人,连同省会警察局(辖汉阳),三镇共有员警7000余人②。

湖北省和武昌、汉口市政府复员还治武汉后,即着手社会治安整治和社会秩序重建。

清除烟毒和赌博是社会治安整治的重要内容。抗战胜利后,国民政府于1946年公布《禁烟禁毒治罪条例》,汉口市政府从1947年开始,特将禁政责任及分工原则分别划分,其中第三条即“省以警务处、市以警察局,为秉承查缉检举机关”,并规定于五月以前,为宣传劝导总检查期,五月以后如再发现有吸食毒品者即处以极刑。③ 警察队烟犯及烟具的收缴工作也常有收获。赌博,也是影响社会风气、危害社会治安的行为。武汉警备总司令部令各机关部队,对赌博从严查禁,违者事办,汉口市警察局也饬令各分局严密查禁,并告诫所属长警洁身自好,共维善良风俗。④

旅栈业、荒货业(旧货业)、印刷所、刻字店、车行、雇工介绍所、茶馆、理发、澡堂、歌厅、电影戏剧院、杂技场及乐户(妓院)等13种行业,汉口警察局将其列为特种行业进行管理。规定茶馆业内禁止类似赌博行为、禁止匪盗宵小混迹以及不容留无赖之徒寄宿等。⑤ 1946年,汉口市警察局先后制定旅栈、旧货、印刷及刻字店等行业管理规则。并整饬娱乐场所,制定取缔公共娱乐场所艺员暂行办

---

①《汉口市关于接收、调整警方面的情况、日期,以及警察行政之管理》(1945年),武汉市档案馆藏档案,档案号:历资——b13/1122-29。

② 武汉地方志编纂委员会主编《武汉市志·政法志》,武汉大学出版社1993年版,第12页。

③《厉行禁政肃清烟毒五月以后吸鸦片者枪决》,《武汉日报》1947年1月29日,第6版。

④《农历年间严禁聚赌武汉警备总司令部通令刷新积习预为劝告商民届时继续营业》,《武汉日报》1946年1月28日,第3版。

⑤《鄂警局厉行三事彻底清除偏僻街巷垃圾严厉规定茶馆正当营业年终举行工作成绩考核》,《武汉日报》1945年12月14日,第3版。

法。[①] 1947 年,为加强戒备,严防奸宄活动扰乱治安,武汉警备司令部要求宪警对武汉三镇所有娱乐场所,包括茶楼酒肆及私人宴会,一律限于每日 23 时前完场散会,各商店亦须于 23 时 30 分前闭市,违者将严予惩罚。[②]

交通管理和市容整治也受到市政当局重视,抗战胜利后,交通指挥管理由各警察分驻所交通班负责,汉口市有交通岗 80 个,每岗 4 人,共 320 人。1945 年,各市警察局依据《收复区各种车辆临时登记领照方法》,对机动车辆进行临时登记,换发全国统一的新牌照。同年年底,为建立"车辆靠右、行人靠边走"之交通规则,在市区内张贴悬挂布置各种标识标语,借示宣传,以资于 1946 年元旦起实施。[③]

战火的摧毁,使得整座城市的公共设施、清洁卫生、沟渠水道等面目全非,街道沟渠污秽不堪。改变城市面貌、重建城市公用设施、预防时疫疾病等事务,成为抗战后市政管理当务之急。1945 年底,汉口市警察局为整肃市容,以防观瞻,饬令各有关分局,将襄河沿岸及江岸堤埂上少数棚户于十日内拆迁。[④] 武昌市警察局曾为彻底整理市区清洁情形而花大力气,1945 年 12 月该局局长亲赴武昌各偏僻小巷巡视一周,认为尚欠注意扫除,即于该局局务会上,当面指示整理办法,并饬重新支配清道夫名额,俾期确实清除偏僻街巷。[⑤] 1946 年 1 月 27 日,汉口市当局以行政首要在卫生,并以春暖瞬至、疫疾堪虞,召集有关各局开座谈会,决定市区清洁整理办法,沟渠由工务局负责,街道由警察局负责,并由卫生局随时设计送工务局、警察局分别执行。警察局积极充实各分局清道夫阵容,规定清扫街道时间及巡逻与清除污秽办法,严令各分局切实遵办,并一面令催各街巷应补充垃圾箱于二月半一律设置完成。[⑥] 6 月,汉口市警察局、卫生局、工务局三局联合举行全市卫生清洁总检查,经于五月二十日起至六月六日止,对于本市饮食、理

---

① 《警局整饬娱乐场所订定取缔艺员办法》,《华中日报》1946 年 4 月 20 日,现代社讯 282-2 第 4 版。

② 《严防奸宄扰乱治安》,《武汉日报》1947 年 10 月 9 日,第 5 版。

③ 《卅五年元旦起车辆靠右行行人靠边走》",《武汉日报》1945 年 12 月 26 日,第 3 版。

④ 《襄河沿岸棚户警局限期拆迁》,《武汉日报》1945 年 12 月 22 日,第 3 版。

⑤ 《鄂警局厉行三事彻底清楚偏僻街巷垃圾严厉规定茶馆正当营业年终举行工作成绩考核》,《武汉日报》1945 年 12 月 14 日,第 3 版。

⑥ 《预防时疫流行武汉将组防疫联合办事处警察局整理市容剔除污秽》,《华中日报》1946 年 2 月 13 日,第 3 版。

发、浴室、旅馆、公共娱乐场所各业均经检查,评定优劣。①

汉口市政府还治后,对一些街道予以更名,以彻底清除殖民影响。“本市街道名称前于日军占据时,曾经敌伪一度更改。在新约成立后,租界收回,原有街道名称多不适合。际兹复员伊始,国土重光,亟应重行改订名称,一新观感。缘经武汉规划委员会慎重策划,并由市政当局邀请名家数度磋商,经决定更改原则六项:(一)街道名称须有永久性。(二)有国耻痕迹者一律更改,否则仍沿用旧名。(三)一街数名者,择从一较为适当之街名。(四)有世界国家意义之人名与地名者。(五)经中央有令指定者。(六)道、路、街有一定方向秩序井然便予记认者。又悉,所有重行更改街道名称,决于明年初元旦举行命名典礼。”其时道路、街道改名,如中山路改为中山大道,中正路改为中正大道(今解放大道),沿江马路改为沿江大道,滨河马路改为沿河大道,旧英租界三教街、鄱阳街改为鄱阳街,洞庭街、两仪街、吕钦使街改为洞庭街,怡和街改为上海路,伟雄路、阜昌街改为南京路,华昌街改为青岛路,北京街改为北平路,天津街、宝顺街改为天津路,黄陂路改为黎黄陂路,旧法租界霞飞街改为岳飞街,巴黎街改为黄兴路,克落满沙街、玛领事街改为车站路,海寿街改为蔡锷路,日租界西小路改为长春街,山崎街改为山海关路,北小路改为沈阳路,大兴街、成忠街改为张自忠路,燮昌街改为郝梦龄路,上小路改为旅顺路,中小路改为大连路,永清正路、大正街改为芦街桥路,新小路改为刘家麒路。这些路名除个别在新中国成立后有更改(如中正大道改为解放大道)外,绝大部分沿用至今。②

调查户籍,编制保甲,通过“以数编组,按户管理”“联保连坐”实行有效城市管理和社会控制,是复员还治、秩序重建又一重要内容。国民政府内政部在1945年9月公布的《收复区实施户口清查办法》第七条规定:“对当地原有保甲组织应斟酌实际情形,尽量利用。如经摧毁,应重新编组。乡(镇)保甲长人选,应就资望相孚纯正知识分子选任之。”③同时囿于复员初期人少事繁的特殊形势,武汉地区旧有的保甲机构在被各警局接收后,不但未被整编,反被当局用以维护治安。

① 《汉市清洁检查》,《武汉日报》1946年6月22日,第3版。

② 《汉市街道更改名称,定明年元旦举行命名典礼》,《武汉日报》1945年12月27日,第3版。

③ 《收复区实施户口清查办法》,选自公安部户政管理局编《清朝末期至中华民国户籍管理法规》,群众出版社1996年版,第145页。

第六战区司令长官司令部特制订《训练保甲与运用保甲办法》,旨在运用保甲以“侦察其区域内奸党盗匪及其他一切违法之活动情形”,务使“保甲成为我工作人员之耳目”。[①] 汉口市政府即“依市区原有保甲机构,组织冬防夜巡队,并订定冬防夜巡队编组实施办法,通令实行”。借以补助警力,确保市区治安。[②] 同年 11 月,汉口市警察局鉴于“还治之初,户籍凌乱,册据散失,全市户口,无从稽考”,督同保甲长做第一次全市户口初步总清查。[③] 随后,武汉警备司令部以“本警备区收复伊始,社会情形复杂,为杜绝奸宄安定地方计”,要求各“该管区域所有保甲急应全部编组或严加整理”。[④] 汉口市警察局复于 12 月以二十进制编整,将全市编组为 14 个自治区,249 保,4819 甲,[⑤]武昌市编划 8 个区,82 保,1332 甲,直至武汉解放。

战后武汉重建保甲制度,其实际目的在于通过联保连坐实行“戡乱”,防止、消弭共产党和人民反抗国民党反动统治的革命运动。1946 年 9 月,国民政府内政部公布的《收复区各省市严密保甲要点》,规定“收复区各县市,应切实实行联保连坐,以五户为一组,由各户户长互立联保切结”[⑥]。1946 年 12 月,汉口市政府遵照省令,重新整编保甲,实行联保连坐制度。

保甲制度起源于西周,兴于宋,完备于明清。历朝历代各有侧重,其名称亦各异。而保甲组织效能的发挥,与传统乡村特有的社会生态密切相关。以宗法伦理为基础的乡村社会存在着规模庞大的宗族组织,乡村社会中的各种组织体系、权力网络,莫不以此为运作基础。这种以血缘为纽带的家长负责制体系和以家族为基础、风俗习惯趋于同质、里族乡邻相知相熟的熟人社会,正是保甲制度能够实现“制一人足以制一家,制一家,亦足以制一乡一邑”[⑦]的现实土壤,保甲制度中以“节节相制,彼此相保”[⑧]的株连方式得以拥有实现可能。

---

① 《第六战区司令长官司令部关于抄发训练保甲与运用保甲办法和掌握各职业团体负责人及社会耆宿办法的代电》,武汉市档案馆藏档案,档案号:LS000009-WS023-00070-0011。

② 《汉口市政报告》,湖北省档案馆藏档案,档案号:LSA2.21-6。

③⑤ 《汉口市警察局三十五年工作纪要》,湖北省档案馆藏档案,档案号:LSA2.21-13(1)。

④ 《所有保甲急应全部编组或严加整理》,武汉市档案馆藏档案,档案号:LS000009-WS006-00041-0001。

⑥ 《收复区各省市严密保甲要点》,《民治周刊》1947 年第 2 卷第 1 期,第 4 页。

⑦ 闻钧天:《中国保甲制度》,现代书局 1933 年版,第 16 页。

⑧ 黄强:《中国保甲实验新编》,正中书局 1935 年版,第 15 页。

不同于地旷人稀的乡村社会,人口高度密集与高度流动性是现代都市的显著特征。近代都市的崛起主要源于工业化的驱动作用,由此带来社会产业的变革,城市社会分工更加复杂,专业化程度进一步加强,进而形成从事不同职业的社会群体。家庭不再是城市居民活动的中心,办公室、茶馆、影院、舞厅、游艺场、公园等为人们的生产、生活交流提供了新空间。这一切都促成了都市社会文化异质的特征,邻里关系趋于表面、冷淡,“左邻右舍,多不相识。楼上楼下,不相往还”[①]。

战后汉口即是一个人口密集、频繁流动、空间异质的都市社会。抗战胜利后,一方面后方人员返汉复业,汉口户口人数急剧变化。1945 年 9 月,汉口市总人口仅 352874 人。[②] 至 1949 年 1 月,人口增至 846801 人,[③]足足增加了一倍有余。另一方面后方返乡过汉机关、人员又使汉口人口呈高度流动的状态。战后仅教育部规定迁复过汉中学以上学生就有 5 万左右,须 5 个月才能分批迁复完竣。[④] 人口流动频繁是战后汉口一大特点。此外,汉口市人口结构不仅在整体上呈现出五方杂处的特点,具体到各市区亦是显贵富户与贩夫走卒“犬牙交错”,各阶层混杂一处。如汉口市最为繁华的中山大道即“前后房屋鳞次栉比,除商户外,大半系军政机关职员眷属寄居”。而沿江大道一带房屋寥落,多属颓垣。[⑤] 新安区则是“一个小商业小手工业与工人的中心区域”。从萧家巷到流通港,以“熟食业与小手工业居多数”。而沿河一带的鲍家巷,复归市民以芦席新盖房屋数十所,“住户都以小商为生,麻布袋和产素店最多”,“可是走到流通巷一带,情形就有些不同。四周多半是茶馆与小熟食店”。[⑥]

将传统保甲运用于现代都市之中,其中的不适与困境便可想象。汉口因商立市,行商坐贾、流动摊贩占人口多数,故保甲长亦多为商贩。商人逐利,故常有因经商外出或迁移他处而致保甲虚悬者。如云樵区第十一保副保长曹西南即须

① 郭佛舟:《编办保甲与推进市政之关系》,《协力旬刊》1943 年第 1 卷第 5 期,第 6 页。

②《汉口市政报告》,湖北省档案馆藏档案,档案号:LSA2.21-6。

③《户口总检查结果八一五五九四人已领身份证三万余人未领速办补领手续》,《武汉日报》1949 年 1 月 17 日,第 4 版。

④《招待复员过汉学生市府昨邀有关机关会商学生临时宿舍决定二处》,《华中日报》。

⑤ 汉口市政府关于不批准汉景区请求减少兵源配额请求的指令》,武汉市档案馆藏档案,档案号:LS000009-WS007-00225-0014。

⑥《新安区巡礼》,《和平日报》1949 年 5 月 12 日。

“不时外出经营小贸，往返三四月不等”。[①] 新安区第一保副保长李大厚则以被“指派筹备武昌县青山中心小学”，恳请辞职。[②] 三民区“各甲甲长多因谋生，住址迁移”[③]。城市人口频繁流动，变动不居，是保甲编组难以健全的重要因由。战后随着复归人口的增多，各区保甲人口时常变动。如新安区“沿江河所搭之棚，自新码头起至米厂码头止，人烟稠密，棚户颇多，人口未免复杂”[④]。汉正区复归市民兴建房屋，呈报户口四五百户。和平区原日侨管理处侨民遣返后，“外户纷纷迁入”。因此，1946 年 9 月，汉口市政府训令各区“以本市复归复业民众日有增多，户口时常变动，为求工作之易于推进起见，原有各区保甲亟待调整”，并要求于九月三十日前调整完竣。但各区人口情形各异，保甲编组步伐不一。如复兴区平汉路工人及至十月尚未取得户籍，保甲编组更为滞缓。[⑤] 汉口市各区保甲最终得以整编完竣，计 284 保，5130 甲。[⑥] 但“各保界限狃于积习，不易重划，仍欠平允”[⑦]。直至 1949 年 3 月，仍有保甲辖区失衡，户数不均者。如永清区第十三保辖 1600 余户，远远超过规定额数。[⑧] 再者，城市人群因生活需要而频频迁移住所是户口清查难以确实的根本原因，亦是保甲人员敷衍潦草的无奈之由。户口清查时，常遇有外乡人来汉谋生而未报户口者；有木匠因“外出多在家少”而未报户口者；有家住韩家巷，搬到铁路旁而未报告迁移者；有保甲户口而未登记警察户口者；有返乡卖产而未报异动者；有来汉避难而住亲戚家未报告者；更有流动工人“随地有工随处做，没有一定的住址”而不报户口者等情形，不一而足。[⑨] 汉口为华中重镇，“居民皆以工商学政为业，且大多数来自外籍，独负家庭生计责

---

① 《区公所会议记录、保甲长名册及选举事务》，武汉市档案馆藏档案，档案号：LS3-1-59。

② 《本区保甲人事异动各项文件》，武汉市档案馆藏档案，档案号：LS2-1-339。

③ 《第二十九保核委甲长名册及有关甲长任免文件》，武汉市档案馆藏档案，档案号：LS1-1-4。

④ 《保甲长人员名册》，武汉市档案馆藏档案，档案号：LS2-1-133。

⑤ 《关于整编保甲问题本区区域略图》，武汉市档案馆藏档案，档案号：LS9-6-41。

⑥ 《汉口市政府工作报告》，武汉市档案馆藏档案，档案号：LS000009-WS003-00042-0001。

⑦ 《汉口市政府关于据呈报民国三十七年度春季户口总清查情形一案指令知照的指令》，武汉市档案馆藏档案，档案号：LS000009-WS007-00185-0002。

⑧ 《汉口市永清区户籍员胡仲远等人关于本区户政日趋紊乱谨将各情列条签请鉴核的签呈》，武汉市档案馆藏档案，档案号：LS000009-WS006-00042-0010。

⑨ 《有关户口不报漏报妨碍社会秩序案》，武汉市档案馆藏档案，档案号：LS40-13-4280。

任"[①],雇工、辞退、回乡、探亲、他往、迁移等皆为常态。故以传统保甲行之于转徙无定的现代都市,则各区保甲整体呈现出"无日不清查,无月不整编"的疲役之态。正是都市社会的异质性和高流动性消解了保甲制度赖以维系的基础,使得户政虽迭经清查,"仍自难期详实"[②],"联保检举各项,不敢严厉执行,每每扶同隐蔽"[③]。

由此可见,将专制时代用于农村社会控制的手段、方式、方法移植于城市,无疑方枘圆凿,与流动性强、开放度高的现代城市社会格格不入。同时,联保连坐,一人犯事,十户株连,这种具有"集体性惩罚"的连带机制,显然与罪责自负的现代法治理念相违背。有学者和官员即认为,不但与刑法规定抵触,亦有违现代刑事政策之潮流。如有加强绥靖区连保责任之必要,"亦应先经立法程序"。[④] 汉口市各区所即认为"各商户人口原非血统组织,责难户长,法无明文规定,于市面繁荣及役政前途不无影响"[⑤]。城市邻里关系的生疏,几乎消除了连坐制仅有的社会基础。检阅相关档案与报刊,尚未发现一例连坐处罚在战后汉口实行过。实际上,汉口市军警机关发现有违反烟毒者,多是直接或会同保甲长抓捕,再由保甲长出具证明书后,将嫌犯带走。[⑥] 清查户口时,发现瞒报户口者,大都处以罚钱,交保开释。[⑦] 因此,"罪及他人"的连坐制度并未被认真执行。联保连坐制不但没有达到"心理震慑"的作用,反而成了"徒扰市民而糜公帑"[⑧]的弊政。

二战以后,民主思潮涌动,以民主、自由、理性精神重建社会政治经济秩序,为修复战争创伤而重建现代化国家提供制度保障和良好社会环境,成为各国各城市当务之急。所谓秩序重建,并非简单的社会秩序复归,而是现代社会组织、

---

①⑤《汉口市所属各区公所、区民代表大会、兵役协会关于请求汉口市政府缓期减免征集兵员的签呈》,武汉市档案馆藏档案,档案号:LS000009-WS007-00225-0021。

②《汉口市政府关于检发汉口市参议会第一届第七次大会决议案仰遵照的训令及兹检送汉口市参议会第一届第七次大户决议案一份等情的便笺》,武汉市档案馆藏档案,档案号:LS000009-WS003-00028-0005。

③ 杨荫清:《现行保甲制度的检讨》,《行政效率》第3卷第3期,第246页。

④《司法行政部命令公牍——五人连坐办法于法无据》,《法令周刊》第11卷第7期,第3页。

⑥《汉市破获烟毒案三起》,《武汉日报》1947年2月25日,第5版。

⑦《汉口市政府关于据检呈第三分局户口突击检查结果各项统计表准备查的指令》,武汉市档案馆藏档案,档案号:LS000009-WS006-00006-0002。

⑧ 萧文哲:《保甲制度之检讨》,《地方自治》1940年第1卷第12/13期,第42页。

结构体系的重构。在政治秩序上是民主的而非独裁的，民治的而非官治的；经济秩序上是自由的而非垄断的，民营主导而非国家资本独断的；社会秩序上是开放的而非封闭的，多元的而非单一的，和谐的而非冲突的等。总体而言，复员还治之初，武汉城市当局在政府机构及城市基层组织重建、清除日伪殖民主义余毒、整顿治安和恢复正常的城市社会生活秩序等方面所做的工作及其效果差强人意，尤其是参议会的成立与其活动以及在知识分子中遴选保甲长等，在建构城市精英政治、城市市政民意表达等方面，较之战前确乎有了长足进步，城市社会经济生活也在某些方面开始恢复常态。但是，由于武汉沦陷时间太久给城市带来深重的灾难，医治战争创伤非一日之功；由于战后和平稍纵即逝，城市管理很快由承平体制转向战时体制；由于国民党一党专制的固有本性与"还治于民"的虚与委蛇；由于国民政府的腐败昏庸以及现代城市治理理念的严重缺失……战后武汉城市社会秩序重建仍然是传统的而非现代的，专制的而非民主的，盲目的而非理性的，战时的而非承平的，短期的而非长远的。结果是城市政治军事功能不断强化，区域经济中心地位逐渐丧失，城市治理向传统回归甚至倒退至"乡治"时代。战后的武汉，是黎明前的暗夜，是乍暖还寒的冬春之交："这'东方芝加哥'的春寒，正象征着人们沉郁的心情，市面畸形的繁荣，粉饰不了内在不安的情绪……正如春天的景色刚一透露，就被严冬的余威摧毁一样。这里没有旖旎明媚的春光，有之，也只能说是'春天里的冬天'吧。"①

二、城市重建

武汉是民国时期中国最重要的工业城市之一，拥有较完整的近代经济体系和工业布局。全面抗战爆发特别是武汉沦陷后，武汉现代工业精华丧失殆尽。抗战胜利后，复兴武汉，首重工业。早在 1942 年，当时战事正酣，湖北、汉口未雨绸缪，在拟订的《汉口市重建方案（草案）》（1942 年）中，按照现代都市建设标准，对抗战胜利后武汉三镇市区进行了重新规划，其中"工业区"布局以"沿水道及交通便利"为先决条件，"主要工业区位于汉阳，拟划定沿襄河南岸自蔡甸至汉阳铁

---

①《武汉怯春寒》，《申报》1946 年 3 月 31 日，第 2 张第 5 版。

厂一带为主要工业区”；次要工业区分布于汉口“襄河舵落口（杜家台）至谌家矶开辟新运河”北岸以及武昌青山至徐家棚沿江一带。[①] 抗战胜利后，《新汉口市建设计划大纲》中，提出“以本市为民族工业建设之重心”，积极发展汉口纺织工业、粮食加工业、铁工厂等原有轻重工业，以“树民族工业之基础”。[②] 然而，战后百废待兴，加上国家对武汉缺乏足够重视，国民政府对武汉工业复员投入十分匮乏，“复员以还，因市场资金匮乏，工商凋敝，臻于极度。抗战初期，本市重工业大部遵令转迁后方，增强抗战力量，京、沪、平、津损害无论不及本市，而胜利后中央补助建设费多者达300亿，少亦在百亿以上，而本市仅得5亿，以致转移后方之工厂迄今无力复员”[③]。

武汉会战前，国民政府进行了大规模的工厂企业内迁。除由外埠迁到武汉再行内迁的企业外，武汉本地内迁的工厂达250家，占武汉原有企业的57%。1945年，日本投降后，一些迁至大西南地区的企业开始回迁，但大多数则是永久地留在了后方。

1937年，汉阳铁厂、大冶铁厂和大冶铁矿的部分设备运往重庆大渡口另建新厂。1939年底，武汉、大冶等厂设备运抵重庆。重庆重建的钢铁厂在1940年开始投产，直到1943年3月，这座抗战期间规模最大、设备最全的钢铁厂方告完工。这个工厂也从此落脚重庆并一直延续下来，再也没有回到武汉。

武汉会战期间被日本占领的大冶铁矿在抗战胜利后被国民政府资源委员会大冶厂矿保管处接收，并成立华中钢铁有限公司筹备处。未迁的汉阳铁厂剩余设备在武汉沦陷时为日军所占，1946年1月由湘鄂赣区特派员办公处接收，成立了经济部接收汉阳铁厂保管处，同年9月移交资源委员会华中钢铁有限公司。1948年，资源委员会接收了位于上海四川路、徒有其名的汉冶萍公司总事务所。至此，经清末、民国两个时期，长达半个世纪的汉冶萍公司遂告结束。

武汉重工业的另一代表汉阳兵工厂于1938年迁往重庆江北鹅公岩建立机关枪厂，成为军政部兵工署第一兵工厂，对外简称“汉兴公司”。原汉阳兵工厂制造步枪子弹的部分，为了就近复工生产，迁至湘西辰溪南庄坪，这一部分后来并

---

① 《汉口重建方案（草案）》，1942年，台湾刊印本1958年9月。

② 《新汉口市建设计划大纲》，1947年6月，武汉市档案馆藏档案，档案号：LS9-31-4043。

③ 《汉口市参议会为汉市改制问题告市民书》（1946年12月31日），《武汉日报》1947年1月2日，第6版。

入军政部兵工署第十一兵工厂。1945 年抗战胜利后，十一厂新任厂长宋建寅兼任兵工署武汉接收处处长，以十一厂组成接收班子。此时在辰溪南庄坪的子弹厂仍正常生产，部分员工到达武汉，接收了位于武昌平阅路（今彭刘杨路）的日军修械厂和两湖书院、平湖门的两处军械库。至此，第十一兵工厂在武汉恢复生产。1948 年，十一厂迁至湖南株洲。原在武昌平阅路的工厂由第三十兵工厂接管，时值内战紧张之际，工厂几乎停产。而武汉沦陷时期未搬走的汉阳兵工厂设备在抗战胜利后由汉阳兵工厂器材管理处管理，但因遭破坏严重，基本不能生产，1949 年被运往台湾。

张之洞时期另一重要企业纱东丝麻四局于 1938 年改为“湖北织布官局”，其时正值武汉抗战时期，同年 5 月间，织布官局就开始西迁。当时决定只拆迁一万锭子到陕西宝鸡。因经费缺乏，运至宝鸡的锭子一直闲置，更因日本飞机两次轰炸宝鸡，一万锭子只剩五千。其后，西安中国银行、国民党政府经济部工矿调整处驻陕西办事处和织布官局三方合作设厂复工，利用咸阳打包厂厂房，更名为咸阳纱厂。抗战胜利后，因咸阳纱厂的机件过老，无法再行迁回武汉。而在武汉由原湖北省政府接收的原织布官局仅有布机数十台，1946 年组织湖北省纱布丝麻四局复厂筹备委员会，筹备恢复四局，改组为“文襄纺织公司”，另择址建厂，因资金短缺，未能全部动工，其后因内战爆发，此事不了了之。纱布丝麻四局就此消失在历史的烟云中。

民营企业中，汉口扬子机器厂 1938 年被政府购买，与汉阳铁厂一起西迁，其后未回武汉。另一重要企业既济水电公司的主要电气设备在武汉沦陷前拆迁往重庆。沦陷后，水、电厂设施被日军强行占领。抗战胜利后，1945 年 9 月收回复业，并接管了英商汉口电灯公司，但发展已大不如从前。

纺织工业方面，内迁的设备基本留在了内地，继续生产。留内地的企业有重庆、成都的裕华纱厂，重庆、成都、宝鸡的申新纱厂以及军纺厂等。返汉后开工的纺织企业有裕华、申新、震寰等纱厂及一些中小企业。1946 年 5 月，武昌第一纱厂北场及南场先后复工，全厂职工 3706 人。武昌震寰纺织厂于 1946 年 8 月复工，陆续开出 223 台布机，次年将裕华纱厂租用的纱机 5104 锭收回开工。日本投降后裕华公司立即组织复建，由于政局动荡不安，复建进度缓慢，1948 年 9 月才复工生产，至 1949 年 5 月才开出 13400 枚纱锭。此时，全厂职工 922 人，月产 20 支棉纱 886 件。申新四厂 1948 年 10 月才正式复工，先后开出纱机 3200 锭，1949

年 2 月增至 12417 锭。

大量内迁工厂未能正常回归,使得“光复”后的武汉工业恢复乏力,工厂大量倒闭,残存工厂的生产能力、生产状况只能用惨淡来形容,工业体系、工业门类残缺不全,工业建设举步维艰,远不及战前水平。“至 1946 年年终,经过努力奋斗,克服种种困难,例如通货膨胀之与日俱增,继续之劳工麻烦,资本机器及生产原料之特殊缺乏,外国货之不可抵抗之竞争,由于内乱而发生之交通阻断;在武汉区下列工厂均正复员:机器店 59 家、织品 15 家、公营事业 7 家、印刷 29 家、营造 11 家、食物制造 27 家、化学物品 17 家、其他 15 家。”[①]进入 1947 年,根据汉口市政府相关数据统计,截至该年 6 月,汉口市政府登记在案的汉口复员工厂有 64 家,包括机器工厂 26 家、化学工厂 17 家、纺织厂 3 家、瓦砖厂 7 家、面粉厂 8 家以及其他工厂 3 家。[②] 另据 1947 年下半年经济部全国经济调查委员会编印的《全国主要都市工业调查初步报告提要》,可知战后武汉三镇复员重建的工厂共有 459 家,其中合于国民政府《工厂法》登记在案的有 373 家,工业类别涉及饮食品制造业、纺织业、服用品制造业、木材制造业、造纸制造业、化学工业、土石品制造业、冶炼业、机械业、五金业、机械业、电工器材业、交通用具制造业、杂项业等。[③] 与武汉沦陷前工业相比,战后复员工厂企业的数量虽然基本恢复,但实际运营及生产能力却远未达到先前水平,“三分之二的工厂事实上仅仅只是虚设招牌而已”,[④]产业工人亦由战前 13 万余人减至 5.4 万人。[⑤]

武汉光复后,除机器生产的工业复员外,以手工生产为主、在民营工业中占有较大比重的传统手工业也有所恢复并有一定发展。民国后期,三镇手工业类别庞大,涉及铜器业、白铁制造业、剪刀业、制革业、手工卷烟业、硝皮业、金银首

---

① 《江汉关贸易报告》(1946 年 9 月—12 月),湖北省档案馆藏《江汉关税务司档案》,档案号:LS25-4-722。

② 《汉口市工厂登记》,汉口市政府统计室:《汉口市政府统计要览中华民国三十五年》,汉口市政府统计室编印 1947 年版。

③ 扬铎:《武汉建国前经济略谈》,政协武汉市委员会文史学习委员会编《武汉文史资料文库》第三卷《工商经济》,武汉出版社 1999 年版,第 39 页。

④ 财政部湖北盐务办事处:《如何培养民力繁荣市面案》,1946 年 11 月 30 日,武汉市档案馆藏档案,档案号:23-4-14。

⑤ 武汉地方志编纂委员会主编《武汉市志 · 工业志》(上),武汉大学出版社 1999 年版,第 65 页。

饰业等近70种,其中一些行业发展较快。据资料显示,到1949年5月武汉解放时,武汉手工业生产者共有11574户,从业人员达38228人,除少数拥有较大规模手工工场外,90%以上为家庭手工业和个体手工业。[①]

作为中国内地最主要的商业中心,武汉商业发展水平在抗战前长期位居全国前列,由于沦陷后日军的殖民统治,商业残破凋零,市面萧条。抗战胜利后,随着回迁武汉人口的增加及城市复员、复业工作的渐次开展,武汉市政当局为促兴经济,曾对工商业采取扶持政策。据汉口市政府统计数据,光复后的第二年,1946年由武汉地方政府、金融机构提供的“工商小本贷款”总计4亿元,其中汉口市政府贷出二千万元,武昌市政府贷出一千万元,湖北省政府贷出1亿元,银行、钱庄金融机构各贷出1.35亿元。[②] 1947年9—12月,汉口市财政局、各银行提供的55户工商经营的小本贷款额为83500000元。[③] 光复不到两年,武汉商业发展规模已经达到战前水平。仅汉口地区,1946年商业从业人数就达154430人,市区每千人中有经商者20余人。[④] 又据1947年汉口市政府统计数据显示,该年汉口市经商人数为112384人,[⑤]登记在案的商户数有5979家。[⑥] 到了1948年4月底,汉口市登记在案的商户数已达16767家,已办理申请手续、暂未发放登记证的商户有2000余家,连同武昌、汉阳的商户,三镇商户总数约为4万户。[⑦]

商业门类方面,1947年,汉口市政府登记在案的近6000家商户,涉及服饰业、百货业、粮食业、饮食业、旅馆业、五金业、交通业、电料业、木料瓷器业、建筑业、畜牧业、橡皮业、文化业、医药业、烟酒业、保险业、代理业、公用业、“临时营利

① 武汉地方志编纂委员会主编《武汉市志·工业志》(下),武汉大学出版社1999年,第991页。

②《工商小本贷款》(1946年),汉口市政府统计室:《汉口市政府统计要览》,汉口市政府统计室编印1947年。

③《汉口市小本贷款》(1947年9—12月),汉口市政府统计室:《汉口市政府统计要览》,汉口市政府统计室编印1947年。

④《民国时期汉口商业网点》,武汉地方志编纂委员会主编《武汉市志·商业志》,武汉大学出版社1989年版,第60页。

⑤《汉口市人口职业》(1947年),汉口市政府统计室:《汉口市政府统计要览》,汉口市政府统计室编印1947年。

⑥《汉口市工商登记》(1947年),汉口市政府统计室:《汉口市政府统计要览》,汉口市政府统计室编印1947年。

⑦ 涂文学主编《武汉通史·中华民国卷》(上),武汉出版社2006年版,第375页。

业”、娱乐业以及其他综合性商业等,[①]商业门类基本也恢复到战前水准。其中尤以关系城市民生衣食住行方面的商业发展最快,也较为发达。如饮食业、粮食业、服饰业、百货业、五金交电业、建筑业等,光复初期数量在200~1800家之间。其中餐馆业店铺因战后大量复业或新开,1946年,汉口中餐馆一度达到1730家,西餐馆13家;[②]1946—1947年有茶馆640家以上。[③]1946年2月,武汉粮食运销商号和粮食行(包括行商、号商、杂粮店、米面店)共有321户,总资本折粮为18万多石,到1948年8月成立汉口市粮食同业公会时,会员商户已有600余个。[④]1947年,经营京广杂货、华洋日用百货的商户432家。[⑤]五金交电业在1947年有806家商行。1946年,武汉缝制服装的商店达2647户,从事缝纫业务的人数在10000人以上;[⑥]建筑业因战后城市房屋、公用建筑等建设得到较大发展,1946年,汉口地区从事建筑业的工人达到4237人,比战前建筑工人数增加了近3倍,[⑦]1947年,汉口已有建筑商155家。[⑧]其他如副食品商业、医药商业、服务型商业在民国后期亦得到了较大的恢复与发展,如菜场,光复初期,三镇领有营业执照的菜行有82家,水陆自然形成的菜场有28处。其中汉口菜场摊位在1946年达到1313个,仅1946年6月,菜市场拟销售的猪、牛、羊等肉检查总次数达34118次,[⑨]1947年6月增至63068次。[⑩] 直到1949年5月武汉解放前夕,三镇服务商业网点仍有1173个,其中旅店359个,较大型的有24个;理发业大小网点600个;浴池45个;照相馆89家;洗染店80家。[⑪]

复员初期武汉商业发展有特殊成因,一是商业尤其是与市民衣食住行等民生相关的商业为市民生活之必需;二是战后大量人员复员回归,城市人口陡增,内需激增;三是政府在复员之初对振兴商业的大力提倡和有限度的扶持。然而

①③⑤⑧《汉口市工商登记》(1947年),汉口市政府统计室:《汉口市政府统计要览》,汉口市政府统计室编印1947年。

②④⑥⑪ 武汉地方志编纂委员会主编《武汉市志·商业志》,武汉大学出版社1989年版,第775、481~484、198、804页。

⑦《汉口市战前与复员后各业工人数比较》(1946年),汉口市政府统计室:《汉口市政府统计要览》,汉口市政府统计室编印1946年。

⑨《汉口市食肉检查数》(1946年6月),汉口市政府统计室:《汉口市政府统计要览》,汉口市政府统计室编印1946年。

⑩《汉口市食肉检查数》(1947年6月),汉口市政府统计室:《汉口市政府统计要览》,汉口市政府统计室编印1947年。

好景不长，一方面，内战爆发，国民党一心向战，无意于城市经济建设，对城市工商业支持力度减弱甚至完全中止扶持；另一方面，战争及国民党统治日益腐化使经济管控失效，经济环境全面恶化，因军事派征的各种苛捐杂税令商家苦不堪言。通货膨胀的逐步加深，使市场物价波动剧烈，经商成本提高，市场购买力下降，致使大批中小商户经营难以为继，纷纷停业、破产倒闭。如“酒菜业在勉强苦撑的占十分之九”，到该年年底经营饮食业有 1488 家，减少了 200 多家，其中大多为小户经商者。① 一年多以后，1949 年 4 月 21 日的《汉口商报》记述市面“熟食业因受时局不清，市面萧条之影响，一般人购买力几乎已降至零度，营业实在无法继续，所有微弱资本，已亏耗殆尽，该业各会员纷纷宣告停业，所留无几”。其他商业，受高利贷影响倒闭也甚多，如 1946 年第四季度，包括服装布匹业、五金杂货业、粮食业在内的 160 余家商行因亏空严重，不得不宣告倒闭。② 又如 1948 年三镇经营农副土产日杂行业的商户总数达 1421 家，涉及山货、茶叶、瓷器、席簟草帽、杂器、木器、鞭炮、苎麻、生漆、柴炭等多个行业，因通胀严重，物价激涨，资金不敷，到 1949 年 5 月，经营土产日杂商户仅存 785 家，减少了近 1/2。③ 据《汉口商报》记载，自 1949 年 3 月 21 日至 4 月 30 日，仅 40 天时间，商店倒闭约 1100 家，另据有关资料估计，1949 年 5 月武汉解放前夕，三镇倒闭的商店至少达 6000 家，约占原有商店总数的 1/4。④

武汉对外贸易在抗战胜利后曾经有过难得的发展机遇。国民政府废除了与外国签订的一些不平等条约，实现了关税自主；江汉关由中国税务司范豪主持接管，结束了海关主权由外国人操纵的历史；航运权收回，规定外轮不能进入中国内河行驶，有利于民族航运业的拓展。这些都为武汉地区进出口贸易的恢复营造了较为适宜的环境。江汉关在 1945 年贸易备忘录中，对战后武汉对外贸易的复兴亦充满乐观：“当长江水域变得更为安全，远洋轮船有更多的航线可供行驶，航远交通得到有利的协助，交通设施建设完成，政治环境变得稳定之时，可以期

① 《汉口市工商登记》（1947 年），汉口市政府统计室：《汉口市政府统计要览》，汉口市政府统计室编印 1947 年。

② 《本市倒闭商号》，《武汉日报》1946 年 12 月 26 日，第 8 版。

③ 《民国时期武汉土产行业商户统计表》，武汉地方志编纂委员会主编《武汉市志・商业志》，武汉大学出版社 1989 年版，第 607～608 页。

④ 涂文学主编《武汉通史・中华民国卷》（上），武汉出版社 2006 年版，第 376 页。

待1946年的经济贸易将有长足的发展。”①

但是实际状况又如何呢?到1946年10月止,汉口港直接进口贸易总值为13.223亿元,间接进口贸易总值为1661.464亿元,直接出口贸易总值为0.907亿元,间接出口贸易总值为953.89亿元。② 从表面数据上看,恢复期的汉口进出口贸易总值都远远高于战前的数额,1936年汉口港直接进口贸易总值为0.329亿元,间接进口贸易总值为1.098亿元,直接出口贸易总值为0.136亿元,间接出口贸易总值为1.975亿元。但实际上因战后法币膨胀的影响,“数字绝不能代表贸易之确实容量,盖以中国币值贬值达2000至8000倍之多”③。1947年以后,汉口口岸成为内陆转口口岸,进出口货物由上海、广州中转至国外,汉口贸易额急剧下滑:当年土货出口额为零,进口额为9.56亿金圆券,进出口总额占全国总份额由1947年的1.08%急跌至1948年的0.004%。全国主要商埠进出口额排序,1946年汉口仅为第十四位,1947年更降至第十九位。

武汉外贸地位的沦丧,有复杂而深刻的地理交通、历史原因和政治社会因素。以地理交通言之,1930年代后,轮船运输向轮轨交织过渡,武汉作为内陆地区唯一的出海口和中转站地位丧失,抗战胜利后,国民政府收回内河航运权使长江作为重要国际贸易通道的重要地位受到限制,海外—上海—武汉—内地和内地—武汉—上海—海外的以武汉为中点、以沪汉联动为轴心的中国近代对外贸易格局发生根本转变,武汉作为外贸大港的地位一落千丈,优势尽失。以政治和社会因素观之,战后国民政府实施输出入管制和外汇管制,限制了民营进出口商的发展,与此相反,官僚资本垄断主要进出口商品贸易,控制对外贸易市场,民营进出口商很难申请到中央银行的输出入许可证、进口配额和外汇配额。加之各种出口捐税繁重,如对猪鬃、桐油、皮革等按出口货值5%征收货物自卫特捐,再加上物价波动激剧、外汇管制严格、汇率未随物价变动做同步调整等因素的影响,使武汉民营外贸商损失惨重,“经营者资本之微弱,高利贷之压榨,以及捐税之繁重,已无力继续经营”④,1948年8—12月,有20户民营进出口商户宣告歇

---

① 《汉口海关1944至1945年贸易备忘录》,湖北省档案馆藏《江汉关一九四四年至一九四八年各季度贸易报告》(1944—1948),档案号:LS25-2-47。

②③ 《江汉关贸易报告》(1946年9月—12月),湖北省档案馆藏《江汉关税务司档案》,档案号:LS25-4-722。

④ 《挽救汉口苎麻商业》,《华中日报》1946年12月21日,第6版。

业,1949年1—5月,有30户停业,至武汉市解放前夕,全市进行对外贸易的商家仅剩11户。与此相伴随的是从业外贸的外资企业大量萎缩,武汉解放前夕仅剩23家。

工业的萎缩、经济发展的不景气直接影响到人口的聚集程度。1945年抗战胜利后,三镇内迁人口开始回迁,武汉人口数开始有所回升,但始终未恢复到战前最高水平。1945年为74.87万人,1946年为92.84万人,1947年为99.93万人,1948年为116.09万人。

抗战时期,与武汉城市现代化进程紧密相关的一个重要事件是《大武汉建设计划》的酝酿。1939年秋,陈诚兼任湖北省政府主席。于1943年12月编制《大武汉市计划草案》,次年11月左右修订为《大武汉市建设计划大纲草案》。1945年夏,湖北省政府邀请专家成立市政小组,由省政府顾问朱皆平教授为固定召集人,主持研讨武汉市政建设。市政小组在从成立至日寇投降的短暂时间里,共召开了四次小组会议,建议成立武汉区域规划机构。1945年11月,省政府公布《武汉区域规划委员会组织规程》,设立"武汉区域规划委员会",随即举行第一次常委会,研究部署武汉区域规划事宜。1945年12月,朱皆平拟就《武汉区域规划实施纲要草案》。1946年4月,《武汉区域规划实施纲要》和《武汉区域规划初步研究报告》出炉。

《大武汉市建设计划大纲草案》及《武汉区域规划实施纲要》将大武汉规划为武汉区域—大武汉市区—武汉市中心区三个层次。其中,武汉区域包括武昌、汉阳、黄陂、黄冈、大冶、嘉魚、沔阳等8县之沿江沿湖地区,面积约15000平方千米,人口约500万,人口一千以上之市镇约120个,主要以防洪为工作内容;大武汉市区"东至葛店,南趋纸坊,西迄新沟,北抵横店,面积约3600平方千米,人口约250万,人口一千以上之市镇,约有30个。以市政建设为主要工作对象,辖区内人口一万以上之市镇,使之近代化,发展成一二十万人口之城市,即较小者,亦可发展为一万人口左右之小型城市,用以疏散将来武汉三镇人口。武汉市中心区为武昌、汉阳、汉口之建筑地区,面积东西7.5千米,南北10千米,人口约120万。其主要工作对象是以交通建设使三镇构成一体,其外部以2~5千米纵深的绿色地带围之,避免无限扩展为庞大城市"。[①]

---

① 武汉区域规划委员会:《武汉区域规划实施纲要》,1945年12月,第2~3页。

《大武汉市建设计划大纲草案》及《武汉区域规划实施纲要》根据三镇历史传承、地理交通和现有产业格局等因素,按照商业区域、工业区域、行政区域对大武汉市区进行城市功能分区。商业区域以汉口城区为主要构成部分,在"襄河舵落口至谌家矶,开一新运河,绕张公堤背后以通长江",将沿江沿河及新辟运河一带规划为商业区,再在"涢水入襄河之新沟,通过西湖、白水湖、后湖、武湖以至阳逻,另辟一长道运河以通长江。一方面使汉口水患得一徹底之根本解决,另一方面,使大武汉之主要商业区,发展至两运河间之广大地带"。[①] 工业区域在汉阳一带,"自汉阳铁厂起,沿襄河南岸以达蔡甸,划为大武汉之主要工业区。"[②]另外汉口新开运河北岸一带,为汉口方面的工业区;武昌的青山至徐家棚沿江地带划为武昌方面的工业区。行政区域则集中于武昌,"以武昌方面之油坊岭一带划为省之行政区",即湖北省政府之所在;"以旧武昌市区划为大武汉市之行政区",为未来大武汉市市政府之所在。文化区域亦主要分布在武昌,"以青山南部及金口东北部两大区域,划为大武汉主要文化区"。而汉阳沌口西南地区,划为汉阳方面的文化区,且以"办工业学校为主要"。[③]三镇功能各异,定位明确:"武汉三镇应各就其过去历史,分别发展为具有'个性'之城市,如武昌为'政治文化城市',自应以省政府参议会、高等法院暨武汉大学为其主要建筑,并须在武昌城市平面图有其合理之布置,同时,汉口为'工商业城市',汉阳为'园林住宅城市'。"[④]

《大武汉市建设计划大纲草案》及《武汉区域规划实施纲要》对武汉市中心区的市政建设包括港埠建设、市内外交通(过江桥梁、隧道和轮渡、市内公交等)、道路及居民住宅建设、城市卫生与市容整治、公园、古迹及风景地带建设等都做了具体规划。"'武汉市中心',应视为水陆交通之终点城市,其物质基础系于防洪工程,其繁荣关键在于港埠建设",这是武汉城市功能定位和武汉城市规划的逻辑起点与核心要素。因此,"武汉市政建设,应列改进港埠为首要,可联合有关机关和团体,成立'武汉港埠建设委员会',并划定'港埠建设行政区',上游自鲇鱼套起,下游迄阳逻止,一段江面及两岸附近陆地及水道,均包括在内"。武汉市政规划亦颇具"以人为本"及"尊重自然"的现代意识和生态意识,"关于武汉三镇之内部计划,应采用'完整社会单位规划'之原则,即以'工作者'与'工作地'

①②③ 湖北省政府编印:《大武汉市建设计划大纲草案》,1944年11月,第53~55页。

④《1946新武汉指南》,武汉文化出版社编印,1946年9月,第27页。

相离不远，同时配合以种种公益事业与社会活动场所，可使五千人至一万人集居之区，自成‘完整社会单位’是也，车运街道，则为此类单位区域之界限，因之可以减少车祸，而保持单位区域之安静”。“武汉市中心街道系统图，按照近代城市规划原理，予以修正，第一，须划出围绕之绿色地带，以限制武汉三镇作庞大城市之发展；第二，街道之用途，须应用分工原则，使车运集中于数条孔道，予以充分宽度，并择其中车运尤繁忙者，发展为‘车运专用街道’，不准沿街道建筑房屋。”“武汉之名胜古迹及风景地带，应予保持恢复，并从而发展之为‘历史资本’，以为吸引中外游客，建立‘游览事业’之资，有关辛亥革命史迹，尤应注意保存，如阅马场为革命誓师之地，拟开辟为‘省会中心’，实可视为此‘武汉市中心’都市之主要文事中心。”“环绕首义公园及武汉三镇之附近主要湖沼，均应开辟‘游道’，并尽量联络湖泊，使之通航，可作为汽划游艇区域。”①

尽管《大武汉市建设计划大纲草案》及《武汉区域规划实施纲要》因为种种原因未能付诸实施，“然而这在中国市政史上，至少在中国城市规划史上，仍有它的地位”②。在笔者看来，这个规划至少有两大亮点，一是提出了“武汉区域”之概念，二是对武汉的城市功能予以新的定位。大武汉建设不局限武汉城市本身而从区域角度予以规划和布局，规划制订者无疑具有前沿意识和全球视野，“区域规划是近代化的主张，美国天河流域规划发展局（TVA）的成功，更表示了区域规划的重要。我国以前还没有这种机构，本会可说是我国第一个区域规划机构。普通城市计划是仅仅以一个城市做对象，区域规划是不但以一个城市做对象，并且同时以周围的区域做对象，它有两个意义，第一是有许多问题单就一个城市是解决不了，譬如武汉历年水患最为严重，要解决这个问题必须要把附近沿江沿湖地带通盘计划才有办法。第二是近代大都市建设的原则是不愿意使它过于庞大，发生了管理上的困难，是愿意把附近的乡村市镇平衡发展，一方面有它的独立个性，一方面叫它和大城市发生母子的关系，所谓多点式的发展，这样才能够使人民生活水准提高，享受现代的文明幸福”③。“武汉区域”着眼于防洪体系建设以确保武汉的安全和可持续发展，但又不限于防洪，而是通过提升区域城市化

① 《新武汉指南》，武汉文化出版社编印，1946 年 9 月，第 25~28 页。

② 米展成：《武汉区域规划报告》，《市政评论》1946 年第 8 卷第 10 期，第 10 页。

③ 项志达：《武汉区域规划委员会工作概况》，《中国工程师学会武汉分会复会纪念特刊》，汉口中华印书馆 1946 年版，第 14 页。

水平为武汉城市现代化提供良好的发展环境,“欲现有三镇之繁荣,必须以大武汉市区纵横六十公里为市政建设单位,同时欲大武汉市区之正常发展,必须以‘武汉区域’为防洪单位”。建设一大批环武汉的卫星城市,使“此重要地区之大小城市,作系统化之发展”①,武汉三镇市中心区与武汉区域内“大中小型之近代化城市一百左右及其他农渔村落等是母子关系,即武汉市中心区为‘母体城市’,区域内其他市镇为‘子体’,与母团体保持相当关系,而又不失其独立与个体,环列拱卫,以促成区域内乡村与都市获得平衡发展”②。使武汉摆脱一城独大、鹤立鸡群的孤立发展状态而获得良好的城市生态,从区域规划的广阔视野来进行武汉城市规划,并首次提出“大武汉区域”概念,颇有建立大武汉都市区的意味:“武汉大都市之建设,端赖卫星城市为之辅助。”③

在武汉城市功能的定位上,既顾及武汉悠久的商业传统,更着眼于追踪近代工业化发展大潮,着眼于促进武汉由单一的、传统城市功能(政治、军事或商业)向复合的、现代城市功能(工业和工商、文化中心)全面转型:“吾人所拟之大武汉市经济政策,其主要目的,在使商业的重镇演进为工业的据点。”④在转换城市功能时,对传统商业功能予以提升,“不惟使之继续维持其锁钥东西南北之任务,且更进而使其经济地位向上发展”⑤。通过发展工业、商业和建设现代化交通网络,以武汉发展为现代工业区域的五大区位优势(交通、劳动力、原料、能源动力、安全)为基点,将武汉建设成为“我国中部轻重工业之中心与全国之一大都市”。

1946 年 4 月,时任湖北省政府主席的王东原调湖南省任职,湖北省政府改组。同年 4 月,万耀煌接任湖北省政府主席,8 月,万耀煌对武汉区域规划委员会“进行改组”。次年 12 月底,该机构“暂行撤销”。

《大武汉市建设计划大纲草案》最终流产,沦为纸上谈兵,其原因是多方面的。一是大武汉区域规划具有超前性,难以获得社会各界广泛认同和普遍参与;规划计划庞大,项目繁多,武汉战后百废待兴,财力匮乏,支撑条件严重不足。湖北省主席王东原亦认为规划实施困难重重:“惟以本会成立伊始,事属创举,一般社会人士,不尽明瞭,且值大乱初平,疮痍满目,工商尚未复业,建设条件不备,因

---

①② 武汉区域规划委员会:《武汉区域规划实施纲要》,1945 年 12 月,第 2~4 页。

③ 湖北省地方行政干部训练团编《新湖北建设计划大纲 · 前言》,陈诚手订,1942 年 12 月,湖北省档案馆藏档案,档案号:LS1-5-5500。

④⑤ 湖北省政府编印:《大武汉市建设计划大纲草案》,1944 年 11 月,第 6~7 页。

之,不仅开办之初,经费筹措维艰,不能按照计划进行,即罗致专任人员一节亦以交通阻碍,居住缺乏,不敢多所邀约,进行益觉困难。"①武汉交通和市政建设项目计划投资12亿元,经费筹措无着。就连支付人员工资及规划委员会日常运营经费都有困难,"本会过去工作因限于经费,工作人员仅有四人,在会支薪者只有一人,如此情形,一切工作无法进行"。继任省政府主席万耀煌不得不承认"近数目来,因人事之变动及经费之支绌,工作无形陷于停顿"。② 二是1947年后,国民党忙于内战,军事压倒一切,市政乃成为"不急之务"。时任内政部营建司司长哈雄文报请召开首次全国城市规划会议,但国民政府内政部以"甫经决定动员剿匪,此种会议应缓举行"予以婉拒。全国城市规划尚且如此,武汉区域规划停止实施当在意料之中,所以武汉行辕要求"停止市区内一切与军事无关之建筑工程"。三是国民党官员腐败昏聩,人在政存,人走政息。时任武汉区域规划委员会委员的米展成对此颇多感慨:"笔者是去年(1945年秋天)随军来到武汉,一年以来,便在这里军事机关工作,去冬由湖北省政府顾问朱皆平先生发起成立武汉区域规划委员会,笔者遂被邀任该会委员,近一年来,工作方面,虽不能令人满意,尤其是因为省府改组,朱先生连带下台以去,遂使这一机构几乎陷于停顿,省政当局,站在财政的观点上认为,这一项工作完全属于'不急之务',于是便以经费理由而抹煞了它的活动。"③

二战以后,以区域规划视野规划城市,在修复战争创伤的基础上建设现代化大都市成为趋势,海外有大伦敦、大巴黎规划,国内亦有所谓大上海规划。"大战以后,市政学的内容,已根本发生了变化,毁坏城市的再建,新城市的建立,均须从新加以研究与设计,英国市政学者,如 E.G.Mcallister,L.Munford 等人均有关于战后城市建设的著作,从现代战争的观点上,对于城市如何建设问题作学理与技术的研究,中国是这一次战争中牺牲最惨烈的国家,毁坏的城市,必须从新重建,新建的城市,必须依据学理加以设计,即旧有不曾毁坏的城市内必须徹底地加以改善,这是千载一时的机会,绝不容轻易放过。"④以朱皆平、米展成为代表的武汉市政学界先知先觉,对现代市政学发展前沿动态准确把握,并付诸大武汉区域

---

① 王东原:《武汉区域规划初步研究报告序》,《武汉区域规划初步研究报告》,1946年5月。

② 《武汉区域规划委员会第一次会议记录》(三十五年七月二十一日上午十时),湖北省档案馆藏档案,档案号:LS31-15-49。

③④ 米展成:《武汉区域规划报告》,《市政评论》1946年第8卷第10期,第10~11页。

规划实践；陈诚、王东原、徐会之等湖北或武汉主政官员顺势而为，在区域城市化和以现代方式规划大武汉、建设大武汉上谋定而后动，意欲有所作为。只可惜由于时代局限，最终未能付诸实施，武汉再一次与区域城市化和城市现代化大好机遇擦肩而过。好在国民党统治大陆时间短促，随后不久武汉解放，城市新生。新中国成立后，武汉在新的历史起点上，开启工业化、城市化和城市现代化宏图伟业。《大武汉市建设计划大纲草案》和《武汉区域规划实施纲要》这两份颇具现代性和国际范的设计大纲，不仅为武汉城市规划与建设留下了一笔可资借鉴、弥足珍贵的精神遗产，也给战后武汉晦暗衰败的城市乱局抹上一缕耀目的亮色。

三、凤凰涅槃

1946 年 6 月 26 日，国民党悍然撕毁停战协定和政协协议，向中原解放区发起进攻，全面内战爆发。

1947 年 8 月 27 日，刘伯承、邓小平率人民解放军晋冀鲁豫野战军强渡淮河，千里挺进大别山。10 月 27 日，取得高山铺大捷。11—12 月，豫鄂陕军区相继建立豫鄂、江汉、桐柏 3 个解放区，打破了国民党军队在湖北和武汉的防御体系，形成了对武汉的战略包围。1948 年 5 月，中原军区重建，晋冀鲁豫野战军改称中原人民解放军。

1948 年 3 月 17 日—19 日，蒋介石在武汉召开华中“绥靖”会议，决定撤销武汉行营，成立华中“绥靖公署”，顾祝同兼任主任。5 月，“绥靖公署”改为华中“剿匪总司令部”，白崇禧任总司令。1948 年 9 至 1949 年 1 月，中国人民解放军相继取得辽沈、淮海、平津三大战役决定性胜利，1949 年 4 月 20 日，渡江战役打响，4 月 23 日，解放军第三野战军解放南京市，人民解放军布满武汉外围，武汉解放指日可待。

白崇禧见大势已去，准备放弃武汉，南撤湘桂，退守两广。但白氏不甘心失败，撤退之前部署大肆破坏武汉工厂、铁路、码头、轮船和电信设施。“白匪撤退的主意，早在淮海会战时即已基本确定，但其主力张淦部队渡江南移，则在四月二十日解放大军渡江后完成。此时白匪仍故作镇定，以备战的姿态积极策划，一面严令各机关、工厂、院校、银行紧急撤退，一面以‘副秣差额费’、‘敌伪〔房〕屋奖券'，'珠宝奖券'及各种附加的名义搜刮银元，尤以'副秩差额费'一项迫得许多工商业者纷纷歇业。与此并行而起胁迫撤退阻断追击作用的，就是布置破坏。破坏的主要对象是水陆交通工具与设备以及堤防水闸、水电、工厂、电讯局、工业区等，由伪'华中长官公署'交通处长×××拟定计划，分令水警局、工兵营、通讯营等单位执行，同时封〔闭〕报馆，逮捕个别进步分子，警告地方元老与民主人士并裹胁以去，用以打破我反破坏的上层一环，并在'甲级党政军联席会'上决定包围进袭武汉大学，不惜流血，布置潜伏分子，以进步面目出现打入革命组织。对于工商业者则采深夜突击检查的方式，携入毒品或我军进城约法八章，诬以'贩毒'与勾结'匪谍'罪名，搜刮勒诈，并不许声张，至五月八日颁布'十杀令'及特别戒严令而达到最高峰。"①

1949 年 4 月 5 日，中国人民解放军发表《关于白崇禧阴谋破坏公共设备的声明》，揭露白崇禧"准备破坏武汉电讯设备及安庆至宜昌沿岸之码头设备"的阴谋，正告白崇禧，如果一意孤行，"不论白匪逃至天涯海角，本军决将其追缉到案，予以最严重的惩罚"；责成武汉市政当局及电讯局局长负责保护公兴设备，等待本军接收，"如果你们胆敢执行白匪这一乱命，则本军亦将按惩处战犯命令从严惩处"；号召电讯职工码头工人团结起来"展开保护器材、反破坏、反迁移的斗争"，"发扬你们光辉的革命传统，英勇的展开保护码头设备的斗争运动"，"全武汉的市民们，电讯和码头设备及一切公共设施，都是武汉人民的财产，决不容许任何反动派加以破坏……希望你们团结起来，和反动派的一切破坏阴谋作英勇的斗争"。② 中共湖北省工作委员会和中共武汉地下市委发动群众，开展"反搬迁、反逃跑、反破坏"，为保护武汉公共财产和城市资源进行了卓有成效的努力。1949 年 4 月 19 日，中共武汉地下市委第二次全会对"保护城市渡过青黄不接进入接管"工作进行周密布署，其指导精神是"积极发动群众，保护城市的完整，制止损失破坏，维持秩序迎接解放"。并制订了具体斗争策略："1.发动基本群众，通过生活斗争的形态，在口号不同、形式分散、方法各异、目标集中的策略下，增加敌人迁移破坏的困难，以组织与教育群众，积蓄力量，进而阻止其迁移破坏。

① 《中共武汉地下市委关于反迁移、反破坏斗争的情况报告》（1949 年 8 月），武汉市档案馆编《武汉解放》，武汉出版社 1996 年版，第 45～46 页。

② 《中国人民解放军关于白崇禧阴谋破坏公共设备的声明》（1949 年 4 月 5 日），武汉市档案馆编《武汉解放》，武汉出版社 1996 年版，第 36～37 页。

2.团结一切可能团结的,争取一切可能争取的,中立一切可能中立的,造成群众优势,孤立坚决的反革命分子,打击其中最顽固分子。3.争取、利用公开合法的方式,揭穿敌人迁移破坏的事实与进行迁移破坏的阴谋诡计,对于人民生存的利害关系,以提高群众的警觉,号召团结应变,为生存而保护城市的公共产业。4.推动工商名流,通过上层团[体]出面,根据历史经验,在保存地方元气,要活命、要生存、要安全的口号下,各阶层上下一致,团结应变,制止迁移、破坏、混乱,保护公共产业。”

在中共武汉地下市委的领导下,武汉各界积极行动起来,开展护厂、护校、保产、保卫城市的斗争。当白崇禧要炸毁张公堤、武泰闸、水厂和电厂时,以张难先、李书城为代表的武汉上层人士挺身而出,与白崇禧据理抗争,迫使白崇禧收回成命,放弃炸毁城市市政基础设施的行动;当武汉警备司令鲁道源撤离武汉前夕奉白崇禧之命欲炸毁武汉重要交通设施和工厂时,又是张难先、李书城出面斡旋,筹措6000元给鲁道源,使这些重要交通设施和工厂得以保全;当白崇禧要将武汉被服总厂、三十兵工厂、海军造舰厂等重要兵工厂迁往海南、桂林等地时,武汉工人阶级在党的领导下,采取停工,怠工,向厂方要求发放加班费、迁移费、安家遣散费等合理要求以及拆除藏匿重要零部件等方法拖延工厂搬迁,使这些工厂最终都留了下来;当白崇禧准备将申新、福新、胜新和武昌一纱厂等武汉重要民营企业迁移到广西桂林等地时,中共武汉地下市委一方面与这些企业投资人如李国伟、赵厚甫等接触交谈,使他们下决心留在武汉,一方面发动工人护厂保产,使得白崇禧南迁武汉工厂、充实自己实力的如意算盘成为泡影;当鲁道源下令“武汉电讯局重要设备着工兵营、通信营适时予以破坏,免资敌用”时,武汉电讯局工人纠察队在所有重要岗位严阵以待,成功阻止了国民党工兵营士兵企图强闯电信局、破坏电信设备的图谋,保全下来的电讯局在武汉解放中起到了重要的通信保障作用。

中共武汉地下市委领导下的反迁移、反破坏的斗争,既是为保卫武汉城市百年现代化成果而战,更是着眼于武汉长远发展、为解放武汉后接管城市、发展经济、改居民生留下基本交通市政设施等物质基础。这在中共武汉地下市委的工作目标中已有清晰明白的表述:“……宣传二中全会的决议与我党长期建设城市的各项具体政策及其实施情况……宣传城市一经解放即为人民所有,过去城市公私器材,物质[资]、建筑等,是为反动统治阶级服务的,今后则转而为人民服务

(举例说明),任何破坏损失都会增加解放后发展生产建设、改善人民生活的困难。"①

就在武汉人民在党的领导下保卫城市、迎接解放之际,武汉外围国共战事犹酣,人民解放军连连大捷,一步一步进逼武汉。1949 年 5 月上旬,第二野战军主力斩断浙赣线,解放沿线部分县城,其第四兵团继续向南浔线进攻。第四野战军先遣兵团乘势以一部沿平汉线从北面向汉口逼近。5 月 14 日拂晓,先遣兵团主力第四十三军在第四十军两个师的配合下,向武穴至团风长江一线发起奔袭。15 日早晨打过长江,其中一部由大冶金牛向武昌贺胜桥进军。至此,人民解放军从东、北、西三面合围武汉态势形成。当天,国民党华中军政长官公署副长官、河南省政府主席张轸在金口宣布起义。白崇禧见大势已去,于 15 日下午在武昌南湖机场乘"追云号"飞机逃往长沙。是日晚 7 时,国民党第十一兵团司令官兼武汉守备区司令鲁道源发表书面谈话:"本部奉命守备武汉,两月以来,承地方父老协助,得以圆满效果,无任感戴。匪缕来犯,均□击退。现本部奉命作战略转进,放弃武汉,临别在即,不胜依依。本部走后,地方治安由地方警察机关及人民自卫总队负责。尚望各安生业,勿自惊恐。"午夜,守备武汉的国民党第五十八军全部撤出武汉市区,第二天的《申报》报道:"现守备武汉之五十八军及警备部队已撤退完毕,全市成真空状态,防护团及消防警察维护治安,市内尚平静,各报仍照常出版。"②

15 日下午 3 时,中共武汉地下市委负责人曾惇、张文澄等进入设在汉口保元里 9 号二楼的汉口指挥中心,部署真空时期城市安全保卫工作,准备迎接人民解放军进城。

1949 年 5 月 16 日,一个载入史册的历史性时刻,一个告别旧武汉迎来城市新生的伟大节日。清晨,武汉各界代表乘车到滠口,迎接人民解放军进城。下午 3 时许,中国人民解放军第四野战军先遣兵团第四十军一一八师师长邓岳、政委蔡炳成率部从汉口刘家庙浩浩荡荡开进汉口市区,受到武汉市民热烈欢迎。次日刊出的本埠报纸《大刚报》曾以大量篇幅报道欢迎盛况:"此时万民夹道,欢呼

---

①《为保护城市渡过青黄不接进入接管而斗争》(1949 年 4 月 19 日),武汉市档案馆编《武汉解放》,武汉出版社 1996 年版,第 42 页。

②《国军奉令作战略转进,武汉成真空状态》,《申报》1949 年 5 月 16 日,第 1 张第 1 版。

雷动,鞭炮大放,‘欢迎人民解放军’‘毛主席万岁’等口号传呼不绝于耳。群众于热狂声中,已一洗旧日之沉郁烦闷,而蜕变为明朗活跃,喜悦不禁。先头部队过后,人民解放军主力随邓岳师长率领,于六时许胜利开进市区。欢迎解放军的行列,信形踊跃,宽阔如中山大道拥挤竟至于水泄不通。父母子女,合家出动,友朋相伴,成群结对,均以先睹解放军风采为荣。而数十卡车隆隆前导,红绿彩纸,满空翩翩,加以‘团结就是力量!’‘你是灯塔’‘山那边呀,好地方!’歌声如潮涌起,‘打倒战犯蒋介石!’‘活捉武汉人民的敌人白崇禧!’吼声直冲云霄,令人恍以现实为梦境。盖人民久处以国民党反动派封建专制的高压下,今一旦获得解放,重睹天日,犹如久闭暗室,一朝出现阳光,欢娱之情,实无法不令其奔放怒迸也。”[①]17 日拂晓,江汉军区独一旅在旅长李人林、政委刘勇的率领下开进汉阳,汉阳市民纷纷走上街头,高举着毛泽东、朱德画像,欢迎解放军入城。17 日上午 10 时,“一部分解放军才由汉口渡江,在汉阳门码头及平湖门码头登陆,由胡林翼路向市中心区前进”。下午 5 时许,解放军第四十军一五三师沿武冶公路从卓刀泉进入武昌市区。“那时武市欢迎的民众,早已站满街头,与汉口欢迎的情形同样热闹,其中尤以中华大学的欢迎方式,最为精彩,武汉临时救济委员会的委员耿伯钊、艾毓英等领率该会同仁,亦在欢迎行列的最前面,欢迎解放军莅临,市中心还装置一座播音器,播出欢迎口号,欢迎行列整整狂欢了一个上午才回去。”[②]

武汉解放后,新生人民政权的过渡机构——武汉市军事管制委员会于 1949 年 5 月 22 日成立,谭政任主任,陶铸任副主任。军管会成立后发布布告,宣布对武汉实行军事管制,并在中共武汉市委、市人民政府的密切配合下,接受人员、物资、财产、档案,至 7 月底,共接管机关、企业、事业等单位 700 余个,公教人员 4.2 万余人,资财 100 亿元(旧币,不包含工厂的机器、机关房屋等不动产),8 月初,接管任务完成并移交给地方政权。8 月 16 日,军管会对内停止办公,对外仍保持军管制度。

1949 年 5 月 24 日,武汉市人民政府成立,当天发布的《武汉市人民政府成立布告》称:“中国人民革命军事委员会及中原临时人民政府电令:划前汉口市、武

---

① 《大武汉重见天日,解放军胜利进城》,《大刚报》1949 年 5 月 17 日,转引自武汉市档案馆编《武汉解放》,武汉出版社 1996 年,第 67~68 页。

② 《人民解放军昨日进驻武昌》,《大刚报》1949 年 5 月 18 日,转引自武汉市档案馆编《武汉解放》,武汉出版社 1996 年版,第 70 页。

昌市及汉阳城区等所辖地区成立武汉市人民政府，任命吴德峰为市长，周季方为副市长，遵即就职。”[①]5 月 25 日，中共武汉市委组建，张平化任市委书记。新生的人民政权甫一成立，在接管城市、清除国民党匪特残余、重建城市秩序、维持社会治安的同时，已开始思考城市发展走向，谋划城市未来发展愿景。早在 1949 年 2 月 23 日，中共武汉地下市委按照上级指示精神，作出《武汉接管工作的调查研究问题》的决定，开展对武汉政治、经济、社会状况的市情调查，陆续编辑出版《武汉概况》《武汉调查》《武汉调查摘录》等书籍，详细记述了武汉解放前夕各方面情状，对于保护城市公共产业和资源不受破坏做到心中有数，为武汉解放后中共中央中原局和中国人民解放军第四野战军接管城市提供重要参考，并为武汉解放后城市发展和经济建设做了充分准备。武汉解放后，武汉军管会发布了不少文件、布告，回顾总结城市历史，认真总结分析城市市情，谋划部署武汉经济、社会和文化建设。如 1949 年 7 月 30 日《武汉市军管会关于物资交流与城乡关系的总结》：

> 武汉是具有全国性的重要政治、经济地位的中心城市，他的经济情况是和解放区内的各大城市和广大的乡村有着密切的联系的。同时，它在今天基本上还不是一个生产的工业的城市，而是消费的商业的城市。因此，打通城乡内外关系，畅通物资交流，对于初步恢复和发展武汉的城市生产，逐步使之由消费的城市变为生产的生产，是十分重要的环节，也是武汉市场保持正常状态的重要因素。[②]

又如《武汉图书出版业发展的计划》：

> 武汉是华中的交通中心，同时也是文化交流的汇集处，图书业虽也曾经将近百家之多，但多半是贩卖经售的中间商，而不是完整的出版业。完整的出版业应当具备编辑、出版和发行三大部门〈同时并在〉。

---

① 《武汉市人民政府成立布告》（1949 年 5 月 24 日），武汉市档案馆编《武汉解放》，武汉出版社 1996 年，第 94 页。

② 《武汉市军管会关于物资交流与城乡关系的总结》（1949 年 7 月 30 日），武汉市档案馆编《武汉解放》，武汉出版社 1996 年版，第 488 页。

这里，既是恢复生产、稳定市场的应急之举，更是通过走现代工业化之路使武汉成为工商复合型现代化中心城市的谋远之策。既有对旧武汉文化产业偏重买文化、卖文化而产文化严重缺乏的畸形状况的深刻剖析，更有对解放后武汉的出版行业在刊物图书编辑、出版、发行方面均衡发展，“建立华中区域的出版图书业的重心”①乃至文化教育中心的深层思考和具体谋划。

回顾历史，武汉曾经有过明清之际“天下四聚”和清末民初“东方芝加哥”两次发展高峰，成为蜚声海内外的商贸中心和现代工业化运动发祥地。然民国以降30余年，时局动荡，战乱频仍，天灾连年，尤其是7年沦陷和3年解放战争，武汉近代工业化成果丧失殆尽，市政设施残破不堪，商业贸易萎缩萧条，市井细民民不聊生，国民党留下的几乎是一座废城，一座危城。“汉口通江水势斜，兵尘过后转繁华。”全国解放前夕和中华人民共和国建国之初，中共确立通过开展工业化，将“消费的城市变成生产的城市”的城市建设基本方针，“从现在起，开始了由城市到乡村并由城市领导乡村的时期。党的工作重心由乡村移到了城市”。“只有将城市的生产恢复起来和发展起来了，将消费的城市变成生产的城市了，人民政权才能巩固起来。”②在新中国第一轮建设“工业城市”建设的历史大潮中，武汉有幸成为“八大重点城市”之一，“1953年‘一五’计划开始后，1954年全国第一次城市建设会议，对全国的城市重新进行了分类排队。在这次会议上，‘除北京系首都特殊重要外’，全国其他城市又被重新分为4种类型：有重要工业建设的新的工业城市、扩建城市、可以进行局部扩建的城市和一般的中小城市。其中第一类‘有重要工业建设的新的工业城市’，具体包括太原、包头、兰州、西安、武汉、大同、成都和洛阳等8个城市，这便是正式意义上的八大重点城市概念”。③新中国武汉城市发展甫一开始便上升为国家意志层面，“八大重点城市规划并非几个简单的城市规划编制工作任务而已，作为新中国成立后国家层面主导的首

① 《武汉图书出版业发展的计划》（1949年），武汉市档案馆编《武汉解放》，武汉出版社1996年版，第488页。

② 毛泽东：《在中国共产党第七届中央委员会第二次全体会议上的报告》，《毛泽东选集》第四卷，人民出版社1991年版，第1427～1428页。

③ 李浩：《八大重点城市规划》（上卷），中国建筑工业出版社2016年版，第23、Ⅻ页。

批最为重要的城市规划活动,八大重点城市规划具有初步探索的性质”。[①] 新的武汉市人民政权认真践行中共中央决策部署,在接管城市、稳定市场、除旧布新、进行资本主义工商业社会主义改造的同时,对于武汉未来发展审慎思索,精心谋划。1953 年拟订的新中国第一个《武汉城市规划草图》,提出武汉城市建成区扩大至 433 平方公里(1949 年仅为 34.7 平方公里),建成 9 个工业区、1 个高教区、1 个行政区、1 个风景区,将武汉建设成为集工商、文化、居住、游憩为一体的多功能现代化新型城市,一个旨在建立现代工业体系的社会主义建设运动随即蓬勃展开,“武钢”“武重”“武锅”“武船”一批“武”字头重工企业及“肉联”、国棉一厂等落户武汉,武汉成为华中地区重要的工业中心。1957 年,武汉长江大桥建成通车,“一桥飞架南北,天堑变通途”,“使武汉三镇一体的规划更具实质内涵和标志性意义”[②]。武汉人期盼了半个多世纪的建设长江和汉江大桥、使三镇连为一体的愿望终于梦想成真。武汉,在新的历史起点上,创造出自明清以来城市发展的又一个高峰,开启了工业化、城市化、城市现代化的新时代。

①② 李浩:《八大重点城市规划》(上卷),中国建筑工业出版社 2016 年版,第 12、254 页。

“势”之使然:武汉城市盛衰的历史解读

一、“势”:武汉城市兴衰的历史动因

考察历史,武汉最初主要是作为军事堡垒和政治中心存在的,唐以后其经济中心的功能开始显现,逐步成为区域经济中心。明代中叶以迄近现代,武汉曾经有过三次发展高峰。第一次是明清之际,随着汉口的迅速发展,武汉迎来了其城市发展进程中的第一个高峰,汉口成为名闻全国的四大名镇之一;第二次是晚清时期,汉口开埠后,武汉在经历了太平天国战乱之后又奇迹般地崛起,一跃为晚清洋务重镇,社会经济超过广州,与天津争胜,直追上海,成为享誉中外的“东方芝加哥”;第三次高峰是新中国成立后,随着“武”字号大型国营企业的兴建以及“三线”建设对武汉工业和交通枢纽地位的强化,武汉再次崛起,成为华中地区最有影响力的城市之一。

然而,在我们将武汉的勃兴称为“崛起”时,便意味着其兴盛并不是长期持续的,其发展亦有“塌陷”之时。1984 年,武汉工业总产值还位居全国第四位,到 2003 年武汉的城市综合竞争力排名已经落后至第十六位,到 2006 年更下降至第二十二位。

武汉发展“塌陷”之端倪始于何时?如何理解武汉历史发展中的兴盛和衰落?武汉怎样才能实现“中部崛起”?这些让当今武汉人民苦苦思索的问题,其实也被往昔武汉人所探讨、所追寻。读者诸君如若不信,乾隆时期所修的《汉阳府志》中的一段话可以证明:

> 汉口一镇耳,而九州之货备至焉。其何故哉?盖以其所处之地势则然耳。武汉当九州之腹心,四方之孔道,贸迁有无者,皆于此相对代焉,故明盛于江夏之金沙洲,河徙而渐移于汉阳之汉口,至本朝而尽徙

> 之。今之盛甲于天下矣。夫汉镇非都会,非郡邑,而火烟数十里,行户数千家,典铺数十座,船泊数千万,九州诸大名镇皆让焉,非镇之有能也,势之则然耳。

乾隆时期,汉口为天下四大镇之首,达到社会发展之鼎盛时期。《汉阳府志》的编纂者在记述汉口的繁华世相之时,难能可贵地思考繁华背后的社会——历史动因,推出了一个颇有见地的观点:在城市作为政治中心和军事中心而存在的传统农业社会,作为“非都会”“非郡邑”的汉口,之所以发展成为“九州之货备至”的商业中心,直接原因是“盖其所处地势则使然”,深刻原因在于“非镇之有能也,势之使然耳”。

何为“势”?在武汉城市兴衰中发生作用的那些“势”又是什么?

“势”是中国传统历史哲学中的一个重要概念,意即事物发展的客观规律和趋势。司马迁在作《史记》时曾提出“因势利导”。刘知几在作《史通》时总结历史发展规律说:“古今不同,势使之然。”唐代柳宗元在评论和分析郡县制代替封建制的历史过程时也说这一历程“非圣人之意也,势也”。明清之际的王夫之也强调“势”是历史发展的必然趋势和客观过程,“势者事之所因,事者势之所就”。

“所处之地势则使然耳”,“非镇之有能也,势之使然耳”。《汉阳府志》反复强调的所谓“势”,是想表明汉口的兴盛有其内在的历史必然性。显然,“势”在这里不是一个简单的地理优势,而是指时势、地势、城市与周边地区生态关系和“形势”等因素的复合物,这些因素相互关联,共同作用,于是历史的机缘出现了。这一历史机缘不仅包括传统农业社会的大背景及以木船为主体的水运交通体系,还包括江汉平原乃至整个两湖地区较为富庶的物产所提供的可供市场交换的物质基础,所有这些共同构成了清代汉口传统城市发达和繁华的基本条件,汉口独有的地理优势也因此转换为发展优势,形成了所谓的不得不发达,不得不繁华的那种必然的“势”。

宋儒苏洵曾说:“天下之势有强弱,圣人审其势而应之以机。”通过对这“势”的解读,我们不仅能找到了清代汉口发达和繁华的内因,同时也找到了一个解读武汉在近代崛起、民国中期衰落及当代武汉城市盛衰的视角。自近代以来,武汉的几次“崛起”与“塌陷”并不是某种具体原因决定,而是人为作用、国家政策、社会观念、城市管理体制、自然地理与交通、现代技术革新等多种因素造成的。根据它们在城市发展过程中所起的不同作用,我们可以把这些因素的影响归纳为时势、地势、城市功能演化趋势三个大的方面。

二、时势:城市发展的先决条件

时势指的是城市发展所处的特定的时代背景和历史条件,包括社会制度、经济格局、政治形势以及国家的经济政策等。

城市盛衰始终与历史发展的大势密切相连。我们看到,武汉历史上的三次“崛起”有着特定的发展条件与时代背景。武汉第一次发展的高峰为明清之际,这一时期正是中国传统农业社会发展的成熟期。中国传统农业社会的发展是由北向南,由黄河流域向长江流域渐次推进的。伴随这一历史进程,武汉在唐朝以后开始有显著的发展,至明清之际更是异军突起。以“长时段”的历史眼光看,武汉在传统农业社会时期兴盛的过程大约与中国南方经济的开发进程同步。

在中国传统的农业社会,城市主要是作为政治军事堡垒而存在的。而这一时期的汉口却与同时代的其他城市有所不同,它非郡邑,非都会,也就是说它既不是军事城堡,也不是府县都城,而只是一个商业市镇。尽管中国传统农业社会重农轻商,但商业仍然是国计民生所必需,生产资料和生活资料仍需进行内部循环。汉口“九省通衢”的地理位置使其商业重镇的地位凸显,时逢运会,成为与北京、苏州、佛山并称的“天下四聚”,成为传统社会商品内部循环系统少数的几个中心之一。

1840 年的鸦片战争使得中国的“大势”完全改变,中国社会开始转型。在这种特殊的“时势”下,武汉迎来了发展的第二次高峰。

鸦片战争后,在外部因素的推动下,中国开始由传统社会向近代社会转型,长期封闭的国度被迫向西方开放。但《南京条约》被迫开放的五个通商口岸均局限于东南一隅,英国资本主义企图全面打开中国内地市场的巨大贪欲受到遏制。因此,出于将整个中国纳入世界资本主义市场体系的目的,英国殖民主义者迫切需要把商业“向五个通商口岸以外的地方进逼”①。于是,在逐步了解中国的市场

---

①〔英〕伯尔考维茨著,江载华、陈衍合译:《中国通与英国外交部》,商务印书馆 1959 年版,第 15 页。

格局后，侵略者的目光转向了长江沿岸城市，将触角伸向中国内陆，汉口独特的地理位置被西方看好，成为英法等列强将通商口岸向内地进逼的首选。第二次鸦片战争后英国人终于如愿以偿，1858 年签订中英《天津条约》，汉口、九江、镇江三个沿江城市被迫开放，内陆市场大门洞开。

开埠伴随着屈辱，开放同时也蕴含着发展的机遇。从纯商业的角度看，作为长江流域的经济中心，汉口商业势圈非常广大。洋人要抢占中国内地市场，必须首先占领汉口市场；内陆传统商圈要打破封闭的内循环走向国际市场也要借助武汉通江达海的地缘优势。因此，武汉这种深处内陆堂奥又直通沿海地区的双重优势，在门户洞开后迅速凸现。

如果说上海是列强进入中国最重要的门户，那么汉口则是连接广大内地与上海的桥梁。在整个中国近代对外开放的大格局中，武汉（汉口）主要是通过和上海的联动来影响内陆广大地区并加强自身地位的。“上海者，为中国贸易之总汇；汉口者，为内地贸易之中枢，扬子江流域其它各港，皆不过此两地之附庸而已”。西方—上海—汉口—内地和内地—汉口—上海—西方，在西方经济和文化输入和中国商品输出的双向流动中，武汉和上海成为两个最重要的节点。这种重要的开放——经济战略格局，使武汉获得了前所未有的发展机遇，不仅在较短的时期内完成由国内商业转输中心向国际性商业都会的转型，而且迅速崛起为仅次于上海的国内第二大经济中心和国际性城市“东方芝加哥”。

武汉发展的第三次高峰是在新中国成立以后。这一次大发展则是建立在新中国努力从农业国向工业国转化过程中大规模工业建设的基础上的。新中国成立后，中国面临着社会主义革命和社会主义现代化建设的双重任务，加速实现社会主义工业化时间紧迫，任务繁重，武汉作为一个有着传统工业基础的华中重镇，在国家优先发展重工业的战略布局中，理所当然地充当起实现工业化领头雁的角色。随着一批“武”字头企业在汉兴起，武汉迎来了又一个发展的高峰。

历史上的兴衰荣辱反映出“时势”有其自身的客观规律，但历史是人类运动的过程，历史的规律并不排除人为因素对历史进程的影响。考察武汉历史，我们也发现其发展的三个高峰，尤其是后两个发展高峰均与国家宏观政策的支持密不可分。

明清之际，武汉的繁荣总体上带有自发性质，在农业社会的背景下，政府无意于城市和商业的整合与发展。但汉口的繁荣仍然与国家宏观经济政策有关。

在汉口商业——市场结构体系中,盐与漕粮是贸易的大宗,正是这两大商品支撑和带动汉口市场的繁荣。清初,户部规定汉口为“商船聚集分销引盐之所”,除两湖地区所食之盐全部取给于汉口外,外省许多地方的引盐也在此分销。两湖、四川是当时全国最大的商品粮产地,而汉口则是其汇聚分销之所,不仅江、浙、闽三省的粮食主要依赖于汉口市场,而且京津漕粮亦由此转运。可以这样认为,正是由于引盐、粮食两大关系国计民生的生活必需品的供应,汉口才确立了其在中国传统社会独特的中心城市地位。

晚清之际,为了强化对长江流域的统治,并抑制湘淮集团的发展,清政府将张之洞由粤调鄂。张之洞在政治上一直是李鸿章等人的批评者,但思想并不保守,同样主张发展洋务以振兴国家。张之洞以督修卢汉铁路的名义来到武汉,但他的任务绝对不仅是修一条铁路。由于武汉地理位置重要,清政府将张之洞派到这里是要他在这里建一个能够与湘淮集团抗衡的中心。为了达到这一目的,清政府将钢铁、军工和纺织产业布点于此,并给予了大量的特殊政策以促进“湖北新政”运动的展开。在这些有利的情势下,武汉开放虽比沿海一些城市晚了20多年,但后来居上,成为后期洋务重镇和中国近代工业的摇篮。

如果说,晚清武汉的崛起受益于清廷的扶持政策,那么,20世纪五六十年代武汉再次引起世人关注,更与国家宏观经济战略对武汉的倾斜有直接关系。当时由于特殊的国际形势,经济中心由沿海转向内陆,武汉深处堂奥又通江达海的区位优势,引起以毛泽东为核心的新中国领导人的关注,他们将大量的工业建设项目放在武汉。“一五”期间,国家重点建设由苏联援助的156项工程,其中就有7项在武汉,包括武汉钢铁厂、武汉重型机床厂、武汉锅炉厂、武昌造船厂、武汉肉类联合加工厂等。这些被武汉人亲昵称作“武”字号的大型国营企业,奠定了武汉引以为傲的工业基础。1957年,长江第一桥——武汉长江大桥建成通车,打通了京汉、粤汉铁路,“天堑变通途”,大大促进了南北物资交流。武汉长江大桥的建成,在武汉城市发展史上是一个标志性的事件,它意味着武汉从此成为长江水运(东西)和铁路运输(南北)的枢纽。20世纪60年代,国际、国内形势发生变化,为加强国防和战备,我国开始了“三线建设”。“大三线”建设大致是以甘肃省乌鞘岭以东、山西省雁门关以南、京广铁路以西和广东省韶关以北的区域。我们今天所说的广东、上海、北京为中心的三大经济圈,显然都被圈在了“三线”之外。“三线建设”使我国西部地区经济走上工业化轨道的同时,也使武汉获得了大量的经济建设资源。武汉在这场“西部开发”运动中,不仅充当了经济自东向西发展的桥梁,而且还收获了包括青山热电厂在内的一批国家级大项目。“三线建设”加快了武汉的物流枢纽和重工业的建设,武汉交通枢纽和工业重镇的地位更加突出。

20世纪后,随着新旧军阀割据、混战以及接连而来的战争,武汉成为军事与政治斗争的桥头堡。蒋介石南京政权为了反共及抗日的需要,更多的是要强化武汉的政治、军事作用,第一次国内革命战争期间武汉成为国民党“围剿”中国共产党革命武装的中心,是豫鄂皖三省“剿匪”总司令部所在地。抗日战争期间,武汉先是抗战的中心,继而又成为日军与中国抗日军队对峙的前沿。在这种动荡的政治格局与激烈的军事斗争情势下,武汉不仅没有发展,反而元气大伤,一蹶不振。

20世纪30年代初,国民党当局对武汉地位的偏狭认识以及对其经济发展的忽视,曾经引起有识之士强烈不满,《市政评论》上的一篇文章,就曾大声呼吁政府应重视武汉的经济战略地位。文章认为,无论是从国防还是从经济角度考虑,中国仅有的少数重工业工厂、大商家、大银行大半集中在上海等沿海城市是很危险的,同时必须在内地选择一些城市进行重点建设,但是,“在内地选择一个适宜的地点,作为工商业的中心,是不易的。只有天然的优良条件,未具相当的政治的经济的基础,是不够的,我们从各方面观察及研究,认为武汉三镇是最应当积极建设的内地城市。在历史上,武汉有其特殊之意义,它不但为国人所重视,同样的为国际间所注意;在地理上,武汉居全国中心,扼大江上下游的咽喉,为军事上必争之地,有国防上的重要意义;在经济上,武汉是华中物产汇聚及运销的所在,是长江上游的‘生命线’;此外,就交通言,它是全国三大交通干线的交接点;就工业言,它有历史较久及规模可观的各种工厂;这些物质的及社会的条件,在内地是找不到第二个的”。“我们根据上述的分析,认识了武汉的重要,我们可以说:建设武汉是一个国防问题,是一个使中国现代化的问题,是一个与全国有关的问题,不是一省或一地方的问题。假若现在我要喊口号的话,我当首先喊:中国要努力于都市建设!政府应积极建设武汉!”①这里,作者将武汉的建设放在全国宏观发展空间维度和国家国防尤其是现代化发展的战略高度来做系统、综合

① 姜春华:《都市建设与建设武汉》,《市政评论》1935年第3卷第8期,第11页。

考虑,喊出的口号至今仍让人觉得犹言在耳,振聋发聩。

改革开放初期,武汉率先开放。1984 年,国家批准武汉成为首批城市经济体制改革试点城市,重新确立“武汉是长江中游地区的一个重要经济中心”,武汉率先进行城市改革试点,“对于搞活华中地区经济,探索省会大城市经济体制改革的路子,以及充分发挥大城市的经济中心城市作用,都具有重要意义”。在中央政策的强力推动下,武汉掀起了改革的热潮,建设了中国第一个小商品市场——汉正街,设立了中国第一个企业孵化器,建成中国最早的企业产权转让市场,等等。武汉创造出了中国众多的第一!但武汉并没有因为“醒得早”而勃兴,相反,不久以后武汉就感觉被丢失了。2000 年的一项排名,让“天下第一街”汉正街遭遇当头一棒:汉正街从全国十大批发市场的“老大”退至“老八”。莺歌电视、荷花洗衣机、希岛冰箱、长江音响,这些曾经令武汉人引以自豪而且在全国也叫得响的品牌,相继淹没在无情的商海浪潮中,从此销声匿迹;一大批老“武”字号中央企业苦苦挣扎,小“武”字号市属企业几乎全军覆没。兴衰,似乎就在一夜之间。

对于武汉的困难和尴尬,有学者把它总结为“中部塌陷”。造成“中部塌陷”的原因当然多种多样,或许与改革的思路相关涉(重“两通”而轻制造业发展),或许受制于武汉人的城市文化秉性(“醒得早,起得晚”),但从国家政策导向的影响程度看,“中部塌陷”与国家沿海发展战略可能关系更直接。改革开放以后,中国经济再次转向外向型,在优先发展东南沿海城市的大政策下,武汉长期与国家重点扶持政策无缘,许多经济机会一再与武汉擦肩而过,在不断被边缘化的过程中,各种资源尤其是人力资源、技术知识资源流失。虽然目前还存在中部经济这个名词,但中部诸省之间传统意义上的经济联系似乎正在解体——江西与安徽在加强和江、浙、沪的经济联系,湖南主要融入大珠江三角洲,武汉作为中部中心的地位实际上名存实亡。当社会经济以外向型发展为主,而内生的力量又不足以支撑这特大城市的机器运转时,武汉便不可避免地落后了。

面对历史上的辉煌和目前的衰落,人们总认为武汉“塌陷”是在改革开放以后,纷纷从国家扶持力度和自身发展策略等方面寻找原因。实际上问题并不是那么简单。放开历史的视野,我们可以看到武汉沉浮的曲线,亦可找到其内在的规律。总的来说,武汉的发展离不开历史大势的决定性影响。开埠后的繁华、一战时期的迅速发展以及太平天国后的荒废,辛亥革命阳夏战争、大革命时期国内战争、抗日战争后的萧条，社会主义建设时期的凯歌行进，改革开放后的落伍……所有这些，都反映出武汉的“崛起”与“塌陷”均有其历史原因。但同时，人为的努力和国家政策亦对武汉城市发展影响巨大。基于以上认识，我们在探索武汉发展之路时，首先要“识势”“借势”，即认清历史发展规律，充分利用有利于武汉发展的“时势”，同时规避不利因素的影响。其次，在发展中要积极宣传武汉的优势，争取国家政策的扶持。

令人欣慰的是，当前我国经济建设已经吹响了中部崛起的号角，武汉的优势与价值再次被发现。2008 年新春伊始，武汉城市圈正式被国家批准成为“全国资源节约型和环境友好型社会建设综合配套改革试验区”（简称“两型社会”建设综合配套改革试验区）。无论是从国际还是国内的发展趋势看，“两型社会”的建设都反映当前的“时势”之需。国家将武汉批准为“两型社会”的改革试验区，其宗旨是要以此为突破口，改变我国多年形成的单纯强调经济增长的发展观，探索一种新的发展模式，从经济发展、社会发展、城乡关系、土地开发和环境保护等多个领域推进改革，形成相互配套的管理体制和运行机制。作为华中地区最有影响力的城市之一，武汉再次迎来了历史发展的大好“时势”。时势造英雄，英雄造时势，通过国家政策的扶持和武汉人民的自强奋争，武汉再次崛起指日可待。

三、地势：城市兴衰的客观环境

从世界城市发展的历程来看，地理与交通格局对城市的兴起与发展影响甚大。“商埠之盛衰，基于地域环境之变迁；地域环境之变迁，系于交通组织之更张；世界闻名商埠，鲜有能长远维持其繁荣与兴盛者，殆以此也。”[①]武汉自明清以来的三次“崛起”和两次“塌陷”也与地理和交通格局的变化息息相关。

在传统农业经济依靠生物能源为主要交通动力的时代，汉口因得江汉交汇之便，依托长江黄金水道和“九省通衢”地理优势而成为“腹地聚散中心”。“及

① 李敦之：《从铁展会平汉粤汉两路沿线物产报告中观察汉口地位》，《汉口商业月刊》1934 年第 1 卷第 7 期，“论文”，第 1 页。

至中外通航,轮铁交轨,中心之势力愈亦巩固。”①

近代新的交通格局,使武汉成为内地“唯一出海口”(孙中山语),传统商贸格局因此改变,内地商圈亦因此重组,湖南脱离广州商业圈而向汉口靠拢,大批农副土特产品和工矿原料经汉口出口,江汉关进口的各种洋货也大量倾销到湖南各州县;四川在重庆开放和川江通航后也纳入了武汉的商业势圈;长江下游的江西、安徽因为汉口—上海的商业互动关系进一步加强了与武汉的经济联系;西北各省如陕、甘、晋、宁同武汉的商业关系以汉水为纽带并随着开放的扩大而更加密切,当时汉口输往俄国的茶,由汉水经樊城、老河口至通州、张家口而达蒙古和俄罗斯。1906年,京汉铁路通车后,武汉的交通枢纽地位和商业势圈有进一步加强和扩大的趋势:由于联系华北与华中地区的京汉铁路以汉口为终点,促使华北南路(河南省)迅速转入汉口商圈,据当时报载,京汉铁路通车以后,“河南各地之货物固集中于汉口,一九〇四年汉口输出不过七百四十万两,至一九一〇年增至一千七百九十万两”。大大促进了武汉进出口贸易的繁荣发展。

对于晚清整个贸易体系而言,湖南、江西、四川等省土货与工矿原料出口必先在汉口集中,再转运到上海出口。同时列强输入中国的西洋商品也需先运到武汉,然后再分销到内地各省、州、县。武汉在整个贸易体系中是一个不可或缺的“中点”。就交通运输与区域贸易而言,土货运输必到武汉转运,洋货进口也需在武汉分销,武汉又是一个不折不扣的“终点”。

历史是一个常常令人难以琢磨的东西,其兴败、成亡往往就在不经意之间。20世纪初期武汉还在地理和交通格局方面占据得天独厚的优势,轮运技术的改进和铁路的修筑,在强化武汉的这种优势的时候,也埋下了日后迅速衰落的种子。20世纪20年代,川汉、粤汉、陇海三条铁路相继修筑并开通。时人在评估这几条铁路对武汉经济发展的影响时持乐观态度,周以让在1924年出版的《东方杂志》上撰文认为,粤汉铁路使人不必“假道于上海,而可直接由番禺(即广州——引者注)迳入内地,且亦不必经由香港,是则不但汉口之商埠地位增高,且番禺之商务亦必大盛矣”。川汉线通车“则为四川更添一出口,凡举五谷、药材、丝、茶、棉花、膏、盐、白蜡,及各种矿产之输出,莫不集中于汉口,于是武汉之商业

---

① 李敦之:《从铁展会平汉粤汉两路沿线物产报告中观察汉口地位》,《汉口商业月刊》1934年第1卷第7期,“论文”,第1页。

工业,又当翻然改观矣”。陇海线“凡南方各省通陕、甘者,不能不由汉口至郑县(即郑州——引者注),再改乘陇海。陕、甘之物产输出太平洋者,固直趋而东,若输至南方各省,及输出印度洋、南洋、欧、非者,则仍当以由汉口直趋番禺为便。故此路之关系于武汉者,亦非小也”。① 在周氏看来,在新型的交通格局下,武汉“北循京汉以达河南、直隶,间接可达晋、鲁;即内蒙之绥远,因京绥可达。关外之三省,因京奉而互通矣。粤汉通后,则两广俱便;即浙江亦因沪杭铁路之敷设,与武汉交通顿便……十八省,除福建一省僻处东南,自成一区外,其他各省,莫不直接间接与武汉生其关系”。②

然而,事情的结果又是怎样的呢?本来,“中外通航,轮铁交轨,(汉口)中心之势力愈亦巩固,未来之希望,更属无穷尽焉”。然而“天下事殊有未可过于乐观者,汉口之华中商业王国,并无金城汤池之固!国内交通组织苟有更张,则汉口将有失其‘九省通衢’地位之可能,汉口苟失其‘九省通衢’之地位,则汉口之没落,殆亦指顾间事耳”。③ 此一状况在20世纪30年代初不幸被言中。1934年6月铁道部“本国国有铁路沿线出品展览会”在北平举行。这次会议展示的商品集中和市场交易状况,显示出武汉经济中心地位衰落已初露端倪。按理,“平汉粤汉两路沿线出品……该两路均以汉口为起迄点,汉口既属‘九省通衢’,‘腹地聚散中心’,则该两路之出产,自应十九以汉口为集中地;然衡以两路报告,殊竟有大谬不然者”。《汉口商业月刊》对各种商品集中于汉口之数量统计后得出结论:“两路之出产品以汉口为集中地者,均不足六分之一;而所谓集中汉口者,又并非以汉口为唯一集中地,不过共北平、郑州、长沙等埠平分春色而已。据此观察,则汉口目下是否仍保有‘九省通衢’‘腹地聚散中心’之资格,实大有疑问焉!”根源何在?粤汉路、陇海路的通轨为始作俑者。“陇海通达西安,陕甘之宝藏流入徐海;郑州握四方交通之枢纽,中州之贸迁遂不一其途;(粤汉路)株韶接轨,三湘货物南入百粤。”④这段话的意思是,横穿中国东西的陇海路建成后,原来受汉口市场辐射的陕西、甘肃等省份开始脱离与武汉市场的紧密联系而直接同沿海城市进行贸易往来,郑州由于京汉路和陇海路在此交叉而成为交通枢纽,河南省的商

---

①② 周以让:《武汉三镇之现在及其将来》,《东方杂志》1924年第21卷第5号,第82、62页。

③④ 李敦之:《从铁展会平汉粤汉两路沿线物产报告中观察汉口地位》,《汉口商业月刊》1934年第1卷第7期,“论文”,第1、2页。

贸呈现多元格局,不再以武汉为商品转运中心。1936 年粤汉铁路开通后,武汉由中国腹地铁路运输的终点一变而为过境站,一向以武汉为商品转运中心的湖南,这时也变得“势利”起来,甩开武汉而靠上了华南大埠——广州。交通格局和商业势力圈变动的直接后果便是 1920 年后武汉的对外经贸额在全国主要通商口岸城市中的排序不断下降。20 世纪最初几年,汉口是仅次于上海的国内第二大外贸大港,其对外贸易总额始终占全国 10%左右,但到了 1936 年,汉口却屈居五大商埠(上海、天津、汉口、广州、青岛)之末位。短短 30 年后,往日“九省通衢”、万商云集的武汉已开始显现出“众叛亲离、美人迟暮”的窘态,不禁让时人生出“黄鹄、大别之间已无行人憩足”的无奈叹息。1935 年 10 月 8 日,上海《申报》记者在《西行见闻》中这样描述当时的武汉:“汉口居长江和汉水的左岸,全市人口约有八十万左右,一向有‘九省通衢’以及‘东方的芝加哥’之雅号。其实,九省通衢差不多已成了过去的名词,因交通事业的发达,自西而东的货物输出,可由陇海路或长江直抵上海,南可经广州出口,并不像从前一样,西部、西北部以及西南部各省出口的物品,均须以汉口为唯一之集散地。至于‘东方的芝加哥’似乎也有些夸大。别的不说,即就武汉区仅有的工业丝厂业而论,全区四家中,关门的已有三家,硕果仅存的一家,也奄奄一息了。汉市社会情形,据调查所得,无论商业、金融、人民生活,各方面,均形困难之状。”

20 世纪 30 年代是武汉此后长期衰落的起点,这种衰落是由多种因素造成的,政治腐败,战乱频仍,两次大水……但交通格局的改变使武汉传统商业中心地位动摇则是不容忽视的重要因素。从历史发展的经验看,古今中外由于商路的变迁致使城市衰退甚至沦为废墟的例子屡见不鲜。而商路的变迁实际上是社会经济整体格局变化的表现,它与生产力的发展和生产方式的变化有直接联系,其变化有内在的规律。

武汉近代的盛衰很容易让人想起张之洞。1889 年,张之洞由粤调鄂任湖广总督,督修芦汉铁路,从此他在武汉大规模举办洋务事业,开始了他的“湖北新政”运动。“湖北新政”的目的本是通过改革挽清政府的统治于危亡之中,未曾想孕育了一场革命,有人因此称辛亥首义是张氏“种豆得瓜”的结果。其实张之洞“种豆得瓜”还不止这一件。就修筑铁路而言,张之洞本为了提升和加强武汉“九省通衢”的地位,未曾想正是近代铁路交通的发展让武汉在中国近代经济格局中由中心逐渐变成边缘,这不也是“种豆得瓜”吗!如此看来,武汉在近代的崛起和后来的某些衰退都有某种客观的历史的必然性,不以人的意志为转移。

新中国成立以后,在内向型经济格局和当时的运输条件下,长江在国内经济发展中扮演了重要角色,被誉为“黄金水道”。作为长江中游最重要城市的武汉再次受惠于长江航运。然而自20世纪80年代以后的很长一段时间,对外开放的重心在广州、深圳,其格局类似于周以让所谈的番禺(广州)变成自由市,开放重心由东(上海)向南(广州)迁移。这种格局对于传统的沪汉联动是一种巨大挑战,武汉的边缘化趋势逐渐显露。湖南、江西、安徽甚至西南各省的物资转输不再经过武汉,而直接流向了广州、深圳等沿海城市。同时随着交通条件的改善,高速公路运输、航空运输异军突起,内河航运逐渐衰落,武汉作为贸易与交通“中点”——“终点”枢纽地位不再,城市被边缘化的趋势更加突出,武汉也随之落寞了。

历史的发展证明,地理环境和交通格局是影响城市发展的重要因素,但它又是可变的因素。武汉居“天下”之中,地理环境和交通条件得天独厚,但是这些优势不会自动变为发展的动力。改革开放初期,汉正街因为地利,迅速发展壮大,成为全国最知名的小商品批发市场,影响力遍及周边各省。但随着各地经济的发展,汉正街却一步步地衰落了。后期的义乌小商品市场在地理和交通格局上的优势远不及汉正街,它却发展成为一个国际性的商品交易市场,把汉正街这个老大哥远远地抛在后面。原因是什么呢?这恐怕得从义乌周边高度发达的小商品生产和完整的产业结构中找原因。如今以物流为中心的现代服务业已不再是单纯的服务业了,它已经与制造业紧密地捆绑在一起。武汉在交通上的独特优势依然存在,不过要让它发挥其应有的作用,恐怕还得从制造业的发展入手。

因此,武汉发展的历史实际上给我们两个方面的启示。启示之一是武汉历史上的繁荣主要得益于交通和地理优势,如何发挥武汉位于中国地理中心的优势,重构“九省通衢”“腹地聚散中心”的地理——交通——商贸中心格局,实乃实现“中部崛起”的关键所在。启示之二,在重构地理、交通、商贸中心的同时,增强城市内在经济实力,完善城市功能结构亦至关重要。二者相辅相成,共同构成武汉崛起的内外因。

四、城市功能演化趋势:城市发展的内在动力

谈到城市发展之"势",除了要考虑外部因素外,还要关注城市内在功能的演化趋势。从早期规模有限的城池,发展到如今的特大城市,武汉城市的内在功能也经历许多变化。

在第一次发展高峰时期,作为三镇之一的汉口的城市经济功能是非常突出的,在当时的社会经济条件下甚至可以说是"鹤立鸡群"。明清之际汉口最主要的城市功能就是它的市场功能。此时的汉口不仅是湖北地区的商业中心,而且是华中乃至全国的商品集散地。18 世纪中叶,汉口市场以"盐、当、米、木、花布、药材"六行最大,有所谓"汉口六大行"的说法。到 19 世纪初,汉口市场进一步扩大,商业行帮又有"八大行"之说。作为中转市场这一角色,武汉市场的辐射力和吸引力就几乎波及整个长江流域。

尽管汉口在清代中叶达到了旧时代应有的发展高峰,但武汉仍然是一个传统的区域性交换中心。武汉欲超越地域局限,走出内部循环的商业势圈,建立更为开放的市场体系,实现城市的近代转型,需要一种新的"势",一种有别于传统的异质的推动力,这种力量在晚清时出现了。

在晚清,有两个重要的历史节点,标志着武汉城市发展内在趋势的改变。1861 年开埠,汉口被开辟为通商口岸,由一个以区域交换市场为主体的内陆商业市镇迅速上升为开放的国际性城市;1889—1907 年张之洞督鄂实行"湖北新政",武汉由功能单一的政治、商业性城市向复合型现代性工商城市转型。这两次城市功能的转变均为武汉发展创造了良好的条件,城市也因此迅速发展,成为令人艳羡的"东方芝加哥"。

晚清武汉的"崛起"源于其城市经济功能的加强。无论是作为内地的国际性商品转输与集散市场,还是新兴的近代制造业中心,武汉新增的两大城市功能同样是其他城市难以比拟的。这也是武汉在当时能够傲立群雄的重要原因。

新中国成立后,在国家新的发展战略下,武汉又被赋予了新的城市功能,武钢、武锅、武重、长航等企业和单位纷纷落户武汉,一大批高校和科研院所相继建立,其数量仅次于北京、上海,居全国第三位,成为华中地区轻、重工业的基地,长

江航运中心和科教文化中心。

从总的发展趋势看,武汉内在城市功能的转变基本上延续了由单一功能向复合功能演化的方向。每一次城市功能的增加都会带给城市新的发展机遇。同样,每当城市处于"塌陷"之际,往往是它城市功能弱化之时。

进入20世纪后,武汉的发展步履蹒跚,城市地位也逐步降低。究其原因,与城市内在功能的变化有很大关系。近代以来武汉崛起,与其具有国际特征的现代复合型工商业城市功能密切相关。不过一战以后,武汉的城市功能却开始衰退了。晚清以及民国时期,由于天灾、战乱及南京国民政府的政治需要,武汉的政治和军事功能日益凸显,工业和商业功能则逐步弱化,以纺织业为例,张之洞时代,武汉仅次于上海,但1930年后其产纱量在全国的排名逐渐后移,1934年,降至第八位。时人感叹曰:"反观今日武汉工业,仍停滞不进,坐见外货输入日增,利权外溢,更令人不能不追念文襄而生今无其人之叹也!"①对外贸易方面,20世纪20年代后,武汉对外贸易额在全国主要通商口岸城市中的排名不断下滑。1910年至1917年,汉口直接对外贸易额仅次于上海,居全国对外贸易大埠第二位。1930年后,其排名不断后移,1936年其对外贸易额占五大商埠(上海、天津、汉口、广州、青岛)的末位,上海高达90400万元居榜首,而汉口仅4500万元。直接对外贸易额排名下滑更盛,一度降至第十位,甚至不敌哈尔滨、安东等城市。

总体而言,20世纪30年代以后,武汉的开放性特征逐步减弱,内陆封闭性城市特征日益凸显。由于其所具有的开放的国际性商埠功能的弱化,武汉与外部的联系减少,城市影响力下降。1956年对于武汉也是一个具有象征意义的年份,这一年武汉海关闭关,标志着武汉以对外贸易为主体特征的对外开放宣告中歇。新中国成立后,西方帝国主义国家对中国进行经济封锁,我国对外经济贸易格局发生重大变化。在"自力更生,艰苦奋斗"的口号下,经济发展以内向型为主,武汉作为长江流域对外交流经济中心的作用不再重要,逐步丧失了过去发展的优势。

为建立自己独立的工业体系,新中国成立以后,我国开展了一系列工业建设活动,确定了武汉作为一个工业城市的基本功能。但由于20世纪50年代对发展工业的重点关注,武汉的商业功能却被大大弱化。在计划经济条件下,商业的发

---

① 周以让:《武汉三镇之现在及其将来》,《东方杂志》1924年第21卷第5号,第75页。

展也没有特别的需要,武汉的经济在这一时期主要体现为经济的内部循环,外部循环遭到削弱,使得武汉在很长一段时间内经济发展缺乏动力,城市现代化进程发展缓慢。

面对长期停滞不前的困境,改革开放之后,武汉也在努力寻找破局的良策。为此,武汉市政府提出了“两通起飞”的发展战略。不可否认,“两通”战略在推动武汉城市发展方面起到了积极作用,这一战略的不足之处是仅单纯地注意到了武汉经济活力不够的问题。“两通起飞”盘活了经济,但在政策上却有矫枉过正之嫌。这一战略强调了城市的流通功能,但忽视了现代制造业在武汉城市发展中的作用。如果从城市功能的内在演化趋势看武汉在20世纪90年代后的“塌陷”,城市工业化进程放缓,现代制造业萎缩,“喝的是珠江水,卖的是上海货”,武汉单一的商业功能使城市发展缺乏动力和后劲。

令人欣慰的是,随着我国内向型经济的快速发展,沿海制造业向内地转移,以及国家“中部崛起”战略的提出,武汉城市功能正在重组和优化,不仅传统的城市优势再次表现出来,随着高新技术、现代服务业的快速发展,武汉高新技术、文化教育中心、现代制造业中心、交通枢纽中心、现代商贸物流中心地位开始显现,呈现出良好的发展势头。

历史证明,城市功能的演化与完善是一个与时俱进的历史过程,从传统农业社会到近代工业社会再到现代信息社会,城市自身的发展和对区域的影响力始终受制于城市功能的进化与完善,武汉历史上三次发展高峰无不与之有关。从这一个层面看武汉城市兴衰史,实际上也是城市功能消长的历史。作为华中地区最有影响力的特大城市,武汉要大发展,必须在保持自身特色的同时,按照时代发展的要求不断强化城市的现代制造业、现代服务业、高新技术产业以及现代教育文化等方面,城市的功能要现代化、多样化、复合化。

五、结语

人类最伟大的成就之一是她所缔造的城市,城市是我们人类作为一个物种发挥想像力的恢宏巨作,证实我们具有能够以最深远而持久的方式重塑自然的能力。城市也是一本书,它记载和表现了我们的生活、我们的思想。美国著名城市史学家刘易斯·芒福德说:“人类用了 5000 多年的时间,才对城市的本质和演变过程获得了一个局部的认识,也许要用更长的时间才能完全弄清它那些尚未被认识的潜在特性。”[①]对于武汉,我们对它的认识还是初步的,对它盛衰的解读与发展趋势的展望还须进一步深入。

(原载《理论月刊》2008 年第 6 期)

① 〔美〕刘易斯·芒福德著,宋俊岭、倪文彦译:《城市发展史——起源、演变和前景》,中国建筑工业出版社 2005 年版,第 2 页。

后　记

本书是继《文化汉口》(武汉出版社 2006 年版)之后我的第二本关于武汉城市史研究的论文集。收入本书的论文,除少数篇章在《文化汉口》中登载外,绝大部分是十余年来发表的新作。限于篇幅,有关武汉城市文化研究的文章没有收入,责任编辑胡新先生说,下次再帮我编一本《武汉城市文化散论》之类的集子,以弥补缺憾,我乐观其成。

在本书即将付梓之际,我要感谢我的几个研究生在紧张的学习之余,协助我核对引文、校阅书稿,他们是叶嘉明、高云浩、江宇航、许杰、崔澄;感谢江汉大学城市研究中心雷丽女士、韩凯先生为我的研究和写作所作出的大量付出;感谢武汉出版集团董事长朱向梅女士、武汉出版社总编辑邹德清先生对本书出版给予的关心和支持;感谢武汉出版社城市文化出版中心主任胡新先生等克服各种困难,加班加点精心校阅书稿,使拙著能在"第二届武汉学高峰论坛"召开之际如约出版。

涂文学

2022 年 11 月 18 日于后官湖畔之自在心舍